"十二五"国家重点图书出版规划
国家出版基金资助项目

国家出版基金项目
NATIONAL PUBLICATION FOUNDATION

中国审判案例要览

(2012年行政审判案例卷)

国 家 法 官 学 院
中国人民大学法学院 编

编审委员会主任 王胜俊
编审委员会副主任 王利明 万鄂湘

中国人民大学出版社
·北 京·

强化案例研究
统一法律适用

为中国审判案例要览题

二〇一三年春 王胜俊

为国家法官学院與中国人民大学法学院联合编纂《中国审判案例要览》题

取案例精华
建法治国家

肖扬
一九九九年十一月十一日

祝賀中國審判案例要覽出版

健全法制案例可鉴

一九九三年五月

任建新

出版说明

为了反映我国审判工作概貌，指导审判实践，促进法学研究，向海内外介绍我国法治建设的成就和执法水平，1991 年，国家法官学院（时为最高人民法院中国高级法官培训中心）与中国人民大学法学院决定共同编纂《中国审判案例要览》丛书（以下简称《要览》），逐年从全国各级人民法院审结报送的各类案件中选编一部审判案例综合本，内容共四部分，即刑事审判案例卷、民事审判案例卷、商事审判案例卷（2000 年以前为经济审判案例卷）、行政审判案例卷，1996 年始各卷独立成册出版，成为现在大家看到的《要览》各卷。由于知识产权审判案例数量相对较少，不足以成卷，故编入商事审判案例卷。

《要览》通过对我国审判案例的汇编，为我国新时期中国特色社会主义法治建设作出了应有的贡献，得到了党中央领导的充分肯定与鼓励。习近平、胡锦涛、贺国强等党中央领导同志曾高度评价了《要览》对我国审判实践、法学研究和法学教育的重要作用，充分肯定了《要览》对世界了解中国法治进步所产生的重要意义，并提出了认真总结经验、继续编好《要览》、扩大《要览》影响的殷切希望。

《要览》在编辑过程中，对案件事实、审判过程、裁判理由、处理结果等内容，完全尊重办案实际，具有客观、真实性，如实、全面地反映了我国自上个世纪末至今各个时期的审判工作状况，忠实还原了我国审判工作的发展进步与完善，记录着我国法治建设迈入新时期后的快速发展进程。为了便于读者尽可能了解具体案例的审判全貌，《要览》在体例上收入了各审级的审判组织、诉讼参与人、审结时间、诉辩双方的主张、认定的案件事实、采信的证据和适用的法律条文。为了使读者易于理解具体案例适用法律的理由和涉及的法学理论观点，由编纂者撰写解说，并对裁判的不足之处加以评点。

《要览》在二十多年的编纂过程中，还陆续出版了繁体汉字版和英文版，向我国台湾、香港地区和海外发行。美国国会图书馆以及欧洲一些国家图书馆将其作为馆藏资料。该丛书最初由中国人民公安大学出版社出版，1996 年至 2002 年由中国人民大学出版社出版，2003 年至 2009 年由中国人民大学出版社与人民法院出版社共同出版，从 2010 年开始至今由中国人民大学出版社出版。《要览》曾荣获国家新闻出版署颁发的全国优秀法学著作一等奖第一名和北京市第三届哲学社会科学优秀成果特等奖等奖项。

当前，中国正在全面实施法治国家建设的重要战略，司法领域的案例指导制度方兴未艾，希望《要览》的出版能够对我国的社会主义法治建设进程有新的贡献，能够继续推进案例指导制度的发展，能够对广大读者和法律工作者有所帮助。我们在编写过程中，得到了最高人民法院历届院领导的高度重视，并为《要览》丛书题词；得到了全国各级人民法院的领导与广大通讯编辑和法官、中国人民大学法学院师生和海内外人士的扶持、帮助与关心。在此，谨致谢意！

我们深知，《要览》还有问题和不足，恳请广大读者理解并献出宝贵的意见与建议，我们将一直努力改进，不断提升《要览》编纂的水平和质量！

《中国审判案例要览》编审委员会

2014年4月

前　言

十多年来，随着中国改革开放的深入发展，社会主义民主和法制建设有了长足的进步，与此同时，人民法院的审判工作也有很大的进展。除了刑事审判和民事审判外，又逐步开展了经济审判、行政审判、交通运输审判。全国法院每年审结各类一审案件已达300万件左右。审判程序日趋完善，审判工作质量不断提高。我们认为，有必要系统地选编法院审判案例，向海内外介绍中国审判实践的情况，展示中国法制建设的成就；同时，也为中国司法工作者、立法工作者和教学、科研人员提供一些有价值的参考资料。为此，中国高级法官培训中心①和中国人民大学法学院共同合作，从1992年起逐年选编一部审判案例综合本，分别收入前一年审结的案例。每部分为刑事审判案例卷、民事审判案例卷、经济审判案例卷、行政审判案例卷，共四卷。由于交通运输审判案例数量少，不足以独立成卷，故按案例性质分别编入经济和刑事卷。书名定为《中国审判案例要览》。

在本书编写过程中，对案件事实、审判过程、裁判理由、处理结果等，都完全尊重办案实际，具有客观性、真实性。为了便于读者了解具体的审判过程，收入了各审级的审判组织、诉讼参与人、审结时间、诉辩双方的主张、认定的案件事实、采信的证据和适用的法律条文。为了使读者易于理解适用法律的理由和涉及的法学理论观点，由编者写了解说，并对裁判的不足之处，加以评点，有的版本还以附录形式加了少量的必要的法律名词解释。

我们奉献给读者的这部案例要览，希望能够对读者有所帮助，得到读者的喜爱。这是我们的初次尝试，疏漏不足之处在所难免，诚恳地欢迎各界人士提供宝贵的意见，帮助我们改进编写工作，以使今后出版的案例要览日臻完善。

我们在编写工作中，得到了各级人民法院的领导与工作人员、中国人民大学法学院师生和有关方面的关心和帮助，美国福特基金会及其驻中国办事处也给予了很大的支持。在此谨致谢意。

《中国审判案例要览》编审委员会

1992年12月

---

① 现为国家法官学院。

《中国审判案例要览》编审委员会

杨万明	中华人民共和国最高人民法院刑事审判第四庭庭长
赵大光	中华人民共和国最高人民法院行政审判庭庭长
高贵君	中华人民共和国最高人民法院刑事审判第五庭庭长
高憬宏	中华人民共和国最高人民法院审判委员会副部级专职委员、大法官　国家法官学院党委书记
梁书文	中华人民共和国最高人民法院原民事审判第一庭庭长、国家法官学院兼职教授
曹守晔	中华人民共和国最高人民法院中国应用法学研究所副所长
曹士兵	国家法官学院副院长
何家弘	中国人民大学法学院教授、博士生导师、中国行为法学会副会长兼法律语言研究会会长
赵中孚	中国人民大学法学院教授、博士生导师
高铭暄	中国人民大学法学院教授、博士生导师、中国刑法学研究会名誉会长
黄京平	中国人民大学法学院教授、博士生导师、中国刑法学研究会副会长
韩大元	中国人民大学法学院院长、教授、博士生导师、中国宪法学研究会会长
戴玉忠	中国人民大学刑事法律科学研究中心主任、教授、博士生导师

《中国审判案例要览》编辑部

《中国审判案例要览》各卷正副主编、主编助理

（一）刑事审判案例卷

	中国人民大学法学院		最高人民法院	
主　　编	黄京平	中国人民大学法学院教授、博士生导师、中国刑法学研究会副会长	高憬宏	中华人民共和国最高人民法院审判委员会副部级专职委员、大法官　国家法官学院党委书记
副主编	陈卫东	中国人民大学法学院教授、博士生导师、中国诉讼法学研究会常务副会长	杨万明	中华人民共和国最高人民法院刑事审判第四庭庭长
			高贵君	中华人民共和国最高人民法院刑事审判第五庭庭长
主编助理	时延安	中国人民大学法学院副教授	孙本鹏	国家法官学院教务部主任、教授
			刘　流	国家法官学院教授
编　　辑	刘计划、王　烁、胡　霞、陈建桦、刘传稿、张莎白、徐豪俊			

（二）民事审判案例卷

	中国人民大学法学院		最高人民法院	
主　　编	王利明	中国人民大学党委副书记兼副校长、教授、博士生导师、中国法学会副会长、中国民法学研究会会长	杜万华	中华人民共和国最高人民法院审判委员会副部级专职委员、大法官

（四）行政审判案例卷

	中国人民大学法学院		最高人民法院	
主　　编	韩大元	中国人民大学法学院院长、教授、博士生导师、中国宪法学研究会会长	赵大光	中华人民共和国最高人民法院行政审判庭庭长
副 主 编	胡锦光	中国人民大学法学院副院长、教授、博士生导师、中国宪法学研究会副会长	李广宇	中华人民共和国最高人民法院行政审判庭副庭长
			金俊银	国家法官学院民商事审判教研部主任、教授
主编助理	李元起	中国人民大学法学院副教授	蔡小雪	中华人民共和国最高人民法院行政审判庭审判长
			赵建华	国家法官学院副教授
编　　辑	王贵松、胡大路、武　帅			

《中国审判案例要览》通讯编辑

范跃如	北京市高级人民法院
刘晓虹	北京市高级人民法院
白云飞	天津市高级人民法院
宋雪敏	河北省高级人民法院
马云跃	山西省高级人民法院
周　波	内蒙古自治区高级人民法院
李　刚	辽宁省高级人民法院
邢　丹	辽宁省高级人民法院
刘洪颖	吉林省高级人民法院
刘东海	黑龙江省高级人民法院
张本勇	上海市高级人民法院
戚庚生	江苏省高级人民法院
程　浩	江苏省高级人民法院
沈　杨	江苏省南通市中级人民法院
周耀明	江苏省无锡市中级人民法院
张纵华	浙江省高级人民法院
余跃武	安徽省高级人民法院
庞　梅	安徽省高级人民法院
李相如	福建省高级人民法院
李春敏	福建省高级人民法院
胡　媛	江西省高级人民法院
赵　峰	山东省高级人民法院
王　磊	山东省高级人民法院
马　磊	河南省高级人民法院
李治国	湖北省高级人民法院
黄金波	湖北省宜昌市中级人民法院
唐　竞	湖南省高级人民法院
黄玉霞	广东省高级人民法院
贺利研	广西壮族自治区高级人民法院

李周伟	海南省高级人民法院
陈飞霞	重庆市高级人民法院
蒋　敏	四川省高级人民法院
施辉法	贵州省贵阳市中级人民法院
自　宁	云南省高级人民法院
冯丽萍	云南省昆明市中级人民法院
赵雪玲	陕西省高级人民法院
官　却	青海省高级人民法院
石　燕	新疆维吾尔自治区高级人民法院

目　　录

一、工商管理类

1. 叶茂良不服广州市工商行政管理局举报答复案

（一）首部

1. 判决书字号：广州市天河区人民法院（2011）穗天法行初字第68号行政判决书。

2. 案由：工商举报答复。

3. 诉讼双方

原告：叶茂良，住浙江省文成县双桂乡。

委托代理人：徐大江，住江苏省盐城市盐都区。

被告：广州市工商行政管理局，住所地：广州市天河路112号。

法定代表人：张建华，该局局长。

委托代理人：陈露、邓振华，均系该局干部。

4. 审级：一审。

5. 审判机关和审判组织

审判机关：广州市天河区人民法院。

合议庭组成人员：审判长：瞿栋；人民陪审员：张黛乔、吴文涛。

6. 审结时间：2011年6月10日。

（二）诉辩主张

1. 被诉具体行政行为

原告就商品涉嫌违反《中华人民共和国广告法》、《中华人民共和国反不正当竞争法》等规定，向被告举报，要求其依法处置。2010年12月28日，被告作出《关于叶茂良举报事项的答复》，决定不受理该举报事项。

2. 原告诉称

2010年12月21日，原告向被告举报广州市好又多黄花岗百货有限公司销售的“优麦良品至尊香辣牛肉面”包装上使用“至尊”二字，涉嫌违反《中华人民共和国广告法》、《中华人民共和国反不正当竞争法》等规定，要求被告依法处置。2010年12月28日，被告作出《关于叶茂良举报事项的答复》（以下简称《答复》），决定不受理该举报事项。原告认为被告作出的《答复》是直接针对原告所作，与原告具有当然的法律上的利害关系；但该《答复》作出不受理原告举报的决定，却无任何法律依据，也未告知原告相应救济途径及时限，违反法律规定。故依据《中华人民共和国行政诉讼法》第五十四条第（二）项第2目等相关规定，请求法院依法撤销被告作出的《答复》，并判令其重新作出具体行政行为。

3. 被告辩称

（1）我局于2010年12月28日作出的《答复》合法、合理。2010年12月21日原告向我局"12315申诉举报指挥中心"提交《实名举报函》（附身份证、被举报产品照片、购物发票），反映其于同年12月15日在广州市好又多黄花岗百货有限公司商场购买的"优麦良品至尊香辣牛肉面"的包装上使用的"至尊"字样属于绝对化用语，违反了《中华人民共和国食品安全法》、《中华人民共和国反不正当竞争法》等规定，构成不正当竞争，要求工商部门查处，并书面告知处理结果。经研究，我局认为尽管"至尊"从词语义上看，含有"最"、"极"的意思，但由于在广告语中主要是用来形容商品的档次，是对商品形象的笼统表述，并非是对广告商品进行排序；一般具有正常认知能力的消费者，不会因"至尊"一词而产生误解，以为该产品是同类商品中"最好"、"最尊贵"的，因而"至尊"一词不应视为绝对化用语。原告提出使用"至尊"一词，构成不正当竞争行为的意见，与上述法律规定不相符。据此，2010年12月28日，我局作出《答复》，将上述意见告知原告，并于当日以挂号邮寄的方式将《答复》送达给原告，该行为符合法律、法规的规定，并无不当。（2）对于原告在起诉状中提到两个问题的意见。第一，原告在起诉状中提出，我局以《答复》形式作出不受理举报的决定，无任何法律依据。对此，我局认为：一是我局作为广告管理和不正当竞争行为的监管机关，有权依据《中华人民共和国广告法》和《中华人民共和国反不正当竞争法》对广告宣传用语是否违法作出认定意见，决定是否受理相关投诉举报。二是我局作出的上述答复，符合《中华人民共和国广告法》、《中华人民共和国反不正当竞争法》的相关规定和立法精神，并无不当。第二，原告在起诉状提出，我局作出的答复由于没有告知其相应救济途径及时限，构成违法。对此我局认为在目前相关法律、法规未规定行政机关对举报作出答复时须明确告知相应救济途径和时限，且原告的相关权利并未受到任何影响的情况下，原告的这一意见，缺乏法律、法规依据。综上所述，我局作出的《答复》事实清楚、依据正确、程序合法，请求法院依法维持。

（三）事实和证据

广州市天河区人民法院经公开审理查明：原告叶茂良于2010年12月21日向被告广州市工商行政管理局提交《实名举报函》，书面举报广州市好又多黄花岗百货有限公司卖场内所销售的"优麦良品至尊香辣牛肉面"包装上使用的"至尊"二字，涉嫌违反《中华人民共和国广告法》、《中华人民共和国反不正当竞争法》的规定，要求被告依法处置并书面告知处理结果。原告称其于2010年12月15日在被举报人卖场内购得“优麦良品至尊香辣牛肉面”，该产品包装上醒目标注“至尊”字样。原告认为，“至尊”一词含有最尊贵、最崇高、至高无上的地位等含义，属于绝对化用语。且“至尊”一词符合《中华人民共和国食品安全法》第四十八条第一款界定的“含有虚假、夸大的内容”。故该词对该商品质量作了引人误解的虚假表示，故意贬低其他生产经营者的商品，属于欺骗和误导消费者的虚假宣传，构成不正当竞争。被告收到上述举报函后，于2010年12月28日作出《答复》认为，尽管“优麦良品至尊香辣牛肉面”包装上使用的“至尊”一词含有最尊贵、最崇高的意思，但在广告语中主要是用来形容商品的档次，是对商品形象的笼统表述，并非是依据词义在同类商品中对广告所指商品进行排序，其主要作用是提升消费者对于商品档次的认可；一般具有正常认知能力的消费者，不会因“至尊”一词而产生误解，以为该产品是同类商品中“最好”、“最尊贵”的。因此，“至尊”一词不应被视为绝对化用语。原告来函提出“至尊”一词对商品质量作引人误解的虚假表示，故意贬低其他生产经营者的商品构成不正当竞争行为，要求工商部门处理于法无据，故决定不受理原告的上述举报事项。

上述事实有下列证据证明：

1.《答复》，证明被告针对原告提出的违法广告举报作出答复的内容。

2.《实名举报函》及其附件（包括身份证、产品照片及发票的复印件），证明原告举报的内容及提供的证据。

（四）判案理由

广州市天河区人民法院经审理认为：《中华人民共和国反不正当竞争法》第四条第一款规定：“国家鼓励、支持和保护一切组织和个人对不正当竞争行为进行社会监督。”国家工商行政管理局《关于受理违法广告举报工作的规定》第一条规定：“为保护公民、法人和其他组织的合法权益，依法规范工商行政管理机关受理违法广告举报工作，特制定本规定。”第五条规定：“公民、法人和其他组织对以下违法广告，有权向工商行政管理机关举报：（一）损害国家和社会公共利益的广告；（二）损害公民、法人和其他组织合法权益的广告；（三）不符合社会主义精神文明建设要求的广告；（四）内容虚假的广告；（五）其他违反国家法律、法规及有关规定的广告。”据此，原告依法享有对违法广告进行举报监督的权利。被告作出不予受理原告举报的决定，有可能影响到原告举报监督权利，因此，原告与被告的上述决定之间具有法律上的利害关系，具有提起本案诉讼的主体资格。

虽然原告具有提起本案诉讼的主体资格，但本案的审查范围应当限定在被告在收到原告的相关举报后，对原告举报的处理是否损害原告的举报监督权利。对于被告是否认为“至尊”一词属于法律禁止使用的“最高级”、“最佳”等绝对化用语，从而决定是否对原告所举报的广告立案查处，因其涉及的是其他市场竞争者的公平竞争权益，与原告的合法权益之间并无联系，与原告之间并无利害关系，故原告对此并无诉权，本院对此不予审查。

对于工商部门在受理违法广告举报后的处理，综合国家工商行政管理局《关于受理违法广告举报工作的规定》第八条、第十三条及国家工商行政管理局《工商行政管理机关行政处罚程序规定》第十七条、第十八条、第十九条的相关规定，工商部门在收到举报人关于违法广告的举报后，应当根据举报材料对举报事项进行初步认定和调查核实后决定是否立案，对决定不予立案的举报，应当将结果告知具名的举报人。从本案被告在收到原告的书面举报后的处理过程看，被告根据原告提供的被举报产品"优麦良品至尊香辣牛肉面"的产品照片，对被举报广告是否违法作出判断，认为"至尊"一词不是法律禁止使用的绝对化用语，这实际已履行了上述规章所规定的初步认定和调查核实的法律义务。被告不予受理原告的举报实际是认为原告举报的广告并非违法广告而决定不予立案调查处理。虽然被告在法律用语的表述上与上述规章规定不符，但这只是法律技术层面的瑕疵，并未损害原告的举报权利。至于原告认为被告未在答复中告知原告相应救济权利及时限的问题，本院认为，是否对被举报违法的广告予以立案查处属于工商部门的职权范围，作为举报者，原告与之并无法律上的利害关系，并无提起相应行政复议和行政诉讼的权利。本案中，被告决定不予受理原告的举报有可能影响到原告的举报权利，原告因此获得诉讼主体资格。被告未告知原告相应的救济权利，则原告对其举报答复的起诉期限从知道或应当知道诉权或起诉期限之日起计算，但并不能因此产生必须撤销被告举报答复的法律后果。综上，对原告关于被告举报答复程序违法应予撤销的主张，本院不予支持。

（五）定案结论

广州市天河区人民法院依照最高人民法院《关于执行〈中华人民共和国行政诉讼法〉若干问题的解释》第五十六条第（四）项的规定，判决如下：

驳回原告叶茂良的诉讼请求。

本案受理费50元，由原告叶茂良负担。

（六）解说

当前在全国各地，职业打假现象已不鲜见。打假人知假买假，以消费者的名义开展打假活动，其通过向商家索赔获取经济利益，而且在客观上惩治了违法行为，维护了消费者的整体权益。据广州市工商部门统计，目前活跃在广州市场上的职业打假人约有六十人左右。除了民事索赔外，向职能部门申诉、举报成为职业打假人最常使用的法律手段。这样做既可以向商家施压，逼其就范，也可以通过职能部门的执法，获取更多有利的证据。此外，根据一些关于举报奖励的文件的规定，一旦举报成功，打假人便可获得一定数额的奖金，因此更加刺激了打假人的积极性。但一旦申诉、举报的处理结果与其预期不符，打假人便会提起行政诉讼。如何界定此类案件中的原告资格便成为困扰法院的一道难题。上述案件可为界定违法广告举报者的原告资格提供一定的参考。

1\. 原告资格的界定标准

长期以来，行政诉讼原告资格的确定一直被认为是行政法学研究中的“世界性难题”。不同国家在其司法实践中发展出各具特色的原告资格标准。在原告资格的确定上体现出在一对相互矛盾的价值目标之间的平衡，即一方面要充分保护诉权而使当事人获得实体救济，另一方面则要防止诉权的滥用，妨碍依法行政。

我国对原告资格进行界定的法律依据是《行政诉讼法》第二条的规定，即“公民、法人或者其他组织认为行政机关和行政机关工作人员的具体行政行为侵犯其合法权益，有权依照本法向人民法院提起诉讼”。按照该规定，是否认为合法权益受到具体行政行为的侵犯，是认定是否具有原告资格的条件和标准。由于这个标准主观性过强，不易把握，加之《行政诉讼法》实施之初受到“相对人”理论的影响，司法实践中对原告资格实际上进行了严格的限制，认为只有行政管理的相对人甚至直接针对的对象才能提起诉讼。此后，最高人民法院《关于执行〈中华人民共和国行政诉讼法〉若干问题的解释》第十二条借用《行政诉讼法》第二十七条界定第三人所使用的“利害关系”一词，对原告资格的界定标准作出以下规定：“与具体行政行为有法律上利害关系的公民、法人或者其他组织对该行为不服的，可以依法提起行政诉讼。”从而促使了原告资格标准的客观化。

《行政诉讼法》第二条所规定的“认为”侵犯合法权益的标准，乃是一种主观性标准。起诉人认为受到的损害是不确定的，简单地以此作为认定的标准，可能使原告资格标准非常宽泛，既可能使行政行为动辄得咎，给行政机关造成不必要的诉累，又可能使法院在处理某些诉至法院的争议上力所不逮，或者使一些诉至法院的案件不是真正的行政争议。这一标准仅仅只能作为原告资格标准的一部分。司法解释规定的“法律利害关系标准”，乃是一种界定起诉人与被诉具体行政行为之间法律关系的客观标准。“认为”标准属于起诉人对于自己受到的影响的认识，但该认识并不足以使其具有原告资格，而需要框定一个范围，在范围之内的人才具有原告资格。这个范围的确定需要根据客观上的法律关系。只有具有法律上的利害关系才具有受到侵害的可能性，而可具有原告资格。如果不属于该范围，具体行政行为与其没有利害关系，则应当排除在原告之外。法律上的利害关系是指起诉人的合法权益可能受到行政行为的侵害所产生的法律关系。因此，我国法律所规定的原告资格标准包括三个方面的构成要素：(1) 起诉人认为其受到了行政行为的不利影响；(2) 行政行为客观上具有影响起诉人权益的可能性，即起诉人在行政行为影响所及范围之内；(3) 起诉人权益属于与被诉行政行为有关的法律保护的范围，即法律意图将“实际影响”纳入其调整范围，倘若法律无意将其纳入调整范围，即使受到了实际影响，也不能提起诉讼。该层含义为利害关系加上法律的限制，即事实上的利害关系中将法律有意调整的那一部分拿出来，作为界定原告资格的标准。

据此，界定原告资格的核心要素包括起诉人是否有受法律保护的权益（合法权益），以及行政行为是否具有侵害该权益的可能性（而不是现实性）。

2. 违法广告举报案件中的原告资格问题

本案中，原告举报所购买的“优麦良品至尊香辣牛肉面”包装上使用“至尊”二字，涉嫌违反《反不正当竞争法》、《广告法》的相关规定，要求被告依法处置。其依据主要是《广告法》第七条第二款的规定，即“广告不得有下列情形：……（三）使用国家级、最高级、最佳等用语……”。“至尊”一词的汉语词义为最尊贵的意思，属于最高级用语，因此涉嫌违反《广告法》的上述禁止性规定。但被告并不认同原告的观点，被告认为，被举报产品在包装上使用“至尊”一词，主要是用来形容商品的档次，是对商品形象的笼统表述，并非是对广告商品进行排序，一般具有正常认知能力的消费者，不会因“至尊”一词而产生误解，以为该产品是同类商品中“最好”、“最尊贵”的，因此“至尊”一词不应被视为绝对化用语。

本案在处理上，首先要解决的并不是判断“至尊”一词是否属于绝对化用语这一实体问题，而是原告是否具有提起本案诉讼的诉权，即是否具有原告资格。

实际上，使用绝对化用语的广告在广告分类中属于比较广告的范畴。欧盟理事会《关于误导广告和比较广告的指令》对比较广告的定义为：“任何明确或含蓄地提及竞争者或竞争者的商品或服务的广告。”对于比较广告，各国立法的态度并不一致，主要分为肯定模式、否定模式以及限制模式。我国法律中并未明确比较广告的概念，也未明确对比较广告的态度，在比较广告的立法上基本处于空白状态。仅有的相关立法主要见于《反不正当竞争法》第十四条的规定：“经营者不得捏造、散布虚伪事实，损害竞争对手的商业信誉、商品声誉。”以及《广告法》第十二条的规定：“广告不得贬低其他生产经营者的商品或者服务。”广告中使用绝对化用语，根据《广告法》第七条第二款的规定，是完全禁止的。相比较而言，《加拿大广告准则》规定：“比较的商品必须确定是相互竞争的且应由研究数据支持；使用最高级形容词应与任意比较广告遵循同样的准则，应尽可能具体，若无法证明，就不应使用。”但法律对比较广告的禁止或限制性规定，其主要理由在于：一是此类广告固有的性质决定其存在不可克服的缺陷，比较的结果往往不能客观公正；二是此类广告容易对其他市场竞争者的商誉构成损害。违法比较广告的经营者是通过不正当方式来争取本来争取不到的有限消费者，减少这些消费者对其他存在竞争关系的经营者的购买力和购买机会，从而排挤有竞争关系的其他经营者的正当竞争。因此，违法比较广告所侵害的主要是其他市场竞争者的声誉及公平竞争的权利，而一般并不直接损害消费者的民事权益。

那么，除民事权益之外，原告是否存在其他合法权益可能受到被告不予受理举报的决定的影响呢?《反不正当竞争法》第四条第一款规定：“国家鼓励、支持和保护一切组织和个人对不正当竞争行为进行社会监督。”国家工商行政管理局《关于受理违法广告举报工作的规定》也规定了普通公民享有对违法广告的举报监督权利。被告不予受理原告的举报有可能损害到原告依法享有的举报监督权利，原告与被告不予受理举报的决定之间遂建立起法律上的利害关系。但由于原告的民事实体权益并不会受到原告所举报的比较广告的影响，被告对该比较广告是否违法的认定及是否应当予以查处的决定并不会影响到原告的合法权益，因而案件的审查范围应限定在被告对原告举报的处理程序是否合法、是否损害原告的举报监督权上。

由于现有的关于工商行政管理方面的法律、法规对工商投诉、举报、申诉案件的受理和立案标准的界定并不明确，因而工商部门在实践中容易将二者混同。从国家工商行政管理局《关于受理违法广告举报工作的规定》的相关规定上看，只有对于针对发布时间超过 2 年的违法广告的举报和无法调查的匿名举报函可不予受理，其他举报工商行政管理机关均应受理。受理后，工商部门应着手对举报事实进行初步认定和调查核实，并决定立案查处。因此，受理应当发生在事实调查认定和立案查处之前。受理后，经核实不属于违法广告的，不予立案，属于违法广告的，应立案查处。本案被告作出的《答复》已经根据被举报产品的照片认定被举报广告并非法律禁止的违法广告，实质上是走到了受理程序之后，其作出不予受理原告举报的决定，实际是在认定被举报广告并非违法广告的基础上，作出不予立案查处的结论。被告混淆了违法广告举报受理和立案查处两个概念的区别，但这仅属于法律术语使用错误，并非违法的行政行为。因此，法院最终驳回了原告的诉讼请求。

（广东省广州市天河区人民法院　瞿栋）

2. 罗杰商贸（中山）有限公司不服国家工商行政管理总局商标局商标核准转让案

（一）首部

1. 判决书字号：北京市第一中级人民法院（2011）一中行初字第2211号判决书。
2. 案由：商标行政管理。
3. 诉讼双方
原告：罗杰商贸（中山）有限公司，住所地：广东省中山市三乡镇桥头村。
法定代表人：江永雄，该公司董事长。
委托代理人：高重阳，北京市海铭律师事务所律师。
被告：国家工商行政管理总局商标局，住所地：北京市西城区三里河东路8号。
法定代表人：许瑞表，该局局长。
委托代理人：苏冰澈，国家工商行政管理总局商标局干部。
委托代理人：魏然，国家工商行政管理总局商标局干部。
第三人：中山皇冠皮件有限公司，住所地：广东省中山市三乡镇第二工业区。
法定代表人：江枝田，该公司董事长。
第三人：中山罗杰塑胶科技有限公司，住所地：广东省中山市三乡镇第二工业区。
法定代表人：江枝田，该公司董事长。
第三人之共同委托代理人：尹申，北京金信立方知识产权代理有限公司职员。
第三人之共同委托代理人：李静，北京金信立方知识产权代理有限公司职员。
4. 审级：一审。
5. 审判机关和审判组织

审判机关：北京市第一中级人民法院。

合议庭组成人员：审判长：张靛卿；代理审判员：曹炜、李智。

6. 审结时间：2011 年 9 月 20 日。

（二）诉辩主张

1. 被诉具体行政行为

2011 年 4 月 25 日，被告依据原告的转让申请，作出 2011 转 19104TH 号转让申请不予核准通知书（以下简称被诉通知书），内容如下：“第 4995817 号商标的转让申请，我局已受理。经审查核实，申请人提交的（2011）京中证外字第 1381 号公证书系伪造。因此，我局对该转让申请不予核准。”

2. 原告诉称

原告受让第 4995817 号商标（以下简称诉争商标），符合《中华人民共和国商标法》（以下简称《商标法》）和《中华人民共和国商标法实施条例》（以下简称《商标法实施条例》）关于商标转让的规定，应当予以核准。被告以原告提交的公证书系伪造为由不予核准原告的商标转让申请，于法无据。

3. 被告辩称

根据《商标法》第二十六条的规定，为申请商标注册所申报的事项和所提供的材料应当真实、准确、完整。而原告向其提供伪造的公证书，该做法违反法律规定和诚实信用原则。同时，在第三人中山罗杰塑胶科技有限公司（以下简称罗杰塑胶公司）提供的材料中，第三人中山皇冠皮件有限公司（以下简称皇冠皮件公司）法定代表人江枝田关于从未与原告罗杰商贸（中山）有限公司（以下简称罗杰商贸公司）签订过任何转让协议的经公证的声明也表明了罗杰商贸公司的转让不具真实性。

4. 第三人述称

罗杰塑胶公司在两次商标转让申请中提交的全部文件真实、合法，而罗杰商贸公司先后两次向商标局提交虚假材料，证据确凿，依法理应不予核准罗杰商贸公司的商标转让申请。

（三）事实和证据

北京市第一中级人民法院经公开审理查明：本案第三人皇冠皮件公司于 2005 年 11 月 11 日申请注册第 4995817 号“皇冠 CROWN 及图”商标（即本案诉争商标），指定使用在 18 类商品类别上，于 2009 年 3 月 6 日被初步审定公告，2009 年 6 月 7 日获得注册公告。

2009 年 9 月 29 日，本案另一第三人罗杰塑胶公司向被告提出申请，申请受让所有人为皇冠皮件公司的诉争商标。2009 年 11 月 18 日，罗杰商贸公司亦向被告提出申请，申请受让本案诉争商标。

被告于 2010 年 6 月 7 日向罗杰塑胶公司发出《转让申请补正通知书》，内容主要为："又于 2009 年 11 月 18 日办理了将同一商标转让给罗杰商贸公司的申请，请你们协商或通过司法程序确定商标权归属"，并要求罗杰塑胶公司在收到通知书之日起 30 日内按上述要求补正。2010 年 11 月 25 日，被告亦向罗杰商贸公司发出《转让申请补正通知书》，内容主要为："又于 2009 年 9 月 29 日办理了将同一商标转让给罗杰塑胶公司的申请，请你们协商或通过司法程序确定商标权归属"，并要求罗杰塑胶公司在收到通知书之日起 30 日内按上述要求补正。

罗杰塑胶公司于 2010 年 6 月 13 日向被告补充提交了北京市方圆公证处作出的（2010）京方圆内经证字第 14179 号公证书，证明皇冠皮件公司法定代表人江枝田代表公司签署了将含诉争商标在内的 16 件商标转让给罗杰塑胶公司的声明，两公司共同签署的《转让申请/注册商标申请书》真实有效。

罗杰商贸公司于 2011 年 1 月 10 日亦向被告补充提交了"北京市中信公证处作出的（2010）京中信证字第 143440 号公证书"，用以证明皇冠皮件公司已在 2008 年 1 月 1 日将皇冠牌商标权利转让给罗杰商贸公司，任何与皇冠皮件公司所签署的关于皇冠牌商标的协议已全部失效。

被告分别于 2011 年 2 月 21 日向罗杰塑胶公司发出 2009 转 50578TH 号转让申请不予核准通知书，于 2011 年 2 月 24 日向罗杰商贸公司发出 2009 转 59073TH 号转让申请不予核准通知书。上述通知书认为罗杰塑胶公司提交了经北京市方圆公证处公证的该商标转让声明，但罗杰商贸公司也提交了经北京市中信公证处公证的转让协议，故要求协商或通过司法程序确定商标权归属。因此，对于两公司的转让申请均不予核准。

2011 年 3 月 7 日，罗杰塑胶公司再次提出诉争商标的转让申请，并提交了：(1) 北京市中信公证处出具的证明，证明罗杰商贸公司提交的（2010）京中信证字第 143440 号公证书系伪造。(2) 广东省桂山公证处作出的（2011）粤中桂证内字第 179 号公证书，公证书证明皇冠皮件公司法定代表人江枝田的声明：1）该公司从未与罗杰商贸公司签订过任何形式的商标转让协议；2）该公司从未与除罗杰塑胶公司之外的企业和个人签订过任何形式的商标转让协议；3）该公司对外签订的所有有效协议除加盖公章之外，还应有法定代表人"江枝田"签名方为有效。(3) 北京市方圆公证处作出的（2010）京方圆内经证字第 14179 号公证书，证明江枝田在皇冠皮件公司与罗杰塑胶公司之间的 16 件商标的转让协议上签名、盖章。

2011 年 3 月 23 日，罗杰商贸公司亦再次向被告提出诉争商标转让申请，并提交了公证员为刘俊兰的北京市中信公证处（2011）京中证外字第 1381 号公证书，公证书载明："兹证明中山皇冠皮件有限公司已在 2008 年 1 月 1 日将'皇冠牌'商标权利转让给罗杰商贸（中山）有限公司，任何与中山皇冠皮件有限公司所签署的关于'皇冠牌'商标的协议已全部失效，本协议书主要是通知所有'皇冠牌'的授权商以及经销商必须与罗杰商贸（中山）有限公司重新商谈品牌授权相关事宜。其他转让协议全部无效。"罗杰商贸公司与皇冠皮件公司的两份协议作为公证书的一部分一起提交。

同年 4 月 19 日，被告工作人员向北京市中信公证处刘俊兰公证员核实（2011）京中证外字第 1381 号公证书的情况，刘俊兰回复：该公证书系伪造，不是由其及北京市中信公证处出具。

2011 年 4 月 25 日，被告作出被诉通知书。

2011 年 5 月 13 日，罗杰塑胶公司受让的诉争商标的转让公告刊登于第 1263 期《商标公告》。

上述事实有下列证据证明：

1. 第 4995817 号商标注册申请书；

2. 转让申请书（受让人：罗杰塑胶公司）；

3. 转让申请书（受让人：罗杰商贸公司）；

4. 转让补正通知书（受让人：罗杰塑胶公司）；

5. 转让补正通知书（受让人：罗杰商贸公司）；

6. 罗杰塑胶公司补正回文及（2010）京方圆内经证字第 14179 号公证书；

7. 罗杰商贸公司补正回文及（2010）京中信证字第 143440 号公证书；

8. 转让不予核准通知书（给罗杰塑胶公司）；

9. 转让不予核准通知书（给罗杰商贸公司）。

证据 1—9 证明商标所有人的变动情况。

10. 行政复议材料，证明原告提供的公证书系伪造，注册人不曾与原告签订过转让协议，被告作出的被诉通知书并无不当；

11. 关于公证书真伪的电话记录，证明原告提供的公证书系伪造，被告作出的被诉通知书并无不当；

12. 转让申请材料（受让人：罗杰塑胶公司，2011 年 3 月 7 日），证明罗杰塑胶公司提供材料证明了其转让的真实性，注册人不曾与原告签订过转让协议，被告作出的被诉通知书并无不当；

13. 转让申请材料（受让人：罗杰商贸公司，2011 年 3 月 23 日），证明原告提供的公证书不符合公证书格式要求；

14. 转让公告，证明诉争商标现已转让给罗杰塑胶公司；

15. 原告与皇冠皮件公司签订的两份转让协议，证明原告与皇冠皮件公司具有商标转让的真实意思表示；

16. 北京市中信公证处出具的关于（2010）京中信证字第 143440 号公证书系伪造的证明。

（四）判案理由

北京市第一中级人民法院经审理认为：《商标法实施条例》第二十五条第一款规定：“转让注册商标的，转让人和受让人应当向商标局提交转让注册商标申请书。转让注册商标申请手续由受让人办理。商标局核准转让注册商标申请后，发给受让人相应证明，并予以公告。”国家工商行政管理总局商标局《关于申请转让商标有关问题的规定》（以下简称《有关问题的规定》）第四条规定：“……商标局对转让的真实性产生怀疑的，商标局可以向受让人发出补正通知书，要求其书面说明有关情况，必要时可以要求提供经公证的转让协议或经公证的转让人同意转让的声明，或者其他证明文件。”根据《商标法实施条例》、参照《有关问题的规定》的上述条款，在针对同一商标出现不同受让人的两件商标转让申请时，被告为了保护合法商标转让人及受让人的正当权益，规范商标转让行为，维护商标管理的正常秩序，从审慎角度出发，在罗杰商贸公司和罗杰塑胶公司尚未协商一致或通过司法途径解决商标转让争议的情况下，对双方当事人提交的公证书进行审查并无不当。同时，《商标法》第二十六条规定："为申请商标注册所申报的事项和所提供的材料应当真实、准确、完整。"虽然上述规定直接规范的是商标申请行为，但商标转让行为系依申请行政行为，行政机关须依据相对人的真实意思表示进行审查，继而作出行政决定。因此，在《商标法》规定商标转让手续由受让人办理的情况下，受让人提交的材料必须真实、完整。本案中，原告向被告提交了虚假的"公证书"，被告据此作出不予核准转让决定是正确的。

原告主张虽然其提交的公证书不真实，但不等同于转让协议虚假，其与皇冠皮件公司的商标转让意向真实存在。关于此点诉讼主张，本院认为：首先，在行政程序中，原告与皇冠皮件公司的转让协议并未单独作为证据提交，而是作为公证机关公证的对象，与公证员的见证内容一起，作为"公证书"的组成部分整体提交，故被告仅对公证书的真伪作出判断并据此作出被诉通知书并无不当。其次，即使考虑原告所称的其与皇冠皮件公司之间存在的商标转让协议，但因为罗杰塑胶公司已经提供了经公证的商标权利人的声明，其否认与原告签订过任何形式的商标转让协议，故在无进一步证据佐证的情况下，原告提交的上述材料不足以证实其主张。若其认为皇冠皮件公司违反双方约定，应当通过其他救济途径解决。

（五）定案结论

北京市第一中级人民法院依照最高人民法院《关于执行〈中华人民共和国行政诉讼法〉若干问题的解释》第五十六条第（四）项之规定，作出如下判决：

驳回原告罗杰商贸（中山）有限公司的诉讼请求。

案件受理费50元，由原告罗杰商贸（中山）有限公司负担（已交纳）。

（六）解说

商标转让是因双方合意而改变商标权属状况的行为。与一般财产的转让行为不同，根据《商标法》第三十九条的规定，商标转让需要经过商标局的核准，并经公告才对外发生法律效力。虽然《商标法》第三十九条规定转让注册商标由转让人和受让人共同提出申请，但在实际操作中根据《商标法实施条例》第二十五条的规定，转让注册商标的申请手续由受让人办理，且只需要提供《转让注册商标申请书》一份即可。因为法律、法规对于商标转让的规定过于简单，在实践中就出现了非基于双方真实意思表示或意思表示不清的转让行为，主要有以下几种：一是受让人伪造转让人的签字、公章，向商标局提交虚假的商标转让申请、办理相关转让手续。二是在转让方和受让方形成了商标转让合意，在受让人向商标局提供材料之后、商标局核准之前，转让人或受让人悔约，不愿商标转让行为实现。三是一个商标权人针对同一商标签订了多份形式上真实的商标转让申请书，并由不同受让人向商标局提出转让申请，形成了一标多转的情况。

《商标法》第二十六条规定："为申请商标注册所申报的事项和所提供的材料应当真实、准确、完整。"虽然上述规定直接规范的是商标申请行为，但商标转让行为系依申请行政行为，行政机关应当以当事人的真实意思表示为基础作出行政行为。商标权是社会主体的一项重要民事权利，行政机关在办理相关事宜的时候，理应审慎对待，尽可能避免错误的发生。从公平角度考虑，行政机关应当从严把握，尽可能保护商标转让双方的利益。但是，目前我国已经是一个商标大国，每年发生的商标转让行为数以万计。在如此庞大的转让基数的情况下，如何兼顾行政管理的公平和效率，也是需要认真对待的实际问题。

1. 虚假转让的审查和处理

行政机关应当仔细审核文件的内容，并对签字、印章等确定身份的重要标记与在行政机关预留的签字、印章等进行认真比对，排除明显与原信息不符的申请文件。对于真实性效力存在较大疑问的，应当进一步要求当事人补正。但是，鉴于目前的实际情况，即使没有明显不符的申请文件，也有可能存在伪造的可能性。因此，行政机关在受理商标转让申请之后，应当及时给转让双方尤其是转让方发送《受理通知书》，告知其拥有的商标已进入审核程序，若有不同意见应当及时陈述，避免转让实际发生之后，造成无法弥补的损失。

但是，商标行政管理机关并非专业鉴定机构，且商标转让数量庞大，要求行政机关对于每一件需要比对的材料作出类似于鉴定结论的准确判断在实践中既不可能，又无必要。因此，对于行政机关而言，只需排除明显不符的情形即可。若行政机关作出核准或不予核准转让的决定之后，当事人提供了具有更高效力的证据材料（如法定鉴定机构出具的鉴定结论）足以否定原决定，则行政机关可以在充分保证双方平等的举证、质证以及陈述意见的权利的基础上，变更原行政行为。当事人若依据前述鉴定结论提起行政诉讼，人民法院在查明事实的基础上，也可以撤销原行政行为，判令行政机关重作，但是在判决书中应当写明行政机关已经尽到了审查义务，并非属于因行政行为违法而造成的撤销结果。毕竟对于司法程序和行政程序，公平和效率的侧重点应当有所不同。

2. 一方反悔的审查和处理

对于商标受让人向商标局提出转让申请之后、商标局作出核准转让行为之前，转让人反悔，不愿继续转让或受让商标的，应当以书面形式，向行政机关表明其不愿继续履行约定的明确意思表示，并附随证明其身份情况的明确材料。行政机关在查明其新的意思表示之后，应当作出不予核准的决定。若是受让人反悔的，可以直接撤回转让申请；若不撤回，而是明确表示不愿意继续履行约定的，行政机关查实之后应作出不予核准的决定。

但是，应当注意的是，转让人或者受让人在后作出的不履约意思表示的形式效力应当高于或至少等于先前的转让的意思表示。即如果转让协议是书面的，那么不履约意思表示的形式也应当是书面的；若转让协议是经过公证的，不履约意思表示也应当经过公证。

商标转让行为的本质和基础是当事人对于民事权利的处分，行政机关的确认使其具有对世效力，故不能把对于商标转让权利的处分视为一种行政权力，而禁止其基于真实意思进行处分。但是，如果因一方的毁约行为导致商标转让未被核准，则悔约一方须承担民法上的违约责任，对方当事人可以据此向法院提起民事诉讼，请求赔偿或重新履行。

3. “一标多转”的审查和处理

对于“一标多转”的情形，行政机关应当要求各方当事人补充证据，确定明确的权利归属关系之后，再作出审核或不予审核的决定；在此之前，不应改变商标权利的现有归属情况。

4. 证据的要求

在一般情况下，根据《商标法实施条例》第二十一条的规定，商标受让人办理商标转让手续只需要提供一份《转让注册商标申请书》即可。转让协议并非必要材料，因为《转让注册商标申请书》已经表达了转让的意思表示，并有双方的签字或盖章。但是对于如本案“一标多转”的情况，仅凭《转让注册商标申请书》甚至商标转让协议无法证明转让双方的意思表示。虽然法律、法规对于此种情况没有明确规定，但行政机关基于审慎原则，要求两个受让人协商或通过司法程序确定商标权归属符合法律的立法本意。两个受让人在没有按期达成协议以及提起司法程序的情况下，用公证书的形式补强原证据，因此行政机关基于对公证书真实性的判断，作出不予核准的决定并无不当。虽然被诉行政行为载明的不予核准的理由仅为形式上原告提交的证据系伪造，但实际上可以进一步认定原告提交的材料不足以证明商标权人有出让商标的真实意思表示。

5. 余论

本案是一起典型的商标转让争议，涉及的内容涵盖了上述归纳的几种意思表示不真实、不清晰的情形：行政机关因“一标多转”而要求两个受让人补强证据；在原告提交的补强证据中，出现了虚假的材料；而诉争商标“一标多转”以及原告提交虚假公证书的根本原因，在于商标权人悔约，不愿再将商标转给原告，因此原告为了受让商标而造假。本案中行政机关的处理还是比较妥当慎重的，值得其他行政机关在处理类似情况时予以参考。

（北京市第一中级人民法院　曹炜）

3. 联塑（杭州）机械有限公司等不服国家知识产权局作出手续合格通知书案

（一）首部

1. 判决书字号：北京市第一中级人民法院（2011）一中行初字第 1257 号行政判

决书。

2. 案由：专利行政管理。

3. 诉讼双方

原告：联塑（杭州）机械有限公司，住所地：浙江省临安经济开发区。

法定代表人：陆孝庭，该公司董事长。

原告：陆孝庭，商人，住台湾省台南县。

二原告之共同委托代理人：王兵，杭州天正专利事务所有限公司专利代理人。

被告：国家知识产权局，住所地：北京市海淀区蓟门桥西土城路6号。

法定代表人：田力普，该局局长。

委托代理人：韩晓刚，中华人民共和国国家知识产权局干部。

委托代理人：慕晓丽，中华人民共和国国家知识产权局干部。

第三人：韩志翔。

4. 审级：一审。

5. 审判机关和审判组织

审判机关：北京市第一中级人民法院。

合议庭组成人员：审判长：张杰；代理审判员：赵锋、李智。

6. 审结时间：2011年9月20日。

（二）诉辩主张

1. 被诉具体行政行为

被告针对第200810125023.X号专利申请（发明创造名称：射出成型机射料管定位结构，以下简称涉案专利）作出手续合格通知书（以下简称被诉通知书），其中认定：上述专利申请，申请人于2009年1月19日提交的著录项目变更申报书，经审查，符合《中华人民共和国专利法》（以下简称《专利法》）第十条及2002年12月28日修订的《中华人民共和国专利法实施细则》（以下简称《专利法实施细则》）第一百一十八条第二款的有关规定，并且申请人在《专利法实施细则》第九十七条规定的期限内，按规定缴纳了著录项目变更费，准予变更申请人，即将涉案专利的申请人由联塑（杭州）机械有限公司（以下简称联塑公司）和陆孝庭变更为联塑公司、陆孝庭和韩志翔。

2. 原告诉称

（1）优先权转让与申请人的著录项目变更是两个独立的程序，且有先后的差异，不得加以混淆。只有在优先权转让程序完成之后，才能进行申请人的变更。本案中，优先权的转让已经由被告批准完成，且无人提出异议，应属合法有效。（2）本案中，申请人由两原告变更为两原告和第三人韩志翔，已经涉及中国内地单位专利申请权的摊薄。换言之，本案涉及中国内地的单位向台湾地区的个人转让专利申请权，应当获得相关行政部门的审批。被告在缺乏相应审批文件的情形下作出被诉通知书，同意变更涉案专利申请的申请人，违反了涉外专利申请转让的相关法律的规定。综上，请求法院依法撤销被诉通知书。

3. 被告辩称

(1) 国家实行技术进出口管理制度的目的在于规范技术进出口管理，维护技术进出口秩序，促进国民经济和社会发展，要求技术进出口应当有利于维护我国经济技术权益。就本案来说，先后提出的专利申请的内容相同，被诉通知书同意增加的专利申请人韩志翔本来就是在先申请的申请人，因此该项专利申请权的转让不属于《专利法实施细则》规定的需要国务院对外经济贸易主管部门会同国务院科学技术行政部门批准转让的情形。(2) 虽然优先权转让和专利申请权转让属于不同的程序，但两者具有相同的属性，即两者均构成申请人的变化，从而造成专利申请权的转移。本案中，在先申请的申请人为联塑公司和韩志翔，经过优先权转让后，在后申请的申请人取得了该项专利的申请权，即专利申请人已由联塑公司和韩志翔变更为联塑公司和陆孝庭。按照原告的主张，如果本案被诉通知书因未经相关行政部门审批而应被撤销，那么与本案相关的优先权转让也应当被撤销。综上，被诉通知书认定事实清楚、适用法律正确，请求法院予以维持。

(三) 事实和证据

北京市第一中级人民法院经公开审理查明：2008 年 6 月 23 日，原告联塑公司以及陆孝庭向被告国家知识产权局提出涉案专利申请，并要求行使中国实用新型专利优先权，该在先专利申请的申请人为联塑公司和韩志翔，二者同时提交了优先权转让证明。2009 年 1 月 16 日，被告作出视为未要求本国优先权通知书，原因是提交的优先权转让证明未经在先申请的全体申请人签字或者盖章。2009 年 1 月 19 日，联塑公司和陆孝庭提交著录项目变更申报书及专利申请权转让协议书，请求将申请人由联塑公司和陆孝庭变更为联塑公司、陆孝庭和韩志翔，同时提交了专利申请权转让协议书。2009 年 2 月 18 日，联塑公司和陆孝庭提出恢复优先权申请，并提交了经在先申请的全体申请人签字和盖章的优先权转让证明。同时，再次提交了将申请人由联塑公司和陆孝庭变更为联塑公司、陆孝庭和韩志翔的著录项目变更申报书。2009 年 3 月 13 日，被告经审查作出优先权恢复请求审批决定，同意恢复优先权。同时，被告作出被诉通知书。2009 年 12 月 7 日，原告联塑公司和陆孝庭不服被诉通知书，向被告提起行政复议。被告经审查，作出行政复议决定，维持了被诉通知书。原告联塑公司和陆孝庭仍不服被诉通知书，诉至法院。

上述事实有下列证据证明：

1. 涉案专利申请受理通知书、申请文件、优先权转让声明，用于证明涉案专利申请的申请人、专利申请内容及要求另一在先申请的优先权；

2. 在先专利申请文件，用于证明在先申请的内容及申请人；

3. 《视为未要求本国优先权通知书》，用于证明申请人提交的优先权转让声明不合格；

4. 申请人提交的著录项目变更申报书及专利申请权转让协议书，用于证明涉案专利申请人请求变更申请人；

5. 申请人提交的恢复权利请求书、优先权转让证明及申请人变更的著录项目变更申报书，用于证明申请人请求恢复优先权、在先申请的申请人转让本国优先权及申请人提出申请人变更请求；

6. 恢复权利请求审批决定，用于证明被告给予涉案专利本国优先权；

7. 被告于 2010 年 9 月 7 日作出的第 1306 号行政复议决定书。

（四）判案理由

北京市第一中级人民法院经审理认为：《专利法》第十条第二款规定，中国单位或者个人向外国人、外国企业或者外国其他组织转让专利申请权或者专利权的，应当依照有关法律、行政法规的规定办理手续。《专利法实施细则》（2002）第十四条规定，中国单位或者个人向外国人转让专利申请权或者专利权的，由国务院对外经济贸易主管部门会同国务院科学技术行政部门批准。《审查指南》第一部分第一章第 6.7.2.2 节第（3）项规定，转让方是中国内地的个人或者单位，受让方是香港、澳门或者台湾地区的个人、法人或者其他组织的，参照本项（ii）的规定处理。该项（ii）规定，转让方是中国内地的个人或者单位，受让方是外国人、外国企业或者外国其他组织的，应当出具国务院商务主管部门颁发的《技术出口许可证》或者《自由出口技术合同登记证书》，或者地方商务主管部门颁发的《自由出口技术合同登记证书》，以及双方签字或者盖章的转让合同。由此可知，中国内地的个人或单位向香港、澳门或者台湾地区的个人、法人或者其他组织转让专利申请权或者专利权的，应当先行获得相关行政部门的批准并取得相应的技术出口审批文件。本案中，涉案专利申请权的转让人之一联塑公司为中国内地的单位，而受让人之一韩志翔为台湾地区的个人。因此，涉案专利申请权在转让之前须取得相关行政部门的技术出口审批文件。在缺乏技术出口审批文件的情形下，被告核准涉案专利申请权的转让显然违反了上述法律规定。另外，优先权转让与专利申请权转让分属不同的程序，优先权之转让情形不影响有关本案被诉通知书的合法性审查。综上，被诉通知书适用法律、法规错误，处理结论有误，本院依法应予撤销。原告的诉讼请求具有事实及法律依据，本院应予支持。

（五）定案结论

北京市第一中级人民法院依照《中华人民共和国行政诉讼法》第五十四条第（二）项第 2 目之规定，作出如下判决：

撤销被告国家知识产权局于 2009 年 3 月 27 日针对第 200810125023.X 号专利申请作出的专利著录项目变更手续合格通知书。

（六）解说

本案的争议焦点在于：专利申请权转让与优先权转让（要求优先权）在性质上存在何种差别以及此差别是否导致二者在审查程序中存在关联。

《专利法》第十条第一款规定，专利申请权和专利权可以转让；第二十九条第二款规定，申请人自发明或者实用新型在中国第一次提出专利申请之日起 12 个月内，又向国务院专利行政部门就相同主题提出专利申请的，可以享有优先权。笔者认为，《专利法》所称专利申请权是指申请人在向国家知识产权局提出申请后对其专利申请所享有的民事权利。此种权利属财产权，其主要体现在申请人有权决定对其申请予以保留、实施、放弃、转让等。而优先权是基于法律的直接规定所发生的权利，不容当事人任意创设，在法定要件具备时，当然发生效力。创设优先权之目的在于不同性质的若干民事权利发生冲突时，其可以担保某一民事权利人的民事权利优先于其他民事权利人的民事权利而得到实现。我国设立的知识产权优先权制度保证了债权人针对债务人所享有的特定知识产权中的财产性权利的优先权。

基于专利申请权及优先权性质之差异，法律、法规等对于专利申请权的转让以及优先权转让（要求优先权）的规定亦明确区分。《专利法》第十条第二款规定，中国单位或者个人向外国人、外国企业或者外国其他组织转让专利申请权或者专利权的，应当依照有关法律、行政法规的规定办理手续。《专利法实施细则》(2002) 第十四条规定，中国单位或者个人向外国人转让专利申请权或者专利权的，由国务院对外经济贸易主管部门会同国务院科学技术行政部门批准。《审查指南》第一部分第一章第 6.7.2.2 节第 (3) 项规定，转让方是中国内地的个人或者单位，受让方是香港、澳门或者台湾地区的个人、法人或者其他组织的，参照本项 (ii) 的规定处理。该项 (ii) 规定，转让方是中国内地的个人或者单位，受让方是外国人、外国企业或者外国其他组织的，应当出具国务院商务主管部门颁发的《技术出口许可证》或者《自由出口技术合同登记证书》，或者地方商务主管部门颁发的《自由出口技术合同登记证书》，以及双方签字或者盖章的转让合同。而对于优先权转让（要求优先权），《专利法》第三十条规定，申请人要求优先权的，应当在申请的时候提出书面声明，并且在 3 个月内提交第一次提出的专利申请文件的副本；未提出书面声明或者逾期未提交专利申请文件副本的，视为未要求优先权。《专利法实施细则》(2002) 第三十二条规定，申请人依照《专利法》第三十条的规定办理要求优先权手续的，应当在书面声明中写明第一次提出专利申请的申请日、申请号和受理该申请的国家；书面声明中未写明在先申请的申请日和受理该申请的国家的，视为未提出声明。《审查指南》第一部分第一章第 6.2 节规定，申请人就相同主题的发明或者实用新型在中国第一次提出专利申请之日起 12 个月内，又以该发明专利申请为基础向专利局提出发明专利申请或者实用新型专利申请的，或者又以该实用新型专利申请为基础向专利局提出实用新型专利申请或者发明专利申请的，可以享有优先权。这种优先权称为本国优先权。第 6.2.2.4 节规定，要求优先权的在后申请的申请人与在先申请中记载的申请人应当一致；不一致的，在后申请的申请人应当在提出在后申请之日起 3 个月内提交由在先申请的全体申请人签字或者盖章的优先权转让证明文件。在后申请的申请人期满未提交优先权转让证明文件，或者提交的优先权转让证明文件不符合规定的，审查员应当发出视为未要求本国优先权通知书。

笔者认为，根据意思自治原则，专利申请权的转让原则上不受限制，只要当事人达成协议即可，但是考虑到我国的产业政策、科技政策和社会发展政策，采取相应的技术出口管制措施有利于促进我国科技进步和对外经济技术合作的发展，有利于维护我国经济技术权益。因此，《审查指南》明确中国内地的个人或单位向香港、澳门或者台湾地区的个人、法人或者其他组织转让专利申请权或者专利权的，应当先行获得相关行政部门的批准并取得相应的技术出口审批文件。然而在后申请的申请人要求优先权时只需在

3个月内提交第一次提出的专利申请文件的副本及要求优先权的书面声明，即优先权转让（要求优先权）的过程中不存在行政审批环节。如果要求优先权之在后申请的申请人与在先申请中记载的申请人不一致，在后申请之申请人仅需补充提交由在先申请的全体申请人签字或者盖章的优先权转让证明文件。综上，专利申请权及专利法中之优先权在权利属性上存在差异，专利申请权的转让及优先权转让（要求优先权）在审查程序、审查标准方面存有不同。专利申请权的转让与优先权转让（要求优先权）各自独立，既不在程序中存在前后之别，又不因申请内容相同或在先、在后申请人交叉的缘故而关联。本案中，专利申请权转让人之一的联塑公司为中国内地的单位，受让人之一的韩志翔为台湾地区的个人。因此，被告在缺乏相关行政部门的技术出口审批文件的情形下，核准涉案专利申请权的转让违反了法律、法规之规定。本案优先权之转让情形并不能影响法院针对专利申请权转让之核准行为的合法性审查。

关于专利申请权转让在一定条件下的审批制度是否合理的问题，笔者认为，根据《技术进出口管理条例》的规定，出口的技术分为禁止出口、限制出口、自由出口技术三类。由于技术出口涉及国家安全、社会公共利益、公民以及动植物的健康或者安全、环境保护、自然资源保护、国内供需平衡、出口经营秩序、建设特定产业、我国国际金融地位和国际收支平衡等重大问题，因而建立、健全技术出口管制有其相当的必要性。本案中，涉及技术出口的审批情形为中国内地的个人或单位向香港、澳门或者台湾地区的个人、法人或者其他组织转让专利申请权或者专利权。然而，本案中涉案专利申请人之一的联塑公司为中国内地公司，另一位申请人陆孝庭为台湾地区个人，专利申请权的受让方亦包含台湾地区个人，此种转让情形是对“转让方为中国内地的个人或单位”条件的扩大。笔者认为，根据《技术进出口管理条例》第二条的规定，技术进出口，是指从中华人民共和国境外向中华人民共和国境内，或者从中华人民共和国境内向中华人民共和国境外，通过贸易、投资或者经济技术合作的方式转移技术的行为。即使中国内地的个人或单位连同台湾地区的个人、法人或者其他组织向台湾地区的个人、法人或者其他组织转让专利申请权或者专利权，也需要通过技术出口审批手续，那么本案中的转让情形是否属于纯粹的技术转移行为也是值得商榷的。

（北京市第一中级人民法院　李智）

4. 盐城市第一建筑工程有限公司不服江苏省盐城工商行政管理局行政处罚案

（一）首部

1. 裁判书字号

一审判决书：盐城市亭湖区人民法院（2011）亭行初字第0022号行政判决书。

二审裁定书：盐城市中级人民法院（2011）盐行终字第 0043 号行政裁定书。

2. 案由：工商行政处罚。

3. 诉讼双方

原告（上诉人）：盐城市第一建筑工程有限公司（以下简称一建公司）。

法定代表人：崔绍坤，该公司董事长。

被告（被上诉人）：江苏省盐城工商行政管理局。

法定代表人：何革，该局局长。

4. 审级：二审。

5. 审判机关和审判组织

一审法院：盐城市亭湖区人民法院。

合议庭组成人员：审判长：邵伟；审判员：高德龙；人民陪审员：董叶。

二审法院：盐城市中级人民法院。

合议庭组成人员：审判长：刘红；审判员：李村；代理审判员：王为华。

6. 审结时间

一审审结时间：2011 年 5 月 13 日。

二审审结时间：2011 年 10 月 30 日。

（二）一审诉辩主张

1. 被诉具体行政行为

江苏省盐城工商行政管理局（以下简称盐城工商局）作出的盐工商案字（2010）第 00295 号工商行政处罚决定。

2. 原告诉称

一是被告作出的行政处罚决定认定事实错误。盐城市中级人民法院（2010）盐刑二终字第 0032 号刑事判决书认定崔绍坤向周××行贿，但未认定一建公司向周××行贿。崔绍坤向周××行贿的目的是协调矛盾，结算工程款，与招投标工程无关。二是该处罚决定适用法律错误。被告适用《中华人民共和国反不正当竞争法》第八条第一款、第二十二条之规定对原告进行处罚，而原告与盐城中学、周××之间无商品销售或购买关系，故对照该法第八条原告不构成商业贿赂行为；国家工商行政管理总局无权对法律作出解释，《国家工商行政管理总局关于以贿赂手段承包建筑工程项目定性处理问题的答复》不是规章，也不能参照执行。三是被告无权对原告实施处罚。即使原告存在商业贿赂行为，也应当按照《中华人民共和国建筑法》的规定，由建设行政主管部门进行查处。诉请法院依法撤销盐工商案字（2010）第 00295 号行政处罚决定书。

3. 被告辩称

一是崔绍坤系一建公司法定代表人，崔为请时任盐城中学总务处主任南校区筹建领导小组成员兼办公室主任的周××在一建公司承建盐城中学南校区工程项目上给予关照而送钱给周。其送钱是为了公司的利益，且所送钱物均在一建公司账上夹支，故崔绍坤的行为应认定为职务行为。被告所作出的行政处罚事实清楚，证据充分。二是适用法律正确。《中华人民共和国反不正当竞争法》中的商品经营者包括商品经营和提供营利性服务的法人；《国家工商行政管理总局关于以贿赂手段承包建筑工程项目定性处理问题的答复》中明确规定：建筑施工企业从事经营行为，其性质属于《中华人民共和国反不正当竞争法》中的经营者，故被告适用法律正确。三是《中华人民共和国建筑法》与《中华人民共和国反不正当竞争法》相比，对于处置反不正当竞争行为，《中华人民共和国反不正当竞争法》是特别法，应当优先适用，故被告有权对一建公司实施处罚。

（三）一审事实和证据

盐城市亭湖区人民法院经公开审理查明：自 2002 年起，原告一建公司通过参加招投标竞标的方式，先后于 2002 年、2003 年、2004 年中标江苏省盐城中学南校区实验楼、教师公寓楼等项目工程。原告中标后，与江苏省盐城中学先后就上述中标项目签订了建设工程施工合同，并进行施工。2002 年下半年至 2009 年春节前，原告法定代表人崔绍坤为请时任盐城中学校长助理兼总务处主任的周××（已被判刑）在工程项目上给予关照，并感谢周××在工程施工、协调矛盾、及时支付工程款方面给予关照，先后 13 次送给周××人民币合计 26 000 元。2010 年 8 月 9 日，被告盐城工商局向原告发出盐工商案听字［2010］900024 号行政处罚听证告知书，并于 2010 年 8 月 23 日举行了听证。2010 年 8 月 26 日，被告盐城工商局作出盐工商案字（2010）第 00295 号行政处罚决定书，依据《中华人民共和国反不正当竞争法》第八条第一款的规定，认定原告一建公司的行为构成商业贿赂行为，依据《中华人民共和国反不正当竞争法》第二十二条的规定，决定责令一建公司停止违法行为，并处罚款 100 000 元，上缴国库。一建公司不服该处罚决定，向江苏省工商行政管理局申请行政复议被维持后，遂向本院提起行政诉讼，请求撤销被告作出的盐工商案字（2010）第 00295 号行政处罚决定书。

上述事实有下列证据证明：

1. 江苏省盐城市中级人民法院（2010）盐刑二终字第 0032 号刑事判决书；

2. 2009 年 6 月 26 日阜宁县人民检察院对周××的讯问笔录；

3. 2009 年 6 月 25 日阜宁县人民检察院对崔绍坤的询问笔录；

4. 2010 年 7 月 5 日被告盐城工商局对原告一建公司法定代表人崔绍坤的询问笔录；

证据 1—4 证明原告的法定代表人崔绍坤为请时任盐城中学总务处主任、南校区筹建领导小组成员兼办公室主任周××在原告承建江苏省盐城中学南校区工程项目上给予关照而送钱给周××的事实；崔绍坤行贿的钱均在一建公司账上以管理费或工程费用名义夹支；周××在学生宿舍和单身教师公寓楼土建工程招标过程中代表校方参加招标并任评委，根据学校意见投赞成票，未提反对意见，一建公司得以中标等事实。

5. 2010 年 7 月 8 日一建公司出具给盐城工商局的说明，记载一建公司当时工程尚未结束，财务未有利润科目；

6. 2005 年 9 月 28 日盐城市审计局盐审投决［2005］9 号《审计决定书》；

7. 盐城立信造价工程师事务所《工程结算审核报告单》2 份及《工程结算审定表》

1份；

8.2002年10月26日，一建公司与江苏省盐城中学签订的南校区实验楼建设工程施工合同；2003年6月18日，一建公司与江苏省盐城中学签订的南大门、西大门、实验楼前后广场施工协议书；2003年10月18日，一建公司与江苏省盐城中学签订的教师公寓2、3号楼建设工程施工合同；2004年1月10日一建公司与江苏省盐城中学签订的教师公寓2号楼建设工程施工合同等；

证据5—8证明一建公司承建了江苏省盐城中学教师公寓、实验楼等工程，以及工程结算情况。

9.一建公司的营业执照、崔绍坤的身份证复印件等，证明一建公司系独立法人，崔绍坤是其法定代表人。

（四）一审判案理由

盐城市亭湖区人民法院经审理认为：根据《中华人民共和国反不正当竞争法》第三条第二款“县级以上人民政府工商行政部门对不正当竞争行为进行监督检查”的规定，及该法第二十二条“经营者采用财物或者其他手段进行贿赂以销售或者购买商品，构成犯罪的，依法追究刑事责任；不构成犯罪的，监督检查部门可以根据情节处以一万元以上、二十万元以下的罚款”的规定，盐城工商局作为法律规定的对不正当竞争行为进行监督、检查的行政机关，对其辖区范围内经营者违反《中华人民共和国反不正当竞争法》构成商业贿赂的行为，具有监督、检查的职能，并有权实施行政处罚。本案中，被告在盐工商案字（2010）第00295号行政处罚决定书中认定原告法定代表人崔绍坤在2002年至2009年期间为感谢时任盐城中学总务处主任的周××对该公司工程上的关心和希望继续给予关心，先后13次给予周××贿赂人民币26 000元的事实清楚，证据确实充分。

关于原告提出崔绍坤向周××行贿是个人行为，不是原告的单位行为的问题，崔绍坤系原告单位法定代表人，其向周××行贿是为了法人单位的利益。据其自我陈述，行贿资金来源均在公司管理费或工程费用中夹支，故崔绍坤的行贿行为应认定为原告的法人单位行为。

关于原告提出的被告处罚决定适用法律错误的问题，《中华人民共和国反不正当竞争法》第八条第一款规定：“经营者不得采用财物或者其他手段进行贿赂以销售或者购买商品。”第二条第三款还规定：本法所称经营者指从事商品经营或者营利性服务（以下所称商品包括服务）的法人、其他经济组织和个人。原告作为建筑施工企业承包建筑工程项目，以其劳务、技术、设施等来完成建设单位委托的建筑工程项目，并以此获取报酬，将其纳入商品经营者范畴，并无不当。故被告有权对原告作出行政处罚决定，且罚款金额在《中华人民共和国反不正当竞争法》第二十二条规定的1万元以上、20万元以下的罚款幅度范围之内，亦符合法律规定。

关于原告提出的被告无权对其进行处罚的问题，《中华人民共和国建筑法》第十七条、第六十八条分别规定：“承包单位及其工作人员不得利用向发包单位及其工作人员行贿、提供回扣或者给予其他好处等不正当手段承揽工程。”对有上述行为尚未构成犯罪的，“分别处以罚款、没收贿赂的财物”。同时，该法第七十六条还规定：“本法规定的责令停业整顿、降低资质等级和吊销资质证书的行政处罚，由颁发资质证书的机关决定；其他行政处罚，由建设行政主管部门或者有关部门依照法律和国务院规定的职权范围决定。”据此，被告作为反不正当竞争的监督主管机关，对原告在建筑招投标施工过程中以贿赂财物手段实施的不正当竞争行为进行处罚，并不违反《中华人民共和国建筑法》的规定。综上，被告盐城工商局对原告所作的行政处罚事实清楚、证据充分、程序合法、适用法律正确、处罚适当。原告要求撤销被告作出的处罚决定的上述理由均不成立。

（五）一审定案结论

盐城市亭湖区人民法院依照《中华人民共和国反不正当竞争法》第二条、第八条第一款、第二十二条，《最高人民法院关于执行〈中华人民共和国行政诉讼法〉若干问题的解释》第五十六条第（四）项之规定，作出如下判决：

驳回原告盐城市第一建筑工程有限公司要求撤销被告江苏省盐城工商行政管理局于2010年8月26日作出的盐工商案字（2010）第00295号行政处罚决定书的诉讼请求。

案件受理费50元，由原告盐城市第一建筑工程有限公司负担（已交）。

（六）二审情况

上诉人一建公司不服盐城市亭湖区人民法院（2010）亭行初字第0022号行政判决，向盐城市中级人民法院提起上诉。法院于2011年8月11日立案受理。在法院审理过程中，上诉人一建公司以达成和解协议为由，于2011年10月30日申请撤回上诉。

盐城市中级人民法院经审查认为，上诉人一建公司申请撤回上诉，符合法律规定，应予准许。

盐城市中级人民法院依照《中华人民共和国行政诉讼法》第五十一条之规定，作出如下裁定：

准许上诉人一建公司撤回上诉。

上诉案件受理费50元，减半收取25元，由上诉人一建公司负担。

（七）解说

1．背景情况介绍

商业贿赂，是指经营者以排斥竞争对手为目的，为使自己在销售、购买商品或提供服务等业务活动中获得利益，而采取的向交易相对人及其职员或其代理人提供或许诺提供某种利益，从而实现交易的不正当竞争行为。商业贿赂主要包括以下几个方面的构成要件：其一，商业贿赂的主体是经营者。商业贿赂的主体必须是经营者，未在工商行政管理机关登记注册的非经营者不能成为商业贿赂的主体。其二，商业贿赂行为人主观上有在经营活动中争取交易机会、排斥竞争的目的。其三，客观上实施了以秘密给付财物或其他手段贿赂对方单位或个人的行为。在现实经济活动中，其手段主要表现为“回扣”，即经营者暗中从账外向交易对方或其他影响交易行为的单位或个人秘密支付钱财或给予其他好处。

2. 确定裁判要旨的理由

本案争议的焦点是：原告一建公司的法定代表人崔绍坤向周××行贿是属于个人行为还是单位的商业贿赂行为；原告一建公司是否具有《中华人民共和国反不正当竞争法》所规定的经营者的主体资格；被告是否具有处罚商业贿赂行为的职权。

（1）关于原告一建公司的法定代表人崔绍坤向周××行贿是属于个人行为还是单位的商业贿赂行为的问题。原告提出崔绍坤向周××行贿是个人行为，不是原告的单位行为。崔绍坤系原告单位法定代表人，其向周××行贿是为了法人单位的利益。据崔绍坤陈述，行贿资金来源均在公司管理费或工程费用中夹支，故崔绍坤的行贿行为应认定为原告的法人单位行为。

（2）关于原告一建公司是否具有《中华人民共和国反不正当竞争法》所规定的经营者主体资格的问题。原告提出被告处罚决定适用法律错误。《中华人民共和国反不正当竞争法》第八条第一款规定：“经营者不得采用财物或者其他手段进行贿赂以销售或者购买商品。”第二条第三款规定：本法所称经营者指从事商品经营或者营利性服务（以下所称商品包括服务）的法人、其他经济组织和个人。原告作为建筑施工企业承包建筑工程项目，以其劳务、技术、设施等来完成建设单位委托的建筑工程项目，并以此获取报酬，将其纳入商品经营者范畴，并无不当，故被告有权对原告作出行政处罚决定；且罚款金额在《中华人民共和国反不正当竞争法》第二十二条规定的 1 万元以上、20 万元以下的罚款幅度范围之内，亦符合法律规定。

（3）关于被告是否具有处罚商业贿赂行为的职权的问题。原告提出被告无权对其行为进行处罚。《中华人民共和国建筑法》第十七条、第六十八条分别规定：“承包单位及其工作人员不得利用向发包单位及其工作人员行贿、提供回扣或者给予其他好处等不正当手段承揽工程。”对有上述行为尚未构成犯罪的，“分别处以罚款、没收贿赂的财物”。同时，该法第七十六条还规定：“本法规定的责令停业整顿、降低资质等级和吊销资质证书的行政处罚，由颁发资质证书的机关决定；其他行政处罚，由建设行政主管部门或者有关部门依照法律和国务院规定的职权范围决定。”据此，被告作为反不正当竞争的监督主管机关，对原告在建筑招投标施工过程中以贿赂财物手段实施的不正当竞争行为进行处罚，并不违反《中华人民共和国建筑法》的规定。综上，被告盐城工商局对原告所作的行政处罚事实清楚、证据充分、程序合法、适用法律正确、处罚适当。

综上，一建公司的法定代表人崔绍坤多次贿赂时任盐城中学总务处主任的周××，请求其对一建公司给予关照和帮忙。该行为属于《国家工商行政管理总局关于禁止商业贿赂行为的暂行规定》第三条第一款规定的商业贿赂行为。

（江苏省盐城市中级人民法院　周和）

5. 覃敬不服来宾市工商行政管理局行政处罚案

(一) 首部

1. 判决书字号

一审判决书：广西壮族自治区来宾市兴宾区人民法院（2010）兴行初字第 4 号行政判决书。

二审判决书：广西壮族自治区来宾市中级人民法院（2011）来行终字第 22 号行政判决书。

2. 案由：工商行政处罚。

3. 诉讼双方

原告（上诉人）：覃敬，住南宁市五一路。

委托代理人（一、二审）：庞东，南宁市茗宝黑茶茶业行法律顾问。

被告（被上诉人）：来宾市工商行政管理局。

法定代表人：江祖国，该局局长。

委托代理人（一审）：罗天主，广西天际律师事务所律师。

委托代理人（一、二审）：段祚勇，来宾市工商行政管理局法规科副主任科员。

第三人：燕京啤酒（桂林漓泉）股份有限公司。

法定代表人：毕贵索，该公司董事长。

委托代理人（一、二审）：赵孟安，广西君健律师事务所律师。

委托代理人（一、二审）：李雅文，燕京啤酒（桂林漓泉）股份有限公司技术管理部研发技术员。

4. 审级：二审。

5. 审判机关和审判组织

一审法院：广西壮族自治区来宾市兴宾区人民法院。

合议庭组成人员：审判长：韦仕俩；审判员：黄福友、潘显贵。

二审法院：广西壮族自治区来宾市中级人民法院。

合议庭组成人员：审判长：闭振鹏；审判员：姚增广、樊新光。

6. 审结时间

一审审结时间：2011 年 3 月 9 日。

二审审结时间：2011 年 6 月 13 日。

(二) 一审诉辩主张

1. 被诉具体行政行为

来宾市工商行政管理局因来宾市兴宾区佳美乐超市所销售的由北京艾尔集团北海酒业有限责任公司生产的7°艾尔淡爽罐装啤酒的外包装与燕京啤酒（桂林漓泉）股份有限公司生产的7°漓泉淡生爽罐装啤酒的外包装相近似，容易造成消费者混淆，认定来宾市兴宾区佳美乐超市销售该酒的行为属不正当竞争行为，于2010年9月8日作出来工商处字［2010］26号行政处罚决定：责令停止违法行为；没收仿冒知名商品的7°艾尔淡爽罐装啤酒。

2. 原告诉称

来宾市工商行政管理局于2010年9月8日作出来工商处字［2010］26号行政处罚决定书，认定事实不清，适用法律错误，其具体行政行为侵犯了原告的合法权益，应予撤销。(1) 7°艾尔淡爽罐装啤酒的外包装、装潢并非模仿7°漓泉淡生爽罐装啤酒的包装、装潢，北京艾尔集团北海酒业有限公司生产的7°淡爽罐装啤酒所使用的外观设计是原告独立完成的，并被国家知识产权局授予外观设计专利，原告对该外观设计专利享有完全的知识产权，并不存在仿冒知名商品的外包装、装潢的行为；(2) 燕京啤酒（桂林漓泉）股份有限公司生产的7°漓泉淡生爽罐装啤酒并非知名商标，被告所列的证据中并无证据证明7°漓泉淡生爽罐装啤酒在中国境内具有一定的市场知名度，为相关公众所知悉，也无证据证明对该商品的销售时间、销售区域、销售额和销售对象进行任何宣传的持续时间、程度和地域范围，以及作为知名商品的受保护的情况，故7°漓泉淡生爽罐装啤酒并非法律规定的“知名商品”；(3) 7°漓泉淡生爽罐装啤酒中的包装及主要装潢即“7°”商标并非该商品特有的名称、包装和装潢，而是表明该商品的主要原料即低浓度啤酒，依相关法律规定，他人可以正当使用，不构成不正当竞争行为；(4) 7°艾尔淡爽罐装啤酒所使用的包装、装潢是原告获得国家知识产权局颁发的罐装啤酒的外观设计专利证书后授权许可生产的，是善意使用，根据相关法律规定不构成不正当竞争。故被告所作出的来工商处字［2010］26号行政处罚决定书是不适当的，请求人民法院依法予以撤销，维护原告的合法权益。

3. 被告辩称

被告作出的来工商处字［2010］26号行政处罚决定，认定的事实清楚，证据确凿。燕京啤酒（桂林漓泉）股份有限公司所拥有的漓泉商标在2005年12月已经由国家工商总局商标局认定为中国驰名商标，其生产的7°漓泉淡生爽罐装啤酒的食品标签图样，作为该类产品的外观设计、装潢使用，交由广西桂林市质量技术监督局备案，同年投入生产并进行广告宣传；2009年4月，广西壮族自治区质量技术监督局认定燕京啤酒（桂林漓泉）股份有限公司生产的“漓泉”牌啤酒为广西名牌产品。而来宾市兴宾区佳美乐超市所销售的由北京艾尔集团北海酒业有限责任公司生产的7°艾尔淡爽罐装啤酒，源于2009年5月18日北京艾尔集团北海酒业有限责任公司与黄××签订的委托加工罐装啤酒协议，其所委托加工的罐装啤酒的外观设计使用权则来自原告覃敬的授权。由以上事实证明，燕京啤酒（桂林漓泉）股份有限公司生产的7°漓泉淡生爽罐装啤酒为知名商品，该产品的装潢使用在先，北京艾尔集团北海酒业有限责任公司生产的7°艾尔淡爽罐装啤酒的包装、装潢与7°漓泉淡生爽罐装啤酒的包装、装潢相近似，容易造成消费者混淆，故被告依据《中华人民共和国反不正当竞争法》第二十一条第二款的规定，认定来宾市兴宾区佳美乐超市所销售由北京艾尔集团北海酒业有限责任公司生产的7°艾尔淡爽罐装啤酒的行为属于不正当竞争行为。被告作出来工商处字［2010］26号行政处罚决定，认定事实清楚，证据确凿，适用法律、法规正确，程序合法。请求人民法院予以维持。

4. 第三人述称

同意被告的答辩意见，也同意被告的行为。原告至今也没有提交其外观设计专利为独创的证据，其专利是模仿第三人的产品，外观包装专利只是表面性的审查，持有专利并不代表其不构成不正当竞争。

（三）一审事实和证据

广西壮族自治区来宾市兴宾区人民法院经公开审理查明：2009年6月4日，原告覃敬向国家知识产权局申请啤酒罐（7°）的外观设计专利，2009年6月18日覃敬授权黄××使用其申请的专利，并允许其在北京艾尔集团北海酒业有限责任公司加工生产的罐装易拉罐啤酒上使用。2010年1月1日覃敬与北京艾尔集团北海酒业有限责任公司签订《授权许可使用书》，将其申请专利的啤酒罐（7°）的外观设计授权给北京艾尔集团北海酒业有限责任公司使用。2010年2月17日国家知识产权局授予覃敬外观设计专利证书（专利号：ZL20093017599.9）。

另查明，2006年3月10日，燕京啤酒（桂林漓泉）股份有限公司将漓泉淡生爽罐装啤酒（7°P350ml易拉罐装）的食品标签图样作为罐装啤酒产品装潢使用，并交广西桂林市质量技术监督局备案。2006年6月开始将7°漓泉淡生爽罐装罐体的外观图样交由专业生产企业进行易拉罐体生产，投入使用，并进行广告宣传。燕京啤酒（桂林漓泉）股份有限公司拥有的“漓泉”牌注册商标于2006年被国家工商行政管理总局商标局认定为中国驰名商标。2009年4月，广西壮族自治区质量技术监督局认定燕京啤酒（桂林漓泉）股份有限公司生产的“漓泉”牌啤酒为广西名牌产品。

2010年5月31日至2010年8月5日，来宾市兴宾区佳美乐超市从来宾市瑞宾酒业商行购进10件（规格：1×24×345ml）北京艾尔集团北海酒业有限责任公司生产的7°艾尔淡爽罐装啤酒，放在超市内销售，至被查扣时止，已销售142罐。被告根据《中华人民共和国反不正当竞争法》第二十一条第二款的规定，决定对来宾市兴宾区佳美乐超市作出以下处罚：（1）责令停止违法行为；（2）没收仿冒知名商品的7°艾尔淡爽罐装啤酒98罐。原告覃敬不服该处罚决定，向广西壮族自治区工商行政管理局申请行政复议，复议机关复议后，维持被告的来工商处字［2010］26号行政处罚决定。原告仍不服，向法院提起行政诉讼。

上述事实有下列证据证明：

原告提供的证据有：

（1）来工商处字［2010］26号行政处罚决定书；
（2）来宾市下架、没收超市名录；
（3）外观设计专利证书；
（4）授权许可使用书；
（5）营业执照等相关文件；
（6）被告的告知函；
（7）国内众多啤酒生产企业在其产品外观上使用图标“7°”的图片。
被告提供的证据有：
（1）立案审批表；
（2）现场笔录、实施行政强制措施通知书、财物清单；
（3）送货单、委托书、身份证、营业执照；
（4）询问（调查）笔录；
（5）证书；
（6）设计文件及图样、证明书；
（7）照片；
（8）食品标签审查备案；
（9）受理通知书；
（10）广告宣传资料、声明书；
（11）商标注册证、变更证明、注册证明；
（12）行政处罚告知书、送达回证；
（13）行政处罚决定书、送达回证；
（14）授权书；
（15）委托加工协议、营业执照；
（16）专利申请受理通知书、外观设计专利证书。
第三人提供的证据有：
（1）商标注册证及变更、续展注册记录；
（2）中国驰名商标认定证书；
（3）关于认定“漓泉”商标为驰名商标的批复；
（4）公证书；
（5）广西名牌产品证书；
（6）广东万昌印刷包装有限公司印刷样本；
（7）厦门艺光彩印有限公司印刷样本；
（8）漓泉7°易拉罐包装设计图；
（9）委托设计7°漓泉淡生爽罐装啤酒商标、纸箱设计图及传真；
（10）佛山市三水健力宝富特有限公司证明书；
（11）波尔太（深圳）金属容器有限公司证明书、易拉罐实体罐装实物、包装图样证明；
（12）广西壮族自治区食品标签审查备案表；

(13) 广西壮族自治区绿色食品办公室证明及绿色食品申报材料;
(14) 商标注册申请书、商标代理委托书、注册申请受理通知书;
(15) 北海日报广告;
(16) 桂林日报广告;
(17) 广西电视台证明;
(18) 中国东盟博览会秘书处证明;
(19) 相似情况市场调查统计表;
(20) 原告与第三人的7°罐装啤酒实物。

(四) 一审判案理由

广西壮族自治区来宾市兴宾区人民法院经审理认为:被告来宾市工商行政管理局作为市级工商行政管理部门有对不正当竞争行为进行监督检查的权力。被告对来宾市兴宾区佳美乐超市作出的行政处罚决定在主体上合法。燕京啤酒(桂林漓泉)股份有限公司生产的7°漓泉淡生爽罐装啤酒经国家有关部门确认为名牌产品,是知名商品。7°漓泉淡生爽罐装啤酒的名称、包装、装潢使用在先。北京艾尔集团北海酒业有限责任公司生产的7°艾尔淡爽罐装啤酒的装潢使用在后,且与燕京啤酒(桂林漓泉)股份有限公司生产的7°漓泉淡生爽罐装啤酒的装潢相近似,经被告调查证实,容易造成消费者混淆,使购买者误认为是该知名商品。被告认定北京艾尔集团北海酒业有限责任公司生产7°艾尔淡爽罐装啤酒的行为属于不正当竞争行为是正确的。

(五) 一审定案结论

广西壮族自治区来宾市兴宾区人民法院依照《中华人民共和国行政诉讼法》第五十四条第(一)项的规定,作出如下判决:

维持来宾市工商行政管理局作出的来工商处字〔2010〕26号行政处罚决定。

(六) 二审情况

1. 二审诉辩主张

(1) 上诉人诉称

原审法院认定事实不清,主要证据不足、适用法律错误。1) 7°艾尔淡爽罐装啤酒的包装、装潢并非模仿7°漓泉淡生爽罐装啤酒的包装、装潢。7°艾尔淡爽罐装啤酒所使用的外观设计是由上诉人独创完成的,并被国家知识产权局授予啤酒罐7°的外观设计专利,上诉人对于该外观设计专利享有完全的知识产权,并不存在仿冒知名商品外包装、装潢的行为。2) 原审法院片面认为7°漓泉淡生爽罐装啤酒为知名商品是错误的;没有证据证明该啤酒在国内具有一定的市场知名度,为相关公众所知悉。3) 7°漓泉淡生爽罐装啤酒的包装及主要装潢即"7°"图标并非是该商品特有的名称、包装和装潢,而是指该啤酒的主要原料之一麦芽汁的浓度为7度，将“7°”图标扩大以表明为低浓度啤酒。4）7°艾尔淡爽罐装啤酒所使用的装潢和包装是上诉人获得国家知识产权局颁发的啤酒罐“7°”的外观设计专利证书后授权许可生产的，是善意使用。因此，请求二审法院撤销行政处罚规定。

（2）被上诉人辩称

1）该局的来工商处字［2010］26号行政处罚决定认定的事实清楚，证据确凿；2）该处罚决定适用法律、法规正确，程序合法。请求二审法院驳回上诉，维持原判。

（3）原审第三人述称

1）7°艾尔淡爽罐装啤酒的包装、装潢外观设计专利属于故意模仿第三人的7°漓泉淡生爽罐装啤酒的特有包装、装潢，构成不正当竞争；2）漓泉啤酒属于知名商品；3）7°漓泉淡生爽罐装啤酒的包装、装潢是特有的包装、装潢；4）上诉人的行为构成恶意的不正当竞争行为。请求二审法院驳回上诉，维持原判。

2. 二审事实和证据

广西壮族自治区来宾市中级人民法院经审理，确认一审法院认定的事实和证据。

3. 二审判案理由

广西壮族自治区来宾市中级人民法院经审理认为：知名商品是指在市场上具有一定知名度，为相关公众所知悉的商品。认定知名商品，应当考虑该商品的销售时间、销售区域、销售额和销售对象，进行宣传的持续时间、程度和地域范围，作为知名商品受保护的情况等因素进行综合判断。2005年12月国家工商行政管理总局商标局认定“漓泉”商标为驰名商标，2009年4月漓泉啤酒获得广西名牌产品称号，故燕京啤酒（桂林漓泉）股份有限公司所生产的“漓泉”啤酒应属知名商品，依法予以确认。2006年6月，燕京啤酒（桂林漓泉）股份有限公司已将漓泉淡生爽罐装啤酒（7°P350ml易拉罐装）的外观图样作为该产品的包装投入生产和销售，其产品的名称、包装、装潢属使用在先；而上诉人覃敬于2009年6月所获外观设计专利并由北京艾尔集团北海酒业有限责任公司生产的7°艾尔淡爽罐装啤酒，其产品外观设计所构成的图案、文字、色彩组合，与燕京啤酒（桂林漓泉）股份有限公司生产的漓泉淡生爽罐装啤酒（7°P350ml易拉罐装）的外观极其相似，足以造成相关公众的混淆、误认，且使用在后。《中华人民共和国专利法》第二十三条规定：授予专利权的外观设计，应当同申请日以前在国内外出版物上公开发表过或者国内公开使用过的外观设计不相同和不相近似，并不得与他人在先取得的合法权利相冲突；《最高人民法院关于审理专利纠纷案件适用法律问题的若干规定》（法释［2001］21号）第十六条规定：“专利法第二十三条所称的在先取得的合法权利包括：商标权、著作权、企业名称权、肖像权、知名商品特有包装或者装潢使用权等。”以上法律已明确规定了知名商品特有包装或装潢使用权与外观设计专利权发生冲突时的处理原则，即按照使用在先原则予以认定和保护。因此，上诉人的行为属《中华人民共和国反不正当竞争法》第五条第（二）项所规定的情形，已经构成对第三人的不正当竞争。

4. 二审定案结论

广西壮族自治区来宾市中级人民法院依照《中华人民共和国行政诉讼法》第六十一

条第（一）项的规定，作出如下判决：

驳回上诉，维持原判。

（七）解说

本案虽是行政处罚案件，但本案的审理却涉及商标、专利以及反不正当竞争等几个方面的法律关系。本案的关键问题就是如何处理知名商品特有包装或装潢使用权与外观设计专利权之间的冲突问题。

1. 关于商标与外观设计专利之间的关系。商标是辨别不同商品来源、消费者购买商品的依据，其目的在于直接保护消费者和生产厂家的利益，而外观设计专利并不直接保护消费者，区分不同商品的优劣性，而是重在保护各产品的新颖性。如果外观设计与商标含有相同或相近似的文字、图案、色彩或其他组合，导致商品外形非常相似，很容易误导消费者。专利强调的是新颖性，在他人使用在先的情况下，本案的外观设计已经谈不上新颖性。专利必须具有实用性，而商标则不得具有实用性，不得构成该商品实用价值的一部分。

2. 确认燕京啤酒（桂林漓泉）股份有限公司的“漓泉”商标是否属驰名商标的问题。2005 年 12 月国家工商行政管理总局商标局认定“漓泉”商标为驰名商标，2009 年 4 月该产品获得广西名牌产品称号，故燕京啤酒（桂林漓泉）股份有限公司所生产的“漓泉”啤酒应属知名商品。2006 年 6 月，燕京啤酒（桂林漓泉）股份有限公司已将漓泉淡生爽罐装啤酒（7°P350ml 易拉罐装）的外观图样作为该产品的包装投入生产和销售，故依法应确认其为驰名商标。

3. 确认上诉人覃敬的行为是否构成侵权。覃敬在获得国家知识产权局颁发的啤酒罐 7°的外观设计专利证书后，授权许可北京艾尔集团北海酒业有限责任公司生产 7°艾尔淡爽罐装啤酒，其授权行为在形式上无可厚非，但实际上该授权行为却忽略了其他人使用在先的情况。《中华人民共和国专利法》第二十三条规定：授予专利权的外观设计，应当同申请日以前在国内外出版物上公开发表过或者国内公开使用过的外观设计不相同和不相近似，并不得与他人在先取得的合法权利相冲突。《最高人民法院关于审理专利纠纷案件适用法律问题的若干规定》（法释［2001］21 号）第十六条规定：“专利法第二十三条所称的在先取得的合法权利包括：商标权、著作权、企业名称权、肖像权、知名商品特有包装或者装潢使用权等。”以上法律已明确规定了知名商品特有包装或装潢使用权与外观设计专利权之间发生冲突的处理原则，即按照使用在先原则予以认定和保护。因此，上诉人的行为属《中华人民共和国反不正当竞争法》第五条第（二）项所规定的情形，已经构成不正当竞争。

4. 反不正当竞争法是将商标作为竞争要素来规范不正当竞争行为的，其违法性判断的基本标准有两个：一是行为发生在竞争者之间，即侵害了竞争者的利益；二是行为结果造成社会公众混淆（包括可能混淆），即侵害了消费者的利益。国家工商行政管理总局《关于禁止仿冒知名商品特有的名称、包装、装潢的不正当竞争行为的若干规定》第四条规定：商品名称、包装、装潢被他人擅自作相同或者相近似使用，足以造成购买者误认的，该商品即可认定为知名商品。特有的商品名称、包装、装潢应当依照使用在先原则予以认定。

5. 我国法律对商品的名称、包装、装潢不是通过注册公示于公众来获得法律保护，因此法律并不保护所有商品的名称、包装和装潢，而只是对知名商品提供不正当竞争法上的保护。据此，本案中燕京啤酒（桂林漓泉）股份有限公司生产的7°淡生爽罐装啤酒经国家有关部门确认为名牌产品，是知名商品，且7°漓泉淡生爽罐装啤酒的名称、包装、装潢使用在先，因此上诉人的行为已经构成不正当竞争。原审法院的判决是正确的，对被上诉人所作出的行政处罚应予以维护。

（广西壮族自治区来宾市中级人民法院　闭振鹏）

6. 武汉新银塑料容器有限责任公司不服武汉市工商行政管理局武昌分局行政处罚案

（一）首部

1. 裁判书字号

一审判决书：武汉东湖新技术开发区人民法院（2011）东开行初字第5号行政判决书。

二审裁定书：武汉市中级人民法院（2011）武行终字第84号行政裁定书。

2. 案由：工商行政处罚。

3. 诉讼双方

原告（被上诉人）：武汉新银塑料容器有限责任公司（以下简称新银公司），住所地：武汉市硚口区古田路5号。

法定代表人：潘建平，该公司总经理。

委托代理人：潘国平，该公司员工。

被告（上诉人）：武汉市工商行政管理局武昌分局（以下简称武昌工商局），住所地：武汉市武昌区东亭小区二村43号。

法定代表人：陶建军，该局局长。

委托代理人：童劲松，该局干部。

委托代理人：张伟，湖北炽升律师事务所律师。

4. 审级：二审。

5. 审判机关和审判组织

一审法院：武汉东湖新技术开发区人民法院。

合议庭组成人员：审判长：谭涛河；审判员：倪笃志、苏志刚。

二审法院：武汉市中级人民法院。

合议庭组成人员：审判长：李莉荣；审判员：肖丹；代理审判员：李丽。

6. 审结时间

一审审结时间：2011 年 3 月 11 日。

二审审结时间：2011 年 7 月 11 日。

（二）一审诉辩主张

1. 被诉具体行政行为

2010 年 8 月 17 日，武昌工商局对新银公司作出昌工商处字［2010］199 号《行政处罚决定书》。武昌工商局查明，新银公司生产及销售未取得生产许可证的列入目录的产品，并将产品销往医院用于新生儿喂养，存在严重安全隐患，数量巨大，被媒体曝光后引起各级领导高度重视，社会影响恶劣。武昌工商局认定新银公司的行为违反了《中华人民共和国工业产品生产许可证管理条例》（以下简称《工业产品生产许可证条例》）第五条的规定，其违法行为不具有《中华人民共和国行政处罚法》（以下简称《行政处罚法》）第二十七条规定的从轻或减轻处罚的法定情形，依据《工业产品生产许可证条例》第四十八条的规定作出以下行政处罚决定：责令新银公司改正违法行为；对新银公司处 200 000 元的罚款。

2. 原告诉称

新银公司一直具有国家规定的药包材生产许可证，是正规生产药品包装用容器的单位，产品原料和工艺符合国家行业标准，产品的安全卫生指标高于塑料奶瓶质量标准，生产的塑料奶瓶经权威机构检验属于完全合格的产品。2009 年 11 月，新银公司应武汉儿童医院和湖北省妇幼保健院需求，生产一次性塑料奶瓶对其供货。上述两家医院使用奶瓶时因其他原因被投诉，后武昌工商局在调查两医院的过程中继而查处新银公司，对新银公司作出 20 万元的处罚。但是，新银公司是在“只知此证，不知彼证”的情况下，生产了塑料奶瓶，并非故意犯法。而且，在武昌工商局告知新银公司生产塑料奶瓶，必须申请取得工业产品许可证后，新银公司主动停止生产，没有不当得利，也没有造成任何社会危害后果，违法的性质、情节显著轻微，不应受到过重处罚。另外，新银公司的违法行为不应当由武昌工商局管辖，新银公司是生产组织，不属于流通领域的单位，因而不能由工商部门作出行政处罚，请求法院撤销武昌工商局作出的行政处罚。

3. 被告辩称

根据《工业产品生产许可证条例》第五条的规定，不要求行为人主观上有故意，只需行为人客观上实施了该行为即构成违法。新银公司生产及销售未取得生产许可证的列入目录的产品，且销往医院用于新生儿喂养，存在严重安全隐患，数量巨大，被媒体曝光后引起各级领导高度重视，社会影响恶劣，属于《武汉市工商局关于正确行使行政处罚自由裁量权以及推行三步式执法程序暂行规定》第十四条第（一）项所规定的危害人身健康的从重处罚情形，因此武昌工商局所作出的行政处罚与新银公司的违法行为的事实、性质、情节以及社会危害程度相当，事实清楚、处罚适当，请求法院依法驳回新银公司的诉讼请求。

（三）一审事实和证据

武汉东湖新技术开发区人民法院经公开审理查明：新银公司是具有《药品包装用材料和容器注册证（I类）》的专业生产药品包装的企业。2009年8月，新银公司派其工作人员到武汉市妇女儿童医疗保健中心，出示了《企业法人营业执照》、《药包材注册证》等资料，表明可以生产一次性塑料奶瓶容器，待该中心有关人员查验以上资料后，取得该中心给予做样式的一次性100毫升塑料奶瓶。此后，新银公司开始为武汉市妇女儿童医疗保健中心生产供应一次性100毫升塑料奶瓶容器，共计251 020个。2009年11月，新银公司为湖北省妇幼保健院生产供应一次性100毫升塑料奶瓶容器，共计128 970个。2010年5月17日，武昌工商局接到武汉市工商行政管理局（2010）第（62）号《转办案件通知书》后，对新银公司涉嫌产品质量一案进行调查，将新银公司生产的一次性塑料奶瓶容器送湖北省产品质量监督检验研究院进行检验，检验结论分别为“该样品按GB4806.2—1994检验合格”、“该样品按GB9687—1988检验合格”。经询问调查、现场取证、举行听证会等程序后，武昌工商局作出昌工商处字［2010］199号行政处罚：责令新银公司改正违法行为；对新银公司处以200 000元罚款。

上述事实有下列证据证明：

1. 国家食品药品监督管理局《药品包装用材料和容器注册证（I类）》复印件、申请编号为鄂包再080001的《药包材注册申请受理通知书》、食药监注函（2007）70号《关于药包材注册证有效期问题的回复》，证明新银公司在2002年至2010年期间，都具有药品包装用材料和容器的生产许可资格；

2. 一次性塑料奶瓶的实物，证明新银公司生产的奶瓶产品；

3. 聚乙烯的产品质量证明单，证明新银公司属于购进原材料加工成产品的企业；

4. 湖北省产品质量监督检验研究院出具的201003772号、2010003773号《检验报告》，证明新银公司生产的一次性塑料奶瓶，在检验的各项指标上都达到合格标准；

5. 昌工商处字［2010］199号《行政处罚决定书》复印件，证明武昌工商局对新银公司进行了行政处罚；

6. 承办法官向湖北省妇幼保健院和武汉市妇女儿童医疗保健中心分别进行调查时制作的《调查谈话笔录》，证明新银公司向两家医院供应一次性塑料奶瓶的整个过程。

（四）一审判案理由

武汉东湖新技术开发区人民法院经审理认为：新银公司虽然取得国家药品包装用材料和容器注册证，但并未申请取得工业产品生产许可证，尽管前者的生产标准要远高于后者，但是不能简单地用前证代替后证。新银公司在没有申请取得工业产品生产许可证的情况下，依照订货方提供的样品，为订货方加工生产一次性塑料奶瓶容器。尽管这些产品经武昌工商局委托，由具有国家资质的检验机构检验为合格，但新银公司加工生产一次性塑料奶瓶容器的行为，仍违反了《工业产品生产许可证条例》第五条“任何企业未取得生产许可证不得生产列入目录的产品。任何单位和个人不得销售或者在经营活动中使用未取得生产许可证的列入目录的产品”的规定，该行为应当被认定为未依照条例规定申请取得生产许可证而擅自生产列入目录产品的行为，应当受到具有法定职责的行政机关给予的与违法行为结果相适应的行政处罚。但是，武昌工商局不具有对新银公司的违法行为进行行政处罚的法定职权，缘由为：(1) 新银公司是加工塑料容器产品的生产企业，而非不经加工生产而直接将商品投放市场的销售企业；(2) 新银公司违反《工业产品生产许可证条例》的行为发生在生产环节，产品销售只是生产的组成部分；(3) 新银公司生产的一次性塑料奶瓶容器是依照订货方提供的样品或要求生产而成，系承揽加工的生产，经销售获取原料变产品的生产利润，而非产品变商品的商业利润；(4) 对新银公司销售未取得生产许可证的列入许可目录的产品的行为，适用《工业产品生产许可证条例》第四十八条的规定进行行政处罚，责令新银公司改正的是销售行为，而非生产行为，客观上仍然放任了违法生产行为；而适用第四十五条“企业未依照本条例规定申请取得生产许可证而擅自生产列入目录产品的，由工业产品生产许可证主管部门责令停止生产……”的规定进行处罚，责令新银公司改正的是生产行为，客观上获得从源头上制止违法行为的法律和社会效果；(5) 生产或是销售未取得生产许可证的列入许可目录的产品的行为，虽具有两种不同的行为表现，但违法行为的核心内容为同一事实，即新银公司没有申请取得生产许可证；(6)《工业产品生产许可证条例》仅授权工业产品生产许可证主管部门具有颁发工业产品生产许可证的职责。综上，根据《工业产品生产许可证条例》第四十五条的规定，新银公司违反该条例的违法行为应当由工业产品生产许可证主管部门管辖。据此，武昌工商局将新银公司的违法行为，认定为实施了生产及销售未取得生产许可证的列入许可目录的产品的行为，并作出责令新银公司改正违法行为的行政处罚，超越了《工业产品生产许可证条例》授予的职权范围。另外，武昌工商局未调查使用新银公司生产的一次性塑料奶瓶容器是否发生危害后果的事实，即对新银公司的违法行为作出行政处罚决定，违反了《行政处罚法》第三十八条第一款的规定。而且，武昌工商局以“媒体曝光、领导重视”等非法定理由对新银公司的违法行为给予从重处罚，违反了《行政处罚法》第二十七条第一款第（一）项的规定，且未经武昌工商局的负责人集体讨论决定即作出从重处罚决定，违反了《行政处罚法》第三十八条第二款的规定。

综上，武昌工商局认定新银公司违反《工业产品生产许可证条例》第五条的规定，实施了生产及销售未取得生产许可证的列入许可目录的产品的行为，并依据《工业产品生产许可证条例》第四十八条的规定，责令新银公司改正违法行为，对新银公司处20万元罚款的处罚，存在主要证据不足、违反法定程序、超越职权的情形。武昌工商局辩称对新银公司作出的工商行政处罚决定事实清楚、处罚适当的理由，不能成立。

（五）一审定案结论

武汉东湖新技术开发区人民法院依照《中华人民共和国行政诉讼法》第五十四条第

一款第（二）项第 1 目、第 3 目、第 4 目的规定，作出如下判决：

撤销被告武汉市工商行政管理局武昌分局于 2010 年 8 月 17 日对原告武汉新银塑料容器有限责任公司作出的昌工商处字［2010］199 号行政处罚决定。

本案案件受理费 50 元，由被告武汉市工商行政管理局武昌分局负担。

（六）二审情况

1. 二审诉辩主张

（1）上诉人诉称

持原审答辩意见，认为一审法院的判决认定事实不清、适用法律错误，请求撤销该判决，并维持其作出的行政处罚决定。

（2）被上诉人辩称

认为一审法院判决事实清楚、适用法律正确，请求予以维持。

2. 二审事实和证据

武汉市中级人民法院经审理，确认了一审法院认定的事实和证据。

3. 二审判案理由

武汉市中级人民法院经审理认为：上诉人与被上诉人达成和解协议，上诉人自愿申请撤回上诉，符合法律规定。本案行政争议已解决，原审判决不再执行。

4. 二审定案结论

武汉市中级人民法院依照《中华人民共和国行政诉讼法》第五十一条的规定，作出如下裁定：

准许上诉人武汉市工商行政管理局武昌分局撤回上诉。

本案案件受理费 50 元减半收取 25 元，由上诉人武汉市工商行政管理局武昌分局负担。

（七）解说

本案的处理重点主要在于：武昌工商局是否具有对新银公司进行处罚的行政职权。本案中新银公司的违法行为在实践中较为常见，既有生产行为，又有销售表现。而当前关于对此类行为进行行政处罚的职权划分问题，工业产品生产许可主管部门（质检部门）和工商行政管理部门（工商部门）存在较大的认识分歧，而且在实际执法过程中也存在职权界限不清的问题。通过本案，工商部门和质检部门在处理类似执法问题时，可以明确各自的管辖范围，而且其他存在职权交叉情形的行政机关，亦可以以本案作为行政执法的参考。笔者认为，在行政机关的职权范围确定方面，应遵循两个基本原则：一般职权管辖原则和源头职权管辖原则，

1. 一般职权管辖原则，即行政相对人的行为在单一的行政管理领域，由具有法定授权的单一行政机关进行管辖。以本案为例，根据现行法律的规定，质检部门管辖生产领域，工商部门管辖流通领域。但是，在实践中两行政机关由于对生产领域和流通领域

的认识不同而产生分歧，因而必须界定何为生产领域、何为流通领域。(1）生产领域，是指创造物质财富的领域。其主体为生产型企业，企业成立的目的和功能是生产产品，企业申请工商部门登记并获得从事产品生产、销售行为的一般许可，生产活动是维持所有其他活动的基础和原动力；其行为特征为企业购进产品或商品（原材料），经过生产加工后，获得与原材料不同的产品后予以销售；其对象为产品，交易的是使用价值而非交换价值，原材料经生产加工变成产品之后，改变了使用价值。(2）流通领域，是指以货币为媒介交换商品的领域。其主体为销售型企业，企业成立的目的和功能是销售商品，企业获得从事销售行为的一般许可，销售活动是维持所有其他活动的基础和原动力；其行为特征为企业直接购买产品或商品，不经过生产加工行为而直接予以销售，产品或商品在整个流通领域不发生任何改变；其对象为商品，交易的是价值，包括使用价值和交换价值，商品经过流通交易之后，使用价值不发生改变。

2. 源头职权管辖原则，即行政相对人的一个完整行为同时涉及多个行政管理领域的，由最先具有管辖权的行政机关进行管辖。本案即是如此，新银公司的违法行为同时涉及生产领域与流通领域，按照一般职权管辖原则难以进行管辖，而必须依据源头职权管辖原则，才能避免重复处理和浪费行政资源。新银公司既有无证违法生产一次性塑料奶瓶的行为，又有违法销售无证一次性塑料奶瓶的行为，质检部门在新银公司违法生产时即具有管辖权，而工商部门在新银公司违法销售时具有管辖权，其中违法生产行为先于违法销售行为，因此质检部门的管辖权先于工商部门，新银公司的违法行为应由质检部门进行管辖。

（武汉市东湖新技术开发区人民法院　倪笃志）

7. 王某不服北京市工商行政管理局石景山分局不予受理查处虚假宣传案

（一）首部

1. 判决书字号

一审判决书：北京市石景山区人民法院（2010）石行初字第27号行政判决书。

二审判决书：北京市第一中级人民法院（2011）一中行终字第858号行政判决书。

2. 案由：工商行政受理。

3. 诉讼双方

原告（上诉人）：王某。

被告（被上诉人）：北京市工商行政管理局石景山分局（以下简称石景山区工商局)，住所地：北京市石景山区实兴大街64号。

法定代表人：高树田，该局局长。

委托代理人：高桦，石景山区工商局干部。

委托代理人：屈向东，石景山区工商局干部。

4. 审级：二审。

5. 审判机关和审判组织

一审法院：北京市石景山区人民法院。

合议庭组成人员：审判长：滕恩荣；代理审判员：杨洁、李旭。

二审法院：北京市第一中级人民法院。

合议庭组成人员：审判长：梁菲；审判员：乔军；代理审判员：赵锋。

6. 审结时间

一审审结时间：2010 年 4 月 12 日。

二审审结时间：2011 年 3 月 18 日。

（二）一审诉辩主张

1. 被诉具体行政行为

被告石景山区工商局于 2010 年 8 月 5 日作出《关于对王某申诉北京银河万千百货有限公司的答复》："王某：你于 2010 年 7 月 31 日向本局申诉北京银河万千百货有限公司销售的'雨中鸟'牌洋伞的吊牌上标有的'国家免检'字样涉嫌欺诈一事，经我分局调查，现答复如下：依据《工商行政管理机关受理消费者申诉暂行办法》第十七条第（六）项的规定，决定不予受理。"

2. 原告诉称

2010 年 7 月 31 日，原告向被告申诉北京银河万千百货有限公司（以下简称万千百货）销售的"雨中鸟"牌洋伞的吊牌上标有的"国家免检"字样涉嫌欺诈，请求被告依法处理，保护原告的合法权益。2010 年 8 月 5 日，被告作出答复，对原告的申诉不予受理。原告不服，于 2010 年 8 月 29 日向石景山区人民政府申请行政复议。后复议机关作出维持原答复的决定。国家质量监督检验检疫总局（以下简称质检总局）现已废除免检制度。国家工商行政管理总局（以下简称工商总局）也已作出决定，广告中出现"国家免检"等涉及质量免检内容的，应立即停止发布。对于继续违法发布的，依照《中华人民共和国广告法》、《中华人民共和国反不正当竞争法》有关规定处罚。万千百货销售的"雨中鸟"牌洋伞的吊牌上继续标有"国家免检"字样明显违法，误导了原告。被告作出的答复行为显属错误。为维护原告的合法权益，特诉至法院。诉讼请求为：（1）确认被告于 2010 年 8 月 5 日作出的《关于对王某申诉北京银河万千百货有限公司的答复》内容违法并依法予以撤销；（2）责令被告依法履行法定职责。

3. 被告辩称

（1）万千百货销售的"雨中鸟"牌洋伞上悬挂的商品吊牌，其内容包括："雨中鸟"牌洋伞的注册商标标志，质检总局颁发的"中国名牌"、"国家免检产品"的标志。吊牌是某产品区别于其他产品的产品标识，吊牌没有广告的内容，不属于广告，不能适用工商广字［2008］218 号《国家工商行政管理总局关于禁止在广告中使用"免检"内容的通知》的有关规定进行处理。(2) 经对原告的申诉进行调查，万千百货就其销售的产品提供了在有效期内的质检总局核发的《产品质量免检证书》，因此该行为不构成故意欺诈消费者的行为。我局执法程序合法。综上所述，请求法院驳回原告的起诉。

（三）一审事实和证据

北京市石景山区人民法院经公开审理查明：2010 年 7 月 28 日，原告王某在位于北京市石景山区的万千百货购买了 5 把福建省晋江鸿盛雨具有限公司制造的“雨中鸟”牌洋伞。洋伞除附有产品名称吊牌与质量保证卡外，另附有一卡片。该卡片形状近似四方形，卡片的一面上有两个圆形图案，其中一个是标有“国家免检产品”字样的免检标志，另有一个是标有“中国名牌”字样的名优标志，在两个圆形标志下方分别对应标有“国家免检”和“中国名牌”八个中文汉字；该卡片背面印有“雨中鸟”牌商标图案、“雨中鸟”三个中文汉字及“雨中鸟”三个字的中文拼音。

2010 年 7 月 31 日，原告王某以万千百货为被申诉人向被告石景山区工商局提出申诉，认为“雨中鸟”牌洋伞中标有“国家免检”的卡片，构成了利用广告或其他方法对商品的质量等作引人误解的虚假宣传的违法行为，属于欺诈性质。原告申诉的请求是：(1) 要求责令万千百货退还原告货款并进行赔偿；(2) 要求对万千百货进行处罚；(3) 要求在 5 个工作日内向原告作出是否受理的书面决定。

被告石景山区工商局收到原告王某的申诉后，调取了质检总局向福建省晋江鸿盛雨具有限公司的“雨中鸟”牌洋伞颁发的《产品质量免检证书》、《中国名牌产品证书》，其中免检证书有效期从 2007 年 12 月至 2010 年 12 月。

2010 年 8 月 5 日被告石景山区工商局向原告王某作出了本案被诉具体行政行为，并于同日以邮寄方式向原告王某进行了送达。2010 年 8 月 30 日原告王某不服被告石景山区工商局的行政行为，向北京市石景山区人民政府提出行政复议。2010 年 10 月 27 日北京市石景山区人民政府作出复议决定，维持被告石景山区工商局的决定。原告王某不服，遂于 2010 年 11 月 1 日提起本案行政诉讼。

上述事实有下列证据证明：

1.《关于对王某申诉北京银河万千百货有限公司的答复》，证明石景山区工商局对王某的申诉给予了明确答复；

2. 王某的申诉书，证明王某到石景山区工商局进行申诉；

3. 王某的购物凭证，作为王某购买商品的书证；

4. 商品吊牌，证明王某申诉内容；

5. 现场检查笔录，证明石景山区工商局依法履行职责，对万千百货进行现场检查的情况；

6.《产品质量免检证书》，证明证书在有效期内，不存在故意欺诈的行为；

7. 王某身份证，证明原告的身份；

8.《行政复议决定书》(石政复决字［2010］第 16 号)，证明原告曾提起过行政复议申请。

（四）一审判案理由

北京市石景山区人民法院经审理认为：工商机关对于违反《中华人民共和国广告法》、《中华人民共和国反不正当竞争法》的申诉行为，有决定是否予以受理的法定职责。《中华人民共和国广告法》第二条第二款规定："本法所称广告，是指商品经营者或者服务提供者承担费用，通过一定媒介和形式直接或者间接地介绍自己所推销的商品或者所提供的服务的商业广告。"《中华人民共和国反不正当竞争法》第二条第二款规定："本法所称的不正当竞争，是指经营者违反本法规定，损害其他经营者的合法权益，扰乱社会经济秩序的行为。"第九条第一款规定："经营者不得利用广告或者其他方法，对商品的质量、制作成分、性能、用途、生产者、有效期限、产地等作引人误解的虚假宣传。"原告王某向被告石景山区工商局申诉的洋伞所附卡片上的内容不符合《中华人民共和国广告法》所规定的广告的特征，亦不属于《中华人民共和国反不正当竞争法》规定的不正当竞争行为。被告石景山区工商局作出的被诉不予受理答复，认定事实清楚，适用法律正确，程序合法，本院应予支持。原告王某的诉讼请求，因缺乏法律依据，本院不予支持。

（五）一审定案结论

北京市石景山人民法院依照《中华人民共和国行政诉讼法》第五十四条第（一）项之规定，作出如下判决：

维持被告北京市工商行政管理局石景山分局于 2010 年 8 月 5 日作出的《关于对王某申诉北京银河万千百货有限公司的答复》。

（六）二审情况

1. 二审诉辩主张

（1）上诉人诉称

1）本案中，洋伞所附卡片上标注的"国家免检"显然不是该类商品国家标准要求必须标注的事项，其内容和形式完全符合《中华人民共和国广告法》第二条第二款规定的特征。《关于对药品包装上有广告内容是否属于印刷品广告的请示》（工商广字[1996] 第 319 号）规定：在包装上直接或者间接宣传、介绍产品，是广告的一种形式；对含有产品宣传、介绍内容的包装物应认定为广告宣传品。石景山区工商局在一审庭审中未提供认定卡片不属于广告的事实证明和具体的法律依据及规范性文件。2）根据工商广字［2008］218 号《国家工商行政管理总局关于禁止在广告中使用"免检"内容的通知》的规定，从 2008 年 11 月 4 日起，对广告中出现"国家免检产品"等涉及质量免检内容的，应立即责令停止发布，对于继续违法发布的，依照《中华人民共和国广告法》、《中华人民共和国反不正当竞争法》的有关规定处罚。一审法院认定案中涉及的洋伞所附卡片上标注“国家免检”内容的行为不属于《中华人民共和国反不正当竞争法》规定的不正当竞争行为，显属错误。综上，请求撤销一审判决，撤销被诉不予受理答复，判令石景山区工商局继续履行法定职责。

（2）被上诉人辩称同一审。

2．二审事实和证据

北京市第一中级人民法院经审理，确认一审法院认定的事实和证据。

3．二审判案理由

北京市第一中级人民法院经审理认为，本案争议焦点在于：“雨中鸟”牌洋伞吊牌中标注的“国家免检”是否属于《中华人民共和国广告法》意义上的广告。

《中华人民共和国广告法》第二条第二款规定：“本法所称广告，是指商品经营者或者服务提供者承担费用，通过一定媒介和形式直接或者间接地介绍自己所推销的商品或者所提供的服务的商业广告。”本案中，“雨中鸟”牌洋伞吊牌中标有“国家免检”字样是经质检总局批准的，且商品的吊牌仅起到使此商品与其他产品区别的标识作用，故不属于法律意义上的广告。王某主张“雨中鸟”牌洋伞吊牌中标注“国家免检”属于广告，应适用工商广字［2008］218号《国家工商行政管理总局关于禁止在广告中使用“免检”内容的通知》缺乏法律依据，二审法院不予支持。

《中华人民共和国反不正当竞争法》第二条第二款规定：“本法所称的不正当竞争，是指经营者违反本法规定，损害其他经营者的合法权益，扰乱社会经济秩序的行为。”第九条第一款规定：“经营者不得利用广告或者其他方法，对商品的质量、制作成分、性能、用途、生产者、有效期限、产地等作引人误解的虚假宣传。”经查，“雨中鸟”牌洋伞在吊牌中标注“国家免检”字样系经质检总局批准，并获得了《产品质量免检证书》，且该证书在王某购买“雨中鸟”牌洋伞时处于有效期内，故万千百货的上述销售行为依法未构成故意欺诈消费者的情形。王某的相关主张缺乏法律依据，二审法院不予支持。

综上，石景山区工商局对王某的申诉作出被诉不予受理答复的事实依据充分，且无违反法律规定的情形。一审判决认定事实清楚，适用法律正确，审判程序合法，二审法院应予维持。王某的上诉理由均缺乏法律依据，其上诉请求二审法院不予支持。

4．二审定案结论

北京市第一中级人民法院依照《中华人民共和国行政诉讼法》第六十一条第（一）项之规定，作出如下判决：

驳回上诉，维持一审判决。

（七）解说

本案中，原告认为在其购买的“雨中鸟”牌洋伞的吊牌上标明质量免检标志属于欺骗消费者的行为，并且该标志的使用违反了工商总局关于广告中禁止使用免检标志的规定，故向工商部门进行投诉，被告工商部门以该质量免检标志不属于广告为由答复不予受理，原告不服并由此引发本案行政诉讼。因此本案首先要解决的问题在于理解质量免检标志及该吊牌的性质。本案争议产品洋伞的吊牌上标注的产品标志包括注册商标图案、名牌产品标志、质量免检标志等内容，因此该吊牌的内容涉及我国商品市场的一些重要的制度，包括商标、驰名商标、免检制度、中国名牌产品称号等。实践中，这些标志具有不同的含义和法律意义，它们从不同的角度对产品进行说明，对这些标志的性质加以理解时需要首先了解它们背后代表的各种市场管理制度。

1. 对吊牌上各标志涉及的市场管理制度的理解

（1）免检制度及其标志

产品免检制度是指符合一定条件的企业生产的产品在一定期间内可以免于质量检查的一种制度。企业获得免检，需自愿申报，产品必须达到质量长期稳定、市场占有率高、质量保障体系健全等条件，经国家或省级质量技术监督部门连续三次以上抽查合格后，才能确定为免检产品。国家对免检产品授予免检证书，免检产品可以按照规定使用免检标志。免检证书是证明产品免于质量监督检查和许可产品使用免检标志的证明文件。免检标志属于质量标志。获得免检证书的企业在免检证书有效期内，可以自愿将免检标志在获准免检的产品或者其铭牌、包装物、使用说明书、质量合格证上使用，免检标志下方应当标出免检证书的编号。超过免检证书有效期的，不得继续使用免检标志。免检产品生产企业必须定期报告质量状况。

免检制度源于 20 世纪 90 年代，当时我国的市场经济体制刚建立，法律制度尚不完善，为减轻多重检查对企业带来的负担，一些地方技术监督部门对本地区连续几年被国家及省内检查合格的产品，决定在一定时间内免于监督检查。但由于当时没有统一的国家标准，各地采取的做法不一致，所以免检产品的质量也参差不齐。为了进一步减轻企业的负担并且消除地方保护主义，1999 年 12 月 5 日，国务院发布了《关于进一步加强产品质量工作若干问题的决定》（以下简称《免检决定》），从而在国家层面上设立了产品质量免检制度。此后，原国家质量技术监督局相继发布了《产品免于质量监督检查管理办法》及相应的《产品免于质量监督检查工作实施细则》，对免检制度的程序性事项如申请、审查、审定及证书和标志等方面的内容进行了详细的规定。2001 年，质检总局以第 9 号令重新修订发布《产品免于质量监督检查管理办法》（以下简称《免检办法》）。

实践中，免检制度的实施产生了积极的效果。但同时，免检制度向大企业倾斜，以及缺乏上位法依据等弊端，使得社会对免检制度的公正性产生疑问。近年来，多起免检产品存在的质量问题被曝光，特别是 2008 年发生的三聚氰胺恶性事件在社会上引发巨大的负面影响，因此，2008 年 9 月 17 日，质检总局发布了《关于停止实行食品类生产企业国家免检的公告》。2008 年 9 月 18 日，国务院办公厅发布了《关于废止食品质量免检制度的通知》，通知明确规定，国务院决定废止《免检决定》中有关食品质量免检制度的内容。至此，食品类免检制度正式被国务院废除，但国务院并未明文废除其他类产品的免检制度。

2008 年 9 月 18 日质检总局发布了《关于废止〈产品免于质量监督检查管理办法〉的决定》，废除了《免检办法》。虽然《免检办法》并非国家建立免检制度的法律依据，只是质检部门对免检制度进行具体操作的依据，其他类产品的免检制度仍存在，但《免检办法》被废除直接导致质检部门无法对其他类产品予以免检认证及进行续期，因此原有的免检证书到期后，无法继续认证，当最后一批免检产品的证书到期后，免检制度自行消亡。针对免检制度消亡过渡期内免检标志的使用所带来的问题，2010 年 7 月 15 日质检总局发布了《关于进一步做好产品免检停止后相关后续工作的通知》，对此类问题进行规范和指导。该通知督促在免检证书的有效期内，原免检产品生产企业应抓紧时间处理印有免检标志的包装物，禁止伪造、冒用免检标志，以及在免检有效期届满后仍在包装物上继续使用免检标志的行为。

（2）商标制度及其标志

商标，是指区分产品或服务的标记。商标的作用，是以一定的外部标记来区分产品或服务，对购买商品或服务的一方具有指引作用，与企业的经营密不可分，具有巨大的商业价值。《中华人民共和国商标法》规定，任何能够将自然人、法人或者其他组织的商品与他人的商品区别开的可视性标志，包括文字、图形、字母、数字、三维标志和颜色组合等，均可以作为商标申请注册。《中华人民共和国商标法实施条例》（以下简称《商标条例》）规定，商标可用于商品、商品包装或者容器以及商品交易文书上，或者将商标用于广告宣传、展览以及其他商业活动中。

经国家有关主管部门注册的商标为注册商标，可以取得商标专用权；未经注册的商标也可以使用，但不享有专用权。《商标条例》规定，使用注册商标，可以在商品、商品包装、说明书或者其他附着物上标明"注册商标"或者注册标记。我国负责商标注册管理的机构为工商总局下属的商标局。

另外，在市场上享有较高声誉并为相关公众所熟知且符合一定要求的商标可以在商标局申请为驰名商标。相较于普通商标，驰名商标可以获得特殊保护，如跨领域保护①、对未注册的驰名商标进行保护等，同时能在一定程度上说明企业的诚信经营和产品或服务的质量高。人民法院在案件审理过程中，也可以对驰名商标进行个案认定。

（3）中国名牌产品称号及其标志

中国名牌产品称号，是质检总局授予我国优秀企业的一个奖项，名牌产品的考评主要参考以市场评价、质量评价、效益评价和发展评价为主要内容的评价指标体系。按照《中国名牌产品标志管理办法》的规定，名牌产品标志是质量标志。其图案为圆形，中间有两个 S形。中国名牌产品标志只能使用在与获得中国名牌产品称号相一致的产品规格、型号或品种上，不得扩大其使用范围。

为推进我国名牌战略的实施，促进中国名牌产品的发展壮大，增强我国产品的市场竞争力，2001 年 6 月，质检总局发布《中国名牌产品评价管理办法（试行）》，正式启动了中国名牌产品的评比工作。此后，又相继发布了《中国名牌产品管理办法》以及《中国名牌产品标志管理办法》等规定，对中国名牌产品的评比及标志的使用进一步予以了说明。2008 年质检总局的职能被调整，不再直接办理与企业和产品有关的名牌的评选活动。根据上述文件的规定，名牌标志已被陆续禁用，最晚的于 2012 年期满。2010 年，质检总局又发布通知，禁止有效期满后继续使用该标志。

（4）三者的区别

中国名牌产品称号同驰名商标及免检制度的区别体现在以下几个方面：

---

① 即防止他人就相同或相近似的商标在非类似商品上注册，且可能给商标权人造成损失的情形。

第一，依据的法律规定不同。上述制度各自形成相对独立的体系，建立在不同的法律规定之上。①

第二，创立及负责管理的政府部门不同。质量免检制度由国务院创立并由质检部门负责管理；中国名牌产品评比则完全由国家质检部门设立和管理；而商标（包括驰名商标）制度则由工商部门来管理，另外，法院在个案中也可以认定驰名商标。

第三，这些制度针对的目标不同。中国名牌产品称号和免检制度主要是对产品质量进行评价，而驰名商标则是对商标的知名度和信誉进行认定。中国名牌产品称号和质量免检标志只能用于商品，驰名商标却适用于商品和服务。

第四，效果不同。获得中国名牌产品称号及免检标志的产品，可以免于质检部门的质量检查。同时，获得中国名牌产品称号的产品在打击假冒伪劣商品的活动中会得到重点保护。获得驰名商标的产品在商标侵权等案件中将得到有关部门的特殊保护。

另外，上述几种制度在认定程序等方面也存在差异。

2. 对本案的分析

本案中，原告方认为免检标志属于广告，而被告则认为其不属于广告，因此接下来应对广告制度予以介绍，并详述免检标志为何不属于广告。

（1）广告制度。

广告具有广义和狭义两种：广义的广告指为了某种需要通过一定的媒介手段向公众进行的宣传；狭义的广告仅指以营利为目的的商业广告。本案涉及的广告仅指狭义的商业广告。商业广告是指商品经营者或者服务提供者，为了增强其在市场上的竞争力，通过一定的媒介和形式直接或者间接地介绍自己所推销的商品或所提供的服务的宣传。《中华人民共和国广告法》对商业广告的定义为："商品经营者或者服务提供者承担费用，通过一定媒介和形式直接或者间接地介绍自己所推销的商品或者所提供的服务的商业广告"。广告的表现形式或载体内容广泛，既包括新媒体，如网络、手机通讯等，也包括传统媒介，如电视、广播、演出及商品包装及附属物等。

广告具有悠久的历史，表现形式多样，影响巨大，改革开放后广告行业快速发展，为经济发展提供了强大的推力。为促进广告行业健康发展，便于政府管理，需对广告行业加以规制。国务院于 1982 年颁布了《广告管理暂行条例》；1987 年国务院又颁布了《广告管理条例》，确定广告管理机关是工商部门。

随着经济的发展，广告数量急剧增长，广告的发展出现了诸多问题，如虚假、低俗及违法广告泛滥等。为了适应新形势下广告行业管理的工作需要，1994 年全国人大常委会制定《中华人民共和国广告法》。近年来，工商总局、卫生部、广电总局等部门在各自的职责范围内发布了一系列的通知，惩治违法广告。如 2008 年 10 月 17 日，工商总局发布了关于禁止在广告中使用"免检"内容的通知，其中规定，对广告中出现"国家免检产品"等涉及质量免检内容的，应立即责令停止发布。对于继续违法发布的，依照《中华人民共和国广告法》、《中华人民共和国反不正当竞争法》有关规定处罚。通知

① 各种法律依据并非完全独立，其中也存在部分关联，如《中国名牌产品管理办法》同时规定了名牌产品可以免于质量检查。

发布之日后生产的产品包装物广告中涉及质量免检内容的，按照工商总局《关于商品包装物广告监管有关问题的通知》的规定处理。

(2) 商品中的免检标志及吊牌是否属于商业广告？

原告一直以工商总局发布的［2005］第173号《关于商品包装物广告监管有关问题的通知》为依据，认为涉案产品对免检标志的使用是一种广告行为。而工商部门在答复中明确表示吊牌及免检标志并不属于广告，因此本案的争议焦点之一就是该免检标志及吊牌是否属于广告。

商品包装和附属物在何种情形下应被认定为广告？实践中，普通商品和特殊商品（如烟草、药品等）的广告认定标准并不相同。工商部门对于特殊商品的广告管理较为严格，此类特殊商品广告的认定范围宽泛。以烟草广告为例，工商总局发布的《烟草广告管理暂行办法》规定，烟草广告是指烟草制品生产者或者经销者发布的，含有烟草企业名称、标志，烟草制品名称、商标、包装、装潢等内容的广告。同时，该办法又规定，如果其他商品、服务的商标名称及服务项目名称与烟草制品商标名称相同，该商品、服务的广告，必须以易于辨认的方式，明确表示商品名称、服务种类，并不得含有该商品、服务与烟草制品有关的表示。据此，工商部门将与烟草企业的烟草广告相同、近似的画面、用语，或者与烟草制品商标相同、近似的商标文字图形，都认定为与烟草制品有关的表示，可以按照《烟草广告管理暂行办法》予以管理。

针对普通商品包装物及附属物中广告的认定问题，根据工商总局发布的《关于商品包装物广告监管有关问题的通知》的规定，在商品包装中，除该类商品国家标准要求必须标注的事项以外的文字、图形、画面等，符合商业广告特征的，可以适用《中华人民共和国广告法》的规定进行规范和监管。根据该文件的规定，普通商品的包装及附属物是否应被认定为商业广告，其标准为该部分内容是否符合商业广告的特征。只有在符合商业广告特征的情况下，才可以认定其为广告，否则不属于广告，亦不受《中华人民共和国广告法》及工商总局《关于包装物广告监管有关问题的通知》的规范。

根据《中华人民共和国广告法》第二条第二款的规定，该法所称广告，是指商品经营者或者服务提供者承担费用，通过一定媒介和形式直接或者间接介绍自己所推销的商品或者所提供的服务的商业广告。商业广告是以营利为主要目的的广告，通过大众传播媒介对有关商品、劳务、观念等方面的信息进行有说服力的销售促进活动。商业广告通过宣传某种产品或服务而让人们去喜爱、购买它。商业广告的主要特征首先强调了商业广告具有广告的本质特征，即以付出某种代价为手段，以公开的、非面对面的方式传达特定信息的信息传播活动；其次它要通过科学策划和艺术创造将产品高度形象化，并带有科学性和艺术性特征；再者它要借助于某种传播媒介传达信息；最后它要实现带有较强自我展现特征的说服性的传播效果。

本案中“雨中鸟”牌洋伞在国家许可的范围内使用了“国家免检”标志，标志下方的四个汉字亦没有超出“国家免检”规定的范围。而吊牌上除了国家免检标志及中国名牌两个标志图案和四个文字说明外，没有任何符合商业广告特征的地方，因此它是一种国家认证标志。另外，《免检细则》也明确规定，免检标志是质量标志。因此，免检标志不属于商业广告，不具有商业广告的特征，亦不属于《中华人民共和国广告法》第二条第二款规定的广告的范围。本案不应适用工商总局［2005］第173号文的规定进行处罚。被告石景山区工商局以原告王某的申诉不符合国家法律、行政法规及规章为由作出不予受理的答复并无不当。

小卡片上的两个认证标志受原国家质量技术监督局《产品标识标注规定》及质检总局原《免检办法》这两个文件的管理，至于认证标志有无违规使用，不属于被告石景山区工商局的职责范围，亦不属于本案的审查内容。

此外，该卡片背面的“雨中鸟”商标图案及下面标注的汉字、拼音属于该商品的商标及其注释，也不具有明显的商业广告的特征。因此，整个吊牌卡片仅起到区别于其他产品的标志作用，故不属于法律意义上的广告。

（3）商场的行为是否构成虚假宣传及欺诈？

虚假宣传是经营者欺诈消费者的一种手段。《中华人民共和国反不正当竞争法》第九条第一款规定：经营者不得利用广告或者其他方法，对商品的质量、制作成分、性能、用途、生产者、有效期限、产地等作引人误解的虚假宣传。《欺诈消费者行为处罚办法》第二条规定，本办法所称欺诈消费者行为，是指经营者在提供商品（以下所称商品包括服务）中，采取虚假或者不正当手段欺骗、误导消费者，使消费者的合法权益受到损害的行为。由此可以看出，虚假宣传是欺诈的一个构成要件，而虚假宣传的构成要件一是宣传的商品或服务内容不真实，二是经营者存在主观故意。

本案中，经营者的行为是否构成虚假宣传及欺诈，首先取决于免检标志的真实性。如果该免检标志所代表的免检认证并不存在，则属于虚假宣传。根据前面对免检制度的介绍可知，2000年3月14日原国家质量技术监督局发布《产品免于质量监督检查管理办法》。2001年12月24日，质检总局发布第9号令，废止2000年原国家质量技术监督局发布的《产品免于质量监督检查管理办法》，施行2001年11月21日由质检总局通过的《免检办法》。质检总局2008年9月18日以第109号令废止的是2001年的《免检办法》。而免检制度是国务院决定设立的，国务院仅废除食品的免检制度。虽然质检总局将《免检办法》予以废除，但根据下位法不能违背上位法的原理，整个免检制度并非都已经废除，对除食品以外的其他产品，国务院并未明令禁止在免检认证的有效期内使用免检标志。本案中涉及的“雨中鸟”牌洋伞，产品的免检证书有效期从2007年12月至2010年12月，证书编号：（2007）国免字（351781177）号；“中国名牌”证书使用期限从2006年9月至2009年9日，后经续期，标志至诉讼时仍然在有效期内。由此看出，“雨中鸟”牌洋伞上使用免检标志和名优标志均未违反国家的禁止性规定。由于免检制度并未被全部撤销而是继续存在，而且该涉案商品洋伞的免检证书尚在有效期内，因而该产品上免检标志所代表的免检认证是真实存在的，并非虚假表示。

另外，在该标志所代表的内容是真实有效的情况下，即使该免检标志被工商部门禁止使用于广告中，该经营者的行为也只属于使用中的违规行为，并非虚假宣传[①]，更无

① 根据前面的分析可知，一般情况下，名优标志和免检标志由质检部门管理，广告由工商部门管理。只有在名优标志和免检标志构成广告的组成部分的时候，才可以由工商部门进行管理。本案中，由于上述两个标志并未构成广告的组成部分，因而对于两个标志的使用是否违规，仍应由质检部门管辖。

法构成欺诈。

综上，一、二审的判决是正确的。

3. 本案的社会效应及影响

本案并非普通消费者维权类案件，而是涉及我国特有的职业打假现象。原告也并非普通的消费者，而是职业打假人。

职业打假现象是随着我国消费者权益保护的法制建设的发展而产生的一种特殊现象。我国在改革开放后，市场经济快速发展，个人消费品市场日益繁荣，但由于我国法制建设相对缓慢，执法部门对消费者提供的保护不够全面，从而导致市场上存在一定数量的假冒伪劣产品，损害了消费者的权益。1993 年，全国人大常委会通过了《中华人民共和国消费者权益保护法》（以下简称《消费者权益保护法》），对消费者享有的权利和经营者的义务进行了规定，同时该法规定了经营者提供商品或者服务有欺诈行为的，应当按照消费者的要求增加赔偿其受到的损失，增加赔偿的金额为消费者购买商品的价款或者接受服务的费用的一倍。这种双倍赔偿的规定一方面对商家的不法行为进行了威慑，保护了消费者的权益，另一方面也被一些打假人士发现可以用来牟利。从 1995 年起，我国出现了一批以打击假冒伪劣产品为职业的人士，他们通过购买假冒伪劣的产品索取双倍赔偿牟利。其打假途径为：先与商家进行协商赔偿，协商不成再通过工商部门获得赔偿，或者向法院起诉由法院判决双倍赔偿。

职业打假在社会上一直争议不断，社会各界对其评价也是褒贬不一。一些人认为职业打假行为客观上促进了消费者权益的保护，具有公益性，但也有人认为职业打假人动机不纯，不值得赞扬，也不是消费者的代表。关于职业打假人的身份同样存在争议：一种观点认为，《消费者权益保护法》保护的是处于弱势地位的消费者，而职业打假人具备一定的知识并且知假买假，因此不属于消费者，不应受该法的保护；另一种观点则认为，法律没有明文规定知假买假者不属于消费者，因此职业打假人仍应受该法保护。司法实践中，一些法院采用了上述第一种观点，未将职业打假人的身份认定为消费者，也不支持其双倍赔偿的要求，上述判例在一定区域内遏制了职业打假行为。另外，一些职业打假人在同商家的协商中，往往以通过媒体曝光等手段作为要挟提出过高的赔偿请求，部分职业打假行为被有关部门认定为敲诈勒索而受到惩处，这也给职业打假人的声誉带来了负面影响。

近年来随着我国市场经济法制建设速度加快，各种法律、法规的不断完善，行政执法力度的加大和司法保障力度的加强，消费者权益保障机制不断健全，假冒伪劣商品已经难觅于大型百货商场及超市，职业打假行为也相应得到调整。目前，职业打假人主要集中活动于几个大城市。这些打假人士通过网络媒体与全国各地打假人士进行沟通交流，互相讨论学习，一些打假人士组成了相对固定的团体，甚至开办了专门的打假公司。一些职业打假人具备良好的法律专业素质，对各种法律、法规比较熟悉，对诉讼程序也比较了解。职业打假行为针对的目标也进行了相应的调整，主要集中于产品的瑕疵，如包装上的各种认证标志不准确、不符合规定等，而非产品本身的质量问题。此外，随着我国行政诉讼制度的进一步发展完善，职业打假呈现出向行政诉讼领域扩展的趋势。一些职业打假人在向工商部门投诉后如果得不到满意的答复，往往会将工商部门作为被告起诉至法院要求其履行职责。本案即是这一情况，原告起诉工商部门的最终目的，还是要获得经营者的赔偿，行政诉讼仅是其实现目的的一个手段。

我们认为，当前职业打假人进行索赔往往针对的是商品的某些瑕疵①，而此种瑕疵并非都会损害消费者的利益，如各种认证标志的规范使用会方便有关政府部门的管理工作，并且便于消费者对商品某方面的信息获得更全面的认识。即使商品使用认证标志不规范也并不必然导致该商品或服务价值的贬损，不会造成消费者利益的损失。因此，从社会效应来看，职业打假人通过此种商品瑕疵来获取盈利不再具有纯粹的公益性，其行为并不代表消费者的利益，也不是一种维权行为，而是完全以自身盈利为目的。另外，实践中部分职业打假人以向有关政府部门举报商品存在瑕疵来要挟经营者支付其一定数额的“封口费”，这存在滥用权利的嫌疑，如果职业打假人士主张的数额过大，则可能被认定为敲诈勒索从而被处罚。行政执法部门和人民法院在处理职业打假类案件时，对存在上述情形的案件的处理应综合考虑社会效果和法律效果，采取妥善措施引导职业打假人通过合理途径进行维权索赔，在积极维护消费者权益的基础上，避免对经营者的发展造成较大的负担。

（北京市石景山区人民法院　杨洁　刘伟）

8. 语伴在线（北京）科技有限公司不服北京市工商行政管理局海淀分局工商行政处罚案

（一）首部

1. 判决书字号

一审判决书：北京市海淀区人民法院（2010）海行初字第343号行政判决书。

二审判决书：北京市第一中级人民法院（2011）一中行终字第1160号行政判决书。

2. 案由：工商行政处罚。

3. 诉讼双方

原告（上诉人）：语伴在线（北京）科技有限公司，住所地：北京市海淀区上地东里一区4号楼610室。

法定代表人：秦德玉，该公司总经理。

委托代理人：王峰，语伴在线（北京）科技有限公司职员。

---

① 当然，此处的商品瑕疵如各种认证标志使用不规范的行为是轻微的违规行为，如使用绿色食品认证标志或有机食品认证标志但忘记标注相应的认证机构的行为，而并非严重的违规行为；如果是严重的违规行为则不属于商品的瑕疵，而应视为商家的欺诈行为，如使用假冒认证标志等，该种严重违规行为也会相应地造成消费者的损失。

被告（被上诉人）：北京市工商行政管理局海淀分局，住所地：北京市海淀区倒座庙9号。

法定代表人：刘树昌，该局局长。

委托代理人：杜春林，北京市工商行政管理局海淀分局广告科干部。

委托代理人：齐晓峥，北京市工商行政管理局海淀分局法制科干部。

4. 审级：二审。

5. 审判机关和审判组织

一审法院：北京市海淀区人民法院。

合议庭组成人员：审判长：孟军红；人民陪审员：宋力华、闫洪。

二审法院：北京市第一中级人民法院。

合议庭组成人员：审判长：何君慧；代理审判员：汪明、李智。

6. 审结时间

一审审结时间：2011年1月24日。

二审审结时间：2011年6月20日。

（二）一审诉辩主张

1. 被诉具体行政行为

2010年6月1日，北京市工商行政管理局海淀分局（以下简称海淀工商分局）对语伴在线（北京）科技有限公司（以下简称语伴在线公司）作出京工商海处字［2010］第1519号行政处罚决定（以下简称被诉处罚决定），主要内容如下：确认《美国语伴》是中国科学文化音像出版社出版的电子出版物。语伴在线公司在未取得《出版物经营许可证》的情况下，擅自从事《美国语伴》电子出版物的销售活动，根据《国务院对确需保留的行政审批项目设定行政许可的决定》所附目录第322项、《电子出版物出版管理规定》（2008年4月15日起施行）第五条、《出版物市场管理规定》第三条的规定，属于《无照经营查处取缔办法》第四条第一款第（五）项规定的超出核准登记的经营范围、擅自从事应当取得许可证或者其他批准文件方可从事的经营活动的违法行为。依据《无照经营查处取缔办法》第十四条第一款之规定，予以取缔，并决定处以罚款6万元。

2. 原告诉称

第一，被诉处罚决定认定事实错误。《美国语伴》是合法的软件产品，被告以其带有电子出版号而认定其为电子出版物是错误的。原告早在被告查处之前就已请第三方中立机构对《美国语伴》进行了认定，报告结论明确认定其为软件产品。《美国语伴》作为英语口语训练软件，在现有的行政法规中找不出把其列为电子出版物的依据。第二，即使《美国语伴》最终被认定为电子出版物，被告作出的被诉处罚决定也是错误的。原告按照电子出版物的规定来经营，应在《美国语伴》被认定为电子出版物之后。原告属于中关村科技园区企业，根据相关规定，原告即使经营电子出版物，注册时也无须办理前置审批；对需要办理专项审批的，工商行政管理部门要通过日常执法巡查和年检工作，督促其3个月内到相关部门办理有关审批手续，而不是直接给予罚款处罚。对于经营既是电子出版物又是软件的产品的企业是否需办理出版物经营许可证，国家相关法律、法规没有明文规定。出版物经营许可证办理机构海淀区文化委员会亦明确答复不用办理。第三，被诉处罚决定对原告罚款 60 000 元，不符合《无照经营查处取缔办法》第十四条第一款的规定。综上，请求人民法院依法判决撤销被告作出的京工商海处字［2010］第 1519 号行政处罚决定书。

3. 被告辩称

第一，被告对原告违法行为的处罚认定事实清楚、证据确凿。第二，被告对原告违法行为经过了立案、调查取证、听证告知、局长审批等程序，程序合法，且适用依据正确、幅度适当。第三，原告提出的诉讼理由不成立。首先，《美国语伴》符合电子出版物的基本特征，属于电子出版物。其出版取得了新闻出版总署音像电子和网络出版管理司的批准，也证明其属于电子出版物。电子出版物与软件产品并不是相互对立的两个概念，《美国语伴》是否属于软件产品、是否按照软件经营，并不影响对其作出电子出版物的定性。其次，原告未取得行政许可销售《美国语伴》的行为违法。《美国语伴》是取得中国标准书号的电子出版物，根据《电子出版物出版管理规定》第五条及《出版物市场管理规定》第三条的规定，原告应当在取得出版物经营许可证后方可从事销售活动，即任何单位和个人在未取得专项审批前不得开展需要取得专项审批的经营活动。原告认为其属于中关村科技园区企业，不需遵守上述规定，是对相关规定的错误理解。综上，请求人民法院维持被告作出的具体行政行为。

（三）一审事实和证据

北京市海淀区人民法院经公开审理查明：《美国语伴》（中国标准书号：ISBN7－89996－021－5/H.001）系语伴在线公司销售的产品，但未取得《出版物经营许可证》。2009 年 3 月 24 日，海淀工商分局对语伴在线公司涉嫌违反《无照经营查处取缔办法》第四条第一款第（五）项规定的事项予以立案。同年 6 月 23 日，海淀工商分局向语伴在线公司发送首次询问告知书，并于同日向语伴在线公司进行询问并制作询问笔录。2010 年 3 月 23 日，海淀工商分局对语伴在线公司进行现场检查并制作笔录，证实该公司已不在其注册地经营。同年 4 月 6 日、5 月 13 日，海淀工商分局分别作出京工商海广告听告字［2010］第 2 号和第 3 号行政处罚听证告知书，并于当日以公告形式向语伴在线公司送达。语伴在线公司未在期限内进行陈述、申辩和要求听证。6 月 1 日，海淀工商分局作出被诉处罚决定，认定语伴在线公司自 2008 年 11 月至 2009 年 3 月，销售《美国语伴》电子出版物 125 套，销售金额 106 596.97 元，其行为属于《无照经营查处取缔办法》第四条第一款第（五）项规定的超出核准登记的经营范围、擅自从事应当取得许可证或者其他批准文件方可从事的经营活动的违法行为。依据《无照经营查处取缔办法》第十四条第一款之规定，予以取缔，并决定罚款 60 000 元。6 月 3 日，海淀工商分局将该行政处罚决定以公告形式向语伴在线公司送达。语伴在线公司对上述行政处罚决定不服，于 2010 年 8 月 13 日向北京市海淀区人民政府申请行政复议，该机关于同年 10 月 11 日作出海政复决字［2010］55 号行政复议决定书，维持了原行政处罚决定，并于同年 11 月 5 日送达语伴在线公司。语伴在线公司亦不服，遂提起本行政诉讼。

上述事实有下列证据证明：

原告提交的证据有：

1. 计算机软件著作权登记证书；

2. 软件产品登记证书；

3. 北京市新闻出版局（版权局）网页；

4. 原告与海淀区文化委员会的电话录音；

5. 原告关于是否办理出版物经营许可证的要求限期答复的咨询函及海淀区文化委员会的回函；

6. 海淀区创新企业证书；

7. 行政复议决定书及送达回证。

同时，原告提交《计算机软件保护条例》作为支持其诉讼请求的法律规范依据。

被告提交的证据有：

1. 立案审批表；

2. 首次询问告知书；

3. 听证告知书及相关送达材料；

4. 行政处罚决定书的送达材料；

5. 现场检查笔录；

6. 询问通知书及送达回证；

7. 询问笔录；

8. 营业执照复印件；

9. 授权委托书及身份证复印件；

10. 经营情况的相关票据 6 份；

11.《美国语伴》实物照片 13 份；

12. 新闻出版总署出版管理司回函；

13. 北京市新闻出版局关于对语伴在线公司调查的回函。

同时，被告提交《无照经营查处取缔办法》第四条、第十四条，《电子出版物出版管理规定》第五条，《出版物市场管理规定》第二条、第三条，北京市工商行政管理局《相关违法行为行政处罚裁量权执行标准》第二十九条第（二）项第 2 目，《国务院对确需保留的行政审批项目设定行政许可的决定》所附目录第 322 项作为其法律规范依据。

（四）一审判案理由

北京市海淀区人民法院经审理认为：依据《无照经营查处取缔办法》第四条第一款第（五）项和第十四条的规定，县级以上人民政府工商行政管理部门具有对无照经营行为进行监督检查的法定职责，故被告有权对无照经营行为进行监督检查，对超出核准登记的经营范围、擅自从事应当取得许可证或者其他批准文件方可从事的经营活动的违法经营行为，被告可以根据情节依法作出行政处罚。

《电子出版物出版管理规定》第五条规定，国家对电子出版物出版活动实行许可制度；未经许可，任何单位和个人不得从事电子出版物的出版活动。《出版物市场管理规定》第三条规定，国家实行出版物发行许可制度，未经许可，任何单位和个人不得从事出版物发行活动。《国务院对确需保留的行政审批项目设定行政许可的决定》所附目录第322项规定，设立电子出版物发行单位需经县级以上人民政府出版行政主管部门审批。

本案中，《美国语伴》系由中国科学文化音像出版社出版的电子出版物，原告在未取得出版物经营许可证的情况下，从事该电子出版物的销售活动，故，被告依据上述规定认定原告的行为违反了《无照经营查处取缔办法》第四条第一款第（五）项的规定，对其违法事实的定性并无不当。同时，被告在作出处罚决定的过程中履行了立案、调查、听证告知及送达等程序，符合相关程序规定。

《无照经营查处取缔办法》第十四条规定，对于无照经营行为，由工商行政管理部门依法予以取缔，没收违法所得；无照经营行为规模较大、社会危害严重的，并处2万元以上20万元以下的罚款。北京市工商行政管理局《相关违法行为行政处罚裁量权执行标准》第二十九条第（二）项第2目规定，对非法经营额超过10万元在20万元以下的无照经营行为罚款6万元至10万元，社会危害严重的，罚款10万元。本案中，原告自2008年11月至2009年3月，销售《美国语伴》125套，销售金额106 596.97元。据此，被告认定原告符合上述规定，对原告处以6万元的罚款，系对其自由裁量权的正当行使，处罚额度并无不当。原告的诉讼请求缺乏事实和法律依据，本院不予支持。

需要指出的是，依据《工商行政管理机关行政处罚程序规定》第五十七条的规定，适用一般程序处理的案件应当自立案之日起90日内作出处理决定；案情复杂，不能在规定期限内作出处理决定的，经工商行政管理机关负责人批准，可以延长30日；案情特别复杂，经延期仍不能作出处理决定的，应当由工商行政管理机关有关会议集体讨论决定是否继续延期。本案中，被告对于原告涉嫌违法行为的立案时间为2009年3月24日，作出行政处罚的时间为2010年6月1日，超出了90日的办案期限，而且其未在法定举证期限内向本院提交延期审批手续的相关证据。被告在履行上述法定程序中存有瑕疵，但该瑕疵尚不足以导致被诉的行政处罚决定被撤销。因此，本院在此予以明确，被告在今后的工作中应当予以纠正。

（五）一审定案结论

北京市海淀区人民法院依据《最高人民法院关于执行〈中华人民共和国行政诉讼法〉若干问题的解释》第五十六条第（四）项的规定，作出如下判决：

驳回原告语伴在线（北京）科技有限公司的诉讼请求。

案件受理费50元，由原告语伴在线（北京）科技有限公司负担（已交纳）。

（六）二审情况

1．二审诉辩主张

同一审诉辩主张。

2．二审事实和证据

北京市第一中级人民法院经审理，认定的事实与一审基本一致。

在二审审理期间，海淀工商分局提交了下列证据：（1）行政处罚案件有关事项审批表；（2）案件会审委员会2009年度第十二次会议纪要；（3）2009年第28次局长办公会议题；（4）2009年第28次局长办公会会议纪要；（5）2009年第34次局长办公会会议纪要；（6）提请局长办公会审批延期结案申请表，用以证明被诉的行政处罚决定作出的程序合法。

语伴在线公司提交了北京语伴科技发展有限公司（以下简称北京语伴公司）企业法人营业执照副本，用以证明北京语伴公司与语伴在线公司为同一法定代表人。

法院经审查认为，海淀工商分局和语伴在线公司在二审期间提交的证据已经超过法定举证期限，法院不予采纳。

3．二审判案理由

北京市第一中级人民法院经审理认为：根据《无照经营查处取缔办法》第四条第一款第（五）项、第十四条的规定，对于超出核准登记的经营范围、擅自从事应当取得许可证或者其他批准文件方可从事的经营活动的违法经营行为，海淀工商分局具有查处并给予行政处罚的法定职权。

参照《电子出版物出版管理规定》第二条第二款的规定，电子出版物是指以数字代码方式，将有知识性、思想性内容的信息编辑加工后存储在固定物理形态的磁、光、电等介质上，通过电子阅读、显示、播放设备读取使用的大众传播媒体。本案中，《美国语伴》系经新闻出版总署批准，由中国科学文化音像出版社出版的电子出版物。就《美国语伴》产品本身而言，其属于以数字代码的方式将有关英语学习的信息编辑加工后储存在CD-ROM上，通过阅读显示、播放设备读取使用的大众传播媒体，亦符合上述规章规定的电子出版物的特点。海淀工商分局认定该产品属于电子出版物具有事实和法律依据。

根据《国务院对确需保留的行政审批项目设定行政许可的决定》所附目录第322项的规定，设立电子出版物发行单位需经县级以上人民政府出版行政主管部门审批。参照《电子出版物出版管理规定》第五条的规定，国家对电子出版物的出版活动实行许可制度。语伴在线公司销售该电子出版物应当取得行政许可。其在未取得相应行政许可的情况下，销售该产品的行为属于《无照经营查处取缔办法》第四条第一款第（五）项规定的“超出核准登记的经营范围、擅自从事应当取得许可证或者其他批准文件方可从事的经营活动的违法经营行为”，依法应当受到处罚。海淀工商分局根据调查取得的证据，认定语伴在线公司的行为属于《无照经营查处取缔办法》第四条第一款第（五）项规定的无照经营行为，并根据该公司违法行为的性质、情节以及危害后果，在《无照经营查处取缔办法》第十四条规定的处罚权限及处罚幅度内，作出被诉处罚决定，对语伴在线公司的无照经营行为予以取缔，并处以 60 000 元的罚款，具有事实和法律依据。语伴在线公司关于在 2011 年 1 月 31 日之前，国家对网络发行尚无明确法律规定，海淀工商分局对其通过网上销售《美国语伴》的行为进行处罚缺乏法律依据的上诉理由，不符合《出版物市场管理规定》的相关规定，本院不予采信。语伴在线公司关于海淀工商分局认定违法经营额时未扣除成本的上诉意见，缺乏法律依据，本院亦不予采信。语伴在线公司关于其作为中关村创新企业，可以先登记再许可，海淀工商分局未督促其办理《出版物经营许可证》而径直作出行政处罚的行为违法的上诉主张，缺乏法律依据，本院不予支持。

海淀工商分局在对语伴在线公司进行行政处罚的过程中，履行了立案、调查取证、告知、作出处罚、送达等行政程序，符合法律规定。语伴在线公司关于海淀工商分局以查处虚假广告为由立案，但是以无照经营为由作出被诉处罚决定程序违法的上诉理由，依据不足，本院不予采信。关于语伴在线公司提出的被诉行政处罚决定的办案期限超过法定期限的问题，一审法院已经予以指正。经审查，本院同意一审法院的认定意见，在此不再赘述。

综上，一审判决认定事实清楚、证据充分，适用法律正确，程序合法，本院应予维持。语伴在线公司的上诉理由均缺乏事实及法律依据，其请求本院不予支持。

4. 二审定案结论

北京市第一中级人民法院依照《中华人民共和国行政诉讼法》第六十一条第（一）项的规定，作出如下判决：

驳回上诉，维持一审判决。

二审案件受理费 50 元，由上诉人语伴在线（北京）科技有限公司负担（已交纳）。

（七）解说

本案的焦点是《美国语伴》是否属于电子出版物以及法官对于立法目的的理解。

本案中语伴在线公司在诉讼中主张《美国语伴》为软件产品，而非电子出版物。然而软件产品与电子出版物是否是分离开来或者互不相关的法律概念呢？从国家税务总局国税函［2000］168 号《关于明确电子出版物属于软件征税范围的通知》[①] 看，国家税务总局和新闻出版总署对于电子出版物和软件产品的关系观点明确，电子出版物为软件产品的一个分支，即软件产品的定性并不能当然否定产品的电子出版物属性。对此，即便是软件界和电子出版界本身，也是予以认可的。[②]

接下来则是本案的焦点问题：《美国语伴》是否符合《电子出版物出版管理规定》中对于电子出版物的描述。《电子出版物出版管理规定》第二条第二款规定，电子出版

① 主要内容为，就新闻出版总署反映的部分地区在执行软件产品增值税优惠政策时将电子出版物排除在外的问题，明确指出电子出版物属于软件范围，应当享受软件产品的增值税优惠政策。

② 参见《关于软件和电子出版物的对话》，见 http：//www. it8g. com/YeJie/200904/18230. htm，2012 年 4 月 11 日访问。该文中提到了软件界和电子出版界关于电子出版物为软件产品的分支的普遍观点。

物是指以数字代码方式，将有知识性、思想性内容的信息编辑加工后存储在固定物理形态的磁、光、电等介质上，通过电子阅读、显示、播放设备读取使用的大众传播媒体。电子出版物概念的核心仍是出版物，故而电子出版物的本质仍是出版物的特性，即传播知识、文化和思想。我国对出版物发行实行许可制度，故早在《电子出版物出版管理规定》颁布之前，《出版管理条例》已将电子出版物作为规范对象。而之所以新闻出版总署另行出台《电子出版物出版管理规定》，无非是因为对电子出版物与传统出版物不同的新特点可能导致的认定和管理难题需要详加释明。故把握《电子出版物出版管理规定》对于电子出版物概念的界定，尤其是在与一般软件产品进行区分时，重点在于对出版物概念的把握。

在明了以上问题后，再对电子出版物的概念进行分析可以发现，电子出版物保留的软件产品的特点是以电子介质及程序作为支持手段和载体的，而其具备的出版物的特征则是以数据作为主体，以传播知识、文化、思想为目的，这正是国家将其作为出版物纳入许可制度，与一般软件产品允许开发生产单位直接经营销售不同之原因所在。就本案争议的《美国语伴》而言，其具有听力、会话等十四项功能模块，主体是数据，通过安装程序读取数据，可以进行交互式学习，以传播知识、文化、思想为目的，符合《电子出版物出版管理规定》第二条第二款对于电子出版物的描述，海淀工商分局将其认定为电子出版物无误。

（北京市第一中级人民法院　何君慧　张美红）

9. 深圳市嘉兴科汽车电子有限公司不服国家工商行政管理总局商标局撤销申请不予受理通知书案

（一）首部

1. 判决书字号

一审判决书：北京市第一中级人民法院（2011）一中行初字第1321号行政判决书。

二审判决书：北京市高级人民法院（2011）高行终字第1242号行政判决书。

2. 案由：商标行政管理。

3. 诉讼双方

原告（上诉人）：深圳市嘉兴科汽车电子有限公司（以下简称嘉兴科公司），住所地：广东省深圳市福田区深南大道与彩田路交界西南星河世纪大厦A组2408H。

法定代表人：蒋曰法，该公司董事长。

委托代理人：徐庆，佛山市国方商标服务有限公司商标代理人。

被告（被上诉人）：国家工商行政管理总局商标局（以下简称商标局），住所地：北京市西城区三里河东路8号。

法定代表人：李建昌，该局局长。

委托代理人：宋林莉，商标局干部。

委托代理人：李香浩，商标局干部。

4. 审级：二审。

5. 审判机关和审判组织

一审法院：北京市第一中级人民法院。

合议庭组成人员：审判长：张杰；审判员：张靛卿、乔军。

二审法院：北京市高级人民法院。

合议庭组成人员：审判长：赵宇晖；代理审判员：胡华峰、向绪武。

6. 审结时间

一审审结时间：2011年6月17日。

二审审结时间：2011年9月20日。

（二）一审诉辩主张

1. 被诉具体行政行为

2010年12月7日，被告作出撤201003619号《撤销申请不予受理通知书》（以下简称被诉通知书），认为：原告依据《中华人民共和国商标法》（以下简称《商标法》）第四十四条第（四）项的规定，委托佛山市国方商标服务有限公司向被告申请撤销温州市永兴达华机电设备厂（以下简称永兴设备厂）注册的第1767869号"新飞＋XINFEI"商标（以下简称涉案商标）。经审查，因涉案商标自异议复审裁定日至撤销申请日未满3年，因此被告不予受理。

2. 原告诉称

第一，被告针对原告撤销申请的受理审查属于形式审查，异议复审裁定日的确定不属于撤销申请的审查范围，被诉通知书决定不予受理原告的撤销申请没有法律依据。第二，异议复审裁定日不能被视为商标核准注册日，撤销申请日向前推算3年的时间在撤销商标的有效期内。《商标法》第三十四条第三款规定，经裁定异议不能成立而核准注册的，商标注册申请人取得商标专用权的时间自初审公告3个月期满之日起计算；第三十七条规定，注册商标的有效期为10年，自核准注册之日起计算。故涉案商标的核准注册日为其初审公告3个月期满之日，即2002年5月14日，原告请求撤销的申请日向前推算3年的时间在撤销商标的有效期内。第三，被诉通知书缺乏法律依据。综上，原告请求法院撤销被诉通知书。

3. 被告辩称

《商标法》第四十四条第（四）项规定，注册商标连续3年停止使用的，由商标局责令限期改正或者撤销其注册商标。该条规定的商标连续3年停止使用撤销制度是对已核准注册商标使用的管理，其立法目的是规范和督促商标注册人对注册商标的使用，避免商标资源的闲置浪费。本案中，涉案商标被提出异议复审后，该商标的注册权利尚处于待定状态。只有经国家工商行政管理总局商标评审委员会（以下简称商评委）于2009年11月30日异议复审裁定不成立而予以核准注册后，涉案商标才真正成为注册商标，获得注册商标专用权。即2009年11月30日之后，涉案商标的注册申请人才有可能进行《商标法》第四十四条规定的“使用注册商标”的行为。本案中，原告于2010年8月23日以连续3年停止使用为由提出撤销申请，此时距涉案商标异议复审程序结束、涉案商标被核准注册尚未满3年，不符合案件受理条件。综上，被诉通知书认定事实清楚，适用法律正确，程序合法，请求法院驳回原告的诉讼请求，维持被诉通知书。

（三）一审事实和证据

北京市第一中级人民法院经公开审理查明：2001年4月26日，永兴设备厂向被告提交涉案商标注册申请。经审查，被告于2002年2月14日予以初步审定公告。2002年3月21日，河南新飞电器有限公司（以下简称河南新飞公司）对该商标提出异议申请。2006年2月13日，被告作出［2006］商标异字第00035号涉案商标异议裁定，裁定：异议不成立，涉案商标予以核准注册。河南新飞公司不服异议裁定，于2006年3月6日向商评委提出异议复审申请，商评委于2009年11月30日作出裁定，裁定：异议复审理由不成立，涉案商标予以核准注册。2010年8月23日，原告以连续3年停止使用为由向被告提出对涉案商标的撤销申请。被告受理后，经审查于2010年12月7日作出被诉通知书。原告不服，于2011年1月6日向国家工商行政管理总局申请行政复议，国家工商行政管理总局于2011年2月28日作出第29号复议决定，维持了被诉通知书。原告不服被诉通知书，于2011年3月23日向本院提起行政诉讼。

上述事实有下列证据证明：

1. 2002年2月14日第819期涉案商标初步审定公告第226页复印件；

2. 被告于2006年2月13日作出的［2006］商标异字第00035号涉案商标异议裁定书复印件；

3. 原告提交的《撤销连续三年停止使用注册商标申请书》及《有关涉案商标连续三年停止使用情况的说明》复印件；

4. 工商复字［2011］29号《国家工商行政管理总局行政复议决定书》（以下简称第29号复议决定）复印件；

5. 涉案商标档案复印件；

6. 邮寄信封；

7. 《商标代理委托书》复印件；

8. 原告报送撤销申请的国内特快专递邮件详情单复印件；

9. 中国商标网涉案商标详细信息复印件，内容为涉案商标专有权期限自2002年5月14日至2012年5月13日；

10. 中国商标网涉案商标状态查询流程复印件，内容为涉案商标异议复审裁定日为

2009 年 11 月 30 日。

（四）一审判案理由

北京市第一中级人民法院经审理认为：《商标法》第四十四条第（四）项规定，注册商标连续 3 年停止使用的，由商标局责令限期改正或者撤销其注册商标。该条规定的立法目的在于敦促所有权人对已注册商标进行使用，防止商标资源的闲置浪费，而非苛求商标申请人使用注册前景尚不确定的商标。本案中，涉案商标于 2002 年 3 月 21 日被提起异议，2009 年 11 月 30 日异议复审裁定作出。在此期间，该商标能否予以核准注册尚不确定，这时，由商标申请人承担使用的义务，对其不公平。故经异议的商标，其连续 3 年停止使用的起算日应为异议复审裁定作出之日。基于对上述法律条文立法本意的理解，被告作出被诉通知书，不予受理原告的撤销连续 3 年停止使用注册商标的申请并无不当。

《商标法》第三十四条第三款规定，经裁定异议不能成立而核准注册的，商标注册申请人取得商标专用权的时间自初审公告 3 个月期满之日起计算。该条规定针对的是商标专用权的起算时间，不适用于注册商标连续 3 年停止使用的起算时间。故原告关于异议复审裁定日不能视为商标核准注册日，本案撤销申请日向前推算 3 年的时间在撤销商标的有效期内的主张，缺乏事实及法律依据，其要求撤销被诉通知书的诉讼请求本院不予支持。

（五）一审定案结论

北京市第一中级人民法院依照《最高人民法院关于执行〈中华人民共和国行政诉讼法〉若干问题的解释》第五十六条第（四）项之规定，作出如下判决：

驳回原告深圳市嘉兴科汽车电子有限公司的诉讼请求。

案件受理费 100 元，由原告深圳市嘉兴科汽车电子有限公司负担。

（六）二审情况

1. 二审诉辩主张

（1）上诉人诉称

第一，一审判决对涉案商标的核准注册时间未满 3 年的事实认定有误。嘉兴科公司所提交的证据与案件事实有关联性，应予以采纳。第二，“异议裁定日至撤销申请日未满三年”和“异议复审程序终止作出之日至撤销申请日未满三年”的计算方法不是规范性文件的规定，这一计算方法违反《撤销注册商标案件审理标准》的规定。第三，商标经初步审定后承担商标使用义务公平、合理，免除其在异议待审期的使用义务不公平、不合理，原因包括：一是商标注册申请时就已经具备商标使用的内在需求，申请后即开始使用才合理。二是商标经初步审定后，可以确定商标没有出现违反《商标法》禁止使用和与在先注册商标相冲突的情形，具备合法使用商标的基本条件。三是免除异议待审期的商标使用义务不公平、不合理。综上，请求二审法院撤销一审判决，撤销通知书并判令由商标局重新作出行政决定。

（2）被上诉人辩称

《商标法》第四十四条第（四）项规定，注册商标连续 3 年停止使用的，由商标局责令限期改正或者撤销其注册商标。该条规定的商标连续 3 年停止使用撤销制度是对已核准注册商标使用的管理，其立法目的是规范和督促商标注册人对注册商标的使用行为，避免商标资源的闲置浪费。本案中，涉案商标被提出异议复审后，该商标的注册权利尚处于待定状态。只有经商评委于 2009 年 11 月 30 日异议复审裁定不成立而予以核准注册后，该商标才真正成为注册商标，获得注册商标专用权。虽然其商标专用权自初审公告 3 个月期满之日起计算，但该商标的注册申请人只有在 2009 年 11 月 30 日后才有可能进行《商标法》第四十四条规定的“使用注册商标”的行为。本案中，嘉兴科公司于 2010 年 8 月 23 日以 3 年停止使用为由提出撤销申请，此时距异议程序结束、商标被核准注册尚未满 3 年，不符合案件受理条件。综上，一审判决认定事实清楚，适用法律正确，程序合法，请求二审法院驳回上诉，维持一审判决。

2. 二审事实和证据

北京市高级人民法院经审理，确认的事实和证据与一审法院相同。

3. 二审判案理由

北京市高级人民法院经审理认为：《商标法》第四十四条第（四）项规定，注册商标连续 3 年停止使用的，由商标局责令限期改正或者撤销其注册商标。根据上述法律规定，能够形成由商标局责令限期改正或者撤销注册商标的前提条件必须是，该商标已经是注册商标；即当商标尚未被核准注册时，无法构成其因连续 3 年停止使用而被撤销的基础条件。

本案中，涉案商标在 2002 年 2 月 14 日被初审公告，河南新飞公司于同年 3 月 21 日提出异议申请。自此，由于异议的提出，导致涉案商标无法被核准注册，使其处于异议审查阶段。2006 年 2 月 13 日，商标局认定异议理由不成立而准予对涉案商标进行注册。河南新飞公司于 2006 年 3 月 6 日向商评委提出复审申请。由于复审申请的提出，商标局于 2006 年 2 月 13 日所作的裁定并未生效。商评委于 2009 年 11 月 30 日作出复审裁定，认为复审理由不成立，对涉案商标予以核准注册。直到此时，涉案商标才被核准注册。在此之前，涉案商标始终处于尚未获得核准注册的权利待定状态，对商标权人苛求其对尚未获得核准注册的商标在异议期内予以使用，确属不公。在 2010 年 8 月 23 日，嘉兴科公司以连续 3 年停止使用为由提出撤销涉案商标时，距 2009 年 11 月 30 日该商标获得核准注册日，尚不足 3 年时间。因此，商标局以不足 3 年为由，不予受理嘉兴科公司撤销涉案商标的申请正确。

根据《商标法》第三十四条第三款的规定，经裁定异议不能成立而核准注册的，商标注册申请人取得商标专用权的时间自初审公告 3 个月期满之日起计算。该条是关于商标异议裁定生效和经异议裁定的商标专用权起始日的规定，并不适用于注册商标连续 3 年停止使用的起算时间。因此，嘉兴科公司的主张，缺乏事实和法律依据，本院不予支持。

综上，商标局所作通知书正确，一审判决认定事实清楚，程序合法，适用法律正确，本院应予维持。嘉兴科公司的上诉请求缺乏事实和法律根据，本院不予支持。

4. 二审定案结论

北京市高级人民法院依照《中华人民共和国行政诉讼法》第六十一条第（一）项的规定，作出如下判决：

驳回上诉，维持一审判决。

二审案件受理费人民币 100 元，由上诉人深圳市嘉兴科汽车电子有限公司负担。

（七）解说

我国 2001 年修正的《商标法》第四十四条第（四）项规定，注册商标连续 3 年停止使用的，由商标局责令限期改正或撤销。本案的争议焦点即在于商标经异议及异议复审程序后因异议均不能成立而成为注册商标时，上述规定中连续 3 年不使用之起算期日如何确定的问题。

一种观点认为：经异议及异议复审程序异议均不能成立，商标被核准注册后，《商标法》第四十四条第（四）项规定的注册商标连续 3 年不使用之起算期日应为初步审定公告 3 个月期满之日。该观点认为，根据《商标法》第 3 条的规定，商标经商标局核准成为注册商标后，注册人享有商标专用权，即商标专用权享有日与商标核准注册日为同一日。由此，根据 2001 年《商标法》第三十四条第二款的规定，经裁定异议不能成立而核准注册的，商标注册申请人取得商标专用权的时间自初审公告 3 个月期满之日起计算，此时商标核准注册日也应追溯到初审公告 3 个月期满之日。

另一种观点认为：经异议及异议复审程序异议均不能成立，商标被核准注册的，《商标法》第四十四条第（四）项规定的注册商标连续 3 年停止使用之起算期日应为异议及异议复审裁定作出之日或程序终止之日。该观点指出，《商标法》第三十四条第三款的规定，仅是指商标专用权的起算时间向前追溯，而非指商标核准注册日向前追溯，该条第二款更是明确指出经裁定异议不能成立时才予以核准注册，即将商标核准注册日固定在异议裁定作出之日，并且在商标异议期内，商标权利处于不确定状态，商标注册人在此期间内没有义务去使用商标。

我们赞同第二种观点，其主要理由如下：

首先，从立法体系上审视，《商标法》第三十四条第三款之经裁定异议不成立而核准商标注册时，商标专用权向前追溯的规定实际是《商标法》第三十七条规定的例外，与《商标法》其他法条中普遍认可的核准注册日为商标专用权享有之日的规定之间，属特别法与一般法之情形。在司法实践中，《商标法》第三十四条第三款仅在已确定异议不成立而核准商标注册后用以明确之前异议期内法律上的权利义务关系，而非任何情况下均普遍适用。因此，在本案之情形下，不能以特别法之规定反制一般法之普遍约束。

其次，从立法目的上分析，《商标法》第三十四条第三款之规定意图通过溯及商标专用权享有时间的方式，将异议或异议复审裁定作出之前商标专用权的不确定状态予以固定，稳定混乱的法律关系，防止更多争议的产生，这是商标法保护商标专用权的立法原则的体现，同时也有利于侵权时间的认定和损失的计算。而《商标法》第四十四条第（四）项的立法目的在于敦促商标所有权人对已注册商标进行使用，防止商标资源的闲置浪费，而非苛求商标申请人使用注册前景尚不确定的商标。

最后，从立法价值上判断，于法律利益角度，只有在商标核准注册后商标专用权才能获得确认及有效的保护，而在异议及异议复审期内，商标申请注册人并不确定最终能否获得该商标的专用权，那么在此期间苛求其对商标进行使用，即给其添加了一个额外的义务；一旦其商标无法核准注册，那么前期履行该义务的任何付出将没有实际意义，这对商标申请人而言是对其实际利益的重大损害，也是极不公平的，违背了公平、正义这一法律的基本要求。

综上，《商标法》第三十四条第三款与第四十四条第（四）项这两个规定适用的原则与情境不一样。实践中，不能机械地适用法律条文，而应当综合立法体例、立法目的及立法价值等法条背后的基本要素作出判断。而于本案之情形，《商标法》第三十四条第三款规定并不适用，3 年不使用之起算期日应为异议复审裁定作出之日。

另外，需要指出的是，本案之情形并非个案，而是在近期大量出现的新类型案件。从其产生缘由探析，则主要是商标局及商评委的商标异议和异议复审程序耗时过长，这值得相关行政机构进行反思，也值得以后《商标法》在完善立法时予以考虑。

（北京市第一中级人民法院　张杰　蔡锟）

10. 项俊诉北京市工商行政管理局海淀分局要求履行法定职责案

（一）首部

1. 判决书字号

一审判决书：北京市海淀区人民法院（2011）海行初字第 156 号行政判决书。

二审判决书：北京市第一中级人民法院（2011）一中行终字第 3029 号行政判决书。

2. 案由：要求履行法定职责。

3. 诉讼双方

原告（上诉人）：项俊，无业，住安徽省巢湖市无为县。

委托代理人：苏怀东，北京市嘉安律师事务所律师。

被告（被上诉人）：北京市工商行政管理局海淀分局，住所地：北京市海淀区倒座庙 9 号。

法定代表人：刘树昌，该局局长。

委托代理人（一、二审）：许晨，北京市工商行政管理局海淀分局海淀工商所干部。

委托代理人：顾放（一审），北京市工商行政管理局海淀分局法制科干部。

委托代理人：孟菲（二审），北京市工商行政管理局海淀分局法制科干部。

4. 审级：二审。

5. 审判机关和审判组织

一审法院：北京市海淀区人民法院。

合议庭组成人员：审判长：申进；人民陪审员：闫洪、宗亚荣。

二审法院：北京市第一中级人民法院。

合议庭组成人员：审判长：吴月；审判员：乔军；代理审判员：曹炜。

6. 审结时间

一审审结时间：2011 年 8 月 10 日。

二审审结时间：2011 年 11 月 25 日。

（二）一审诉辩主张

1. 被诉具体行政行为

原告项俊向被告举报北京赢科前程科技有限公司超范围经营等违法行为，被告经调查后以书面形式向原告作出答复。

2. 原告诉称

北京赢科前程科技有限公司（以下简称赢科公司）在未获得相关批准的情况下，发布虚假招生广告和招生简章，承诺"保底年薪 5 万～10 万元加颁发国外毕业证书"。培训结束后，赢科公司既没有为原告等人颁发证书，也没有安排任何工作。原告等人向被告北京市工商行政管理局海淀分局（以下简称海淀工商分局）举报并请求被告依法处罚。被告未依照《无照经营查处取缔办法》等相关规定对赢科公司给予处罚。原告请求人民法院依法判令被告对赢科公司未经批准擅自设立教育培训机构、违规收费、超越法定经营范围经营等事项依法进行处理。

3. 被告辩称

（1）我局对原告举报赢科公司违法经营一事履行了法定职责。我局接到原告举报后即到该公司注册地址进行现场检查。经查，当事人已经不在注册地址经营，查无下落。我局对赢科公司进行年检标注处理，将检查结果和处理方式书面告知原告。（2）赢科公司从事中外合作办学的行为不属于工商行政管理部门的管辖范围。根据《中华人民共和国中外合作办学条例》第五十一条规定，未经批准擅自设立中外合作办学机构或者以不正当手段骗取中外合作办学许可证的，由教育行政部门、劳动行政部门按照职责分工予以取缔或者会同公安机关予以取缔，责令退还向学生收取的费用，并处以 10 万元以下的罚款。

（三）一审事实和证据

北京市海淀区人民法院经公开审理查明：2010 年 7 月 1 日，项俊等八人以被举报人赢科公司超范围经营、未经批准擅自设立教育培训机构、违规发布虚假广告为由向海淀工商分局邮寄举报材料，要求海淀工商分局对被举报人的上述行为进行查处。海淀工商分局收到项俊等人的举报材料后，于2010年7月2日进行了现场检查，发现被举报人赢科公司未在登记注册的住所从事经营活动，且经物业管理公司证明，赢科公司已于2010年1月迁出其登记注册的住所。2010年7月8日，海淀工商分局将上述检查情况以书面形式向项俊等人的委托代理人苏怀东进行了答复，但因送达地址查无此人无法送达。2010年10月，项俊等人再次向海淀工商分局邮寄举报材料要求其对赢科公司进行查处。海淀工商分局收到举报材料后，于2010年10月26日再次派出执法人员到赢科公司注册地进行现场检查；经检查发现赢科公司依然未在注册地经营，查无下落。此后，海淀工商分局对赢科公司进行了年检标注处理，并于2010年10月29日将检查结果和处理方式书面答复项俊的委托代理人苏怀东。项俊认为海淀工商分局未履行法定职责，于2010年11月29日向本院提起行政诉讼。

庭审中，海淀工商分局称其对项俊等人的举报不予立案，并电话告知了项俊本人，但未向法庭提供相关证据。

上述事实有下列证据证明：

被告提交的证据有：

1. 原告第一次举报材料，证明原告第一次举报的情况；

2. 第一次现场检查笔录，证明对举报检查的情况；

3. 物业证明，证明被举报方已迁址；

4. 第一次举报答复，证明被告对举报书面答复情况；

5. 挂号信退件，证明答复送达情况；

6. 监管系统标页截图，证明标注情况；

7. 原告第二次举报材料，证明原告第二次举报的情况；

8. 被举报人营业执照复印件，证明被举报人基本信息；

9. 第二次现场检查笔录，证明对举报进行现场检查的情况；

10. 现场照片，证明现场检查情况；

11. 第二次举报答复，证明被告针对举报作出书面答复；

12. 挂号信送达清单，证明答复送达情况。

同时，被告出示《工商行政管理机关行政处罚程序规定》、《中华人民共和国中外合作办学条例》作为其法律规范依据。

原告提交的证据有：

1. 被告对原告举报事项的书面答复，证明被告收到原告举报后未依法履行法定职责；

2. 学员条例、培训合同及收费收据，证明赢科公司非法经营教育培训，骗取原告的培训费；

3. 赢科公司招生简章及广告宣传页，证明赢科公司非法发布虚假广告；

4. 工商检查登记，证明赢科公司涉嫌抽逃公司出资逃避法律追究。

（四）一审判案理由

北京市海淀区人民法院经审理认为：海淀工商分局接到项俊等人的举报后，立即进行了调查，并根据赢科公司营业执照的记载对其登记注册的住所地进行了现场检查并制作了现场检查笔录。赢科公司已不在其登记注册地址经营，且相关人员亦无法找到；在此情况下，海淀工商分局仅依据项俊等人的举报无法认定赢科公司实施了超范围经营的违法行为。海淀工商分局将上述处理情况向项俊等人作出了书面答复，该答复内容并无不当。

工商行政管理机关应当将不予立案的相关情况作书面记录留存。本案中，根据海淀工商分局提交的证据，不能认定其针对项俊等人的举报是否立案，以及是否将不予立案的结果告知举报人。而根据本院查明的事实，海淀工商分局已无法继续对被举报人赢科公司进行调查，其是否立案已无实际意义，并不能因此对当事人的实体权利产生影响。故，海淀工商分局在履行其法定职责的过程中存在瑕疵，但该瑕疵并不必然导致其履责行为违法。

综上，海淀工商分局对项俊等人的举报已依法履行了法定职责，项俊起诉海淀工商分局不履行法定职责的理由没有事实和法律依据，其请求法院不予支持。

（五）一审定案结论

北京市海淀区人民法院依照《最高人民法院关于执行〈中华人民共和国行政诉讼法〉若干问题的解释》第五十六条第（一）项的规定，作出如下判决：

驳回原告项俊的诉讼请求。

（六）二审情况

1. 二审诉辩主张

（1）上诉人诉称

坚持其一审诉讼主张，请求撤销一审判决，判令海淀工商分局履行查处职责。

（2）被上诉人辩称

坚持其一审答辩理由，请求维持一审判决，驳回上诉。

2. 二审事实和证据

北京市第一中级人民法院经审查，确认一审法院认定的事实和证据。

3. 二审判案理由

北京市第一中级人民法院经审理认为：本案中，海淀工商分局接到项俊等人的举报后，进行了调查，并根据赢科公司营业执照的记载，对其登记注册的住所地进行了现场检查并制作了现场检查笔录。鉴于赢科公司已经不在登记注册的地址经营，且相关人员亦无法找到，海淀工商分局仅依据项俊等人的举报无法认定赢科公司是否实施了超范围经营的违法行为。海淀工商分局将上述处理情况向项俊等人作出了书面答复，且海淀工商分局在

2010年度年检中对赢科公司进行了标注处理。海淀工商分局对项俊等人的举报已依法履行了法定职责。海淀工商分局的立案程序中虽然存在瑕疵，但海淀工商分局已无法继续对被举报人赢科公司进行调查，其是否立案已无实际意义，且对当事人的实体权利不会产生实际影响。因此，一审法院判决驳回项俊的诉讼请求正确，本院应予维持。

4. 定案结论

北京市第一中级人民法院依照《中华人民共和国行政诉讼法》第六十一条第（一）项之规定，作出如下判决：

驳回上诉，维持一审判决。

（七）解说

1. 在工商管理部门登记注册经营性民办培训机构不需经行政许可。

《中华人民共和国民办教育促进法》（以下简称《民办教育促进法》）第三条规定，“民办教育事业属于公益性事业”，第十一条规定，“举办实施学历教育、学前教育、自学考试助学及其他文化教育的民办学校，由县级以上人民政府教育行政部门按照国家规定的权限审批；举办实施以职业技能为主的职业资格培训、职业技能培训的民办学校，由县级以上人民政府劳动和社会保障行政部门按照国家规定的权限审批，并抄送同级教育行政部门备案”。而第六十六条规定：“在工商行政管理部门登记注册的经营性的民办培训机构的管理办法，由国务院另行规定。”

本案焦点问题是赢科公司属于“民办教育事业”还是“在工商行政管理部门登记注册的经营性的民办培训机构”。根据《民办教育促进法》，举办“民办教育事业”需要经过教育行政部门或劳动和社会保障行政部门审批，举办“经营性民办培训机构”的管理办法由国务院另行规定。赢科公司在海淀工商分局登记注册，经营范围为除法律、行政法规、国务院决定禁止和应经许可的，均可自主选择经营，故其属于在工商管理部门登记的经营性民办培训机构。

虽然《民办教育促进法》规定在工商管理部门登记注册的经营性民办培训机构的管理办法由国务院另行规定，但国务院至今尚未出台有关经营性民办培训机构的管理办法，故没有相关法律、法规对登记注册的经营性民办培训机构设定前置审批，其登记注册不需行政许可。

2. 赢科公司未构成超范围经营。

本案中赢科公司属于经营性中外合作培训机构，依照《中外合作办学条例》和《中外合作办学条例实施办法》，其不需取得民办教育类的行政许可。赢科公司招生培训行为属民事行为，根据民事法律关系“法未禁止即可为”的基本原则，本案赢科公司有权自主经营而不需事前获得行政许可。故在现有法律、法规的规定下，赢科公司不构成项俊所举报的超范围经营和未经批准擅自设立教育培训机构行为，海淀工商分局不能对其作出处罚。

3. 设立行政许可的必要性分析。

是否需对在工商部门登记注册的经营性培训机构设立行政许可？根据《中华人民共和国行政许可法》（以下简称《行政许可法》）第十一条的规定，设定行政许可，应当遵循经济和社会发展规律，有利于发挥公民、法人或者其他组织的积极性、主动性，维护公共利益和社会秩序，促进经济、社会和生态环境协调发展。

根据《行政许可法》的立法精神，设立行政许可需对两种利益进行衡量，一是公共利益和社会秩序，二是公民、法人或者其他组织的积极性、主动性。设立行政许可意味着对市场的自由性和自主性作出限制，不利于市场主体积极性、主动性的发挥。故非出于维护公共利益和社会秩序的目的，国家不设立行政许可，即能不设立行政许可便不设立行政许可。[①]

因此，对在工商管理部门登记注册的经营性培训机构是否应设立行政许可，关键在于辨别其经营内容是否涉及公共利益。我国《民办教育促进法》将民办教育事业定义为公益性事业，并为其设定行政许可，内容包括：学历教育、学前教育、自学考试助学及其他文化教育，以职业技能为主的职业资格培训、职业技能培训。故可认定，上述教育培训内容属于公共利益范畴，举办此类教育培训应经过行政许可。而《民办教育促进法》第六十六条规定："在工商行政管理部门登记注册的经营性的民办培训机构的管理办法，由国务院另行规定。"若仅从实证法角度论断，在现今国务院尚未制定在工商管理部门登记注册的经营性培训机构的管理办法的情况下，所有在工商管理部门登记注册的经营性培训机构均不需行政许可。该论断推翻了《行政许可法》的立法精神，即对某一事项是否设立行政许可不再看其是否涉及公共利益与社会秩序，而仅看其是否在工商部门注册登记。只要在工商部门注册登记，即使其经营范围涉及公共利益与社会秩序，也不需行政许可。以本案论之，赢科公司的经营范围实质上涉及学历教育与职业资格培训、职业技能培训等公益性内容，然仅因其在工商部门登记注册就可以逃避国家的行政审批管理，故该种以是否在工商管理部门登记的形式要件来区分某一事项是否需经行政许可不合理，且违背《行政许可法》。

在现实中存在很多与本案类似的案件，某些教育培训机构为规避法律、逃避行政审批而选择工商登记注册。由于监管较弱，此类机构往往作出类似本案的欺骗公众的行为，海淀工商分局即表示现实中还存有大量类似案件，但因现行法律规定不够完善而无法进行监管。

其根本原因在于我国法律体系尚不完善，而市场诚信自律机制尚不健全，使得部分不法分子得以利用法律漏洞骗取公众的信任与钱财，最终损害的却是国家教育事业的发展、市场经济的稳定与社会的公序良俗。因此，我国迫切需要制定在工商部门登记注册的经营性培训机构的管理办法，并根据培训内容是否涉及公共利益而予以区别对待。并非所有的经营性培训均涉及公共利益，建议比照《民办教育促进法》对公益性事业的归类，规定凡属于学历教育、学前教育、自学考试助学、文化教育、以职业技能为主的职业资格培训、职业技能培训范围的经营性培训，其举办需经过行政许可；在此范围以外的其他普通经营性培训，可以遵循一般市场原则自主经营。

（北京市第一中级人民法院　乔军　饶鹏飞）

---

① 参见杨临萍：《行政许可司法解释理解与适用》，43页，北京，中国法制出版社，2010。

二、社会保障类

11. 清流县兴泰土石方工程有限公司不服清流县劳动和社会保障局工伤行政确认案

（一）首部

1. 判决书字号：福建省清流县人民法院（2011）清行初字第4号行政判决书。

2. 案由：工伤行政确认。

3. 诉讼双方

原告：清流县兴泰土石方工程有限公司（以下简称兴泰土石方公司），住所地：清流县龙津镇碧林南路第二市场702室。

法定代表人：罗建梁，该公司经理。

委托代理人：李志辉，永安市丰韬法律事务所法律工作者。

被告：清流县劳动和社会保障局（以下简称县劳动局），住所地：清流县龙津镇碧林北路33幢。

法定代表人：伍正发，该局局长。

委托代理人：邓昌广，清流县法律援助中心律师。

第三人：赖自春，农民，住福建省清流县田源乡。

委托代理人：朱京生，永安市法律服务中心法律工作者。

4. 审级：一审。

5. 审判机关和审判组织

审判机关：福建省清流县人民法院。

合议庭组成人员：审判长：江开万；代理审判员：赖伟华；人民陪审员：王爱玲。

6. 审结时间：2011年12月16日。

（二）诉辩主张

1. 被诉具体行政行为

被告县劳动局于2011年3月15日受理第三人赖自春提出的工伤认定申请，于2011年4月13日作出清劳伤认字［2011］第29号工伤认定。依据《工伤保险条例》第十四条第一款第（一）项的规定，认定第三人赖自春于 2010 年 9 月 12 日所受的伤害系工伤。

2. 原告诉称

原告不服被告县劳动局作出的清劳伤认字［2011］第 29 号工伤认定，向三明市人力资源和社会保障局提起行政复议，复议机关作出维持的复议决定。原告遂提起行政诉讼，要求撤销被告作出的工伤认定。理由是：第一，被告认定事实严重错误，原告与第三人不存在劳动合同关系或者事实上的劳动用工关系，而是承揽合同关系，原告不是本案适格的劳动用工主体。第二，被告适用法律错误。第三人与原告并不存在劳动合同关系或者事实上的劳动用工关系或者存在劳社部发［2005］12 号《关于确立劳动关系有关事项的通知》中所规定的事实上的劳动用工关系，不能适用《工伤保险条例》第十四条第一款第（一）项的规定。

3. 被告辩称

首先，经调查查明，第三人自 2010 年 8 月起，在原告兴泰土石方公司承包的矿点打风钻，约定由第三人挖风洞，待土石方块炸下后结算，按每米 26 元由原告公司法定代表人罗建梁支付工资。第三人是在第二次到矿点做工时受伤（以完成一定量为期限）。2010 年 9 月 9 日，第三人和工友马应和按要求挖好风洞，9 月 12 日公司经理罗建梁叫第三人到工地放炮，第三人在装炸药时，上方土石塌方，第三人被塌下的土石砸伤，其受伤后即被送往医院治疗。综上所述，根据劳动部《关于确立劳动关系有关事项的通知》（劳社部发［2005］12 号）第二条第（一）、（四）、（五）项的规定，第三人与原告之间已经存在事实上的劳动关系。其次，被告在对工伤申请材料依法进行严格的审查、核实的基础上，进行了调查，并按照程序进行了听证，认为第三人与原告之间已经存在事实上的劳动关系。被告作出工伤认定的具体行政行为，事实清楚，证据充分，符合法律、规章的规定，且程序合法，请求法院维持被告作出的工伤认定。

4. 第三人述称

第一，从原、被告双方的答辩可以确定第三人的受伤时间和地点；第二，第三人经鉴定属于一级伤残，希望法庭调查，及早解决第三人的医疗费用问题。

（三）事实和证据

福建省清流县人民法院经公开审理查明：2010 年 8 月起，第三人接受原告兴泰土石方公司雇请，自备工具，自聘工人，在原告承包的粘土矿石料场打风钻，按每米 26 元结算劳动报酬。2010 年 9 月 9 日第三人和工人马应和按原告要求挖好风洞，9 月 12 日中午 12 时 30 分，第三人在装填炸药时，由于上方山体塌方，第三人被塌方的石头砸伤，随即被送往医院治疗。2011 年 3 月 5 日，第三人的亲属向被告县劳动局申请工伤认定，被告受理该申请后于同年 4 月 13 日作出清劳伤认字［2011］第 29 号工伤认定，认定第三人所受的伤害系工伤。原告不服，向三明市人力资源和社会保障局提起行政复议，复议机关作出维持原工伤认定的复议决定。2011 年 9 月 13 日，原告向法院提起行政诉讼。

上述事实有下列证据证明：

原告提交的证据有：

1. 工伤认定申请表 1 份，证明第三人自认其工作岗位为打炮工，非装填炸药的爆破工；

2. 清劳伤认字［2011］29 号认定工伤决定书 1 份，证明被告经调查确认第三人系在装填炸药时由于山体塌方，被塌方的石头砸伤，而非在承揽原告指定作业的打炮眼时受伤，该伤害与第三人承揽完成原告指定的打炮眼作业毫无关联；

3. 明人社复［2011］第 8 号行政复议决定书 1 份，证明事项同上；

4. 协议 1 份，证明原告已于 2010 年 8 月 20 日将包含涉案项目在内的爆破作业委托给具有相应资质的福建省清流县民用爆破器材专卖有限公司（以下简称清流县民爆公司），包含涉案项目在内的所有爆破作业任务均由该公司承担，本案第三人装填炸药的行为系受该公司指派的行为，根据该协议约定，原告仅负责爆破前的炮孔准备工作；

5. 爆破作业服务费结算表及三明市服务业统一发票 1 份，证明装填炸药及爆破业务系清流县民爆公司的责任及该公司已收取原告爆破作业服务费的事实，第三人装填炸药的受益方系该公司；

6. 兴泰土石方公司企业法人营业执照、组织机构代码证 1 份，证明原告身份及主体资格。

被告提交的证据有：

1. 组织机构代码证，证明被告单位的名称、地址、法人资格；

2. 法定代表人身份证明及身份证，证明被告单位法定代表人名称及身份情况；

3. 工伤认定申请表，证明申请人提出工伤申请并被受理；

4. 工伤认定申请受理告知书，证明被告受理了申请人的工伤申请，以书面形式通知了原告，原告已签收；

5. 工伤认定举证告知书，证明被告已发出工伤认定举证告知书；

6. 清流县企业职工工伤认定决定书送达回证和挂号信，证明原告收到工伤认定决定书；

7. 第三人身份证复印件，证明第三人身份情况；

8. 证人马应和等人身份证及其证言，证明涉案工伤事实；

9. 协议，证明原告与福建省清流县民爆公司就爆破项目有关协议的内容；

10. 关于民爆公司与兴泰土石方公司的爆破作业情况说明，证明涉案工伤事故的情况；

11. 听证笔录，证明涉案工伤认定通过了听证程序，查明工伤事故事实情况；

12. 授权委托书，证明原告委托代理人参加涉案工伤认定；

13. 企业法人营业执照，证明原告和涉案工伤用人单位的主体资格；

14. 申请报告和三明市爆破作业申请表，证明原告向有关部门申请爆破的情况；

15. 粘土矿开采及运输合同书，证明原告与福建省红火水泥有限公司就有关粘土矿开采及运输签订协议书；

16. 关于变更单位名称的请示，证明永安市兴泰林业采育有限公司变更为清流县兴泰土石方公司；

17. 疾病证明单、门诊病历记录、出院小结等，证明第三人工伤伤情及治疗情况；

18. 认定工伤决定书，证明被告作出涉案工伤认定及决定书内容；

19. 行政复议答辩书，证明因原告提起行政复议，被告作出答辩的事实；

20. 三明市人力资源和社会保障局行政复议决定书，证明因原告提出行政复议，复议机关作出维持工伤认定决定书的事实。

（四）判案理由

福建省清流县人民法院经审理认为：第三人与原告兴泰土石方公司是否存在事实上的劳动关系、原告兴泰土石方公司是否是本案适格的劳动用工主体，是本案的争议焦点。

对此，原告认为，原告与第三人不存在劳动合同关系或者事实上劳动用工关系，而是承揽合同关系。承揽合同的双方是相互独立的责任主体，承揽合同的承揽人在工作中发生事故，定作人不承担任何责任。第三人与原告公司按完成的工作量计算报酬，第三人未加入原告单位，成为其中一员，并接受原告单位的劳动管理，原告单位的各项规章制度也不适用于第三人，且第三人是在装填炸药时受伤，是受民爆公司的指派，与原告公司无关，原告不是本案适格的劳动用工主体。被告认为，根据调查，第三人是原告聘请去的，主要工作是打炮眼，装填炸药是工作的延续。工资以挖好风洞后，由老板验收米数，待土石方块炸下后结算，按每米 26 元由原告支付。第三人本次是在第二次到矿点做工时受伤（以完成一定量为期限）。第三人挖好风洞，并应原告要求到工地放炮，12 日中午 12 时 30 分左右，第三人在装炸药时，上方土石塌方，第三人被塌下的土石砸伤。受伤后即送往医院治疗。综上所述，根据劳动部《关于确立劳动关系有关事项的通知》（劳社部发［2005］12 号）第二条第（一）、（四）、（五）项的规定，第三人与原告之间已经存在事实上的劳动关系。第三人认为，对工作地点和岗位确定、工资发放等，双方讲得很清楚，其他事实希望法庭查明，维护第三人的合法权益。

经查，法院认为，第三人赖自春接受原告兴泰土石方公司雇请，为原告承包的福建红火水泥有限公司粘土矿石料场打风钻，由第三人自备工具，按每米 26 元结算劳动报酬。本案中，双方之间不具有从属关系，而是相互独立的平等主体。第三人按约提供劳务，原告按约支付报酬，双方不存在隶属关系，没有管理与被管理、支配与被支配的权利和义务关系。被告以第三人与原告之间存在事实劳动关系，第三人 2010 年 9 月 12 日所受伤害为工伤，作出清劳伤认字［2011］第 29 号工伤认定，主要证据和依据不足，应予撤销。

（五）定案结论

福建省清流县人民法院依照《中华人民共和国行政诉讼法》第五十四条第（二）项第 1 目的规定，作出如下判决：

撤销被告清流县劳动和社会保障局作出的清劳伤认字［2011］第 29 号工伤认定。

本案案件受理费人民币 50 元，由被告清流县劳动和社会保障局负担。

（六）解说

本案争议的焦点是：第三人与原告兴泰土石方公司是否存在事实上的劳动关系；原告兴泰土石方公司是否是本案适格的劳动用工主体；被告作出的工伤认定是否正确。

有一种意见认为，第三人自 2010 年 8 月起在原告承包的粘土矿料场从事打风钻工作，2010 年 9 月 12 日第三人在上述原告承包的粘土矿料场装填炸药时，被塌方的石头砸伤。本案中第三人虽然系自备工具，按完成的工作量结算工资报酬，没有签订书面劳动合同，没有相对固定的工作时间，但《中华人民共和国劳动合同法》第七条规定："用人单位自用工之日起即与劳动者建立劳动关系。用人单位应当建立职工名册备查。"这意味着无论双方是否签订了劳动合同，只要有用工行为发生，法律上即予确认双方已建立劳动关系，双方权利、义务关系已确立。原告兴泰土石方公司系经核准登记，领取法人营业执照的企业，经营范围为"承接各类土石方工程、矿产品销售、普通货物运输等"。第三人提供的劳动是原告公司业务的组成部分，其在原告的指挥、命令、管理下提供劳动，原告对第三人拥有广泛的指示权，双方已存在事实上的劳动关系。另外，根据劳动和社会保障部《关于确立劳动关系有关事项的通知》的规定，建筑施工、矿山企业等用人单位将工程（业务）或经营权发包给不具备用工主体资格的组织或自然人，对该组织或自然人招用的劳动者，由具备用工主体资格的发包方承担用工主体责任。综上，原告作为有资质的企业应承担本案用工主体责任。因此，被告按照法律规定的工伤认定程序，经过听证，结合已有的证据和查明的事实，依法作出清劳伤认字［2011］第 29 号工伤认定，事实清楚，适用法律、法规正确，符合法定程序，应予维持。

另一种意见则认为，第三人赖自春接受原告兴泰土石方公司雇请，为原告承包的福建红火水泥有限公司粘土矿石料场打风钻，由第三人自备工具，按每米 26 元结算劳动报酬。本案中，双方之间不具有从属关系，而是相互独立的平等主体。第三人按约提供劳务，原告按约支付报酬，双方不存在隶属关系，没有管理与被管理、支配与被支配的权利和义务关系。被告以第三人与原告之间存在事实劳动关系，第三人于 2010 年 9 月 12 日所受伤害为工伤，作出清劳伤认字［2011］第 29 号工伤认定，主要证据和依据不足，应予撤销。

笔者认为，后一种意见是正确的。从现有的规定看，工伤认定是针对劳动关系而言的，劳动关系是工伤认定的前提条件和基础，没有劳动关系就无须进行工伤认定。为此，在进行工伤认定时，必须首先确定双方之间是否存在劳动关系：如果存在劳动关系，同时符合工伤认定的其他条件，则应当认定为工伤；反之，如果双方之间不存在劳动关系，即使有受伤的事实，也不能认定为工伤。一般认为，劳动关系是指用人单位（包括企业和个体经济组织）与劳动者个人之间在实现劳动过程中所发生的社会关系。从法律及法理层面看，劳动关系的成立至少要具备三个条件：（1）主体方面，必须一方是劳动者，另一方是用人单位；（2）时间方面，劳动关系是在劳动过程中所发生的关系；（3）主体之间的关系方面，劳动者必须是用人单位的成员，并遵守用人单位的劳动规章制度。实践中，笔者发现，不少工伤认定部门在认定是否为工伤时，只要有受伤的事实，不管双方之间是否存在劳动关系，都作出是工伤的结论。这种做法虽然在一定程度上有利于劳动者，却加重了用工方的责任，不符合现有法律规范的规定，也不符合法律上的公平、正义原则。

在工伤认定过程中，常常困扰行政部门的是如何正确区分劳动合同与劳务（雇佣）合同和承揽合同。在案件中，合同法律关系的性质，涉及适用的法律规范、当事人所享有的权利和承担的义务、争议解决的途径以及责任后果等诸多法律问题。

劳动合同与劳务合同的区别：第一，主体及其相互关系不同。在劳动合同中，劳动关系的一方必须是用人单位，另一方是劳动者个人，劳动者必须加入用人单位，成为其中一员，并接受用人单位的管理，遵守用人单位的规章制度，从事用人单位分配的工作和服从用人单位的人事安排。用人单位提供劳动工具和劳动条件，劳动者提供劳动力，二者之间具有从属关系，反映的是一种持续性的生产要素的结合关系。这是劳动关系与劳务关系最基本、最明显的区别（当然，劳务方在提供劳务时应听从用工方的指挥和安排）。第二，适用的法律规范不同。劳动合同法律关系应适用《中华人民共和国劳动法》的有关规定；而劳务合同法律关系中产生的纠纷是平等主体在履行合同中所产生的纠纷，应适用民事法律的有关规定。

劳动合同与承揽合同的区别：承揽合同是承揽人按照定作人的要求完成工作，交付工作成果，定作人给付报酬的合同。在这种合同中，委托方关心的是劳动成果的获得，而不是支配劳动的过程。

当然，这几种合同法律关系之间的区别非前面的分析所能完全覆盖，在具体的工伤认定过程中，还必须结合具体的案情和劳动法律规范的立法精神作出具体的分析。

具体到本案中，笔者认为，鉴于司法权与行政权的不同及行政审判的性质，法院不宜直接对第三人与原告之间的关系作出认定，而是认为被告以第三人与原告之间存在事实劳动关系为由作出工伤认定，主要证据和依据不足，故应予以撤销。至于本案中第三人所受的伤害，则可以通过民事诉讼的渠道来寻求救济。

（福建省清流县人民法院　赖伟华）

12. 抚顺宏峰细木板厂不服抚顺市人力资源和社会保障局工伤认定决定案

（一）首部

1. 裁判书字号

一审判决书：抚顺市新抚区人民法院（2010）新行初字第00034号行政判决书。

二审裁定书：抚顺市中级人民法院（2011）抚中行终字第00021号行政裁定书。

2. 案由：工伤认定。

3. 诉讼双方

原告（上诉人）：抚顺宏峰细木板厂（以下简称木板厂），住所地：辽宁省抚顺县后安镇腰堡村。

负责人：林强，该厂厂长。

委托代理人：杨功伟，该厂管理厂长。

被告（被上诉人）：抚顺市人力资源和社会保障局（以下简称市人社局），住所地：抚顺市新抚区琥珀街7号。

法定代表人：祝建平，该局局长。

委托代理人：徐爽，该局工作人员。

委托代理人：吕玉蒙，该局法律顾问。

第三人：刘英辉，原系木板厂工人，住抚顺市新抚区华山街。

委托代理人：刘英华，抚矿运输部退休职工，住抚顺市新抚区南阳路。

4. 审级：二审。

5. 审判机关和审判组织

一审法院：抚顺市新抚区人民法院。

合议庭组成人员：审判长：张志华；人民陪审员：张雁云、蔡锐。

二审法院：抚顺市中级人民法院。

合议庭组成人员：审判长：徐铁军；代理审判员：陈征南、刘岩。

6. 审结时间

一审审结时间：2010年11月5日。

二审审结时间：2011年2月28日。

（二）一审情况

1. 一审诉辩主张

（1）被诉具体行政行为

被告市人社局于2010年4月19日作出抚劳社工伤认字（2010）第71号工伤认定决定书，认定第三人刘英辉为工伤。

（2）原告诉称

第三人刘英辉在2009年2月11日早8时左右因酒后违章作业致伤，违反了原告与第三人在2009年2月9日签订的《2009年职工制度要求及合同书》中“工作期间禁止饮酒”的劳动纪律，违反劳动合同。根据《中华人民共和国合同法》第八条规定，依法订立的合同对双方具有约束力；另根据《工伤保险条例》第十六条规定，醉酒导致伤亡的，不得认定工伤。原告能举证证明刘英辉是在醉酒状态下违章作业致伤，故第三人不应该被认定为工伤。

（3）被告辩称

原告符合《工伤保险条例》第十四条第（一）项的规定，在工作时间和工作场所内，因工作原因受到事故伤害的，应当认定为工伤。根据《工伤保险条例》第十九条第二款规定：职工或者其直系亲属认为是工伤，用人单位不认为是工伤的，由用人单位承担举证责任。原告没有提供第三人刘英辉醉酒致伤的证据。被告于2010年4月19日作出抚劳社工伤认字（2010）第71号工伤认定决定书，认定事实如下：2009年2月11日8时刘英辉被管理人员车××安排去卸下停在厂内货车上的旧木板，卸木板过程中，木板突然滑落，将刘英辉砸倒，致其受伤，其被送往抚顺市中医院救治，受伤部位L2压缩性骨折、头外伤。认定结论：经核实刘英辉所受事故伤害的事实，符合《工伤保险条例》（国务院令第375号）第十四条第（一）项规定的工伤认定情形，同意认定为工伤。被告作出的工伤认定决定，事实清楚，证据确实充分，适用法律正确，程序合法，请求法院驳回原告的诉讼请求。

（4）第三人述称

第三人符合工伤条件，同意被告的意见。

2. 一审事实和证据

抚顺市新抚区人民法院经公开审理查明：2009年2月11日早5时许，木板厂指派其工人刘英辉随货车拉木板到抚顺县后安镇腰堡村厂内，途经抚顺县后安镇吃早餐时，刘英辉不听同车人员劝阻，擅自喝了一杯白酒，回到厂内卸木板过程中，因货车上的木板大面积滑落，被压到木板下面，后被救出立即送往抚顺市中医院救治，诊断为：L2压缩性骨折、头外伤，共住院治疗28天。2010年3月10日，刘英辉向市人社局申请认定工伤，同年4月19日市人社局作出抚劳社工伤认字（2010）第71号工伤认定决定书，认定刘英辉为工伤。木板厂不服，向抚顺市人民政府申请行政复议，请求撤销抚劳社工伤认字（2010）第71号工伤认定决定书。2010年8月5日，抚顺市人民政府作出抚政复字（2010）15号行政复议决定书，维持市人社局对刘英辉作出的工伤认定决定。原告不服提起行政诉讼。

上述事实有下列证据证明：

原告提供的证据有：

（1）2009年职工制度要求及合同书，证明第三人违反了劳动合同。（2）李××的证言。（3）车××的证言。（2）、（3）号证据用以证明第三人在工作时间因饮酒导致伤害。（4）有关说明材料及有关乙醇中毒的医学资料，用以推测第三人是醉酒状态。

被告提供的证据有：

（1）工伤认定申请表及受理通知书；（2）第三人刘英辉病志，证明第三人受伤情况；（3）抚县安监发［2010］1号文件和事故调查报告，证明事故发生经过；（4）2009年职工制度要求及合同书，证明原告与第三人之间存在劳动关系；（5）刘英辉提供的工伤认定申请材料及相关材料；（6）工伤认定举证通知书、举证须知及送达回证；（7）木板厂提供的答辩状及证明材料；（8）工伤认定决定书及送达回证。

3. 一审判案理由

抚顺市新抚区人民法院经审理认为：依据我国《工伤保险条例》第五条第二款，县级以上地方各级人民政府劳动保障行政部门负责本行政区域内的工伤保险工作。作出工伤认定决定系被告法定职责，其主体合法。第三人刘英辉在工作时间和工作场所内，因工作原因受到事故伤害，符合《工伤保险条例》第十四条第（一）项的规定。被告于2010年4月19日对刘英辉作出的工伤认定决定，事实清楚，证据确实充分，适用法律正确，程序合法。关于原告主张第三人是在醉酒状态下工作致伤，故应依据我国《工伤保险条例》第十六条第（二）项“因醉酒导致伤亡的”，不得认定为工伤的规定，而不应适用《工伤保险条例》第十四条第（一）项的规定一节，被告抗辩，根据《工伤保险条例》第十九条第二款“职工或者其直系亲属认为是工伤，用人单位不认为是工伤的，由用人单位承担举证责任”的规定，原告不能举证证明第三人系醉酒工作致伤，故被告认定第三人为工伤。对被告该抗辩本院予以支持。

4. 一审定案结论

抚顺市新抚区人民法院依照《最高人民法院关于执行〈中华人民共和国行政诉讼法〉若干问题的解释》第五十六条第（四）项之规定，作出如下判决：

驳回原告抚顺宏峰细木板厂的诉讼请求。

（三）二审诉辩主张

1. 上诉人诉称

一审诉讼中第三人刘英辉承认其上岗作业前饮酒的事实。抚顺县安全生产监督管理局安监发［2010］1号文件和事故调查报告已证明事故发生经过，且证明刘英辉系酒后作业，是事故的直接责任者，刘英辉应当受到行政处罚。鉴于其在事故中受重伤，故免于行政处罚。一审驳回上诉人的诉讼请求，适用法律不当。故请求二审法院依法改判。理由：（1）上诉人与本案的第三人签订有劳动合同，合同上明确规定工作期间禁止饮酒，第三人违反了该规定，上岗作业前饮酒，是明知故犯，严重违反用人单位的规章制度。根据《劳动合同法》第三十九条第（二）项的规定，由于本案第三人刘英辉的行为，上诉人有权解除劳动合同。根据《劳动合同法》第四十六条的规定，上诉人解除劳动合同，不需支付经济补偿金。刘英辉故意违反劳动纪律，酒后违章作业，属于违反劳动合同，不履行劳动者义务，对此伤害后果，市人社局认定为工伤，既不利于用人单位的安全生产，又不利于劳动者的人身安全。认定刘英辉为工伤，与劳动合同法的立法原则相悖，是支持酒后违章作业。（2）被上诉人是劳动保障行政部门，作出具体行政行为应当符合法律规定。认定第三人为工伤，应当符合《劳动法》、《劳动合同法》、《工伤保险条例》的相关规定。本案第三人申请工伤认定，隐瞒酒后违章作业的事实，经过一审诉讼，已证明系第三人饮酒后上岗作业发生事故，违反劳动合同的约定。刘英辉是随车装卸工，独立作业，其肆意违反企业规章制度，后果理应自负。上诉人认为，《劳动合同法》是在《工伤保险条例》之后颁布的法律，《劳动合同法》是上位法，《工伤保险条例》是下位法。在用人单位与劳动者签订的劳动合同中特别规定了劳动者上岗前禁止饮酒，这与《工伤保险条例》规定的“醉酒导致伤亡的”不得认定为工伤，是一致的。对于醉酒状态如何认定，用人单位如何举证、遵守什么标准、由何部门鉴定确认，《工伤保险条例》没有配套的法规及司法解释予以规定，无法可依。被上诉人市人社局作出的抚劳社工伤认字（2010）第71号决定，不符合《劳动合同法》第三条、第三十九条的规定，应当依法撤销。

2. 被上诉人辩称

上诉人的上诉请求没有事实和法律依据。上诉人在一审诉讼及上诉理由中均认为刘英辉是醉酒致伤，不应当认定为工伤，但上诉人始终没有向法庭提供合法有效的证据及法律依据。事实上，根据事故调查报告及相关证据可以证明：2009 年 2 月 11 日 8 时许，刘英辉被管理人员车××安排去卸下停在厂内的货车上的旧木板，卸木板过程中，货车上的旧木板突然滑落，将刘英辉砸倒，致其受伤。根据《工伤保险条例》第十六条第（二）项规定，醉酒导致伤亡的，不得认定为工伤或者视同工伤。对刘英辉饮酒已经查明，但其是否达到醉酒状态无法认定。现行的《工伤保险条例》没有规定如何测试醉酒及醉酒的标准，仅能根据交通部门的规定来认定是否醉酒，而对醉酒状态的测试，也仅能在当时进行，事后无法补测。我局无法根据木板厂的推测来认定刘英辉当时是醉酒状态。《工伤保险条例》第十九条第二款规定：职工或者其直系亲属认为是工伤，用人单位不认为是工伤的，由用人单位承担举证责任。本案刘英辉认为是工伤，提出了工伤认定申请，而木板厂不认为是工伤，却没有提供刘英辉醉酒的证据，仅凭推测，应承担举证不能的后果。就本案而言，虽然刘英辉饮酒违反劳动纪律，但是木板厂不能提供刘英辉醉酒的证据，因此应当认定刘英辉为工伤。我局依据《工伤保险条例》第十四条第（一）项作出的抚劳社工伤认字（2010）第 71 号工伤认定决定书，事实清楚，证据确实充分，适用法律正确，程序合法。一审判决认定事实清楚，证据确实充分，适用法律正确，程序合法。故请求二审法院驳回上诉，维持原判。

3. 原审第三人述称

饮酒是事实，但是没有醉，当时在卸完货车上的左侧木板后，打开右侧箱板时，货车上的旧木板突然滑落，将第三人砸倒致伤。被上诉人市人社局认定工伤正确，故请求二审法院驳回上诉，维持原判。

（四）二审事实和证据

抚顺市中级人民法院经审理，认定的事实与一审法院相同。

（五）二审判案理由

抚顺市中级人民法院审理后，主审法官四次前往木板厂做调解工作。终于在 2011 年 2 月 28 日上诉人木板厂与原审第三人刘英辉达成和解协议："上诉人木板厂一次性给付原审第三人刘英辉各种赔偿、补助共计 29 000 元。原审第三人刘英辉就此案结事了，不再追究上诉人木板厂任何民事责任。"最后，上诉人自愿向抚顺市中级人民法院提出撤回上诉。

（六）二审定案结论

抚顺市中级人民法院依照《中华人民共和国行政诉讼法》第五十一条之规定，作出如下裁定：

准予上诉人抚顺宏峰细木板厂撤回上诉。

（七）解说

本案争议焦点为：原审第三人刘英辉是否因醉酒工作导致伤害；被上诉人市人社局认定刘英辉为工伤是否具有法律依据；上诉人木板厂与原审第三人刘英辉达成和解协议是否符合法律规定。

1. 用人单位不认为是工伤，依法应负有举证责任。2010 年修改后的《工伤保险条例》第十九条第二款规定："职工或者其近亲属认为是工伤，用人单位不认为是工伤的，由用人单位承担举证责任。"之所以如此规定，主要是考虑在用人单位与职工之间，单位处于管理者的地位，劳动者处于弱势地位，劳动者对单位具有依附性和从属性，因此免除了劳动者证明自己属于工伤的举证责任，将举证义务转移到用人单位。工伤行政确认案件的归责原则实质上适用的是举证责任倒置，由用人单位就其否认工伤进行举证。本案中上诉人木板厂根据《工伤保险条例》第十六条第（二）项的规定，认为刘英辉系醉酒导致受伤，不应认定为工伤。虽然有证据证明原审第三人刘英辉在工作前喝了一杯散装白酒，但是上诉人木板厂并没有证据证明刘英辉系醉酒后工作。《工伤保险条例》没有规定如何测试醉酒及醉酒的标准，且醉酒状态的测试也仅能在事发时进行，事后无法补测。上诉人木板厂凭刘英辉在工作前喝了一杯散装白酒就推测其醉酒后工作，应承担举证不能的后果。被上诉人市人社局根据刘英辉提供的工伤认定申请材料、刘英辉住院病志、抚县安监发［2010］1 号文件和事故调查报告等证据，认定刘英辉为工伤事实清楚，证据充分。

2. 上诉人木板厂与原审第三人刘英辉达成和解协议符合法律规定。《中华人民共和国行政诉讼法》第五十条明确规定："人民法院审理行政案件，不适用调解。"这里所指的不适用调解，是基于行政机关对行政权没有自由处分权，必须依法行使行政职权，所以，行政诉讼不适用调解。但不适用调解原则，并不意味法官不可以做思想工作。在行政机关具体行政行为正确的前提下，审判人员可以通过说服教育，促使上诉人认识到诉讼请求错误而申请撤诉，达到服判息诉的目的。本案中，被上诉人市人社局对原审第三人刘英辉作出的工伤认定决定，认定事实清楚，适用法律正确，具体行政行为合法。在这种情况下，二审法院充分运用行政协调手段，从直接满足原审第三人的实质利益出发开展协调工作，促成双方达成和解协议并当庭得到履行，一次性解决行政和民事两个争议。这样的行政协调手段应当大力提倡。

3. 法官巧用"三点"解纠纷，实现法律效果和社会效果的"双赢"。如果机械办案、一判了之，二审判决驳回上诉，维持原判，对承办法官来说，既省事又省时，在当前案多人少、审判任务繁重的情况下，不失为许多法官的第一选择。本案承办法官把服判息诉、案结事了作为目标，强化创新意识，巧用"三点"化解矛盾纠纷。一是找准"切入点"。每一起纠纷都有争议的焦点，只要找准切入点，找好调解的角度，问题就会迎刃而解。本案中，承办法官针对原审第三人刘英辉是否因醉酒工作导致伤害这个争议焦点，耐心细致地对上诉人木板厂宣讲法律、法规，使当事人对《工伤保险条例》有了较为全面的了解，区分了饮酒与醉酒的界限。同时，承办法官严厉地批评了原审第三人刘英辉工作前饮酒这种违反劳动合同、违反单位规章制度的行为。通过摆事实、讲道理，使当事人缩小分歧，化解双方的“心结”。二是找对“感化点”。承办法官紧紧抓住原审第三人刘英辉的兄、姐与上诉人木板厂的管理厂长原有的朋友关系这个感化点，有的放矢做思想疏导工作，动之以情，晓之以理，明之以法，让当事人在互让、互谅中解决矛盾纠纷。三是找好“借力点”。承办法官了解到原审第三人刘英辉的哥哥刘英华系抚矿运输部退休职工，具有一定的法律知识，遂邀请其参与协助调解，共同做好刘英辉的说服教育、劝解工作。经过承办法官先后四次做上诉人和原审第三人的工作，最后促成双方达成和解协议。协议当庭得到履行后，双方均非常满意，对法院的工作给予高度认可。被上诉人市人社局也高度称赞法院这种协调解决行政案件、化解矛盾、解决纠纷的办案方式，有力地支持了行政机关依法行政，实现了法律效果和社会效果的和谐统一。

（抚顺市中级人民法院　陈征南）

13. 庄培德不服南京市人力资源和社会保障局工伤行政确认案

（一）首部

1. 判决书字号

一审判决书：南京市白下区人民法院（2011）白行初字第6号行政判决书。

二审判决书：南京市中级人民法院（2011）宁行终字第72号行政判决书。

2. 案由：社会保障行政确认。

3. 诉讼双方

原告（上诉人）：庄培德，中国石油集团公司金陵分公司职工。

委托代理人：庄佳晶，江苏焯燃律师事务所律师。

被告（被上诉人）：南京市人力资源和社会保障局，住所地：南京市白下区游府西街53号。

法定代表人：朱志宏，该局局长。

委托代理人：何杰英，该局干部。

第三人：南京白下人力资源开发服务有限公司，住所地：南京市白下区苜蓿园大街112号。

法定代表人：伍爽，该公司经理。

委托代理人：钱军，该公司职员。

第三人：南京电子器件研究所（中国电子科技集团公司第五十五研究所，以下简称五十五所），住所地：南京市白下区瑞金路街道中山东路524号。

法定代表人：高涛，该研究所所长。

委托代理人：李菁，该研究所职工。

4. 审级：二审。

5. 审判机关和审判组织

一审法院：南京市白下区人民法院。

合议庭组成人员：审判长：陈君君；人民陪审员：裴锋杰、徐桂香。

二审法院：南京市中级人民法院。

合议庭组成人员：审判长：任志中；审判员：戴茹芳、宋振敏。

6. 审结时间

一审审结时间：2011年4月6日。

二审审结时间：2011年12月6日。

（二）一审情况

1. 一审诉辩主张

（1）被诉具体行政行为

南京市人力资源和社会保障局确认庄超的死亡不属于“视同工伤”。

（2）原告诉称

其子庄超参加第三人五十五所组织的篮球比赛，理应视为在工作时间和工作岗位，就餐活动系篮球比赛结束后单位组织的，应视为篮球比赛的延续。因此，就餐活动符合《南京市工伤保险实施细则》第三十七条关于“收尾性工作”的规定。庄超出餐厅时，就餐活动并未结束，故庄超在餐厅外突发疾病而死亡应视为发生在就餐过程当中。庄超的死亡符合《工伤保险条例》第十五条第（一）项规定的情形，应当被认定为视同工伤。被告南京市人力资源和社会保障局（以下简称市人社局）适用法律错误，作出不视同工伤的工伤认定结论不当，法院应予以撤销。

（3）被告辩称

五十五所单位安排的就餐活动可以认定为在工作时间前后，在工作场所内，但庄超是突发疾病死亡，而非受到事故伤害死亡，故庄超的情形不符合《工伤保险条例》第十四条第（二）项的规定，不应被认定为工伤。篮球比赛后五十五所部门副主任带队员至某餐厅吃自助餐，可认定为工作时间或工作时间前后、工作原因、工作场所，单位组织的篮球比赛过程可以认定为工作岗位，但庄超在人行道上等待女友到来的地点不能被认定为工作岗位。故庄超的死亡不符合《工伤保险条例》第十五条第（一）项的规定，不应认定为视同工伤。

（4）第三人述称

请求法院对本案依法判决。

2. 一审事实和证据

南京市白下区人民法院经公开审理查明：庄超系原告庄培德之子。2009年12月24日，庄超与第三人白下人力资源开发服务有限公司（以下简称白下人力资源公司）签订了劳务派遣劳动合同书，约定劳动合同期限自2010年1月1日至2011年12月31日，工作内容为庄超被派遣至第三人五十五所从事工艺操作工作。2010年1月1日，白下人力资源公司与五十五所签订了劳务派遣协议书。2010年1月12日，庄超作为五十五所化合物部的队员参加了工会组织的篮球比赛。赛后，当晚约19时20分许，化合物部副主任带领队员至南京市五台山体育馆附近某餐厅就餐。就餐中途，约21时许，庄超离席出餐厅给女友打电话。庄超在人行道上等待女友到来期间突发疾病，经医院抢救无效，于2010年1月13日凌晨1时许死亡。2010年2月8日，白下人力资源公司为庄超的死亡向市人社局申请工伤认定。市人社局于当日受理后，经过审查，于2010年4月7日作出了宁劳社工认字［2010］0911号工伤认定书，认定庄超的死亡不视同工伤。原告庄培德对此工伤认定不服，向南京市人民政府申请行政复议。经复议，南京市人民政府维持了被告作出的工伤认定书并于2010年7月13日将行政复议决定书邮寄送达给原告庄培德。原告庄培德依然不服，于同年7月27日向法院提起行政诉讼。

上述事实有下列证据证明：

被告提交的证据有：

（1）南京市劳务派遣劳动合同书；（2）劳务派遣协议书；（3）用人单位对事故发生经过的详细调查；（4）事故见证人郑×、徐××写的笔录及出租车司机欧××写的证明；（5）死亡医学证明书、居民死亡殡葬证、死亡注销户口证明、病史；（6）行政复议决定书；（7）工伤认定申请受理通知书；（8）工伤认定书及其送达回证。

被告提交的法律依据有：

（1）《工伤保险条例》；（2）《关于实施〈工伤保险条例〉若干问题的处理意见》（苏劳社医［2005］6号）。

原告提交的证据有：

（1）工伤认定书；（2）行政复议决定书及送达回证。

第三人白下人力资源公司、五十五所均未提供证据。

3. 一审判案理由

南京市白下区人民法院经审理认为：《工伤保险条例》第十五条第（一）项规定，职工在工作时间和工作岗位，突发疾病死亡或者在48小时之内经抢救无效死亡的，视同工伤。本案中，被告南京市人社局认为单位组织的篮球比赛结束后，由单位负责人带队前往餐厅就餐的过程，符合“工作时间前后，因工作原因，在工作场所内”的特征，但庄超离开就餐地点给女友打电话，并在人行道上等待女友到来过程中突发疾病，经抢救无效死亡，不属于职工在工作岗位上突发疾病后48小时内经抢救无效死亡的情形。被告认定庄超的死亡不视同工伤并无不当。原告庄培德认为该工伤认定书适用法律错误，于法无据，不予支持。

4. 一审定案结论

南京市白下区人民法院依照《中华人民共和国行政诉讼法》第五条、第二十七条，

《最高人民法院关于执行〈中华人民共和国行政诉讼法〉若干问题的解释》第十三条第（二）项、第五十六条第（四）项，《工伤保险条例》第十四条第（二）项、第十五条第（一）项的规定，作出如下判决：

驳回原告庄培德的诉讼请求。

案件受理费50元，由原告庄培德负担。

（三）二审诉辩主张

1. 上诉人诉称

（1）原审认定事实错误。原审法院仅根据两名未出庭证人的证言就认定庄超在就餐过程中走出餐厅的目的是接其女友，原审法院认定该事实的证据不足。（2）原审法院适用法律错误。根据《南京市工伤保险实施细则》第三十六条、第三十七条的规定，庄超参加原审第三人五十五所组织的篮球比赛后，由单位领导带领进行的就餐活动应被视为篮球比赛的延续，庄超走出餐厅时就餐活动并未结束，其在此过程中突发疾病应当被认定为在就餐过程中发生疾病，符合视同工伤的规定。综上，请求二审法院撤销原审判决和被上诉人市人社局作出的涉案工伤认定书。

2. 被上诉人辩称

答辩意见与一审期间的答辩意见相一致。

（四）二审事实和证据

南京市中级人民法院经审理，认定的事实和确认的证据与一审判决认定的事实和证据无异。

（五）二审判案理由

南京市中级人民法院经审理认为："工作岗位"一般是指职工从事日常工作时所在的岗位，既包括职工日常的工作岗位，也包括受单位指派从事工作的岗位，以及单位为解决职工在工作过程中的合理生理、生活需要而提供的工间休息等场所，即"工作岗位"是指在工作场所从事或履行与工作有关活动的空间以及为解决职工在工作中的合理生理、生活需要而提供的场所。庄超受单位指派参加篮球比赛，该比赛场所应当被认定为工作岗位；单位为解决篮球队员的合理生理、生活需要而组织集体就餐的场所也可被视为篮球比赛场所的延伸，可以被认定为工作岗位。庄超在就餐过程中，暂时离席到餐厅外面等待其女友表明其并未结束该就餐活动，此时仍应视为在工作岗位。故庄超在就餐的过程中，暂时离席后在餐厅外面突发疾病救治无效死亡应被认定为在工作时间、工作岗位上突发疾病救治无效死亡。因此，庄超死亡的情形符合《工伤保险条例》第十五条第（一）项的规定，应当被认定为视同工伤。综上，上诉人庄培德提出的关于庄超的死亡应被认定为视同工伤的上诉理由成立，予以采纳。一审判决认定事实清楚，审理程序合法，但适用法律错误，应予纠正。

（六）二审定案结论

南京市中级人民法院依照《中华人民共和国行政诉讼法》第五十四条第（二）项第2目、第六十一条第（二）项，《最高人民法院关于执行〈中华人民共和国行政诉讼法〉若干问题的解释》第五十九条第（一）项、第六十条第一款之规定，作出如下判决：

撤销南京市白下区人民法院（2011）白行初字第6号行政判决；

撤销被上诉人南京市人力资源和社会保障局作出的宁劳社工认字［2010］0911号工伤认定书；

责令被上诉人南京市人力资源和社会保障局于本判决生效之日起60日内重新作出具体行政行为。

（七）解说

本案的争议焦点是：庄超是否属于在工作时间和工作岗位突发疾病，其死亡依法是否为视同工伤。其核心是“工作岗位”的认定问题。

有观点认为，《工伤保险条例》对“工作场所”和“工作岗位”作了不同的规定，在工作岗位上突发疾病只能适用《工伤保险条例》第十五条的规定，对工作岗位不应作扩大解释，因此不能参照《工伤保险条例》第十四条的立法精神对工作岗位作从宽解释。本案中，庄超在单位组织的篮球比赛后的就餐过程中，可以被认定为在工作场所，但不能被认定为在工作岗位。

我们认为，这种观点是从严格解释的角度来阐释工作岗位的，它与《工伤保险条例》的立法宗旨——“保护劳动者权益”相悖，是不可取的。在工伤认定标准的概括性较高的情况下，我们应当通过目的解释考察立法的精神和目的，运用利益衡量原则，正确理解和适用法律。根据《工伤保险条例》第一条的规定，工伤保险制度具有“伤害补偿、工伤预防、职业康复和风险分散”四大功能。给予劳动者以救济和补偿是工伤保险制度的核心内容，因此在审理工伤认定行政案件时，首先要从有利于保护劳动者权益的角度来理解、适用《工伤保险条例》。当然这样的倾向不是没有限制的，在优先考虑保护劳动者权益的同时，还要适当兼顾用人单位的利益，在保护劳动者权益和促进用人单位经济健康发展之间寻求平衡。在适用和理解法律规定时，可以适当地作扩大解释和理解，但是必须以立法精神和法条的文义所能包含的内容为边界。

《工伤保险条例》第十五条第（一）项规定，职工在工作时间和工作岗位，突发疾病死亡或者在48小时之内经抢救无效死亡的，可视同工伤。因此在本案中对“工作时间”、“工作岗位”的准确认定，是作出正确裁判的关键。《工伤保险条例》第十四条第（二）项规定，职工在工作时间前后在工作场所内，从事与工作有关的预备性或者收尾性工作受到事故伤害的，应当认定为工伤。参照该立法精神，并根据有利于保护劳动者权益的立法宗旨，在视同工伤的认定中，对“工作时间”、“工作岗位”也不宜作过于严格的认定。“工作时间”是指劳动者按照劳动合同约定或者用人单位规定进行工作的时间，包括单位要求加班加点的时间以及单位要求从事的其他活动所需的时间。庄超受单位安排而参加单位组织的篮球比赛的时间及赛后为了球队队员合理的生理、生活需要，由单位领导组织集体就餐的时间，应被认定为工作时间。“工作岗位”一般是指职工从事日常工作时所在的岗位，既包括职工日常的工作岗位，也包括受单位指派从事工作的岗位，以及单位为解决职工在工作过程中的合理生理、生活需要而提供的工间休息等场所。换言之，“工作岗位”是指在工作场所从事或履行与工作有关活动的空间以及为解决职工在工作中的合理生理、生活需要而提供的场所。原江苏省劳动和社会保障厅《关于实施〈工伤保险条例〉若干问题的处理意见》（苏劳社医［2005］6号）第十二条第二款规定，用人单位安排或者组织职工参加文体活动，应作为工作原因。因此，庄超受单位指派参加篮球比赛，该比赛场所应当被认定为工作岗位；单位为解决篮球队员的合理生理、生活需要而组织集体就餐的场所也可视为篮球比赛场所的延伸，可以被认定为工作岗位。庄超在就餐过程中，暂时离席到餐厅外面等待其女友表明其并未结束该就餐活动，此时仍应视为在工作岗位。综上，庄超在单位组织的篮球比赛后的就餐过程中，暂时离席后在餐厅外面突发疾病救治无效死亡，应被认定为在工作时间、工作岗位上突发疾病救治无效死亡。因此，庄超死亡的情形符合《工伤保险条例》第十五条第（一）项的规定，应当被认定为视同工伤。

工伤保险是社会保障体系的组成部分，其根本目的在于给劳动者提供必要的基础保障。工伤保险案件中面临着许多新情况、新问题，希望制定一部详尽的法律用以解决所有工伤认定行政案件的法律适用问题，是不现实的。在有的案件中对工伤认定的法律规则的理解和适用常常介于两可之间，此时，需要从有利于保护劳动者权益的角度来理解和适用法律，同时兼顾工伤保险分散用人单位工伤风险的功能。我们应当从工伤保险制度建立的目的出发，综合考虑工伤保险的现实需要、当前社会的经济承受能力和社会发展的需要，正确地适用法律规范，通过工伤认定行政案件的审理，使得受伤职工的医疗和生活救助得以及时实现。实践中，忽视工伤保险法规的立法精神，机械地适用法律规范的现象时有发生，从而引起行政诉讼案件的发生。人民法院在审理此类案件时，要深入领会《工伤保险条例》的立法精神，科学运用司法技巧，正确理解和适用法律规范，有效地保护劳动者的合权益。《工伤保险条例》在立法上没有明确规定工作原因、工作岗位、工作时间的含义，这为工伤认定带来不少的争议。由于发生工伤（视同工伤）的情形千变万化，指望通过详尽的立法规定，解决这些争议问题是不现实的。法院在审理此类行政诉讼案件时，要以立法宗旨为指南，根据社会经济承受能力的实际情况和社会的发展进步，适当地扩大对劳动者合法权益的保护力度和范围，推动法律与时俱进。

（江苏省南京市中级人民法院　任志中　戴茹芳）

14. 连云港市鑫源塑铝门窗厂不服东海县人力资源和社会保障局工伤认定案

（一）首部

1. 裁判书字号

一审判决书：江苏省东海县人民法院（2011）东行初字第0022号行政判决书。

二审裁定书：连云港市中级人民法院（2011）连行终字第0067号行政裁定书。

2. 案由：工伤行政认定。

3. 诉讼双方

原告（上诉人）：连云港市鑫源塑铝门窗厂，住所地：东海县牛山镇开发区迎宾大道28号。

法定代表人：刘传爱，该厂厂长。

被告（被上诉人）：东海县人力资源和社会保障局。

法定代表人：张家全，该局局长。

委托代理人：张秀梅，该局副局长。

委托代理人：门建武，江苏鸿国律师事务所律师。

第三人：姜春谊，工人，住东海县牛山镇幸福南路。

4. 审级：二审。

5. 审判机关和审判组织

一审法院：江苏省东海县人民法院。

合议庭组成人员：审判长：王鹏；审判员：王平、戚宇。

二审法院：连云港市中级人民法院。

合议庭组成人员：审判长：方愚；审判员：王学明、苏震。

6. 审结时间

一审审结时间：2011年5月18日。

二审审结时间：2011年12月19日。

（二）一审诉辩主张

1. 被诉具体行政行为

被告东海县人力资源和社会保障局于2010年10月15日作出东人社工认字［2010］第10号工伤认定书。

2. 原告诉称

（1）被诉工伤认定书事实认定错误。认定第三人系在下班途中受伤实属错误，理由如下：江苏省高级人民法院《关于审理劳动保障监察、工伤认定行政案件若干问题的意见》第十九条规定：认定职工工伤情形中的上下班途中，是指职工在合理时间内往返于工作单位和居住地的合理路线。第三人住所地、常住户口所在地、日常生活起居地位于牛山镇幸福南路陇海铁路以南的原水泥厂家属院，而事发当天的工作地点是牛山镇西双湖一建筑工地，其合理的下班路线应沿和平西路东行至邮政局十字路口向右转向90度，再沿幸福南路南行至其居住地。事发当天，第三人没有依照上述路线回到其生活几十年的家中，而是在严重偏离上述路线近三四里的利民东路与一轿车相撞。显然，第三人工作场所与事故地点之间的路线不是其往返工作单位与居住地的合理路线，不宜认定为下班途中。（2）被诉工伤认定书适用法律错误。被告援引的江苏省劳动和社会保障厅《关于实施〈工伤保险条例〉若干问题的处理意见》的实施时间为2005年4月1日，而江苏省高级人民法院《关于审理劳动保障监察、工伤认定行政案件若干问题的意见》的发布时间为2005年11月17日。故被告引用江苏省劳动和社会保障厅《关于实施〈工伤保险条例〉若干问题的处理意见》，显属错误。请求撤销被告作出的东人社工认字［2010］第10号工伤认定书。

3. 被告辩称

2010年5月17日，第三人向我局递交申请材料，称其是在下班途中发生交通事故受伤，要求认定其为因工负伤。我局对其申请材料进行审查受理后向原告发出了举证通知书并就此事去该单位进行了调查。经全面审查核实证据，确认以下事实：姜春谊系连云港市鑫源塑铝门窗厂工人，2009年5月20日中午12时许，姜春谊驾驶电动三轮车在下班途中，不慎被一辆轿车撞伤，经东海县人民医院诊断为右内踝骨折，右腓骨下段骨折。《工伤保险条例》第十四条第（六）项规定：在上下班途中，受到机动车事故伤害的，应当认定为工伤。据此，我局认定姜春谊所受伤害为因工受伤。江苏省劳动和社会保障厅苏劳社医［2005］6号《关于实施〈工伤保险条例〉若干问题的处理意见》第十五条规定：《工伤保险条例》第十四条规定的上下班途中，应是在合理时间内经过合理路线。经调查，第三人是下班后，在去其岳父家吃午饭的路上发生的交通事故，而其平时午饭也多数在其岳父家吃，因此应视为合理路线。我局所作出的认定符合《工伤保险条例》及相关法律、法规的规定，程序合法，适用法律得当，请求驳回原告的诉讼请求。

4. 第三人述称

被告作出的东人社工认字［2010］第10号工伤认定书认定事实清楚，适用法律正确。第三人是在下班途中发生事故的，第三人长期在东海县工商局家属区岳父家居住，事发时走的路线是在下班途中，符合工伤认定的条件。原告的起诉，没有事实和法律依据，请求驳回原告的诉讼请求。

（三）一审事实和证据

江苏省东海县人民法院经公开审理查明：第三人姜春谊系原告连云港市鑫源塑铝门

窗厂职工。2009年5月20日中午12时许，姜春谊在下班后，驾驶电动三轮车到其岳父家吃午饭，途中发生交通事故，姜春谊受伤，经诊断为右内踝骨折、右腓骨下段骨折。2010年5月17日，第三人姜春谊向被告申请工伤认定，被告经调查审核后，认定第三人系在下班途中受伤，根据《工伤保险条例》第十四条第六款的规定，作出东人社工认字〔2010〕第10号工伤认定书。原告不服，向连云港市人力资源和社会保障局申请复议，连云港市人力资源和社会保障局维持了被告作出的工伤认定。

上述事实有下列证据证明：

1. 工伤认定申请书，证明第三人申请工伤认定的事实；

2. 第三人职工身份证明，证明第三人符合职工条件；

3. 申请人（第三人）提供的交通事故认定书，证明职工受伤的时间、地点、原因；

4. 用人单位企业登记资料查询表，证明用人单位资格；

5. 申请人（第三人）提供的证人证言，证明第三人是原告单位职工，在下班途中受伤；

6. 申请人（第三人）提供的医疗诊断证明，证明第三人的伤势情况；

7. 工伤认定举证通知书及送达回执，证明被告已依法告知用人单位举证责任；

8. 用人单位延期举证申请，证明用人单位收到举证通知后未依法举证；

9. 调查笔录，证明第三人是原告单位职工，下班后到其岳父家吃饭途中发生交通事故；

10. 工伤认定书及送达回证，证明被告依法作出行政行为；

11.《工伤保险条例》第十四条和江苏省劳动和社会保障厅《关于实施〈工伤保险条例〉若干问题的处理意见》第十五条，证明被告作出的工伤认定的依据。

（四）一审判案理由

江苏省东海县人民法院经审理认为：《工伤保险条例》第十四条规定："职工有下列情形之一的，应当认定为工伤：……（六）在上下班途中，受到非本人主要责任的交通事故或者城市轨道交通、客运轮渡、火车事故伤害的……"第三人系原告单位职工，确系下班后从工作场所到其岳父家吃午饭的途中发生交通事故受伤，其岳父家系第三人日常生活区域的一部分。从工作场所到其岳父家系合理的路径，应认定为"下班途中"。第三人向被告提交了工伤认定申请表、与用人单位存在劳动关系的证明材料、医疗诊断证明，被告受理后经调查审核，认定第三人的伤害系工伤，其作出的东人社工认字〔2010〕第10号工伤认定书，认定事实清楚，证据充分，程序合法，适用法规正确。原告提出的第三人下班后没有经过合理路线造成事故伤害，不能认定为工伤的理由不能成立。其诉讼请求本院不予支持。

（五）一审定案结论

江苏省东海县人民法院依照《中华人民共和国行政诉讼法》第五十四条第一款第（一）项的规定，作出如下判决：

维持被告东海县人力资源和社会保障局于2010年10月15日作出的东人社工认字［2010］第10号工伤认定书。

（六）二审情况

一审宣判后，连云港市鑫源塑铝门窗厂不服，向连云港市中级人民法院上诉，后自愿撤诉，连云港市中级人民法院经审理，裁定准予上诉人撤诉。

（七）解说

在立法和司法实践中，上下班途中受到机动车事故伤害，只要是在合理的时间和路线，就可以认定为工伤。面对纷繁复杂的社会生活，在上下班途中会发生各种非典型的机动车辆致害事件。受害职工能否申请工伤认定？法院如何审查工伤行政认定部门的裁决理由和依据？我们认为，处理此类案件，应当从《工伤保险条例》保障工伤事故受害者利益的立法宗旨出发，结合劳动者的“上下班的时间”、“上下班的路线”、“上下班的目的”，并将社会生活中的常理、常情、常识考虑进来，对《工伤保险条例》的相关条款进行全面理解，以增进工伤行政裁决和司法审查的社会公信力。

具体到本案，就上下班“合理路线”的确定，原、被告存在实质性的争议。原告认为根据江苏省高级人民法院《关于审理劳动保障监察、工伤认定行政案件若干问题的意见》的规定，“合理路线”指职工在合理时间内往返于工作单位和居住地的合理路径。第三人住所地、常住户口所在地、日常生活起居地位于牛山镇幸福南路陇海铁路以南的原水泥厂家属院。第三人下班后去其岳父家吃午饭，所走路线并非是往返于工作单位和居住地的合理路径。被告认为根据江苏省劳动和社会保障厅《关于实施〈工伤保险条例〉若干问题的处理意见》第十五条的规定，上下班途中为“上下班的合理时间和合理路线”。第三人是下班后，在去其岳父家吃午饭的路上发生的交通事故，而其平时午饭也多数在其岳父家吃，因此应视为合理路线。对上述争议，我们认为可分以下两个层面理解。

1．政府规范性文件和司法机关规范性文件的冲突与协调问题

工伤认定行政部门根据上级部门规范性文件开展工伤认定工作，只要该规范性文件不违反法律、行政法规、部门规章、地方性法规、地方政府规章的强制性规定就应肯定其效力，人民法院可以在裁判理由中对该规范性文件是否合法、有效、合理或适当进行评述。江苏省劳动和社会保障厅《关于实施〈工伤保险条例〉若干问题的处理意见》关于“上下班途中”的界定，采取了较为宽松的、有利于保障受伤害劳动者合法权益的做法，其并不违反《工伤保险条例》、劳动部《关于实施〈工伤保险条例〉若干问题的意见》等法律、法规、规章的规定。该规范性文件在审查具体行政行为的合法性时具有参照适用的价值。《中华人民共和国行政诉讼法》第三十二条规定，“被告对作出的具体行政行为负有举证责任，应当提供作出该具体行政行为的证据和所依据的规范性文件”，这实际上已经明确地将规范性文件作为具体行政行为的依据，原告主张被告在工伤认定之具体行政行为中参照适用该规范性文件属法律适用错误的观点不能成立。

江苏省高级人民法院制定的《关于审理劳动保障监察、工伤认定行政案件若干问题的意见》属于司法机关的规范性文件，在不违反上述法律、法规、规章的情况下，具有合法性，是合法的司法操作规则，能够作为法律裁判理由加以援引，但不具有法律规范意义上的约束力。原告主张被告应援引上述司法意见作为工伤认定的法律依据，并无道理。

由于江苏省劳动和社会保障厅《关于实施〈工伤保险条例〉若干问题的处理意见》和江苏省高级人民法院《关于审理劳动保障监察、工伤认定行政案件若干问题的意见》就“上下班途中”的认定存在一定的差异，法院应如何裁判呢？我们认为要坚持两个原则：尊重行政裁决原则和遵循立法目的原则。所谓尊重行政裁决原则，是指法院在对行政裁决行为审查时应尊重行政机关根据法律、法规、规章和规范性文件进行事实和法律认定的活动，无重大合理理由不能否定行政裁决及其参照适用的行政规范性文件的合理性和合法性。所谓遵循立法目的原则，是指对行政裁决行为审查时应考虑到该裁决行为所依据的法律、法规、部门规章的立法目的，对在符合立法目的范围内的合理裁量行为应当给予尊重和肯定。具体到本案，被告的工伤认定符合《工伤保险条例》等法规、规章的立法宗旨，应受到司法的尊重和肯定。

2. 上下班“合理路线”的认定

合理路线，不在于距离的远近，也不在于该路线是否是劳动者经常行走的路线。“合理路线”原则上是指职工为了上下班而往返于住处和工作单位之间的合理途径。根据日常生活的实际情况，职工上下班的路线并非固定的、唯一的，而是存在多种选择，用人单位无权加以限制，只要劳动者的主观目的是上班或回家，那么此时劳动者所选择的路线就应认定为合理路线。本案属于较为特殊的情况，第三人下班后并未返回住所而是到岳父家用餐，工伤行政认定部门综合考虑第三人“下班时间”、“下班目的”及“其平时午饭也多数在其岳父家吃”的实际情况（该活动为职工日常生活所必需的、合理的要求），认定第三人下班路线为“合理路线”是妥当的。

（江苏省东海县人民法院　王鹏　薛子裔）

15. 章春发不服吴江市人力资源和社会保障局劳动和社会保障行政确认案

（一）首部

1. 判决书字号

一审判决书：江苏省吴江市人民法院（2011）吴江行初字第0003号行政判决书。

二审判决书：江苏省苏州市中级人民法院（2011）苏中行终字第 0044 号行政判决书。

2. 案由：劳动、社会保障行政确认。

3. 诉讼双方

原告：章春发。

被告：吴江市人力资源和社会保障局。

法定代表人：王海鹰，该局局长。

委托代理人：王国樑，该局副局长。

委托代理人：高德生，江苏震宇震律师事务所律师。

第三人：吴江市龙源丝纺厂。

负责人：乐巧林。

委托代理人：方慧农，苏州府前法律服务所法律工作者。

委托代理人：谭永付，吴江市龙源丝纺厂副厂长。

4. 审级：二审。

5. 审判机关和审判组织

一审法院：江苏省吴江市人民法院。

合议庭组成人员：审判长：秦绪栋；审判员：沈国荣；人民陪审员：朱金才。

二审法院：江苏省苏州市中级人民法院。

合议庭组成人员：审判长：潘亮；助理审判员：张蕾、林晓松。

6. 审结时间

一审审结时间：2011 年 5 月 19 日。

二审审结时间：2011 年 9 月 27 日。

（二）一审诉辩主张

1. 被诉具体行政行为

原告向被告申请补全工伤认定决定书中关于伤害情况的内容，被告答复认为此不属于其法定职责。

2. 原告诉称

原告于 2009 年 11 月 3 日向被告吴江市人力资源和社会保障局提交了要求补全工伤认定决定书的申请，被告于 2009 年 11 月 16 日进行了答复，称如果对决定不服，可以依法提起行政复议或者行政诉讼；对劳动鉴定结论通知书不服，可以向省劳动能力鉴定委员会申请再次鉴定；地级市劳动能力鉴定委员会负责职工因工、因病劳动能力鉴定工作，被告无权在鉴定表上签名或者盖章。

被告在作出工伤认定决定时，没有写明受伤最严重的左上肢和头部、左前臂绞断和左上肢绞烂，左拇指、腕、肘、肩关节损伤，尺神经损伤等。经多次交涉后，原告于 2009 年 11 月 3 日向被告吴江市人力资源和社会保障局提交了要求补全工伤认定决定书的申请，但被告一直没有补全。因此，请求法院认定被告拒不履行其工伤认定法定职责，判决被告履行法定职责。

3. 被告辩称

（1）被告作出的工伤认定决定事实清楚、程序合法，适用法律正确；（2）原告的诉请已经远远超过了法定的申请复议和诉讼的期间；（3）原告的主张没有任何理由和证据加以证明。因此，请求法院依法驳回原告的起诉。

4. 第三人述称

原告的诉讼请求没有事实和法律依据，请求法院依法驳回原告的起诉。

（三）一审事实和证据

江苏省吴江市人民法院经公开审理查明：原告章春发在受到事故伤害时系第三人吴江市龙源丝纺厂职工。2006 年 6 月 1 日，原告在工作时所发生的机械伤害事故中受伤。2006 年 11 月 10 日，原吴江市劳动和社会保障局作出江工伤认字［2006］第 1508 号工伤认定决定书，认为章春发所受的伤害符合《工伤保险条例》第十四条第（一）项的规定，认定为工伤。原告于 2009 年 11 月 3 日向被告吴江市人力资源和社会保障局提交了要求补全工伤认定决定书的申请，被告于 2009 年 11 月 16 日进行了答复。原告不服，提起行政诉讼。

上述事实有下列证据证明：

原告提供的证据有：

1. 被告作出的江工伤认字［2006］第 1508 号工伤认定决定书 1 份；
2. 中国人民解放军第九八医院门诊部门诊病历卡 1 份；
3. 出院小结 1 份；
4. 补全工伤认定决定书申请书 1 份；
5. 申请调查核实后撤销章春发工伤认定决定书，重新作出工伤认定结论 1 份；
6. 原吴江市劳动和社会保障局的答复 1 份；
7. 杜×、王××、陈×的证明各 1 份；
8. 工伤认定申报告知 1 份。

被告提供的证据有：

1. 填表日期为 2009 年 9 月 8 日、申请人为章春发的工伤认定申请（表）1 份；
2. 工伤申报证据清单 1 份；
3. 章春发的身份证复印件 1 份；
4. 第三人企业信息 1 份；
5. 原告的病历、出院记录和出院小结各 1 份；
6. 杜×、王××、陈×的证明各 1 份；
7. 2006 年 9 月 14 日被告作出的工伤认定调查通知书 1 份；
8. 第三人的证明 1 份；
9. 第三人厂里的工人证言 2 份；
10. 被告作出的工伤认定限期举证通知书 1 份；

11. 授权委托书 1 份；

12. 被告送达工伤认定调查通知书、工伤认定限期举证通知书、工伤认定决定书的送达回证 1 份。

法院调取的证据有：

1. 向本院民事审判第一庭调取的原告 2006 年在中国人民解放军第九八医院的病历；

2. 向本院民事审判第一庭调取的原告在苏州瑞兴医院的病历材料。

（四）一审判案理由

江苏省吴江市人民法院经审理认为：（1）根据《中华人民共和国行政诉讼法》第三十九条关于“公民、法人或者其他组织直接向人民法院提起诉讼的，应当在知道作出具体行政行为之日起三个月内提出。法律另有规定的除外”的规定，公民、法人或者其他组织应当自知道诉权或者起诉期限之日起 3 个月内提起行政诉讼。本案中，被告于 2006 年 11 月 10 日作出江工伤认字［2006］第 1508 号工伤认定决定书，于 2006 年 11 月 22 日向原告代理人李峰进行送达，而原告于 2010 年年底（原告诉状载明为 2010 年 7 月 28 日）才向法院提起行政诉讼，已经远远超过诉讼时效。（2）根据《中华人民共和国行政复议法》第九条关于“公民、法人或者其他组织认为具体行政行为侵犯其合法权益的，可以自知道该具体行政行为之日起六十日内提出行政复议申请；但是法律规定的申请期限超过六十日的除外”的规定，原告对具体行政行为不服，应在知道该具体行政行为之日起 60 日内提出行政复议申请，原告至今仍没有提起行政复议申请，已经超过了申请复议的期限。（3）原告提出的诉讼请求不是对工伤认定不服，而是对工伤认定决定中有关受伤部位的描述不服。本院认为工伤认定决定本身既包括是否认定工伤，也包括对相关事实的描述，当事人如果不服，均应在法定期限内提出。综上，原告起诉被告不作为的理由不能成立。

（五）一审定案结论

江苏省吴江市人民法院依照《最高人民法院关于执行〈中华人民共和国行政诉讼法〉若干问题的解释》第五十六条第（一）项的规定，作出如下判决：

驳回原告章春发的诉讼请求。

案件受理费 50 元，由原告章春发负担。

（六）二审情况

1. 二审诉辩主张

（1）上诉人诉称

上诉人于 2009 年 11 月 3 日向被上诉人吴江市人力资源和社会保障局提交补全江工伤认字［2006］第 1508 号工伤认定决定书的申请，被上诉人于 2009 年 11 月 16 日答复称，上诉人对江工伤认字［2006］第1508号工伤认定决定书有异议，应在法定期限内申请行政复议或提起行政诉讼。上诉人并非对工伤认定决定书中认定上诉人为工伤不服，而是对工伤认定决定书中未写全伤情不服，因此要求被上诉人补全、重新作出工伤认定决定书。法律并未规定对工伤认定决定书中有关受伤部位和伤情要求补全申请行政复议或行政诉讼有期限要求，被上诉人不肯补全，属于行政不作为。请求二审撤销原判，判令被上诉人履行职责。

（2）被上诉人辩称

被上诉人吴江市人力资源和社会保障局辩称：被上诉人作出江工伤认字［2006］第1508号工伤认定决定事实清楚、程序合法，适用法律正确，上诉人已远远超过了法定的申请复议和诉讼的时间。现上诉人要求对该工伤认定决定进行补全或重作，没有任何理由。原审认定事实清楚，适用法律正确，判决结果正确。请求二审法院驳回上诉，维持原判。

被上诉人吴江市龙源丝纺厂辩称：原审认定事实清楚，适用法律正确，判决公正，请求二审法院驳回上诉，维持原判。

2．二审事实和证据

江苏省苏州市中级人民法院经审理，确认一审法院认定的事实和证据。

3．二审判案理由

江苏省苏州市中级人民法院经审理认为：《中华人民共和国行政复议法》第九条规定，法人或者其他组织认为具体行政行为侵犯其合法权益的，可以自知道该具体行政行为之日起60日内提出行政复议申请；但是法律规定的申请期限超过60日的除外。《中华人民共和国行政诉讼法》第三十九条规定，公民、法人或者其他组织直接向人民法院提起诉讼的，应当在知道作出具体行政行为之日起3个月内提出。法律另有规定的除外。上诉人章春发要求补全的江工伤认字［2006］第1508号工伤认定决定书是被上诉人于2006年11月10日作出的，于2006年11月22日向上诉人的委托代理人李峰进行了送达。上诉人对江工伤认字［2006］第1508号工伤认定决定书的内容不服，应当在知道该工伤认定决定之日起60日内提出行政复议申请，或者在知道之日起3个月内提起行政诉讼。而上诉人之后一直未提起行政复议或行政诉讼。上诉人于2009年11月3日向被上诉人吴江市人力资源和社会保障局递交补全江工伤认字［2006］第1508号工伤认定决定书的申请书，被上诉人对其申请未予准许，上诉人认为被上诉人不履行法定职责，向原审法院提起行政诉讼。上诉人认为自己并非对认定为工伤的结论不服，而是对伤情等相关事实的描述有异议。本院认为，对伤情等相关事实的描述属于工伤认定决定书的部分内容，对该描述有异议也是对工伤认定决定书有异议。对江工伤认字［2006］第1508号工伤认定决定书不服已过了提起行政复议或者行政诉讼的法定期限，上诉人已丧失了对该工伤认定决定书不服而获得救济的权利。现上诉人要求补全江工伤认字［2006］第1508号工伤认定决定书，被上诉人对其申请未予准许，并无不当。上诉人的上诉请求和理由不能成立，本院不予采纳。原审判决认定事实清楚，证据充分，适用法律正确，依法应予维持。

4．二审定案结论

江苏省苏州市中级人民法院依照《中华人民共和国行政诉讼法》第六十一条第

(一）项之规定，作出如下判决：

驳回上诉，维持原判。

二审案件受理费人民币50元，由章春发负担。

（七）解说

在审查原告的起诉时，法院对于人力资源和社会保障局不予更正自己作出的工伤认定决定行为是否属于行政诉讼调整范围的问题，存在两种不同意见：一种意见认为，行政机关作出行政行为后，如发现该行政行为确实违法或存在应当更正的法定情形，行政机关应当依照行政相对人的申请依法予以更正，如果行政机关拒绝予以更正，则可以起诉其不作为；另一种意见认为这种拒绝更正的行政行为属于“对公民、法人或者其他组织权利义务不产生实际影响的”的行为，依法不属于行政诉讼的受案范围。

我们基本赞同第二种意见，理由如下：第一，要被纳入法院行政诉讼司法审查的范围必须是行政机关的相关行为对行政相对人的权利、义务产生了实质性的影响，而如果行政机关的相关行为没有对行政相对人或者利害关系人的合法权益造成实际影响，则不属于人民法院行政诉讼的受案范围。行政机关拒绝更正已经发生法律效力的行政行为，对当事人的实体权利未造成实际的影响，影响当事人实体权利的还是原具体行政行为。当然，如果行政机关更正了其作出的行政行为，形成一个新的行政行为，对当事人的实体权利进行了重新设定，是一个新的可诉的具体行政行为，属于行政诉讼的受案范围。第二，如果对该种不予更正行为赋予诉权就架空了行政诉讼起诉期限制度。为了督促行政相对人及时行使权利和保护行政行为的效力，我国行政诉讼相关法律设定了起诉期限制度。也就是说，一旦行政相对人超过行政起诉期限向法院提起行政诉讼的，法院不予受理。而如果赋予该种不予更正行为诉权则使得行政诉讼起诉期限的规定形同虚设，对某一超过起诉期限的行政行为不服，完全可以先要求其更正，如果不更正则提起行政诉讼要求其更正，这样对行政行为的效率和稳定性造成极为不利的影响，是应当坚决杜绝的。

（江苏省吴江市人民法院　秦绪栋　潘志明）

16. 苏州相城经济开发区双永家具厂不服苏州市人力资源和社会保障局工伤行政确认案

（一）首部

1. 判决书字号

一审判决书：苏州市沧浪区人民法院（2011）沧行初字第0026号行政判决书。

二审判决书：苏州市中级人民法院（2011）苏中行终字第0063号行政判决书。

2. 案由：工伤行政确认。

3. 诉讼双方

原告（上诉人）：苏州相城经济开发区双永家具厂（以下简称双永家具厂），住所地：苏州相城经济开发区采莲村。

诉讼代表人：庞永生，该厂厂长。

委托代理人：程晓艳，江苏尚韬律师事务所律师。

委托代理人：郭巍，江苏尚韬律师事务所实习律师。

被告（被上诉人）：苏州市人力资源和社会保障局（以下简称市人社局），住所地：苏州市体育场路4号。

法定代表人：王庆华，该局局长。

委托代理人：徐苏和、孙利明，该局干部。

第三人（被上诉人）：朱占伟。

法定代理人：陈道翠（系第三人之妻）。

4. 审级：二审。

5. 审判机关和审判组织

一审法院：苏州市沧浪区人民法院。

合议庭组成人员：审判长：陈勇；代理审判员：许林华；人民陪审员：吴劲。

二审法院：苏州市中级人民法院。

合议庭组成人员：审判长：潘亮；代理审判员：张蕾、孙瑜蓓。

6. 审结时间

一审审结时间：2011年8月5日。

二审审结时间：2011年11月16日。

（二）一审诉辩主张

1. 被诉具体行政行为

被告市人社局于2010年12月16日作出苏工伤认字［2010］第05350号工伤认定决定，认定第三人于2009年9月30日在工作时发生的意外事故中受伤害，经医院当日诊断为脑内血肿，依据《工伤保险条例》第十四条第（一）项之规定，认定第三人受到的伤害为工伤。

2. 原告诉称

第三人在工作中突发意识不清，经苏州市相城人民医院诊断为左侧基底节区脑内血肿、高血压病Ⅲ期。医院入院记录记载朱占伟两年前曾因“颅脑损伤”入住医院治疗，高血压病史两年，目前仍在治疗中。第三人所受伤害是突发疾病，系自身疾病引起，不应被认定为工伤。原告请求法院撤销被告作出的工伤认定决定，由被告重新作出认定。

3. 被告辩称

经核实，第三人系原告职工。第三人在工作中意外受伤，由120急救车送至苏州市相城人民医院救治，经诊断为左侧基底节区脑内血肿、高血压病Ⅲ期。《工伤保险条例》第十四条第（一）项规定，职工在工作时间和工作场所内，因工作原因受到事故伤害的，应当认定为工伤。根据劳动能力鉴定委员会医疗专家组的鉴定意见，左侧基底节区脑内血肿的发生有两种情形：一种系高血压性基底节区出血，该种情形应无外伤史，系自发性出血；一种系外伤性基底节区出血，是由外伤造成的基底节区出血。对于第三人脑内血肿是否由外伤所致，原告、第三人提供了相左的证据，但事发当天苏大附一院脑外科分部的《入院记录》记载了“患者一小时前突发意识不清，倒地，右侧肢体活动不利，发病当时详细情况不详”的内容，第三人事发时存在跌倒在地的情形。第三人工作时间意外跌倒，不论是被外物绊倒还是因其自身原因摔倒，都可能导致其发生脑内出血，即第三人发生脑内出血的外伤性原因是存在的。被告请求法院维持被诉具体行政行为。

4. 第三人述称

第三人与其妻陈道翠均系原告职工，领取计件工资。因原告有订单时要求工人连续加班突击完成任务，第三人为赶任务，平均每日工作 20 小时以上。2009 年 9 月 30 日，第三人已连续工作了一夜，处于极度疲劳状态，注意力难以集中，在移动半成品时，被木凳绊倒在地，发生脑内血肿。导致第三人受伤的原因有两个：一是直接原因，即发生绊倒的突发事故；二是间接原因，即较长时间的超负荷劳动。被告综合考虑证人证言、入院记录，并通过医学鉴定，认定第三人系生产中发生意外事故受到伤害致病，符合事实原貌。而原告提供的王××、丁××等证言系间接证据，不能证明致病原因。第三人请求法院依法驳回原告的诉讼请求。

（三）一审事实和证据

苏州市沧浪区人民法院经公开审理查明：第三人系原告职工，与其妻陈道翠同在原告处从事家具贴皮等工作。2009 年 9 月 30 日早上 6 时左右，第三人在工作过程中受伤，由 120 急救车送至苏州市相城区人民医院救治，经诊断为左侧基底节区脑内血肿、高血压病Ⅲ期。2009 年 12 月 11 日，第三人向社会保障行政部门提出工伤申请。被告受理后于 2010 年 1 月 19 日作出苏工伤认字［2010］第 00322 号工伤认定决定，认为第三人系工作时突发疾病，不符合《工伤保险条例》第十五条第一款第（一）项之规定，不认定为工伤。第三人不服，经行政复议后向本院提起行政诉讼。2010 年 10 月 28 日，本院作出（2010）沧行初字第 0038 号行政判决书，判决撤销苏工伤认字［2010］第 00322 号工伤认定决定，并责令被告限期重作。被告经重新调查核实，并根据苏州市劳动能力鉴定委员会医疗专家组出具的鉴定意见，于 2010 年 12 月 16 日重新作出苏工伤认字［2010］第 05350 号工伤认定决定，认定第三人受到的伤害符合《工伤保险条例》第十四条第（一）项的情形，属于工伤。原告不服，经复议后向本院提起行政诉讼，提出前述诉讼请求。

另查明，第三人在原告处工作实行计件工资，在第三人受伤之前一段期间内，第三人为完成工作任务，存在加班加点的情形。原告未能提供第三人的考勤记录。

上述事实有下列证据证明：

1. 苏工伤认字［2010］第 05350 号工伤认定决定书及送达回执，证明被告重新作出工伤认定决定；

2. 工伤认定决定书送达回执，证明工伤认定决定书送达情况；

3. 工伤认定申请表，证明第三人的工伤认定申请情况；

4. 企业工商登记资料查询表，证明原告的工商登记情况；

5. 朱占伟的居民身份证、暂住证，证明第三人的身份及在苏州的暂住地；

6. 陈道翠的居民身份证，证明陈道翠的身份；

7. 结婚证，证明朱占伟和陈道翠系夫妻关系；

8. 仲裁调解书，证明第三人与原告之间存在劳动关系；

9. 入院记录，证明第三人的治疗情况；

10. CT 诊断报告单，证明第三人的治疗情况；

11. 罗××的证人证言；

12. 罗××的居民身份证；

13. 黄××的证人证言；

14. 黄××的暂住证；

15. 社会保障行政部门对陈×所作的询问笔录；

16. 社会保障行政部门对王××所作的询问笔录；

17. 陈×和王××的身份证；

18. 双永家具厂的现场照片，证明现场情况；

19. 工伤认定限期举证通知书，证明被告要求用人单位限期举证；

20. 《关于对朱占伟不可作工伤认定的依据》，证明用人单位的举证意见；

21. 苏工伤认字［2010］第 00322 号工伤认定决定书及送达回执，证明被告 2010 年 1 月 19 日作出工伤认定决定的情况；

22. 王××的调查笔录；

23. 黄××的调查笔录；

24. 陈道翠的调查笔录；

25. 证据清单；

26. 王××的调查笔录；

27. 丁××的调查笔录；

28. 陈×的调查笔录；

29. 彭××的调查笔录；

30. 车间照片，证明车间现场情况；

31. 苏州市医疗急救出诊单，证明第三人受伤当天 120 急救情况；

32. 录音，证明第三人妻子陈道翠电话报 120；

33. （2010）沧行初字第 0038 号行政判决书；

34. 鉴定委托书；

35. 苏州市劳动能力鉴定委员会医疗专家组鉴定意见；

36. 原告单位主管王××出具给陈道翠的2009年8月、9月工资结算单。

（四）一审判案理由

苏州市沧浪区人民法院经审理认为：根据国务院《工伤保险条例》第五条第二款的规定，被告市人社局作为本市劳动和社会保障行政管理部门，依法作出工伤认定系其履行法定职责。《工伤保险条例》第十四条第（一）项规定：在工作时间和工作场所内，因工作原因受到事故伤害的，应认定为工伤。本案第三人系在工作过程中受伤，被救治医院诊断为左侧基底节区脑内血肿。基底节区脑内血肿可能系外伤所致，也可能系高血压病所致。外伤性颅脑出血是常见的颅脑损伤严重并发症，发生率约为颅脑伤总数的4%～10%。而高血压性脑出血是高血压病最严重的并发症之一，系患者因情绪激动、过度脑力与体力劳动或其他因素引起血压剧烈升高，导致已病变的脑血管破裂出血所致。本案的关键在于查明是何原因导致第三人受到上述伤害，以及该伤害与工作之间有无因果关系。

首先，第三人是否系在工作过程中被木凳绊倒而导致外伤性颅脑出血？目前未有直接证据表明第三人是由于被绊倒伤及头部。被告提供的劳动能力鉴定委员会医疗专家组出具的鉴定意见，对于第三人的左侧基底节区脑内血肿是否因外伤引起也未作肯定结论，但不排除系由外伤引起的可能性。故而，第三人所患左侧基底节区脑内血肿尚不能确定具体原因，但不排除其外伤所致的可能性。

其次，第三人所患左侧基底节区颅内血肿与其高血压病史及工作强度是否有关联？由于前述第一个问题的不确定性，故需对第二个问题进行分析。第三人两年前曾因车祸导致颅脑损伤入院治疗，有高血压病史两年，在第三人的CT诊断报告单中也有一项诊断结果为“右侧颞叶脑软化灶”：考虑既往病变后遗改变，建议结合病史。但之后两年期间第三人的平素情况不详，其左侧基底节区颅内血肿与高血压病史有无关联并无医疗鉴定结论加以明确。虽然第三人受伤后还被诊断为高血压病Ⅲ期，但无法就此推断第三人受伤即系其高血压病发作所致。高血压病的发病原因及发病时间很难确定，故一般而言，即使在工作现场、工作时间内发病，也不应作工伤处理。但是患者由于过度的脑力与体力劳动引起血压剧烈升高，导致已病变的脑血管破裂出血，这也是高血压性脑出血的典型症状。本案中，据与第三人一起在原告处工作的第三人之妻陈道翠陈述，在第三人受伤之前，她和第三人曾连续加班加点赶活。第三人提供的证人证言也有如上表述。同时，第三人提供的工资结算单也辅证了第三人受伤之前的一段时间内存在工作量较大的情况。而原告作为用人单位无法提供第三人的出勤记录等证据证明第三人的工作时间，应承担举证不能的法律后果，故本院对于第三人受伤之前的一段时间内存在连续加班加点的事实予以确认。

1996年7月11日原劳动部办公厅《关于在工作时间发病是否可比照工伤处理的复函》（劳办发［1996］133号）（以下简称《复函》）中认为：劳动者在发病前，有连续加班加点工作的具体情节，这在一定程度上影响了高血压病复发的，应比照工伤待遇处理。本院认为，工伤认定应着重把握职工受伤与工作之间的因果关系，高血压病发作首先与职工本身的身体状况有关联，但正因为过度劳动会诱发高血压病的发作，故本院认为上述《复函》的精神可以予以适用。这有别于《工伤保险条例》第十五条第一款第（一）项对“突发疾病”视同工伤的规定，该项规定对疾病的种类和起因皆未作限定，实为扩大对职工的保护。对于能够分析疾病发作与工作之间关联性的情况，以适用《工伤保险条例》第十四条第（一）项进行工伤认定为妥。故本案第三人即使系因自身高血压病发作导致脑出血，因其受伤之前存在连续加班加点之情形，也宜认定为工伤。

最后，《工伤保险条例》第十九条第二款规定：“职工或者其近亲属认为是工伤，用人单位不认为是工伤的，由用人单位承担举证责任。”本案原告认为第三人不属于工伤，系自身原因的突发疾病所致，但并未提供有效证据加以证明。

综上，经对被诉具体行政行为的全面审查，被告市人社局作出的苏工伤认字［2010］第05350号工伤认定决定，认定第三人在工作中受到脑内血肿伤害为工伤并无不妥，符合《工伤保险条例》保护职工权益的原则。

（五）一审定案结论

苏州市沧浪区人民法院依照《最高人民法院关于执行〈中华人民共和国行政诉讼法〉若干问题的解释》第五十六条第（四）项的规定，作出如下判决：

驳回原告苏州相城经济开发区双永家具厂的诉讼请求。

案件受理费50元，由原告负担。

（六）二审情况

1. 二审诉辩主张

（1）上诉人诉称

一审法院判决认定事实不清，适用法律不当，第三人朱占伟所受伤害是突发疾病，系自身疾病引起，其在工作中并不存在被木凳绊倒导致外伤性脑内出血的情形，亦不存在加班加点的事实。

（2）被上诉人辩称

第三人朱占伟所受伤害符合《工伤保险条例》第十四条第（一）项规定的应当认定为工伤的情形。原审判决事实清楚，证据确凿，程序合法，请求二审法院依法予以维持。

（3）原审第三人述称

原审判决事实清楚，证据确凿，适用法律正确，程序合法，请求二审法院驳回上诉，维持原判。

2. 二审事实和证据

苏州市中级人民法院经审理，确认了一审法院认定的事实和证据。

3. 二审判案理由

苏州市中级人民法院经审理认为：原审第三人朱占伟在工作过程中受伤后，被医院诊断为左侧基底节区脑内血肿。根据劳动能力鉴定委员会医疗专家组的鉴定意见，左侧基底节区脑内血肿的发生有两种情形：一种系高血压性基底节区出血，该种情形应无外伤史，系自发性出血；一种系外伤性基底节区出血，系由外伤造成的基底节区出血。本案的焦点是，朱占伟在工作中发生的脑内出血，究竟是其自身疾病所引起，还是受到外伤所致，以及与其工作之间有无因果关系。由于没有直接证据表明朱占伟系被板凳绊倒伤及头部，且被告提供的劳动能力鉴定委员会医疗专家组出具的鉴定意见，对于第三人的左侧基底节区脑内血肿是否因外伤引起也未作肯定结论，因而，朱占伟所患左侧基底节区脑内血肿亦有可能系高血压病所致。苏大附一院脑外科分部的入院记录中记载，朱占伟两年前曾因车祸导致颅脑损伤入院治疗，有高血压病史两年，且朱占伟受伤后被诊断为高血压病Ⅲ期。但是，朱占伟发生事故伤害之前，曾连续加班加点工作，有第三人之妻陈道翠的陈述、第三人提供的证人证言及工资结算单予以佐证。1996 年 7 月 11 日原劳动部办公厅《关于在工作时间发病是否可比照工伤处理的复函》（劳办发［1996］133 号）中认为：劳动者在发病前，有连续加班加点工作的具体情节，这在一定程度上影响了高血压病复发的，应比照工伤待遇处理。因此，第三人所受伤害即使因高血压病所致，但因过度劳动会诱发高血压病的发作，所以可以适用上述《复函》认定为工伤。上诉人认为，第三人受伤前不存在加班加点的事实，且其所受伤害系自身突发疾病所致，不属于工伤，但并未提供有效证据予以证明。根据《工伤保险条例》第十九条第二款的规定，上诉人应承担举证不能的法律后果。

综上，被上诉人市人社局作出的苏工伤认字［2010］第 05350 号工伤认定决定并无不当，上诉人的上诉理由不能成立，本院不予支持。

4. 二审定案结论

苏州市中级人民法院依照《中华人民共和国行政诉讼法》第六十一条第（一）项之规定，作出如下判决：

驳回上诉，维持原判。

（七）解说

1. 背景情况介绍

本案系一起疑难复杂的工伤认定案件，被告先是作出不认定工伤的决定，被法院撤销后经补充医学鉴定又作出认定工伤的决定，但涉案职工确切的受伤原因及过程仍然是个谜。法院在两次审理案件时，先后运用举证责任分配及逻辑推断方法，牢牢把握工伤认定的精神以及工伤认定的本质——是否由于工作原因，为此类在工作过程中因不明原因发病的工伤案件的处理提供了一条合理思路。

2. 判决的主要理由

（1）前案判决的主要理由

前案中被告对第三人作出不认定工伤的决定，当时的认定理由与本案原告的诉讼理由是一致的，即认为第三人是由于高血压病突发导致伤害。在该案中，职工方坚持认为其颅内血肿系在工作时被木凳绊倒所致，而被告和用人单位则认为是由于职工自身高血压病突发造成的。依据该案审理中各方提交的证据均不能查明受伤的原因及过程。根据《中华人民共和国行政诉讼法》第三十二条的规定，被告应对所作的具体行政行为承担举证责任。但是，被告未对职工在工伤认定申请时提供的目击证人进行核实，而仅仅对用人单位提供的传闻证人进行核实。虽然《工伤保险条例》第十九条规定，社会保险行政部门受理工伤认定申请后，根据审核需要可以对事故伤害进行调查核实，并未强调一定要进行调查核实，但被告在调查核实时明显偏向一方有失公允。同时，被告也未对职工颅内血肿的起因进行分析，这样就造成引用《工伤保险条例》第十五条第一款第（一）项“突发疾病”的规定时存在以下两方面的不足：1）原告入院后被诊断为“左侧基底节区脑内血肿、高血压病Ⅲ期”，但是何疾病突发导致，在工伤认定中并未交代清楚，如果是高血压病导致，应有相应的诊断记录或者医学鉴定；2）对于职工陈述的绊倒情形未作合理排除，职工本身有高血压病，如又确因工作中绊倒撞击头部导致颅内血肿，也应属于工伤。故最终法院认为被告未对其工伤认定提供令人信服的证据，判决撤销工伤认定决定并责令限期重作。

（2）本案判决的主要理由

在本案中，被告在重新作出工伤认定之前，取得了苏州市劳动能力鉴定委员会医疗专家组出具的鉴定意见，虽然该鉴定意见对于第三人的左侧基底节区脑内血肿是否因外伤引起也未作肯定结论，但不排除系由外伤引起的可能性，被告据此作出认定第三人为工伤的决定。但第三人系何种原因导致受伤的问题及与工作之间关联性的问题仍未解决，这也是本案必须要解决和回答的问题。基底节区脑内血肿可以系外伤所致，也可能系高血压病所致，如“此”为外伤所致，“彼”为高血压病所致，则非此即彼。但本案恰恰不能确定是“此”还是“彼”。本案中，对于“此”的情况仅仅是不能排除其可能性，故而法院根据案件的实际情况在“彼”上做文章，在审理过程中根据第三人在受伤之前一段时间内连续加班加点赶活这一情况，认为即使是“彼”的情况，由于之前存在高强度的劳动，从保护职工的角度出发，也宜认定为工伤。本案虽由于证据的缺乏与不确定性，不能区别“彼”、“此”，但法院通过分析认定无论是“彼”还是“此”，均构成工伤。

从工伤认定案件中受伤职工、用人单位的举证责任分配及证明标准来分析，在工作时间、工作场所和工作原因三项证明事项中，受伤职工应当举证其在工作时间、工作场所内遭受到事故伤害，并对工作原因在一般情况下提供初步证据或证据线索。如果用人单位对工作原因有异议，则应当对事故伤害并非由工作原因所致这一主张承担举证责任。则本案用人单位须提供第三人受伤系高血压病发作所致以及不存在高强度劳动的证据。在证明标准问题上，对受伤职工就工作时间、工作场所的证明采用优势证据标准即可；而用人单位提供的非工作原因的证明，则应采用排除合理怀疑的证明标准。

劳动保障行政部门根据审核需要负有对事故伤害进行调查核实的义务。当受伤职工、用人单位所提供的证据均无法确定是否为工作原因时，劳动保障行政部门应当进行必要的调查核实，如本案中被告委托医疗专家组进行医疗鉴定。而如果仍无法获得结论，则实有必要考虑工伤保险的社会保障本质，也要考虑到当前我国的社会保障的实际承受能力，对属于传统的工伤事故范畴的工伤认定，在认定标准上适度从宽；对于基于扩大社会保障的需要而纳入工伤保险范畴的通勤事故以及视为工伤的认定，在认定标准上适度从严。

3. 运用裁判要旨时需要注意的问题

本案第三人受伤最大的可能性是高强度劳动诱使其高血压病发作，对于此类自身固有疾病与工作因素共同作用导致受伤的情况如何认定，需进一步分析两个因素的作用及权重。首先要分析工作环境、劳动强度是否会加速自身固有疾病的发展，如果是一般正常的劳动强度且工作环境不会引起人体不适，不宜认定为工伤；如果存在超负荷的劳动强度或者工作环境会引起人体不适，特别是会诱使特定自身固有疾病发作的，宜认定为工伤。其次要考虑个体特定的身体素质情况并进行一定的修正。对于体质较弱的个体应适当予以照顾，特别是当职工存在不适宜承担特定岗位作业的疾病时，用人单位仍安排工作导致发病的，应认定为工伤。

劳动保障行政部门在处理这类类似“突发疾病”的案件时，一定不能将思维局限于《工伤保险条例》第十五条第一款第（一）项的是否当场死亡或者在48小时之内经抢救无效死亡的规定上，而应多想一想工作因素是否与疾病的发作具有紧密的关联性。当存在高强度的劳动、恶劣的工作环境以及不适宜承担的岗位作业等因素时，有必要将职工“近期”的工作情况与医疗记录、医学鉴定等材料一并纳入工伤认定时的考查范围，同时，通过举证责任的分配及证明标准的把握来处理该类案件。

（苏州市沧浪区人民法院　陈勇）

17. 吴哲力不服龙岩市劳动和社会保障局工伤行政确认案

（一）首部

1. 判决书字号

一审判决书：福建省龙岩市新罗区人民法院（2011）龙新行初字第38号行政判决书。

二审判决书：福建省龙岩市中级人民法院（2011）岩行终字第72号行政判决书。

2. 案由：工伤行政确认。

3. 诉讼双方

原告（上诉人）：吴哲力。

委托代理人：赵锡龙，福建岩风律师事务所律师。

委托代理人：林辉锃，福建岩风律师事务所律师。

被告（被上诉人）：龙岩市劳动和社会保障局。

法定代表人：陈开明，该局局长。

委托代理人：马春含，龙岩市劳动和社会保障局公职律师。

委托代理人：郭如珍，龙岩市新罗区劳动和社会保障局工作人员。

第三人：龙岩登高电影院。

法定代表人：陈华平，该影院经理。

4. 审级：二审。

5. 审判机关和审判组织

一审法院：福建省龙岩市新罗区人民法院。

合议庭组成人员：审判长：章建新；审判员：陈淑玲、刘新龙。

二审法院：福建省龙岩市中级人民法院。

合议庭组成人员：审判长：张煌忠；审判员：丁建岩；代理审判员：陈聪聪。

6. 审结时间

一审审结时间：2011 年 9 月 22 日。

二审审结时间：2011 年 11 月 29 日。

（二）一审诉辩主张

1. 被诉具体行政行为

被告龙岩市劳动和社会保障局于 2011 年 3 月 10 日作出岩劳社伤认字［2011］第 81—018 号《工伤认定决定书》，查明：杨曼丽原系龙岩登高电影院副经理、办公室主任兼出纳。杨曼丽于 2010 年 3 月 4 日晚上 11 时 45 分许结束当日收缴票款及其他工作后，驾车离开龙岩登高电影院返回其住处（龙岩市西安南路龙御天下 1106 号）。2010 年 4 月 19 日龙岩市公安局刑事侦查支队出具的《情况说明》："2010 年 3 月 5 日凌晨零时许在新罗区龙御天下地下车库发生一起抢劫杀人案，受害人杨曼丽（身份证号：352601196510021548），其尸体于 2010 年 3 月 5 日 17 时许被发现。我队已对杨曼丽被杀案立案侦查。"根据《工伤保险条例》第十四条、第十五条规定，认定杨曼丽于 2010 年 3 月 5 日凌晨零时许在龙御天下地下车库遭人抢劫被杀死亡不属于工伤。

2. 原告诉称

原告于 2011 年 1 月 15 日向被告申请确认杨曼丽在 2010 年 3 月 5 日凌晨零时在龙御天下地下车库遭人抢劫被杀死亡为工伤一案，被告于 2011 年 3 月 10 日作出岩劳社伤认字［2011］第 81—018 号《工伤认定决定书》，认定："杨曼丽 2010 年 3 月 5 日凌晨零时许在龙御天下地下车库遭人抢劫被杀死亡不属于工伤。"原告对上述决定不服，于 2011 年 4 月 18 日向龙岩市人民政府提起行政复议。2011 年 6 月 17 日，龙岩市人民政府作出龙政行复［2011］13 号行政复议决定书，决定维持被告作出的岩劳社伤认字［2011］第 81—018 号《工伤认定决定书》。原告认为，被告作出的岩劳社伤认字［2011］第 81—018 号《工伤认定决定书》是错误的，没有事实依据。

原告之母杨曼丽（系受伤害职工），女，1965 年 9 月 8 日出生，1983 年参加工作，

1991年调入登高电影院工作，1993年任影院出纳，2003年任影院办公室主任兼出纳，2008年任影院副经理、办公室主任兼出纳。根据《中华人民共和国会计法》有关电影院财务制度的规定，电影院当日产生的票房收入，出纳人员必须在当日最后一场电影开映半小时以后向票务人员结清；登高电影院上班制度规定，“出纳人员上班每天晚上不得少于一个小时”、“售票员必须在最后一场电影进场半小时后才能结账交款”。杨曼丽遇害当晚登高电影院最后一场电影开场时间是22：30，根据上述要求结算时间在23：00之后。杨曼丽遇害当晚实际工作情况如下：登高电影院按惯例月初需要进行开具支票及报销的工作，当日该工作具体流程为杨曼丽开具支票、经理陈华平签盖支票，完成该项工作后，大约23：10陈华平离开杨曼丽办公室；23：30后售票员至杨曼丽办公室缴结票款；根据当日登高电影院下班指纹考勤机记录，杨曼丽在23：45离开其办公地点，但在经过大厅时因与吴××等几位工作人员讨论“三八节”活动安排（因杨曼丽是副经理，又是办公室主任，一般女工活动都由她组织），耽误了5～10分钟，杨曼丽才携票款驾车离开电影院，时间约为23：55。杨曼丽居住在龙御天下小区，当日龙御天下地下车库监控显示3月5日0：01杨曼丽驾驶汽车进入车库（公安机关已经取证），后遇害，说明杨曼丽是在工作后携带当日票款回家过程中遇害。根据登高电影院出纳工作惯例，当日票款由出纳带回住所，次日存入银行。依据国务院《现金管理暂行条例》的有关规定，登高电影院办公室不能放超过限额的现金；又因登高电影院属公共场所，流动人员多不易清场、不易管理，经常发生盗窃案件，且夜间银行没有营业，所以登高电影院的历任出纳均是将当日票款带回住所，次日存入银行（该惯例从1993年陈华平调任登高电影院，翁××任出纳时就形成）。根据2010年7月12日龙岩市新罗区政府领导批示，同意新罗区广播电视事业局上报杨曼丽同志因公死亡的申请，认定杨曼丽同志系在履行出纳工作时受到意外伤害死亡，系因公死亡。综上，原告认为因杨曼丽任登高电影院出纳工作比较特殊，杨曼丽每天携带当日票款回家这一过程既是在履行出纳夜间保管当日票款的职责，也是在“履行工作”。其工作场所和工作时间也相对特殊，不同于一般职工相对固定的工作场所和时间。因此，原告认为杨曼丽携带当日票款回家这一过程应当认定为在“工作时间和工作场所内，履行工作职务”。根据《工伤保险条例》第十四条的规定，应认定为工伤。为此，原告特提起行政诉讼，请求撤销被告于2011年3月10日作出的岩劳社伤认字［2011］第81—018号《工伤认定决定书》。

3. 被告辩称

（1）根据《中华人民共和国劳动法》第九条第二款，国务院《工伤保险条例》第五条、第十七条的规定，被告具有对杨曼丽是否为工伤作出行政确认的行政主体资格，作出的岩劳社伤认字［2011］第81—018号工伤认定决定行政行为的权限合法。同时，根据《福建省实施〈工伤保险条例〉办法》第十三条的规定，以及本局开展工伤认定工作的需要，被告将新罗区行政区域范围内职工发生的事故伤害的工伤认定工作委托给新罗区劳动和社会保障局办理，郭××、刘×两位同志作为新罗区劳动和社会保障局的工作人员具备合法的工作人员身份。

（2）根据国务院《工伤保险条例》第十四条、第十五条的规定，被告认定杨曼丽2010年3月5日凌晨零时许在龙御天下地下车库遭人抢劫被杀死亡不属于工伤，认定事实清楚，证据确凿，适用法律、法规正确。被告2011年1月15日受理吴哲力（死者杨曼丽之子）提出的工伤认定申请后，根据其提供的证据材料调查核实了以下事实：1）杨曼丽系龙岩登高电影院的副经理兼出纳，2010年3月4日晚上11点45分许结束了当日工作。2）杨曼丽于2010年3月4日晚上11时45分许结束当日收缴票款及其他工作后，驾车离开龙岩登高电影院返回其住处（龙岩市西安南路龙御天下1106号），2010年3月5日凌晨零时许在龙御天下地下车库被歹徒杀害。3）申请人吴哲力在工伤认定期间未提供县级以上地方人民政府或统筹地区人民政府相关部门认定杨曼丽从事抢险、救灾（救人）等维护国家、社会和公众利益活动受到伤害的证明。根据上述事实，原告吴哲力家属杨曼丽被杀死亡的情形不属于《工伤保险条例》第十四条第（六）项规定的“在上下班途中，受到非本人主要责任的交通事故或者城市轨道交通、客运轮渡、火车事故伤害的”应当认定为工伤的情形，也不属于《工伤保险条例》第十五条第一款第（二）项规定的“在抢险救灾等维护国家利益、公共利益活动中受到伤害的”可视为工伤的情形。根据《福建省实施〈工伤保险条例〉办法》（闽政［2004］12号文）第十四条第（四）项规定，申请人提出该种情形的工伤认定申请时应依法提交相关证明材料，即“县级以上地方人民政府或统筹地区人民政府相关部门认定从事抢险、救灾（救人）等维护国家、社会和公众利益活动受到伤害的证明”，但申请人和第三人均未在规定时限内提供县级以上人民政府或上一级政府有关部门出具的杨曼丽因维护国家利益受害的相关证明。因此，杨曼丽在下班后回家至地下车库被歹徒杀害不能认定为工伤。同时，龙岩市人民政府2011年6月17日作出的龙政行复［2011］13号《行政复议决定书》，认定杨曼丽在2010年3月4日晚上11时45分许驾车离开登高电影院后曾到康康欢唱KTV，离开时间大约在2010年3月4日晚上11时58分。

（3）被告作出岩劳社伤认字［2011］第81—018号工伤认定决定行为的程序符合法律的规定。吴哲力（死者杨曼丽之子）于2011年1月15日向被告提出工伤认定申请，被告于2011年1月15日受理后，根据《工伤保险条例》第十九条和《工伤认定办法》第五条的规定，对杨曼丽是否属于工伤进行调查核实。根据《工伤保险条例》第十四条、第十五条之规定，于2011年3月10日作出岩劳社伤认字［2011］第81—018号工伤认定决定，符合《工伤保险条例》第二十条有关时限的规定，即劳动保障行政部门应自受理工伤认定申请之日起60日内作出工伤认定的决定。请求依法裁决维持被告作出的岩劳社伤认字［2011］第81—018号《工伤认定决定书》。

4. 第三人述称

其不发表意见，由法院判决。

（三）一审事实和证据

福建省龙岩市新罗区人民法院经公开审理查明：杨曼丽原系第三人龙岩登高电影院副经理、办公室主任兼出纳，关系在龙岩市新罗区人事局，属干部身份。第三人龙岩登高电影院已为杨曼丽缴纳企业工伤保险。2010年3月4日晚上11时45分许，杨曼丽结束当日收缴票款及其他工作后，携带票款驾车离开第三人龙岩登高电影院返回其住处

(龙岩市西安南路龙御天下1106号)。2010年3月5日凌晨零时许，杨曼丽在龙御天下地下车库遭人抢劫被杀死亡，当日17时许杨曼丽尸体被发现。龙岩市公安局刑事侦查支队已对杨曼丽被杀案立案侦查。2011年1月15日，杨曼丽的儿子即原告吴哲力向被告申请工伤认定。被告受理后向第三人龙岩登高电影院送达了举证通知书，于2011年3月10日作出岩劳社伤认字［2011］第81—018号《工伤认定决定书》。该工伤认定决定书于2011年3月14日、15日分别送达原告吴哲力、第三人龙岩登高电影院。原告吴哲力于2011年4月18日向龙岩市人民政府申请复议，龙岩市人民政府于2011年6月17日作出龙政行复［2011］13号复议决定，维持被诉工伤认定。原告吴哲力不服，在法定期限内诉至本院。另查明，龙岩市新罗区广播电视事业局系第三人龙岩登高电影院的主管部门。2010年7月5日，龙岩市新罗区广播电视事业局作出龙新广电综(2010) 07号《关于申请杨曼丽因公死亡的报告》，呈给龙岩市新罗区人民政府。2010年7月12日，龙岩市新罗区政府领导批示“同意区广电局的意见”。2010年11月2日，龙岩市新罗区广播电视事业局作出《关于申请杨曼丽同志丧葬费准予列支的报告》，呈给龙岩市新罗区人民政府。2010年11月12日，龙岩市新罗区广播电视事业局作出《关于同意〈杨曼丽同志公伤死亡补助申请报告〉的批复》、龙新广电信访复001号《关于杨培健先生反映杨曼丽同志死亡认定信访事项答复意见书》。2010年12月7日，龙岩市新罗区广播电视事业局作出龙新广电综（2010）13号《关于杨曼丽同志因公死亡的几点意见》，主要内容为：(1) 经局务会研究、报请区领导同意，认为杨曼丽同志属公伤死亡；(2) 由于杨曼丽的关系在人事局，协调有关部门，同意按龙新人中［2010］19号《关于调整我区机关事业单位工作人员死亡抚恤和遗属补助标准等有关事项的通知》标准执行；(3) 丧葬费按规定报销4 900元，还有发票的7 052元由单位作费用列支。第三人龙岩登高电影院已按机关事业单位标准向原告吴哲力支付了丧葬费和抚恤金约7万元。

上述事实有下列证据证明：

1. 龙岩市新罗区广播电视事业局作出的龙新广电综（2010）07号《关于申请杨曼丽因公死亡的报告》；

2. 龙岩市新罗区广播电视事业局作出的龙新广电综（2010）13号《关于杨曼丽同志因公死亡的几点意见》；

3. 龙岩市新罗区广播电视事业局作出的《关于申请杨曼丽同志丧葬费准予列支的报告》、《关于同意〈杨曼丽同志公伤死亡补助申请报告〉的批复》；

4. 龙岩市新罗区广播电视事业局作出的龙新广电信访复001号《关于杨培健先生反映杨曼丽同志死亡认定信访事项答复意见书》；

5. 岩劳社伤认字［2011］第81—018号《工伤认定决定书》；

6. 龙岩市人民政府作出的龙政行复［2011］13号《行政复议决定书》；

7. 原告吴哲力申请工伤认定时提供的证据材料一组（工伤认定申请表、杨曼丽身份证及户口本复印件、企业营业执照复印件、《处理尸体通知书》、龙岩市公安局刑侦支队《情况说明》）；

8. 对陈华平、章建华制作的调查笔录；

9. 受理通知书、举证通知书、送达回执；

10.《中华人民共和国劳动法》、《工伤保险条例》、《工伤认定办法》、《福建省实施〈工伤保险条例〉办法》。

（四）一审判案理由

福建省龙岩市新罗区人民法院经审理认为：被告具有对辖区职工是否构成工伤作出行政确认的法定职权，有权委托工伤保险基金统筹的县级劳动保障行政部门龙岩市新罗区劳动和社会保障局承担工伤认定的具体工作。本案中，原告吴哲力及第三人龙岩登高电影院对被告的工伤认定权限、程序均无异议。根据《工伤保险条例》第十四条第（一）项、第十五条的规定，工伤应是在工作时间和工作场所内，因工作原因受到事故伤害的；视同工伤的，应符合法定情形。关于工作时间，2010 年 3 月 4 日晚上 11 时 45 分许，杨曼丽已经结束工作离开第三人龙岩登高电影院，2010 年 3 月 5 日凌晨零时许不属于杨曼丽的工作时间。关于工作场所，杨曼丽原系第三人龙岩登高电影院副经理、办公室主任兼出纳，龙御天下地下车库系杨曼丽住所车库，不属杨曼丽的工作场所。因此杨曼丽在回家途中被杀害死亡不符合工伤认定的条件。杨曼丽回家时只是顺带将票款带回家，不能因此认定杨曼丽的工作尚未结束，不属于工作时间和工作场所的延伸。且杨曼丽将票款带回家的行为不符合我国有关财务制度的规定。龙岩市新罗区广播电视事业局于 2010 年 12 月 7 日作出的龙新广电综（2010）13 号《关于杨曼丽同志因公死亡的几点意见》中虽然写明“经局务会研究、报请区领导同意，认为杨曼丽同志属公伤死亡”，但对公伤死亡系因存在人事关系而认定，不能等同于劳动关系中的工伤，龙岩市新罗区广播电视事业局不具备认定工伤的法定职权，且第三人龙岩登高电影院已按机关事业单位标准向原告吴哲力支付了丧葬费和抚恤金约 7 万元。故原告吴哲力的主张没有事实根据和法律依据，本院不予采信。对原告吴哲力的诉讼请求，本院不予支持。

（五）一审定案结论

福建省龙岩市新罗区人民法院依照《最高人民法院关于执行〈中华人民共和国行政诉讼法〉若干问题的解释》第五十六条第（四）项之规定，作出如下判决：

驳回原告吴哲力的诉讼请求。

本案案件受理费 50 元，由原告吴哲力负担。

（六）二审情况

1. 二审诉辩主张

（1）上诉人诉称

被上诉人作出的岩劳社伤认字［2011］第 81—018 号《工伤认定决定书》是错误的，没有事实依据。根据龙岩登高电影院出纳工作惯例，当日票款由出纳带回住所，次日存入银行。依据国务院《现金管理暂行条例》的有关规定，登高电影院办公室不能放超过限额的现金；又因登高电影院属公共场所，流动人员多不易清场、不易管理，经常发生盗窃案件，且夜间银行没有营业。因此登高电影院历任出纳均是将当日票款带回住所，次日存入银行。综上，上诉人认为因杨曼丽任登高电影院出纳，工作比较特殊，杨曼丽每天携带当日票款回家这一过程既是在履行出纳夜间保管当日票款的职责，也是在“履行工作”。其工作场所和工作时间也相对比较特殊，不同于一般职工相对固定的工作场所和时间。因此，上诉人认为杨曼丽携带当日票款回家这一过程应当认定为“在工作时间和工作场所内，履行工作职责”的延续。根据《工伤保险条例》第十四条的规定，应认定为工伤。故上诉请求：撤销一审判决，支持上诉人的一审诉讼请求。

（2）被上诉人辩称

1）被上诉人具有对杨曼丽是否构成工伤作出行政确认的行政主体资格，其作出岩劳社伤认字［2011］第81—018号工伤认定的权限合法。2）根据国务院《工伤保险条例》第十四条、第十五条的规定，被上诉人认定杨曼丽于2010年3月5日凌晨零时许在龙御天下地下车库遭人抢劫被杀死亡不属于工伤，认定事实清楚，证据确凿，适用法律、法规正确。3）被上诉人作出工伤认定决定的程序符合法律的规定。被上诉人于2011年1月15日受理申请后，对杨曼丽是否属于工伤进行调查核实后于2011年3月10日作出工伤认定决定，符合《工伤保险条例》第二十条规定的时限，即劳动保障行政部门应自受理工伤认定申请之日起60日内作出工伤认定的决定。故请求依法裁决维持被上诉人作出的工伤认定决定。

（3）第三人述称

上级管理部门已经认定杨曼丽为公伤，是否能认定为工伤应按照法律规定来操作。

2．二审事实和证据

福建省龙岩市中级人民法院经审理，确认了一审法院所确认的事实和证据。

3．二审判案理由

福建省龙岩市中级人民法院经审理认为：被上诉人具有对辖区职工是否构成工伤作出行政确认的法定职权，有权委托负责工伤保险基金统筹的县级劳动保障行政部门龙岩市新罗区劳动和社会保障局承担工伤认定的具体工作。龙岩市新罗区广播电视事业局虽于2010年12月7日作出“杨曼丽同志属公伤死亡”的认定，但公伤死亡系因存在人事关系而认定，不能等同于劳动关系中的工伤，龙岩市新罗区广播电视事业局不具备认定工伤的法定职权。被上诉人依据《工伤保险条例》第十七条至第二十条、《工伤认定办法》第二条至第二十六条的规定依法受理上诉人的工伤认定申请，并在规定期限内进行了调查、核实、送达工伤认定结论等程序，执法程序合法。关于杨曼丽携带钱款回家被抢劫是否应当认定为工伤问题，应从职工的工作职责、工作内容以及伤害的发生与工作职责的关系等方面综合考虑。工作时间、工作场所、工作原因是认定构成工伤的三个法定条件。关于工作时间，2010年3月4日晚上11时45分许，杨曼丽已经结束工作离开第三人龙岩登高电影院，2010年3月5日凌晨零时许不属于杨曼丽的工作时间。关于工作场所，杨曼丽原系第三人龙岩登高电影院副经理、办公室主任兼出纳，龙御天下地下车库系杨曼丽住所车库，不属于杨曼丽的工作场所。上诉人认为杨曼丽携带当日票款回家这一过程应当被认定为“在工作时间和工作场所内，履行工作职责”的延续这一理由不能成立。根据被上诉人一审时提供的一份工伤调查笔录，龙岩登高电影院经理陈华平陈述：“杨曼丽的上班时间是上午9时0分至11时0分，下午去银行交款，晚上保证一个小时待在电影院。”其工作时间相对固定，工作场所也相对固定。《工伤保险条例》第十四条规定的工作原因，应当理解为职工受伤与从事本职工作之间存在因果关系，即职工因从事本职工作而受伤。本案中杨曼丽作为出纳人员，有保管票款的职责，但其将票款带回家不是为完成工作任务客观上必须进行的行为，单位设置有保险柜，其可以将票款放于单位保管，于次日上午或下午存入银行。至于单位是否会遭盗窃属于用人单位应当承受的风险，不能成为其必须将票款带回家才能履行保管票款职责的理由。因此，杨曼丽将票款带回家于地下车库遭抢劫不能理解为因工作原因而受伤，也不能作“工作时间和工作场所内，因履行工作职责延续”的认定。综上，本案不符合《工伤保险条例》第十四条、第十五条应当认定为工伤的情形。被上诉人作出不属于工伤的认定，事实清楚，证据确凿，适用法律、法规正确。一审判决驳回原告吴哲力的诉讼请求并无不当，上诉人的上诉理由不成立，本院依法不予采纳。

4. 二审定案结论

福建省龙岩市中级人民法院依照《中华人民共和国行政诉讼法》第六十一条第（一）项之规定，作出如下判决：

驳回上诉，维持原判。

二审案件受理费50元，由上诉人吴哲力负担。

（七）解说

《工伤保险条例》第五条第二款规定：“县级以上地方各级人民政府社会保险行政部门负责本行政区域内的工伤保险工作。”被告负责龙岩市区域的工伤认定工作，具有法定职权。杨曼丽原系第三人龙岩登高电影院副经理、办公室主任兼出纳，关系在龙岩市新罗区人事局，属干部身份。第三人龙岩登高电影院已为杨曼丽缴纳企业工伤保险。《工伤保险条例》第二条第二款规定，“中华人民共和国境内的企业、事业单位、社会团体、民办非企业单位、基金会、律师事务所、会计师事务所等组织的职工和个体工商户的雇工，均有依照本条例的规定享受工伤保险待遇的权利”。本案的原告系受害者杨曼丽之子，故原告有权提起诉讼。本案原、被告主体适格。

杨曼丽生前所在单位的主管部门龙岩市新罗区广播电视事业局虽作出龙新广电综〔2010〕13号《关于杨曼丽同志因公死亡的几点意见》，认为杨曼丽属公伤死亡，但并不能因此认定杨曼丽死亡属工伤。《工伤保险条例》第十五条第一款第（二）项规定，在抢险救灾等维护国家利益、公共利益活动中受到伤害的，视同工伤，而杨曼丽仅是携带票款回家途中被害，并不符合上述规定，并且认定工伤的法定职权由被告享有。

杨曼丽是受到暴力伤害死亡，受到暴力伤害要认定为工伤，须符合《工伤保险条例》第十四条第（三）项的规定：在工作时间和工作场所内，因履行工作职责受到暴力等意外伤害的。首先从工作时间看，杨曼丽被害是在下班回家途中，下班时间不属于工作时间。其次从工作场所来看，杨曼丽原系第三人龙岩登高电影院副经理、办公室主任兼出纳，其工作的场所应在龙岩登高电影院，而其被害的地点是其所住的龙御天下地下车库，不属于杨曼丽的工作场所。最后看是否因履行工作职责受到暴力伤害，虽然杨曼丽是出纳，有保管票款的职责，电影院是特殊行业，晚上收到的票款无法存入银行，但作为出纳就应按财务制度存放票款，其将票款携带回家，不符合财务制度的规定。并且其受伤害的原因可能多种多样，可能是谋财害命，也可能是其他原因，因此不能认定其是在履行工作职责时受伤害。如认定其携款回家也是在履行工作职责，那就变成杨曼丽从晚上到第二天都处于履行工作职责的状态，包括晚上下班后游玩，乃至晚上睡觉时间，这显然不符合实际。所以原告主张杨曼丽携带当日票款回家这一过程应当认定为“工作时间和工作场所内，履行工作职责”的延续这一理由不能成立。

（福建省龙岩市新罗区人民法院　章建新）

18. 淄博市临淄齐益元塑料有限公司不服淄博市临淄区人力资源和社会保障局工伤行政确认案

（一）首部

1. 判决书字号

一审判决书：山东省淄博市临淄区人民法院（2011）临行初字第21号行政判决书。

二审判决书：山东省淄博市中级人民法院（2011）淄行终字第66号行政判决书。

2. 案由：工伤行政确认。

3. 诉讼双方

原告（上诉人）：淄博市临淄齐益元塑料有限公司（以下简称齐益元塑料有限公司），住所地：淄博市临淄区南王镇经济开发区北首。

法定代表人：王振太，该公司经理。

委托代理人（一、二审）：李俊亮，山东齐都律师事务所律师。

委托代理人（二审）：李兵，山东齐都律师事务所律师。

被告（被上诉人）：淄博市临淄区人力资源和社会保障局（以下简称临淄人社局）。住所地：淄博市临淄区桓公路9号。

法定代表人：王卫东，该局局长。

委托代理人（一审）：贾清波，山东春辉律师事务所律师。

委托代理人（二审）：焦坤山，淄博人社局医疗工伤保险科科长。

第三人：陈德福，青州市邵庄镇王家辇村村民。

委托代理人（一、二审）：贾淑霞，山东春辉律师事务所律师。

委托代理人（二审）：周红梅，山东春辉律师事务所律师。

4. 审级：二审。

5. 审判机关和审判组织

一审法院：山东省淄博市临淄区人民法院。

合议庭组成人员：审判长：田晓辉；审判员：王晓坤、高飞。

二审法院：山东省淄博市中级人民法院。

合议庭组成人员：审判长：郭晓伯；审判员：卢长普；代理审判员：马清华。

6. 审结时间

一审审结时间：2011 年 7 月 15 日。

二审审结时间：2011 年 9 月 16 日。

（二）一审诉辩主张

1. 被诉具体行政行为

被告临淄人社局于 2011 年 2 月 9 日，对原告齐益元塑料有限公司作出了临人社工决字［2011］2 号《工伤认定决定书》，认定第三人陈德福于 2008 年 7 月 2 日所受伤害符合《工伤保险条例》第十四条第（一）项应当认定工伤情形的规定，对第三人陈德福受到的伤害，认定为工伤。

2. 原告诉称

第三人陈德福提供的住院病历首页记载的姓名为“张兴国”而非“陈德福”，且没有证据证明第三人陈德福是在工作期间受伤的事实。被告作出临人社工决字［2011］2 号《工伤认定决定书》，认定第三人陈德福为工伤，没有任何事实依据和法律依据，请求判令被告撤销其作出的临人社工决字［2011］2 号《工伤认定决定书》。

3. 被告辩称

（1）第三人陈德福以“2008 年 7 月 2 日在原告处塑料生产车间，更换设备配件时被烧伤”为由，于 2009 年 6 月 30 日向被告提交工伤认定申请材料，被告于 2009 年 6 月 30 日依法受理了第三人陈德福的工伤认定申请。因第三人陈德福与原告就是否存在劳动关系发生争议，根据《山东省工伤认定工作规程》第十条第（一）项之规定，被告于 2009 年 7 月 3 日决定中止该工伤认定程序，后经山东省高级人民法院（2010）鲁民提字第 293 号民事判决书判决第三人陈德福与原告存在劳动关系后，2010 年 12 月 29 日被告恢复认定程序，并对原告依法下达了《工伤认定限期举证补正材料通知书》，要求原告对第三人陈德福因工作原因受伤的申请进行举证，原告未能在规定时限内举证，2011 年 2 月 9 日被告依法下达了临人社工决字［2011］2 号《工伤认定决定书》。（2）原告所说第三人陈德福提供的住院病历首页记载的是张兴国，而不是第三人陈德福的问题，根据第三人陈德福的陈述，住院时原告为了报销药费，使用的是张兴国的身份证办的住院，后经第三人陈德福申请，诊断证明、初诊病历以及住院病案已更改为第三人陈德福本人的姓名。生效的淄博市中级人民法院（2009）淄民三终字第453号民事判决书、山东省高级人民法院（2010）鲁民提字第293号民事判决书都叙述了实际受伤人是第三人陈德福，实际住院人为第三人陈德福，并非张兴国。(3) 原告称第三人陈德福不是在工作时间内在原告处受伤，被告在工伤认定过程中，依据《山东省工伤认定工作规程》于2010年12月29日向原告下达了临人社工举字［2010］第28号《工伤认定限期举证补正材料通知书》，要求原告在收到通知书之日起15日内提交有关证据材料，但原告未在规定期限内提交有关证据材料。根据《工伤保险条例》第十九条第二款、《工伤认定办法》第十四条之规定，职工或者其直系亲属认为是工伤，用人单位不认为是工伤的，应该由用人单位承担举证责任，用人单位拒不举证的，劳动保障行政部门可以根据受伤职工提供的证据依法作出工伤认定结论；生效的淄博市中级人民法院（2009）淄民三终字第453号民事判决书、山东省高级人民法院（2010）鲁民提字第293号民事判决书均已审理查明：2008年7月2日，陈德福在齐益元塑料有限公司车间更换设备配件时，设备里面的塑料因加热膨胀喷溅到陈德福脸上造成其被烧伤，第三人后被齐益元塑料有限公司的工作人员曹永红送到临淄区人民医院住院治疗，住院病历上注明联系人为曹永红，住院期间护理人员为齐益元塑料有限公司职工姚守杰和唐姓两名员工，住院期间的医院费用全部由齐益元塑料有限公司支付。因此被告依法作出的临人社工决字［2011］2号《工伤认定决定书》，事实清楚，证据充分，程序合法，适用法律正确，应予维持。

4. 第三人述称

被告作出的临人社工决字［2011］2号《工伤认定决定书》，事实清楚，证据充分，程序合法，适用法律正确，应予维持。

（三）一审事实和证据

山东省淄博市临淄区人民法院经公开审理查明：第三人陈德福系原告公司职工，2008年7月2日，第三人陈德福在原告车间更换设备配件时，设备里面的塑料因加热膨胀喷溅到第三人陈德福脸上，导致第三人陈德福受伤。第三人陈德福于2009年6月30日申请工伤认定，被告于2011年2月9日作出临人社工决字［2011］2号《工伤认定决定书》，认定第三人陈德福为工伤。原告不服，向法院提起行政诉讼，请求法院依法撤销被告作出的临人社工决字［2011］2号《工伤认定决定书》。

另查明，已经发生法律效力的淄博市中级人民法院（2009）淄民三终字第453号民事判决书、山东省高级人民法院（2010）鲁民提字第293号民事判决书中均认定第三人陈德福是原告的职工；2008年7月2日，第三人陈德福在原告车间更换设备配件时，设备里面的塑料因加热膨胀喷溅到第三人陈德福脸上致其受伤。

又查明，被告提供的18号证据《工伤认定申请表》中落款时间与第三人陈德福申请工伤认定的时间、填表时间和审查时间相吻合，被告提供的19号证据中的落款时间为2009年6月30日，原告对19号证据放弃质证，也未提供证据推翻被告提供的18号、19号证据。

上述事实有下列证据证明：

1. 张兴国居民身份证复印件，证明证人张兴国身份；

2. 陈德才居民身份证复印件，证明证人陈德才身份；

3. 张兴国证人证言，证明第三人陈德福是原告齐益元塑料有限公司职工及第三人陈德福在原告处受伤的事实；

4. 陈德才证人证言，证明第三人陈德福因工作原因在原告处受伤后被送往医院的事实；

5. 淄博市临淄区人民医院诊断证明书，证明第三人陈德福是化学烧伤；

6. 淄博市临淄区人民医院门诊病历，证明第三人陈德福受伤后的治疗情况；

7. 淄博市临淄区人民医院住院病案，证明第三人陈德福受伤及住院治疗情况；

8. 第三人陈德福工资信封复印件，证明第三人陈德福与原告之间存在劳动关系；

9. 核准企业基本信息，证明原告的企业登记情况；

10. 临淄区劳动争议仲裁委员会临劳仲案字（2008）第179号裁决书，证明临淄区劳动争议仲裁委员会裁决第三人陈德福与原告不存在劳动关系；

11. 淄博市临淄区人民法院（2008）临民初字第3215号民事判决书，证明临淄区人民法院判决确认第三人陈德福与原告不存在劳动关系；

12. 淄博市中级人民法院（2009）淄民三终字第453号民事判决书，证明淄博市中级人民法院判决撤销临淄区人民法院（2008）临民初字第3215号民事判决书，相应地也否决了临劳仲案字（2008）第179号裁决书，确认第三人陈德福与原告存在劳动关系；

13. 山东省高级人民法院（2010）鲁民申字第136号受理通知书，证明原告不服淄博市中级人民法院（2009）淄民三终字第453号民事判决书而提起申诉，山东省高级人民法院立案受理；

14. 原告的再审申请书，证明原告就其与第三人陈德福是否存在劳动关系申请山东省高级人民法院提起再审；

15. 原告的抗诉申请书，证明原告就是否与第三人陈德福存在劳动关系向山东省高级人民检察院提出抗诉申请；

16. 山东省高级人民法院（2010）鲁民提字第293号民事判决书，证明山东省高级人民法院受理了本案原告的再审申请，提审了（2009）淄民三终字第453号案件后，作出了维持淄博市中级人民法院（2009）淄民三终字第453号民事判决书的判决，即确认第三人陈德福与原告存在劳动关系，并确认第三人陈德福在原告处因工作原因受伤的事实；

17.《工伤认定限期举证补正材料通知书》，证明被告要求原告对第三人陈德福受伤事实进行举证补正，原告逾期未举证；

18. 工伤认定申请表，证明第三人陈德福以因工作原因受伤为由申请工伤认定；

19. 第三人陈德福工伤认定申请书，证明第三人陈德福提出工伤认定申请；

20. 职工工伤事故备案表，证明第三人陈德福所受伤已进行工伤备案；

21. 第三人陈德福居民身份证复印件，证明申请人身份；

22.《工伤认定申请受理通知书》，证明被告按工伤认定程序受理了第三人陈德福的申请；

23. 工伤认定申请受理通知书送达回证，证明被告于2009年7月3日按工伤认定程序给第三人陈德福送达了《工伤认定申请受理通知书》；

24.《工伤认定中止通知书》，证明工伤认定程序因第三人陈德福与原告发生的劳动关系争议而中止；

25. 工伤认定中止通知书送达回证，证明被告中止工伤认定程序后，按程序通知了第三人陈德福；

26.《工伤认定限期举证通知书》，证明被告要求原告限期举证，并告知原告不举证的后果；

27. 工伤认定限期举证通知书送达回证，证明被告已将《工伤认定限期举证通知书》送达给了原告；

28. 原告的答辩意见，证明原告就其与第三人陈德福之间是否存在劳动关系提出了答辩意见；

29. 工伤认定文书送达回证，证明被告已向原告送达限期举证补正材料通知书；

30. 临人社工决字［2011］2号《工伤认定决定书》，证明被告认定第三人陈德福所受伤为工伤；

31. 临人社工决字［2011］2号工伤认定决定书送达回证，证明被告已按工伤认定程序将工伤认定决定书送达给原告；

32. 临人社工决字［2011］2号工伤认定决定书送达回证，证明被告已按工伤认定程序将工伤认定决定书送达给第三人陈德福；

33.《工伤保险条例》，证明被告作出临人社工决字［2011］2号《工伤认定决定书》所依据的法律；

34.《工伤认定办法》，证明被告作出工伤认定决定书所依据的法律；

35.《山东省工伤认定工伤规程》，证明被告作出工伤认定决定书所依据的法律。

（四）一审判案理由

山东省淄博市临淄区人民法院经审理认为：已经发生法律效力的淄博市中级人民法院（2009）淄民三终字第453号民事判决书、山东省高级人民法院（2010）鲁民提字第293号民事判决书中均认定第三人陈德福系原告公司职工，原告与第三人陈德福间存在劳动关系，故原告否认其与第三人存在劳动关系的请求，本院不予支持。生效的淄博市中级人民法院（2009）淄民三终字第453号民事判决书、山东省高级人民法院（2010）鲁民提字第293号民事判决书均认定第三人陈德福是在工作时间在原告处因工作原因致伤，故被告认定第三人陈德福系工伤正确。原告对被告提供的18号证据中第三人陈德福签名的时间申请进行鉴定的问题，因该时间与填表时间和审查时间相吻合，且申请工伤认定的期限是指第三人陈德福有权申请工伤认定的期限，而不是填表时间，第三人陈德福申请的时间是 2009 年 6 月 30 日，而原告又否认不了其放弃质证的 19 号证据，故对原告的申请，本院不予采纳。被告所举 33、34、35 号证据，是国家的法律、法规，其作出工伤认定书时未书面引用 34、35 号证据，并不自然否认被告作出工伤认定所运用的法律的正确性。综上，被告作出的临人社工决字［2011］2 号《工伤认定决定书》事实清楚，程序合法，适用法律、法规正确，故对原告请求撤销被告作出的临人社工决字［2011］2 号《工伤认定决定书》的诉讼请求，本院不予支持。

（五）一审定案结论

山东省淄博市临淄区人民法院依照《最高人民法院关于执行〈中华人民共和国行政诉讼法〉若干问题的解释》第五十六条第（四）项之规定，作出如下判决：

驳回原告淄博市临淄齐益元塑料有限公司的诉讼请求。

案件受理费 50 元，由原告淄博市临淄齐益元塑料有限公司承担。

（六）二审情况

1. 二审诉辩主张

（1）上诉人诉称

请求撤销原审判决，依法改判或者发回重审。上诉理由：一是原审认定事实不清。工伤认定申请表陈德福的签名时间有明显的涂改痕迹，这些涂改痕迹表明陈德福是在 2009 年 7 月 10 日申请工伤认定，而其受伤时间是 2008 年 7 月 2 日，至申请时已经超出 1 年的工伤申请期限，被上诉人应当不予受理。二是原审适用法律不当。被上诉人作出的工伤认定决定书只引用了《工伤保险条例》，没有引用《工伤认定办法》和《山东省工伤认定工作规程》。三是被上诉人作出工伤认定中止决定前未通知上诉人答辩，违反了《山东省工伤认定工作规程》第十条第一款的规定，属程序违法。

（2）被上诉人辩称

陈德福工伤认定申请表中的日期涂改是由于申请人的笔误，其工伤认定申请书与我局受理工伤申请通知书的时间均是 2009 年 6 月 30 日，上诉人对陈德福超出工伤认定申请期限申请的推测不能成立。2010 年 12 月 31 日颁布的《工伤认定办法》第十九条、第二十六条对工伤认定决定书的载明事项和样式统一作了规定，陈德福的工伤认定决定书完全符合上述规定，上诉人提出的适用法律不当的诉讼理由不能成立。因陈德福未与上诉人签订劳动合同，故工伤事故发生一个月后，陈德福向临淄区劳动争议仲裁委员会申请劳动关系仲裁，之后向人民法院提起劳动关系诉讼。我局受理陈德福的工伤认定申请后，发现该劳动关系诉讼正在进行中，因此根据《山东省工伤认定工作规程》第十条第（一）项的规定中止工伤认定程序，上诉人认为工伤认定中止前须通知用人单位答辩的理由无法律依据。

（3）原审第三人述称

同意被上诉人答辩意见，工伤认定申请表的时间是当时填表时的笔误，已进行了修改，不存在申请超期问题。没有法律规定工伤认定中止前须告知用人单位。

2. 二审事实和证据

山东省淄博市中级人民法院经审理，确认一审法院认定的事实和证据。

3. 二审判案理由

山东省淄博市中级人民法院经审理认为：《工伤保险条例》第十九条第二款规定，职工认为是工伤，用人单位不认为是工伤的，由用人单位承担举证责任。各方当事人对一审判决认定的原审第三人陈德福烫伤的事实经过均无异议，但上诉人齐益元塑料有限公司认为陈德福的工伤认定申请表的填表时间是为了不超过工伤申请期限而故意涂改的。本院认为，陈德福工伤认定申请书的时间、工伤认定申请表的审查时间和被上诉人作出工伤认定受理申请通知的时间均与陈德福在工伤认定申请表上填写的时间一致，这些证据能够相互印证陈德福的工伤认定申请时间系 2009 年 6 月 30 日，且上诉人亦无证据证明陈德福在填写工伤认定申请表时修改的目的是不超过工伤认定申请期限，上诉人关于笔误涂改的推断无事实依据，不予采纳。被上诉人适用《工伤保险条例》对陈德福的工伤事实作出实体认定是正确的，《工伤认定办法》和《山东省工伤认定工作规程》是对工伤认定程序的规范，没有法律、法规规定必须在认定工伤决定书中引述，上诉人以认定工伤决定书中未引用上述两个法规为由认为被上诉人适用法律错误，显然不能成立，本院不予支持。《山东省工伤认定工作规程》规定劳动保障部门受理工伤认定申请后，遇到劳动关系争议、事故结论认定等羁束情形需要中止的，可以向申请人出具中止通知书中止工伤认定程序，而不以用人单位答辩为前置程序。上诉人认为用人单位必须先行答辩，劳动保障部门才能中止工伤认定程序的理由无法律依据，本院不予支持。陈德福为完成工作任务而发生烫伤事故，符合《工伤保险条例》所规定的认定工伤的条件，被上诉人作出的工伤认定事实清楚，程序合法，适用法律正确，应予支持。综上所述，一审法院认定事实清楚，适用法律正确，审判程序合法。齐益元塑料有限公司请求撤销一审判决的上诉请求，不予支持。

4. 二审定案结论

山东省淄博市中级人民法院依照《中华人民共和国行政诉讼法》第六十一条第（一）项之规定，作出如下判决：

驳回上诉，维持原判。

二审案件受理费 50 元，由上诉人淄博市临淄齐益元塑料有限公司负担。

（七）解说

工伤认定是行政主管部门“将法定的工伤范围规定的情形印证客观事实的思维过程”。工伤认定并非认定受害者的人身伤害程度及确认是否为职业病，而是通过法律规定的审查程序，确认当事人所遭受的人身伤害是否系职业伤害，并且符合法律预先设定和列举的工伤条件与范围。因此，工伤认定实际上是法律事实的判断，而不是专业性质的认定或鉴定。工伤认定的核心内容有两方面：一是劳动关系，二是工伤范围。2010

年修订前的《工伤保险条例》第十四、十五、十六条等条款分别从不同方面规定了工伤的法定构成要件，第十七、十八、十九条分别规定了提出工伤认定申请的时限和申请条件，以及用人单位对工伤的否定性主张承担举证责任等。向劳动者倾斜是工伤保险法律的基本要求，审理工伤行政案件须以此作为价值判断和利益衡量的基本依据。一般而言，当出现某一伤亡事件的性质模糊，既可认定为工伤也可不认定为工伤的情形时，可考虑遵循劳动法优先保护劳动者的“劳动权本位”理念，作出工伤认定。

就本案而言，第三人陈德福与齐益元塑料有限公司存在劳动关系已为生效法律文书所确认，各方当事人对第三人陈德福烫伤的事实经过均无异议，而陈德福工伤认定申请书的时间、工伤认定申请表的审查时间和临淄人社局作出工伤认定受理申请通知的时间均与陈德福在工伤认定申请表上填写的时间一致，这些证据能够相互印证陈德福的工伤认定申请时间系 2009 年 6 月 30 日。齐益元塑料有限公司亦无证据证明陈德福在填写工伤认定申请表时修改的目的是不超过工伤认定的申请期限。临淄人社局适用《工伤保险条例》对陈德福的工伤事实作出实体认定是正确的，《工伤认定办法》和《山东省工伤认定工作规程》是对工伤认定程序的规范，没有法律、法规规定必须在工伤认定决定书中引述，齐益元塑料有限公司以工伤认定决定书中未引用上述两个法规为由认为临淄人社局适用法律错误，显然不能成立。《山东省工伤认定工作规程》规定劳动保障部门受理工伤认定申请后，遇到劳动关系争议、事故结论认定等羁束情形需要中止认定程序的，可以向申请人出具中止通知书中止工伤认定程序，而不以用人单位答辩为前置程序。齐益元塑料有限公司认为用人单位必须先行答辩，劳动保障部门才能中止工伤认定程序的理由无法律依据。陈德福为完成工作任务而发生烫伤事故，符合《工伤保险条例》所规定的认定工伤的条件，工伤认定事实清楚，程序合法，适用法律正确，应予支持。一、二审判决驳回齐益元塑料有限公司要求撤销工伤行政确认的诉讼请求，无疑是正确的。

（山东省淄博市临淄区人民法院　刘海红）

三、公安类

19. 金明阳等诉苏州市公安局虎丘分局要求确认不履行救助法定职责违法及请求国家赔偿案

（一）首部

1. 判决书字号

一审判决书：江苏省苏州市沧浪区人民法院（2011）沧行赔初字第0001号行政判决书。

二审判决书：江苏省苏州市中级人民法院（2011）苏中行赔终字第0001号行政判决书。

2. 案由：确认不履行法定职责违法及请求国家赔偿。

3. 诉讼双方

原告（上诉人）：金明阳，住上海市宝山区南大路。

原告（上诉人）：王逸凤，住上海市虹口区东长治路。

被告（被上诉人）：苏州市公安局虎丘公安分局，住所地：苏州市新区运河路8号。

法定代表人：王伟民，该局局长。

委托代理人（一审）：施伟华、李梓，该局工作人员。

委托代理人（二审）：李梓、府春寅，该局工作人员。

4. 审级：二审。

5. 审判机关和审判组织

一审法院：江苏省苏州市沧浪区人民法院。

合议庭组成人员：审判长：马文立；代理审判员：许林华；人民陪审员：吴劲。

二审法院：江苏省苏州市中级人民法院。

合议庭组成人员：审判长：潘亮；代理审判员：林晓松、张蕾。

6. 审结时间

一审审结时间：2011年6月14日。

二审审结时间：2011年12月19日。

（二）一审诉辩主张

1. 被诉具体行政行为

两原告系 2007 年 11 月 7 日苏州市虎丘区枫桥街道何山路 128 号枫舟宾馆故意杀人案中被害人金俊立之父母。原告诉称被告在履行职务过程中延误了被害人的最佳治疗期，致使被害人未得到及时救助而死亡。且被告在未通知原告的情况下就对被害人尸体进行了解剖，原告认为被告不履行救助法定职责，应承担赔偿责任。

2. 原告诉称

两原告系 2007 年 11 月 7 日苏州市虎丘区枫桥街道何山路 128 号枫舟宾馆故意杀人案被害人金俊立之父母。案发当天，被告民警距离枫舟宾馆仅有 2 分钟的车程，却在接警 15 分钟后才到达现场，延误了金俊立的最佳治疗期。被告民警到达现场后急于将被告人带回派出所，未在第一时间拨打 120 急救电话，返回现场后，没有医学常识的民警擅自用床单裹住被害人抬出现场，不仅使金俊立第二次错过最佳治疗期，且加重了其伤情。被告在金俊立死亡后未通知原告到场即擅自对死者进行尸体解剖。其上述种种行为违反法律规定，对金俊立死亡存在过错，请求法院确认被告不履行法定职责，依法判令被告赔偿两原告各项损失 65 万元、精神抚慰金 20 万元，并由被告承担本案诉讼费用。

3. 被告辩称

（1）我局民警严格依法执行职务并对伤者进行了及时救助。2007 年 11 月 8 日凌晨 2 时 59 分，我局枫桥派出所民警接到 110 指令称何山路 128 号枫舟宾馆 501 房间内有人打架。3 时 11 分民警赶到枫舟宾馆，发现 501 房间内发生持刀行凶，被告民警立即将被告人许建控制住，并让宾馆人员通知 120 急救中心。增援民警赶到现场后，120 救护车仍然未到，见被害人金俊立伤势较重，为争取时间、挽救生命，民警自行将金俊立送至苏州大学附属第二医院救治，但金俊立由于伤势过重，抢救无效死亡。（2）案件汇总信息是公安机关内部流转文书，案件汇总信息中的到达现场时间记录不准确是系统操作人员的操作失误造成的，这对警情的处理并未造成直接的影响，与被害人金俊立的死亡并无直接关系。对于该失误，我局已经在分局内部进行通报，并教育全体民警在系统操作中认真细心，避免发生类似问题。（3）尸体解剖属于刑事诉讼范畴，且我局对被害人金俊立的尸体进行解剖符合法律规定，原告不应在本次行政诉讼中提出。原告的诉讼请求没有事实和法律依据，请求法院驳回其诉请及国家赔偿请求。

（三）一审事实和证据

江苏省苏州市沧浪区人民法院经公开审理查明：2007 年 11 月 8 日 2 时 59 分 41 秒，苏州市 110 指挥中心接到报警称何山路 128 号枫舟宾馆 501 室有人打架。3 时许，被告下属枫桥派出所巡逻民警接到该 110 指令，随即赶往案发现场。枫舟宾馆监控录像显示，3 时 11 分 15 秒，被告民警到达宾馆。民警在 501 室门口叫门，门未开，房内传出求救声，民警强行将门撞开进入房内。进入后发现一名男子（金俊立）躺在地上不动，一名女子（夏×）在边上呼救，另一名男子（许建）手拿尖刀，周围血迹很多。民警立即上前控制住持刀男子并让宾馆人员拨打120呼救，3时15分50秒（宾馆监控录像显示时间）民警将被告人许建送回派出所，3时19分34秒民警与增援人员返回现场，发现120救护车尚未到达，即用警车将金俊立、夏×送往苏州大学附属第二医院救治，金俊立经抢救无效死亡。后经法医鉴定，金俊立系左颈动脉断裂及左颈静脉破裂致急性失血性休克死亡。原告金明阳、王逸凤系金俊立之父母，两原告认为被告未履行及时救助被害人金俊立的法定职责，遂引发诉讼。

上述事实有下列证据证明：

1. 两原告身份证复印件；

2. 苏州市公安局苏公刑法物［2007］1601号物证鉴定书，证明两原告系金俊立之父母；

3. 枫桥派出所民警李×出具的《抓获情况说明》，证明民警抓获嫌疑人和救助伤者的情况；

4. 吴××、黄×、陆××、李××、杨××询问笔录，证明案发经过情况；

5. 苏州市医疗急救出诊单，证明120接警时间和110接警时间相同，且求助人为枫舟宾馆；

6. 杨××、陆××、吴××、李××、黄×、夏×、吴××、汪××、潘×询问笔录，证明公安机关抓获嫌疑人和救助伤者的情况；

7. 金俊立病历，证明金俊立在医院被救治的情况；

8. 枫舟宾馆当日监控资料，证明民警到达现场的时间以及处置情况；

9. 苏州市公安局法医鉴定书，证明金俊立的死亡原因；

10. 调取证据通知书和清单，证明视听资料来源的合法性；

11. 江苏省高级人民法院（2008）苏刑终字第0100号刑事裁定书，文书第四页内容证明民警控制持刀男子并联系120呼救中心，后看金俊立伤势较重便联络警车将其送至医院抢救的事实。

（四）一审判案理由

江苏省苏州市沧浪区人民法院经审理认为：依据《中华人民共和国人民警察法》（以下简称《人民警察法》）第二十一条的规定，人民警察遇到公民人身、财产安全受到侵犯或者处于其他危难情形，应当立即救助；对公民提出解决纠纷的要求，应当给予帮助；对公民的报警案件，应当及时查处。本案中，枫桥派出所民警接110指令后负有及时处警并救助被害人生命安全的法定职责，虎丘公安分局对其派出机构的行为应承担法律责任，是本案适格被告。2007年11月8日3时许，被告巡逻民警接到110指令称何山路128号枫舟宾馆501室有人打架，即迅速赶往现场，并于3时11分15秒到达宾馆。对于“打架”等一般性治安警情，公安部《110接处警工作规则》和《江苏省110报警服务台接处警工作规定》均未规定具体的处警时间和要求。原告认为被告在2～3分钟到达现场方为及时，作为被害人的父母，其救子心切的心情可以理解，但综合本案事实，被告民警接指令后赶往现场的行为尚不存在推诿、拒绝和故意延缓时间等情形，故原告认为被告此次处警时间迟延、构成行政不作为的观点于法无据，不能成立。因案发现场发生恶性杀人事件，被告首要任务为控制犯罪嫌疑人，以防止其继续行凶造成更大社会危害。在处警过程中，民警发现被害人金俊立伤情较重，在制伏被告人的同时让宾馆人员拨打120急救电话，并在增援警力赶到而120救护车尚未到达现场的情况下将伤者送往医院救治，应认定被告已依法履行救助义务，是否亲自呼救120不影响对其义务履行的认定。原告称被告让宾馆拨打120急救电话系推诿责任且在救助过程中加重金俊立伤情，缺乏事实依据，本院不予支持。公安机关对被害人进行尸体解剖是行使刑事侦查权的行为，依法不属于行政诉讼受案范围。原告诉称被告对金俊立进行尸体解剖未通知家属到场的行为，亦不属本案审理范围，本院不作审查。行政机关及其工作人员不履行法定职责侵犯行政相对人合法权益造成损害的，行政相对人有权要求赔偿。因本案原告起诉被告行政不作为理由不能成立，故其要求被告给予行政赔偿缺乏事实根据，其赔偿请求本院不予支持。本案被告在时间记录方面的失误虽不足以影响其处警行为的合法性，却造成原告的误解与猜疑并引发诉讼，希望被告在今后工作中进一步规范民警接处警流程操作，发现失误积极向行政相对人做好解释说明工作，避免误解与矛盾的产生，以更认真的工作态度和更高的工作标准履行好人民警察的神圣职责。

(五) 一审定案结论

江苏省苏州市沧浪区人民法院依照《最高人民法院关于执行〈中华人民共和国行政诉讼法〉若干问题的解释》第五十六条第（一）项、《最高人民法院关于审理行政赔偿案件若干问题的规定》第三十三条之规定，作出如下判决：

1. 驳回原告金明阳、王逸凤请求确认被告不履行法定职责的诉讼请求；

2. 驳回原告金明阳、王逸凤要求被告赔偿各项损失65万元、精神抚慰金20万元的行政赔偿请求。

(六) 二审情况

1. 二审诉辩主张

（1）上诉人诉称

原审法院没有查清事实，对证据认证错误，被上诉人的多份证据系事后伪造。案件发生在凌晨3时许，且在宾馆这一公共场所的打架正在发展之中，后果危及公共安全和人身安全，并非一般性治安警情。《人民警察法》第二十一条，公安部《110接处警工作规则》第十条、第十一条，《江苏省110报警服务台接处警工作规定》对接处警工作的要求和程序作了相应规定，被上诉人是以记录方面的失误为由来掩盖其行政不作为的事实。请求撤销原审判决，支持上诉人的诉讼请求。

（2）被上诉人辩称

我局民警严格依法执行职务并及时对伤者进行救助。2007年11月8日凌晨2时59

分，枫桥派出所民警接到110指令，于3时11分赶到枫舟宾馆，亮明身份，强行打开501房门，发现房内发生持刀行凶行为，民警立即将持刀人许建控制住，发现金俊立伤重后让宾馆人员通知120急救中心。增援民警赶到现场后，120救护车仍然未到，见被害人金俊立伤势较重，为争取时间、挽救生命，民警自行将金俊立送至苏州大学附属第二医院救治，但金俊立由于伤势过重，抢救无效死亡。案件汇总信息是公安机关内部流转文书，案件汇总信息中的到达现场时间记录不准确是系统操作人员的操作失误所致，这对警情的处理并未造成直接的影响，与被害人金俊立的死亡并无直接关系。对于“打架”等一般性治安警情，公安部《110接处警工作规则》和《江苏省110报警服务台接处警工作规定》均未规定具体的接警时间和要求。我局在接警后及时赶到现场，符合法律、法规的规定，无任何推诿、拒绝和故意拖延时间的情形。原审认定事实清楚，判决正确，请求驳回上诉，维持原判。

2. 二审事实和证据

江苏省苏州市中级人民法院经审理，确认一审法院认定的事实和证据。

3. 二审判案理由

江苏省苏州市中级人民法院经审理认为：依据《人民警察法》第二十一条的规定，枫桥派出所民警负有及时处警并救助被害人生命安全的法定职责，虎丘公安分局对其派出机构的行为承担法律责任。2007年11月8日3时许，被上诉人巡逻民警接到110指令称何山路128号枫舟宾馆501室有人打架。对于“打架”等一般性治安警情，公安部《110接处警工作规则》和《江苏省110报警服务台接处警工作规定》均未规定具体的处警时间和要求。综合本案事实，被上诉人巡逻民警在接到110指令后即迅速赶往现场，并于3时11分15秒到达宾馆，该行为尚不存在推诿、拒绝和故意延缓时间等情形。在处警过程中，民警发现被害人金俊立伤情较重，在制伏犯罪嫌疑人的同时让宾馆人员拨打120急救电话，在增援警力赶到而120救护车尚未到达的情况下将金俊立送往医院救治，已经履行了救助被害人生命安全的法定职责。被上诉人在案件汇总信息中填写到达现场的时间为2007年11月8日3时2分，在时间记录方面存在失误，但并不影响其2007年11月8日3时11分15秒到达宾馆的客观事实。上诉人认为被上诉人所提交的苏州市医疗急救出诊单系伪造，但是未能提交有效证据予以证明，该出诊单上联系电话系枫舟宾馆的电话号码，呼救时间为2007年11月8日凌晨3时11分44秒，与被上诉人所述民警通知宾馆工作人员拨打120的情形相一致。因此，上诉人所称被上诉人推诿救助责任、加重金俊立伤情的上诉理由不能成立。由于被上诉人不存在怠于履行法定职责的情形，因而上诉人的行政赔偿请求无事实和法律依据，原审法院不予支持并无不当。综上，上诉人的上诉请求和理由不能成立，本院不予支持。原审判决正确，依法应予维持。

4. 二审定案结论

江苏省苏州市中级人民法院依照《中华人民共和国行政诉讼法》第六十一条第（一）项之规定，作出如下判决：

驳回上诉，维持原判。

（七）解说

1. 行政赔偿与刑事赔偿之分

本案原告在起诉被告行政不作为的同时，还要求被告给予国家赔偿。《中华人民共和国国家赔偿法》规定的国家赔偿包括行政赔偿与刑事赔偿两种：行政赔偿针对的是行政机关及其工作人员侵犯他人合法权益的行为：刑事赔偿则主要针对行使侦查、检察、审判、监狱管理职权的机关及其工作人员的侵权行为。由于公安机关同时担负着国家治安管理与刑事司法两项职责，前者属于行政执法权，后者为刑事司法权，因而公安机关某一行为可能同时构成对上述两种职权的行使。而目前，我国行政诉讼附带的赔偿只能是行政赔偿，故本案中有必要对公安机关处警行为作明确的行政与刑事区分。

案发当日，110 指挥中心接到报警称“某宾馆内有人打架”，被告民警到达现场后发现“打架”事件已转化为一起恶性刑事案件，民警控制住犯罪嫌疑人并将其带回，又将被害人金俊立送至医院抢救。后被害人因抢救无效死亡，被告为调查案情，对被害人进行了尸体解剖。可见，在整个处警过程中，出警、送被害人至医院等行为，属于维护社会治安、保护公民人身安全的行政行为，而抓获犯罪嫌疑人、讯问、解剖尸体等案情调查则是其行使侦查权的刑事司法行为，故原告关于被告未通知被害人家属即擅自解剖尸体的诉请，因不属于行政诉讼受案范围，法院未作审查。

2. 公民多元化法治需求与司法审查标准呈现张力

本案原告指责被告行政不作为主要出于两点理由：一是被告在接警后 11 分钟 34 秒才到达事故现场，出警不及时；二是民警未在第一时间拨打 120，且民警缺乏医学常识，用床单裹住被害人送至医院，加重了其伤情。关于出警时间，目前法律上尚无明确规定。[①] 本案中，被告民警接到指令称“某宾馆内有人打架”，因“打架”尚不属于特别紧急或重大警情，出勤在外的巡逻民警十分钟赶至现场并未违反强制性规定，亦无事实证明其存在拒绝、推诿或故意延迟等情形，故从合法性审查角度看，被告不存在法律上的可责性。在暴力犯罪现场，民警先控制住嫌疑人以防危害扩大，后拨打 120 救助电话，为争取抢救时间又自行将被害人送至医院，该行为本身即履行救助公民安全职责之体现。原告认为被告民警应具备医学救护知识，系对公安行政行为更高层次的合理性与专业性要求，目前条件下被告执法水平尚难达到，法院若以此作为审查标准实属对行政行为过于苛求。

3. 被诉行政行为瑕疵对合法性的影响

本案被告在其内部文件案件汇总信息中，记录第一次接警时间为 02：59：41，到达现场时间为 03：02：00，第二次接警时间为 03：11：44，到达现场时间为 03：10：00，

---

① 《江苏省 110 报警服务台接处警工作规定》第三部分“出警”规定：对紧急、重大警情，处警人员在接到指令后城区应在 5 分钟内、郊区应在 10 分钟内、农村地区尽可能在 20 分钟内到达现场；对一般性警情，应按照快速反应的要求，视情形尽快赶赴现场处置，不具体规定出警时间和要求，但不得推诿、拒绝和故意延缓时间。

显然存在失误之处。被告解释这是其工作人员操作失误，已在内部进行通报批评和教育。因本案中被告接警、出警时间有110指挥中心、宾馆录像等予以记录，被告的失误对其行为合法性尚不产生实质性影响，但这种“低级错误”却使行政相对人对政府产生极大不信任感。被告在诉前未能很好解释和说明，加深了原告的误解与不满，双方关系陷入更加紧张的状态。实践中，多数行政争议往往因类似情况引起，故法院在判决中提请被告今后予以重视，以进一步提高行政行为的规范性和人文性。

（江苏省苏州市沧浪区人民法院　许林华）

20. 冯玉荣不服密云县公安局太师屯派出所不予处罚决定案

（一）首部

1. 判决书字号

一审判决书：北京市密云县人民法院（2011）密行初字第21号行政判决书。

二审判决书：北京市第二中级人民法院（2011）二中行终字第730号行政判决书。

2. 案由：治安行政处罚。

3. 诉讼双方

原告（上诉人）：冯玉荣，农民，住北京市密云县太师屯镇。

委托代理人：赵伯如，农民，住北京市密云县太师屯镇。

被告（被上诉人）：密云县公安局太师屯派出所。

法定代表人：张福友，该所所长。

委托代理人：王连喆，密云县公安局太师屯派出所政委。

委托代理人：齐春久，密云县公安局太师屯派出所民警。

第三人：马朋华，农民，住北京市密云县太师屯镇。

第三人：李国雷，农民，住北京市密云县密云镇。

第三人：蔺海宁，农民，住北京市密云县大城子镇。

第三人：储迎东，住安徽省霍山县单龙寺乡。

第三人：武志文，住河北省承德市双桥区。

第三人：程小东，农民，住北京市密云县太师屯镇。

第三人：李国庆（亦系马朋华、李国雷、蔺海宁、储迎东、武志文、程小东委托代理人），农民，住北京市密云县太师屯镇。

4. 审级：二审。

5. 审判机关和审判组织

一审法院：北京市密云县人民法院。

合议庭组成人员：审判长：周铁军；代理审判员：方秀芝；人民陪审员：孙玉芹。

二审法院：北京市第二中级人民法院。

合议庭组成人员：审判长：崔晓畅；代理审判员：霍振宇、金丽。

6. 审结时间

一审审结时间：2011 年 7 月 12 日。

二审审结时间：2011 年 10 月 11 日。

(二) 一审诉辩主张

1. 被诉具体行政行为

被告密云县公安局太师屯派出所于 2010 年 12 月 13 日作出京公（密太）行不罚字［2010］第 004 号不予处罚决定，认定：对冯玉荣于 2010 年 7 月 22 日报称的李国庆、马朋华、李国雷、蔺海宁、储迎东、武志文、程小东殴打他人一案，经审查认为违法事实不能成立。为此，被告密云县公安局太师屯派出所根据《中华人民共和国治安管理处罚法》第九十五条第（二）项之规定，决定不予处罚。

2. 原告诉称

2010 年 7 月 22 日，李国庆、马朋华等一伙人用铲车强行把原告合法口粮田内种植的玉米给压烂了。2010 年 12 月 13 日，被告作出京公（密太）行不罚字［2010］第 004 号不予处罚决定。原告不服上述决定，于 2011 年 1 月 12 日向密云县人民政府申请了行政复议。2011 年 4 月 11 日，密云县人民政府作出密政复决字［2011］2 号行政复议决定书，维持了被告作出的不予处罚决定。李国庆、马朋华等一伙人及村委会在国土资源局和政府未将基本农田审批为建设用地的情况下所签的协议是非法的，且李国庆、马朋华等一伙人没有建筑资质。李国庆、马朋华、李国雷、蔺海宁、储迎东、武志文、程小东对原告进行殴打，存在伤害原告身体的主观故意。故请求：(1) 撤销被告于 2010 年 12 月 13 日作出的京公（密太）行不罚字［2010］第 004 号不予处罚决定；(2) 判令被告对李国庆、马朋华、李国雷、蔺海宁、储迎东、武志文、程小东一伙人对原告进行殴打的行为重新作出处罚；(3) 诉讼费用由被告承担。

3. 被告辩称

2010 年 7 月 22 日 15 时 33 分许，我所接到马加发报警。接警后我所立即出警赶赴现场开展调查取证工作。经调查查明：2010 年 7 月 22 日 14 时许，在密云县太师屯镇桑园村南上坎，在承建农户搬迁工程施工过程中，李国庆、马朋华让韦伟平整南上坎的土地，但因韦伟对当地情况不熟悉，用铲车错将冯玉荣地中的玉米秧铲倒。当日 15 时许，冯玉荣得知自己的玉米秧被铲倒后，到地里察看，后阻止地质工程勘察人员施工。李国庆、马朋华赶到施工现场后，表示愿意赔偿冯玉荣的损失。冯玉荣不听劝阻，继续阻止施工。为确保施工进程，李国庆、马朋华、李国雷、蔺海宁、储迎东、武志文、程小东将冯玉荣拉到施工工地边上，并站成一排人墙防止冯玉荣进入施工现场。冯玉荣强行闯入再次阻止施工，李国雷等人再次将其拉至施工工地边上。拉拽过程中，造成冯玉荣胸部软组织损伤。李国庆、马朋华、李国雷、蔺海宁、储迎东、武志文、程小东的行为不存在主观故意，不构成殴打他人的违反治安管理秩序的行为。李国庆、马朋华、李国雷、蔺海宁、储迎东、武志文、程小东的行为的目的是维护施工现场秩序，保障施工顺利进行，对冯玉荣采取的拉拽行为所产生的争议属于民事纠纷。李国庆等人主观上不存在殴打他人的故意，不具备《中华人民共和国治安管理处罚法》第四十三条规定的殴打他人的构成要件，故我所依据《中华人民共和国治安管理处罚法》第九十五条第（二）项规定对李国庆、马朋华、李国雷、蔺海宁、储迎东、武志文、程小东作出不予处罚决定并无不当。我所查处本案的过程，是依据《中华人民共和国治安管理处罚法》及《公安机关办理行政案件程序规定》等法律、法规进行的。我所在作出不予处罚决定后，向李国庆、马朋华、李国雷、蔺海宁、储迎东、武志文、程小东及冯玉荣予以了送达，依法告知了其权利和义务，确保了其权利的行使。因此，我所在此案的办理过程中做到了法律手续齐备、制作规范，符合法定程序。综上所述，我所在查处本案的整个过程中，事实清楚，证据确实、充分，适用依据正确，程序合法，内容适当。故请求驳回冯玉荣的诉讼请求。

4．第三人述称

第三人李国庆、马朋华、李国雷、蔺海宁、储迎东、武志文、程小东述称，被告作出的京公（密太）行不罚字［2010］第004号不予处罚决定公平、合法。

（三）一审事实和证据

北京市密云县人民法院经公开审理查明：2010年7月22日14时许，第三人李国庆、马朋华让司机韦伟驾驶铲车平整桑园村南上坎处未平整完的土地时，韦伟驾驶铲车误将原告冯玉荣田地里的玉米秧苗铲倒。当日15时许，原告冯玉荣得知玉米秧苗被铲倒后，便到现场阻止施工。第三人李国庆、马朋华赶到现场与原告冯玉荣发生口角后，第三人李国庆、马朋华、李国雷、蔺海宁、储迎东、武志文、程小东采取拉拽方式阻止原告冯玉荣妨碍施工。当日，原告冯玉荣经密云县第二人民医院诊断为软组织损伤。被告密云县公安局太师屯派出所于2010年7月22日受理案件后，依法进行了调查取证。因案情复杂，被告密云县公安局太师屯派出所申请延长办案期限至60日，上一级公安机关经审查予以批准。2010年12月13日，被告密云县公安局太师屯派出所作出京公（密太）行不罚字［2010］第004号不予处罚决定，并予以了送达。原告冯玉荣不服上述不予处罚决定，向密云县人民政府申请行政复议。2011年4月11日，密云县人民政府作出密政复决字［2011］2号行政复议决定，维持了京公（密太）行不罚字［2010］第004号不予处罚决定。

上述事实有下列证据证明：

1．《中华人民共和国治安管理处罚法》、《北京市公安局办理行政案件程序规定》的部分规定；

2．2010年7月22日对李国庆的询问笔录；

3．2010年7月23日对李国庆的询问笔录；

4．2010年7月22日对马朋华的询问笔录；

5．2010年7月23日对马朋华的询问笔录；

6. 2010年7月22日对李国雷的询问笔录；
7. 2010年7月23日对李国雷的询问笔录；
8. 2010年7月22日对储迎东的询问笔录；
9. 2010年7月23日对储迎东的询问笔录；
10. 2010年7月22日对蔺海宁的询问笔录；
11. 2010年7月23日对蔺海宁的询问笔录；
12. 2010年7月22日对武志文的询问笔录；
13. 2010年7月23日对武志文的询问笔录；
14. 2010年7月22日对程小东的询问笔录；
15. 2010年7月23日对程小东的询问笔录；
16. 2010年7月23日对赵文的询问笔录；
17. 2010年7月23日对马玉荣的询问笔录；
18. 2010年7月25日对马加发的询问笔录；
19. 2010年8月31日对李金生的询问笔录；
20. 2010年7月23日对单德成的询问笔录；
21. 2010年7月22日对娄营的询问笔录；
22. 2010年8月31日对高会英的询问笔录；
23. 2010年7月22日对冯玉荣的询问笔录；
24. 密云县第二人民医院为冯玉荣出具的诊断证明书；
25. 李国庆、马朋华、李国雷、蔺海宁、储迎东、武志文、程小东、冯玉荣、娄营、单德成、赵文、马玉荣、马加发、高会英、李金生等的身份证明材料；
26. 京公（密太）审字［2010］第067号呈请延长办案期限审批表；
27. 时间为2010年7月24日的工作说明。

（四）一审判案理由

北京市密云县人民法院经审理认为：根据《中华人民共和国治安管理处罚法》、《北京市公安局办理行政案件程序规定》之规定，被告密云县公安局太师屯派出所调查结束后，根据调查情况有权作出不予处罚决定。被告密云县公安局太师屯派出所在作出京公（密太）行不罚字［2010］第004号不予处罚决定前调取的证据，足以证明第三人李国庆、马朋华、李国雷、蔺海宁、储迎东、武志文、程小东采取拉拽方式阻止原告冯玉荣妨碍施工，不存在殴打或者故意伤害原告冯玉荣的违法情形。被告密云县公安局太师屯派出所作出的京公（密太）行不罚字［2010］第004号不予处罚决定认定事实清楚，证据确凿。被告密云县公安局太师屯派出所根据《中华人民共和国治安管理处罚法》第九十五条第（二）项之规定，作出的京公（密太）行不罚字［2010］第004号不予处罚决定适用法律正确。被告密云县公安局太师屯派出所受理案件后，应根据《中华人民共和国治安管理处罚法》第九十九条“公安机关办理治安案件的期限，自受理之日起不得超过三十日；案情重大、复杂的，经上一级公安机关批准，可以延长三十日。为了查明案情进行鉴定的期间，不计入办理治安案件的期限”之规定，在规定的期限内结案。被告密云县公安局太师屯派出所于2010年12月13日作出京公（密太）行不罚字［2010］第004号不予处罚决定，超过了规定的办案期限。被告密云县公安局太师屯派出所超过规定期限结案属于程序上存在瑕疵，但上述瑕疵并不足以导致京公（密太）行不罚字［2010］第004号不予处罚决定应予撤销。原告冯玉荣所持起诉理由缺乏事实根据和法律依据，故对原告冯玉荣的诉讼请求，本院不予支持。

（五）一审定案结论

北京市密云县人民法院依照《最高人民法院关于执行〈中华人民共和国行政诉讼法〉若干问题的解释》第五十六条第（四）项之规定，作出如下判决：

驳回原告冯玉荣的诉讼请求。

案件受理费50元，由原告冯玉荣负担（已交纳）。

（六）二审情况

1．二审诉辩主张

（1）上诉人诉称

一审判决认定事实不清，适用法律错误，判决显失公平。请求法院撤销一审判决，支持其原诉请求。

（2）被上诉人辩称

同意一审判决，请求北京市第二中级人民法院驳回上诉，维持原判。

2．二审事实和证据

北京市第二中级人民法院经审理，认定的事实和证据与一审一致。

3．二审判案理由

北京市第二中级人民法院经审理认为：人民法院审理行政案件，审查被诉具体行政行为的合法性。本案审查的焦点问题即太师屯派出所作出第004号不予处罚决定是否合法。依据《中华人民共和国治安管理处罚法》的相关规定，太师屯派出所在治安案件调查结束后，可以根据调查情况对违法事实不能成立的治安案件作出不予处罚决定。现有证据不足以证实李国庆、马朋华、李国雷、蔺海宁、储迎东、武志文、程小东采取拉拽方式阻止冯玉荣妨碍施工存在殴打或者故意伤害冯玉荣的违法情形。太师屯派出所在经过调查核实的情况下，作出第004号不予处罚决定适用法律正确。太师屯派出所超过规定期限结案尽管在程序上存在瑕疵，但不足以导致第004号不予处罚决定被撤销。故一审法院认定冯玉荣所持起诉理由缺乏事实根据和法律依据，并判决驳回冯玉荣的诉讼请求的处理是正确的。冯玉荣的上诉请求，本院不予支持。

4．二审定案结论

北京市第二中级人民法院依照《中华人民共和国行政诉讼法》第六十一条第（一）项之规定，作出如下判决：

驳回上诉，维持一审判决。

二审案件受理费 50 元，由冯玉荣负担（已交纳）。

（七）解说

本案审查的焦点问题是太师屯派出所作出的第 004 号不予处罚决定是否合法，即太师屯派出所超过规定期限结案，使该行为在程序上存在瑕疵，是否足以导致第 004 号不予处罚决定被撤销。

程序瑕疵意味着在主要事实已明晰时对程序规则的违反。行政程序瑕疵并不导致行政行为无效。从行政违法行为的法律后果来看，程序违法（广义）可分为程序违法（狭义）和程序瑕疵。前者由于对行政程序的根本性违反而导致行政行为无效或被撤销，是指该行政行为的瑕疵已严重到了依据信赖保护原则都无法维持其效力的程度，且易被人们了解。作出这一判断时所根据的既不是案件当事人主观的认识，也不是法学专家的专业判断，而是一般理性、谨慎市民的合理观察。如行政主体实施行政行为时不表明身份、在行政决定书上不署名等行为，就是明显违反法定程序的行为，应属无效行政行为。后者是对程序的次要性或细节性违反，无须撤销。

由此看来并不是只要行政程序违法，就一律导致行政行为被撤销，而是应该放到具体的案件当中去考虑一些因素，最后决定是否撤销。不需要撤销行政行为的行政程序违法，一般是非实质性的、轻微的违法，或者说行政程序只有一些轻微瑕疵。具体应当考虑以下几种因素：

1. 对行政相对人合法权益的损害程度

没有或只是轻微地损害当事人的合法权益时，为了维护既存的社会秩序，在不动摇社会基本公正的前提下，可视为程序瑕疵而不必撤销。

2. 对公共利益的影响程度

行政主体对行政相对人进行管理和为其提供服务时，其实是对公共利益和个人利益的直接交涉和权衡。如果缺乏对公共利益和公共准则的保障，个人利益最终也不可能实现。因此，按照严格的要求对某一程序违法行为应予撤销，但如果撤销将大大降低行政效率或大大提高行政成本时，则不一定要撤销。

3. 对实体决定的影响程度

这是由在程序的外在价值与内在价值的比较中具有优势地位的事实决定的。在有实体法的前提下，程序法才具有相对的独立性。这样的认识不仅不会使法律程序的意义和价值受到贬低，相反，对建立正当程序有重要的指导作用。只有违反前者的，才可能导致行政行为无效；并且法律明确规定：如果遵守这种程序也不会对行政决定产生任何影响的话，那么一个行政决定不得因违反一个有关形式与程序的规定而被宣布无效。

既然实体正义已在主要程序的指引下得以确证和实现，那么纠缠于细枝末节的不一致又有何意义呢？换言之，程序瑕疵对程序公正与实体公正均未造成危害性后果。

从行政诉讼法的价值取向来看，公正与效率作为两大基本的法律价值应体现于各个部门法之中。行政诉讼法既要保护相对人的合法权益，又要维护和监督行政机关依法行使行政权。虽然公正始终为上位价值目标，但效率也应在可能的范围内得到一定体现。因此，对程序的吹毛求疵不仅会大大降低行政效率，而且对行政公正目标的实现也无益。从效率上讲，有条件地维持是可取的；从法的稳定性来看，也是理想的；并且在防止行政浪费的意义上，也有助于行政经济的实现。

（北京市密云县人民法院　冯德梅）

21. 林文川不服中山市公安局石岐区分局采集指纹、照片信息及请求行政赔偿案

（一）首部

1. 判决书字号

一审判决书：广东省中山市第一人民法院（2011）中一法行初字第10号行政判决书。

二审判决书：广东省中山市中级人民法院（2011）中中法行终字第38号行政判决书。

2. 案由：采集指纹、照片信息及请求行政赔偿。

3. 诉讼双方

原告（上诉人）：林文川，住广东省中山市石岐区。

委托代理人：李勇兵，住广东省中山市西区。

被告（被上诉人）：中山市公安局石岐区分局，住所地：中山市石岐区东明花园东顺街27号。

法定代表人：萧伟光，该分局局长。

委托代理人：王建亚，中山市公安局法制科工作人员。

委托代理人：黄德致，该分局工作人员。

4. 审级：二审。

5. 审判机关和审判组织

一审法院：广东省中山市第一人民法院。

合议庭组成人员：审判长：魏芸；审判员：朱汉根；代理审判员：李芳。

二审法院：广东省中山市中级人民法院。

合议庭组成人员：审判长：王平；审判员：刘良才；代理审判员：孟晋。

6. 审结时间

一审审结时间：2011年3月21日。

二审审结时间：2011 年 6 月 17 日。

（二）一审诉辩主张

1. 被诉具体行政行为

2010 年 12 月 2 日，被告中山市公安局石岐区分局悦来南派出所的民警接 110 指挥中心通知，到中山市石岐区第一城蓝宝楼 2 幢 101 房处警，并将涉嫌殴打他人的原告林文川等人带至派出所处理。在办案过程中，被告的民警对林文川等四人拍照并采集了十指指纹信息后存档。

2. 原告诉称

原告与李勇兵、李×勇、曹××因货款纠纷到中山日昇公司营业地进行协商。在协商过程中，双方发生矛盾相互拉扯，后中山日昇公司的工作人员报警。被告民警到场后，将报警人、原告及原告的三名同事一行五人带回被告处进行调查。被告经调查询问制作笔录后，将原告带到信息采集室强行对原告进行指纹及照片信息的采集。原告不同意该类信息的采集，要求被告民警出示法律依据，并拨打 110 报警，被告民警及 110 声讯员均未给原告一个合理答复。原告认为，根据《中华人民共和国宪法》第三十八条、《中华人民共和国民法通则》第一百零一条的规定，被告无权在未查清事实的情况下，把原告当成罪犯看待，羞辱原告的人格，亦无权采集原告的指纹及照片，更无权将原告指纹、照片等信息存在被告电脑上。被告在原告没有任何违法事实的情形下，把原告当犯人对待，非法采集原告个人的隐私信息，严重伤害了原告的自尊和人格尊严，应根据《中华人民共和国侵权责任法》第二条、第三条、第十五条第一款第（七）项及第（八）项的规定承担侵权责任。综上，原告诉至法院，请求判决：（1）确认被告采集原告指纹并拍照存档的行为违法；（2）责令被告删除存放在被告电脑中的原告指纹、照片信息；（3）被告向原告书面赔礼道歉；（4）被告赔偿原告精神损失 100 元；（5）诉讼费由被告承担。

3. 被告辩称

第一，公安机关在办理案件过程中依法对涉案人员的信息进行采集，完全符合相关规定。根据《公安机关指纹信息工作规定》第十一条的规定，十指指纹信息的采集范围包括："公安机关因办理案（事）件需要，经县级以上公安机关负责人批准采集指纹信息的人员"。被告民警在处理刘×坤被殴打案的过程中，根据案件的需要，经批准依法对原告的十指指纹进行采集并拍照存档完全符合法律规定。第二，原告提出的删除存放在系统中的指纹和照片信息、书面向其赔礼道歉以及赔偿精神损失费的要求没有法律依据。被告民警在办案过程中依法对原告进行指纹信息、照片的采集和存档，行为合法，且所采集的信息属国家秘密，不会对原告造成名誉影响，也不会对原告造成物质或精神上的损失。综上，被告在办案过程中依法对原告进行指纹、照片等信息的采集和存档，对其没有造成任何影响和损失，请求驳回原告的诉讼请求。

（三）一审事实和证据

广东省中山市第一人民法院经公开审理查明：2010年12月2日17时许，原告林文川及李勇兵、李×勇、曹××等四人因货款纠纷，在中山市石岐区第一城蓝宝楼2幢101房与刘×坤发生冲突，刘×坤拨打110报警服务台报警，称其被包括原告林文川在内的四人殴打，请求派警处理。被告中山市公安局石岐区分局悦来南派出所接110报警服务台处警指令后，调派民警到案发地中山市石岐区第一城蓝宝楼2幢101房处警。经初步调查，民警将报警人刘×坤和涉嫌殴打他人的林文川、李勇兵、李×勇、曹××等四人带至派出所协助调查。被告民警分别对刘×坤、林文川、李勇兵、李×勇、曹××进行了调查，并制作了调查笔录。期间，被告因办理案件需要，经被告负责人批准，根据《公安机关指纹信息工作规定》第十一条第（八）项的规定，对林文川、李勇兵、李×勇、曹××等四人进行了拍照并采集了十指指纹信息后存档。

上述事实有下列证据证明：

1. 山公行受字［2010］第40936号受案登记表，证明被告于2010年12月2日依法受理刘×坤被殴打的案件；

2. 被告民警出具的处警经过说明；

3. 被告于2010年12月2日对刘×坤的询问笔录；

4. 被告于2010年12月2日对李勇兵的询问笔录；

5. 被告于2010年12月2日对李×勇的询问笔录；

6. 被告于2010年12月2日对林文川的询问笔录；

7. 被告于2010年12月2日对曹××的询问笔录；

8. 刘×坤与李勇兵、李×勇签订的治安调解协议书；

9. 刘×坤出具的收据；

证据2—9证明被告依法处理刘×坤被殴打案件。

10. 呈请采集指纹信息报告书，证明被告根据《公安机关指纹信息工作规定》的规定，经县级公安机关负责人批准，依法采集林文川等人的指纹；

11. 林文川的指纹卡，证明被告依法采集了原告的十指指纹信息并对其拍照后存档。

（四）一审判案理由

广东省中山市第一人民法院经审理认为：根据《中华人民共和国人民警察法》第二条、第六条第（二）项的规定，公安机关的人民警察负有维护社会治安秩序、制止危害社会治安秩序的行为的治安管理职责。《公安机关指纹信息工作规定》第九条规定，县级以上公安机关具有组织本地指纹信息采集工作的职责。因中山市为地区级建制市，中山市公安局石岐区分局负责组织本地指纹信息采集工作，其职权来源合法。《公安机关指纹信息工作规定》第十一条规定：“十指指纹信息的采集范围……（八）公安机关因办理案（事）件需要，经县级以上公安机关负责人批准采集指纹信息的人员。”本案中，被告对刘×坤、林文川、李勇兵、李×勇、曹××的询问笔录，被告民警出具的《处警经过》、《呈请采集指纹信息报告书》，林文川的《人员指纹卡》等证据相互印证，证明原告林文川及李勇兵、李×勇、曹××等四人因货款纠纷与刘×坤在中山市石岐区第一城蓝宝楼2幢101房发生冲突，后刘×坤向110报警服务台报警。被告接110报警服务台处警指令后，调派民警到案发地进行处置；将刘×坤、林文川、李勇兵、李×勇、曹××等人带至派出所协助调查。被告民警对上述人员进行了调查并制作了调查笔录；期间，因办理案件需要，经被告负责人批准对林文川、李勇兵、李×勇、曹××四人进行了指纹信息采集并拍照存档。被告对原告进行指纹采集并拍照存档的行为，符合《公安机关指纹信息工作规定》的规定，事实清楚，程序合法，被告的行为并无不当。原告认为被告采集原告指纹信息并拍照存档的行为违法的主张，无事实和法律依据，本院不予支持。原告请求责令被告删除存放在被告电脑中的原告的指纹、照片信息的主张，理据不充分，本院亦不予支持。关于原告提出要求被告书面赔礼道歉并赔偿其精神损失100元的行政赔偿请求，因被告行为并不违法，且原告没有提交证据证明被告的行为对原告造成物质上或精神上的损失，原告的请求无事实和法律依据，故本院不予支持。综上，原告的上述诉讼请求理据不充分，本院均予以驳回。

（五）一审定案结论

广东省中山市第一人民法院依照《最高人民法院关于执行〈中华人民共和国行政诉讼法〉若干问题的解释》第五十六条第（四）项、《最高人民法院关于审理行政赔偿案件若干问题的规定》第三十三条的规定，作出如下判决：

1. 驳回原告林文川要求确认被告中山市公安局石岐区分局采集原告指纹并拍照存档的行为违法的诉讼请求。

2. 驳回原告林文川要求责令被告中山市公安局石岐区分局删除存放在被告电脑中的原告指纹、照片信息的诉讼请求。

3. 驳回原告林文川要求被告中山市公安局石岐区分局向其书面赔礼道歉的诉讼请求。

4. 驳回原告林文川要求被告中山市公安局石岐区分局赔偿其精神损失100元的诉讼请求。

案件受理费50元，由原告林文川负担。

（六）二审情况

1. 二审诉辩主张

（1）上诉人诉称

根据《公安机关指纹信息工作规定》第十一条的规定，被上诉人有权采集的是指纹并非照片，被上诉人采集照片信息属于超越权限范围；上诉人的指纹和照片属于隐私，在没有得到上诉人同意的情形下，被上诉人无权强制采集获取；被上诉人应对上诉人造成的精神伤害赔礼道歉和赔偿损失100元。综上，请求撤销原判。

(2) 被上诉人辩称

其作出的行为合法，请求二审法院驳回上诉，维持原判。

2. 二审事实和证据

广东省中山市中级人民法院经审理，确认了一审法院认定的事实和证据。

3. 二审判案理由

广东省中山市中级人民法院经审理认为：被上诉人因办案需要，经负责人批准对上诉人进行了十指指纹信息的采集，符合《公安机关指纹信息工作规定》第九条和第十一条第（八）项的规定，一审法院认定该行为合法并无不当。关于被上诉人对上诉人予以拍照的行为，因该行为对上诉人的权利、义务不产生实际影响，依法不属于行政诉讼的受案范围，人民法院不应受理，上诉人关于删除照片信息的诉求应予驳回，一审法院驳回上诉人的诉讼请求，处理并无不当，可予维持。对于上诉人提出的行政赔偿请求，没有法律依据，一审法院对此予以驳回处理正确。

4. 二审定案结论

广东省中山市中级人民法院依照《中华人民共和国行政诉讼法》第六十一条第（一）项的规定，作出如下判决：

驳回上诉，维持原判。

二审案件受理费50元，由上诉人林文川负担。

（七）解说

随着社会经济的发展、科技的进步，指纹作为特定的身份识别标记，因其具有唯一性、排他性，越来越多地在刑事侦查、社会治安管理、公安行政管理领域被使用。针对本案，我们仅就社会治安管理中的指纹、照片信息采集所涉及的法律问题进行探讨。既然指纹信息系每个人的隐私，那么，公安机关能否以维护社会治安秩序为由随意采集公民的指纹信息？同时能否采集照片信息？行政相对人不同意采集指纹和照片信息时，能否提起行政诉讼？这些都是我们亟待解决的问题。

1. 关于公安机关采集指纹信息的合法性问题

目前，我国尚未制定相关法律、行政法规对指纹和照片信息的采集予以规制，仅有公安部制定的《公安机关指纹信息工作规定》。虽该规定第三条规定，指纹信息采集是为社会治安管理等工作提供信息支持，但该规定第十一条已明确，十指指纹信息的采集范围只包括八类人员，具体有：经人民法院审判定罪的罪犯；依法被劳动教养、收容教养的人员；依法被行政拘留或者因实施违反治安管理或者出入境管理行为被依法予以其他行政处罚的人员，但是被当场作出治安管理处罚的除外；依法被强制戒毒的人员；依法被收容教育的人员；依法被拘传、取保候审、监视居住、拘留或者逮捕的犯罪嫌疑人；依法被继续盘问的人员；公安机关因办理案（事）件需要，经县级以上公安机关负责人批准采集指纹信息的人员。由此可知，公安机关在采集公民指纹信息时即便是为了社会治安管理的需要，也只能由案（事）件承办单位和承办人采集其认为与案（事）件存在直接或间接关系的上述八类人员的指纹信息。换言之，公安机关不能出于丰富指纹资料库的人员信息资料、完成资料库人员数量指标、提高日后破案效率等目的，在无案（事）件缘由或依据的情况下仅以社会治安管理需要为由随意采集公民的指纹信息，除非行政相对人自愿，否则，公安机关就构成滥用职权。为此造成损害的，公安机关应予赔偿。

就本案而言，被告在办理原告、李勇兵、李×勇、曹××等四人涉嫌殴打刘×坤一案过程中，因办案需要，经负责人批准后对原告进行十指指纹信息的采集，符合《公安机关指纹信息工作规定》第十一条第（八）项规定的情形。被告采集指纹信息的行为合法，原告应予配合。

2. 公安机关采集指纹信息的同时能否采集照片信息

参照《公安机关指纹信息工作规定》第二条“本规定所指的指纹信息包括：捺印的十指指纹（含指节纹、掌纹）及相关人员的信息……”的规定，公安机关在采集指纹信息的同时，可对捺印人员的其他信息包括照片信息予以采集。本案中，原告提出被告负有采集指纹信息的职权，没有采集照片信息的职权的主张，无法律依据。

3. 行政相对人不同意采集指纹和照片信息时，能否提起行政诉讼

本案中，公安机关在行使治安管理职权时为了查明事实、收集证据而采集指纹信息的行为对原告的人身权产生了影响，该行为是具体行政行为，原告不服，可提起行政诉讼，人民法院应予受理。

虽公安机关在采集指纹信息的同时对原告进行了拍照，但拍照的目的是保障指纹信息的完整，以便存档收集证据，因照片信息与姓名、性别等信息一样非独立于指纹信息，离开了指纹信息，照片信息就毫无意义，故照片信息对原告的权利、义务并不产生实际影响，对原告权利、义务产生实际影响的应为指纹信息。因此，根据《最高人民法院关于执行〈中华人民共和国行政诉讼法〉若干问题的解释》第一条第二款第（六）项的规定，公安机关在采集指纹信息时对原告进行拍照的行为不属于行政诉讼的受案范围。综上所述，在原告不同意撤回该诉求的情况下，一审法院驳回原告要求确认指纹信息采集违法的诉讼请求，同时驳回原告要求确认采集照片信息并存档的行为违法的诉讼请求，二审法院对此予以维持，并无不当。

（广东省中山市第一人民法院　魏芸　王梅）

22. 吴体凤不服福清市公安局公安行政处罚案

（一）首部

1. 判决书字号

一审判决书：福建省福清市人民法院（2011）融行初字第6号行政判决书。

二审判决书：福建省福州市中级人民法院（2011）榕行终字第115号行政判决书。

2. 案由：治安行政处罚。

3. 诉讼双方

原告（上诉人）：吴体凤，福清市人，住高山镇垄上村。

委托代理人：黄民康，福建中美律师事务所律师。

被告（被上诉人）：福清市公安局，住所地：福清市元洪路公安科技大楼。

法定代表人：黄敦蒲，该局局长。

委托代理人：秦经亮，福清市公安局民警。

第三人：龙源雄亚（福清）风力发电有限公司，住所地：福清市高山镇高园路1号。

法定代表人：黄群，该公司董事长。

委托代理人：曹卫、郑蓉，福建闽天律师事务所律师。

4. 审级：二审。

5. 审判机关和审判组织

一审法院：福建省福清市人民法院。

合议庭组成人员：审判长：林莉；人民陪审员：林云玲、刘忠霖。

二审法院：福建省福州市中级人民法院。

合议庭组成人员：审判长：王小倩；审判员：殷晓丽；代理审判员：邓张伟。

6. 审结时间

一审审结时间：2011年4月2日。

二审审结时间：2011年7月20日。

（二）一审诉辩主张

1. 被诉具体行政行为

被告福清市公安局于2010年9月16日作出融公决字［2010］第05140号《公安行政处罚决定书》，认定2010年9月16日9时许，高山镇垄上村村民吴体凤与十几个人到高山镇垄上村后园自然村龙源雄亚（福清）风力发电工地阻挠施工，根据《中华人民共和国治安管理处罚法》第二十三条第一款第（一）项的规定，决定对吴体凤处以行政拘留10日的处罚。

2. 原告诉称

第三人在未办理征地手续、未与村民达成补偿协议的情况下，在原告所在垄上村毁田施工。2010年9月12日，村主任吴××叫村民于9月16日上午到现场协商。原告与部分村民于9月16日来到现场，但未见第三人人员到场协商。原告与村民正等待时，突然来了十几个便衣壮汉，在未表明身份、未查证核实的情况下，将原告抓至高山派出所，后以扰乱单位秩序为由，对原告作出拘留10日的行政处罚。原告认为，其一，《中华人民共和国治安管理处罚法》第二十三条第一款第（一）项针对的是扰乱单位秩序的行为，单位指的是经过登记核准的固定场所，而本案发生地并非第三人单位所在地，而是原告祖祖辈辈在此生息的村庄，被诉行政行为适用法律错误。其二，原告与第三人之间的征地补偿纠纷，属平等主体之间的民事法律关系，不属于《中华人民共和国治安管理处罚法》的调整范围。第三人未获得批准文件就擅自施工建设，显属违法建设，被告不仅不加制止，反而滥用职权非法干预民事纠纷，以抓人手段帮助企业牟取非法利益。其三，原告与众多村民到现场是因为村委会主任说要到现场协调征地补偿问题，原告主观上没有扰乱单位秩序的故意，客观上也没有使用暴力或以暴力威胁阻挠第三人施工的行为。案发时第三人只是将装载机开至现场，在没有任何人阻挠的情况下司机自行离开。原告提交的证人可以证明未见原告有阻挠施工的行为，被告提交的证人与第三人存在利害关系，其证言缺乏真实性，亦无法体现原告行为情节较重。综上，被告作出的融公决字〔2010〕第05140号《公安行政处罚决定书》认定事实不清，证据不足，适用法律错误，程序违法，请求予以撤销。

3. 被告辩称

被告在行政程序过程中履行了立案、调查、告知、审批等程序，行政程序合法。被告提交的郑××、杨×、林××、陈××、吴××等人的证言互相吻合，且与原告本人陈述、其妻子林×的证言相互印证，可以证明2010年9月16日9时许，原告与十几位村民到高山镇垄上村后园自然村龙源雄亚（福清）风力发电工地阻挠施工，被告所作行政处罚事实清楚，主要证据充分。原告提交的证人证言自相矛盾，真实性存在疑义，不具有否定被告证据的效力。《中华人民共和国治安管理处罚法》第二十三条规定的扰乱单位秩序行为的表现形式可以是言语方式，并非只有采取暴力方式才可构成扰乱单位秩序的行为。原告采取站在田地上不让施工的机器施工的方式，已构成阻挠施工行为，原告认为其没有采取暴力手段故不构成阻挠施工的辩解不能成立。第三人施工是否合法与被诉行政行为的合法性没有必然联系，只要原告违反《中华人民共和国治安管理处罚法》的规定，被告就可以对其进行处罚，原告以第三人违法施工为由反证其行为合法的理由不能成立。鉴于原告的土地不在征地范围内，其两次参加了阻挠第三人施工的行动，9月16日那天在其他人已被劝说离场后，原告仍然采取阻挠行为，且第三人的项目是省重点工程，原告的行为造成该工程重大损失，故原告行为属于情节较重的情形。被告依照《中华人民共和国治安管理处罚法》第二十三条第一款第（一）项的规定，对原告作出拘留10日的处罚，适用法律正确，责罚相当。综上，被诉行政行为认定事实清楚，主要证据确凿，程序合法，适用法律正确，请求予以维持。

4. 第三人述称

第三人的重点建设项目在征地补偿协议已签署、补偿款也已全部到位的情况下，施工中多次遭遇原告等村民的无理阻挠，特别是2010年9月16日上午9时的阻挠行为，影响了第三人正常的工作秩序和经营活动。第三人作为国家级风电工程建设单位，承建本案涉讼重点建设工程，旨在优化能源结构，是一项造福福清人民的公共事业。由于工期短，实际建设中相关政府部门办事效率等因素，手续上存在一些瑕疵，但第三人已于2010年12月依法取得省发改委的批复，项目合法性毋庸置疑。即便第三人涉讼工程的建审手续存在瑕疵，也并不意味原告能够采取阻挠施工队动工，扰乱单位秩序的违法行为，此不能成为原告实施阻挠施工行为，破坏第三人正常生产经营秩序的理由，更不可能以此为由推翻原告存在的违法事实。根据《福建省实施〈中华人民共和国土地管理法〉办法》第二十四条第三款关于“征地补偿、安置的争议不影响征用土地方案的实施。被征地单位和承包经营者应当服从，不得阻挠”的规定，原告阻挠施工的行为显然已构成违法，被告予以处罚并无不当。综上，原告的主张不能成立，其诉请应予驳回。

（三）一审事实和证据

福建省福清市人民法院经公开审理查明：2010 年 9 月 16 日 9 时许，原告吴体凤等十多人因土地问题与第三人发生纠纷。嗣后，被告对原告吴体凤、郑××（第三人员工）、杨×（第三人员工）、林××（高山镇政府工作人员）、陈××（第三人施工队人员）、吴××（高山镇垄上村村委会主任）、林×（原告妻子）进行询问。中国水利水电第十六工程局有限公司福清高山二期 36MW 风电场道路施工工程项目部出具《说明》，证明其 2010 年 8 月 26 日及 2010 年 9 月 16 日在垄上工地施工时受村民阻挠而停工，造成机械设备误工损失约 2 000 元。福清市高山镇垄上村村民委员会、福清市高山镇人民政府出具证明，证明吴体凤的土地不在高山风电场二期工程征地范围内。

当日，被告进行治安立案，告知原告拟作出行政处罚决定的事实、理由、依据，经审批作出融公决字［2010］第 05140 号《公安行政处罚决定书》，查明在 2010 年 9 月 16 日 9 时许，高山镇垄上村村民吴体凤与十几个人到高山镇垄上村后园自然村龙源雄亚（福清）风力发电工地阻挠施工，根据《中华人民共和国治安管理处罚法》第二十三条第一款第（一）项之规定，决定对吴体凤处以行政拘留 10 日的处罚。

2010 年 10 月 14 日，原告向福州市公安局申请行政复议，福州市公安局于同年 12 月 13 日作出复字［2010］第 067 号《行政复议决定书》，决定维持被告作出的融公决字［2010］第 05140 号《公安行政处罚决定书》。2010 年 12 月 21 日，原告收到该复议决定书。

另查明，2010 年 4 月 12 日，福清市城乡规划局向第三人核发了福建福清高山风电场二期的《建设项目选址意见书》。

2010 年 5 月，第三人与福清市高山镇垄上村村民委员会签订融风征［2010］02 号《征地协议书》。

2010 年 5 月 11 日，第三人向福清市高山镇财政办公室缴纳了高山风电二期项目第一批征地费用 500 万元。

2010 年 6 月 7 日，第三人的福建福清高山风电场二期建设项目取得福州市国土资源局榕国土资初［2010］0016 号《建设项目用地初审意见书》。

2010 年 12 月 16 日，福建省发展和改革委员会作出闽发改网能源［2010］69 号《关于福清高山风电场二期项目核准的批复》，同意建设福清高山风电场二期项目。

上述事实有下列证据证明：

1. 对吴体凤所作的询问笔录，证明 2010 年 9 月 16 日原告阻止第三人的工程队施工；

2. 对郑××所作的询问笔录两份，证明原告带头和其他村民多次阻挠施工，且原告的土地不在征地范围内，征地补偿款已发放到位；

3. 对杨×、林××、林×所作的询问笔录，证明原告阻挠工程队施工；

4. 对陈××所作的询问笔录，证明原告两次阻挠第三人施工；

5. 对吴××所作的询问笔录，证明原告的土地不在征地范围内，征地补偿款已发放到位；

6. 企业法人营业执照，证明第三人具有法人资格及其基本情况；

7. 《建设项目用地初审意见书》，证明第三人征用的土地经福州市国土资源局初审；

8. 《建设项目选址意见书》及附图，证明第三人项目的选址经福清市城乡规划局审核；

9. 关于高山风电场二期项目2＃道路因村民阻挠施工造成误工损失的说明，证明第三人因受村民阻挠停工，造成机械设备误工损失约2 000元；

10. 福清市高山镇垄上村村民委员会的证明，证明原告的土地不在征地范围内；

11. 情况说明，证明福清市高山镇人民政府已根据补偿标准补偿到位，且原告在此次风电二期工程中没有被征地；

12. 受案登记表，证明被告于2010年9月16日受理原告阻挠第三人施工一案；

13. 公安行政处罚告知笔录，证明被告于2010年9月16日对原告作出行政处罚告知；

14. 呈请公安行政处罚审批报告，证明被告对原告作出治安行政处罚前呈请上级审批；

15. 《公安行政处罚决定书》，证明被告于2010年9月16日对原告作出行政拘留10日的行政处罚；

16. 《行政复议决定书》，证明福州市公安局作出维持处罚的复议决定；

17. 送达回执，证明被告于2010年12月21日对原告依法送达行政复议决定书；

18. 《征地协议书》、福建省人民政府非税收入票据，证明对涉讼工程福建省福清高山二期风电场工程，第三人已依法与有关当事人签订了征地补偿协议，且有关的补偿款也已依约支付；

19. 福建省发展和改革委员会《关于福清高山风电场二期项目核准的批复》，证明电力开发是公共设施，只需要发改委的批复，发改委的批复中已经包含了相关必需的内容。

（四）一审判案理由

福建省福清市人民法院经审理认为：被告提供的郑××、杨×、林××、陈××等在场证人的证言及吴体凤本人陈述中均有关于2010年9月16日原告与十几个人到第三人工地阻挠施工的相应陈述，与林×、吴××等证言亦相互印证，形成证据锁链，可以证明被诉行政处罚决定认定的“2010年9月16日9时许，原告与十几个人到高山镇垄上村后园自然村龙源雄亚（福清）风力发电工地阻挠施工”的事实。原告等高山镇垄上村村民与第三人之间的土地纠纷问题，应通过合法途径进行解决，而原告采取阻挠施工的行为，影响了第三人的正常生产经营秩序，被告依据《中华人民共和国治安管理处罚法》第二十三条第一款第（一）项的规定，对原告作出行政拘留 10 日的处罚，适用法律正确，责罚相当。原告提供的证人证言的证明效力不足以反驳被告所提供的证据，其关于被告所作处罚事实不清、证据不足、适用法律错误等诉讼理由缺乏根据，不予采纳。

被告在作出处罚前履行了立案、调查、告知、审批等程序，行政处罚程序并无不当。

综上，被诉行政处罚决定事实清楚，主要证据确凿，适用法律正确，程序合法。

（五）一审定案结论

福建省福清市人民法院依照《最高人民法院关于执行〈中华人民共和国行政诉讼法〉若干问题的解释》第五十六条第（四）项的规定，经审判委员会研究决定，作出如下判决：

驳回原告吴体凤要求撤销被告福清市公安局于 2010 年 9 月 16 日作出的融公决字［2010］第 05140 号《公安行政处罚决定书》的诉讼请求。

案件受理费人民币 50 元，由原告吴体凤负担。

（六）二审情况

1. 二审诉辩主张

（1）上诉人诉称

只有合法的工作秩序才受法律保护，违法施工不仅不受法律保护，还应受到法律制裁。第三人存在诸多违法利用土地的事实，被上诉人视而不见，显然是在滥用职权，庇护第三人的侵占农用耕地的违法行为。上诉人及村民与第三人之间不存在土地纠纷，也根本无法通过法律途径解决，因为第三人只是用地申请人，并非征用土地的实施者，征用土地的应是人民政府。第三人在政府未向村民公告征地补偿、安置方案的情况下，强行毁田施工，已超出民事纠纷的范畴，上诉人是在制止违法占地行为。第三人违法占地施工，其行为不能被认定为正常生产经营，且第三人仅是风电场所有人，并非风电场施工方，施工方是中国水利水电十六局。被上诉人存在先拘押后取证的情形，报案笔录是虚假的。综上，请求二审撤销一审判决，撤销被诉行政处罚。

（2）被上诉人辩称

1）上诉人的承包地没有在第三人的征地范围内，上诉人不是在维护自己的合法权利。2）现场的证人证言可以证实上诉人在现场带领村民阻挠第三人施工。3）上诉人的手机通话记录不能证明被上诉人先羁押后取证，被上诉人提交的证据都是在处罚决定作出之前取得的。综上，请求二审驳回上诉，维持原判。

（3）原审第三人述称

1）上诉人确实实施了阻止施工的行为，不管上诉人是暴力制止还是非暴力制止都应当受到惩罚。第三人的施工权限不完备不能成为上诉人进行阻挠的理由。2）根据《福建省实施〈中华人民共和国土地管理法〉办法》第二十四条第三款的规定，被征地单位应当服从，不能阻挠征地方案的实施，被上诉人对上诉人的行政处罚是正确的。综上，请求二审驳回上诉，维持原判。

2. 二审事实和证据

福建省福州市中级人民法院经审理，确认了一审法院认定的事实和证据。

3. 二审判案理由

福建省福州市中级人民法院经审理认为：被上诉人提供的在场证人的证言、相片及上诉人吴体凤本人的陈述均证实，2010 年 9 月 16 日上午，吴体凤出现在高山镇垄上村后园自然村龙源雄亚（福清）风力发电工地的施工现场。郑××、杨×、林××、陈××及吴体凤本人的陈述更进一步证明，吴体凤在施工现场实施了阻挠施工的行为，被诉行政处罚由此认定“2010 年 9 月 16 日 9 时许，原告与十几个人到高山镇垄上村后园自然村龙源雄亚（福清）风力发电工地阻挠施工”，事实清楚，证据充分。上诉人因土地纠纷采取非法阻挠被上诉人龙源雄亚（福清）风力发电有限公司正常施工的行为，影响了企业的正常生产经营秩序。被上诉人福清市公安局依据《中华人民共和国治安管理处罚法》第二十三条第一款第（一）项的规定，对上诉人作出行政拘留 10 日的处罚，适用法律正确，责罚相当。

被上诉人福清市公安局在行政程序中已履行了立案、调查、告知、审批、送达等法定程序，保障了上诉人的陈述、申辩权利，行政处罚程序并无不当。

综上，一审判决认定事实清楚，适用法律正确。

4. 二审定案结论

福建省福州市中级人民法院依照《中华人民共和国行政诉讼法》第六十一条第（一）项的规定，作出如下判决：

驳回上诉，维持原判。

本案二审诉讼费 50 元，由上诉人吴体凤负担。

（七）解说

在本案审理中，审判员对原告的行为是否属于扰乱单位秩序的行为有不同的理解。

一种意见认为，《中华人民共和国治安管理处罚法》第二十三条第一款第（一）项规定：“有下列行为之一的，处警告或者二百元以下罚款；情节较重的，处五日以上十日以下拘留，可以并处五百元以下罚款：（一）扰乱机关、团体、企业、事业单位的秩序，致使工作、生产、营业、医疗、教学、科研不能正常进行，尚未造成严重损失的”。据此，扰乱机关、团体、企业、事业单位秩序行为侵害的客体应是合法的工作、生产、营业、医疗、教学、科研行为。本案中，被告提交的证据可以证明 2010 年 9 月 16 日 9 时许，吴体凤与十几个人到达高山镇垄上村后园自然村龙源雄亚（福清）风力发电工地，原告站在田地上不让施工的机器施工的事实。但被告所举的证据只能证明第三人拟建的福建福清高山风电场二期建设项目经福清市城乡规划局审核，符合城乡规划要求，拟用地面积 0.952 2 公顷取得福州市国土资源局用地初审。而第三人提交的证据还证明第三人取得福清高山风电场二期项目立项批复的时间在 2010 年 9 月 16 日之后，从而表明第三人在福清高山风电场二期建设项目未经批准的情况下即进行建设。因此，被告所举证据无法证明第三人的施工是合法的，其关于原告干扰第三人生产经营的认定缺乏有效证据的证明。故被诉行政处罚决定关于原告到高山镇垄上村后园自然村龙源雄亚（福清）风力发电工地阻挠施工，扰乱第三人的生产经营秩序的认定，事实不清，主要证据不足。

另一种观点已经在一审判案理由部分得到阐明，不再赘述。

笔者以为，本案被告对第三人的施工行为只能作形式效力上的审查，不能作实质审查，即只审查第三人是否具备施工资格条件，也就是是否有工商营业执照及其施工是否在其经营范围内；至于第三人施工是否合法，包括第三人与福清市高山镇垄上村村民委员会签订的《征地协议书》是否有效，第三人涉讼工程建审手续是否存在瑕疵，属于另一种法律关系，原告可以寻求其他救济途径。对此，本案被告无须也无法进行审查，第一种观点强求被告进行审查是不对的。但是，需要指出的是，公安机关不仅对“扰乱生产经营秩序”的违反治安管理行为有给予治安行政处罚的职责，而且负有保护公民、法人的合法财产权利和其他合法权益不受非法侵害的社会职责。本案中，鉴于第三人确实存在违法施工的嫌疑，有可能侵害原告等村民的合法权益，公安机关对原告到现场站在田地上不让施工的机器施工的行为，不宜进行治安行政处罚，而应采取积极疏导化解的方式，使这一敏感的土地纠纷得以通过协商方式解决，方为上策。

（福清市人民法院　林莉）

23. 徐志鹏不服闽侯县公安局交通管理行政处罚案

（一）首部

1. 判决书字号

一审判决书：福建省闽侯县人民法院（2011）侯行初字第 33 号行政判决书。

二审判决书：福建省福州市中级人民法院（2011）榕行终字第 279 号行政判决书。

2. 案由：交通管理行政处罚。

3. 诉讼双方

原告（上诉人）：徐志鹏，住福建省莆田市荔城区北高镇。

委托代理人：徐国富，住福建省莆田市荔城区北高镇，系原告父亲。

委托代理人：黄巧燕，福建法炜律师事务所律师。

被告（被上诉人）：闽侯县公安局，住所地：福建省福州市闽侯县甘蔗街道校园路

128号。

法定代表人：刘伟光，该局局长。

委托代理人：曾文惠、叶苏，闽侯县公安局工作人员。

第三人（被上诉人）：雷文团，住福建省古田县杉洋镇。

4. 审级：二审。

5. 审判机关和审判组织

一审法院：福建省闽侯县人民法院。

合议庭组成人员：审判长：洪升正；审判员：黄白永；人民陪审员：张润经。

二审法院：福建省福州市中级人民法院。

合议庭组成人员：审判长：王小倩；审判员：曾莹；代理审判员：邓张伟。

6. 审结时间

一审审结时间：2011年9月15日。

二审审结时间：2011年12月19日。

（二）一审诉辩主张

1. 被诉具体行政行为

原告徐志鹏于2009年10月17日发生交通事故。闽侯县公安局交通管理大队（原闽侯县公安局交通巡逻警察大队）于2009年11月5日作出公交认字［2009］第00478号《道路交通事故认定书》。2009年11月10日作出编号为3501216000044271号《道路交通安全违法行为处理通知书》，通知徐志鹏于15日内携带相关材料到闽侯县公安局交通管理大队接受处理。

2. 原告诉称

2009年6月底原告刚高中毕业，被他人介绍到闽侯县竹岐行风汽修店当学徒。2009年10月17日，店老板交代其小舅子也就是第三人雷文团将二轮摩托车送还给他人，第三人雷文团叫原告随车坐在摩托车后座上一起去。摩托车刚从店里开出没多远，被货车碰撞。闽侯县公安局交通管理大队作出交通事故认定书，但作出之前交管部门没有对原告作任何笔录与调查，却认定原告无证驾驶，要接受行政处罚。

2010年9月10日，原告向福州市公安局申请行政复议，福州市公安局转交闽侯县公安局受理，闽侯县公安局于2010年9月27日作出复字［2010］第001号《行政复议决定书》。

原告不服上述两个行政行为，于2010年10月10日以闽侯县公安局为被告向闽侯县人民法院起诉。闽侯县人民法院于2010年12月16日认定原告诉请撤销的《道路交通安全违法行为处理通知书》和《行政复议决定书》以及其要求重新作出的交通事故认定，属不同的行政主体所作出的不同具体行政行为，应分别予以处理。法院以被告主体不适格为由，裁定驳回原告的起诉。原告在法定期限内向福州市中级人民法院提出上诉，福州市中级人民法院于2011年2月18日作出（2011）榕行终字第33号行政裁定书，福州市中级人民法院认定上述诉请系不同的行政主体所作出的不同的行政行为，应分别提起诉讼。为此，现原告根据闽侯县法院及福州市中级人民法院的裁定分别提起诉讼，请求法院依法撤销闽侯县公安局复字［2010］第001号行政复议决定，责令被告重新受理行政复议申请并作出公正的行政复议决定，本案诉讼费用由被告承担。

3. 被告辩称

2010年9月17日，被告收到福州市公安局转交的徐志鹏行政复议申请书，被告对该行政复议申请当日予以受理。受理后，经依法审查，发现徐志鹏的两项复议请求不符合行政复议的受理条件，且已超过行政复议的申请期限。理由如下：（1）原告请求依法撤销原闽侯县公安局交通巡逻警察大队作出的《道路交通安全违法行为处理通知书》。经审查，原闽侯县公安局交通巡逻警察大队对原告徐志鹏发出的编号为3501216000044271的《道路交通安全违法行为处理通知书》只是通知原告到案处理，至今并未对徐志鹏作出行政处罚等具体行政行为，没有对原告的实际利益产生影响，更不存在侵犯原告的合法权益的情形，故不属于《中华人民共和国行政复议法》（以下简称《行政复议法》）第六条规定的行政复议范围和《行政复议法实施条例》规定的受理范围。（2）原告请求依法认定本事故发生时驾驶闽AJC411二轮摩托车的驾驶员是雷文团，非原告徐志鹏。经审查，原告的申请内容属原闽侯县公安局交通巡逻警察大队公交认字［2009］第00478号《道路交通事故认定书》中认定的事实，且此认定已作为廖庄林交通肇事刑事案件中的证据使用，属于刑事诉讼行为，非具体行政行为，不属于《行政复议法》第六条规定的行政复议范围和《行政复议法实施条例》规定的受理范围。（3）假设原告的复议请求内容属于行政复议的范围，申请期限也已超过行政复议的申请期限。根据《行政复议法》第九条的规定，复议申请期限为知道具体行政行为之日起60日。编号为3501216000044271的《道路交通安全违法行为处理通知书》由原闽侯县公安局交通巡逻警察大队于2009年11月10日向徐志鹏发出，公交认字［2009］第00478号《道路交通事故认定书》由原闽侯县公安局交通巡逻警察大队于2009年11月5日作出并告知徐志鹏。而徐志鹏直至2010年9月17日才提出行政复议申请，明显已超过行政复议的申请期限。

根据《行政复议法实施条例》第四十八条第一款第（二）项之规定，受理行政复议申请后，发现该行政复议申请不符合《行政复议法》和《行政复议法实施条例》规定的受理条件的，行政复议机关应当决定驳回行政复议申请。经依法报请审批，被告于2010年9月27日作出复字［2010］第001号行政复议决定，驳回原告徐志鹏的行政复议申请。综上所述，被告作出的复字［2010］第001号行政复议决定，认定事实清楚，程序合法，适用法律正确。请求法院判决维持被告作出的复字［2010］第001号行政复议决定，驳回原告诉讼请求。

4. 第三人述称

同意被告意见，但没有向法庭提交证据。

（三）一审事实和证据

福建省闽侯县人民法院经公开审理查明：原告徐志鹏于2009年10月17日发生交

通事故。闽侯县公安局交通管理大队（原闽侯县公安局交通巡逻警察大队）于2009年11月5日作出公交认字［2009］第00478号《道路交通事故认定书》。2009年11月10日作出编号为3501216000044271的《道路交通安全违法行为处理通知书》，通知徐志鹏于15日内携带相关材料到闽侯县公安局交通管理大队接受处理。2010年9月10日，原告徐志鹏向福州市公安局申请行政复议，请求依法撤销原闽侯县公安局交通巡逻警察大队作出的《道路交通安全违法行为处理通知书》，依法认定本事故发生时驾驶闽AJC411二轮摩托车的是雷文团，而非原告，认定原告是坐于该摩托车后座位的坐客。福州市公安局将此件转交闽侯县公安局办理。2010年9月17日，被告受理原告的复议申请。2010年9月27日，被告认定：（1）原闽侯县公安局交通巡逻警察大队对原告徐志鹏发出的编号为3501216000044271的《道路交通安全违法行为处理通知书》只是通知徐志鹏到案处理，并未对徐志鹏作出行政处罚等具体行政行为，故不属于《行政复议法》第六条规定的行政复议范围和《行政复议法实施条例》规定的受理范围。（2）原告请求依法认定本事故发生时驾驶闽AJC411二轮摩托车的是雷文团，此申请内容属原闽侯县公安局交通巡逻警察大队公交认字［2009］第00478号《道路交通事故认定书》中认定的事实，且此认定已作为廖庄林交通肇事刑事案件中的证据使用，并不属于具体行政行为，不属于《行政复议法》第六条规定的行政复议范围和《行政复议法实施条例》规定的受理范围。根据《行政复议法实施条例》第四十八条第一款第（二）项的规定，决定：驳回原告徐志鹏的行政复议申请。原告不服该复议决定，提起行政诉讼。

上述事实有下列证据证明：

1. 闽侯县公安局行政案件复议受案表；

2. 闽侯县公安局复答字［2010］01号提交行政复议答复通知书；

3. 闽侯县公安局交通管理大队行政复议答辩状；

4. 公（复）字［2010］第001、002号送达回执；

5. 行政复议申请书及授权委托书；

6. 闽侯县人民法院（2010）侯刑初字第64号《刑事附带民事判决书》；

7. 原闽侯县公安局交通巡逻警察大队作出的公交认字［2009］第00478号《道路交通事故认定书》；

8. 榕公交巡受字［2009］第025号《道路交通事故认定复核不予受理通知书》；

9. 编号为3501216000044271的《道路交通安全违法行为处理通知书》；

10. 行政复议案件审结报告；

11. 编号为3501216000044271的《道路交通安全违法行为处理通知书》；

12. 闽侯县公安局作出的《行政复议决定书》（复字（2010）第001号）；

13. 闽侯县人民法院作出的《行政裁定书》（（2010）侯行初字第46号）；

14. 福州市中级人民法院作出的《行政裁定书》（（2011）榕行终字第33号）；

15. 《出院小结》、《疾病证明》、《诊断报告单》、《脑电图报告》。

（四）一审判案理由

福建省闽侯县人民法院经审理认为：原告请求“撤销原闽侯县公安局交通巡逻警察

大队作出的3501216000044271号《道路交通安全违法行为处理通知书》”，由于该《道路交通安全违法行为处理通知书》仅是被告在处理交通事故过程中的一个通知环节，被告并未作出实质性的处理决定，未对原告的权利或义务产生实际影响，因此属不可诉的行政行为。原告诉请“责令被告重新作出确认本事故发生时驾驶闽AJC411二轮摩托车的司机是第三人”，根据《中华人民共和国道路交通安全法》的规定，公安机关交通管理部门制作的交通事故认定书，作为处理交通事故案件的证据使用。因此，交通事故认定行为不属于可诉的具体行政行为。被告认为原闽侯县公安局交通巡逻警察大队对申请人徐志鹏发出的编号为3501216000044271的《道路交通安全违法行为处理通知书》只是通知徐志鹏到案处理，并未对徐志鹏作出行政处罚等具体行政行为，故不属于《行政复议法》第六条规定的行政复议范围和《行政复议法实施条例》规定的受理范围的主张正确，予以采纳。被告认为原告请求依法认定本事故发生时驾驶闽AJC411二轮摩托车的是雷文团，此申请内容属原闽侯县公安局交通巡逻警察大队作出的公交认字［2009］第00478号《道路交通事故认定书》中认定的事实，且此认定已作为廖庄林交通肇事刑事案件中的证据使用，并不属于具体行政行为，不属于《行政复议法》第六条规定的行政复议范围和《行政复议法实施条例》规定的受理范围，被告因此决定驳回原告徐志鹏的行政复议申请并无不当。原告诉请无理，不予采纳。

（五）一审定案结论

福建省闽侯县人民法院依照《最高人民法院关于执行〈中华人民共和国行政诉讼法〉若干问题的解释》第五十六条第（四）项的规定，作出如下判决：

驳回原告徐志鹏的诉讼请求。

本案受理费100元，由原告徐志鹏负担。

（六）二审情况

1. 二审诉辩主张

（1）上诉人诉称

1）一审法院认为上诉人诉请“撤销原闽侯县公安局交通巡逻警察大队作出的编号为3501216000044271的《道路交通安全违法行为处理通知书》仅是被上诉人在处理交通事故过程中的一个通知环节，并未对原告的权利或义务产生实际影响，属不可诉的行政行为”是错误的。原闽侯县公安局交通巡逻警察大队作出的编号为3501216000044271的《道路交通安全违法行为处理通知书》已明确认定了上诉人徐志鹏无证驾驶闽AJC411二轮摩托车的违法行为，并确认“请于15日内携带本通知书、机动车行驶证、机动车驾驶证到闽侯县公安局交通巡逻警察大队接受处理”。上诉人被认定为无证驾驶，该通知书已对上诉人的权利、义务产生实际影响，是可诉的行政行为。2）上诉人在行政处罚处理过程中完全被剥夺了陈述与申辩的权利。3）原闽侯县公安局巡逻警察大队作出的《道路交通安全违法行为处理通知书》中，认定“原告无证驾驶二轮摩托车”的违法行为，说明其是行使该行政职权的行政执法机关。上诉人请求该行政执法机关重新认定，并无不当。综上，一审判决认定事实不清、适用法律错误、程序违法。请求撤销一审判决，指令一审法院继续审理。

(2) 被上诉人辩称

同一审。

2. 二审事实和证据

福建省福州市中级人民法院经审理，确认一审法院认定的事实和依据。

3. 二审判案理由

福建省福州市中级人民法院经审理认为：被上诉人向上诉人发出编号为3501216000044271的《道路交通安全违法行为处理通知书》只是公安机关交通管理部门作出行政处理决定之前的一个告知程序，对上诉人的权利和义务不产生实际影响，不属于《行政复议法》规定的行政复议的受案范围。

根据《中华人民共和国道路交通安全法》的规定，公安机关交通管理部门制作的交通事故认定书，作为处理交通事故案件的证据使用。因此，交通事故责任认定行为不属于具体行政行为。上诉人关于"依法重新作出处理确认本事故发生时驾驶闽AJC411二轮摩托车的司机是第三人"的诉求，属于交通事故责任认定行为的内容，并不属于具体行政行为，不属于行政复议的受案范围。被上诉人闽侯县公安局据此作出驳回上诉人的行政复议申请并无不当。综上，一审判决正确。上诉人的上诉理由不能成立，依法应予驳回。

4. 二审定案结论

福建省福州市中级人民法院法市依照《中华人民共和国行政诉讼法》第六十一条第(一)项的规定，作出如下判决：

驳回上诉，维持原判。

本案二审案件受理费人民币50元，由上诉人徐志鹏负担。

(七) 解说

本案争议的焦点是：原闽侯县公安局交通巡逻警察大队作出的《道路交通安全违法行为处理通知书》和《道路交通事故认定书》是否属于《行政复议法》所确定的受案范围？是否属于可诉的行政行为？

原告徐志鹏认为上述通知书已对其权利、义务产生了实际影响，属于可诉的行政行为。笔者认为，根据《行政复议法》第六条和《行政复议法实施条例》的规定，该通知书由于未对原告实际利益产生影响，也未侵犯原告的合法权益，仅是一种通知行为，不属于完整的、成熟的具体行政行为，故不属于《行政复议法》所确定的受案范围。在本质上，该通知书实际上是一种通知行为，在行政法学领域被称为准法律行为，所谓准法律行为必然有别于其他法律行为。台湾地区有一位学者认为："准法律行为，乃行政机关就具体事实以观念表示为要素，直接依据法律发生效果之行政行为，又称表明行为，因其发生如何效果已为法律所明定，此与法律行为系以行政机关之意思表示，以发生法律上之效果者不同，详言之，关于法律行为效果之发生，乃基于行政机关意思表示之如何，而含有效果意思于其间，依其表示，其公法上之效果始得发生。准法律行为，例如行政机关关于某种权利义务之得丧、变更等事实，予以通知、证明或受理等行为是。此种观念表示，并非重新创设公法上之权义关系，而系仅就已存在或形成之权义关系，予以观念上之认识或澄清而已，虽有加强法律效果之作用，要与创制权义关系之行为本身有别，此与民法上准法律行为之概念相当，行政行为之为准法律行为者，已极为普遍。”通知行为是指行政机关将已经作出的行政决定告知相对人。在一般情况下，这种行为不对相对人的权利、义务产生影响。但在有的情况下，错误的通知行为可能使相对人超过法律规定的寻求救济的期限，若法律规范已经规定救济途径的，相对人不得对行政机关的通知行为提起行政诉讼；但在没有规定相应救济途径的情况下，相对人应当具有寻求司法救济的权利。由于上述通知书仅是被告处理交通事故过程中的一个通知环节，其并未作出处理决定，未对原告的权利或义务产生实际影响，且未使徐志鹏超过法律规定的寻求救济的期限，因此，这个通知行为属于不可诉的具体行政行为，原告的主张是错误的。

另外，需要思考的是：公安机关制作的《道路交通事故认定书》是否属于《行政复议法》规定的受案范围？是否属于可诉的具体行政行为？

一种观点认为，行政证明行为在很多情况下可能对相对人的权利、义务产生影响，公安机关对交通事故的认定行为即是如此。一起交通事故，一经公安机关认定，当事人事后则很难通过收集证据来推翻认定结论。在民事诉讼中，法院亦很难通过诉讼改变认定结果。尽管在逻辑上，当事人可以通过不同的途径，对被公安机关的交通事故认定行为所侵害的权利进行救济。但事实上，公安机关的交通事故认定，对当事人起着决定性的影响。因此，公安机关的交通事故认定行为，无论就主体在而言，还是就对相对人的权利、义务的影响而言，都属于《行政复议法》和《行政诉讼法》所规定的受案范围。

另一种观点认为，根据《中华人民共和国道路交通安全法》的规定，公安机关交通管理部门制作的交通事故认定书，作为处理交通事故案件的证据使用。因此，交通事故认定行为不属于具体行政行为，不属于行政复议的受案范围。再者，最高人民法院曾就交通事故认定行为的可诉性问题作过司法解释。1992 年 12 月 1 日，法发［1992］39 号《最高人民法院、公安部关于处理道路交通事故案件有关问题的通知》第四条规定：当事人仅就公安机关作出的道路交通事故责任认定和伤残评定不服，向人民法院提起行政诉讼或民事诉讼的，人民法院不予受理。当事人对作出的行政处罚不服提起行政诉讼或就损害赔偿问题提起民事诉讼的，以及人民法院审理交通肇事刑事案件时，人民法院经审查认为公安机关所作出的责任认定、伤残评定确属不妥，则不予采信，以人民法院审理认定的案件事实作为定案的依据。

笔者同意第二种观点。本案中，公安机关制作的《道路交通事故认定书》已经在廖庄林交通肇事刑事案件中作为证据使用，属于刑事诉讼行为，并不属于具体行政行为，不属于《行政复议法》所规定的受案范围。另外，对于该《道路交通事故认定书》的可诉性问题，笔者认为尽管交通事故认定行为，一般情况下，对相对人的权利、义务可能产生实际影响，但这种影响并非只有通过法院的司法审查才可以消除。这种证明行为，在很大程度上不具有必然的约束力。而且，法院在司法实践中，若撤销被诉的交通事故认定行为，是很难判决其重作的。

综上，笔者认为，《道路交通安全违法行为处理通知书》和《道路交通事故认定书》都不属于《行政复议法》所规定的受案范围，也不属于可诉的具体行政行为。

（福建省闽侯县人民法院　林妍）

24. 杨志军不服上海市劳动教养管理委员会劳动教养决定案

（一）首部

1. 判决书字号

一审判决书：江苏省大丰市人民法院（2011）大行初字第0039号行政判决书。

二审判决书：盐城市中级人民法院（2011）盐行终字第0070号行政判决书。

2. 案由：劳动教养。

3. 诉讼双方

原告（被上诉人）：杨志军，个体工商户，住大丰市草堰镇。

被告（上诉人）：上海市劳动教养管理委员会。

法定代表人：吴军营，该委员会主任。

4. 审级：二审。

5. 审判机关和审判组织

一审法院：江苏省大丰市人民法院。

合议庭组成人员：审判长：陈浩锋；审判员：徐恒山、赵强。

二审法院：盐城市中级人民法院。

合议庭组成人员：审判长：韩标；审判员：李村、沈俊林。

6. 审结时间

一审审结时间：2011年9月21日。

二审审结时间：2011年12月8日。

（二）一审诉辩主张

1. 被诉具体行政行为

上海市劳动教养管理委员会（以下简称上海市劳教委）作出的［2011］沪劳委审字第1113号劳动教养决定。

2. 原告诉称

2011年3月25日晚，原告因向朱××索要属原告所有的桌子遭拒而与朱××发生争执、纠缠，进而让人损坏了朱××的电子秤、塑料鱼缸、氧气瓶等物。2011 年 4 月 22 日，上海市劳教委以原告实施寻衅滋事的违法行为，作出对原告劳动教养 1 年的决定。原告与朱××的纠纷是因物品借用而产生的民事纠纷，不是为了泄愤，更没有无故殴打朱××，原告的行为不符合寻衅滋事的法定构成要件。被告将原告的行为认定为寻衅滋事，并对原告作出劳动教养决定，缺乏事实依据和法律依据，请求法院撤销被告作出的劳动教养决定。

3. 被告辩称

劳动教养决定书认定原告杨志军实施寻衅滋事违法行为，定性准确，符合法律规定，作出的劳动教养决定是合法有效的，应驳回原告的诉讼请求。

（三）一审事实和证据

大丰市人民法院经公开审理查明：原告杨志军与案外人朱××同在上海市铜川路铜川水产市场经营水产品，双方有经济往来。2011 年 3 月 25 日晚，原告杨志军与朋友崔×等 5 人至上海市铜川路铜川水产市场 284 号朱××摊位前，杨志军向朱××索要欠款及原雇工陈×给朱××的塑料桌子。其间，原告与朱××发生争吵，继而发生肢体冲突。嗣后，原告与崔×等人砸坏了朱××摊位里的电子秤、塑料鱼缸、氧气瓶等物（物损计人民币 1 810 元）。后原告被民警抓获。2011 年 3 月 26 日，上海市公安局普陀分局以原告涉嫌寻衅滋事犯罪为由，决定对其刑事拘留，拘留日期从 2011 年 3 月 26 日至 2011 年 3 月 29 日。2011 年 3 月 29 日，上海市公安局普陀分局决定延长刑事拘留至 30 日，日期为 2011 年 3 月 30 日至 2011 年 4 月 25 日。2011 年 4 月 22 日，被告上海市劳教委作出［2011］沪劳委审字第 1113 号劳动教养决定：对杨志军劳动教养 1 年。原告杨志军因不服该劳动教养决定，向本院提起行政诉讼，要求依法撤销被告作出的劳动教养决定。

上述事实有下列证据证明：

1. ［2011］沪公普劳字第 70 号劳动教养请示；

2. ［2011］沪劳委审字第 1113 号劳动教养决定书；

3. 劳动教养决定书送达回证及邮寄凭证；

4. 聆询告知书；

证据 1—4 证明决定劳动教养的程序合法；

5. 杨志军分别于 2011 年 3 月 26 日、3 月 29 日、4 月 7 日、4 月 14 日、4 月 19 日被询问的笔录 7 份；

6. 案外人朱××分别于 2011 年 3 月 26 日、4 月 12 日被询问的笔录 2 份；

7. 证人朱××2011 年 3 月 30 日询问笔录 1 份；

8. 证人曹××2011 年 3 月 30 日询问笔录 1 份；

9. 证人曹××2011 年 3 月 30 日询问笔录 1 份；

10. 证人宋×（朱××之妻）2011 年 4 月 21 日询问笔录 1 份；

11. 证人余××2011 年 4 月 21 日询问笔录 1 份；

12. 证人洪××2011 年 4 月 21 日询问笔录 1 份；

13. 曹××2011 年 3 月 30 日辨认笔录 1 份；

14. 曹××2011 年 3 月 30 日辨认笔录 1 份；

15. 工作情况报告 1 份；

16. 验伤通知书、司法鉴定意见书各 1 份；

17. 物证照片 4 张、价格鉴定结论书 1 份等；

证据 5—17 证明劳动教养决定认定杨志军实施寻衅滋事违法行为事实清楚，证据充分。

（四）一审判案理由

大丰市人民法院经审理认为：根据《国务院关于劳动教养的补充规定》第二条“……对于需要实行劳动教养的人，由省、自治区、直辖市和大中城市劳动教养管理委员会审查批准”的规定，被告上海市劳教委具有作出劳动教养决定的法定职权。但被告上海市劳教委对原告杨志军以实施寻衅滋事违法行为为由作出劳动教养决定的依据不足。理由如下：（1）被告认定原告实施寻衅滋事违法行为事实不清、证据不足，定性错误。根据相关法律的规定，所谓寻衅滋事，是指行为人在公共场所或公众场合无事生非，无理取闹，殴打、伤害无辜，肆意挑衅，横行霸道，破坏公共秩序的违法行为。该类行为表现为行为人公然藐视国家法纪和社会公德，破坏公共场所秩序和生活中人们应当遵守的共同准则，实施寻衅滋事行为扰乱公共秩序。其动机一般不是为了个人的某种利害冲突，也不是单纯为了获取某种物质利益，而是企图通过寻衅滋事行为的实施来寻求精神刺激，发泄对社会的不满。具体到本案，被告将原告的行为定性为寻衅滋事明显不当。首先，寻衅滋事行为侵犯的对象是不特定的公民人身、人格权利或公私财产权利。而原告杨志军与受害人朱××不仅是熟人，而且相互间有经济往来，双方系因经济纠纷发生冲突，故杨志军的违法行为所针对的对象是特定的。其次，寻衅滋事违法行为在客观上一般表现为行为人在公共场所无事生非，无理取闹，殴打、伤害无辜，肆意挑衅，横行霸道，破坏公共秩序。而本案中双方发生冲突的导火索是受害人到原告摊位取走了权属存在争议的塑料桌子，加之双方存在账务纠纷，原告在向受害人索要借款和塑料桌子过程中，双方因言语不和、情绪失控才导致冲突的发生。虽然纠纷发生在公共场所，客观上也造成受害人生意中断，但纠纷仅局限于当事人之间，并没有波及他人和造成公共秩序的破坏。最后，寻衅滋事行为人主观上一般不是为了获得特定的物质利益或损害特定的个人，而是出于寻求精神刺激的动机破坏公共秩序。如前所述，本案中，原告杨志军系因受害人到原告摊位取走了权属存在争议的塑料桌子，加之双方存在账务纠纷，而前往受害人摊位与之进行交涉，显然不存在寻衅滋事的主观故意。此外，被告在决定中认定原告杨志军殴打受害人的事实不清。所谓殴打他人，是指行为人公然实施的损害他人身体健康的打人行为。行为方式一般为拳打脚踢，或者使用棍棒等器具殴打他人。而原告杨志军在接受讯问时始终没有承认有殴打受害人的行为，且受害人本人也陈述“他用手抓我的右脸，还推搡我的胸口”，据此只能认定双方发生了推搡行为，而被告认定原告杨志军无故殴打受害人，明显事实不清、证据不足。原告杨志军带去的人亦无打人行为，不属于结伙斗殴。另外，在被告内部的合议笔录中载明“杨志军有前科”，但被告提供的证据材料中并无杨志军存在前科的证据，此节事实虽没有在决定书中载明，但被告在评议时将该事实重点提出，并作为决定对原告进行劳动教养的参考情节，明显缺乏事实依据。(2) 鉴于对原告的行为不能认定为寻衅滋事，故被告依据《劳动教养试行办法》第十条第（四）项、第十三条对原告作出劳动教养1年的决定属于适用法律错误。(3) 被告对原告作出劳动教育决定的审批程序不符合法律规定。《公安机关办理劳动教养案件规定》第七条规定：“对违法犯罪嫌疑人决定劳动教养，必须经过集体审议。未经劳动教养审批委员会审议，不得对任何人作出劳动教养决定。”从被告提供的证据材料看，对原告的劳教决定，虽然有集体审议纪要，但该审议纪要无形成的时间、地点和记录人，无案情汇报记载，亦无出席委员本人的签名、盖章，故对案件是否依法进行过审议以及记录是否为各位委员的真实意思表示，本院无法确认。

（五）一审定案结论

大丰市人民法院依照《中华人民共和国行政诉讼法》第五条、第五十四条第（二）项第1、2、3、5目，参照《公安机关办理劳动教养案件规定》第七条的规定，并经本院审判委员会讨论决定，作出如下判决：

撤销上海市劳教委于2011年4月22日对原告杨志军作出的［2011］沪劳委审字第1113号劳动教养决定。

案件受理费50元，由被告上海市劳教委负担。

（六）二审情况

1. 二审诉辩主张

(1) 上诉人诉称

一审法院认定事实错误，定性同样错误。被上诉人杨志军与被害人发生纠纷后，采取野蛮手段纠集无关人员对被害人进行侵扰，采取打砸方式，主观上有逞强挑衅的故意，客观上实施了随意殴打、任意毁坏财物的行为，完全可以定性为寻衅滋事。上诉人对劳动教养决定认定事实清楚，定性准确，原审认定上诉人违反法定程序依据不足。请求撤销一审判决，维持上诉人对被上诉人杨志军所作的劳动教养决定。

(2) 被上诉人辩称

被上诉人没有无故殴打他人，认定被上诉人寻衅滋事定性错误；上诉人作出行政行为的程序违法，原审判决认定事实清楚，定性准确，适用法律正确。请求驳回上诉，维持原判。

2. 二审事实和证据

盐城市中级人民法院经审理，认定了一审确认的事实和证据。

3. 二审判案理由

盐城市中级人民法院经审理认为：根据《国务院关于劳动教养的补充规定》第二条的规定，被上诉人上海市劳教委具有作出劳动教养决定的法定职权。但本案中，上诉人对被上诉人以实施寻衅滋事违法行为为由作出劳动教养决定依据不足。被上诉人杨志军与受害人朱××存在经济纠纷，杨志军是在向朱××索要桌子过程中因言语不和发生冲突，被上诉人杨志军在主观上没有逞强寻衅的故意。根据现有证据，只能认定双方发生了推搡行为，认定上诉人杨志军无故殴打他人证据不足，故被上诉人杨志军的行为不符合寻衅滋事的构成要件，上诉人上海市劳教委认定被上诉人杨志军实施寻衅滋事违法行为定性错误。且上诉人上海市劳教委对被上诉人杨志军作出劳动教养决定在程序上存在一定的瑕疵。原审法院依法判决撤销上海市劳教委于2011年4月22日对被上诉人杨志军作出的［2011］沪劳委审字第1113号劳动教养决定是正确的。上诉人上海市劳教委的主要上诉理由不能成立，本院不予支持。

4. 二审定案结论

盐城市中级人民法院依照《中华人民共和国行政诉讼法》第六十一条第（一）项之规定，作出如下判决：

驳回上诉，维持原判。

二审案件受理费50元，由上诉人上海市劳动教养管理委员会负担。

（七）解说

1. 背景情况介绍

寻衅滋事，是指行为人在公共场所或公众场合无事生非，无理取闹，殴打、伤害无辜，肆意挑衅，横行霸道，破坏公共秩序的违法行为。该类行为表现为行为人公然藐视国家法纪和社会公德，破坏公共场所秩序和生活中人们应当遵守的共同准则，实施寻衅滋事行为扰乱公共秩序。行为人的主观动机不是为某种个人的利害冲突，也不是单纯为了获取某种物质利益，而是企图通过寻衅滋事行为的实施来寻求精神刺激，发泄对社会的不满。因此，如果因个人的某种利益关系而引发冲突，原则上不应当以寻衅滋事定性。

2. 确定裁判要旨的理由

本案争议的焦点是，原告与第三人因经济往来发生纠纷后，带他人打砸了第三人经营的摊位，被告能否以寻衅滋事定性并收容教养？一、二审法院经审理均认定被告上海市劳教委将原告的行为定性为寻衅滋事错误，主要理由是原告的行为虽有不妥但不符合寻衅滋事的构成要件。

第一，原告在主观上没有寻衅滋事的明显故意。寻衅滋事行为人的主观动机，一般是为了寻求精神刺激、发泄对社会现实的不满，而肆意破坏社会公共秩序。根据被告所提供的证据材料，本案原告既无前科劣迹，也无对社会现实不满的情绪，其到受害人摊位的主要目的是向受害人讨要权属存在争议的塑料桌子和欠款，显然不具有寻衅滋事的主观故意。

第二，原告的行为与寻衅滋事违法行为在客观方面的特征表现明显不符。寻衅滋事违法行为，在客观方面主要表现为：行为人在公共场所无事生非，起哄捣乱，无理取闹，殴打、伤害无辜，肆意挑衅，横行霸道，破坏公共秩序。而在本案中，其一，原告行为所侵犯的对象是特定的。其与受害人朱××之间存在经济往来，双方发生冲突的起因也是经济纠纷。其二，原告与受害人发生纠纷事出有因，并非无事生非。发生冲突的起因是受害人到原告摊位取走了权属存在争议的塑料桌子，加之双方存在账务纠纷，因而导致原告前往受害人摊位。原告的行为虽有不当，但在性质上与寻衅滋事违法行为是不能画等号的。其三，纠纷虽然发生在公共场所，但客观上仅造成受害人的生意中断，并未波及他人，故不能认定对公共秩序造成明显的破坏。

第三，被告认定原告殴打受害人的事实不清。一是原告始终没有承认有殴打受害人的行为，二是受害人本人也未指控原告对其实施殴打行为。根据被告所提供的证据材料，只能认定双方在纠纷中发生了推搡行为，而被告据此认定杨志军无故殴打受害人，明显证据不足。

综上，被告以原告实施寻衅滋事违法行为为由决定对原告劳动教养定性明显不当，其作出的劳动教养决定认定事实不清，适用法律、法规错误，依法应予撤销。

（江苏省盐城市中级人民法院　周和）

25. 杜恒不服北京市公安局平谷分局交通支队交通管理行政处罚案

（一）首部

1. 判决书字号

一审判决书：北京市平谷区人民法院（2010）平行初字第40号行政判决书。

二审判决书：北京市第二中级人民法院（2011）二中行终字第892－909号、911－913号、920－926号行政判决书。

2. 案由：交通管理行政处罚。

3. 诉讼双方

原告（上诉人）：杜恒，河北省三河市人，住河北省三河市皇庄镇。

委托代理人：王凤池，河北省三河市人，住河北省三河市北城五小片。

被告（被上诉人）：北京市公安局平谷分局交通支队，住所地：北京市平谷区平谷北街29号。

负责人：赵群，男，该支队支队长。

委托代理人：王鹏，北京市公安局平谷分局交通支队干部。

委托代理人：秦立群，北京市公安局平谷分局交通支队干部。

4. 审级：二审。

5. 审判机关和审判组织

一审法院：北京市平谷区人民法院。

合议庭组成人员：审判长：张海成；代理审判员：张丽颖；人民陪审员：王起。

二审法院：北京市第二中级人民法院。

合议庭组成人员：审判长：严勇；代理审判员：金丽、蒋慕鸿。

6. 审结时间

一审审结时间：2011 年 8 月 31 日。

二审审结时间：2011 年 12 月 9 日。

（二）一审诉辩主张

1. 被诉具体行政行为

北京市公安局平谷分局交通支队（以下简称平谷交通支队）于 2011 年 4 月 23 日为杜恒补打京公（交平秩）决字［2011］第 8106669957 号等共 27 份公安交通管理简易程序处罚决定（以下简称被诉行政处罚决定）。该处罚决定主要内容为：2011 年 1 月 17 日 11 时 41 分，杜恒在北京市丰台区五环路卢沟桥南由南向北，违反分道行驶规定，根据《北京市实施〈中华人民共和国道路交通安全法〉办法》第九十一条第（二）项的规定，决定给予罚款 100 元的处罚。其他处罚决定书类似。

2. 原告诉称

第一，根据《中华人民共和国行政处罚法》第十五条之规定，本案中行政处罚应由具有行政处罚权的平谷交通支队作出，不应由北京市公安局平谷分局作出。被诉行政处罚决定书的名称是“北京市公安局平谷分局公安交通管理简易程序行政处罚决定书”，与盖章的平谷交通支队不相符。第二，被诉行政处罚决定书没有被处罚人签名、交通警察签名或者盖章，违反了《道路交通安全违法行为处理程序规定》第四十二条第一款第（四）项之规定。第三，罚款收据不符合《罚款代收代缴管理办法》（财预字［1998］201 号）第六、七、八条之规定。综上，请求法院撤销被诉 27 份行政处罚决定，返还罚款。

3. 被告辩称

第一，被诉行政处罚决定书中载明的执法主体清楚，被告具有合法的执法资格；第二，罚款收据完全符合《中华人民共和国道路交通安全法》（以下简称《道路交通安全法》）及其他相关法律、法规的规定；第三，2011 年 4 月 6 日，我支队执法站民警张×依法对杜恒存在的 27 项违法行为作出处罚，制作了编号为京公（交平秩）决字［2011］第 8106669947 号、京公（交平秩）决字［2011］第 8106669996 号公安交通管理简易程序处罚决定，上述处罚决定书均为一式两份，交被处罚人一份，存档一份，均加盖了我支队公章、执法民警签章，存档联由被处罚人签字。2011 年 4 月 23 日，原告称上述处罚决定书丢失，请求补打，我支队执法站民警常××为原告补打处罚决定书。由于电脑系统程序设置，不能补打和原来一样的处罚决定书，对原处罚过的每一项违法行为的处罚决定只能分别打印，因此我支队民警为原告补打了27份处罚决定书，并加盖了我支队公章交予原告。原告起诉要求撤销的是补打的处罚决定书，由于是补打的处罚决定书，因而没有原执法民警张×的签字或者盖章。综上，被诉行政处罚决定事实清楚，证据确凿充分，程序合法，适用法律正确，处罚适当，请求法院驳回原告的诉讼请求。

（三）一审事实和证据

北京市平谷区人民法院经公开审理查明：2011年4月6日，杜恒持机动车驾驶证、行驶证、身份证到平谷交通支队要求处理车牌号为京AG2018的大型汽车交通安全违法行为。平谷交通支队交通民警张×经核对杜恒本人及车辆相关信息后，查明上述车辆存在27项非现场违法记录，平谷交通支队当场向杜恒送达了《处理机动车违法记录告知书》，告知杜恒拟作出行政处罚决定的事实、理由、依据以及杜恒享有的陈述、申辩权，杜恒在上述告知书上签字，认可违法行为，未进行申辩。平谷交通支队于2011年4月6日适用简易程序对杜恒27项交通安全违法行为分别作出京公（交平秩）决字［2011］第8106669947号《公安交通管理简易程序处罚决定书》及京公（交平秩）决字［2011］第8106669996号《公安交通管理简易程序处罚决定书》，并送达给杜恒。杜恒于当日缴纳了罚款。2011年4月23日，杜恒以行政处罚决定书原件丢失为由，请求平谷交通支队补打，平谷交通支队交通民警常××为杜恒补打了27份行政处罚决定书，加盖了平谷交通支队公章后交予杜恒。杜恒对被诉行政处罚决定不服，诉至一审法院。

上述事实有下列证据证明：

1.《交通民警执法资格证书》，证明执法民警张×具备交通执法资格；

2.《执法经过》，证明执法程序合法；

3.《工作说明》，证明民警常××为杜恒补打27份文书的便民服务过程；

4. 杜恒身份证明及《处理机动车违法记录告知书》，证明执法程序合法；

5. 北京市公安局平谷分局《公安交通管理简易程序处罚决定书》，证明执法程序合法；

6. 违法行为技术监控资料，证明车牌号为京AG2018的大型汽车的违法行为。

（四）一审判案理由

北京市平谷区人民法院经审理认为：根据《道路交通安全法》第五条第一款之规定，平谷交通支队具有对道路交通安全违法行为进行行政处罚的职权。被诉行政处罚决定名称为“北京市公安局平谷分局公安交通管理简易程序行政处罚决定书”，由于平谷交通支队隶属于北京市公安局平谷分局，是该分局的交通管理部门，故与《道路交通安全法》第五条第一款相对应，该名称中的“北京市公安局平谷分局公安交通管理”意指作出行政处罚决定的行政管理领域，而非杜恒所理解的名称中的“北京市公安局平谷分局”是执法主体；根据《道路交通安全违法行为处理程序规定》第四十二条第一款第（四）项的规定，处罚决定书应当由被处罚人签名、交通警察签名或者盖章，并加盖公安机关交通管理部门印章，是在行政处罚作出时的程序要求，补打行政处罚决定书是平谷交通支队提供的便民举措，不宜适用相关规定；且杜恒没有提供最初平谷交通支队作出的行政处罚决定书（提交被处罚人联），在平谷交通支队所提供的存档联上有执法民警张×的盖章、杜恒的签字，故杜恒的该项异议没有事实根据和法律依据。《中华人民共和国行政处罚法》第四十九条规定罚款收据应该由省、自治区、直辖市财政部门统一制发，本案中的罚款收据完全符合《中华人民共和国行政处罚法》第四十九条之规定。综上，杜恒所持异议不成立，其要求撤销被诉行政处罚决定并责令平谷交通支队返还罚款的诉讼请求没有事实根据和法律依据，不予支持。

（五）一审定案结论

北京市平谷区人民法院依照《最高人民法院关于执行〈中华人民共和国行政诉讼法〉若干问题的解释》第五十六条第（四）项之规定，作出如下判决：

驳回杜恒的诉讼请求。

（六）二审情况

1. 二审诉辩主张

（1）上诉人诉称

1）平谷交通支队未提供证据证明已将2011年4月6日作出的京公（交平秩）决字［2011］第8106669947号及京公（交平秩）决字［2011］第8106669996号《公安交通管理简易程序处罚决定书》送达给杜恒。杜恒在上述处罚决定书存档联上签字仅表示对其处罚决定认可，并不表示杜恒已收到上述处罚决定书。2）平谷交通支队提供的证据目录第九项《工作说明》中称，“……因微机设置，不能补打和原来一样的处罚决定书……”，该说法没有证据证明。若真的不能补打和原来一样的处罚决定书，可以用存档联复印并加盖平谷交通支队公章的方式提供给杜恒。补打行政处罚决定书的行为系平谷交通支队的行政行为，平谷交通支队应当对其行政行为后果承担责任。3）被诉行政处罚决定书的名称与盖章单位不符。4）平谷交通支队使用的罚款代收代缴收据不符合中华人民共和国财政部、中国人民银行于1998年5月28日颁布并实施的《罚款代收代缴管理办法》第六、七、八、九、十六条的规定。5）按照《中华人民共和国行政处罚法》第三条第二款规定，“没有法定依据或者不遵守法定程序的，行政处罚无效”，因此平谷交通支队所作行政处罚决定应予撤销。请求撤销一审判决，撤销被诉处罚决定，并退还罚款。

（2）被上诉人辩称

平谷交通支队同意一审判决，请求予以维持。

2. 二审事实和证据

北京市第二中级人民法院经审理，确认一审法院认定的事实和证据正确。

3. 二审判案理由

北京市第二中级人民法院经审理认为：根据《道路交通安全法》第五条第一款的规定，平谷交通支队具有对本辖区内道路交通安全违法行为进行行政处罚的法定职权。关于杜恒提出被诉行政处罚决定与盖章单位二者名称不符的问题，本院认为，由于平谷交通支队隶属于北京市公安局平谷分局，是该分局的交通管理部门，故与《道路交通安全法》第五条第一款相对应，该被诉行政处罚决定名称中的“北京市公安局平谷分局公安交通管理”意指作出行政处罚决定所涉的行政管理领域，而非杜恒所理解的名称中的“北京市公安局平谷分局”是执法主体。本案中，被诉行政处罚决定的执法主体为平谷交通支队。《中华人民共和国行政处罚法》第四十九条规定了罚款收据应该由省、自治区、直辖市财政部门统一制发，本案中的罚款收据完全符合《中华人民共和国行政处罚法》第四十九条之规定。依据《道路交通安全违法行为处理程序规定》第四十二条第一款第（四）项规定，行政处罚决定书应由被处罚人杜恒签名，亦应有交通警察签名或者盖章。本案中，平谷交通支队为杜恒补打的被诉处罚决定书中没有被处罚人杜恒的签名，亦没有执法民警的签名或者盖章，程序上确属瑕疵，但该瑕疵不足以导致被诉处罚决定被撤销或确认违法。杜恒违法的基本事实清楚，平谷交通支队所作行政处罚决定认定事实清楚，适用法律正确，一审法院依照《最高人民法院关于执行〈中华人民共和国行政诉讼法〉若干问题的解释》第五十六条第（四）项之规定，判决驳回杜恒的诉讼请求是正确的，本院应予维持。

针对杜恒的上诉意见，本院认为，《道路交通安全违法行为处理程序规定》第四十二条第一款第（五）项规定，处罚决定书应当当场交付被处罚人；被处罚人拒收的，由交通警察在处罚决定书上注明，即为送达。本案中，杜恒认可在平谷交通支队存档联上“杜恒”的签字系其本人所签。根据上述规定，可以视为平谷交通支队已将2011年4月6日作出的处罚决定书送达杜恒，且目前的法律、法规并没有要求公安交通管理部门在向被处罚人送达行政处罚决定书时，需要填写送达回证。故杜恒主张平谷交通支队未向其送达2011年4月6日作出的京公（交平秩）决字［2011］第8106669947号《公安交通管理简易程序处罚决定书》及京公（交平秩）决字［2011］第8106669996号《公安交通管理简易程序处罚决定书》没有事实根据和法律依据，本院不予支持。

4. 二审定案结论

北京市第二中级人民法院依照《中华人民共和国行政诉讼法》第六十一条第（一）项的规定，作出如下判决：

驳回上诉，维持一审判决。

（七）解说

近年来，由于通过“电子眼”拍照方式被交管部门行政处罚而引发的行政诉讼案件逐年增多。通过调研发现，在这类案件中，违法行为人一般对违法事实是认可的，存在的异议主要是处罚程序方面，下面以本案为例作一简要阐述，希望引起交通管理部门的重视，以便于更好地促进规范执法。

1. 补打“行政处罚决定书”的效力问题

本案中，2011年4月6日，杜恒到平谷交通支队要求处理其违法行为时，交管部门针对杜恒27项交通安全违法行为分别作出两个不同编号的处罚决定书，在两个处罚决定书中，分别列明了杜恒13项、14项违法行为，共处罚款2 800元、共计3分。杜恒于当日缴纳了罚款。2011年4月23日，杜恒以行政处罚决定书原件丢失为由，请求平谷交通支队补打，平谷交通支队民警为杜恒补打了27份行政处罚决定书，并加盖了平谷交通支队公章交予杜恒。杜恒认为，补打的27份处罚决定书亦应该按照《道路交通安全违法行为处理程序规定》第四十二条第一款第（四）项的规定，由被处罚人签名、交通警察签名或者盖章，并加盖公安机关交通管理部门的印章。本案中，补打的行政处罚决定书只有平谷交通支队公章，没有被处罚人签名、交通警察签名或盖章。一审法院认为被处罚人签名、交通警察签名或者盖章是在最初作出行政处罚时的程序要求，补打行政处罚决定书是平谷交通支队提供的便民举措，不宜适用相关规定。笔者认为这种说法没有事实根据和法律依据，如果认为补打行政处罚决定书只是一种便民举措，在程序上可以不同于最初正式作出的处罚决定书，那么为什么要加盖平谷交通支队的公章？从补打的行政处罚决定书的形式上看，有抬头、有制作主体、有文书编号、有落款公章，完全符合具有法律效力的行政机关文书的形式要求，对外代表平谷交通支队所作具体行政行为。因此从规范执法的角度讲，既然是“补打”，就应该符合行政处罚决定书的所有形式要求，应有被处罚人和执法民警签字、盖章，补打行政处罚决定书的行为是对外发生法律效力的可诉的具体行政行为。如果认为其只是一项便民举措，就不要加盖平谷交通支队的公章。

2. 关于补打的处罚决定书与原始作出的处罚决定书不一致的问题

在肯定补打的行政处罚决定书的效力问题后，涉及的另一个问题是补打的行政处罚决定书和原始作出的行政处罚决定书从内容到形式是否应完全一致。最初平谷交通支队查明涉案车辆存在27项非现场违法记录后，遂适用简易程序对杜恒27项交通安全违法行为分别作出京公（交平秩）决字［2011］第8106669947号及京公（交平秩）决字［2011］第8106669996号《公安交通管理简易程序处罚决定书》。其中，京公（交平秩）决字［2011］第8106669947号处罚决定书中共列明了13项违反分道行驶规定的违法行为，共处罚款1 300元；京公（交平秩）决字［2011］第8106669996号处罚决定书中列明了14项违法行为，包括13项违反分道行驶规定及一项超速行驶的违法行为，共处罚款1 500元、共计3分。杜恒于当日缴纳了罚款。2011年4月23日，杜恒以行政处罚决定书原件丢失为由，请求补打。平谷交通支队同志告知杜恒，从便民服务的角度出发，可以为其补打，但是由于微机系统程序设置，不能补打和原先一样的处罚决定书，对原先处罚过的每一项违法行为的处罚决定只能分别进行打印，故针对京公（交平秩）决字［2011］第8106669947号处罚决定书中所涉13项违法行为作出京公（交平秩）决字［2011］第8106669947号至8106669959号13份行政处罚决定书，对于京公（交平秩）决字［2011］第8106669996号处罚决定书中所涉14项违法行为作出京公（交平秩）决字［2011］第8106669996号至8106670009号14份处罚决定书。诉讼中杜恒提出，补打的处罚决定书和原来的处罚决定书应该是一样的，现在完全不一样了，由2份变成27份，而且每一份处罚决定书均有一个独立的编号，与原来4月6日处罚决定书的编号完全不同了，这不是一个“补打”行为，完全变成了一个新的行政行为。对此问题，可以说杜恒的阐述不无道理，确实容易产生误解。

（1）对“补打”行政处罚决定书的理解问题

笔者经过分析，认为此案中平谷交通支队“补打”行为有一定问题。“补打”从词意本身分析，应该是出具一份和原来的处罚决定书文号、事实认定等完全一样的处罚决定书，但现在补打的处罚决定书每一份均有一个独立的编号，亦盖上了平谷交通支队的公章，没有被处罚人和执法民警的签名，在右下角有“2011 年 4 月 23 日补打”字样。对此，平谷交通支队称由于微机程序设置问题，不能补打和原来一样的处罚决定书。先不管这种说法是否正确，其实平谷交通支队完全可以将原始的处罚决定书存档联复印后加盖公章提供给杜恒，现在这种补打行为完全改变了原先的处罚决定书，当事人本应对原先作出的两个处罚决定书提起行政诉讼，一、二审诉讼费是 200 元，现在对 27 份补打的处罚决定书提起 27 个行政诉讼，一、二审诉讼费是 2 700 元，增加了当事人的经济负担。因此这种“补打”是有瑕疵的，不是严格意义上的补打。

（2）将同一车辆存在的多项违法行为列明在一个处罚决定书中是否合理的问题

上诉人杜恒强调补打的处罚决定书和原始作出的处罚决定书不一致，在补打行为中，平谷交通支队将 27 项违法行为分别独立打印出 27 份行政处罚决定书，每一份补打的处罚决定书均有一个独立的编号，而在原始作出的处罚决定书中，平谷交通支队针对杜恒违法车辆存在的 27 项违法行为分别作出两个编号不同的行政处罚决定书，一个处罚决定书中列明 13 项违法行为，另一个处罚决定书中列明 14 项违法行为。这种做法是否合法、合理？

《道路交通安全违法行为处理程序规定》第四十八条第一款规定，一人有两种以上违法行为，分别裁决，合并执行，可以制作一份行政处罚决定书。从此条款规定来看，平谷交通支队将杜恒存在的 27 项违法行为列在 2 个处罚决定书中是合法的，但是是否合理值得探讨。如果没有争议，可能这种做法没有问题，但一旦出现争议进入诉讼程序，还是存在很大麻烦的，例如，如果当事人对一份处罚决定书中列明的一项或数项违法行为不服提起行政诉讼，法院经过审查后如果认为被诉行为违法需要撤销，那么是要整体撤销还是部分撤销，在实践中操作起来比较麻烦。故笔者认为在最初作出处罚决定时，每一项违法行为应该单独出具一份处罚决定书，每一份处罚决定书均有一个独立的编号较好；这样比较清楚，而且一旦出现原件丢失的情况，要求补打时，也可以单独一份一份补打，这样就不会出现本案中原始文书与补打文书不一致的问题。如果当事人对某一项违法行为不服，就可以针对单独的一份处罚决定书提起行政诉讼，法院进行审理时针对性也较强，不易产生误解。

3. 适用简易程序所作行政处罚决定书的送达问题

《道路交通安全违法行为处理程序规定》第四十二条第一款第（四）项规定，处罚决定书应当由被处罚人签名、交通警察签名或者盖章，并加盖公安机关交通管理部门印章；被处罚人拒绝签名的，交通警察应当在处罚决定书上注明；该款第（五）项规定，处罚决定书应当当场交付被处罚人；被处罚人拒收的，由交通警察在处罚决定书上注明，即为送达。本案中，杜恒否认平谷交通支队向其送达过原始的处罚决定书，称只给其送达过交款通知书，其在处罚决定书存档联上签字只代表其认可行政处罚，并不表示平谷交通支队已向其送达。平谷交通支队主张根据上述法律规定，作出处罚决定书后，只要有杜恒本人的签字，即代表送达，否则交警应当在处罚决定书上注明。

现行有效的法律、法规并没有要求送达处罚决定书时要有一个类似送达回证的证据来证明已经送达。在实践中，交警适用简易程序现场执法，作出处罚决定书时一般都是直接交付被处罚人，没有要求被处罚人填写送达回证。按照上述法律、法规，承办人认为交付即为送达，现在被处罚人杜恒否认平谷交通支队曾将处罚决定书的被处罚人联交付给他，没有向其送达，平谷交通支队拿不出证据证明已经送达。虽然法律、法规没有要求向被处罚人送达处罚决定书时要填写送达回证，但为了使工作程序严谨，防止以后发生纠纷时行政机关举证困难，最好有一个类似送达回证的证据来证明。

4. 本案最终处理结果以及由此得到的相关启示

经咨询权威部门得知，在最初作出行政处罚决定书时，已经有 27 个行政处罚决定了，而且每一个违法行为均对应一个独立的编号，但是平谷交通支队根据合并执行的规定，就只作出两份处罚决定书，这两份处罚决定书的编号分别是所列十几项违法行为中的第一个违法行为的处罚决定书的编号，不会重现处罚决定书重号等现象。而且杜恒对本案中存在的违法事实是认可的，对其作出处罚决定认定事实清楚，不会侵犯杜恒的实体权益，最终法院的处理结果是驳回上诉，维持一审判决。

但在本案的办理过程中，笔者确实认为交管部门在执法中存在不够规范的地方，例如上文谈到的处罚决定书的送达问题，补打处罚决定书的形式问题，将数项违法行为合并列在一个处罚决定书中的问题等。随着机动车数量的不断增加，通过“电子眼”拍照形成的处罚将越来越多，如何规范执法程序，如何固定、保全证据，是摆在执法实践部门面前一个亟待解决的问题。

（北京市第二中级人民法院　金丽）

26. 朱家云不服昆明市公安局直属分局治安行政处罚案

（一）首部

1. 判决书字号

一审判决书：昆明市盘龙区人民法院（2011）盘法行初字第 015 号行政判决书。

二审判决书：昆明市中级人民法院（2011）昆行终字第 88 号行政判决书。

2. 案由：治安行政处罚。

3. 诉讼双方

原告（上诉人）：朱家云，系昆明康达盛物流有限责任公司法定代表人，住昆明市五华区虹山东路。

委托代理人：张宏坤、王汉政，云南法闻律师事务所律师。

被告（被上诉人）：昆明市公安局直属分局，住所地：昆明市北京路411号。

法定代表人：何立新，该局局长。

委托代理人（一审）：王晓鹏、刘喆，昆明市公安局交通警察支队民警。特别授权代理。

委托代理人（二审）：刘申、刘喆，昆明市公安局交通警察支队民警。特别授权代理。

4. 审级：二审。

5. 审判机关和审判组织

一审法院：昆明市盘龙区人民法院。

合议庭组成人员：审判长：周瑞；人民陪审员：宋庆坤；代理审判员：李娅莉。

二审法院：昆明市中级人民法院。

合议庭组成人员：审判长：马勇；审判员：赵柏林、杨树兴。

6. 审结时间

一审审结时间：2011年10月13日。

二审审结时间：2011年12月8日。

（二）一审诉辩主张

1. 被诉具体行政行为

昆明市公安局直属分局作出的昆公直交（治）行决字［2011］第11001号公安行政处罚决定书。

2. 原告诉称

被告于2011年2月以原告涉嫌买卖国家机关证件为由，对原告作出行政拘留15天的处罚。原告认为，被告的处罚事实不清，证据不足，超过了6个月的处罚时效。被告依据根本不存在的法律条款处罚，处罚没有法律依据。原告认为本案应当适用《中华人民共和国道路交通安全法》，而非被告所适用的《中华人民共和国治安管理处罚法》。而且的程序上，被告也无处罚权。故起诉请求撤销被告作出的行政处罚决定书。

3. 被告辩称

2011年2月11日9时，昆明市公安局交警支队五大队民警在昆明市东三环凉亭立交桥路段执勤过程中，拦查一辆违反规定在禁止时间和道路上行驶的渝BA1987号重型厢式货车。经现场初查，渝BA1987号货车驾驶人李×涉嫌使用伪造的机动车行驶证，现场民警依法扣留了渝BA1987号货车及机动车行驶证。因该案涉及买卖伪造的机动车行驶证，故该案被移送昆明市交警支队涉车犯罪侦查大队调查。经查证，渝BA1987号货车驾驶人李×使用的伪造机动车行驶证系原告车主朱家云购买后指使其使用的。朱家云的行为构成了买卖伪造国家机关证件的违法行为。根据《中华人民共和国治安管理处罚法》第五十二条第（二）项之规定，决定给予朱家云行政拘留 15 日的行政处罚。原告不服提出复议，昆明市公安局复议维持了被告的处罚决定。综上，被告对原告作出的拘留 15 日的处罚决定，认定事实清楚，证据确凿，程序合法，适用依据正确，恳请人民法院维持被告作出的行政处罚决定。

（三）一审事实和证据

昆明市盘龙区人民法院经公开审理查明：原告朱家云是昆明康达盛物流有限责任公司的法定代表人，是号牌为渝 BA1987 号川江牌重型厢式货车的实际所有人。2009 年 8 月，原告在昆明市云安会都附近看到办理假证的电话号码后，即与违法人员联系，以人民币 300 元，办理了假造的渝 BA1987 号货车行驶证，并将该假行驶证交给其公司驾驶调度员，指使其转交给驾驶员使用。其公司调度员于 2010 年 11 月将该假证交驾驶员李×使用。2011 年 2 月 11 日 9 时许，昆明市公安局交警支队五大队民警在昆明市东三环凉亭立交桥路段执勤过程中，拦查一辆违反规定在禁止时间和道路上行驶的渝 BA1987 号重型厢式货车。经现场初查，渝 BA1987 号货车驾驶人李×涉嫌使用伪造的机动车行驶证，现场民警依法扣留了渝 BA1987 号货车及机动车行驶证。因该案涉及买卖伪造机动车行驶证的违法事项，被移送昆明市交警支队涉车犯罪侦查大队调查。被告直属分局于 2011 年 4 月 1 日作出昆公直交（治）行决字［2011］第 11001 号公安行政处罚决定书：经查证，渝 BA1987 号货车驾驶人李×使用的伪造机动车行驶证系原告车主朱家云购买后转交其使用的。朱家云的行为构成了买卖伪造国家机关证件的违法行为。根据《中华人民共和国治安管理处罚法》第五十二条第（二）项之规定，决定给予朱家云行政拘留 15 日的行政处罚。原告不服提出复议，昆明市公安局于 2011 年 6 月 27 日作出昆公行复决字［2011］第 010 号公安行政复议决定书，维持被告作出的处罚决定。

上述事实有下列证据证明：

1. 公安行政处罚决定书；
2. 公安行政处罚告知笔录；
3. 强制措施凭证、查获经过、现场照片；
4. 协查函、回函；
5. 案件移送函；
6. 询问笔录（6 份）、陈述申辩、指认照片、指认笔录；
7. 文件检验鉴定书、鉴定结论告知书。

（四）一审判案理由

昆明市盘龙区人民法院经审理认为：本案原、被告争议的焦点，是被告作出的行政处罚行为是否适用法律不当、是否超出处理时效的问题。《中华人民共和国治安管理处罚法》第五十二条规定：有下列行为之一的，处 10 日以上 15 日以下拘留，可以并处 1 000 元以下罚款；情节较轻的，处5日以上10日以下拘留，可以并处500元以下罚款。其中第（二）项规定的情形是：买卖或者使用伪造、变造的国家机关、人民团体、企业、事业单位或者其他组织的公文、证件、证明文件的。原告认为应当适用《中华人民共和国道路交通安全法》第九十六条不当，该法条是对伪造、变造或者使用、挪用机动车有关牌证、标志给予处罚的规定。原告购买、办理假造的渝BA1987号货车行驶证，并将该假行驶证交给其公司驾驶员使用的违法行为，应当适用《中华人民共和国治安管理处罚法》第五十二条第（二）项进行处罚。《中华人民共和国治安管理处罚法》第二十二条规定："违反治安管理行为在六个月内未被公安机关发现的，不再处罚。前款规定的期限，从违反治安管理行为发生之日起计算，违反治安管理行为有连续或者继续状态的，从行为终了之日起计算。"原告购买、办理假造的渝BA1987号货车行驶证，并将该假行驶证交给其公司驾驶员使用的违法行为的社会危害持续存在，因此被告适用《中华人民共和国治安管理处罚法》对该案进行处理并无不当，其作出的行政处罚决定未超出行政处罚规定的时效限制。

（五）一审定案结论

昆明市盘龙区人民法院依照《最高人民法院关于执行〈中华人民共和国行政诉讼法〉若干问题的解释》第六十二条第一款、第五十六条第（四）项，《诉讼费用交纳办法》第十三条第（五）项第2目之规定，作出如下判决：

驳回原告朱家云的诉讼请求。

案件受理费50元，由原告朱家云负担。

（六）二审情况

1. 二审诉辩主张

（1）上诉人诉称

本案假证买卖行为发生在2009年8月，使用假证被查处时间是2011年2月11日，时间间隔一年多，被上诉人的处罚超过了法定的6个月处罚时效。朱家云没有购买假证和指使使用假证，本案购买假证的是谯××，有谯××的《情况说明》为证；朱家云在询问笔录中承认是其购买事出有因，朱家云的自认依法不能作为定案依据。一审法院适用法律错误，释明法律错误，本案应当适用特别法——《中华人民共和国道路交通安全法》第九十六规定进行处罚，而不应当适用普通法——《中华人民共和国治安管理处罚法》第五十二条第（二）项的规定，且《中华人民共和国治安管理处罚法》第五十二条根本就没有第二款，被上诉人所作行政处罚无法定依据，行政处罚无效，应当撤销该处罚决定书。此外，被上诉人的行政处罚程序也存在违法行为。一审判决认定事实不清，证据不足，程序违法，适用法律错误，故上诉请求二审法院依法撤销一审判决，撤销昆公直交（治）行决字［2011］第11001号处罚决定书。

（2）被上诉人辩称

2011年2月11日9时，昆明市公安局交通警察支队五大队民警在昆明市东三环凉亭立交桥路段执勤过程中，拦查违规在禁止时间和道路上行驶的渝 BA1987 号重型厢式货车。经现场初查，该货车驾驶员李×涉嫌使用伪造的机动车行驶证，被上诉人依法采取了行政强制措施。后因该案涉及买卖伪造的机动车行驶证，交警五大队遂于 2011 年 2 月 21 日将案件移交昆明市公安局交通警察支队涉车犯罪侦查大队调查，经查该货车驾驶人李×使用的伪造机动车行驶证系朱家云购买后交其使用的。基于上述事实，被上诉人依据《中华人民共和国治安管理处罚法》第五十二条第（二）项之规定，对朱家云作出拘留 15 日的行政处罚决定。朱家云不服该处罚决定，向昆明市公安局提出行政复议，昆明市公安局经复议后，维持了被上诉人所作的行政处罚决定。综上，被上诉人所作行政处罚决定认定事实清楚，证据确凿，程序合法，适用依据正确，内容适当，一审法院的判决并无不当，恳请二审法院依法判决维持原判，驳回上诉。

2. 二审事实和证据

昆明市中级人民法院经审理，确认一审法院所认定的事实和证据。

3. 二审判案理由

昆明市中级人民法院经审理认为：第一，关于本案行为是违反治安管理的行为还是道路交通安全违法行为的问题。两种违法行为均具有一定社会危害性和应受行政处罚性，区别在于各自所侵犯的客体、违反的行政法律和法规不同。《中华人民共和国道路交通安全法》第九十六条并无“买卖伪造的国家机关证件”的规定，而《中华人民共和国治安管理处罚法》第五十二条却明确规定其为违法行为。上诉人朱家云购买并指使他人使用伪造的机动车行驶证的行为应定性为违反治安管理的行为，而非道路交通安全违法行为。《中华人民共和国道路交通安全法》和《中华人民共和国治安管理处罚法》亦非特别法与普通法的关系，上诉人主张本案应当适用特别法即《中华人民共和国道路交通安全法》的观点依法并不成立。第二，本案系公民不服公安治安行政处罚行为提起的诉讼，依法属于人民法院行政诉讼的受案范围以及应由一审人民法院管辖。上诉人朱家云系本案行政处罚的相对人，依法可以提起行政诉讼，具有本案合法的“原告”资格。《中华人民共和国治安管理处罚法》第九十一条规定：“治安管理处罚由县级以上人民政府公安机关决定；其中警告、五百元以下的罚款可以由公安派出所决定。”本案庭审查明被上诉人直属分局系县级公安机关，且上诉人朱家云对其行政执法主体资格亦无异议，故其系本案适格的“被告”。本案上诉人朱家云购买并指使他人使用伪造的机动车行驶证，有其自认的违法事实证实，且与其公司调度员王××、驾驶员李×的陈述相互印证，鉴定结论亦证明李×在本案中使用的机动车行驶证系伪造，而同样作为上诉人公司员工的谯××的证言与上诉人自认的事实以及上述证人证言不一致，且属于“孤证”，故被上诉人根据当事人的自认以及证人证言认定本案行政处罚的事实清楚。被上诉人作出本案行政处罚，经过受理、调查，告知当事人拟作出处罚决定的事实、理由和依据，告知当事人享有的陈述、申辩以及救济权，最终作出书面行政处罚决定并进行了送达，符合《中华人民共和国治安管理处罚法》的规定及行政处罚的一般程序要求。第三，本案上诉人朱家云作为以运输为主要经营项目的物流公司的法定代表人，亲自购买伪造的货车行驶证交其公司驾驶员使用，其购买行为虽然从时间上看超过了处罚时效，但从社会危害性来说，在驾驶员使用该伪造的行驶证被查处之前，该违法行为仍然持续存在，仍具有可处罚性。从被上诉人所作行政处罚的内容以及处罚前的告知笔录和庭审中上诉人的自认可知，被上诉人作出本案行政处罚的法律依据是《中华人民共和国治安管理处罚法》第五十二条第（二）项之规定，被上诉人在行政处罚决定书中引用法律条款时表述为“第五十二条第二款”显属笔误；但此瑕疵并非导致本案行政处罚决定应当或者可以被判决撤销或者确认违法及上诉人可以免责的情形。因此，被上诉人据此规定对上诉人作出拘留 15 日的行政处罚适用法律正确，并无不当。综上所述，一审判决认定事实清楚，但因行政处罚决定确有一定的瑕疵，未判决维持该行政处罚决定而是依法判决驳回原告的诉讼请求，适用法律正确，并无不当，审理程序合法，依法应予维持。

4. 二审定案结论

昆明市中级人民法院依照《中华人民共和国行政诉讼法》第六十一条第（一）项、第七十四条以及国务院《诉讼费用交纳办法》第十三条第一款第（五）项第 2 目、第二十九条第一款之规定，作出如下判决：

驳回上诉，维持原判。

二审案件受理费人民币 50 元，由上诉人朱家云负担。

（七）解说

多年来，货车超载运输的违法现象较为普遍，甚至愈演愈烈，“治超”难是各级路政部门面临的一大挑战。本案上诉人购买并指使他人使用伪造的机动车行驶证的违法行为就是在这样的社会背景下发生的，具有典型意义。本案有以下两点值得注意：

1. 本案应当适用道路交通安全法还是治安管理处罚法进行处罚？

根据《中华人民共和国治安管理处罚法》第二条的规定，违反治安管理行为是指各种扰乱社会秩序，妨害公共安全，侵犯人身权利、财产权利，妨害社会管理，尚不够犯罪的行为。违反治安管理行为具有以下三个特征：第一，违反治安管理行为是违反治安管理方面的行政法律、法规的违法行为。第二，违反治安管理行为具有一定的社会危害性。第三，违反治安管理行为具有应受治安管理处罚性。违反治安管理行为和道路交通安全违法行为这两种违法行为均具有一定的社会危害性和应受行政处罚性，区别在于各自所侵犯的客体、违反的行政法律和法规不同。根据本案查明的事实，上诉人朱家云购买并指使他人使用伪造的机动车行驶证的违法行为属于违反治安管理行为，应当适用《中华人民共和国治安管理处罚法》第五十二条第（二）项的规定予以处罚，即“买卖或者使用伪造、变造的国家机关、人民团体、企业、事业单位或者其他组织的公文、证件、证明文件的”。上诉人朱家云认为《中华人民共和国道路交通安全法》与《中华人民共和国治安管理处罚法》系特别法与普通法的关系，本案应当适用特别法即《中华人民共和国道路交通安全法》的规定处理，纯属其个人的误解，因为这两部法律都是由全国人大常委会制定的法律，其效力级别是一样的。

2. 本案行政处罚是否超过了行政处罚的追诉时效？

本案处理重点主要在于对行政处罚追诉时效的理解。根据本案查明的事实，上诉人朱家云购买伪造的机动车行驶证的违法行为发生在 2009 年 8 月，而公安机关发现其购买假行驶证的时间是 2011 年 2 月。公安机关以其购买伪造的机动车行驶证的违法行为为由进行处罚，显然超过了《中华人民共和国治安管理处罚法》第二十二条规定的 6 个月追诉时效，理应不再处罚。但上诉人的违法行为并不单纯是购买行为，还包括指使他人使用假行驶证的违法行为，而公安机关在进行处罚时并未将指使他人使用的情形考虑在内，主要出于一事不再罚的考虑（值得一提的是，交警部门同时依据《中华人民共和国道路交通安全法》第九十六条第一款的规定，即“伪造、变造或者使用伪造、变造的机动车登记证书、号牌、行驶证、驾驶证的”，对本案驾驶员李×给予了罚款 1 800 元的处罚）。事实上，本案中昆明市公安局直属分局对上诉人作出行政拘留的行政处罚与交警部门对本案驾驶员李×的罚款处罚，系公安机关的不同职能部门，根据不同违法行为人的不同违法行为分别作出的行政处罚，并不违反一事不再罚的处罚原则。而本案上诉人指使他人使用伪造的机动车行驶证的违法行为处于连续或者继续状态，若照此理解和适用法律，则公安机关对上诉人给予行政处罚并未超过追诉时效。本案一、二审均从违反治安管理行为的社会危害性特征出发来理解追诉时效，并认为本案未超过处罚时效不当。

（昆明市中级人民法院　杨树兴）

27. 贺峰不服广州市公安局治安行政处罚案

（一）首部

1. 判决书字号

一审判决书：北京市朝阳区人民法院（2009）朝行初字第 161 号行政判决书。

二审判决书：北京市第二中级人民法院（2011）二中行终字第 511 号行政判决书。

2. 案由：治安行政处罚。

3. 诉讼双方

原告（上诉人）：贺峰，河南省卢氏县人，住北京市朝阳区定福庄南里。

委托代理人：张万臣，北京市汉衡律师事务所律师。

委托代理人：张韬，北京市薪评律师事务所律师。

被告（被上诉人）：广州市公安局，住所地：广东省广州市起义路 200 号。

法定代表人：吴沙，该局局长。

委托代理人：王岚，广州市公安局干部。

委托代理人：黄晓峰，广州市公安局干部。

第三人（上诉人）：王朝阳，河南省登封市人，住河南省郑州市金水区。

委托代理人：张万臣，北京市汉衡律师事务所律师。

委托代理人：完颜德建，北京市汉衡律师事务所律师。

第三人：王振周，广东省广州市人，住广东省广州市天河区体育西路。

4. 审级：二审。

5. 审判机关和审判组织

一审法院：北京市朝阳区人民法院。

合议庭组成人员：审判长：卞京英；人民陪审员：毛丽珠、李凤雨。

二审法院：北京市第二中级人民法院。

合议庭组成人员：审判长：徐宁；审判员：王小浒；代理审判员：钱佳。

6. 审结时间

一审审结时间：2010年12月17日。

二审审结时间：2011年8月12日。

（二）一审诉辩主张

1. 被诉具体行政行为

广州市公安局于2009年7月7日作出穗公（治）决字［2009］第3号《公安行政处罚决定书》，认定：贺峰、王振周、王朝阳自2008年12月份开始商议共同出资300万元人民币作为赌资参与澳门赌场百家乐赌博，并商定所赢赌款带回境内后按出资比例分成。其中，贺峰出资20万元、王朝阳出资50万元、王振周出资230万元。随后，王振周将230万元打入王朝阳的个人账号作为参赌出资，贺峰将存有20万元的银行卡交给王朝阳作为参赌出资。2008年12月26日，王朝阳出境到澳门并在星际酒店赌场赊出300万元港币筹码作为赌资，王振周、贺峰在广州诺富特白云机场大酒店1722房开房作为据点，王振周、贺峰在该房内通过房间电话拨打在澳门星际酒店赌场太子厅赌博现场的王朝阳的手机，由王朝阳按照电话商量的下注金额进行现场投注，共同参与澳门星际酒店赌场百家乐赌博。王朝阳每次下注金额在5万至80万元港币不等，至2008年12月31日凌晨被查获时止，共赢得赌款港币1 130万元。该三人以营利为目的，参与赌博活动情节严重。根据《中华人民共和国治安管理处罚法》（以下简称《治安管理处罚法》）第七十条及第十一条第一、二款之规定，决定分别对贺峰、王振周、王朝阳各处以行政拘留15日并罚款1 000元的处罚。收缴贺峰出资的赌资人民币20万元，收缴王朝阳出资的赌资人民币50万元，收缴王振周出资的赌资人民币230万元。追缴贺峰、王朝阳、王振周三人参赌共同非法所得港币1 130万元。

2. 原告诉称

被告所作被诉处罚决定存在如下违法之处：(1) 事实定性错误。贺峰通过电话与王朝阳联系，不是与境外赌场联系，也不是在进行电话投注，因为电话投注应是指直接打给赌场电脑或是赌场工作人员的情形。贺峰当时只是在作记录，这是因为贺峰出了钱，同时也对赌博感兴趣，所以才进行关注。即使贺峰确实是记了三十多页记录，这也不能确定他就是在参与赌博。另外，王朝阳的赌博行为是独立的，与贺峰和王振周的电话联系无关，贺峰打电话的行为不能控制王朝阳的赌博行为，更不能直接产生赌博的后果。(2) 被告对原告进行处罚没有法律依据。本案的基本事实是王朝阳在境外赌场进行赌博活动，赌博应是指从投注开始到输赢结束，被告认定贺峰、王振周、王朝阳在境内协商和出资即是参与赌博与上述赌博概念不符。本案的行为实施地和结果发生地都是在澳门，而按照澳门的法律，赌博是不违法的，故本案不应适用境内的《治安管理处罚法》，被告广州市公安局没有管辖权。公安部的《关于办理赌博违法案件适用法律若干问题的通知》对本案也不适用，因为该通知的适用前提是行为人参与境外赌场的赌博活动，而非针对参赌人员。该规范规定的是用电话直接下注的方式。同时，该通知适用的情形也是输赢结算都必须在境内的情况，而本案中王朝阳进行赌博的实施地和结算地都是澳门。因此，按照法无明文规定公民即可为的原则，被告不能依据上述规定对原告进行处罚。综上，请求法院依法撤销被告广州市公安局对贺峰作出的穗公（治）决字［2009］第3号《公安行政处罚决定书》。

3. 被告辩称

2008年12月贺峰、王振周、王朝阳商议共同出资300万元人民币参与澳门赌场的赌博活动，三人商议将所赢赌款按比例进行分成。嗣后，贺峰和王振周在广州诺富特白云机场酒店房间内通过电话与身在澳门赌场的王朝阳进行联系，由王朝阳按照电话商定的内容进行现场投注，三人共同参与百家乐赌博活动。经查，三人从2008年12月26日至31日凌晨共赢得赌款1 130万元港币。2008年12月31日，被告对原告等人的赌博案予以刑事立案侦查。在刑事侦查期间，被告依法对原告等人采取了刑事拘留及取保候审的强制措施。经侦查，被告发现不应当对原告追究刑事责任，遂依据刑事诉讼法的相关规定，撤销刑事案件，并对原告解除取保候审，退回保证金。在被告调查过程中，原告对所出赌资数额及出资方式均供认不讳，且与旁证相互印证，能够证明原告贺峰与王振周、王朝阳共同协商并共同出资后，在境内通过电话方式参与境外赌场的赌博活动，以营利为目的非法获取钱财的主观故意明显，同时赌资数额较大，情节严重，社会影响恶劣，该行为符合赌博违法行为的构成要件，依法应当给予行政处罚。依照公安部于2005年5月25日下发的《关于办理赌博违法案件适用法律若干问题的通知》的规定，对于在我国境内通过电话方式参与境外赌场赌博活动的，公安机关有权进行查处，并对违法行为人进行处罚，原告关于上述规定对本案不适用的理由没有法律依据。综上，被告对原告所作的《行政处罚决定书》认定事实清楚、适用法律正确、程序合法，请求法院予以维持。

4. 第三人述称

被告所作处罚决定中关于“赌资”的认定有误，只有用作换取筹码的款物才叫赌资，而本案的实际情况是王朝阳到澳门后并未使用三人的实际出资，而是从赌场中赊出了300万元港币的筹码进行赌博。王朝阳在澳门进行赌博活动是独立行为，贺峰和王振周在境内作的记录只是参考。王朝阳在澳门进行赌博，按照澳门的法律规定属于合法行为，被告依据境内施行的《治安管理处罚法》对王朝阳进行处罚，侵犯了王朝阳的合法权益。被告据此收缴王朝阳通过赌博赢取的1 130万元港币，更是没有法律依据。综上，请求法院依法撤销被告广州市公安局作出的穗公（治）决字［2009］第3号《公安行政处罚决定书》。

（三）一审事实和证据

北京市朝阳区人民法院经公开审理查明：2008年12月，贺峰、王振周、王朝阳三人商议共同出资300万元人民币参与澳门赌场的赌博活动，三人实际出资数额分别为20万元、230万元、50万元，三人商定所赢赌款按出资比例进行分成。2008年12月26日，王朝阳出境到澳门星际酒店赌场赊出300万元港币筹码，贺峰和王振周在广州市诺富特白云机场大酒店1722房间通过电话与在澳门赌场的王朝阳联系，由王朝阳按照电话商定的内容进行现场投注，三人共同参与澳门赌场的百家乐赌博活动。至2008年12月31日凌晨，贺峰、王振周被查获时止，三人共赢得赌款1 130万元港币。

2008年12月31日凌晨，广州市公安局到广州市诺富特白云机场大酒店1722房间进行突击检查，将贺峰、王振周及其女友带回市公安局进行调查。当日，广州市公安局以贺峰、王振周涉嫌赌博罪为名，进行刑事立案并对二人采取了刑事拘留及取保候审的强制措施。2009年1月1日，广州市公安局对从澳门返回境内的王朝阳亦实施前述强制措施。嗣后，广州市公安局认为不应当对三人追究刑事责任，遂依据《中华人民共和国刑事诉讼法》的相关规定，撤销刑事案件，并对三人解除取保候审，退回保证金。

2009年7月7日，被告广州市公安局制作《公安行政处罚告知笔录》，告知贺峰拟对其作出行政处罚决定的事实、理由和依据。贺峰表示听清楚了，对是否提出陈述和申辩未予回答，并拒绝在告知笔录中签名。两民警注明情况并签名。当日，被告广州市公安局作出前述穗公（治）决字［2009］第3号《公安行政处罚决定书》，并送达原告贺峰。

上述事实有下列证据证明：

1. 对贺峰制作的《询问笔录》3份、《讯问笔录》6份；
2. 对王振周制作的《询问笔录》1份、《讯问笔录》4份；
3. 对王朝阳制作的《讯问笔录》8份；
4. 对澳门星际酒店赌场太子厅负责人梁××制作的《询问笔录》；
5. 对王振周的女友制作的《询问笔录》2份、《讯问笔录》2份；
6. 对杜××制作的《询问笔录》；
7. 对王××制作的《讯问笔录》5份；
8. 辨认材料；
9. 查询存款通知书；
10. 出入境信息资料；
11. 澳门星际酒店赌场太子厅贵宾会赌场记录单据；
12. 广州诺富特白云机场大酒店房间预订单；
13. 广州诺富特白云机场大酒店1722房电话通话清单；
14. 调取证据通知书；
15. 贺峰和王朝阳被抓获时的现场照片；
16. 澳门星际酒店贵宾俱乐部便携式设备用户信息申报记录周度报表的中文译本及

英文版本；

17.《抓获经过》1份；

18.《立案决定书》；

19.《拘留证》；

20.《拘留通知书（副本）》；

21.《延长拘留期限通知书（副本）》；

22.《犯罪嫌疑人诉讼权利义务告知书》；

23.《检查笔录》1份；

24.《扣押物品清单》及被扣押单据；

25.《取保候审决定书》；

26.《释放通知书》；

27.《撤销案件决定书》；

28.《解除取保候审决定书》；

29.《退还保证金决定书》；

30.《公安行政处罚告知笔录》；

31.《公安行政处罚决定书》；

32.《收缴物品清单》；

33.《追缴物品清单》。

（四）一审判案理由

北京市朝阳区人民法院经审理认为：本案争议的焦点问题是被告广州市公安局对贺峰等人的行为是否具有管辖权，以及“以电话方式参与境外赌场赌博活动”的行为是否属于《治安管理处罚法》规定的违法行为。

《治安管理处罚法》第四条第一款规定：“在中华人民共和国领域内发生的违反治安管理行为，除法律有特别规定的外，适用本法。”据此，《治安管理处罚法》在管辖问题上采用的是属地原则。违法行为实施地或违法行为结果发生地在我国领域内的，我国即对该违法行为享有管辖权。本案中，贺峰等三人商定共同出资参与澳门赌博活动，由贺峰和王振周在广州诺富特白云机场大酒店对王朝阳在澳门进行的赌博活动予以记录，然后电话指导王朝阳下注。三人的行为具有不可分性，指挥下注的行为在广州，实施下注的行为在澳门，上述行为共同构成了一个完整的赌博行为。因此，按照属地管辖原则广州市公安局对涉案的赌博行为具有管辖权。

关于“以电话方式参与境外赌场赌博活动”的行为是否属于《治安管理处罚法》规定的违法行为。《治安管理处罚法》第七十条仅规定，以营利为目的，参与赌博赌资较大的，处5日以下拘留或者500元以下罚款；情节严重的，处10日以上15日以下拘留，并处500元以上3 000元以下罚款。关于具体参与赌博的形式，公安部于2005年5月25日曾作出公通字[2005] 30号《关于办理赌博违法案件适用法律若干问题的通知》（以下简称30号文），该通知第二条规定：“在中华人民共和国境内通过计算机网络、电话、手机短信等方式参与境外赌场赌博活动，或者中华人民共和国公民赴境外赌场赌博，赌博输赢结算地在境内的，应当依照《治安管理处罚条例》的有关规定予以处罚。”公安部作为负责全国治安管理工作的主管机关，其根据实践中不断出现的新情况，在不违反上位法规定的情况下，可以对具体的违法行为作出解释。30号文即是针对《治安管理处罚条例》中涉及的相关赌博违法行为的构成进行的解释，虽然是在《治安管理处罚法》实施前作出的，但是在《治安管理处罚法》出台后，公安部并未针对赌博违法行为的构成要件作出新的解释，30号文并未废止；且30号文的规定与上位法的规定并无冲突，具有一定的正当性和合理性，本院认为应当予以适用。因此，以电话方式参与境外赌场赌博活动的行为属于《治安管理处罚法》规定的违法行为。本案中，贺峰等三人在接受公安机关调查询问时对三人共同商议、出资及实际参与澳门赌博活动的事实均予以认可。三人参与赌博活动并非各自独立，而是有着明确的分工，即在共同出资的基础上，由王朝阳赴澳门进行现场投注，贺峰和王振周在境内通过电话获取王朝阳在赌场进行赌博活动的即时信息，通过记录和分析，再通过电话指导王朝阳进行投注；对于赌博收益，三人按比例分成。因此贺峰的行为属于违反《治安管理处罚法》规定参与赌博的行为。被告广州市公安局依据《治安管理处罚法》第七十条对贺峰进行处罚，适用法律正确，本院予以支持。被告根据原告贺峰在共同实施参与赌博行为中的分工、行为性质、情节轻重、涉案赌资等因素对贺峰作出被诉处罚决定，处罚幅度适当，本院亦予以支持。

被告广州市公安局立案后经调查认为贺峰等人的行为尚不应当追究刑事责任，故撤销刑事案件，对贺峰履行了公安行政处罚告知程序，作出并送达行政处罚决定符合办理行政案件的程序规定，本院予以支持。

综上，原告贺峰要求撤销穗公（治）决字［2009］第3号《公安行政处罚决定书》的诉讼理由不能成立，本院不予支持。

（五）一审定案结论

北京市朝阳区人民法院依照《最高人民法院关于执行〈中华人民共和国行政诉讼法〉若干问题的解释》第五十六条第（四）项的规定，作出如下判决：

驳回原告贺峰要求撤销被告广州市公安局作出的穗公（治）决字［2009］第3号《公安行政处罚决定书》的诉讼请求。

（六）二审情况

1. 二审诉辩主张

（1）上诉人诉称

不服一审判决，上诉请求撤销一审判决，改判撤销穗公（治）决字［2009］第3号《公安行政处罚决定书》。

（2）被上诉人辩称

同意一审判决，请求予以维持。

2. 二审事实和证据

北京市第二中级人民法院经审理，确认一审法院认定的事实和证据。

3. 二审判案理由

北京市第二中级人民法院经审理认为：本案审查的焦点问题即对贺峰、王朝阳、王振周的行为是否应依照《治安管理处罚法》进行处罚。本案中，贺峰、王振周、王朝阳三人在接受公安机关调查询问时对三人共同商议、出资及实际参与澳门赌博活动的事实予以认可。三人的行为并非彼此独立，而是相互配合共同完成赌博行为，具有不可分性，属共同违法。在该共同违法中，因部分行为发生在我国境内，故我国《治安管理处罚法》对该共同违法行为具有管辖权。公安部30号文的作出时间虽然在《治安管理处罚法》颁布之前，但由于《治安管理处罚法》亦规定了赌博行为的违法性，且公安部未就该行为作出新的界定，本院认为应予参照。根据该规定，"在中华人民共和国境内通过计算机网络、电话、手机短信等方式参与境外赌场赌博活动，或者中华人民共和国公民赴境外赌场赌博，赌博输赢结算地在境内的"行为亦属赌博行为，应依照《治安管理处罚法》的规定进行处罚。综上，一审法院所作判决认定事实清楚、适用法律正确、程序合法，本院应予维持；贺峰、王朝阳的上诉理由没有事实根据和法律依据，本院不予采信。

4. 二审定案结论

北京市第二中级人民法院依照《中华人民共和国行政诉讼法》第六十一条第（一）项的规定，作出如下判决：

驳回上诉，维持一审判决。

（七）解说

本案的核心问题是"以电话方式参与境外赌场赌博"如何定性，以及原告等三人的行为是否属于违反《治安管理处罚法》的赌博行为。欲解决此问题需从以下几方面入手：

1. 行政规范性文件在行政诉讼中的法律效力

依据《中华人民共和国行政诉讼法》的规定，人民法院审理行政案件，依据法律、行政法规和地方性法规，参照规章，对于位阶在规章之下的行政规范性文件的司法效力未予明确。然而我国行政执法的现状是，执法对象的复杂性远远超出了法律、法规和规章所及的范围，社会转型期执法对象的变化性更凸显出法规的滞后性，大量执法工作中的现实问题需要由行政规范性文件来调整。这里所提的行政规范性文件，主要是指国务院部委，省、自治区、直辖市和较大的市的人民政府及其主管部门对于具体应用法律、法规和规章所作的解释性的规定。如果没有行政规范性文件，其后果或者是对行政自由裁量权的过度放纵，又或者是对相对人的诸多现实要求置之不理，从这个意义上来说，行政规范性文件是存在一定事实合理性的。关于行政规范性文件在行政诉讼中的法律效力，主要有两种意见：一是认为在行政诉讼法并未明文规定的情况下不宜确认行政规范性文件的效力；二是认为可以先对其进行审查，对于合法、有效的规范性文件，应当承认其效力。目前第二种意见已经获得多数认同，且在行政审判实践中被广泛遵循，即人民法院应当对作为具体行政行为依据的行政规范性文件进行审查，对于行政主体在法律权限内作出的合法、有效的行政规范性文件可以在裁判文书中承认其效力，并在认定具体行政行为合法性时予以参照，而对于与法律、法规和规章相抵触的行政规范性文件则不予参照。

结合本案来看，《治安管理处罚法》对妨害社会管理的赌博行为的界定是“以营利为目的，为赌博提供条件的，或者参与赌博赌资较大的”行为，至于何谓“参与赌博”，是否包括“在境内以电话方式参与境外赌场赌博”的行为，《治安管理处罚法》并未作出更为具体的规定。由于现实中各种通过网络、电话、手机短信等方式参与境外赌场赌博等新类型赌博活动层出不穷，公安部于 2005 年 5 月 25 日下发 30 号文（以下简称“30 号文”），该通知第二条明确规定：“在中华人民共和国境内通过计算机网络、电话、手机短信等方式参与境外赌场赌博活动，或者中华人民共和国公民赴境外赌场赌博，赌博输赢结算地在境内的，应当依照《治安管理处罚条例》的有关规定予以处罚。”这一行政规范性文件是本案具体行政行为的直接依据，法院应当对此规定的合法性进行审查。首先，《治安管理处罚法》第七条规定，“国务院公安部门负责全国的治安管理工作”。因此公安部作为负责全国治安管理工作的主管机关，其根据实践中不断出现的新情况，在不违反上位法规定的情况下，可以对赌博违法行为的具体表现形式作出解释性规定。现公安部的 30 号文作出的规定与上位法规定并无冲突，规定中对赌博行为的概念和构成要件加以明确，有利于解决实践中的争议及统一执法尺度，具有一定的正当性和合理性。其次，30 号文虽然是公安部在《治安管理处罚法》出台前，针对《治安管理处罚条例》中涉及的赌博行为的构成要件进行的解释，然而其与《治安管理处罚法》对于赌博违法行为的规定并不抵触，且公安部并未针对赌博违法行为的构成要件作出新的解释，因此可以认定 30 号文至今仍然有效。综上，应当承认 30 号文的合法性并且予以参照，“在境内通过电话方式参与境外赌场赌博”的行为属于《治安管理处罚法》所规定的赌博违法行为，《治安管理处罚法》可以作为对于此类行为管辖和处罚的依据。

2. 共同违反治安管理的行为

关于二人以上“共同违反治安管理”的行为，《治安管理处罚法》只是原则性的规定“根据违反治安管理行为人在违反治安管理行为中所起的作用，分别处罚”。刑法理论和实务中认定共同犯罪一般要求同时具备共同犯罪的客观行为和主观故意。《最高人民法院、最高人民检察院关于办理赌博刑事案件具体应用法律若干问题的解释》第四条规定：“明知他人实施赌博犯罪活动，而为其提供资金、计算机网络、通讯、费用结算等直接帮助的，以赌博罪的共犯论处。”应该认为，共同违反治安管理的行为至少需要具备两个要件：一是二人以上共同实施了违反《治安管理处罚法》的行为；二是共同违法行为人存在为实施前述行为而形成的主观上的意思联络。共同违反治安管理行为人的行为虽指向同一目标，但可能存在分工和作用上的不同，有些行为人实施的是实行行为，有些实施的是帮助行为或教唆行为。

本案中，贺峰等三人在接受公安机关调查询问时对三人共同商议、出资及实际参与澳门赌博活动的事实均予以认可。证据显示，三人参与赌博活动并非各自独立，而是有着明确的分工，即在共同出资的基础上，由王朝阳赴澳门进行现场投注，而贺峰和王振周则在境内通过电话获取王朝阳在赌场进行赌博活动的即时信息后，进行记录和分析，再通过电话指导王朝阳进行投注；至于赌博收益，三人则按比例分成。正如贺峰所说，他们三人之前商定的赌博计划就是“由王朝阳到澳门赌场里负责下赌注，其和王振周就在酒店里打电话给王朝阳，告诉他押多少赌注，输赢由三人按出资的比例进行分成”。由此可见，上述三人共同参与赌博的行为是密不可分的，应当看作是一个整体，三人具有共同违法的行为和意思联络，只是各自的分工不同，属于一个整体内的分工合作。三人违反治安管理的行为至少体现在两个层面：一是在广州为实施赌博而共同谋划、准备资金、制造条件；二是当王朝阳在澳门实行赌博时，另二人在广州通过电话为其提供帮助。原告贺峰的行为完全符合公安部30号文所规定的“在境内通过电话方式参与境外赌场赌博”行为的表面特征，《治安管理处罚法》可以作为本案的处罚依据。由于上述三人参与赌博的行为地包括广州和澳门，准备、帮助和即时指挥下注的行为发生在广州，实施下注的行为发生在澳门，因而广州市公安局对涉案的赌博行为具有管辖权。

至于对王朝阳行为的定性问题，从三人实施参与赌博行为的全过程看，王朝阳赴澳门是按照三人事前的既定分工和计划进行的，并非其个人独立行为。王朝阳在三人共同赌博行为中的作用是在贺峰、王振周的授意下实行他们在境内不可能独立完成的赌博行为。正如王朝阳所述，“王振周和贺峰在诺富特酒店1722房负责与我通话后作出判断分析，最后作出投注或者不投注决定。我根据他俩的决定来进行投注”。实际上，也正是由于王朝阳通过电话接受境内二人的指示，才使得三人成功实施了“以电话方式参与境外赌场赌博”的行为。因此，王朝阳作为三人共同违法行为中不可或缺的一员，其行为亦应受到相应处罚。并且，如果对于境内二人进行处罚的同时，却宽纵与他们共同构成赌博行为有机整体的实行者王朝阳，这显然不符合《治安管理处罚法》的立法意旨和公平、正义原则。

3. 比例原则

比例原则既为行政机关作出行政行为提出了原则性要求，也为评断行政疑难案件提供了衡量标准。近年来，各类赌博违法犯罪问题日益突出，特别是境外赌博业对我国渗透加剧，网络赌博蔓延迅速，直接到境外赌博和以网络、电话等方式参与境外赌博的人数日益增多，造成国家资金大量流失。另外，赌博还诱发大量的社会问题。随着赌博活动向隐蔽化和新类型化发展，公安部出台了前述30号文，对新时期出现的新类型赌博行为予以规制，这是符合现实需要的。广州市公安局处理本案时必须在相对人利益和公益之间、自由权和公共秩序之间进行衡量，原告等三人共同实施的赌博行为虽然跨越广州、澳门两地，但考虑到其赌资数额“巨大”、图利目的明显，确实对境内社会管理秩序和公共利益造成了较为严重的侵害，而且有意图钻法律漏洞之嫌，因此对其给予处罚是具备必要性和正当性的。如果不予以处罚，则无异于宣告在境内以电话等方式参与境外赌博的行为不属于违法行为，不受到公安机关和有关方面的任何管制，这所导致的社会效果难以预料，也会对当前打击赌博活动工作的开展和相关政策导向造成消极影响。由此，广州市公安局对本案的处理是符合比例原则的。

综上，广州市公安局认定原告等三人“以电话方式参与境外赌场赌博”的行为属违反《治安管理处罚法》的赌博行为，以及所作处罚决定是合法、适当的。本案一、二审法院的判决是正确的。

（北京市朝阳区人民法院　卞京英　王琪璟）

四、城市管理类

28. 苗迎春诉北京市海淀区城市管理监察大队要求行政赔偿案

（一）首部

1. 裁判书字号

一审判决书：北京市海淀区人民法院（2010）海行初字第281号行政判决书。

二审裁定书：北京市第一中级人民法院（2011）一中行终字第851号行政裁定书。

2. 案由：行政赔偿。

3. 诉讼双方

原告（上诉人）：苗迎春。

被告（被上诉人）：北京市海淀区城市管理监察大队。

法定代表人：张延华，该队队长。

委托代理人（一、二审）：赵敏，北京市海淀区城市管理监察大队法制办干部。

委托代理人（一审）：王占刚，北京市海淀区城市管理监察大队西北旺镇分队干部。

委托代理人（二审）：黄禄军，北京市海淀区城市管理监察大队西北旺镇分队干部。

4. 审级：二审。

5. 审判机关和审判组织

一审法院：北京市海淀区人民法院。

合议庭组成人员：审判长：马民鹏；人民陪审员：刘卫星、刘民。

二审法院：北京市第一中级人民法院。

合议庭组成人员：审判长：吴月；代理审判员：贾志刚、汪明。

6. 审结时间

一审审结时间：2010年12月15日。

二审审结时间：2011年3月23日。

（二）一审诉辩主张

1. 被诉具体行政行为

2009 年 12 月 31 日北京市海淀区城市管理监察大队（以下简称海淀城管大队）作出了京海城管罚字［2009］170311 号限期拆除决定，并依据此决定于 2010 年 2 月 2 日强制拆除了北京市海淀区西北旺镇北清路南侧丰产芳地里东南角建设的砖混结构房屋四处，总建筑面积 391.47 平方米。

2. 原告诉称

原告诉海淀城管大队非法拆除一案已经由北京市第一中级人民法院（以下简称一中院）审理终结，判决撤销了海淀城管大队作出的京海城管罚字［2009］170311 号限期拆除决定。原告于 2010 年 6 月 29 日向被告递交了赔偿申请书，被告于 2010 年 8 月 20 日作出了不予赔偿的决定。一中院在判决中认定被告执法主体违法，不具有执法主体资格，适用法律、法规错误，无权下达限期拆除决定。海淀城管大队无执法主体资格，对原告的申辩不予理睬，强行拆除了原告用于种植蘑菇的温室，并将生产、生活资料与建筑上可分离的砖、瓦、木材、门窗、钢材等建筑材料一并拉走，致使原告无法进行农业生产，造成了巨大的损失，现依法提出赔偿请求：（1）直接损失部分：1）拆除了 391.47 平方米房屋损失原材料，按每平方米 800 元建筑材料计算，损失 31.317 6 万元；2）仿古影壁墙一面，损失 5 万元；3）蓄水池一个，直径 10 米，损失 6 万元；4）院内水泥路面方砖，损失 3 万元；5）围墙 92 米，按每米 500 元计算，损失 4.6 万元。（2）拉走的物品损失：1）蘑菇菌棒（已生产蘑菇）15 000 个，每个以 10 元购买，损失 1.5 万元；2）取暖电锅炉一个，价值 1.5 万元；3）温室取暖炉 13 个，每个 100 元，损失1 300 元；4）电焊机两台，每台 1 000 元，损失 2 000 元；5）氧气瓶及焊机一个，价值 3 000 元；6）380 伏电缆线三捆，每捆 1 000 元，损失 3 000 元；7）三相电插卡式电表及空气开关并表箱一套，损失 4 000 元。（3）因拆除及蘑菇菌被拉走无法生产经营，经济损失按一年计算，每月收入 2 万元，损失 24 万元。以上三项综合损失共计：91.747 6 万元。请求人民法院判令海淀城管大队赔偿原告经济损失 91.747 6 万元或者恢复原状。

3. 被告辩称

苗迎春建设的本案涉案房屋并未取得建设工程规划许可证，违反了相关法律的规定，属于违法建设。海淀城管大队对苗迎春的违法建设予以强制拆除的行为，不属于国家赔偿的范畴。苗迎春所诉与本案基本事实不符，京海城管罚字［2009］170311 号《限期拆除通知书》中的违法建设是 391.47 平方米的四处砖混结构房屋，2010 年 2 月 2 日海淀城管大队强制拆除的违法建设也只是 391.47 平方米的四处砖混结构房屋，并未拆除仿古影壁墙、蓄水池、水泥路面和围墙。苗迎春要求赔偿违法建设中存放的物品损失的请求，与事实不符。2010 年 2 月 2 日，在强制拆除苗迎春违法建设时，海淀城管大队制作了现场物品清单，苗迎春拒绝领取；随后海淀区西北旺镇镇政府委托北京国信公证处对相关物品进行了证据保全，异地保管，苗迎春一直拒绝领取。由于苗迎春多次拒绝领取相关物品，造成部分无法保存或易腐烂变质物品的损失，应由其个人承担相关责任。此外，根据北京市海淀区人民政府《关于建立遏制和查处违法建设长效管理工作机制的意见（试行）》（海政发［2009］49号）的规定，本案的强制拆除工作由属地的西北旺镇镇政府负责领导组织实施，包括统一调度、现场指挥、证据保全、物品保管等事宜，故本案中涉及的强制拆除事宜和相关物品的保管工作均由西北旺镇镇政府负责，不应由海淀城管大队承担责任。另外，苗迎春所提因无法生产经营所造成的经济损失的赔偿要求，属于间接损失的范畴，于法无据。综上所述，原告提出的行政赔偿请求与事实不符、与法相悖，请求人民法院驳回原告所有诉讼请求。

（三）一审事实和证据

北京市海淀区人民法院经公开审理查明：2009年12月31日海淀城管大队作出了京海城管罚字［2009］170311号限期拆除决定，并依据此决定于2010年2月2日强制拆除了北京市海淀区西北旺镇北清路南侧丰产芳地里东南角建设的砖混结构房屋四处，总建筑面积391.47平方米。此后，苗迎春不服该具体行政行为提起诉讼，2010年6月18日一中院终审判决撤销了海淀城管大队作出的京海城管罚字［2009］170311号限期拆除决定。苗迎春于2010年6月29日向被告海淀城管大队递交了赔偿申请书，要求海淀城管大队因违法拆除其房屋赔偿其各项损失共计1 387 240元。海淀城管大队针对该申请于2010年8月20日作出了赔偿申请答复书，决定不予赔偿；并于同年8月27日将赔偿答复书送达苗迎春本人。

2010年2月2日海淀城管大队在拆除本案涉案建筑时，制作了物品清单，列明以下物品：（1）电锅炉1台；（2）煤炉2个；（3）烟筒8个；（4）铝盆1个；（5）电风扇2台；（6）木锯1个；（7）打药机1个；（8）灯9个；（9）电焊网2捆；（10）涂料2桶；（11）油毡1捆；（12）涂料桶3个；（13）瓷砖1捆；（14）手推车1部；（15）气瓶2个；（16）气焊管1根；（17）电焊机1台；（18）铁架3个；（19）电缆线1捆；（20）破棉絮1包。被告要求原告苗迎春现场领取以上物品，苗迎春未予领取。此后海淀城管大队对相关物品进行了异地保存并由北京国信公证处进行了保全证据公证，后向原告苗迎春送达了物品领取通知书，苗迎春仍拒绝领取上述物品。2010年10月20日，本院开庭审理此案时被告方当庭认可在拆除本案涉案建筑时损毁了原告苗迎春的蘑菇菌棒600多个。

另查明，北京市规划委员会（以下简称市规委）于2009年12月31日对海淀城管大队作出了规（海）执函［2009］229号《关于苗迎春在海淀区西北旺镇北清路南侧丰产芳地里东南角所建房屋规划审批情况的函》以及规（海）执函［2009］230号《关于苗迎春在北京市海淀区西北旺镇北清路南侧丰产芳地里东南角所建仿古影壁墙及围墙规划审批情况的函》，认定位于北京市海淀区西北旺镇北清路南侧丰产芳地里东南角的4处房屋（391.47平方米）、1处砖混结构仿古影壁墙（10延米）及围墙（92延米）未依法取得建设工程规划许可证。苗迎春不服海淀城管大队作出的不予赔偿决定，于2010年9月15日向北京市海淀区人民法院提起行政赔偿诉讼。

上述事实有下列证据证明：

原告提交的证据有：

1.《永丰屯村土地承包合同》；

2.海淀区西北旺镇永丰屯村村委会证明；

3.北京市海淀区支农项目合同书；

4.照片6张；

5.商××提供的证明1份；

6.一中院（2010）一中行终字第1625号行政判决书。

以上证据均为复印件。

被告提交的证据有：

1.京海城管罚字［2009］170311号《限期拆除决定书》（存根）；

2.京海城管罚字［2009］170311号《强制拆除通知书》（存根）；

3.立案审批表；

4.现场检查笔录（勘验）；

5.现场检查笔录（复查）；

6.违法建设照片；

7.违法建设照片（复查）；

8.张贴送达现场照片；

9.违法建设平面位置图；

10.原告身份证明；

11.询问笔录；

12.谈话通知书（存根）；

13.规划认定函；

14.关于规划审批情况的函2份；

15.案件呈批表；

16.强制执行审批表；

17.强制拆除执行记录；

18.物品清单（存根）；

19.物品领取通知书；

20.赔偿申请书；

21.赔偿申请答复书；

22.送达回证5份；

23.见证人身份证明；

24.公证书及光盘（当庭播放）；

25.光盘证据（当庭播放）。

以上证据均为复印件。

经庭审质证，北京市海淀区人民法院认为，原告苗迎春的证据1至证据3所记载内容与本案不具备直接关联性，对上述证据法院不予采纳。针对证据5商××提供的证明中所载内容，法院对蘑菇菌棒 10 元/个的单价予以认可，其他内容不予采信。证据 4、证据 6 形式上符合《最高人民法院关于行政诉讼证据若干问题的规定》中规定的提供证据的要求，内容真实，与本案具有关联性，法院予以采信。被告海淀城管大队提交的全部证据，形式上符合《最高人民法院关于行政诉讼证据若干问题的规定》中规定的提供证据的要求，内容真实，与本案具有关联性，法院予以采信。

（四）一审判案理由

北京市海淀区人民法院经审理认为：《中华人民共和国国家赔偿法》第二条明确规定："国家机关和国家机关工作人员违法行使职权侵犯公民、法人和其他组织的合法权益造成损害的，受害人有依照本法取得国家赔偿的权利。"根据上述规定，受害人取得国家赔偿的前提是国家机关和国家机关工作人员违法行使职权对其合法权益造成了实际损害。

本案中，被告海淀城管大队强制拆除原告苗迎春 391.47 平方米涉案建筑的行为所依据的京海城管罚字［2009］170311 号限期拆除决定虽经一中院（2010）一中行终字第 1625 号判决撤销，但因原告未提供证据证明被强制拆除建筑物属合法建筑物，且原告所建的建筑物经市规委认定，未依法取得建设工程规划许可证，故其要求被告给予行政赔偿的诉讼请求，无事实及法律依据，法院不予支持。原告苗迎春认为被告拉走其物品给其造成了损失，但被告海淀城管大队已将提取的证据作了返还处理，并已通知原告，原告拒绝领取，因此而造成的损失行政机关不承担赔偿责任，故对其此项赔偿请求，法院不予支持。原告认为，被告在拆除涉案建筑过程中损毁了其所建仿古影壁墙、蓄水池、水泥路面、围墙，但从其提供的证据不能认定其所建上述建筑为合法建设，且原告所称的上述拆除行为亦未被有关部门确认违法，故对其上述行政赔偿请求，法院不予支持。此外，根据《中华人民共和国国家赔偿法》第二十八条第（七）项的规定，对财产权造成其他损害的，按照直接损失给予赔偿。原告要求赔偿无法生产经营所造成的损失，无事实及法律依据，法院不予支持。

在庭审过程中，被告当庭认可在拆除涉案建筑时毁损了原告的蘑菇菌棒六百多个，对原告的此项损失，法院予以认定。故对于毁损蘑菇菌棒的行为，被告应当承担行政赔偿责任，本院对于赔偿方式和赔偿数额予以酌定。原告所称的其他损失，因无证据予以证明，法院不予支持。

（五）一审定案结论

北京市海淀区人民法院依照《中华人民共和国国家赔偿法》第二条、第四条第（四）项、第二十五条第一款、第二十八条第（七）项，《最高人民法院关于审理行政赔偿案件若干问题的规定》第三十三条之规定，作出如下判决：

1. 本判决生效后 30 日内，被告北京市海淀区城市管理监察大队赔偿原告苗迎春蘑菇菌棒损失人民币 6 500 元；

2. 驳回原告苗迎春的其他行政赔偿请求。

（六）二审情况

1. 二审诉辩主张

（1）上诉人诉称

上诉人坚持一审中的诉讼意见，认为一审判决认定事实不清，请求二审法院撤销一审判决，要求被上诉人给予赔偿。

（2）被上诉人辩称

同意原审判决，请求二审法院驳回上诉人的上诉请求。

2. 二审事实和证据

北京市第一中级人民法院经审理，认定了一审的事实和证据。

3. 二审判案理由

在二审法院审理期间，上诉人苗迎春向二审法院提出撤诉申请。

北京市第一中级人民法院经审查认为，上诉人有权在诉讼期间依法处分其诉讼权利。上诉人苗迎春申请撤回上诉，系其真实意思表示，未违反法律规定、妨害社会公共利益，应予准许。

4. 二审定案结论

北京市第一中级人民法院依照《中华人民共和国行政诉讼法》第五十一条之规定，作出如下裁定：

准许上诉人苗迎春撤回上诉。

（七）解说

本案的焦点问题是对于赔偿请求人因赔偿义务机关的具体行政行为遭受损失的具体情况，赔偿义务机关无证据证明，人民法院能否以赔偿义务机关的自认作为认定案件事实的依据；法院对原、被告的证据如何审查。其实质涉及行政赔偿案件中，各方当事人举证责任的认定问题。

1. 行政赔偿案件中，原告、被告举证责任的认定

我国行政诉讼法确立的是被告负举证责任的基本证据规则，原告只承担有限的举证责任。

《中华人民共和国行政诉讼法》第三十二条规定："被告对作出的具体行政行为负有举证责任，应当提供作出该具体行政行为的证据和所依据的规范性文件。"被告负举证责任，即被告应对其作出的具体行政行为承担举证责任，否则将承担败诉风险。也就是说，被告对被诉具体行政行为的合法性和合理性承担举证责任。如被告的证据不足以说服法官，那么其必将承担败诉后果。在行政诉讼中，举证责任始终由被告行政机关主要承担，其独具的恒定性成为行政诉讼举证责任最为突出的特点。

在行政诉讼中，原告承担有限的举证责任，在行政赔偿诉讼案件中，即体现了上述规则。《最高人民法院关于执行〈中华人民共和国行政诉讼法〉若干问题的解释》第二

十七条规定："原告对下列事项承担举证责任……（三）在一并提起的行政赔偿诉讼中，证明因受被诉行为侵害而造成损失的事实。"《最高人民法院关于行政诉讼证据若干问题的规定》第五条规定："在行政赔偿诉讼中，原告应当对被诉具体行政行为造成损害的事实提供证据。"根据上述规定，原告在行政赔偿诉讼中，需证明其受被诉行政行为侵害的事实。但笔者认为，原告的上述举证责任与被告的举证责任并不相同。

在行政诉讼领域，行政诉讼法将举证责任交由被告承担，但这并不意味着被告承担行政诉讼中一切事实的举证责任。在行政诉讼中并不否定原告承担举证责任。由于行政诉讼的诉讼标的就是具体行政行为的合法性问题，因而行政诉讼中被告承担的是主要的举证责任。但在一定情况下，行政诉讼中的原告也要承担举证责任。当然，由于原告依法不负担行政诉讼的主要举证责任，因而原告的举证与被告的举证在性质和最终后果上不能相提并论。被告举证是法律规定的责任，原告举证则是法律赋予的权利，而并非"风险义务"。《最高人民法院关于行政诉讼证据若干问题的规定》第六条"原告可以提供证明被诉具体行政行为违法的证据。原告提供的证据不成立的，不免除被告对被诉具体行政行为合法性的举证责任"的规定，也明确了原告的这一权利。结合我国行政诉讼所具有的行政执法性、原告的举证能力和举证的必要性等因素予以分析，原告在行政诉讼中承担的是推进责任，他对行政诉讼程序的进行起着推进作用。

在行政赔偿案件中，原告只需证明具体行政行为对原告造成的损害后果客观存在以及提供相应的关于损失的证据，就已经完成推进责任，举证责任随之转移给被告，被告需对其主张提供证据。在行政赔偿诉讼中，原告完成推进责任后，将适用"谁主张，谁举证"原则，故行政赔偿诉讼中的举证并不是严格意义上的行政诉讼举证。

2. 本案的情况

本案中，海淀城管大队对苗迎春的房屋实施的强制拆除行为被终审判决确认违法，苗迎春针对上述行为提起行政赔偿诉讼。在一、二审案件审理过程中，原告（上诉人）、被告（被上诉人）争议的焦点问题是海淀城管大队在拆除房屋的过程中，关于毁损的蘑菇菌棒损失如何认定。从海淀城管大队向法院提交的光盘可以看出，在苗迎春被拆除的建筑物中确实堆放着一定数量的蘑菇菌棒，但其数量根据播放的光盘无法认定，海淀城管大队亦未对上述蘑菇菌棒进行登记（该行为违反了法定程序）。故如何认定蘑菇菌棒的损失，成为审理本行政赔偿案件的关键。在一审庭审过程中，海淀城管大队当庭认可在拆除涉案建筑时毁损了原告的蘑菇菌棒六百多个，一审法院在没有其他证据佐证的情况下，采纳了被告的当庭自认，根据海淀城管大队的上述自认，酌定赔偿方式和赔偿数额，判决海淀城管大队赔偿苗迎春蘑菇菌棒损失 6 500 元。笔者认为，一审判决如此认定并不妥当。

本案中，苗迎春在一审诉讼中向法院提交了一份商××提供的证明，以证明蘑菇菌棒的损失情况。在此，苗迎春已经根据相关规定，对其受到被诉行政行为侵害的损失情况提供了初步证据，其已经完成了推进责任。其后，举证责任转移至被告，被告应对其主张的事实予以证明，并反驳原告提交的证据。但本案中，海淀城管大队并未提出反驳苗迎春上述观点的证据，亦未提出直接证据证明蘑菇菌棒的实际损失。在此种情况下，一审法院应当审查苗迎春提供的证据（如可以要求证人出庭作证等）。但一审法院并未审查该份证据，对损失的蘑菇菌棒的数量采纳了海淀城管大队的自认，对于蘑菇菌棒的单价却认可了苗迎春所提供的上述证明中的描述，一审法院的上述认定明显缺乏一致性，难以自圆其说。在原告已经提出了相应的证据，已经完成了推进责任的情况下，如被告无法提供证据证明其主张的事实，法院应当支持原告的主张。况且，被告在实施强制拆除行为时，并未对上述蘑菇菌棒的数量进行登记，其应当对上述违法行为承担不利后果。综上，一审法院判决海淀城管大队赔偿苗迎春蘑菇菌棒的损失 6 500 元缺乏证据支持。该案经二审法院协调，以上诉人撤诉而结案。

（北京市第一中级人民法院　贾志刚）

29. 王天新诉北京市东城区城市管理监察大队要求确认不履行法定职责违法案

（一）首部

1. 判决书字号：北京市东城区人民法院（2011）东行初字第 109 号行政判决书。

2. 案由：确认不履行法定职责违法。

3. 诉讼双方

原告：王天新，北京市人，住北京市东城区西花市南里。

委托代理人：马龙哲，北京市仁和律师事务所律师。

被告：北京市东城区城市管理监察大队（以下简称东城区城管大队），住所地：北京市东城区北京站东街老钱局胡同甲 14 号。

法定代表人：耿学森，该大队大队长。

委托代理人：于婷，东城区城管大队干部。

委托代理人：赵强，东城区城管大队干部。

4. 审级：一审。

5. 审判机关和审判组织

审判机关：北京市东城区人民法院。

合议庭组成人员：审判长：刘志云；代理审判员：刘晓、吴迪。

6. 审结时间：2011 年 7 月 25 日。

（二）诉辩主张

1. 被诉具体行政行为

原告向被告举报在居住地附近有工地夜间施工，噪声严重影响原告休息，请求被告责令停止违法夜间施工并予以处罚。被告经调查，认为该作业未列入城管查处的职责范围。

2. 原告诉称

紧邻原告居住的北京市东城区西花市南里西区 10 号楼的南侧有一处建筑工地，该工地自 2010 年年初开工以来，在未依法取得国家建设行政主管机关准予夜间施工的批准文件的情况下，多次实施违法夜间施工行为，因施工而发出的巨大噪声给原告等周边居民的夜间休息造成严重影响。原告在历次发现该建筑工地违法夜间施工后，均通过拨打被告处 96310 城管热线电话进行报案，请求被告责令停止违法夜间施工行为，依法予以行政处罚。原告至少在 2010 年 12 月 14 日、12 月 26 日，2011 年 1 月 13 日、1 月 14 日、2 月 25 日、3 月 1 日、3 月 2 日、3 月 10 日、3 月 16 日进行了举报。然被告却一直以该工地夜间施工的行为不具备法定处罚条件为由，拒不依法责令其停止夜间施工行为，且在明知并认可夜间施工确实存在显著噪声的情况下，拒不对违法夜间施工行为予以行政处罚，从而导致该工地违法夜间施工的行为得到纵容，严重侵害了原告等周边居民的休息权、健康权。现起诉请求确认被告拒不对违法夜间施工的行为予以行政处罚的行为违法。

3. 被告辩称

被告接到原告的举报后，大队执法人员都会第一时间到达现场，对夜间施工的行为进行认定与核实。经查，原告所述的 9 次举报均为工地装卸材料行为，该行为无须取得《夜间施工许可证》。根据《北京市环境噪声污染防治办法》和市城管执法局、市建委、市环保局等相关部门联合制定的《关于明确查处环境噪声污染违法行为法律适用问题的意见（试行）》的规定，“产生噪声的施工作业”包括：土方工程；浇注混凝土；支、拆模板；大型机械夜间清理施工现场；切割机、电锯作业；夯实作业；捆扎钢筋；破碎作业；拆除作业等九种。因此，夜间运输活动或装卸施工材料等未列入城管查处的职责范围。对于现场检查发现的装卸材料运输行为，大队执法人员均劝阻施工方文明施工，最大限度减小噪声影响，并向举报人进行了解释。故我大队在此期间并没有纵容违法行为，也没有拒不履行法定职责，我大队一直在积极作为，请求法院判决驳回原告的诉讼请求。

（三）事实和证据

北京市东城区人民法院经公开审理查明：2010 年 12 月至 2011 年 4 月期间，王天新多次拨打 96310 城管热线电话，举报北京市东城区西花市南里西区 10 号楼南侧的建筑工地存在违法夜间施工的行为，要求东城区城管大队依法予以查处。东城区城管大队接到举报后，执法人员到达现场进行了检查，根据检查的情况，该大队分别采取责令降低噪声、责令停止人工清运垃圾、责令停工等措施，并制作了相关夜查记录。2011 年 1 月 14 日凌晨，东城区城管大队以施工工地从事人工清运垃圾为由，向施工单位北京万兴建筑集团有限公司开具了《谈话通知书》并送达该公司。2011 年 1 月 14 日，北京万兴建筑集团有限公司十分公司新景家园 2 号楼项目部向东城区城管大队出具书面保证书，承诺夜间不动用大型机械进行作业，避免噪声扰民。

上述事实有下列证据证明：

原告提供的证据有：

1. 京房权证崇私字第07000265号房产证，证明原告系位于东城区西花市南里西区10号楼3单元303号房屋所有权人，自2007年年初起在该房屋居住至今，该房屋楼下南侧即为本案讼争的建筑工地。该建筑工地逾百次的违法夜间施工行为，严重影响原告的休息和健康，侵害了原告的合法权利。

2. 报案记录，证明原告至少在2010年12月14日、12月26日，2011年1月13日、1月14日、2月25日、3月1日、3月2日、3月10日、3月16日等夜间，就讼争工地存在夜间施工行为，依法向被告报案并请求处理。

3. 夜间施工现场录像，证明2011年3月16日凌晨1点至早晨6点期间，讼争建筑工地未经批准，违法从事夜间施工作业，并发出巨大噪声，严重影响包括原告在内的数百户居民的休息权和健康权等合法权利。

4. 施工现场录像，证明被告及施工单位称装卸、运输钢筋等建筑材料只能或必须在夜间进行与事实不符，且明显缺乏法律依据。

5. 于凌晨4点59分拍摄的施工现场录像，证明被告及施工单位称该工地的所有夜间施工均为装卸、运输钢筋等建筑材料与事实不符。

被告提供了的证据有：

1. 夜查记录，证明被告履职的情况；

2. 北京城管热线系统（96310）单据，证明原告提到的一次举报电话不属实，该记录是电脑自动生成的，证明被告接到举报后确实到现场进行了处理；

3.《中国电信股份有限公司北京分公司语音详单》，证明被告在第一时间给原告打电话向她回复相关情况；

4. 谈话通知书；

5. 送达回证；

6.《至北京市东城区城市管理监察大队保证书》；

证据4、5、6证明被告履责的过程；

7.《货物运输记录》，证明被告到工地调取了相关材料，履行了相应的职责；

8.《行政处罚决定书》，证明被告履行了职责，对施工单位曾进行过处罚。

（四）判案理由

北京市东城区人民法院经审理认为：《中华人民共和国行政处罚法》第十六条规定，国务院或者经国务院授权的省、自治区、直辖市人民政府可以决定一个行政机关行使有关行政机关的行政处罚权。根据《北京市实施城市管理相对集中行政处罚权办法》的规定，城市管理综合执法部门具有对施工现场进行管理和处罚的法定职责。城市管理综合执法部门接到公民举报后，应当对公民举报所称的违反施工现场管理秩序的行为进行调查和处理，积极履行法定职责。在查清事实、证据确凿的情况下，及时作出相应的处理。本案中，王天新多次致电东城区城管大队，举报其所居住的东城区西花市南里西区10号楼南侧的建筑工地存在违法夜间施工的行为。东城区城管大队接到王天新的举报电话后，均到达施工现场进行了检查，根据检查的情况，对施工单位下发了《谈话通知书》并对产生噪声扰民的行为进行了劝止，这是城市管理综合执法部门履行职责的表现。

本案的争议焦点是东城区城管大队在接到王天新关于建筑工地存在违法夜间施工行为的多次举报后，未对施工单位予以行政处罚是否构成违法。《北京市人民政府关于维护施工秩序减少施工噪声扰民的通知》（京政发［1996］8号）第三条规定，国家和本市重点工程一般建设项目的土方工程以及按照设计要求必须连续施工的工程，需要在22时至次日6时进行施工的，施工单位在施工前必须向工程所在地区的建设行政主管部门提出申请，经审查批准后到工程所在地区的环保部门备案。《北京市环境噪声污染防治办法》第四十条规定，未取得夜间施工批准文件进行夜间施工的，由城市管理综合执法部门责令停止违法行为，并处1万元以上3万元以下罚款。综上，国家和本市重点工程一般建设项目的土方工程以及按照设计要求必须连续施工的工程需要在夜间施工的，应当经过建设行政主管部门的批准，施工单位如未经批准即在夜间进行土方工程或者按设计要求必须连续施工工程的施工，城市管理综合执法部门应当予以处罚。本案中，东城区城管大队在接到王天新的多次举报后，经现场检查，均未发现被举报的施工单位存在以上需要取得建设行政主管部门夜间施工批准的施工行为，故其对施工单位未予处罚并无不当。同时，王天新也未能提供证据证明被举报的施工单位存在以上需要取得夜间施工批准的施工行为，现王天新认为东城区城管大队拒不对违法夜间施工行为予以行政处罚的行为违法的理由不能成立。

（五）定案结论

北京市东城区人民法院依照《最高人民法院关于执行〈中华人民共和国行政诉讼法〉若干问题的解释》第五十六条第（一）项之规定，作出如下判决：

驳回原告王天新要求确认被告北京市东城区城市管理监察大队拒不对违法夜间施工行为予以行政处罚的行为违法的诉讼请求。

（六）解说

所谓相对集中行政处罚权，就是将若干行政机关的行政处罚权集中起来，交由一个行政机关统一行使。行政处罚权相对集中后，有关行政机关不再行使已经由一个行政机关统一行使的行政处罚权。相对集中行政处罚权是近些年发展起来的行政执法改革措施，作为行政管理体制改革的重大创新，其意义重大、成效明显。《中华人民共和国行政处罚法》第十六条首次在行政法中确立了相对集中行政处罚权制度。实行相对集中行政处罚权的领域，为多头执法、职责交叉、重复处罚、执法扰民等问题比较突出，严重影响执法效率和政府形象的领域，而城市管理领域，管理主体多，涉及范围广，法律关系最为复杂，存在的问题也最多，因此国务院率先在城市管理领域开展相对集中处罚权工作。城市管理综合执法部门即为行使相对集中行政处罚权的主体。

相对集中行政处罚权制度设立的初衷是要解决执法机构职责交叉、违法处罚的现象。但在实际运行中，在某些领域却发生了职责交叉比以往更甚的现象。有时市民为了一个投诉不得不去找众多部门，最后可能仍不能解决自己的实际问题。本案就是一起要求确认城市管理综合执法部门（以下简称城管部门）不履行法定职责违法的案件，涉及的主要问题是城管部门与环境保护部门的执法权交叉以及城管部门的处罚权限范围问题。

第一，关于处罚权的问题。《中华人民共和国环境噪声污染防治法》第五十六条规定：建筑施工单位违反本法第三十条第一款的规定，在城市市区噪声敏感建筑的集中区域内，夜间进行禁止进行的产生环境噪声污染的建筑施工作业的，由工程所在地县级以上地方人民政府环境保护行政主管部门责令改正，可以并处罚款。根据《中华人民共和国行政处罚法》第十六条关于相对集中处罚权的规定，《北京市实施城市管理相对集中行政处罚权办法》集中列举了城管执法机关可以行使的处罚权范围，包括施工现场管理方面的有关处罚权。《北京市环境噪声污染防治办法》第四十条规定，违反本办法第十八条第二款规定，未取得夜间施工批准文件进行夜间施工的，由城市管理综合执法部门责令停止违法行为，并处1万元以上3万元以下罚款。据此，对于未取得夜间施工批准文件的施工行为，城管部门有处罚权。

第二，城管部门对违法夜间施工行为的处罚权限范围问题。这个问题是本案的焦点，涉及违法夜间施工应如何界定的问题。

关于夜间施工许可的范围问题，承办人咨询了东城区建委，得到答复称，现各区、县建委只就挖掘土方工程和连续浇注混凝土需要夜间施工的行为发放夜间施工许可证，其他施工行为不在夜间施工许可审批范围内，因为其他的行为无须在夜间实施；但夜间装卸材料行为比较特殊，受城市交通管制的影响，只能夜间进行。

关于城管处罚权权限的范围以及违法夜间施工的认定问题，北京市城市管理综合执法局和北京市环保局有不同的看法，对《北京市环境噪声污染防治办法》第十八条、第四十条的规定有不同的理解，因此造成了执法的真空地带。《北京市环境噪声污染防治办法》第十八条规定：噪声敏感建筑物集中区域内，禁止在夜间进行产生噪声污染的施工作业。但国家和本市重点工程、抢修抢险作业和因生产工艺要求以及其他特殊需要必须连续作业的除外。国家和本市重点工程、因生产工艺要求或者其他特殊需要，确需在夜间进行施工作业的，应当取得工程所在地建设行政主管部门核发的准予夜间施工的批准文件。在案件审理过程中，承办人就《北京市环境噪声污染防治办法》第十八条和第四十条的理解问题咨询了制定该办法的北京市政府法制办法制处工作人员。市政府法制办认为，对该办法第十八条的理解要整体来看，第一款和第二款是一以贯之的，第一款规定的是绝对禁止产生噪音的夜间施工作业，第二款规定因特殊原因需要夜间施工的应经许可，第二款的规定是根据第一款来的。因此，对该办法第四十条罚则的规定，不能狭隘地理解为城管部门只有权处罚需要取得夜间施工许可的那几种行为，对于其他违反禁止性规定的夜间施工行为，城管也是有处罚权的。对此问题，合议庭认为，对《北京市环境噪声污染防治办法》关于罚则的规定应当作一个综合的判断，虽然该办法第四十条只规定了对于违反第十八条第二款的规定未取得夜间施工批准文件进行夜间施工的，城管部门有权予以处罚，但是结合第十八条的整条规定来看，第一款先规定了“禁止在夜间进行产生噪声污染的施工作业。但国家和本市重点工程、抢修抢险作业和因生产工艺要求以及其他特殊需要必须连续作业的除外”，即原则上禁止夜间实施一切产生噪声污染的作业，除非有特殊的需要比如第二款的这些情况。第二款规定了如果属于特殊情况确需夜间施工的，需要取得夜间施工许可。整条规定应当连贯起来理解，既然第十八条规定了可以在满足一定条件的前提下且经批准后夜间施工，那么如果不具备这些特定条件，就是说无条件的应一概不准夜间施工，更谈何许可？据此，对第四十条规定的罚则，不能仅仅理解为只对需经许可但没许可的行为进行处罚，对于其他本身就是无条件禁止夜间实施的施工行为，城管更是应当有权处罚的。既然如此，城管部门就不应当限缩理解其查处违法夜间施工行为的权限范围。根据《北京市实施城市管理相对集中行政处罚权办法》第六条的规定，城管执法机关和相关部门不得擅自对相对集中处罚权的权限范围进行调整变更。综上来看，城管部门有权处罚的不应当仅仅限于需要建委审批获取夜间施工许可的行为，只要是施工单位夜间实施了一切产生噪声污染的作业，这些作业是无条件禁止夜间实施的，城管部门就应当有权处罚。

具体到本案所涉及的夜间装卸材料行为，《中华人民共和国环境噪声污染防治法》第三十条规定的是“禁止夜间进行产生环境噪声污染的建筑施工作业”；《北京市环境噪声污染防治办法》第十八条规定的是“禁止在夜间进行产生噪声污染的施工作业”。两者无一例外地规定了“产生噪声污染”。笔者认为，装卸材料的行为是否构成禁止夜间实施的行为，不能一概而论，因为考虑到北京市确有交通管制的问题，工地装卸材料只能在夜间实施，不可能绝对禁止夜间装卸材料。故根据以上规定，是否产生噪声污染是一个很关键的界限，装卸材料行为造成的噪音可大可小，若施工方自觉注意，装卸材料时的噪音污染可以避免；如果施工方放任，那么噪声污染有可能产生。从法律角度讲，产生噪声污染的装卸材料行为应当禁止。但从现实角度看，如何界定夜间装卸材料是否产生噪声污染，确实是技术上的难题。现实中，也不可能要求城管执法人员现场找来技术部门进行噪声测定，城管执法人员能做的只有责令降低噪声，也就是所谓的指导建议。如果要求城管执法人员对此作出处罚，似乎尚缺乏足够的条件，因为在现有条件下尚没有关于施工现场如何进行噪声测定并如何据此作出处罚的标准和规定。本案的问题就在于，从法律角度来看，城管部门有权罚，也应当罚，但是现实来看不好罚，也不能罚。本案不是一个单纯用法律就能够解决的问题，对夜间装卸材料行为只能作一个特殊处理，毕竟受交通管制，该行为不得不在夜间实施，而受现有技术条件制约，现场界定该行为是否产生噪声污染也无法实现，如根据被告提供的夜查记录来看，有时候到现场时卸料已经实施完毕，无法界定是否产生了噪声。因此，对于夜间装卸材料行为，在现行立法规定和技术条件下，以不予处罚为宜。

综上，城管部门应对一切产生噪声污染的夜间施工作业予以查处和处罚，但夜间装卸材料行为因其具有一定的特殊性以及技术操作上的难题和空白，城管部门在现有条件下不宜对此予以处罚。原告亦不能举证证明九次投诉中存在其他产生噪声污染的夜间施工作业，因此合议庭最后评议的结果为，从现实角度考虑，判决驳回原告的诉讼请求。

（北京市东城区人民法院　曾玮　刘晓）

30. 王建生不服北京市顺义区赵全营镇人民政府规划行政强制案

（一）首部

1. 判决书字号：北京市顺义区人民法院（2011）顺行初字第175号行政判决书。
2. 案由：规划行政强制。
3. 诉讼双方

原告：王建生，北京市顺义区赵全营镇北郎中村村民，住该村。

委托代理人：王军，北京市律港律师事务所律师。

委托代理人：闻常菊（原告之妻），北京市顺义区赵全营镇北郎中村村民，住该村。

被告：北京市顺义区赵全营镇人民政府，住所地：北京市顺义区赵全营镇牛板路101号。

法定代表人：赵志勇，该镇镇长。

委托代理人：金丽娟，北京市致知律师事务所律师。

4. 审级：一审。
5. 审判机关和审判组织

审判机关：北京市顺义区人民法院。

合议庭组成人员：审判长：刘琳琳；审判员：杨桂萍；代理审判员：宋颖。

6. 审结时间：2011年12月6日。

（二）诉辩主张

1. 被诉具体行政行为

2011年8月22日，被告对原告作出《通知书》，内容是："王建生：2011年7月12日赵全营镇已收到北京市国土资源局顺义分局京国土顺［2011］195号'关于对赵全营镇北郎中村村内违章建设处理的函'文件。文件中确定你家宅基地超占209.94平方米，超占部分的地上建筑物为违章建设，同时要求镇政府依据北京市人民政府第228号令的相关规定对你超占宅基地违法建设部分（209.94平方米）进行拆除并恢复土地原貌。镇政府依据京国土顺［2011］195号文件和北京市人民政府第228号令的相关规定，现责令你于收到本通知书之日起15日之内，将违章建设自行拆除并恢复土地原貌。过期没有拆除的，将进行强制拆除，由此造成的罚款和强制执行费用由你自行承担。如你对京国土顺［2011］195号文件裁决不服，可自行主张权利，但不影响镇政府的强制执行行动。请你配合政府，自行拆除，减少损失。”

2. 原告诉称

2011年8月22日，我收到被告下达的《通知书》。该《通知书》依据京国土顺［2011］195号文件和北京市人民政府第228号令的相关规定，责令我于收到之日起15日内，将违章建设自行拆除并恢复土地原貌，过期没有拆除的，将进行强制拆除。该《通知书》所涉及的所谓违法建设部分形成过程如下：所涉院墙系我父母遗产，目前归我、我弟弟王建军、嫂子王雪兰三家共同所有。新中国成立前，我父母在现赵全营镇北郎中村斜街25号盖有正房3间，并建起围墙，在宅院西南角建有厕所一座。新中国成立后，农村合作社改造前，上述宅院取得河北省顺义县房屋土地所有权证。我父母一直对该宅院内的房屋及附属设施进行使用，随着家庭人口的增多，又陆续在该宅院内盖棚子、厢房等，并在宅院南侧建有猪舍9间。农村合作社改造后，我父母一直未放弃土地使用权，国家或所在的村也没有以任何方式收回土地使用权。我父母的户口一直在该宅院。1993年顺义县土地使用权试点改革时，由我负责申请办理集体土地建设用地使用证，但我一直未注意该证件的具体内容。我同弟弟王建军使用院内原有9间猪舍养猪。我父母生前未按照农村习俗分家，未形成过任何有效的分家单，去世前也未留下遗嘱，家庭成员均同意对相应建筑保持共有状态。1998年经我父亲及家人同意，我将部分房屋及地基拆除后进行了翻建。2010年9月，我自己将该宅院南侧猪舍9间予以拆除，准备重建。在父亲去世后，我将父母原有的南院墙和西院墙进行了加固。我认为被告《通知书》中所谓的209.94平方米违法建设事实并不存在，只不过是我父母遗留的院墙、厕所和猪舍而已，《通知书》中所指的209.94平方米也在集体土地建设用地使用证的实线范围内。我现有使用证注明的四至与附图有出入，附图记载不清，使用证颁发有误，而且发证机关在没有任何证据的情形下注明王雪兰的空地不要了。相关土地发证、登记机关并未及时改正错误。我认为被告作出《通知书》所依据的京国土顺［2011］195号文件本身不合法，适用法律错误，而且其中所谓的209.94平方米违法建设根本不存在。围墙、厕所等系历史遗留产物，209.94平方米也在我使用证的范围之内。为维护我的合法权益，现起诉请求判决确认被告于2011年8月22日作出的《通知书》违法并予以撤销。

3. 被告辩称

（1）本案涉诉通知是被告依据北京市人民政府第228号令向原告作出的限期整改通知，非强制拆除决定，依据现行《中华人民共和国城乡规划法》以及《北京市高级人民法院关于行政审判适用法律问题的解答（二）》第十四条的规定，责令整改通知不可诉。（2）按照《中华人民共和国行政复议法》第三十条的规定，原告应履行复议前置程序，否则无权提起行政诉讼。（3）1993年顺义县人民政府给原告颁发的集体土地建设用地使用证的范围及四至是清楚无误的，此证是原告合法拥有宅基地使用权的依据；依据该使用证、《中华人民共和国城乡规划法》和北京市人民政府第228号令、陕西国土测绘工程院出具的测量成果报告、京国土顺［2011］195号文件可认定原告超占面积为209.94平方米；原告诉状中称对南院墙、西院墙加固的行为人是原告本人，故本案涉诉违法建设不涉及其他案外人。基于上述三点意见，涉诉通知是正确无误的。

（三）事实和证据

北京市顺义区人民法院经公开审理查明：原告系赵全营镇北郎中村村民，在该村享有宅基地使用权。1993年11月，原顺义县人民政府为原告核发顺—赵全营乡北郎中集建（证）字第086号集体土地建设用地使用证，确认原告宅基地使用面积为462.69平方米。2011年6月2日，受北京市国土资源局顺义分局委托，陕西国土测绘工程院对原告宅基地使用现状进行实地测绘和面积计算，形成测绘成果——现场勘测图一份，该勘测图中载明原告宗地面积672.63平方米，建筑面积274.15平方米。2011年7月11日，北京市国土资源局顺义分局出具"关于对赵全营镇北郎中村村内违章建设处理的函"，其内容为："赵全营镇人民政府：日前，我分局收到北京市国土资源局转来的关于贵镇北郎中村村民王建生超占宅基地建房问题的举报信。我分局执法队、分局第一土地管理所、贵镇村镇建设科及北郎中村村委会相关人等与陕西国土工程测绘院对王建生宅基地进行实地测量后，其宅基地现使用面积为672.63平方米，超占面积209.94平方米，地面建筑为违章建设。请贵镇政府依据北京市人民政府令第228号的相关规定，对北郎中村村民王建生超占宅基地违法建设部分（209.94平方米）进行拆除并恢复土地原貌。"2011年8月22日，被告出具被诉《通知书》，并于当日向原告送达。原告不服，向本院提起行政诉讼。

上述事实有下列证据证明：

1. 集体土地建设用地使用证、宅基地登记卡，证明原告宅基地合法使用范围、四至及面积情况；

2. 测量成果报告，证明经测量单位测量，原告超占面积209.94平方米；

3. 京国土顺［2011］195号"关于对赵全营镇北郎中村村内违章建设处理的函"，该函的内容体现出原告超占面积209.94平方米，超占面积上的建筑是违章建筑；

4.《通知书》，证明被告针对原告的违章建筑发出限期整改通知。

（四）判案理由

北京市顺义区人民法院经审理认为：《中华人民共和国城乡规划法》第六十五条规定："在乡、村庄规划区内未依法取得乡村建设规划许可证或者未按照乡村建设规划许可证的规定进行建设的，由乡、镇人民政府责令停止建设、限期改正；逾期不改正的，可以拆除。"根据上述法律规定，被告作为顺义区乡镇一级人民政府，对辖区内违反乡村建设规划进行建设的行为，具有责令限期改正的法定职权。

本案中，被告作出被诉《通知书》之前，未向规划部门就原告的建设行为是否取得乡村建设规划许可证进行调查取证，即依照国土部门认定原告所建建筑属于违章建筑的结论要求原告自行拆除违章建筑，且没有明确对于原告应当自行拆除的建筑物的具体位置、尺寸，故被告作出《通知书》的主要证据不足，认定事实不清。

《中华人民共和国行政复议法》第三十条规定："公民、法人或者其他组织认为行政机关的具体行政行为侵犯其已经依法取得的土地、矿藏、水流、森林、山岭、草原、荒地、滩涂、海域等自然资源的所有权或者使用权的，应当先申请行政复议；对行政复议决定不服的，可以依法向人民法院提起行政诉讼。”因本案被诉《通知书》仅涉及对原告所建建筑物的处理内容，并不存在侵犯原告已经依法取得的土地等自然资源所有权或使用权的情形，故被告认为原告应履行复议前置程序的意见没有法律依据。另，本案被诉《通知书》中除了要求原告将违章建筑自行拆除的内容外，还明确告知原告“过期没有拆除的，将进行强制拆除”。故被诉《通知书》已经对原告的权利、义务产生实际影响，属于行政诉讼受案范围，被告认为涉诉《通知书》不可诉的意见没有法律依据。综上，被告辩称的理由缺乏事实和法律依据，本院不予支持。

（五）定案结论

北京市顺义区人民法院依照《中华人民共和国行政诉讼法》第五十四条第（二）项第1目的规定，作出如下判决：

撤销被告北京市顺义区赵全营镇人民政府于2011年8月22日作出的《通知书》。

案件受理费50元，由被告北京市顺义区赵全营镇人民政府负担，于本判决生效后7日内交纳。

（六）解说

本案的争议焦点有三：

第一，被告作出限期拆除通知书的执法程序是否完备？依据是否充分？

第二，国土部门是否有权认定违章建筑？违章建筑应由哪个部门进行认定？

第三，被诉通知书中关于“原告家宅基地超占面积为209.94平方米，超占部分的地上建筑物为违章建筑”的事实认定是否清楚？

焦点一：自2008年1月1日起施行的《中华人民共和国城乡规划法》赋予乡镇人民政府作出限期拆除决定的法定职权，但该法对乡镇人民政府作出限期拆除决定的执法程序并未作出详尽的规定。对此，北京市高级人民法院京高法发［2010］168号通知明确指出：人民法院在审理此类案件时，可比照正当法律程序的基本原则及要求对限期拆除决定的执法程序进行合法性审查。通常认为，拆违案件中的正当法律程序应当包括：立案、送达、对违法建设现场进行勘验、对建设主体是否取得相关审批手续进行调查、向建设主体进行询问核实以及权利告知等环节。而本案中，被告在接到北京市国土资源局顺义分局出具的“关于对赵全营镇北郎中村村内违章建设处理的函”后，未履行任何调查核实程序，直接作出被诉《通知书》，并向原告进行送达。因此，其执法程序明显存在欠缺，被告在此情形下作出的《通知书》亦缺乏充分的事实依据，其认定事实的主要证据不足。

焦点二：本案中，被告作出被诉《通知书》的依据之一是国土部门出具的“关于对赵全营镇北郎中村村内违章建设处理的函”，该函中北京市国土资源局顺义分局认定原告“超占面积209.94平方米，地面建筑为违章建筑”。对于违法建设与违法占地，二者虽然截然不同，但实践中相关部门往往将其混为一谈，并进而导致职权部门作出超越自身职权范围的认定结论。所谓违法建设，是指在没有依照《中华人民共和国城乡规划法》等法律、法规的规定取得相关审批手续的情形下进行的建设。而违法占地是指违反《中华人民共和国土地管理法》等法律、法规的规定，未取得相关手续违规占用土地。两者存在明显差别，因此对其进行认定的职权部门也不同。在乡、村庄规划区内，认定违章建筑的职权部门应是乡镇人民政府，违法占地问题则应由国土部门作出认定。而本案中，违法建设的性质却由国土部门认定，因此国土部门的这一认定应属超越职权，其出具的函应属部分无效，被告依据该函所作的限期拆除通知亦因此存在欠缺。

焦点三：被告认定事实不清。被诉《通知书》中认定，原告家宅基地超占面积为209.94平方米，超占部分的地上建筑物为违章建筑，要求原告将违章建设自行拆除并恢复土地原貌；而原告认为其宅基地上不存在违章建筑，即双方当事人对是否存在违章建筑、哪些建筑属于违章建筑存在分歧。在此情形下，假如因原告拒绝自行拆除导致强拆行为发生，则该《通知书》将无法执行。因为对于哪些建筑属于违章建筑，《通知书》中没有涉及，也没有明确应当拆除的建筑物的尺寸，因此被诉《通知书》的执行内容不明确，属于认定事实不清。

（北京市顺义区人民法院　刘琳琳）

31. 易世伦等诉北京市昌平区城市管理监察大队要求履行法定职责案

（一）首部

1. 判决书字号：北京市昌平区人民法院（2011）昌行初字第82号行政判决书。

2. 案由：要求履行法定职责。

3. 诉讼双方

原告：易世伦，重庆市忠县八一小学退休员工，住北京市昌平区名佳花园。

原告：刘正启，个体经营业主，住北京市昌平区名佳花园。

原告：方一清，北京合川律师事务所律师，住北京市昌平区名佳花园。

原告：李铁刚，无业，住北京市海淀区上园村。

原告：苏铁钟，无业，住北京市房山区良乡镇。

原告：苏美英，无业，住北京市海淀区上园村。

被告：北京市昌平区城市管理监察大队（以下简称昌平城管大队），住所地：北京市昌平区西关12号。

法定代表人：韩续昌，该大队大队长。

委托代理人：郑德荣，北京市威正律师事务所律师。

委托代理人：毛志洪，昌平城管大队法制科副科长。

第三人：沈幼明，住北京市朝阳区安慧北里。

4. 审级：一审。

5. 审判机关和审判组织

审判机关：北京市昌平区人民法院。

合议庭组成人员：审判长：安晓华；代理审判员：杨帆；人民陪审员：韩玉林。

6. 审结时间：2011 年 10 月 14 日。

（二）诉辩主张

1. 被诉具体行政行为

原告自 2008 年 6 月起向被告口头举报违法建设问题，要求被告履行职责，被告在 2008 年即对原告的举报进行了立案调查。2010 年 6 月 23 日，案外人刘××、苏××及本案中四原告易世伦、刘正启、李铁刚、方一清等六人向本案被告递交书面申请，要求被告履行法定职责，拆除昌平区北七家镇名佳花园三区商业街出入口的几处违法建设。2010 年 7 月 17 日，被告昌平城管大队对上述申请作出了书面答复，认为原告所举报的违法建设系指顺天来美食城、北京市鼐香楼涮肉馆和土豆娃酒店三家店铺的建设问题，对这三家店铺的建设问题，被告已经作了相关调查处理工作，并将继续处理。

2. 原告诉称

原告六人诉称，几位原告系昌平区北七家镇名佳花园三区二排商业街底商业主。自 2007 年年底至今，位于二排底商的商业街入口处存在违章建筑，严重影响原告们的正常营业和通行。原告无数次向城管部门反映此事，要求予以拆除，均得不到解决。为此，原告向城管监察、市政府、国务院信访办提出申请要求督办。但城管部门一直严重不作为、不履行法定职责，故向人民法院提起诉讼，请求判令被告昌平城管大队履行法定职责。

3. 被告辩称

被告在接到举报后按照相关程序规定正在进行相关处理。自 2008 年 6 月起接到关于反映本案涉案违章建设的举报后，被告即依据执法程序开展执法工作。期间，原告等人针对涉案房屋提起了民事诉讼，该诉讼由昌平区人民法院受理并审理。因为这个原因，被告暂时中止了执法程序，等待昌平区人民法院对案件作出判决后再行处理。该案件经过了一审、二审两个阶段的审理。2010 年 6 月 23 日，刘××、苏××及本案四个原告易世伦、刘正启、李铁刚、方一清向被告递交了一份申请书，反映昌平区北七家镇名佳花园三区二排商业街前底商房出入口东西两端存在几处违章建筑，影响申请人的正常营业和通行，要求予以拆除。接到申请书后，被告立即指派相关部门调查处理，并于 2010 年 7 月 17 日作出《关于反映北七家镇名佳花园底商违法建设问题举报的回复》，回复内容为："经查，你们举报的建设为顺天来美食城、北京市鼐香楼涮肉馆、土豆娃酒店三家店铺的建设问题。目前，执法人员已经对顺天来美食城、北京市鼐香楼涮肉馆的建设制作了现场检查笔录、现场勘验笔录、现场照片及询问笔录，收集了营业执照复印件等相关的证据材料，发放了责令改正通知书、谈话通知书。执法人员将继续依法处理。"对于鼐香楼涮肉馆的违建问题，被告认为房屋的拆除属于法院的执行问题，而非被告的职责。综上，被告已按照法律、法规赋予的执法方式和执法权限履行了法定职责，请求人民法院查清事实后依法予以认定和裁决。

4. 第三人述称

第三人沈幼明经传唤未到庭参加诉讼。

（三）事实和证据

北京市昌平区人民法院经公开审理查明：2008年6月起，原告等人即向被告下属的北七家城管分队口头举报名佳花园三区商业街的违法建设问题，被告接到举报后即对鼐香楼涮肉馆涉嫌违法建设进行了立案。2008年6月5日，被告进行了现场检查，同日对鼐香楼涮肉馆业主沈幼明作出了《责令改正通知书》，责令沈幼明于2008年6月16日16时前改正其违法行为。与此同时，几位原告在北京市昌平区人民法院对沈幼明提起排除妨碍的民事诉讼，经一、二审法院审理，2009年2月，北京市第一中级人民法院终审判决沈幼明将其建在原房屋西侧的半透明房屋拆除，对于沈幼明在原房屋北侧建设的房屋，民事判决对几位原告的请求未予支持。生效的民事判决书已执行完毕。其后，几位原告继续要求被告昌平城管大队履行职责，拆除鼐香楼涮肉馆北侧的违法建设以及民事判决书执行完毕后鼐香楼涮肉馆又在原房屋西侧新盖起的铁皮房屋。2010年7月6日，被告昌平城管大队对鼐香楼涮肉馆再次进行了现场检查，并于同日作出《责令改正通知书》，责令沈幼明于2010年7月20日8时前改正其未经批准进行建设的违法行为。此后，被告未再作出新的处理。2011年7月15日，六位原告向我院提起诉讼。

上述事实有下列证据证明：

1. 昌平区城管监察大队办公室信访批办单及原告的申请书，证明被告收到申请书后，指派相关部门按程序进行了调查处理；

2.《关于反映北七家镇名佳花园底商违法建设问题举报的回复》，证明被告对原告的申请作出了回复；

3. 送达回证，证明被告于2010年7月22日将回复送达了申请人；

4. 鼐香楼违法建设处理卷宗，证明被告接到举报后，即依据执法程序开展执法工作，进行了现场检查、勘验，调取了相关证据，并对鼐香楼涮肉坊送达了《责令改正通知书》；

5. 照片，证明鼐香楼涮肉馆的现状。

（四）判案理由

北京市昌平区人民法院经审理认为：被告昌平城管大队具有查处辖区内违法建设的法定职责。2008年6月被告接到原告举报后，即对鼐香楼涮肉馆涉嫌违法建设的问题进行了立案调查，并作出了《责令改正通知书》，此后被告以涉案房屋存在民事诉讼为由中止了对案件的处理；但涉案房屋的民事诉讼是基于物权上的排除妨碍，是平等民事主体之间的民事争议，无论是否存在民事诉讼，事实上都不影响被告对违法建设的查处，因为被告对违法建设的查处是基于公法上的法定职责。再者，被告认为原告没有提

出粪香楼涮肉馆北侧的违建问题，本院认为，公民对违法行为有权利向有关部门举报，只要属于行政机关的职责范围，行政机关就有义务查明事实并作出处理。本案中，原告已向被告提出粪香楼涮肉馆存在违法建设的问题，则粪香楼涮肉馆是否存在违法建设行为以及违法建设的位置和面积等问题均应由被告予以查实，而不应将该义务附加于原告。因此，对于被告的该抗辩理由本院不予支持。此外，被告认为粪香楼涮肉馆西侧现存的建筑是法院未执行完毕的内容，而原告认为法院已对生效裁判文书执行完毕，对于该情况，亦应由被告来调查核实，而不能仅凭单方陈述即作出判断；并且，如上所述，粪香楼涮肉馆西侧现存建筑无论是否属于法院执行的标的物，亦不影响被告对违法建设行为的处理。综上，被告昌平城管大队对于粪香楼涮肉馆涉嫌违法建设问题立案已逾3年仍未作出处理决定，属于拖延履行职责的情形。

对于原告提出要求被告履行拆除粪香楼涮肉馆违法建设法定职责的诉讼请求，由于被告对粪香楼涮肉馆的违法建设问题尚未作出认定，亦尚未作出处理，而违法建设的认定与处理均属行政权范畴而非司法权范畴，故本院对该诉讼请求不予支持。

（五）定案结论

北京市昌平区人民法院依照《中华人民共和国行政诉讼法》第五十四条第（三）项之规定，作出如下判决：

责令被告北京市昌平区城市管理监察大队于60日内对粪香楼涮肉馆涉嫌违法建设的问题作出处理决定。

案件诉讼费人民币50元，由被告北京市昌平区城市管理监察大队负担。

（六）解说

违法建设行为，既是一种违反城市规划管理秩序的违法行为，同时也是一种侵害相邻方合法权益的民事侵权行为。对于违法建设的相邻方而言，为了实现其物权行使的完整状态，其既可以通过举报的方式要求城市管理部门履行查处违法建设的法定职责，也可以通过提起排除妨碍民事诉讼的途径来消除违法建设给其权利行使造成的障碍。如果城管部门已根据相邻一方的举报立案查处违法建设，在行政程序进行过程中，相邻一方又针对违法建设的所有人或管理人提起民事诉讼，城管部门能否以民事案件为由中止行政执法程序，并且根据民事诉讼的结果及其执行情况来决定行政执法程序的进程？

我们认为，在涉及违法建设的案件中，尽管通过排除妨碍民事诉讼与城管部门履行查处违法建设职责都可以达到使违法建设从物理上归于消灭的效果，但二者有着本质的区别，城管部门不能将民事诉讼救济作为拒绝履行或拖延履行职责的正当理由。

第一，民事司法救济与行政履责的法律属性不同。排除妨碍民事诉讼属于司法提供的维护相邻权人利益的救济方式，查处违法建设是公法赋予城管部门的法定职责，前者受物权法及民事诉讼法调整，后者受相关的公法规范调整；前者的直接目的是保障合法物权人权利的实现，后者的直接目的是维护城市规划管理秩序，对相关权利人的救济并不是其首要目的；是否启动民事诉讼程序，属于相关权利主体自由处分的范畴，但城管部门对于公法赋予其的法定职责没有选择是否执法的权利，更不能拒绝履行。因此，行政履责程序与民事诉讼程序是两个独立的程序，二者并行不悖，民事诉讼不是行政程序中止的正当理由。

第二，司法救济具有被动性，行政履责具有主动性。尽管司法救济与行政履责都能达到使违法建设归于消灭的效果，但司法本身的特性决定了其在消除违法建设对权利人的影响方面只能发挥有限的作用。司法所奉行的是“不告不理”原则，其所能提供的救济方式和范围很大程度上取决于原告的诉讼请求。对于超出原告诉讼请求之外的违法建设，司法并不能主动作出判断；同时司法实行的是裁执分离的原则，在司法裁判确定的义务人不自动履行裁判的情况下，相关权利人还得向法院申请强制执行。而行政执法程序则不同，城管部门对于正在进行的违法建设可以责令其停止建设、查封施工现场；对于已经建成的违法建设，可以责令限期拆除或予以没收、罚款。行政执法的主动性和强制力，使得城管部门发现违法建设行为可以随时采取相应的行政手段予以制止。

第三，行政履责与司法救济相比在效率方面更为经济。效率是行政执法活动追求的主要目标，为了确保行政执法活动的高效，相关法律赋予了行政执法部门较多的调查手段和强制手段，使得其可以通过相应的行政执法活动及时制止和纠正行政违法行为，进而使受损害的行政管理秩序及时得到修复。同时，行政执法部门内部形成的行政协助关系，也有助于其尽快查明违法事实。尽管效率也是司法所追求的重要价值目标，但司法对于公正程序的要求和对相关诉讼、证据规则的恪守，使得司法与行政执法相比在效率上不够明显。同时，对于当事人而言，获取司法救济要支付相应的诉讼费用。

综上所述，查处违法建设作为城管部门的法定职责，无论当事人是否提起民事诉讼，城管部门都必须严格依法履行职责，不能将民事诉讼作为拖延履行职责的借口。本案中，昌平区城管大队不能以当事人提起民事诉讼为由中止行政执法程序，更不能将因自己拖延履行职责导致违法建设不能得到及时查处归咎于法院的执行问题。

（北京市昌平区人民法院　安晓华　李丽）

32. 北京浩瀚聚源建筑材料有限公司不服北京市大兴区礼贤镇人民政府强制拆除行为案

（一）首部

1. 裁判书字号

一审判决书：北京市大兴区人民法院（2011）大行初字第94号行政判决书。

二审裁定书：北京市第一中级人民法院（2011）一中行终字第3254号行政裁定书。

2. 案由：强制拆除。

3. 诉讼双方

原告（上诉人）：北京浩瀚聚源建筑材料有限公司，住所地：北京市礼贤镇西大街厂前巷南头路东。

法定代表人：吴洪彬，该公司经理。

委托代理人（一、二审）：刘建柱，北京市双利律师事务所律师。

委托代理人（二审）张爱军：北京浩瀚聚源建筑材料有限公司副经理。

被告（被上诉人）：北京市大兴区礼贤镇人民政府，住所地：北京市大兴区礼贤镇。

法定代表人：于宝贵，该镇镇长。

委托代理人：韩小彪，北京市大兴区礼贤镇法律服务所职员。

4. 审级：二审。

5. 审判机关和审判组织

一审法院：北京市大兴区人民法院。

合议庭组成人员：审判长：雷剑；人民陪审员：江冀兴、路娅丽。

二审法院：北京市第一中级人民法院。

合议庭组成人员：审判长：吴月；审判员：乔军；代理审判员：曹炜。

6. 审结时间

一审审结时间：2011年9月9日。

二审审结时间：2011年12月16日。

（二）一审诉辩主张

1. 被诉具体行政行为

北京市大兴区礼贤镇人民政府（以下简称礼贤镇政府）于2011年5月1日对北京浩瀚聚源建筑材料有限公司（以下简称浩瀚聚源公司）位于北京市大兴区礼贤镇礼贤二村南侧租赁土地内的建筑物进行了强制拆除。

2. 原告诉称

吴洪彬、张爱军租用北京市大兴区礼贤镇礼贤二村经济合作社废坑建设砂石料场。大兴区礼贤镇农村经济经营管理站在租赁协议上盖了公章。该租赁土地经礼贤镇政府审核确认为未利用地，土地规划用途为工业用地。后吴洪彬注册成立浩瀚聚源公司，将租赁土地处的废坑填埋并建设经营用房。2011年5月1日，礼贤镇政府在没有送达《拆除违法建设决定书》、没有告知强制拆除的法律依据、没有告知权利义务的情况下，将浩瀚聚源公司所建经营用房强制拆除。该公司向礼贤镇政府索要强拆手续，礼贤镇政府于拆除当天给了该公司一份《强拆通知书》。浩瀚聚源公司认为，礼贤镇政府的行为严重违反了法律和北京市人民政府关于拆除违法建设的相关规定，给该公司造成巨大经济损失，现请求确认强制拆除行为违法。

3. 被告辩称

拆除的是违法建设。2011 年 4 月 1 日，我镇发现浩瀚聚源公司的建设未取得手续，对其下发自拆通知书。2011 年 4 月 21 日，北京市国土资源局大兴分局对该公司下发责令停止国土资源违法行为通知书。2011 年 4 月 30 日，我镇向浩瀚聚源公司法定代表人吴洪彬就强制拆除事宜作出具体通知。2011 年 5 月 1 日，我镇发放《强拆通知书》，对违法建设实施强制拆除。对浩瀚聚源公司的违法建设认定准确，拆除行为合法，请求法院驳回原告诉讼请求。

（三）一审事实和证据

北京市大兴区人民法院经公开审理查明：2009 年 7 月 1 日，大兴区礼贤镇礼贤二村经济合作社与本村村民吴洪彬、张爱军签订《租赁合同》，约定大兴区礼贤镇礼贤二村经济合作社将厂前巷南头路东废坑 12.4 亩租赁给吴洪彬、张爱军二人，土地性质为未利用地，土地用途为砂石料场，租赁期限为 10 年。2009 年 8 月 18 日，吴洪彬在北京市工商行政管理局大兴分局注册成立北京浩瀚聚源建筑材料有限公司。至 2011 年 4 月，浩瀚聚源公司通过填埋废坑，在租赁土地内建设钢架大棚 6 480 平方米。2011 年 4 月 1 日，被告礼贤镇政府工作人员发现原告在租赁土地内进行建设，经口头询问发现在建项目无建设规划许可手续。2011 年 4 月 21 日，北京市国土资源局大兴分局工作人员对原告浩瀚聚源公司法定代表人吴洪彬进行了询问，认定原告在租赁土地上的建设行为属于违法占地建设行为。2011 年 4 月 30 日，被告礼贤镇政府工作人员与原告浩瀚聚源公司法定代表人吴洪彬进行谈话，告知原告所建用房为违法建设，被告礼贤镇政府将于 2011 年 5 月 1 日组织人员对其进行强制拆除。2011 年 5 月 1 日，被告礼贤镇政府现场向被告浩瀚聚源公司送达《强拆通知书》，对原告所建钢架大棚经营用房进行了强制拆除。当天，原告浩瀚聚源公司法定代表人吴洪彬到达现场，钢架大棚经营用房内并无其他物品。强制拆除结束后，被告礼贤镇政府将切割下来的建造钢架大棚用的钢材归还原告浩瀚聚源公司。

上述事实有下列证据证明：

1. 被告提供的证据有：

（1）礼贤镇农建科自拆通知书 1 份；

（2）北京市国土资源局大兴分局责令停止国土资源违法行为通知书 1 份；

（3）被告礼贤镇政府对原告浩瀚聚源公司法定代表人吴洪彬的询问笔录 1 份；

（4）被告礼贤镇政府工作人员与原告浩瀚聚源公司法定代表人吴洪彬的谈话笔录 1 份；

（5）《强拆通知书》1 份。

2. 原告提供的证据有：

（1）土地租赁协议 1 份；

（2）礼贤镇礼贤二村出租土地前向被告礼贤镇政府提交的申请；

（3）礼贤镇村级土地利用审核表；

（4）企业住所（经营场所）证明；

（5）《强拆通知书》；

（6）礼贤镇礼贤二村出示的土地承包说明；

（7）强拆当天现场照片打印件6份。

北京市大兴区人民法院对上述证据作出如下认证：

被告提供的证据材料，经质证，原告对证据1、2不予认可，认为没收到；对证据3、4表示认可；对证据5表示确实存在，但是强拆当天给的。经审查，被告提供的证据1、2无法证实是否送达，不予采纳；证据5是强拆当天送达的；证据3、4具有真实性、合法性，与本案有关联性，予以采纳。

原告提供的证据材料，经质证，被告对证据5、7无异议；认为其他证据与本案无关。经审查，证据7具有真实性、合法性，与本案有关联性，予以采纳；原告提供的其他证据具有真实性、合法性，但与本案无关。

（四）一审判案理由

北京市大兴区人民法院经审理认为：原告浩瀚聚源公司所建的位于大兴区礼贤镇礼贤二村南侧租赁土地内钢架大棚未取得乡村建设规划许可证，为违法建设。被告礼贤镇政府向其调查，并告知其违反了法律规定，责令停止建设、限期改正，逾期不改可以拆除。因原告未自行拆除，被告礼贤镇政府予以强制拆除并无不妥。

被告礼贤镇政府为加强对违法建设的整治力度，采取及时发现、及时拆除的原则，对原告所建违法建设进行强制拆除，有效地发挥了打击违法建设的作用。但依据《北京市禁止违法建设若干规定》第十七条“强制拆除违法建设，应当提前5日在现场公告强制拆除决定”的规定，被告的强制拆除程序存在瑕疵，但不足以否定整个强制拆除行为的合法性。强制拆除当日，原告浩瀚聚源公司法定代表人吴洪彬在执行现场；强制拆除结束后，亦将切割下的钢材归还原告浩瀚聚源公司，故被告的强制拆除行为亦未对原告的合法权益造成侵害。

（五）一审定案结论

北京市大兴区人民法院依照最高人民法院《关于执行〈中华人民共和国行政诉讼法〉若干问题的解释》第五十六条第（四）项之规定，作出如下判决：

驳回原告北京浩瀚聚源建筑材料有限公司的诉讼请求。

（六）二审情况

1．二审诉辩主张

（1）上诉人诉称

坚持其一审诉讼主张，请求撤销一审判决，确认强制拆除行为违法。

(2) 被上诉人辩称

礼贤镇政府坚持其一审答辩理由，请求维持一审判决。

2. 二审事实和证据

北京市第一中级人民法院经审理查明：2009 年 6 月，大兴区礼贤镇礼贤二村向礼贤镇政府请示本村厂前巷南头路东废坑的出租问题，同年 6 月 26 日，礼贤镇政府作出《礼贤镇村级土地利用审核表》，该表载明土地现状为未利用土地，规划用途为工业用地，审批意见是同意。

2009 年 7 月 1 日，大兴区礼贤镇礼贤二村经济合作社与本村村民吴洪彬、张爱军签订《租赁协议》，约定大兴区礼贤镇礼贤二村经济合作社将厂前巷南头路东废坑 12.4 亩地租赁给吴洪彬、张爱军二人，土地性质为未利用地，土地用途为砂石料场，租赁期限为 10 年。2009 年 8 月 18 日，吴洪彬在北京市工商行政管理局大兴分局注册成立了北京浩瀚聚源建筑材料有限公司。后浩瀚聚源公司填埋废坑，在租赁土地上建设钢架大棚 6 480 平方米，截至 2011 年 4 月，该大棚尚未完工。

2011 年 4 月 1 日，礼贤镇政府工作人员发现浩瀚聚源公司在租赁土地内进行建设，经核实，在建项目无建设规划许可手续。同年 4 月 21 日，北京市国土资源局大兴分局工作人员对浩瀚聚源公司法定代表人吴洪彬进行了询问，认定浩瀚聚源公司未经合法用地审批在租赁土地上进行建设的行为违法。同年 4 月 30 日，礼贤镇政府工作人员与吴洪彬进行了谈话，告知浩瀚聚源公司所建用房为违法建设，礼贤镇政府将于同年 5 月 1 日组织人员对其进行强制拆除。

2011 年 5 月 1 日，礼贤镇政府现场向浩瀚聚源公司送达了《强拆通知书》，并组织人员对其所建的钢架大棚经营用房进行了强制拆除。强制拆除时，浩瀚聚源公司法定代表人吴洪彬到达现场，钢架大棚经营用房内并无其他物品。强制拆除结束后，礼贤镇政府将切割下来的建造钢架大棚用的钢材归还浩瀚聚源公司。

3. 二审判案理由

北京市第一中级人民法院经审理认为：根据 2011 年 4 月 1 日起施行的《北京市禁止违法建设若干规定》（北京市人民政府令第 228 号）第十五条、第十六条、第十七条的规定，乡镇人民政府发现正在建设的乡村违法建设后，应当立即书面责令停止建设，当事人不停止建设的，可以查封施工现场；查封施工现场应当在现场公告查封决定；强制拆除违法建设，应当提前 5 日在现场公告强制拆除决定，告知实施强制拆除的时间、相关依据、当事人的权利和义务等；实施强制拆除应当制作笔录并摄制录像。

本案中，礼贤镇政府发现浩瀚聚源公司未经行政许可即在租赁土地内进行建设后，没有履行书面责令停止建设、查封施工现场、现场公告查封决定、提前 5 日在现场公告强制拆除决定等相关法定程序。因此，应当认定礼贤镇政府实施的强制拆除行为违法，一审法院判决驳回原告的诉讼请求错误，依法应予撤销。浩瀚聚源公司关于撤销一审判决、确认强制拆除行为违法的诉讼请求，具有事实和法律依据，本院予以支持。

4. 二审定案结论

北京市第一中级人民法院依照《中华人民共和国行政诉讼法》第六十一条第（二）项及《最高人民法院关于执行〈中华人民共和国行政诉讼法〉若干问题的解释》第五十

七条第二款第（二）项的规定，作出如下判决：

（1）撤销北京市大兴区人民法院（2011）大行初字第94号行政判决；

（2）确认北京市大兴区礼贤镇人民政府于2011年5月1日对北京浩瀚聚源建筑材料有限公司钢架大棚的强制拆除行为违法。

（七）解说

行政合法性审查包括实体合法性审查和程序合法性审查，即审查被诉具体行政行为的作出是否正确及作出程序是否合法。本案礼贤镇政府对违法建设的认定正确，强制拆除行为在实体上没有错误，但其强制拆除行为违反了相关程序性规定，没有履行书面责令停止建设、查封施工现场、现场公告查封决定、提前5日在现场公告强制拆除决定等法定程序。

对行政机关违反法定程序的情形，法院有两种认定：一为程序违法；另一为程序瑕疵。程序瑕疵一般是指行政行为的程序存在一定瑕疵，但尚不构成违法。然而在现实判案中，程序违法和程序瑕疵没有严格的界限，更多取决于法官的自由心证。本案一审法院认定礼贤镇政府的强拆行为仅构成程序瑕疵，但从被诉强拆行为违反法定程序的程度看，其没有履行书面责令停止建设、查封施工现场、现场公告查封决定、提前5日在现场公告强拆决定等法定程序，属于严重违反法定程序、侵害当事人程序权利的情形。如果仅仅确认程序瑕疵，不利于维护法律权威，不利于推进行政机关依法行政，不利于保护当事人的合法权利；且强拆属社会敏感事件，当事人对抗情绪强烈，易引发信访、闹访等影响社会和谐稳定的情形。因此，针对强拆类案件，更应从程序角度充分保障当事人合法权利，使当事人在被强拆的同时感到自己被尊重，减轻行政相对人与行政机关之间的对立情绪。故本案二审法院撤销一审判决，改判确认被诉强拆行为违法。

（北京市第一中级人民法院　乔军　饶鹏飞）

33. 贾荣娣不服镇江市环境保护局新区分局环境保护行政许可案

（一）首部

1. 判决书字号

一审判决书：镇江经济开发区人民法院（2010）镇经行初字第0004号行政判决书。

二审判决书：镇江市中级人民法院（2011）镇行终字第0036号行政判决书。

2. 案由：环境保护行政许可。

3. 诉讼双方

原告（被上诉人）：贾荣娣，镇江市人。

委托代理人：严英明，镇江市人。

被告（上诉人）：镇江市环境保护局新区分局，住所地：镇江新区港中路。

负责人：戴群，该分局局长。

委托代理人：闵云贵，江苏江成律师事务所律师。

第三人：镇江新区丁卯龙鑫源酒楼，住所地：镇江市丁卯江南世家 002 幢。

经营者：陆秀青，该酒楼投资人。

4. 审级：二审。

5. 审判机关和审判组织

一审法院：江苏省镇江经济开发区人民法院。

合议庭组成人员：审判长：吴茜；代理审判员：刘沫；人民陪审员：莫嘉明。

二审法院：镇江市中级人民法院。

合议庭组成人员：审判长：王从国；审判员：曹英；代理审判员：肖雄。

6. 审结时间

一审审结时间：2011 年 4 月 28 日。

二审审结时间：2011 年 7 月 13 日。

（二）一审诉辩主张

1. 被诉具体行政行为

镇江市环境保护局新区分局对第三人镇江新区丁卯龙鑫源酒楼作出的环保审核登记。

2. 原告诉称

原告系镇江新区丁卯 168 号江南世家 2 幢 302 室的房主。2010 年 5 月，第三人镇江新区丁卯龙鑫源酒楼在其楼下开业，其油烟排污口紧靠原告北面窗下，离原告窗户垂直距离仅为 2 米，且在外墙悬挂了四台空调外机，严重影响了原告的生活。被告违反《饮食业环境保护技术规范》的规定，即违反“新建住宅楼内不宜设置饮食业单位，现有住宅楼内不宜新设置产生油烟污染的饮食业单位……新建产生油烟的饮食单位边界与环境敏感目标边界水平间距不宜小于 9m……经油烟净化后的油烟排放口与周边环境敏感目标距离不应小于 20m”等规定，且违反《环境保护行政许可听证暂行办法》的规定，在没有告知原告听证的情况下，于 2010 年 5 月 14 日同意第三人在丁卯江南世家 002 幢 1—2 层 0120 号门面房地址建设酒楼。被告违法的审批行为，侵犯了原告的合法权益，要求撤销 2010 年 5 月 14 日被告在第三人的《建设项目环境保护预审（登记）表》上的行政审批行为。

3. 被告辩称

2010 年 4 月 1 日起实施的《饮食业环境保护技术规范》适用于新建楼房，第三人所在的楼房在此规定实施前已经落成使用，且属于商住两用，不属于新建楼房，故不适用该技术规范。第三人在2009年12月28日就已经按照经营酒店的需要进行装修，报批时，经营酒楼所必需的软件和硬件已全部到位，故该酒店的环保审批也不属于该《技术规范》规定的“新设饮食业单位”的范围，被告对第三人的环保审批行为不违反法律规定。被告审批该项目，履行了现场调查、听证会、审批前公示等程序，故审批程序合法，且在项目审批意见中对污染环境提出了防治要求。另被告的审批行为也符合国家提倡劳动者自主创业、扶持劳动者创业的方针政策，被告在不违反法律禁止性规定的情况下，对第三人项目的环保问题进行审批，符合社会现状。综上，被告作出的这一具体行政行为事实清楚，程序合法，请求驳回原告的诉讼请求。

4. 第三人述称

原告不居住在该小区，被告的行为对原告不产生实际影响，原告不具备诉讼主体资格。被告的行为公开、公正，不存在违反法律规定的情形。第三人愿意与周围的住户搞好关系，希望协调处理此事。

（三）一审事实和证据

镇江经济开发区人民法院经公开审理查明：原告系镇江新区丁卯江南世家2幢302室的业主。2010年5月，第三人镇江新区丁卯龙鑫源酒楼在其楼下开业，其油烟排污口在原告家北面窗下，离原告窗户距离为2米，北面外墙悬挂第三人四台空调外机。

2010年4月16日，被告对第三人酒楼项目环境保护进行审批公示，并于同月19日～21日征求了江南世家120室、116室和124室住户的意见。2010年5月7日，被告向该小区物业公司送达听证通知，通知载明：该小区业主和住户、物业管理人员以及对此项目关注的人员参加该项目环境保护行政许可听证会。2010年5月11日，被告举行了听证会。第三人投资人陆秀青、小区物业2名管理人员以及该幢楼701室的住户到会参加了听证。2010年5月14日，被告对第三人申报的《建设项目环境保护预审（登记）表》进行了审核，并签署意见，通过了环保预审登记。2010年5月18日，第三人经工商登记后开业经营至今。

2010年7月5日，原告向镇江市环境保护局就第三人环保审批问题进行举报。2010年8月3日，镇江市环境保护局环境违法行为举报中心向原告进行了答复，告知原告：“市局将责成被告十五日内再次就第三人项目建设征求利害关系人意见。如不能征得有关利害关系人同意，将责成被告撤销对该项目的审批文件。”

上述事实有下列证据证明：

原告提供的证据有：

1. 房产证复印件1份，以证明原告系镇江新区丁卯168号江南世家2幢302室的所有权人，与被告的具体行政行为之间存在利害关系；

2. 2010年8月3日镇江市环境保护局环境违法行为举报中心出具的答复1份，以证明被告听证程序不合法，责成被告再次征求意见，否则将撤销该项目的审批。

被告提供的证据有：

1. 镇江市环境保护局（2008）227号文复印件1份，以证明被告有审批环境影响评价的职权；

2. 项目建设征求意见表1份，以证明被告在作出具体行政行为之前到第三人驻地进行了解，征求了周围邻居的意见，履行了程序义务；

3. 2010年4月26日的审批公示1份以及照片2张，以证明被告在审批前进行了公示；

4. 送达回证1份及听证会的通知1份，以证明被告已经通知了小区物业参加审批听证会，履行了听证会程序；

5. 会议签到簿及会议纪要各1份，以证明被告履行了听证程序，与会人员并无反对意见；

6.《建设项目环境保护预审（登记）表》1份，以证明第三人的项目通过了被告预审登记。

（四）一审判案理由

镇江经济开发区人民法院经审理认为：原告作为镇江新区丁卯江南世家2幢302室的房产所有权人，其与被告对第三人的审批行为有着行政法上的利害关系，即被告的审批行为对原告的权利、义务产生影响，故其具有原告主体资格。对被告以及第三人对原告不具备诉讼主体资格的辩称、陈述意见，本院不予采纳。

2010年4月1日起实施的《饮食业环境保护技术规范》（以下简称《技术规范》）是由环境保护部颁发的部门规范性文件，亦是被告进行建设项目环境预审的依据，故对被告认为审核时不适用该《技术规范》的答辩理由，本院不予采纳。该《技术规范》规定了现有住宅楼新建产生油烟的饮食单位与周边环境水平间距以及经油烟净化后的油烟排放口与周边环境距离不应小于20m等环保指标，被告于2010年5月14日审批第三人项目时应当依据该《技术规范》进行审核。现第三人的油烟排污口与原告北窗户距离为2m，与上述技术规范要求的20m距离相差甚远，被告的审批行为显然违反了该《技术规范》，未排除第三人污染扰民问题，不足以充分体现审核行为的合法性和合理性。另在程序上，被告审批时启动了听证程序，其应依法告知相关利害关系人听证时间、地点以及听证内容，现被告的听证通知只送达了原告所在小区的物业管理部门，并未告知原告，故应当认定被告违反法定听证程序。综上，被告对第三人于2010年5月14日作出的环保审批行为应当予以撤销。

（五）一审定案结论

镇江经济开发区人民法院依照《中华人民共和国行政诉讼法》第五十四条第（二）项第1、2、3目之规定，作出如下判决：

撤销2010年5月14日被告镇江市环境保护局新区分局对第三人《建设项目环境保护预审（登记）表》的审核。

案件受理费50元，由被告镇江市环境保护局新区分局负担。

（六）二审情况

1. 二审诉辩主张

(1) 上诉人诉称

被上诉人与上诉人的具体行政行为之间无法律上的利害关系，故无原告资格；上诉人进行了听证公示，并进行了听证，故程序合法；一审法院适用《技术规范》错误。请求撤销一审判决。

(2) 被上诉人辩称

1) 酒楼与其家距离很近，存在严重的安全隐患，污染严重，排污口与其窗口距离只有 2 米，窗外还悬挂了 4 台空调外机，窗户无法打开，并且有恶臭味。上诉人的违法审批，导致酒楼给其造成了直接的影响。2) 一审法院适用《技术规范》是正确的。上诉人于 2010 年 5 月 14 日审批原审第三人酒楼应当依据该规范，而酒楼并不符合《技术规范》的规定，因此上诉人的审批行为违法。上诉人在审批时也未将实际情况填写清楚。3) 上诉人在审批时，虽然启动了听证程序，但并未依法告知有利害关系的答辩人及其他相关住户，违反了法定听证程序。综上，上诉人的上诉理由无一成立，其审批行为适用法律错误，听证程序违法，一审法院判决正确，请求二审法院维持原判。

2. 二审事实和证据

镇江市中级人民法院经审理，确认一审法院认定的事实和证据。

3. 二审判案理由

镇江市中级人民法院经审理认为：《最高人民法院关于执行〈中华人民共和国行政诉讼法〉若干问题的解释》第十二条规定，与具体行政行为有法律上利害关系的公民、法人或者其他组织对该行为不服的，可以依法提起行政诉讼。本案中，被上诉人贾荣娣拥有所有权的镇江新区丁卯江南世家 2 幢 302 室与原审第三人所开设的酒楼，为楼上楼下关系。上诉人镇江市环境保护局新区分局对原审第三人作出的审批行为与贾荣娣有行政法上的利害关系，贾荣娣对该审批行为具有提起行政诉讼的原告资格。上诉人上诉认为贾荣娣无本案行政诉讼原告资格的理由，因无法律依据，本院不予采纳。

由环境保护部颁发的部门规范性文件《技术规范》于 2010 年 4 月 1 日起实施，该《技术规范》是进行建设项目环境预审的技术规范的依据，上诉人审核第三人环保申请的时间为 2010 年 5 月，应当适用该《技术规范》，该《技术规范》也是法院审查上诉人对原审第三人审核是否合法的依据。上诉人上诉认为一审法院适用《技术规范》错误的理由，依法不能成立。

上述《技术规范》规定了现有住宅楼新建产生油烟的饮食单位与周边环境水平间距以及经油烟净化后的油烟排放口与周边环境距离不应小于 20m 等环保指标，而原审第三人的油烟排污口与被上诉人北窗户距离为 2m，与上述《技术规范》要求的 20m 距离相差甚远，上诉人的审批行为显然不符合《技术规范》的要求。上诉人审批时启动了听证程序，但上诉人的听证通知未告知被上诉人，故上诉人听证程序也不符合《中华人民共和国行政许可法》的相关规定。上诉人上诉认为程序合法的理由，本院同样不予采纳。

综上，原审法院判决撤销 2010 年 5 月 14 日上诉人镇江市环境保护局新区分局对原审第三人《建设项目环境保护预审（登记）表》的审核，认定事实清楚，程序合法，适用法律正确。原审判决应予维持。

4. 二审定案结论

镇江市中级人民法院依照《中华人民共和国行政诉讼法》第六十一条第（一）项之规定，作出如下判决：

驳回上诉，维持原判。

二审案件受理费 50 元，由镇江市环境保护局新区分局负担。

（七）解说

《中华人民共和国行政诉讼法》第二条、第四十一条明确规定了原告资格及提起行政诉讼的条件，《最高人民法院关于执行〈中华人民共和国行政诉讼法〉若干问题的解释》第十二条规定："与具体行政行为有法律上利害关系的公民、法人或者其他组织对该行为不服的，可以依法提起行政诉讼。"这是我国法律首次明确赋予利害关系人提起行政诉讼的原告资格。"法律上利害关系"是公民、法人或其他组织的合法权益与行政行为之间存在的一种因果关系。因此，"法律上利害关系"的三个构成要件是：公民、法人或其他组织的合法权益、具体行政行为以及两者之间的因果关系。(1) 合法权益的存在是有关主体受具体行政行为影响，进而可能形成"法律上利害关系"的前提。在行政法领域，笔者认为合法权益即指公民、法人或其他组织存在公法上的权利。(2)"法律上利害关系"的第二个构成要件是影响合法权益的行政行为，因为"法律上利害关系"之构成便意味着利害关系人的原告资格。作为使合法权益受影响，进而可能构成"法律上利害关系"的唯一"推动力"的行政行为必须是可诉的行政行为，否则具有原告资格者向法院提起的诉讼便会失去其诉讼标的。(3) 存在法律上的因果关系，它是通过立法或司法活动确认的、作为承担法律责任之基础的、存在于加害行为与加害结果之间的联系。

在本案中，原告作为镇江新区丁卯江南世家 2 幢 302 室的实际房产所有权人，享有宪法赋予的居住权。本案中的被告作出了具体行政行为，2010 年 5 月 14 日，被告对第三人申报的《建设项目环境保护预审（登记）表》进行审核并签署意见，对第三人申报的建设项目进行了环保预审登记。第三人龙鑫源酒楼通过被告的环境审核，取得工商营业执照后，在营业过程中排放的油烟与空调噪声污染损害了原告贾荣娣的居住环境权益，原告的合法权益与被告作出的具体行政行为之间存在因果关系，被告的审批行为对原告的权利、义务产生了影响，故贾荣娣具有本案原告主体资格。

（镇江市中级人民法院　陈小娟）

34. 曹东勤诉无锡市城市管理行政执法局撤销行政处罚决定案

（一）首部

1. 判决书字号：江苏省无锡市滨湖区人民法院（2011）锡滨行初字第0016号行政判决书。

2. 案由：房屋登记行政管理。

3. 诉讼双方

原告：曹东勤，住无锡市新区坊前镇。

委托代理人：费文滔，江苏英特东华律师事务所律师。

被告：无锡市城市管理行政执法局，住所地：无锡市建筑路301号。

法定代表人：席永清，该局局长。

委托代理人：王瑶磊，该局职员。

委托代理人：阳学周，江苏崇宁律师事务所律师。

第三人：无锡市人民政府新区管理委员会规划建设环保局（以下简称新区规划局），住所地：无锡市国家高新技术产业开发区天山路5号。

法定代表人：祝君乔，该局局长。

委托代理人：郭小兵、郭晓丽，江苏瑞莱律师事务所律师。

第三人：无锡市人民政府新区管理委员会（以下简称新区管委会），住所地：无锡市新区天山路5号。

法定代表人：嵇克俭，该管委会主任。

委托代理人：郭小兵、郭晓丽，江苏瑞莱律师事务所律师。

4. 审级：一审。

5. 审判机关和审判组织

审判机关：江苏省无锡市滨湖区人民法院。

合议庭组成人员：审判长：杨波；审判员：李旭强；代理审判员：朱加嘉。

6. 审结时间：2011年12月19日。

（二）诉辩主张

1. 被诉具体行政行为

无锡市城市管理行政执法局（以下简称市城管执法局）作出锡城执案字［2011］第

606047 号行政处罚决定，认定曹东勤未经办理建设工程规划许可证，在新区坊前镇新芳路 33 号—1 建造一处一层玻璃钢棚，建筑面积为 66 平方米，经认定该违法建设为无法采取措施消除对规划影响类，要求曹东勤自收到处罚决定书之日起 15 日内自行拆除违法建设，逾期不拆除的，有关部门将组织强制拆除。

2. 原告诉称

坐落于无锡市新区坊前镇新芳路 33 号—1 的房子及院子是其合法财产，该院中有 1993 年搭建的 66 平方米玻璃钢棚。因为存在严重的安全隐患，经所属街道同意，2011 年年初其对玻璃钢棚进行了修补。2011 年 5 月 13 日市城管执法局向其送达了行政处罚决定书，认为其违法建设玻璃钢棚，经认定为无法消除对规划影响类，要求其拆除。第三人新区规划局对建筑物作出的“建议认定为无法消除对规划影响类”的意见，不是最终的认定，不能作为处罚依据。行政处罚决定错误认定了旧棚修补的性质，适用法律错误。请求判令撤销锡城执案字［2011］第 606047 号行政处罚决定。

3. 被告辩称

根据举报，发现原告在新芳路 33 号—1 的院子中自行建造了 66 平方米的玻璃钢棚，经调查属未取得建设工程规划许可证的违法建设。经向新区规划主管部门申请规划影响认定，结论为无法采取改正措施消除影响的情形。其根据认定结论，依据《中华人民共和国城乡规划法》的规定，作出限期拆除的处罚决定。行政处罚决定事实清楚，适用法律、法规正确，程序合法，请求维持锡城执案字［2011］第 606047 号行政处罚决定。

4. 第三人述称

2011 年 4 月 18 日，市城管执法局向新区规划局发函，申请对原告院中玻璃钢棚的城市规划的影响程度作出认定。根据市城管执法局的调查材料和现场勘验，同年 5 月 9 日，由新区规划局根据《江苏省城乡规划条例》和《无锡市城市规划条例实施办法》的有关规定作出“建议认定为无法采取措施消除对规划影响之类”的认定，新区管委会加盖规划审批专用章予以认可。涉案违法建设的规划影响程度认定清楚、依据明确。被告作出的行政处罚决定事实清楚、程序合法，应予维持。

（三）事实和证据

江苏省无锡市滨湖区人民法院经公开审理查明：原告曹东勤通过购买的方式于 2003 年取得无锡市新区新芳路 33 号—1 房屋的产权及土地使用权，该房屋土地使用权证中包含的院子部分在 1993 年由新区坊前供销合作社搭建玻璃钢棚成为一个简易仓库。2001 年坊前供销合作社将该简易仓库单独作价 40 000 元转让给案外人许××。因仓库土地使用权问题，曹东勤与许××发生诉讼争议。后经过相关部门协调多年，争议得到化解。2011 年 1 月，新区江溪街道出具说明，确认曹东勤对仓库的使用权，考虑到仓库的玻璃钢棚已经破损，允许曹东勤将院子简单搭建好，并允许将院子朝西开卷帘门。之后曹东勤将玻璃钢棚的钢板和支架予以更换。

因群众举报，市城管执法局于 2011 年 3 月 21 日到现场进行检查，要求曹东勤提交合法手续。曹东勤未能提交建设工程规划许可证。在《建设工程调查表》中记载“玻璃钢棚仓库（旧棚整修），项目批准部门江溪街道办事处，该仓库从2005年法院诉讼到2010年，经多次开庭，最终协调解决，本人额外出资3万元”等内容，并有曹东勤签名。市城管执法局于同年4月18日向新区规划局发出《违法建设规划影响认定通知书》，要求在4月25日前对涉案建设行为的规划影响进行认定。同年5月9日新区规划局在认定通知书上出具“根据《江苏省城乡规划条例》中相关要求，建议认定为无法采取措施消除对规划影响之类”的意见，新区管委会加盖规划审批专用章予以认可。庭审中，新区管委会、新区规划局提出：《江苏省城乡规划条例》第六十二条规定，在城市、镇规划区内，未取得建设工程规划许可证进行建设，由城乡规划主管部门责令停止建设……无法采取改正措施消除影响的，限期拆除；前款所称无法采取改正措施消除影响的情形包括……（五）其他无法采取改正措施消除影响的。《无锡市城市规划条例实施办法》第六十二条规定，位于城市道路两侧，严重影响城市景观的，属严重影响城市规划的违法建设。根据上述规定，本案的玻璃钢棚位于新芳路路边，新芳路属于通往坊前镇步行街的主干道，曹东勤在主干道旁搭建钢棚，属严重影响城市规划的行为。同年5月10日，市城管执法局发出《行政处罚事先告知书》。同年5月13日，市城管执法局根据规划认定意见，并依据《中华人民共和国城乡规划法》第六十四条“未取得建设工程规划许可证或者未按照建设工程规划许可证的规定进行建设的，由县级以上地方人民政府城乡规划主管部门责令停止建设……无法采取改正措施消除影响的，限期拆除，不能拆除的，没收实物或者违法收入，可以并处建设工程造价百分之十以下的罚款”的规定，作出要求曹东勤限期15日内自行拆除玻璃钢棚的行政处罚决定。

另查明，《无锡国家高新技术产业开发区条例》第七条规定，开发区设立的管理委员会代表所在地市人民政府对开发区区域范围内的经济、科技和社会事业实行统一领导和管理，协调各部门和各单位有关开发区的工作。无锡市人民政府锡政发［2002］297号文件规定，由新区管委会根据无锡市城市总体规划负责编制140平方公里分区规划；市政府授权新区管委会负责新区140平方公里行政辖区范围内建设项目的规划管理工作，负责受理和合法分管区域内建设项目的“一书两证”和私房翻建规划管理；由新区管委会负责查处核发“一书两证”范围内的各类违法建设行为。

上述事实有下列证据证明：

1. 原告提交的证据有：

（1）2005年3月21日颁发的土地使用权证，使用权人为曹东勤、丁××，地点在新芳路33号—1，面积为184.8平方米；

（2）2004年拍摄的院中玻璃钢棚已经破损的照片；

（3）2002年12月9日无锡市坊前供销合作社、无锡市新区坊前房产管理所出具的证明，内容为新芳路33号华丰商行南头简易建筑（玻璃钢棚仓库），面积66平方米系该供销合作社于1993年建造；

（4）2001年坊前供销合作社将该仓库作价4万元卖给本案案外人许××的协议书及付款证明，该组证据原件在无锡市土地档案信息服务中心留存；

（5）2011年1月9日无锡市新区江溪街道办事处出具的情况说明，内容为“新芳路33号的院子归曹东勤使用，由于原来的院子顶棚已经破损，允许曹东勤将院子简单搭建好”，说明上附有“请江溪城管在不影响环境的前提下妥善处理”的意见。

2. 被告提交的证据有：

(1) 2011 年 3 月 21 日现场检查笔录及勘查照片、建设工程调查表、限期提供合法手续及相关资料通知书、调查询问笔录；

(2) 曹东勤的身份证复印件及新芳路 33 号—1 房屋的产权证；

(3) 锡城执案字［2011］第 606047 号认定通知书，其中新区管委会和新区规划局共同作出规划影响认定，内容为："根据《江苏省城乡规划条例》中相关要求，建议认定为无法采取措施消除对规划影响之类"；

(4) 锡城执案字［2011］第 606047 号立案审批表、案件处理审批表；

(5) 2011 年 5 月 10 日锡城执案字［2011］第 606047 号《行政处罚事先告知书》；

(6) 2011 年 5 月 13 日锡城执案字［2011］第 606047 号《行政处罚决定书》及送达材料；

(7)《中华人民共和国城乡规划法》。

3. 第三人共同提交的证据有：

(1)《无锡国家高新技术产业开发区条例》及无锡市人民政府锡政发［2002］297 号文件，内容为由新区管委会根据无锡市城市总体规划负责编制 140 平方公里分区规划以及查处核发"一书两证"范围内的各类违章建设；

(2) 2011 年 5 月 4 日新区规划局拍摄的现场照片及现场检查记录。

(四) 判案理由

江苏省无锡市滨湖区人民法院经审理认为：行政处罚由具有行政处罚权的行政机关在法定职权范围内依法实施。2007 年《无锡市城市管理相对集中行政处罚权办法》第九条规定，市城市管理行政执法部门行使如下职权：依照城市规划管理方面法律、法规、规章的规定，制止、查处、纠正违反城市规划管理规定的行为；第二十九条规定，市城市管理行政执法部门在查处违法建设时，应当就违法建设对城市规划的影响程度征求市规划行政主管部门意见。市规划行政主管部门在接到《违法建设规划影响认定通知书》之日起 7 日内，作出《违法建设规划影响认定书》。本案中，市城管执法局作为查处违法建设的职能部门，在接到举报后及时进行调查，并向有关规划部门征询规划影响的认定意见，符合相关法律规定。新区管委会、新区规划局未能在规定的 7 日内及时作出认定，程序不当。涉案玻璃钢棚系历史遗留原因形成，曹东勤于 2011 年征询其他行政部门同意后拆旧建新是否合法、合理的事实，市城管执法局未在处罚决定中查明。第三人作出的规划影响认定意见为"根据《江苏省城乡规划条例》有关规定，建议认定为无法采取措施消除对规划影响之类"，未引用具体适用条款，且认定结论不明确，不能作为行政处罚的依据。关于庭审中新区管委会、新区规划局提出玻璃钢棚所在的新芳路属于通往坊前镇步行街的主干道，该钢棚严重影响城市规划的意见，没有提供充分的依据予以说明，本院不予采信。综上，行政处罚决定认定事实不清，主要证据不足。

（五）定案结论

江苏省无锡市滨湖区人民法院依照《中华人民共和国行政诉讼法》第五十四条第（二）项第 1 目之规定，作出如下判决：

撤销锡城执案字［2011］第 606047 号行政处罚决定。

（六）解说

本案中，处罚违法建设的主体与认定违法建设的主体是不同行政部门，在当事人起诉行政处罚决定书违法的行政诉讼案件中，法院应如何确认其关系和地位，并作出相应裁判？历史遗留的违法建设应如何处理？

1. 违法建设的认定与处罚的审查限度和标准

《中华人民共和国城乡规划法》自 2008 年 1 月 1 日起施行，该法第六十八条规定：城乡规划主管部门作出责令停止建设或者限期拆除的决定后，当事人不停止建设或者逾期不拆除的，建设工程所在地县级以上地方人民政府可以责成有关部门采取查封施工现场、强制拆除等措施。而城管执法机关行使规划管理方面的对无证违法建设的行政处罚权及强制措施权，是基于已经实行城市管理相对集中行政处罚权的市政府对此项工作职责的分配，新法律、法规和规章的制定或者修改中涉及对上述行政处罚权及强制措施权调整的，不影响该项工作职责的履行，其可以作为执法主体适用《中华人民共和国城乡规划法》查处违反规划管理的无证违法建设。因此，将市城管执法局作为被告是适格的。

对相对人权利、义务产生实际影响的内部行政答复行为，具备可诉行政行为的全部特征：它是行政机关实施的、与行使行政管理职权有关的行政行为，并且对相对人权利、义务产生了实际影响，在现实情况下具有司法审查的可能性和必要性。虽然《中华人民共和国行政诉讼法》和司法解释已明确将内部行政行为排除在行政诉讼的受案范围之外，但对相对人权利、义务产生实际影响的内部行政答复行为，已经不属于内部行政行为，它已经外化，并且对相对人的权利、义务产生了实际影响，因此，它是具有司法审查可能性的行为。此外，对相对人权利、义务产生实际影响的内部行政答复行为，也具有司法审查的必要性，因为它与仲裁行为、刑事侦查行为等不具有司法审查必要性的行为不一样，法律并没有为其提供有效的救济途径，故对其有进行司法审查的必要性。实践中，有观点把凡属上级机关对下级机关请示的答复或一机关对其他机关征求意见的答复一律作为内部行政行为看待，这是错误的观点。根据《中华人民共和国城乡规划法》的有关规定，确认是否为违章建筑是城市规划主管部门的职责。认定意见一经作出即宣告涉案房屋属违章建筑，其他机关均会确认该意见，而直接将该意见作为进行行政处罚的证据，这就使得认定意见对外发生了法律效力，并直接影响相对人的权利。

在本案中，处罚违法建设的基本事实依据由规划行政主管部门依法定职权进行确认，这就属于对相对人权利、义务产生实际影响的内部行政答复行为也具有司法审查的必要性。根据上述分析，法院追加规划行政主管部门作为被告型第三人。而第三人作出的规划影响认定意见为“根据《江苏省城乡规划条例》有关规定，建议认定为无法采取措施消除对规划影响之类”，其中未引用具体适用该法规的条款，且认定结论为“建议”，意见不明确，不能作为行政处罚的依据。关于庭审中新区管委会、新区规划局提出玻璃钢棚所在的新芳路属于通往坊前镇步行街的主干道，该钢棚严重影响城市规划的意见，其没有提供充分的证据加以证明，法院不予采信。

一个被诉具体行政行为要在诉讼中被法院判决维持，必须满足行为主体合法，证据确凿，适用法律、法规正确，符合法定程序等条件。本案中，新区规划局出具的认定意见违反了法定程序，在作出认定意见过程中未听取相对人的陈述、申辩，其依据的只是市城管执法局提供的书面资料。法治原则中的“自然公正原则”，要求任何人在受到不利处分之前，有为自己辩解的权利。该原则在《中华人民共和国行政处罚法》中有充分的体现（第六条、第三十二条、第四十一条及听证程序）。同时，《最高人民法院关于行政诉讼证据若干问题的规定》第六十条规定：被告在行政程序中非法剥夺公民、法人或者其他组织依法享有陈述、申辩或者听证权利所采用的证据，不能作为认定被诉具体行政行为合法的依据。这其实已将自然公正原则的要求扩展至所有行政领域。但是，实践中许多行政机关仍认为只有在行政处罚领域才须给予相对人陈述、申辩的机会，这是行政执法中的另一个误区。在作出撤销被诉行政行为的判决的理由中并未阐明上述内容，是本案说理的一个缺憾。

2. 历史遗留的违法建设如何处理

国务院于 1984 年 1 月颁布并施行的《城市规划条例》第五十条规定：“城市规划主管部门对本行政区域内违反本条例的组织和个人，可以分别给予以下行政处罚：（一）对违反本条例规定侵占土地的，应当责令其退出违章占用的土地，或者吊销其用地许可证，并可给予警告或者罚款。（二）对违反本条例规定进行建设的，责令停止违章建设行为，吊销其建设许可证，或者责令其拆除违章的建筑物、构筑物，并可给予警告或者罚款。”第五十一条又规定：“当事人对城市规划主管部门给予的责令退出违章占地、拆除违章建筑物和构筑物、吊销许可证和罚款的处罚决定不服，可以在收到决定书之日起十五日内，向人民法院起诉；逾期不起诉又不履行的，由城市规划主管部门申请人民法院强制执行。”此处的违章行为既不是指违反规章制度的行为，也不是泛指违反法律、行政法规的行为，而是特指违反该条例的行为。

1990 年 4 月实施的《中华人民共和国城市规划法》第四十条规定：“在城市规划区内，未取得建设工程规划许可证或者违反建设工程规划许可证的规定进行建设，严重影响城市规划的，由县级以上地方人民政府城市规划行政主管部门责令停止建设，限期拆除或者没收违法建筑物、构筑物或者其他设施；影响城市规划，尚可采取改正措施的，由县级以上地方人民政府城市规划行政主管部门责令限期改正，并处罚款。”在这里首次以行政法规规定违法建筑的概念，并对处理方式作出不同的规定。

目前对违法建筑是否存在延续状态，并无相关规定，行政机关对 2 年后发现的违法建筑的查处情况亦不尽相同。有观点认为：违法建筑一经建成，违法行为就告成立，违法建筑的存在是违法建筑行为导致的违法状态的继续，而不是违法建设这一行为的继续，即行为不包括结果，其追诉时效应从违法建筑建成之日起计算，也就是说违法建筑不存在延续状态；并认为如果行为包括结果，那么结果就没有独立存在的意义。笔者认为违章建筑存在两重属性：一是建设行为的违法性，这是所有违法建筑都具有的属性；二是后果的违法性，这是一部分违法建筑存在的属性，即当其对规划产生影响时，就具有了这一属性，对规划不产生影响或者说符合规划的，就不具有这一属性。根据2008年1月1日起施行的《中华人民共和国城乡规划法》的规定，对违法建筑的处理要考虑到两个因素：一是建设行为；二是建设结果对规划的影响。最高人民法院行政庭在《关于对〈中华人民共和国城市规划法〉第四十条如何适用的答复》（（1995）法行字第15号）中明确规定："违反城市规划的行为人其违法行为是否属于'严重影响城市规划'，应从其违法行为的性质和后果来确认。"

综上，若当事人所建设的建筑物不符合规划，违法建筑对规划的影响就始终存在，应视为处于持续状态。最高人民法院于1998年5月4日给国土资源部的函（[1997]法行字第26号）中已经明确："对非法占用土地的违法行为，在未恢复原状之前，应视为具有继续状态，其行政处罚的追诉时效，应根据行政处罚法第二十九条第二款的规定，从违法行为终了之日起计算……"若当事人所建设的建筑物符合规划，则不存在对规划的影响，即此时无持续状态。事实上若当事人所建设的建筑物符合规划，则应当补办手续，确认当事人的产权，也就不存在拆除的法定理由，在拆迁时应作为合法建筑或参照合法建筑适当补偿。

若在违法建筑形成后，规划进行了调整，使原有的违章建筑对规划的影响发生了变化，应适用从旧兼从轻的原则去确定追诉时效。处理和处罚要按时间考虑分类处理。原城乡建设环境保护部于1988年颁布的《关于房屋所有权登记工作中对违章建筑处理的原则意见》从违章建筑形成时间、所处地域、产生的影响三个方面提出了"三从宽三从严"方针，对现在处置违章建筑仍有参考意义。应当以相关法律、法规的颁布施行为依据，根据本地城市规划的具体时间合情合理地确定违章建筑的时间界限。具体可划定三个时段：在第一个时段（如1985年）前的一律补办手续，不予处罚，作合法建筑处置；在第二个时段（如1985年到1990年4月前）的，从宽处理，能不拆除或没收的，一律不处以拆除或没收，可以不予行政处罚的，一律不予行政处罚；在第三个时段（如1990年4月1日）之后的要从严处理。

处理或处罚时应当考虑违法的严重程度。违章建筑同时违反了两个以上的法律规范的，应当从重处罚。违章建筑建成后，法律、法规、规章进行了修改或者城市规划进行了调整，使原有的违章建筑对规划的影响发生了变化的，一律适用从旧兼从轻原则。对不违反法律和行政法规，仅违反地方性法规及规章的违章建筑，根据《中华人民共和国行政强制法》的规定一律不得处以没收或限期拆除。

在本案中，原告在自家院墙上搭建简易顶棚，形成于1990年前，并于2010年经当地街道同意进行翻修。根据上述分析，行政机关在处罚时应当考量的是违法程度、处罚方式及法律依据。在认定本案违法建设对城市规划的影响程度时必须有事实依据和法律根据，而不仅是规划部门的"建议认定为无法采取措施消除对规划影响之类"的意见。因行政处罚决定事实不清，主要证据不足，本案被诉决定被法院依法判决撤销。

（江苏省无锡市滨湖区人民法院　李旭强）

35. 揭阳市普侨区新侨实业发展公司不服揭阳市环境保护局环境保护行政处罚案

（一）首部

1. 判决书字号

一审判决书：揭阳市榕城区人民法院（2011）揭榕法行初字第4号行政判决书。

二审判决书：揭阳市中级人民法院（2011）揭中法行终字第7号行政判决书。

2. 案由：环境保护行政处罚。

3. 诉讼双方

原告（上诉人）：揭阳市普侨区新侨实业发展公司，住所地：普宁华侨管理区区部。

法定代表人：高凯昊，该公司董事长。

委托代理人：高志慧，哈尔滨市呼兰区莲花镇梁家村人，系揭阳市普侨区新侨实业发展公司总经理。

委托代理人：王建忠，福建闽荣律师事务所律师。

被告（被上诉人）：揭阳市环境保护局，住所地：揭阳市东山区莲花大道以东沿江路以北。

法定代表人：林曙，该局局长。

委托代理人：林杰坤，广东冠法律师事务所律师。

委托代理人：许朝云，广东冠法律师事务所律师。

4. 审级：二审。

5. 审判机关和审判组织

一审法院：揭阳市榕城区人民法院。

合议庭组成人员：审判长：林潮书；审判员：蔡湘莲；代理审判员：陈燕萍。

二审法院：揭阳市中级人民法院。

合议庭组成人员：审判长：秦雯；审判员：陈少华、陈锋。

6. 审结时间

一审审结时间：2011年8月4日。

二审审结时间：2011年11月25日。

（二）一审诉辩主张

1. 被诉具体行政行为

被告揭阳市环境保护局以原告建设项目需要配套建设的环境保护设施未经环境保护部门验收合格即投入生产为由，作出揭环罚字［2011］第001号行政处罚决定书。

2. 原告诉称

2011 年 1 月 19 日被告在未经任何合法程序检查和取证的情况下，以原告生产涂料及其类似产品制造项目需要配套建设的环境保护设施未经环保部门验收合格，即擅自投入生产，生产废水超标排放为由，对原告发出揭环罚字［2011］第 001 号行政处罚告知书。同年 2 月 17 日，被告对原告作出揭环罚字［2011］第 001 号行政处罚决定书：以原告建设项目需要配套建设的环境保护设施未经环境保护部门验收合格即擅自投入生产为由，对原告处以罚款人民币 10 万元。同年 3 月 4 日原告向揭阳市人民政府提出行政复议。同年 4 月 25 日揭阳市人民政府作出揭府行复［2011］第 3 号《行政复议决定书》，维持处罚决定。据此，原告认为被告于 2011 年 2 月 17 日作出的揭环罚字［2011］第 001 号行政处罚决定程序违法且没有任何事实依据和法律依据，请求依法判决撤销被告于 2011 年 2 月 17 日作出的揭环罚字［2011］第 001 号行政处罚决定书，并由被告承担本案全部诉讼费用。

3. 被告辩称

原告不服被告于 2011 年 2 月 17 日针对其环境违法行为作出的揭阳市环境保护局《行政处罚决定书》（揭环罚字［2011］第 001 号），向揭阳市人民政府申请复议，经揭阳市人民政府复议审查，于 2011 年 4 月 25 日作出《行政复议决定书》（揭府行复［2011］第 3 号），决定书认为：被告作出的上述具体行政行为认定事实清楚，证据确凿，依据正确，程序合法，决定维持被告的上述具体行政行为。由此可见，原告对被告的诉求既不符合事实，也不符合法律规定，其起诉理由不成立，请法院依法驳回原告对被告的诉讼请求。具体理由如下：

被告作出的具体行政行为认定事实清楚，证据充分。原告的违法事实是：主要设备 6 个反应釜和 1 个导热油炉没有报批，配套的环境保护设施不完善，没有经环保部门验收合格就投入生产，且废水严重超标排放。这一事实，有询问笔录、现场检查记录表、照片、现场录像、污染源废水采样原始记录表、监测报告等证据为证。

被告对原告的处理适用法律、法规正确。原告的上述违法行为，违反了《中华人民共和国环境保护法》第十三条、第二十六条，《中华人民共和国水污染防治法》第十七条，《建设项目环境保护管理条例》第十二条、第十六条、第二十三条的规定。

被告作出行政处罚的程序合法。被告对原告的涂料及其类似产品制造项目具有审批权、责令改正违法行为决定权和处罚权。2011 年 1 月 19 日，被告对原告发出行政处罚告知书，告知其环境违法事实、处罚的内容、法律依据，以及提出陈述、申辩或者要求举行听证的权利，其后又听取了原告的陈述、申辩。在查明事实的基础上，2011 年 2 月 17 日被告对原告发出处罚决定书。被告在实施行政处罚行为时，依法进行了立案、勘察、调查询问、拍照、处罚告知并送达，接受并审核异议申辩等程序，在查明事实的基础上，作出揭阳市环境保护局《行政处罚决定书》并送达，符合法律规定的程序。

综上所述，被告针对原告的环境违法行为作出的揭阳市环境保护局《行政处罚决定书》（揭环罚字［2011］第 001 号）认定事实清楚，证据确凿充分，适用法律、法规正确，程序合法。

（三）一审事实和证据

揭阳市榕城区人民法院经公开审理查明：原告是于1994年9月2日在普宁市工商行政管理局注册的企业法人，经营范围为水性涂料兼营化工，住所地为普宁华侨管理区。被告于2008年1月审批了原告建设项目环境影响报告表，并提出5条意见。其中第2条为对该项目须加强环境管理，落实"三同时"制度，切实做好污染防治；工艺废气收集处理达标后集中排放，排放高度应大于15米；应配套污水处理设施，对厂区的生活废水进行处理后达标排放。其中第3条为污染物排放应达到如下标准：废水排放达到《水污染物排放值》（DB44/26—2001）第二时段一级标准，废气排放达到《大气污染物排放限值》（DB44/27—2001）第二时段二级标准，噪声排放达到《工业企业厂界噪声排放标准》（GB12348—90）的Ⅱ类标准。

被告和揭阳市普宁华侨管理区环境保护管理局于2010年12月15日到原告处进行检查，原告没有进行生产；原告主要生产设备有6个反应釜、1个导热油炉，没有配套污染防治设施，导热炉用木材作燃料，配套湿式除尘设施一套，废气经水淋后高空排放；湿式除尘产生废水经三级沉淀池沉淀后外排，沉淀池边有一排放口；现场原告无法提供环保审批手续。被告向原告总经理高××作了调查询问笔录，并制作现场检查记录表，原告总经理高××在现场检查记录表的"被检查单位代表签名"处签名确认。揭阳市普宁华侨管理区环境保护管理局于2010年12月22日在原告厂房锅炉下排水沟、厂区排水口提取废水样品，揭阳市普宁华侨管理区环境保护管理局制作污染源废水采样原始记录表及询问笔录，并制作录像，但原告总经理高××拒绝在笔录上签名。揭阳市普宁华侨管理区环境保护管理局于同年12月23日将该样品委托揭阳市环境监测站检测，该站对含第二类污染物的污水进行检测，于2010年12月24日作出（揭）环境监测水字（2010）第TSA1012002号监测报告：厂房锅炉下排水口样品的PH值为4.12、化学需氧量为8 460（毫克/升），厂区排水口样品的PH值为4.75、化学需氧量为8 620（毫克/升），上述指标均超标。被告于2010年12月23日对原告总经理高××进行调查询问，高经理陈述2007年公司补办环评手续时没有申报反应釜、导热油炉等设备，导热油炉产生的废气经湿式除尘处理后高空排放，湿式除尘产生的废水经三级沉淀池沉淀后排放；反应釜密封生产，产生的废气较少，现在正在配套环境保护设施；环境保护设施还没有经过环保部门的验收。被告于2010年12月27日对原告环境违法行为立案呈批。被告于2011年1月20日向原告送达揭环罚告字［2011］第001号揭阳市环境保护局行政处罚告知书，告知被告属下环境监察分局和普侨区环保局于2011年12月15日、22日对原告进行检查，发现原告涂料及其类似产品制造项目需要配套建设的环境保护设施未经环保部门验收合格，擅自投入生产；生产废水超标排放。这些行为违反了《中华人民共和国环境保护法》第二十六条和《建设项目环境保护管理条例》第十六条、第二十三条及《中华人民共和国水污染防治法》第九条的规定，根据《中华人民共和国环境保护法》第三十六条和《建设项目环境保护管理条例》第二十八条的规定，拟对原告罚款人民币10万元整，原告有陈述、申辩的权利等。原告于2011年1月21日向被告递交行政处罚陈述申辩书，提出原告于2007年将环境评价报告及相关报表逐级上报给有关环保部门，相关部门未验收，被告所指样本证据并不是环境监察分局检查时现场取样，而是揭阳市普宁华侨管理区环境保护管理局在程序不合法的情况下，取走原告未经处理的缩合水，不是最终排放的废水。2011年1月19日，被告作出揭环改字［2011］第001号责令改正违法行为决定书：认定原告涂料及其类似产品制造项目需要配套建设的环境保护设施未经环保部门验收合格，擅自投入生产；生产废水超标排放。这些行为违反了《中华人民共和国环境保护法》第二十六条和《建设项目环境保护管理条例》第十六条、第二十三条及《中华人民共和国水污染防治法》第九条的规定，根据《中华人民共和国环境保护法》第三十六条和《建设项目环境保护管理条例》第二十八条的规定，责令被告在接到决定书之日起立即停止涂料及其类似产品制造项目的生产，直到验收合格。被告于2011年1月24日向原告送达该决定书。2011年2月17日，被告作出揭环罚字［2011］第001号揭阳市环境保护局《行政处罚决定书》：认定原告建设项目需要配套建设的环境保护设施未经环保部门验收合格，擅自投入生产。这些行为违反了《中华人民共和国环境保护法》第二十六条和《建设项目环境保护管理条例》第十六条、第二十三条的规定，依据《中华人民共和国环境保护法》第三十六条和《建设项目环境保护管理条例》第二十八条的规定，对原告罚款人民币10万元整。被告于2011年2月21日到原告公司将该处罚决定书留置送达给原告。原告对被告作出揭环改字［2011］第001号责令改正违法行为决定和揭环罚字［2011］第001号揭阳市环境保护局行政处罚决定均不服，于2011年3月4日向揭阳市人民政府申请行政复议。揭阳市人民政府于2011年4月25日分别作出揭府行复［2011］第2号和第3号行政复议决定，维持被告作出的揭环改字［2011］第001号责令改正违法行为决定、揭环罚字［2011］第001号揭阳市环境保护局行政处罚决定。

上述事实有下列证据证明：

1. 询问笔录、现场检查记录表，照片，现场录像；

2. 揭环罚告字［2011］第001号揭阳市环境保护局行政处罚告知书；

3. 揭环罚字［2011］第001号行政处罚决定书。

（四）一审判案理由

揭阳市榕城区人民法院经审理认为：《中华人民共和国环境保护法》第三十六条规定，建设项目的防治污染设施没有建成或没有达到国家规定的要求，投入生产或者使用的，由批准建设项目的环境影响报告书的环境保护行政主管部门责令停止生产或者使用，并可处以罚款。《建设项目环境保护管理条例》第二十八条规定，建设项目需要配套建设的环境保护设施未建成、未经验收或者经验收不合格，主体工程正式投入生产或者使用的，由审批该建设项目环境影响报告书、环境影响报告表或者环境影响登记表的环境保护行政主管部门责令停止生产或者使用，可以处10万元以下的罚款。根据上述规定，揭阳市环境保护局对新侨实业发展公司涂料及其类似产品制造的建设项目依法享有审批、责令停止生产或者使用、处罚等行政职权。揭阳市环境保护局对新侨实业发展公司行政处罚10万元，适用法律、法规正确。但揭阳市环境保护局对新侨实业发展公司陈述、申辩的理由是否采纳没有作出说明，揭阳市环境保护局在罚款幅度内以最高额10万元予以处罚，没有说明从重的理由及依据是欠妥的，应予以纠正。

（五）一审定案结论

揭阳市榕城区人民法院依据《最高人民法院关于执行〈中华人民共和国行政诉讼法〉若干问题的解释》第五十六条第（四）项的规定，作出如下判决：

驳回揭阳市普侨区新侨实业发展公司的诉讼请求。

（六）二审情况

1. 二审诉辩主张

（1）上诉人诉称

第一，被上诉人具体行政行为认定的环境违法事实错误，缺乏事实依据。被上诉人仅提供一份《建设项目环境影响报告表》及一份询问笔录和现场检查记录表来证明上诉人涂料及类似产品制造项目需要配套建设的环境保护设施未经环境保护部门验收合格，擅自投入生产的违法事实，是不符合客观事实、缺乏事实依据的。上诉人是于1994年9月2日经工商登记依法成立的，在筹建期间，于1994年6月26日就向普宁市环境保护局申请并得到许可，并取得列环保证字第1645号《环境保护许可证》。可见，上诉人于1994年成立期间投入的工程主体、建设项目及需要配套建设的环境保护设施是符合相关法律、法规规定的“三同时”制度的。同时，上诉人每年向普宁市环境保护局提交企业环境保护年审登记表，2005年2月20日，经揭阳市普宁华侨管理区环境保护局核准，颁发列环保证字第2005003号《环境保护许可证》。2007年12月应被上诉人要求，上诉人向被上诉人申请补办《建设项目环境影响报告表》，同年12月11日，经揭阳市环境科学研究院环评得出结论：“上诉人项目在切实落实‘三同时’和本评价所要求的污染防治措施的情况下，排放的污染物浓度基本符合排放标准的要求，污染物排放总量也满足区域总量控制的要求。在正常情况下，对该区域的环境影响可以承受，因此从环保的角度评价，上诉人油漆、涂料生产建设项目是可行的。”由此可见，上诉人的建设项目及需要配套建设的环境保护设施是没有问题的，也是经环保部门检验合格的。

关于上诉人就6个反应釜和1个60万大卡导热油炉未报请被上诉人审批的问题。6个反应釜和1个60万大卡导热油炉是上诉人于2009年间为扩建生产规模才购进的，对此，上诉人已向揭阳市经济贸易局申请备案，同年3月2日，揭阳市经济贸易局向上诉人颁发《广东省科技改造投资项目备案证》，同意上诉人对环保型内外墙涂料生产线技术进行改造。而揭阳市人民政府对上诉人环保型内外墙涂料生产线技术改造项目也给予高度评价，并于2010年11月特授予上诉人总经理高××同志“2009年揭阳市节能先进个人”荣誉称号。但仅过了一个月，在上诉人项目改造尚未完成，没有生产的情况下，被上诉人以上诉人有6个反应釜和1个60万大卡导热油炉未报批为由对上诉人进行处罚，这是一种严重的违法行为，依法应当予以纠正。

第二，被上诉人具体行政行为适用法律、法规错误。由于上诉人的6个反应釜和1个60万大卡导热油炉是在2009年对环保型内外墙涂料生产线进行技术改造时才购进的，故未在《建设项目环境影响报告表》中列举，因此，本案应当适用《建设项目环境保护管理条例》第十二条第一款、第二十四条的规定。在本案中，被上诉人应在经检查、取证后依法适用该条例第二十四条的规定，责令上诉人限期补办手续；若上诉人逾期不补办手续，又擅自开工建设的，才可以决定处罚。而被上诉人却违反法律规定直接适用上述条例第十六条及第二十八条对上诉人进行处罚，显然是适用法律错误，依法应予以撤销。

第三，被上诉人具体行政行为程序违法。在本案中，被上诉人对上诉人作出的揭环罚字［2011］第001号行政处罚决定并未依法制作并送达《行政处罚听证告知书》。该具体行政行为违反《环境行政处罚听证程序规定》第五条、第十七条的规定，存在程序违法，严重侵犯了上诉人的合法权益，依法应当予以撤销。

综上所述，上诉人认为原审判决对被上诉人作出的具体行政行为的合法性进行审查时存在错误，导致作出错误的判决，依法应当予以撤销。

（2）被上诉人辩称

第一，被上诉人认定上诉人环境违法的事实清楚，证据确凿充分。2010年12月15日，被上诉人的执法人员会同普侨区环境保护局执法人员到上诉人公司检查。经调查，该公司于1994年9月经普宁市工商行政管理局登记成立，主要从事聚酯水性涂料生产，生产项目于1994年9月建成并投入生产。主要设备有6个反应釜、1个60万大卡导热油炉、2台分散机。生产项目的《建设项目环境影响报告表》于2008年1月3日经过被上诉人审批同意，但上诉人并未就6个反应釜和1个60万大卡导热油炉在该环境影响报告表中报请被上诉人审批。反应釜没有配套废气收集处理设施，湿式除尘设施产生的废水只是经过简单的三级沉淀池沉淀后直接外排，无法实现达标排放。上诉人建设项目需要配套建设的环境保护设施不完善，未经环境保护行政主管部门验收即擅自投入生产。2010年12月22日普侨区环境保护局工作人员再次到该公司检查，该公司正在生产，在该公司厂区排水口、厂房锅炉下排水口采集水样送揭阳市环境监测站分析，经测定，废水的PH值、化学需氧量严重超标。上诉人上诉称其获得了《环境保护许可证》、《建设项目环境影响报告表》，以及生产设备中的6个反应釜和1个60万大卡导热油炉系于2009年为扩大生产规模才购进，并以此为由声称其“建设项目及其需要配套的环境保护设施是没有问题的，也是经环保部门检验合格的”，这一主张违背客观事实，也明显缺乏法律根据，不能成立。

第二，被上诉人调查取证的程序合法，证据确凿充分。早在2009年年初，被上诉人因接到群众对上诉人环境污染的投诉，遂要求普侨区环境保护局对其加强监管，并进行必要的调查取证。2009年8月10日，普侨区环境保护局依法对上诉人排放的废水采样并制作《污染源废水采样原始记录表》；经揭阳市环境监测站检测，废水的PH值和化学需氧量均远远超标，本次采样的记录表经上诉人负责人高××签名确认。2010年12月22日，普侨区环境保护局再次对上诉人进行检查，对排放的废水采样并制作《污染源废水采样原始记录表》，但本次高××拒不配合。为确保本次检查和采样的合法有效，普侨区环境保护局对检查和采样过程进行全程录像，采样的废水经揭阳市环境监测站检测，PH 值和化学需氧量仍严重超标。上诉人违法生产并造成严重污染的事实客观存在。被上诉人依法调取的污染源废水取样记录表、询问笔录、录像以及监测报告等材料均是有效证据。上诉人主张被上诉人检查、调取证据程序违法与客观实际不符。

第三，被上诉人作出行政处罚的程序合法。根据《建设项目环境影响评价分类管理名录》（国家环保总局令［2002］第 14 号），涂料制造项目在非敏感区的环评类别定为报告表类别，在敏感区的环评类别定为报告书类别。上诉人的涂料及其类似产品制造项目属于对环境造成影响，需要按照相关法律、法规编制报批环境影响评价文件，实施建设项目竣工环境保护验收管理的项目。同时，根据广东省人民政府发布的《广东省建设项目环境影响评价文件分级审批管理规定》，上诉人的涂料及其类似产品制造项目属于由地级以上市环境保护行政主管部门负责审批的项目。故此，被上诉人对上诉人的涂料及其类似产品制造项目具有审批权、责令改正违法行为决定权和处罚权。

2011 年 1 月 19 日，被上诉人作出行政处罚告知书，告知上诉人环境违法事实、处罚的内容、法律依据以及提出陈述、申辩或者要求举行听证的权利。2011 年 1 月 20 日，被上诉人将告知书送达上诉人并经高××签名确认。2011 年 1 月 21 日及 1 月 24 日，被上诉人又两次以询问笔录的形式征求其是否听证的意见，其负责人高××表态不要求听证。在此期间，上诉人提交了《行政处罚陈诉申辩书》，被上诉人就反映的内容进行调查核对。在查明事实的基础上，2011 年 2 月 17 日被上诉人对上诉人发出行政处罚决定书。

被上诉人在实施行政处罚行为时，依法进行了立案、勘察、调查询问、拍照、制作处罚告知书并送达、接受并审核异议申辩等程序，在查明事实的基础上，作出本案讼争《行政处罚决定书》并送达，符合法律规定的程序，上诉人称被上诉人未依法制作并送达听证告知书违背客观事实。

综上所述，被上诉人针对上诉人的环境违法行为作出的《行政处罚决定书》（揭环罚字［2011］第 001 号）认定事实清楚，证据确凿充分，适用法律、法规正确，程序合法。上诉人的上诉既无事实依据，也无法律依据，故请求二审人民法院依法驳回上诉人的上诉请求。

2. 二审事实和证据

揭阳市中级人民法院经审理，对原审法院查明的事实予以确认。

3. 二审判案理由

揭阳市中级人民法院经审理认为：本案中，揭阳市环境保护局在 2011 年 1 月 19 日作出的《行政处罚告知书》中明确告知新侨实业发展公司存在着涂料及其类似产品制造项目需要配套建设的环境保护设施未经环保部门验收合格即擅自投入生产和生产废水超标排放两项违法行为，拟对新侨实业发展公司罚款 10 万元。但揭阳市环境保护局在 2011 年 2 月 17 日作出处罚时仅指出新侨实业发展公司存在涂料及其类似产品制造项目需要配套建设的环境保护设施未经环保部门验收合格即擅自投入生产一项违法行为，但仍对新侨实业发展公司处以 10 万元罚款，该处罚显失公正，应予以变更。原审判决虽认定事实清楚，但判决结果不当，依法应予纠正。

4. 二审定案结论

揭阳市中级人民法院依照《中华人民共和国行政诉讼法》第五十四条第（四）项、第六十一条第（三）项之规定，作出如下判决：

（1）撤销揭阳市榕城区人民法院于 2011 年 8 月 4 日作出的（2011）揭榕法行初字第 4 号行政判决书；

（2）变更揭阳市环境保护局于 2011 年 2 月 17 日作出的揭环罚字［2011］第 001 号《行政处罚决定书》，对揭阳市普侨区新侨实业发展公司处以罚款 6 万元。

（七）解说

行政处罚是行政机关在行使行政管理职能时最常用的一种管理手段之一。它同公民、法人和其他组织的切身利益息息相关。如果行使不当，极易造成对社会和个人利益的损害。行政诉讼法在规定合法性审查原则之外，对行政处罚显失公正情形作了可以司法变更的例外规定。然而，相关法律规定比较原则，在审判实践中具体操作比较困难。

《中华人民共和国行政诉讼法》第五十四条第（四）项规定："行政处罚显失公正的，可以判决变更。"本案处理重点主要在于该行政处罚能否判定为显失公正。对此法律、法规没有明确的规定，只能由法官在审判实践中对处罚是否畸轻畸重、是否违背社会公认的公正原则等作出判断。

具体就本案来讲，一审法院虽然查明了案件的事实，但在实体处理上简单地认为行政机关罚款在法定处罚额度内，属合理性问题，是程序的瑕疵，因而最终导致判断偏差，作出对新侨实业发展公司不利的判决结果。而二审法院经审查认为行政机关在行政处罚前告知被处罚人存在两项违法行为，但在决定处罚时仅认定一项违法行为，却仍处以相同数额的罚款，此已经达到《中华人民共和国行政诉讼法》第五十四条第（四）项所规定的情形，可认定该行为显失公正，法院可变更，遂对一审判决予以改判。

根据本案情形，可得出对于此类型行政处罚是否显失公正的判断规则：行政机关在作出行政处罚决定前依照《中华人民共和国行政处罚法》第三十一条的规定告知被处罚人存在数项违法行为，决定处罚时认定被处罚人违法行为的数量却少于之前所告知的，但仍按告知的种类和幅度予以处罚，则该行政处罚便属于显失公正的情形，法院可判决变更。

适用本规则应当注意的是：（1）适用的前提条件是涉讼行为应当是行政机关针对特定的行政相对人作出的行政行为，而且必须是行政处罚，法院才有司法变更权。（2）适用的必要条件是，处罚前所告知的违法行为与决定处罚时认定的行为在数量上具有可比性，且决定处罚时认定的违法行为数量应少于告知的；再有，处罚种类和幅度相同，这样才达到可认定显失公正的条件。

需要注意的其他问题还有：就本案的罚款数额来讲，虽然确定了行政处罚显失公正，法院可变更，但具体如何变更其相应的数额就显得无法可依了。现阶段，相关法律的规定并不明确，具体数额往往难于把握，有必要完善相关的法律制度。就本案而言，行政机关最初告知新侨实业发展公司有两项违法行为，拟处罚10万元；最后处罚认定一项违法行为，考虑到本案属于揭阳市范围内影响较大的环保案件，酌定为6万元处罚是比较妥当的。

（揭阳市中级人民法院　陈锋）

五、土地类

36. 李玉兰诉北京市朝阳区豆各庄乡黄厂村村民委员会要求履行法定职责案

（一）首部

1. 判决书字号

一审判决书：北京市朝阳区人民法院（2010）朝行初字第40号行政判决书。

二审判决书：北京市第二中级人民法院（2011）二中行终字第59号行政判决书。

2. 案由：要求履行法定职责。

3. 诉讼双方

原告（上诉人）：李玉兰，北京市人。

委托代理人：关键，北京市雄志律师事务所律师。

被告（被上诉人）：北京市朝阳区豆各庄乡黄厂村村民委员会。

法定代表人：李德强，该村委会主任。

委托代理人：乔刚，北京市弘嘉律师事务所律师。

委托代理人：陈智捷，豆各庄乡人民政府法律顾问。

4. 审级：二审。

5. 审判机关和审判组织

一审法院：北京市朝阳区人民法院。

合议庭组成人员：审判长：武楠；人民陪审员：贾玉淑、李智勇。

二审法院：北京市第二中级人民法院。

合议庭组成人员：审判长：严勇；代理审判员：霍振宇、金丽。

6. 审结时间

一审审结时间：2010年11月12日。

二审审结时间：2011年2月24日。

（二）一审诉辩主张

1. 被诉具体行政行为

李玉兰陈述曾多次向黄厂村村民委员会申请宅基地建房，但黄厂村村民委员会未予解决。黄厂村村民委员会认可李玉兰曾提出口头申请的事实，但认为其不符合申请条件。2009 年 12 月 25 日李玉兰向豆各庄乡黄厂村村民委员会邮寄宅基地申请书，邮件详情单显示，信件收方拒收，发方要求退回。

2. 原告诉称

原告系朝阳区豆各庄乡黄厂村集体组织成员，1995 年与丈夫杨茂岐在北京市朝阳区人民法院主持调解下达成离婚协议，协议约定两人位于黄厂村的住房归杨茂岐所有，杨茂岐付给原告双方共同财产及房屋折价款 14 000 元。自此原告在该村无住房、无宅基地。此后，原告根据《中华人民共和国土地管理法》及《关于加强农村宅基地管理的意见》的规定，多次向被告提出宅基地申请，但被告均以原告在离婚时分得的折价款是将其房屋卖与杨茂岐所得款为由，不予解决原告宅基地问题。原告认为，其离婚时所得的折价款是房屋的物权折抵，原告并不是将房屋出卖给杨茂岐，并不属于《中华人民共和国土地管理法》中规定的出卖宅基地后不得再申请宅基地的情形。故原告诉请法院判决被告限期审核原告宅基地用地申请。

3. 被告辩称

第一，本案不属于行政诉讼受案范围，村集体组织行使的是村民自治权，不是行政权力；第二，本案中原告未正式向被告提交过宅基地申请，并非被告不作为；第三，我国农村宅基地管理实行“一户一宅”的规定，原告的情形属于不得申请宅基地的情形；第四，2009 年朝阳区启动农村地区土地储备工作，被告的农村集体土地全部纳入政府土地储备中。村民房屋全部拆迁，被告现无宅基地可以审批。综上，请求法院驳回原告的诉讼请求。

（三）一审事实和证据

北京市朝阳区人民法院经公开审理查明：李玉兰原籍山东省夏津县，其于 1982 年元月与杨茂岐登记结婚，其户籍于 1982 年 11 月 12 日由原籍迁入朝阳区黄厂村。1995 年 7 月 31 日，李玉兰与杨茂岐经北京市朝阳区人民法院调解离婚，双方约定，杨茂岐给付李玉兰双方共同财产及房屋折价款 14 000 元，豆各庄乡黄厂村一区二十九号住房归杨茂岐所有。1987 年 8 月 20 日，李玉兰由原户籍登记地分户，户籍登记住址为朝阳区黄厂村空 266 号。李玉兰自述，该户籍登记地址为空号，其在黄厂村内没有宅基地和住房。另原告陈述曾多次向黄厂村村民委员会申请宅基地建房，但黄厂村村民委员会未予解决。黄厂村村民委员会认可李玉兰曾提出口头申请的事实，但认为其不符合申请条件。2005 年 6 月 3 日，豆各庄乡人民政府向李玉兰出具《关于李玉兰到区上访反映的问题答复意见》，就李玉兰上访反映的问题，答复认为李玉兰不符合申请建房用地条件，故不能批给宅基地。2009年9月24日及同年12月25日李玉兰分别向豆各庄乡人民政府和豆各庄乡黄厂村村民委员会邮寄宅基地申请书，其中12月25日邮件详情单显示，信件收方拒收，发方要求退回。

另查明，《北京市朝阳区豆各庄乡土地储备住宅房屋腾退补偿安置办法》规定，腾退范围包括豆各庄乡黄厂村等村域集体土地，被腾退人是指腾退范围内《集体土地建设用地使用证》或"农村宅基地建房审批表"及有效土地使用权属证明标明的使用人。另，北京市国土资源局作出的《关于朝阳区豆各庄乡剩余建设用地项目土地一级开发授权有关问题的批复》，同意由北京市土地整理储备中心朝阳分中心组织实施朝阳区豆各庄乡剩余建设用地项目土地一级开发工作。后北京市规划委员会向北京市土地整理储备中心朝阳分中心核发［2009］规意选字0232号《规划意见书》及附图，同意该中心按照用地范围，办理该项目建设计划、土地、规划设计等前期工作。

被告委托代理人陈述该村农村集体土地已全部纳入政府土地储备，全村所有村民房屋已全部拆迁，被告现无宅基地可以审批。原告认可被告的上述陈述。

上述事实有下列证据证明：

被告提交的证据有：

1.《北京市朝阳区豆各庄乡土地储备住宅房屋腾退安置办法》；

2. 北京市规划委员会作出的［2009］规意选字0232号《规划意见书》及附图；

3. 北京市国土资源局作出的《关于朝阳区豆各庄乡剩余建设用地项目土地一级开发授权有关问题的批复》。

原告提交的证据有：

1.2005年6月3日北京市朝阳区豆各庄乡人民政府出具的《关于李玉兰到区上访反映的问题答复意见》；

2.2009年9月24日及同年12月25日原告分别向豆各庄乡人民政府和豆各庄乡黄厂村村民委员会邮寄的书面申请书及回执；

3. 李玉兰的《常住人口登记卡》；

4.（1995）朝民初字第3155号《民事调解书》。

（四）一审判案理由

北京市朝阳区人民法院经审理认为：本案争议的焦点问题是村民委员会能否作为行政诉讼被告以及被告应否审核原告提出的宅基地使用申请。

其一，关于村民委员会能否作为行政诉讼被告的问题。根据《中华人民共和国村民委员会组织法》的相关规定，村民委员会在法律地位上属于村民自我管理、自我教育、自我服务的基层群众性自治组织。村民委员会不是一级政府机关，但可以协助乡、民族乡、镇的人民政府开展工作。在一定条件下，村民委员会承担部分行政管理职能。在农村村民宅基地的审核批准制度中，国土资源部《关于加强农村宅基地管理的意见》第二条第（六）项规定，农村村民建住宅需要使用宅基地的，应向本集体经济组织提出申请，并在本集体经济组织或村民小组张榜公布。公布期满无异议的，报经乡（镇）审核后，报县（市）审批。因此，由作为集体组织执行机构的村民委员会收取村民申请是进行宅基地用地审批的第一道程序，该审批程序是整个用地审批程序中不可或缺的基本环节。村民委员会是否收取村民的申请，是否组织召开村民大会，是否在申请上签署意见直接影响到村民能否使用宅基地。因此，在村民认为村民委员会拒绝接收申请并拒绝提出意见，致使宅基地审批程序无法向前推进时，村民委员会可以作为行政诉讼的被告，其行为应当纳入行政诉讼的受案范围。

其二，关于本案被告应否审核原告提出的宅基地使用申请的问题。根据已查明的事实，黄厂村农村集体土地已纳入政府土地储备，全村所有村民的房屋业已全部拆迁完毕，被告现已无宅基地可以审批。在此情况下，原告仍然径行要求法院判决被告履行审核原告宅基地用地申请的职责没有法律依据和事实依据，对其诉讼请求不应予以支持。

（五）一审定案结论

北京市朝阳区人民法院依照《最高人民法院关于执行〈中华人民共和国行政诉讼法〉若干问题的解释》第五十六条第（四）项之规定，作出如下判决：

驳回原告李玉兰的诉讼请求。

案件受理费50元，由原告李玉兰负担。

（六）二审情况

1. 二审诉辩主张

（1）上诉人诉称

请求撤销一审判决，确认黄厂村村委会不履行法定职责违法。具体理由为：李玉兰是黄厂村集体组织成员，离婚后在该村无住房、无宅基地，也不存在将原有住房出卖、出租或者赠与他人后再申请宅基地的情形。根据法律规定，李玉兰符合宅基地申请人的主体资格；一审法院适用法律错误，根据《最高人民法院关于执行〈中华人民共和国行政诉讼法〉若干问题的解释》第五十七条第二款第（一）项的规定，一审法院应作出确认黄厂村村委会不履行法定职责违法的判决。

（2）被上诉人辩称

同意一审判决，请求予以维持。

2. 二审事实和证据

北京市第二中级人民法院经审理，确认一审法院认定的事实和证据。

3. 二审判案理由

北京市第二中级人民法院经审理认为：本案焦点问题为：一是黄厂村村委会作为基层群众性自治组织是否具有宅基地审批的相应职责，能否作为行政诉讼被告；二是本案中，针对李玉兰提出的宅基地使用申请，黄厂村村委会应否作出实体审核。

对于第一个焦点问题，本院认为，根据《中华人民共和国村民委员会组织法》的相关规定，村民委员会在法律地位上属于村民自我管理、自我教育、自我服务的基层群众性自治组织，实行民主选举、民主决策、民主管理、民主监督。乡、民族乡、镇的人民政府对村民委员会的工作给予指导、支持和帮助，但是不得干预依法属于村民自治范围内的事项。据此，村民委员会不是一级政府机关，但可以协助乡、民族乡、镇的人民政府开展工作，在一定条件下，村民委员会承担部分行政管理职能。在农村村民宅基地的审核批准制度中，国土资源部《关于加强农村宅基地管理的意见》第二条第（六）项规定，农村村民建住宅需要使用宅基地的，应向本集体经济组织提出申请，并在本集体经济组织或村民小组张榜公布。公布期满无异议的，报经乡（镇）审核后，报县（市）审批。因此，由作为集体组织执行机构的村民委员会收取村民宅基地使用申请是进行宅基地用地审批的第一道程序，该审批程序是整个用地审批程序中不可或缺的基本环节。村民委员会是否收取村民的申请，是否组织召开村民大会，是否在申请上签署意见直接影响到村民能否使用宅基地。故一审法院认为在村民认为村民委员会拒绝接收宅基地使用申请并拒绝提出意见，致使宅基地审批程序无法向前推进时，村民委员会可以作为行政诉讼的被告，其行为应当纳入行政诉讼的受案范围的意见是正确的，本院予以支持。

对于第二个焦点问题，根据已查明的事实，黄厂村农村集体土地已纳入政府土地储备，全村所有村民房屋业已全部拆迁完毕，黄厂村村委会现已无宅基地可以审批。在此情况下，李玉兰仍然径行要求法院判决黄厂村村委会履行审核李玉兰宅基地用地申请的职责没有事实根据和法律依据，对其诉讼请求本院不予支持。

4. 二审定案结论

北京市第二中级人民法院依照《中华人民共和国行政诉讼法》第六十一条第（一）项的规定，作出如下判决：

驳回上诉，维持一审判决。

一、二审案件受理费各 50 元，均由李玉兰负担（已交纳）。

（七）解说

本案系由村民委员会在宅基地用地申请审批程序中的法定职权引起的行政诉讼案件。针对本案双方争议问题进行司法审查的前提性要件是关于村民委员会在行政诉讼法上的地位和性质的认定问题。尽管学术界与实务界围绕村民委员会能否作为行政诉讼被告这一问题早已进行过诸多探讨，但至今仍然争议颇多、各执一词。我们认为，针对典型性个案，将相关学理、法规与千变万化的社会生活结合起来进行实证研究有助于深入探讨与解决这一问题。对于本案而言，可以先将这一问题分解为两个层面的问题予以认定：一是村委会是否能够作为行政诉讼被告的问题；二是本案被诉行为是否属于行政诉讼受案范围的问题。厘清这些之后方能进入诉辩双方争议的实质问题的分析。

1. 关于村民委员会能否作为行政诉讼被告的问题

关于行政诉讼被告资格认定的基本法律依据是《中华人民共和国行政诉讼法》第二十五条的规定：“公民、法人或者其他组织直接向人民法院提起诉讼的，作出具体行政行为的行政机关是被告……由法律、法规授权的组织所作的具体行政行为，该组织是被告。”据此，可以认为行政诉讼被告资格认定一般只需要考虑两个要件：一是行政主体要件；二是行为主体要件。

所谓行政主体要件，指的是只有行政机关和法律、法规授权的组织，亦即“行政主体”才具备行政诉讼被告的主体资格，这一要件可以被视为行政诉讼被告认定的一般前提。那么，对于村民委员会的法律地位和性质应当如何解读呢？村委会的法律地位，涉及村委会在宪法以及法律上的法律定位、与村民会议以及政府之间的关系问题。根据《中华人民共和国宪法》第一百一十一条，《中华人民共和国村民委员会组织法》第二条、第四条、第五条的规定，村民委员会在性质上是村民自我管理、自我教育、自我服务的基层群众性自治组织，实行民主选举、民主决策、民主管理、民主监督。在村委会与村民会议的关系方面，根据《中华人民共和国村民委员会组织法》第十八条的规定，村民委员会向村民会议负责并报告工作。并且，村委会不是一级政府机关。根据法律的规定，村委会与乡镇级政府的关系是：乡、民族乡、镇的人民政府对村民委员会的工作给予指导、支持和帮助，但是不得干预依法属于村民自治范围内的事项；村民委员会协助乡、民族乡、镇的人民政府开展工作。按照《宪法》的规定，村委会的性质是“基层群众性自治组织”，但在法律地位上存在许多不同的理解。《中华人民共和国村民委员会组织法》第九条规定，村民委员会由主任、副主任和委员共 3 至 7 人组成。这个组织实际上只是基层群众性自治组织的次级组织，因为按照村民委员会组织法的规定，我国的村民自治组织由村民会议、村民代表会议、村民委员会、村民小组、村民选举委员会等组织构成。村民委员会只是一种类似于村民自治组织的执行机构，因此将村民委员会定位为基层群众性自治组织，在法律地位上不甚准确，而将其定位为基层群众性自治组织的执行机构则相对更为确切。在一定条件下，这个执行机构履行着行政管理职能。村委会的职权突出的特点是以公共权力作为构建和运作的基础，即“村委会办理本村的公共事务和公益事业”。这种公共权力体现为强制性与职责性相结合。强制性意味着村民必须服从村委会的管理，职责性就意味着村委会必须承担其在公法上所应履行的义务。就法律地位而言，村委会属于行政法上“法律、法规授权的组织”，被授权的组织在行使法律、法规所授予的行政职能时，具有与行政机关相同的法律地位。至此，可以说村民委员会具备一般意义上的行政诉讼被告主体资格应无异议。

所谓行为主体要件，指的是在某一具体行政案件中，以作出该被诉具体行政行为的行政主体为被告。这一要件是在个案中认定行政诉讼被告的具体原则。在本案中，黄厂村村民委员会依法在宅基地用地申请审批程序中具有一定的法定职权，原告李玉兰向其提出申请未获受理，现李玉兰针对该不予审核行为提起行政诉讼，本着“谁为行为，谁为被告”的原则，作出该行为的黄厂村村民委员会理应作为被告应诉。至于该行为是否应被认定为一项具体行政行为，应当同其是否属于行政诉讼受案范围结合起来探讨。

最后值得指出的是，这一问题上的反对意见，即村委会作为行政诉讼被告可能导致的责任承担方面的某些理论困惑和实际困难，其实是没有说服力的。行政诉讼的基本价值与功能在于对相对人权利的救济和对行政权的监督，行政诉讼法未来发展与完善的方向也在于对相对人诉权提供更为全面而现实的保障，这才是应当考虑的主要问题。如果仅仅因为些许理论上的困惑就实际剥夺当事人的诉权，而置村民权利于无从保护的境地，则无疑背离了行政诉讼制度的根本价值，也不符合行政诉讼法的立法意旨。

2. 关于本案是否属于行政诉讼受案范围的问题

诚然，村民委员会具备行政诉讼被告资格，但这并不意味着村民委员会所作的行为皆可认定为具体行政行为，接下来还涉及行政诉讼受案范围的讨论。我国行政诉讼法和司法解释对行政诉讼受案范围的规定采取了概括式与列举式相结合的模式。总的来说，认定行政主体的某一行为是否属于行政诉讼受案范围主要考虑两大因素：一是是否属于具体行政行为；二是是否实际侵犯相对人的人身权或者财产权。本案中黄厂村村民委员会对李玉兰的宅基地用地申请不予受理和审查，这一行为类似于学界所谓的“准行政行为”。准行政行为并不当然属于行政诉讼的受案范围，对此应当作具体分析，如果不是行政机关发生法律效力的最终行为，对相对人的权利也不作出实际的处分，就不具有可诉性；反之，已经完成且直接创设法律关系的准行政行为就属于行政诉讼的受案范围。

《中华人民共和国土地管理法》第六十二条规定了农村村民宅基地的审核批准制度。《北京市实施〈中华人民共和国土地管理法〉办法》和国土资源部《关于加强农村宅基地管理的意见》细化了住宅用地审批程序，基本的程序是：农村村民建住宅需要使用宅基地的，应向本集体经济组织提出申请，经村民代表会议或者村民大会讨论通过，并在本集体经济组织或村民小组张榜公布。公布期满无异议的，报经乡（镇）审核后，报县（市）审批。实践中，由作为集体组织执行机构的村民委员会收取村民申请，进行宅基地用地审批是第一道程序，该审批程序是整个用地审批程序中不可或缺的基本环节。村民委员会是否收取村民的申请，是否组织召开村民大会，是否在申请上签署意见直接影响到村民能否使用宅基地。需要指出的是，村民委员会对村民申请的受理和签署意见，仅是整个土地审批程序的初始程序。尽管它对当事人的权利、义务产生影响，但当事人对宅基地使用权利的取得，最终还要依靠区、县政府的批准来实现。村委会的意见是整个审批程序的必要组成部分，但并不产生法律效力。如前所述，对没有法律效力的行为起诉是没有诉讼价值的，也不应当纳入受案范围。只有在村委会拒绝接收申请并拒绝作出审批意见，致使村民宅基地审批程序无法向前推进，村民无法完成宅基地用地审批程序，以实现其用地权利时，村委会的不作为行为才应当作为法院司法审查的对象，纳入行政诉讼受案范围。综上所述，本案被诉行为应当属于行政诉讼受案范围。

3. 关于本案争议处理和裁判结果问题

根据已查明的事实，黄厂村农村集体土地已纳入政府土地储备，全村所有村民房屋业已全部拆迁完毕，被告已无宅基地可以审批。在此情况下，原告仍然坚持要求法院判决被告履行审核原告宅基地用地申请的职责没有法律依据和事实依据，故法院应当从实体上判决驳回原告的诉讼请求。

（北京市朝阳区人民法院　武楠　王琪璟）

37. 甘肃金纬地质矿产勘查技术有限公司不服中华人民共和国国土资源部地质矿产管理行政复议决定案

（一）首部

1. 判决书字号

一审判决书：北京市第一中级人民法院（2010）一中行初字第3849号行政判决书。

二审判决书：北京市高级人民法院（2011）高行终字第895号行政判决书。

2. 案由：地质矿产管理。

3. 诉讼双方

原告（上诉人）：甘肃金纬地质矿产勘查技术有限公司，住所地：甘肃省兰州市城关区科技街52号。

法定代表人：武宁，该公司董事长。

委托代理人：曹乾，甘肃合睿律师事务所律师。

被告（被上诉人）：中华人民共和国国土资源部，住所地：北京市西城区阜内大街64号。

法定代表人：徐绍史，该部部长。

委托代理人：张一尔，中华人民共和国国土资源部政策法规司干部。

委托代理人（一审）：吴华，北京市观韬律师事务所律师。

委托代理人（二审）：杨晓辉，中华人民共和国国土资源部政策法规司干部。

第三人（被上诉人）：甘肃宁氏实业有限责任公司，住所地：甘肃省兰州市城关区张苏滩创新园（创业大厦A座六楼）。

法定代表人：宁杨锁，该公司董事长。

委托代理人：阎晓琴，甘肃宁氏实业有限责任公司职员。

委托代理人（一审）：庞丹，女，甘肃宁氏实业有限责任公司职员。

委托代理人（二审）：王纯，北京市尚公律师事务所律师。

4. 审级：二审。

5. 审判机关和审判组织

一审法院：北京市第一中级人民法院。

合议庭组成人员：审判长：张靛卿；代理审判员：赵锋、曹炜。

二审法院：北京市高级人民法院。

合议庭组成人员：审判长：程琥；审判员：赵宇晖；代理审判员：胡华峰。

6. 审结时间

一审审结时间：2011 年 2 月 25 日。

二审审结时间：2011 年 8 月 19 日。

（二）一审诉辩主张

1. 被诉具体行政行为

第三人甘肃宁氏实业有限责任公司（以下简称宁氏公司）不服被告中华人民共和国国土资源部（以下简称国土资源部）为原告甘肃金纬地质矿产勘查技术有限公司（以下简称金纬公司）办理勘查许可证的行为，向被告提起行政复议。2010 年 7 月 27 日，被告经审查作出国土资复决字［2010］4 号《行政复议决定书》第二项之决定（以下简称被诉决定），其中认定：原告金纬公司申请扩大第 0100000710117 号勘查许可证勘查范围时，基层地质矿产管理机关并未向行政复议被申请人（即本案被告国土资源部）如实反映第三人宁氏公司在原告金纬公司申请扩大的勘查范围内曾有矿权并一直要求恢复原有矿权的情况，原告金纬公司申请扩大的勘查范围内存在矿权争议。据此，被告国土资源部决定变更其为原告金纬公司扩大第 0100000710117 号勘查许可证勘查范围的行为，扣除其中与甘地矿证管字［1996］第 08 号采矿许可证的矿区范围重叠的部分。

2. 原告诉称

（1）甘地矿证管字［1996］第 08 号采矿许可证早已过期，权利已经灭失，不能作为原告扩大勘查范围的在先权利的障碍。同时，甘肃化工新技术有限公司并未办理注销，第三人提交的工商证明文件也不能证明甘肃化工新技术有限公司即为第三人的前身，两者是互相独立的民事主体。第三人与该采矿证没有任何法律关系，其与本案也不具有法律上的利害关系。（2）被诉决定程序违法。在复议中止期间，被告并未依法中止案件审理活动，并组织召开听证会，而且未通知原告参加。（3）甘肃宇臻物流集团有限公司的勘查许可证也与甘地矿证管字［1996］第 08 号采矿许可证的矿区范围存在重叠部分，第三人对该证也申请了行政复议，但被告经审查却予以维持，审理标准不一致。综上，被诉决定认定事实不清，证据不足，程序违法，依法应予撤销。

3. 被告辩称

（1）自 2001 年起，第三人宁氏公司一直要求恢复其照化山、水磨两矿段的采矿权。在给原告金纬公司核发新证时，被告曾要求地方矿产主管部门协查矿区情况，但地方矿产主管部门未能如实反映前述情况，原告金纬公司申请扩大的勘查范围内存在矿权争议，被告据此变更原扩大勘查范围的具体行政行为并无不当。（2）《国土资源部关于进一步规范矿业权出让管理的通知》（国土资发［2006］12 号，以下简称 12 号《通知》）第一条第（三）项规定："属于下列情形的，不再设探矿权，而以招标拍卖挂牌方式直接出让采矿权……3.《分类目录》规定的第一类、第二类矿产，采矿权灭失或以往有过采矿活动，经核实存在可供开采储量或有经济价值矿产资源的矿产地。"本案争议矿区范围内曾设有采矿权，故在此区域内不能再设探矿权，被诉决定结论并无不当。（3）第三人宁氏公司已经提供公司变更登记材料及相关证明，上述材料可以证明甘肃化工新技术有限公司是第三人宁氏公司的前身。(4) 甘肃宇臻物流集团有限公司的勘查许可证系从明科矿业(中国)有限公司受让而来，虽然明科矿业(中国)有限公司取得的勘查许可证包含了第三人宁氏公司主张恢复的采矿权范围，但宁氏公司申请行政复议的请求是撤销甘肃宇臻物流集团有限公司的勘查许可证，并未针对明科矿业(中国)有限公司取得的勘查许可证，故处理结论与本案不同。(5) 被告组织召开听证会是为了查明宁氏公司的情况，被告未通知金纬公司参加并无不当。综上，被诉决定认定事实清楚、适用法律正确、程序合法，请求法院予以维持。

4. 第三人述称

(1) 我公司已经提供相关公司变更登记材料及证明文件，可以证明甘肃化工新技术有限公司系我公司的前身，我公司与本案有法律上的利害关系。(2) 第三人一直要求恢复照化山、水磨两矿段的采矿权。但地方矿产主管部门在出具协查函时未能如实反映上述情况，被告查明该事实后予以变更符合法律规定。综上，被诉决定认定事实清楚，符合法律规定，请求法院予以维持。

(三) 一审事实和证据

北京市第一中级人民法院经审理查明：1996 年 3 月 18 日，文县地质矿产管理局为甘肃化工新技术有限公司颁发甘地矿证管字［1996］第 08 号采矿许可证，开采矿种为重晶石，开采范围为斜坡里、照化山、水磨三矿段，有效期至 1999 年 3 月 30 日。2000 年 10 月 20 日，甘肃省国土资源厅为第三人宁氏公司颁发第 6200000040138 号采矿许可证，矿区面积缩小至 0.054 6 平方公里。之后，第三人宁氏公司向地方各级地质矿产主管部门打报告，要求恢复照化山、水磨两矿段的采矿权，但一直未得以解决。

2007 年 12 月 6 日，金纬公司向文县国土资源局提交申请，要求扩大其第 0100000710117 号勘查许可证的勘查范围，扩大后的勘查范围包括宁氏公司申请恢复的采矿权的范围。经县、市、省逐级审查，甘肃省国土资源厅向国土资源部呈报《甘肃省国土资源厅关于文县旧关金及多金属矿普查探矿权变更勘查范围的报告》，认定在拟扩大的探矿权区域内未设立探矿权、采矿权，也未受理探矿权、采矿权申请。2008 年 12 月 4 日，国土资源部基于前述调查，认为金纬公司的变更申请符合规定，决定准予登记，并要求金纬公司缴纳相关费用。金纬公司亦按要求缴纳了第二勘查年度探矿权使用费及手续费。宁氏公司不服，向国土资源部申请复议。鉴于此，被告国土资源部决定暂缓向金纬公司发放新的勘查许可证。

2010 年 7 月 27 日，国土资源部作出本案被诉决定。

上述事实有下列证据证明：

被告提供的证据有：

1. 行政复议申请书 2 份；

2. 补正通知书 2 份；

证据 1—2 用以证明第三人宁氏公司申请复议时错写了当事人，后经被告释明予以补正；

3. 行政复议受理通知书，证明被告于 2009 年 3 月 11 日受理了第三人宁氏公司提出的复议申请；

4. 行政复议答复书及有关证据，证明2009年3月27日被申请人提交答复书及证据材料；

5. 行政复议中止通知书，证明被告中止审理的事实及理由；

6. 行政复议听证记录，证明被告组织进行复议听证的情况；

7. 行政复议恢复审理通知书，证明被告于2010年7月27日恢复案件审理；

8. 国内特快专递邮件详情单及送达回证，证明被告向复议案件各方当事人送达了被诉决定；

9. 甘地矿证管字［1996］第08号采矿许可证，证明1996年3月18日，甘肃化工新技术有限公司取得斜坡里、照化山、水磨三个矿段的采矿权；

10. 《关于给甘肃省文县临江乡东风沟重晶石矿划定矿区范围的通知》，证明文县地质矿产管理局于1998年5月3日为宁氏公司划定矿区范围，包括斜坡里、照化山、水磨矿段；

11. 6200000040138号采矿许可证及相关材料，证明第三人宁氏公司于2000年10月20日取得斜坡里矿段采矿许可证；

12. 6200000330135号采矿许可证，证明2003年10月20日，第三人宁氏公司取得延续的采矿许可证；

13. 6200000530240号采矿许可证，证明2005年10月20日，第三人宁氏公司取得延续的采矿许可证；

14. 6200000720049号采矿许可证，证明2007年10月20日，第三人宁氏公司取得延续的采矿许可证；

15. 《关于申请恢复文县东风沟重晶石矿区照化山、水磨矿段开采权的报告》、《关于东风沟重石矿山情况汇报和申请恢复办理照化山、水磨矿段开采权手续的报告》，证明自2001年起，第三人宁氏公司向基层矿产资源管理部门反映情况，要求恢复照化山、水磨矿段的采矿权；

16. 《甘肃省国土资源厅关于文县东风沟重晶石矿有关问题的复函》（甘国土资矿发［2006］98号）、《关于甘肃宁氏实业有限责任公司要求恢复照化山、水磨沟重晶石段采矿权的情况报告》（文国土资报［2008］108号），证明甘肃省国土资源厅、陇南市国土资源局、文县国土资源局知道第三人宁氏公司主张恢复照化山、水磨矿段的采矿权；

17. 0100000710117号勘查许可证；

18. 原告金纬公司探矿权变更申请登记书；

证据17—18用以证明原告于2007年4月19日取得勘查许可证，同年10月提出扩大勘查区范围申请；

19. 《陇南市国土资源局关于变更文县旧关金及多金属矿普查区块范围的报告》（陇国土资报［2008］18号）；

20. 《甘肃省国土资源厅关于文县旧关金及多金属矿普查探矿权变更勘查范围的报告》（甘国土资矿发［2008］62号）；

证据19—20用以证明基层矿业管理部门没有如实向被告反映在原告金纬公司拟扩大的探矿权区域内，第三人宁氏公司一直要求恢复照化山、水磨矿段采矿权；

21. 董事会决议；

22. 甘肃化工新技术有限公司致兰州市工商局兰州高新技术产业开发区分局的董事会情况报告；

23. 变更证明；

24. 公司变更登记申请书、企业名称核准通知函；

25. (1998) 甘公审证字第028号验资报告；

证据21—25用以证明甘肃化工新技术有限公司于1998年5月变更为甘肃宁氏化工实业有限责任公司，甘肃宁氏化工实业有限责任公司于1998年11月变更为本案第三人宁氏公司。

原告提供的证据有：

1. 被诉决定，证明原告提起诉讼的依据；

2. 《领取矿产资源勘查许可证通知书》，证明被告已经许可原告变更勘查区块的申请，被诉决定予以变更违法；

3. 探矿权使用费收据，证明原告已依法缴纳费用；

4. 《矿产资源勘查许可证》，证明原告申请变更勘查区块范围前领取的勘查许可证；

5. 原告《关于变更文县旧关金及多金属矿普查范围的申请》，证明原告申请变更勘查区块范围的事实；

6. 文县国土资源局《关于变更文县旧关金及多金属矿普查区范围的报告》，证明文县国土资源局同意上报原告变更勘查区块范围的申请，表明该变更区块范围无争议；

7. 陇南市国土资源局向甘肃省国土资源厅报送的《关于变更文县旧关金及多金属矿普查区块范围的报告》，证明陇南市国土资源局同意上报变更原告勘查区块范围的申请，表明变更区块范围无争议；

8. 甘肃省国土资源厅向被告的矿产开发管理司报送的《关于文县旧关金及多金属矿普查探矿权变更勘探范围的报告》，证明甘肃省国土厅同意上报变更原告勘查区块范围的申请，表明变更区块范围无争议；

9. 第三人宁氏公司的工商登记信息，证明第三人于1998年6月9日才成立，与涉案的甘地矿证管字［1996］第08号采矿许可证的采矿权人甘肃化工新技术有限公司没有任何承继关系；

10. 甘肃化工新技术有限公司企业工商登记信息，证明其系私营独资企业，至今没有注销，其与第三人宁氏公司相互独立，被告将其认定为第三人的前身没有任何事实根据；

11. 兰州市工商行政管理局兰州高新技术产业开发区分局对甘肃化工新技术有限公司作出吊销营业执照的处罚决定。

第三人提供的证据有：

1. 兰州市工商行政管理局兰州高新技术产业开发区分局电脑市场管理所于1998年9月17日出具的证明；

2. 兰州市工商行政管理局兰州高新技术产业开发区分局于2000年3月8日出具的证明；

3. 兰州市工商行政管理局兰州高新技术产业开发区分局于2010年10月13日出具的证明；

4. 甘肃公平审计事务所于1998年6月2日制作的验资报告；

5. 甘肃化工新技术有限公司1998年4月18日的董事会决议；

6. 第三人于2000年10月20日获取的6200000040138号采矿许可证；

证据1—6用以证明第三人系由甘肃化工新技术有限公司变更而来，第三人复议主体资格适格；

7.《甘肃省国土资源厅关于文县东风沟重晶石矿有关问题的复函》（甘国土资矿发［2006］98号），证明甘肃省国土资源厅在2006年承认已经收到第三人的书面申请报告，其在给被告的协查报告中所称“未受理探矿权、采矿权申请”与事实不符；

8.《关于甘肃宁氏实业有限责任公司要求恢复照化山、水磨沟重晶石段采矿权的情况报告》（文国土资报［2008］108号），证明文县国土资源局承认多次收到第三人的书面申请报告，说明第三人与原告申请扩大的探矿权范围存在矿权争议的事实；

9. 兰州市工商行政管理局兰州高新技术产业开发区分局于1999年4月15日出具的证明；

10. 甘肃宁氏化工实业有限责任公司于1998年11月16日填写的变更登记申请书；

证据9、10用以证明第三人主体适格；

11. 2009年4月16日与2010年4月15日两次听证会笔录，证明地方矿产主管部门认可第三人一直在提出申请的事实；

12. 文县地质矿产管理局于1998年5月3日作出的《关于给甘肃省文县临江乡东风沟重晶石矿划定矿区范围的通知》，证明文县地质矿产管理局于1998年为第三人划定矿区范围，第三人在3年的预留期内提出恢复申请；

13. 甘肃省地矿局地球化学探矿队于1980年12月作出的《文县东风沟重晶石矿普查评价报告》，证明文县东风沟重晶石矿储量为3 100万吨；

14. 第三人宁氏公司在2001年～2008年期间向地方矿产主管部门提出的请求恢复照化山、水磨矿段采矿权的书面报告，证明第三人在3年的预留期内提出恢复申请；

15. 甘肃省文县照化山一带重晶石矿普查图纸一张，证明原告申请扩大的勘查范围与第三人申请恢复的矿区范围存在重叠。

（四）一审判案理由

北京市第一中级人民法院经审理认为：《中华人民共和国行政复议法》（以下简称《行政复议法》）第十四条规定，对国务院部门的具体行政行为不服的，向作出该具体行政行为的国务院部门申请行政复议。本案中，对金纬公司扩大第0100000710117号勘查许可证勘查范围申请予以核准登记的具体行政行为系国土资源部作出，故国土资源部具有对该具体行政行为进行复议的职权。

本案证据表明，甘肃化工新技术有限公司在1996年就已取得甘地矿证管字［1996］第08号采矿许可证，取得了文县东风沟重晶石矿的采矿权。金纬公司申请扩大第0100000710117号勘查许可证的勘查范围中有一部分与甘地矿证管字［1996］第08号采矿许可证的矿区范围重叠。关于此类情形，12号《通知》第一条第（三）项第3目规定，《分类目录》规定的第一类、第二类矿产，采矿权灭失或以往有过采矿活动，经核实存在可供开采储量或有经济价值矿产资源的矿产地，不再设置探矿权。重晶石属于《分类目录》中的第一类矿产，而在本案争议矿区范围内又曾设有采矿权。国土资源部在对金纬公司扩大第0100000710117号勘查许可证勘查范围的申请予以核准登记时未考虑上述事实，故该具体行政行为存在认定事实不清之情形，被告国土资源部依据《行政复议法》第二十八条第一款第（三）项之规定予以变更并无不当。

关于程序问题，被告国土资源部于2010年4月15日组织召开的听证会主要涉及两项内容：一是了解第三人宁氏公司于2000年换证的具体经过及其申请恢复采矿权的相关情况；二是了解地方各级国土资源管理部门的协查工作情况。虽然被告在中止期间召开听证会且未通知原告参加，但本次听证会涉及的内容并未影响到本案基本事实的认定，亦未影响本案的审查结论。因此，原告金纬公司以被诉决定程序违法为由要求予以撤销之诉讼主张，本院不予支持。

另，宁氏公司对甘肃宇臻物流集团有限公司的勘查许可证提起的行政复议一案中涉及的案件事实和法律关系与本案有所区别，且宁氏公司已针对甘肃宇臻物流集团有限公司的勘查许可证提起行政诉讼，故被告国土资源部对上述行政复议案件的处理结果不能当然作为本案审查的依据。因此，原告金纬公司关于被告国土资源部的审理标准不一致之诉讼主张与本案的审查结论无关，本院不予采纳。同时，各方当事人所争议的甘肃化工新技术有限公司与本案第三人宁氏公司的关系问题不影响本案的实体审查结论。

（五）一审定案结论

北京市第一中级人民法院依照《最高人民法院关于执行〈中华人民共和国行政诉讼法〉若干问题的解释》第五十六条第（四）项之规定，作出如下判决：

驳回原告金纬公司的诉讼请求。

（六）二审情况

1. 二审诉辩主张

（1）上诉人诉称

第一，一审判决对被诉决定是否合法没有进行全面审查，明显不当。一是宁氏公司不具有行政复议申请人资格，无权申请行政复议。二是国土资源部在行政复议中止审理期间举行复议听证会却没有依法通知金纬公司参加，明显违法。第二，一审判决对国土资源部有关“存在矿权争议”的认定是否合法、是否正确没有进行全面审查。第三，一审判决适用12号《通知》对本案进行实体审查，适用法律错误。一是被诉决定中并没有对于争议矿业权区块是否是矿产地进行审查，更没有适用12号《通知》作出复议决定，一审判决超出被诉决定内容。二是本案争议矿业权区块依法属于矿产勘查工作空白区，不属于12号《通知》规定的矿产地。第四，一审判决关于“金纬公司关于国土资源部的审理标准不一致之诉讼主张与本案的审查结论无关”的认定，适用法律错误。第五，一审判决结果将导致宁氏公司成为争议矿业权区块的合法采矿权人，与12号《通知》的规定相矛盾。综上，请求撤销一审判决，撤销被诉决定，并责令国土资源部重新作出复议决定。

（2）被上诉人辩称

同意一审判决，请求二审法院判决驳回上诉，维持一审判决。

（3）第三人述称

同意一审判决，请求予以维持。

2. 二审事实和证据

北京市高级人民法院经审查，同意一审法院对本案基本事实的确认。

3. 二审判案理由

北京市高级人民法院经审理认为：按照《矿产资源勘查登记有关规定》的规定，申请登记区块范围是否设置探矿权或采矿权是勘查申请应审查的主要内容之一。本案中，金纬公司申请扩大第0100000710117号勘查许可证的勘查范围，而甘肃化工新技术有限公司在1996年就已取得甘地矿证管字［1996］第08号采矿许可证，因此国土资源部将重叠的勘查范围予以扣除，具有事实和法律根据。该决定亦符合《国土资源部关于进一步规范矿业权出让管理的通知》（国土资发［2006］12号）第一条第（三）项第3目中关于《分类目录》规定的第一类、第二类矿产，采矿权灭失或以往有过采矿活动，经核实存在可供开采储量或有经济价值矿产资源的矿产地，不再设置探矿权的规定。

根据《行政复议法》第九条的规定，鉴于宁氏公司与甘肃化工新技术有限公司存在关联，宁氏公司继受了甘地矿证管字［1996］第08号采矿许可证中部分矿段的采矿权，并且一直在申请恢复其余矿段的采矿权，因此，宁氏公司认为国土资源部对金纬公司扩大第0100000710117号勘查许可证勘查范围的申请决定准予登记的具体行政行为侵犯了其合法权益并申请行政复议，具有事实和法律根据。鉴于国土资源部在其举行的行政复议案件审查会中已经听取了金纬公司的意见，因此国土资源部在行政复议中止期间进行的相关调查活动中未通知金纬公司参加，并未违反法定程序。宁氏公司对甘肃宇臻物流集团有限公司的探矿权许可证提起的行政复议一案中涉及的案件事实和法律关系与本案有所区别，故金纬公司关于国土资源部审理标准不一致的诉讼主张缺乏事实根据。

4. 二审定案结论

北京市高级人民法院依照《中华人民共和国行政诉讼法》第六十一条第（一）项之规定，作出如下判决：

驳回上诉，维持一审判决。

（七）解说

1. 本案争议矿区范围内的探矿权或采矿权应当归属于谁？

依据《中华人民共和国矿产资源法》（以下简称《矿产资源法》）第三条之规定，矿产资源属于国家所有，由国务院行使国家对矿产资源的所有权。国家保障矿产资源的合理开发利用。勘查、开采矿产资源，必须依法分别申请、经批准取得探矿权、采矿权，并办理登记。依据《矿产资源法》第十二条之规定，国家对矿产资源勘查实行统一的区块登记管理制度。矿产资源勘查区块登记管理办法由国务院制定。据此，国务院于 1998 年 2 月 12 日颁布实施了《矿产资源勘查区块登记管理办法》，以此来维护矿产资源勘查秩序。同时，国务院地质矿产主管部门制定了一系列关于矿产资源勘查的规范性文件。

关于探矿权的设置，《矿产资源勘查区块登记管理办法》规定了依申请出让的原则，其中第八条规定，登记机关应当自收到申请之日起 40 日内按照申请在先的原则作出准予登记或者不予登记的决定，并通知探矿权申请人。但上述规定一般仅限于矿产勘查工作空白区或虽进行过矿产勘查但未获可供进一步勘查矿产地的区域。因为 12 号《通知》第一条第（一）项规定，属于《矿产勘查开采分类目录》规定的第一类矿产的勘查，并在矿产勘查工作空白区或虽进行过矿产勘查但未获可供进一步勘查矿产地的区域内，以申请在先即先申请者先依法登记的方式出让探矿权。同时，12 号《通知》还相继规定了以招标、拍卖、挂牌方式直接出让探矿权、采矿权，以及以协议方式出让探矿权、采矿权的相关情形。因此，在进行探矿权的设置时，应当根据实际情况来加以确认。

本案的探矿权争议属于历史遗留问题。早在 1996 年 3 月 18 日，文县地质矿产管理局就为宁氏公司的关联企业甘肃化工新技术有限公司颁发采矿许可证，开采矿种为重晶石，开采范围为斜坡里、照化山、水磨三矿段。这其中就包含了本案所争议的矿区范围。本案中，金纬公司申请扩大的勘查范围包括宁氏公司申请恢复的采矿权范围。按照《矿产资源勘查区块登记管理办法》的规定，申请登记区块范围是否设置探矿权或采矿权是勘查申请应审查的主要内容之一；但在省、市、县协查过程中，地方地质矿产主管部门未如实反映上述情况，从而导致国土资源部错误批准了金纬公司的申请。

如前所述，本案不能适用申请在先的原则来确定探矿权的归属。因为早在 1996 年该区域就已设置采矿权，其并不属于矿产勘查工作空白区。从常理上讲，设置采矿权就意味着该区域的矿产已经探明，没有必要再设置探矿权。对此情形，12 号《通知》第一条第（三）项第 3 目规定，《分类目录》规定的第一类、第二类矿产，采矿权灭失或以往有过采矿活动，经核实存在可供开采储量或有经济价值矿产资源的矿产地，不再设置探矿权。重晶石属于《分类目录》中的第一类矿产，而在本案争议矿区范围内又曾设有采矿权，因此，争议区域不能再设置探矿权，而应以招标、拍卖、挂牌方式直接出让采矿权。至于采矿权的归属，则应通过招标、拍卖、挂牌方式确定，并不必然属于金纬公司或者宁氏公司。

2. 行政复议机关未通知利害关系人参加听证是否构成程序违法，进而导致行政复议决定被撤销?

《行政复议法》中并未规定听证程序。《行政复议法实施条例》规定，行政复议机构认为案件重大复杂时可以组织听证。由此可知，听证并非行政复议的必经程序，被告可以不组织听证。本案中，被告已组织召开听证会，虽然《行政复议法实施条例》中并未明确规定参加听证会人员的范围，但从法理上讲，原告作为复议案件的第三人，复议决定对其权利有可能造成不利影响，应当被通知参加听证会。因此，被诉决定的程序存在问题。但上述程序问题是否构成程序违法，进而导致被诉决定被撤销，还需要进一步考虑。从听证会的内容来看，其主要涉及两方面的内容：一是了解宁氏公司 2000 年换证时缩小采矿面积的背景和其申请恢复采矿权的情况；二是了解地方地质矿产主管部门在被告发证过程中所做的协查工作情况。原告未参加本次听证会并不影响上述事实的认定。

而且，本案的关键事实是在争议矿区范围内是否曾经存在采矿权，这一事实有甘地矿证管字［1996］第08号采矿许可证为证，各方当事人也均无异议。在此情形下，即使不组织召开听证会，不采用上述听证会记录，也不影响本案关键事实的认定，即上述程序问题未影响到本案的审查结论。

此外，从法理上讲，听证程序的价值目标在于给当事人及利害关系人一个充分陈述意见的机会，以帮助行政机关了解案件情况，防止偏听偏信。就本案来讲，被告在其举行的行政复议案件审查会中已经听取了金纬公司的意见，金纬公司程序上的权利已经得到保障。进一步讲，被告所举行的听证会有名无实，我们可以视为其没有履行听证程序，而仅仅是对案件的部分当事人进行调查询问。鉴于法律、法规并无关于行政复议听证程序的强制性规定，因此被告不履行听证程序也不会构成程序违法。

综合上述分析，被诉决定尚不构成程序违法，本案不宜以程序违法为由撤销被诉决定。

（北京市第一中级人民法院　赵锋）

38. 刘占文不服北京市怀柔区九渡河镇人民政府不予答复宅基地纠纷解决申请案

（一）首部

1. 判决书字号：北京市怀柔区人民法院（2011）怀行初字第28号行政判决书。

2. 案由：要求履行法定职责。

3. 诉讼双方

原告：刘占文，农民，住北京市怀柔区九渡河镇。

被告：北京市怀柔区九渡河镇人民政府。

法定代表人：任占智，该镇镇长。

委托代理人：徐波，北京徐波律师事务所律师。

委托代理人：尤静，居民，住北京市怀柔区于家园一区。

4. 审级：一审。

5. 审判机关和审判组织

审判机关：北京市怀柔区人民法院。

合议庭组成人员：审判长：于站水；审判员：董爱军、郭建强。

6. 审结时间：2011年7月28日。

（二）诉辩主张

1. 被诉具体行政行为

原告就实际使用宅基地面积与2002年怀柔区人民政府为其颁发的怀政地字第21号《村民宅院地使用许可证》所载面积不一致一事，向被告提出申请予以解决，被告一直未予书面答复。

2. 原告诉称

2001年10月29日被告为原告颁发的《村民宅院地使用许可证》上载明：占地性质：翻建；批准面积：东西长13米、南北长8米。原告按照上述许可证的规定建设了房屋。2002年6月9日被告将上述许可证收回，北京市怀柔区人民政府又为原告颁发了怀政地字第21号《村民宅院地使用许可证》，该许可证上载明：占地性质：集体；批准面积：东西长13.9米、南北长9米。但局里村村民喻保东曾与村委会签订了土地租赁协议，租赁的部分土地在原告宅基地使用范围内，2006年3月租赁协议到期后，村委会又与喻保东续签租赁协议，影响原告宅基地的正常使用。为此原告于2011年3月1日向被告提出书面申请，要求被告为原告解决此事，但被告一直未给予答复，故诉至法院，要求被告履行法定职责。

3. 被告辩称

第一，《中华人民共和国土地管理法》第六十二条第三款规定，“农村村民住宅用地，经乡（镇）人民政府审核，由县级人民政府批准”，因此，在争议宅基地的审批过程中，镇政府只履行初审职责，最终审批权属怀柔区人民政府，故答辩人在原告的宅基地审批过程中不存在不作为的情况，且被告主体不适格。第二，原告曾就宅基地面积问题多次上访，被告做了大量工作，并于2009年3月19日开会研究并形成书面报告，建议上级主管部门现场核实原告的建房面积，收回原批示，重新核发《村民宅基地使用许可证》。同时，被告还曾于2009年5月26日会同怀柔区社会矛盾调处中心、怀柔区国土资源局召开会议研究此事，形成书面报告并于同日上午将结果答复了原告。可见，被告在职权范围内已经履行了相关的义务和行政职责，并将结果回复给了原告，不存在不作为问题。第三，原告于2011年3月1日向被告提出的申请属于对已决事情的重复申请。因此，原告起诉被告属于被告主体错误，被告不存在错批原告宅基地之事，也已积极履行行政职责，原告的请求没有事实根据和法律依据，法院应当依法裁定驳回原告起诉。

（三）事实和证据

北京市怀柔区人民法院经公开审理查明：原告刘占文与喻保东系东西院邻居，喻保东居东院，刘占文居西院，两家之间间隔一条马路。喻保东家东院系其父喻永财居住。喻保东和喻永财房后有集体所有的空地一块，1998年喻保东租赁该空地的东半部即喻永财房后的空地。

2001年经原告刘占文申请，被告九渡河镇镇政府于同年10月29日为其颁发一份《村民宅院地使用许可证》，该许可证上载明：占地性质：翻建；批准面积：东西长13米、南北长8米。原告刘占文所建房屋面积与上述批准使用的面积相符（该建房地块系喻保东房后空地）。被告九渡河镇镇政府后来发现该许可证颁发错误故将其收回，2002年6月9日由北京市怀柔区人民政府就该地块为原告刘占文重新颁发了怀政地字第21号《村民宅院地使用许可证》，该许可证上载明：占地性质：集体；批准面积：东西长13.9米、南北长9米。然而，该宅基地东侧部分土地由喻保东以与北京市怀柔区九渡河镇局里村村民委员会（以下简称局里村委会）达成租赁的形式使用，致使原告刘占文未能按照怀政地字第21号《村民宅院地使用许可证》所载面积实际全部使用。为此，原告刘占文多次找村、镇要求予以解决，经调解，2004年7月20日原告刘占文与局里村委会签订了协议，协议载明：第一，喻保东临时建筑妨碍刘占文的永久建筑，因此喻保东必须拆除全部临时建筑。第二，喻保东所租赁土地2006年3月5日到期后收回归集体，不再给喻保东延续合同，2006年3月30日以前，补足刘占文所批宅基地面积。第三，如村集体再给喻保东延续合同，不能按时归还刘占文宅院面积，属村集体违约，村集体负责赔偿违约金2万元。但局里村委会与喻保东在原签订的合同到期的情况下又续签合同，后原告刘占文起诉局里村委会要求给付违约金2万元。2007年3月20日北京市第二中级人民法院（2007）二中民终字第3060号民事判决书判决由局里村委会支付刘占文2万元，现已执行完毕。但现争议地块仍由喻保东使用，原告刘占文以其不能按2002年颁发的怀政地字第21号《村民宅院地使用许可证》所载面积充分使用宅基地为由，要求被告九渡河镇镇政府予以解决，被告协同相关部门对争议双方进行调解，并将处理结果告知双方，但原告刘占文对调解意见不满意，现其又持上述理由于2011年3月1日向被告九渡河镇镇政府提出书面申请，仍要求予以解决并给予书面答复，被告九渡河镇镇政府认为此问题原已多次解决，并已解决完毕，故未给予原告刘占文书面答复。原告刘占文认为被告九渡河镇镇政府针对其申请未给予答复的行为违法，故于2011年5月16日诉至本院，要求被告九渡河镇镇政府履行法定职责。

上述事实有下列证据证明：

1. 原告提交的申请及证明各1份，以证明原告向被告提出解决宅基地使用权纠纷申请的事实；

2. 原告提交的《村民宅院地使用许可证》2份，以证明被告于2001年为原告颁发1份翻建房的《村民宅院地使用许可证》，原告按照此证所载的面积建了房，2002年被告将该许可证收回，由北京市怀柔区人民政府为原告颁发了1份新建房的怀政地字第21号《村民宅院地使用许可证》，上述两份许可证所载面积不同；

3. 原告提交的村委会证明2份，以证明在被告担保的情况下，原告所在的村委会同意原告按照2002年颁发的许可证的面积使用土地；

4. 被告提交的2001年颁发给原告的《村民宅院地使用许可证》1份，以证明被告发现该许可证错误后将其收回，被告不存在不作为行为；

5. 被告提交的关于解决刘占文、喻保东宅基地纠纷情况的报告、会议纪要、调查处理报告各1份，证明2份，以证明原告提出的其实际宅院地使用面积与其持有的2002年怀政地字第21号《村民宅院地使用许可证》上所载面积不符问题，被告已多次解决并答复过，积极履行了自己的行政职责；

6. 被告提交的法院生效法律文书6份，以证明原告与喻保东的相邻关系纠纷及与村委会的合同纠纷，均已通过法律程序予以解决。

（四）判案理由

北京市怀柔区人民法院经审理认为：《最高人民法院关于执行〈中华人民共和国行政诉讼法〉若干问题的解释》第三十九条第一款规定："公民、法人或者其他组织申请行政机关履行法定职责，行政机关在接到申请之日起60日内不履行的，公民、法人或者其他组织向人民法院提起诉讼，人民法院应当依法受理。法律、法规、规章和其他规范性文件对行政机关履行职责的期限另有规定的，从其规定。"原告于2011年3月1日向被告提出申请，要求被告解决其实际宅基地使用面积与2002年北京市怀柔区人民政府为其颁发的怀政地字第21号《村民宅院地使用许可证》批准使用面积不符一事，被告应自收到该申请后60日内对原告申请事项予以答复，至今未给予答复不妥。

（五）定案结论

北京市怀柔区人民法院依照《中华人民共和国行政诉讼法》第五十四条第（三）项之规定，作出如下判决：

被告北京市怀柔区九渡河镇人民政府于本判决生效后30日内针对原告刘占文提出的申请作出书面答复。

案件受理费50元，由被告北京市怀柔区九渡河镇人民政府负担（本判决生效后7日内交纳）。

（六）解说

1. 被告是本案适格的主体

本案原告的诉讼请求为要求被告履行法定职责，解决原告与其他村民因宅基地问题产生的纠纷，并予以书面答复。而被告则认为村民宅基地系经乡（镇）人民政府审核，由县级人民政府批准，自己不具备直接批准原告宅基地的权力，也就没有解决该纠纷的义务，原告起诉被告属于主体错误。但我们不同意被告的观点。

第一，原告的诉讼请求并不是撤销或变更《村民宅院地使用许可证》，因此也就谈不上要向作出该具体行政行为的机关即怀柔区政府提出申请。被告九渡河镇人民政府作为基层权力机关，对辖区内各村村民在生产、生活中遇到的问题存在一定的指导、规范义务。解决纠纷的方式是多元的，不一定要单纯依靠撤销或变更《村民宅院地使用许可证》。原告所反映的宅基地问题系镇政府核准后报区政府核准的，被告对具体情况、乡镇特点、村民间的关系更为熟悉，由其对纠纷进行化解，避免矛盾升级，应当属于其法定职责的一部分。原告向其申请解决纠纷，并无不当。

第二，即便原告的申请存在一定瑕疵，向被告提出了明显不属于被告职权范围的履责要求，被告作为掌控更多行政资源，谙熟流程、制度的行政主体，也应当给予答复，将其申请转送给有关部门，或指导其向该部门提出申请，这也是行政权力便民性的体现。因此，从现代政府管理模式行为价值构建的角度来看，各行政机关职责、义务的边界并非是既定不变的，告知、释明、指引等义务，恰恰具有一种“突破边界之可能”的能动性。对这类义务的不履行，同样可以构成行政诉讼中的不作为。因此，在本案中，被告的答复义务无疑是确定的。

2. 被告先前已采取的行为不能免除其答复义务

在本案中，被告提到曾就原告申请解决的宅基地纠纷问题多次开展工作，其中既包括促成原告与发生纠纷村民的和解，也包括内部的研究及报告。但是，这些行为并不能免除被告答复原告申请的义务。

在实践中，我们并不是机械地要求行政机关对每一份书面申请都必须给出书面回复，两者绝不是一来一往的对应关系。一经申请行政机关就履行职责而无须回复的自不必说，还有一种情况，即对于那种频繁、重复进行，以至于没有实际意义的申请，我们认为，行政机关可以不予书面答复，在释明之后，将其作为信访事件处理即可。两种不同性质申请的分界点，应由法院依裁量权确定。

结合本案，原告系第一次书面向被告提出申请，虽然被告已就同一问题数次与原告沟通，也进行了一定工作，还是应当针对此次申请的内容给出书面答复。

3. 被告将原告的申请视为“已决事项的重复申请”不予答复缺乏依据

在现行立法中，并不存在“对已决事项的申请无须答复”这类的表述。因为，“申请”、“履责”和“答复”这三个行为点并不在同一层面。与“申请”对应的，只能是“答复”。如果存在“已决事项”，那至多也只能作为行政机关免除履行职责义务的理由，而不能作为免除答复义务的理由。相反，在此种情况下，行政机关更应当将不能履行职责的原因、对解决问题的建议等信息及时传达给申请人。同时，“已决事项”本身就是一个模糊的概念，如果行政机关的内部决断可被用以剥夺当事人提出申请的权利，或者行政机关对某事曾进行过处理就可以无视当事人新的意见及情势的变迁而不再理会任何申请，这本身就是一种自权力本位时代沿袭而来的不公正，与现代法治精神相悖。因此，在本案中，被告此种答辩意见缺少依据，应由其对原告的申请给出书面答复。

（北京市怀柔区人民法院　吴军　霍斯扬）

39. 荔浦县茶城乡茶香村西任屯第三村民小组不服荔浦县人民政府山林权属纠纷处理决定案

（一）首部

1. 判决书字号：广西壮族自治区荔浦县人民法院（2011）荔行初字第15号行政判决书。

2. 案由：山林权属行政纠纷。

3. 诉讼双方

原告：荔浦县茶城乡茶香村西任屯第三村民小组。

诉讼代表人：李梦鸾，该村民小组组长。

委托代理人：潘贤光，干部，住茶城乡茶香村西任屯（特别授权）。

委托代理人：张永宽，荔浦县法律事务中心法律工作者。

被告：荔浦县人民政府，住所地：荔浦县荔城镇篓园社区滨江路6号。

法定代表人：刘迎春，该县县长。

委托代理人：陈学，荔浦县法制办公室主任（特别授权）。

委托代理人：李庆卓，荔浦县调处办公室副主任科员。

第三人：荔浦县茶城乡茶香村西任屯第二村民小组。

诉讼代表人：潘启林，该村民小组组长。

委托代理人：陈文松，农民，住荔城镇荔塔路202号（特别授权）。

委托代理人：李显荣，荔浦县荔城法律服务所法律工作者。

4. 审级：一审。

5. 审判机关和审判组织

审判机关：广西壮族自治区荔浦县人民法院。

合议庭组成人员：审判长：林玉彪；审判员：张高亮、唐金娥。

6. 审结时间：2011年6月28日。

（二）诉辩主张

1. 被诉具体行政行为

被告荔浦县人民政府作出的荔政处［2010］22号权属纠纷处理决定认为：争议地及相邻地潘锦秀的山岭在1962年以后一直由第三人集体管理，落实生产责任制和林业“三定”时，第三人将争议地和与其相邻的潘锦秀的山岭落实分配给其村民陈文松、潘锦秀两户管理使用。第三人村民陈文松和潘锦秀提供的《荔浦县社员自留山承包责任山使用证》可作为调处本案纠纷的权属凭证，对其主张予以支持。原告提供的《土地房产所有权证》无法确认记载有争议地的岭名、四至界限和面积，不能证明其对争议地的权属；原告提供的潘贤光的《荔浦县社员自留山承包责任山使用证》，填证人潘明月系潘贤光侄子，其填证时是荔浦县蒲芦乡干部，不是茶城乡林业“三定”工作的工作人员，无权为原告填发山林权属凭证，因此该证属自行填写，且该证所记载的四至面积与争议地的实际不符。故潘贤光的《荔浦县社员自留山承包责任山使用证》关于争议地的记载内容，无论从程序上还是实体内容上都不具有合法性，不能作为本案的权属凭证，原告的主张不予支持。依照《中华人民共和国森林法》第十七条第一款，《广西壮族自治区土地山林水利权属纠纷调解处理条例》第十条第（五）项、第十二条第（三）项的规定，处理如下：第一，注销潘贤光持有的《荔浦县社员自留山承包责任山使用证》关于争议地项的登记内容；第二，争议地属第三人集体所有，由其村民陈文松户承包经营、管理使用，其四至界限以本决定查明认定的为准。对于争议地点的果树，潘贤光应自本决定生效之日起 3 个月内自行处置完毕。

2. 原告诉称

被告作出的荔政处［2010］22 号权属纠纷处理决定，认定事实不清。对于争议地原告称其为“省更桥”，新中国成立前是原告村民潘贤光的祖宗山，1952 年土地改革时，分配给潘贤光之父亲，并颁发有《土地房产所有权证》。合作化改造时争议地入了西任社，1958 年西任屯共有三个生产队，潘贤光的父亲潘主芳是第三生产队社员，按“土改”政策“土地跟人走”的原则，争议地属第三生产队所有。1962 年大包干、“四固定”时没有变更。1969 年西任屯三个生产队又合并为一个联队，争议地为联队所有，但争议地仍作为自留地由潘贤光户种植。1979 年，西任屯又分成原来的三个生产队，各队分回原来各有的土地。1981 年落实生产承包责任制，原告生产队按各户承包各自土地改革时分得的土地的原则，争执地一直由潘贤光户经营使用。争议地叫“省更桥”，南面（古壮口）是潘绍保的土地，北面（瓦空）是潘国纪的土地，上面（东面）是潘日安的土地，三块土地各有不同的名称，第三人村民陈文松只种植潘绍保位于古壮口的土地，并不包括原告方和潘日安位于“省更桥”的土地。争议地自新中国成立前到现在一直是由潘贤光户种植，现在争议地上还有该户种植的橙子树、杉树，西任屯村村民无不知晓。

被告作出的荔政处［2010］22 号权属纠纷处理决定，证据不足，显失公平。1985 年落实山界林权时荔浦县政府将争议地确权给原告村民潘贤光户，与相邻山潘国纪的《荔浦县社员自留山承包责任山使用证》互相印证。潘国纪的瓦空岭山林证上面填写的相邻山为潘贤光户的“省更桥”山，而第三人村民陈文松所说的古壮山与潘国纪的山相邻，显然与事实不符。第三人村民陈文松持有的证是当时的第二生产队队长潘锦忠（已病故）在家闭门造车所填，根本未到现场勘过界，其土地范围将原告村民潘贤光的土地覆盖，也将潘日安户的土地覆盖。被告任意扩大土地使用范围，且陈文松持有的使用证，无填发日期，不符合国家有关规定，应为无效的使用证。至于原告村民潘贤光持有的证，上述处理决定以填证人潘明月系潘贤光的侄子为由，认为该证不具有合法性，没有法律事实和依据。综上所述，被告作出的荔政处［2010］22号《权属纠纷处理决定书》认定事实不清，证据不足，显失公平，依法应予撤销。

3. 被告辩称

对争议地原告称“省更桥”，第三人称“古壮口岭”，其四至界限是：东至岭顶（以倒水为界），南与潘锦秀的山岭相邻，西至田边止，北与潘国纪的山岭相邻（以小冲为界），面积约1.5亩，地面附着物为柑橘、杉树和松树。争议地在新中国成立前为西任屯村民潘绍保的私有山场，在大包干、“四固定”时期，古壮口岭分别划归西任屯第一村民小组和第二村民小组集体所有，争议地包含在第二村民小组集体所有的古壮口岭内，两村民小组按分配实行管理。落实生产责任制时，第二村民小组为照顾其村民（外来户）陈文松和潘锦秀，特意将与第一村民小组在大包干、“四固定”时所分得的古壮口岭的部分和古壮口茶山一并落实给陈文松、潘锦秀两户管理使用。在1985年落实林业“三定”政策时，分别为陈文松、潘锦秀两户颁发了《荔浦县社员自留山承包责任山使用证》，该两证登记内容同属一处，四至界限所辖面积为3亩，由陈文松和潘锦秀两户分别管理使用，其中陈文松户分得靠北面部分的1.5亩山岭（即现争议地），潘锦秀分得靠南面部分的1.5亩。长期以来第三人村民有一直管理和使用争议地的事实。原告村民潘贤光提供的《土地房产所有权证》中所登记内容的地名、四至界限、面积都与现争议地不相符，无法确定其登记内容即为现争议地，原告提供的其村民潘贤光的《荔浦县社员自留山承包责任山使用证》，该证记载的“省更桥”0.1亩，四至界限与争议地现场不相符，其填证人潘明月为持证人潘贤光的侄子，填证时的身份是蒲芦乡人民政府的干部，不是茶城乡林业“三定”工作人员，其擅自填证行为不具合法性。综上所述的事实和理由，被告作出的荔政处［2010］22号《权属纠纷处理决定书》认定事实清楚，证据确凿，适用法律准确，实体处分得当，符合法定程序，请法院依法维持。

4. 第三人述称

争议地“古壮口岭”在新中国成立前是潘绍保的私有山场。新中国成立后，“土改”时依然分配给潘绍保所有。大包干、“四固定”时，古壮口岭分别划分给第三人和西任屯第一村民小组集体所有。落实生产责任制时，第三人为照顾其村民陈文松、潘锦秀两户无山岭的“外来户”，特将与第一村民小组在大包干时分得的古壮口岭和古壮口茶山一并落实分配给陈文松和潘锦秀两户使用。1985年落实林业生产责任制，完善林业“三定”工作时，第三人为陈文松、潘锦秀两户申报领取了《荔浦县社员自留山承包责任山使用证》，两证登记为同一处山岭，四至界限内的面积3亩，其后由两户自行划分，陈文松户分得靠北面部分的1.5亩，潘锦秀户则分得靠南面部分的1.5亩。此后两户按其划分的面积和范围实行有效的管理使用。原告称被告的处理决定认定事实不清，证据不足，显失公平的理由不能成立。原告主张争议地“省更桥”土地的历史来源系潘贤光户的祖宗山及“土改”山场的理由是不成立的，有悖法律的规定，其提交的《土地房产所有权证》根本无法认证争议地的名称、四至界限与面积，故该证不具有证明效力。另外，原告村民潘贤光持有的《荔浦县社员自留山承包责任山使用证》系其亲侄子潘明月填写，潘明月非茶城乡林业“三定”工作人员，其插手茶城乡的林业“三定”工作，显然是不合法的，至少也应属不合程序，故该证属自行填写的虚假证据，且该证所记载的四至界限和面积与争议地的实际方位也不相符，“省更桥”根本不属争议地范围。经被告调查，原告在大包干、“四固定”时分得的山岭没有在古壮口岭上的，其村民潘贤光又何来0.1亩位于“省更桥”的土地？因此，原告诉称的事实和理由不能成立，请法院依法驳回原告的诉讼请求，维持被告的处理决定。

（三）事实和证据

广西壮族自治区荔浦县人民法院经公开审理查明：争议地位于荔浦县茶城乡茶香村西任屯古壮河（省更河）面，原告称省更桥，第三人称古壮口岭，四至界限为：东至岭顶（以倒水为界），南与潘锦秀的山岭相邻，西至田边止，北与潘国纪的山岭相邻（以小冲为界）。面积约1.5亩，地面附着物有柑橘、杉树、松树。古壮口岭在新中国成立前系西任屯村民潘绍保的私有山岭。在大包干、“四固定”时，古壮口岭划归第一村民小组和第二村民小组集体所有，争议地属第二村民小组所有。古壮口岭在落实生产责任制时，第三人将分得的古壮口岭这部分山岭和古壮口茶山承包给其村民陈文松和潘锦秀两户，潘锦秀承包靠南面的1.5亩，陈文松承包靠北面的1.5亩。1985年落实林业“三定”时，荔浦县人民政府分别给陈文松和潘锦秀两户颁发了《荔浦县社员自留山承包责任山使用证》，该两证登记地同属一处，四至界限内所辖面积是3亩，后由陈文松和潘锦秀两户自行划分管理使用。原告村民潘贤光持有的《荔浦县社员自留山承包责任山使用证》系其侄子潘明月填写（1985年潘明月在蒲芦乡任林业助理），该证记载的“省更桥”0.1亩，四至界限为：东（上）至益安，南（下）至田，西（左）至益华，北（右）至国纪，经现场核实，与争议地实地不相符。1998年第三人村民陈文松因年老随儿子在荔城镇生活。2005年，原告村民潘贤光未经第三人村民陈文松的同意，擅自到争议地种植水果。2009年10月，原告村民潘贤光趁林权制度改革之机，称争议地为原告集体所有归其使用，而引发权属之争。

上述事实有下列证据证明：

1. 荔政处［2010］22号权属纠纷处理决定；市政复决字［2011］27号行政复议决定，证明被告及行政复议机关查明争议地的事实、证据及适用法律依据。

2. 第三人权属纠纷申请书、原告的答辩书，证明双方对争议地发生纠纷的事实。

3. 陈文松、潘锦秀的《荔浦县社员自留山承包责任山使用证》及登记表，证明该证及登记表所记载内容与争议地现场相符，第三人对争议地有使用权。

4. 潘贤光的《荔浦县社员自留山承包责任山使用证》及登记表，证明该证及登记表所记载内容与争议地不符，不能证实原告对争议地的使用权。

5. 潘主芳等人的《土改证》，证明这些证不能证实“土改”时争议地分配给原告。

6. 2010年8月3日的现场勘验笔录及现场图，证明争议地的现场情况、四至范围。

7. 对陈文松、潘贤光的调查笔录、调解笔录及争议地相邻权属示意图，证明原告与第三人代表对纠纷情况的陈述。

8. 原告与第三人代表人身份证明及授权委托书，证明原告与第三人代表人身份及受委托人的姓名、代理权限。

9. 潘锦秀、李梦鸾、潘世强、潘国松、潘绍明、莫玉英、卢大军、潘明月等人的调查笔录，证明：(1) 争议地所有权属第三人集体所有并承包给陈文松、潘锦秀两户；(2) 争议地由陈文松、潘锦秀两户承包使用，两户自行划分耕管至今；(3) 潘贤光的《荔浦县社员自留山承包责任山使用证》是潘明月擅自填写的。

(四) 判案理由

广西壮族自治区荔浦县人民法院经审理认为：争议地及相邻地潘锦秀户的山岭在1962年以后一直由第三人集体管理。落实生产责任制和林业“三定”时，第三人将争议地和与其相邻的潘锦秀的山岭落实分配给其村民陈文松和潘锦秀两户管理使用。被告根据其调查查明的事实及第三人村民陈文松和潘锦秀提供的《荔浦县社员自留山承包责任山使用证》，作出的荔政处［2010］22号《权属纠纷处理决定书》并无不当。原告提供的其村民潘贤光的《荔浦县社员自留山承包责任山使用证》，填证人潘明月系潘贤光的亲侄子，其当时是荔浦县蒲芦乡干部，不是茶城乡林业“三定”工作组的工作人员，无权为原告填发山林权属凭证，且该证所记载的四至、面积与争议地实地不相符，故潘贤光户的《荔浦县社员自留山承包责任山使用证》中关于争议地项的记载内容，不具有合法性，其主张本院不予支持。

(五) 定案结论

广西壮族自治区荔浦县人民法院依照《中华人民共和国行政诉讼法》第五十四条第(一) 项的规定，作出如下判决：

维持被告荔浦县人民政府2010年8月16日作出的荔政处［2010］22号权属纠纷处理决定。

本案受理费50元，由原告荔浦县茶城乡茶香村西任屯第三村民小组承担。

(六) 解说

该案的历史背景和发案原因：随着林权制度改革的不断深入，山林权益与广大农民的经济关系日益紧密，广大农民对山林资源越来越重视，加之在20世纪80年代初“林业三定”工作的粗放和其他种种原因，导致山林权属纠纷越来越多。

1. 时间久远，界限模糊。新中国成立后，我国的集体林权制度改革经历了土地改革、农业合作化、“四固定”、“林业三定”阶段。长时期的生产经营，致使四至界标发生变化、界限模糊不清，再加上资料散失，见证人或知情人的去世，争议双方常各执己见。

2. 工作粗糙留下的问题。当前产生的山林纠纷主要是以1981—1983年“林业三定”时期颁发的林权证作为证据，而当时进行“林业三定”时，由于工作量大，涉及面广，“林业三定”的发证工作主要是由当时的干部填写，大部分山林未进行实地踏界；

大部分群众对“三定”政策不了解，导致出现一山多证、实际面积与林权证四至界定面积严重不符、毗邻山地林权证四至范围表达含混不清或不准确等诸多问题。

3. 山林增值，寸土不让。随着农村经济的发展，木材需求量不断增加，木材价格不断攀升，山林土地不断增值，村民为了获得更大利益，逐步形成了寸土必争的局面。很多村民以流转的集体林存在价格偏低、期限过长为由，要求收回被承包的山林，而承包者则以管护经营承包合同未到期为由不予归还，从而与村集体产生利益纠纷。

山林权属争议案件往往发生在个人与个人、个人与单位以及单位与单位之间，涉及面广，牵涉人员多，如不及时、慎重处理即有可能引发严重的毁林、械斗等恶性事件，成为影响农村社会稳定的一大因素，一定程度上影响了全县经济社会的发展。此类案件由于时间跨度长，普遍存在“证人难觅、证言难集、书证难鉴、物证难辨、证据链难连”的问题，导致案件事实难以查清。同时，土地、山林权属争议案件的特殊性和复杂性，也造成行政机关在处理纠纷时难以作出规范合法的裁决。

要弄清案件争议土地、山林变更的历史，才能查清权属争议的事实。土地林地确权行政案件由于历史、客观等原因，土地林地权属不明确，长时间存在争议，大多数缺乏有效证据，给审理土地林地确权案件带来一定的困难。土地改革、“四固定”不彻底，以及在其后一系列政治运动中土地林地权属发生多次变更，历史遗留问题多，且缺少书面形式的文字记载，时间长，地形地貌已变，难于认定，由于存在以上诸多原因，因而处理土地林地确权案件，要尊重历史，尊重现实，要从有利于国家建设，有利于生产、生活，有利于管理和利用的角度来处理争议。对土地改革时的土地证、1962 年的“四固定”以及以后的一系列变化情况，要综合分析认定。新中国成立初期人民政府发的《土地房产所有权证》，是土地改革时农民确认土地林地权属的凭证，但后来我国的土地林地权属有过几次变动，经过合作化时期，土地林地随人入社，土地林地由私有改造成农业合作社集体所有。随后又经过人民公社运动，将农业合作社集体所有扩大到人民公社集体所有。到 1962 年“六十条”公布后，对土地（林地）、耕畜、农具、劳动力进行了“四固定”，按属地原则对土地林地进行了统一的调整，归就近的生产队集体所有。因此，依据“土改”时的土地证，并不能证明土地林地的所有权。认“四固定”作为我国农村集体土地林地所有权的依据应该说是明确的，但有些地方“四固定”不彻底，且“四固定”主要是针对耕地和林地，对当时未开发的荒地，一般不固定。对在“四固定”时期的土地（林地）确权基本上没有法定形式的文字记载，在处理相关纠纷时应当通过田亩造册、交粮纳税、经营管理及使用情况等因素综合分析认定，在以上因素欠缺的情况下，可参照“土改”时的土地证。另外，在 1962 年以后的历次政治运动中，有些地方对土地林地的权属作过变更，如“农业学大寨”时期开荒造田、农田基本建设等，都对土地林地进行了重新规划调整，由于村、社、队、场合并或者分割发生土地林地权属变更。对这些合法转移土地林地权属的事实，可以按变更后的事实来认定。

（广西壮族自治区荔浦县人民法院　潘世华）

40. 武夷山华港竹业板材制造有限公司诉福建武夷山国家级自然保护区管理局、武夷山市林业局行政确认、行政赔偿案

（一）首部

1. 裁定书字号：福建省武夷山市人民法院（2011）武行初字第6号行政裁定书。

2. 案由：行政确认、行政赔偿。

3. 诉讼双方

原告：武夷山华港竹业板材制造有限公司（以下简称华港公司），住所地：福建省武夷山市星村镇桐木村一里坪。

法定代表人：夏美仙，该公司经理。

委托代理人：王龙财，职工，住江西省上饶市信州区上德路。

委托代理人：饶明海，江西时空律师事务所律师。

被告：福建武夷山国家级自然保护区管理局（以下简称保护区管理局），住所地：福建省武夷山市岩福路168号。

法定代表人：唐忠，该局局长。

委托代理人：吕兆平，保护区管理局资源保护科科长，住福建省武夷山市岩福路。

委托代理人：彭俊仁，福建弘袍律师事务所律师。

被告：武夷山市林业局（以下简称林业局），住所地：福建省武夷山市城东路18号。

法定代表人：杨立忠，该局局长。

委托代理人：陈泽山，干部，住福建省武夷山市文化宫路。

4. 审级：一审。

5. 审判机关和审判组织

审判机关：福建省武夷山市人民法院。

合议庭组成人员：审判长：张丽；审判员：陈墩旺；人民陪审员：吴丽娇。

6. 审结时间：2011年12月7日。

（二）诉辩主张

1. 被诉具体行政行为

被告保护区管理局根据《中华人民共和国森林法》第十三条、《福建省自然保护区管理办法》第十一条第二款、《福建省木材经营加工批准和监督办法》第三条的规定，

于2006年7月16日向原告华港公司颁发《福建省木材经营（加工）批准书》，准许原告在实验区范围内从事木材加工经营，并于2006年7月26日批复同意旧厂房改建的前置程序。

被告保护区管理局、林业局根据《中华人民共和国自然保护区条例》第二十二条第（二）项、第三十二条以及《福建省林业加工业发展导则（试行）》，于2009年1月15日 共同作出《整改通知书》。

2. 原告诉称

2006年6月，原告依法申请登记，经被告保护区管理局的许可，投资300万元在武夷山市星村镇桐木村一里坪改建、扩建厂房和其他设施，从事竹板材等生产加工经营活动。原告厂房改建、扩建后投产刚达一年余，被告保护区管理局就多次要求原告停产。2009年1月18日，二被告无故对原告作出了限期搬离的具体行政行为，从此，原告陷入停产。之后，原告于2011年2月22日向被告保护区管理局申请国家赔偿，被告保护区管理局作了不予赔偿的决定；福建省林业厅又作出了维持的复议决定。原告认为，被告保护区管理局在未遵照法定程序的情况下，仍然许可原告从事竹板材等加工业务，其具体行政行为违法；同时，二被告在既无事实依据又未履行法定程序的情况下，无故要求原告限期搬离，严重侵犯了原告的生产经营权，损害了原告的合法权益。为此原告请求法院：（1）确认被告保护区管理局许可原告经营竹板材等加工和同意改建厂房的具体行政行为违法；（2）确认二被告对原告作出的限期搬离具体行政行为违法；（3）判令二被告连带赔偿原告改建、扩建厂房损失194.26万元、停产经常性费用30.419万元、生产设施22.69万元、生活设施5.28万元、设备转卖损失53.4万元，合计306.049万元。

3. 被告辩称

（1）被告保护区管理局辩称：第一，原告要求确认“许可原告经营竹板材加工、同意改建厂房及限期搬离”违法的诉请已超过法定起诉期限。本案中原告要求确认被告相关行政行为违法显然已超过《中华人民共和国行政诉讼法》第三十九条规定的3个月的起诉期限，也超过了《最高人民法院关于执行〈中华人民共和国行政诉讼法〉若干问题的解释》第四十一条规定的2年的起诉期限。第二，被告颁发《福建省木材经营（加工）批准书》、关于同意华港公司厂房改建的批复及《整改通知书》的行为合法有据。首先，2006年7月26日根据原告申请，被告依照《中华人民共和国森林法》第十三条、《福建省木材经营加工批准和监督办法》第三条及《中华人民共和国自然保护区条例》第三十二条之规定，准予原告在武夷山自然保护区实验区（以下简称实验区）范围内从事木材加工经营及旧厂房改建的行政行为均未违反法律规定。其次，因原告设立在实验区范围内，但其在建设生产过程中未经环境影响评估、环保不达标，严重破坏生态环境，且未经被告及村镇建设管理部门审批擅自新建、扩建厂房。特别是其《福建省木材经营（加工）批准书》于2008年12月期限届满后，原告未依法申请延续，其不能再从事木材加工经营。因此，被告与武夷山市林业局于2009年1月18日通知要求原告整改搬迁合法有据，原告亦同意搬迁，并于2010年7月5日书面报请被告准予其搬迁至武夷山市旗山工业园区。第三，根据《中华人民共和国国家赔偿法》第三十六条第

（六）项的规定，也只是赔偿“停产停业期间必要的经常性费用开支”，鉴于原告一直从事非法生产经营之事实，其不存在必要的经常性费用开支之损失，故其赔偿损失的主张不能成立。

（2）被告林业局辩称：第一，根据《中华人民共和国森林法》第十三条和《福建省武夷山世界文化和自然遗产保护条例》第三条第二款的规定，对保护区内森林资源的保护、利用、更新实行监督，属被告的法定职责，因此被告有权对原告的经营行为进行监督。同时，被告作为武夷山市林业行政主管部门，按照《福建省林业厅关于进一步规范木材经营加工秩序和落实〈福建省林业加工发展导则〉的通知》第二条的规定，与被告保护区管理局共同下文通知原告整改搬离是履行法定职责的合法行为，并无不当。第二，原告企业设立在实验区范围内，其行政许可权在被告保护区管理局，而不是林业局，原告对林业局的起诉既无事实依据，也无法律依据。第三，原告提交的所谓损失数额的证明根本不具有证明效力。请求驳回原告对林业局的诉请。

（三）事实与证据

福建省武夷山市人民法院经公开审理查明：2006 年 6 月，原告依工商登记设立，同年 7 月 26 日，经被告保护区管理局颁发《福建省木材经营（加工）批准书》批准，原告在武夷山市星村镇桐木村一里坪从事竹板材、竹线条、家具板、竹艺品等经营加工业务，有效期限至 2008 年 12 月。同日，被告保护区管理局批复同意原告在一里坪下厂区内空地（非林地）改建厂房 1 200 立方米，但原告未继续办理建设、环保等手续，即自行新建、扩建厂房从事竹制品经营加工业务。原告厂房虽设立在实验区内，但未办理环保手续，环保不达标，其厂房位于武夷山国家级自然保护区和生态公益林区重点区域，严重影响保护区生态自然环境，属于《福建省林业厅关于进一步规范木材经营加工秩序和落实〈福建省林业加工业发展导则〉的通知》及《武夷山市人民政府关于印发〈武夷山市木材经营加工清理整顿工作的方案〉的通知》规定清理整顿的企业的范围。根据上述文件及相关法律的规定，被告保护区管理局与被告林业局于 2009 年 1 月 15 日共同作出《整改通知书》，并于 2009 年 1 月 18 日送达原告，具体内容为：“经查，你公司所属厂房位于自然保护区和生态公益林区重点区域，环保不达标，依据有关规定，我局限期你厂在接到本通知之日起，三个月内搬离原址。逾期未搬迁，原批准机关将依法不予年审，并收回《木材经营（加工）批准书》。”但原告一直未予搬迁。2010 年 7 月 5 日，原告向被告保护区管理局提出搬迁到武夷山市旗山工业园区的报告，被告保护区管理局作出支持搬迁的答复，但原告仍未搬迁。2011 年 2 月 22 日，原告向被告保护区管理局申请国家赔偿，被告保护区管理局于 2011 年 3 月 8 日作出不予赔偿的决定；福建省林业厅于 2011 年 5 月 4 日又作出维持的复议决定；原告仍不服，向法院提起诉讼。

另查明，被告保护区管理局于 2009 年 2 月 26 日发函给武夷山市工商行政管理局要求协助对原告依法不予年审并收回《工商营业执照》。原告工商营业执照从 2010 年起未予年检。

上述事实有下列证据证明：

原告提供的证据有：

1. 营业执照、组织机构代码、《福建省木材经营（加工）批准书》，证明原告具有诉讼主体资格；

2. 关于请求办理工商营业执照年检的报告、被告保护区管理局关于协助依法不予年审并收回《工商营业执照》的函，证明原告系合法经营的企业法人，被告保护区管理局非法干预原告年检的行为侵犯了原告的生产经营权；

3. 被告保护区管理局关于同意华港公司厂房改建的批复，证明原告的生产经营得到了被告保护区管理局的许可；

4.《整改通知书》，证明：（1）原告系行政相对人，具备原告主体资格；（2）二被告对原告作出限期搬离的具体行政行为违法，侵犯了原告的经营权；

5. 桐木村村委会的会议记录及 2011 年 9 月 4 日出具的证明，证明被告保护区管理局同意原告延期生产至 2009 年年底；

6. 房地产评估报告、原告停业停产直接损失费清单，设备转卖合同，证明原告因限期搬离必然造成直接经济损失 306.049 万元；

7. 不予赔偿决定书（［2011］武保不赔字第 001 号）、行政复议决定书（闽林行复决［2011］1 号），证明原告的起诉未超过期限；

8. 桐木村村委会关于武夷山自然保护区内桐木村建房用地审批情况的说明，证明在保护区内建房一直都是由被告保护区管理局批准即可，无须建设部门审批。

被告提供的证据有：

1.《福建省木材经营（加工）批准书》，证明被告保护区管理局根据原告的申请有权依法准许原告在实验区范围内从事木材加工经营，期限为 2006 年 7 月 26 日至 2008 年 12 月 30 日；

2.《整改通知书》，证明原告所属厂房位于自然保护区和生态公益林区重点区域，环保不达标，依据有关规定，二被告要求原告厂房在 3 个月内搬迁，并于 2009 年 1 月 18 日将《整改通知书》送达给原告的事实；

3. 报告及复函，证明原告于 2010 年 7 月 5 日出具报告要求将厂房搬迁至武夷山市旗山工业园区，被告保护区管理局于 2010 年 7 月 8 日复函同意原告搬迁的批复；

4. 被告保护区管理局桐木管理所基本图、环境巡查记录表、武夷山市环境保护区管理局（以下简称环保局）关于桐木一里坪两竹制品厂落实污染治理情况的反馈等，证明原告厂房存在严重污染保护区情况，被告保护区管理局依法有权要求原告搬迁的事实；

5. 企业登记信息表，证明原告工商营业执照自 2009 年起未在武夷山市工商行政管理局年检，已丧失经营资格，原告赔偿请求没有事实依据；

6. 企业身份认证详情，注册地址在武夷山市星村镇桐木村一里坪，证明原告设立在保护区内；

7.2009 年 3 月 25 日上午福建省林业厅副厅长到桐木村调研座谈的记录，座谈中副厅长同意原告延期生产及另外重新选址搬迁，从而证明原告所提供桐木村村委会会议记录复印件和证明内容是虚构的事实，同时也证明单个领导的座谈意见不是法律行为，应当以被告保护区管理局的书面通知为依据。

（四）判案理由

福建省武夷山市人民法院经审理认为：按照《中华人民共和国森林法》第十三条、《中华人民共和国自然保护区条例》第二十二条、《福建省自然保护区管理办法》第十一条第二款、《福建省武夷山世界文化和自然遗产保护条例》第三条第二款的规定，二被告具有林业监督、管理的法定职责。本案的争议焦点主要是原告的起诉期限是否超过法律规定的期限。原告认为，原告在2009年1月18日接到二被告作出的《整改通知书》后多次向被告主张权利，并向相关部门反映，但均未得到答复，有不予行政赔偿决定书、行政复议决定书、桐木村村委会的会议记录可以佐证，因此原告的起诉未超过法律规定的期限。被告认为，首先，被告颁发给原告《福建省木材经营（加工）批准书》的时间是2006年7月26日，关于同意华港公司厂房改建的批复的时间是2006年7月26日，原告收到《整改通知书》的时间是2009年1月18日，原告在被告作出上述行为时就已经知悉该具体行政行为，然而在本次诉讼前原告从未就上述行为的违法性通过法定程序主张确认。其次，被告保护区管理局及其上级机关领导虽就原告厂房搬迁及桐木村村民毛竹生产问题作过协商，但该协商并未变更或撤销原作出的具体行政行为，因此本案中原告的起诉超过了法定的起诉期限。武夷山市人民法院认为，《中华人民共和国行政诉讼法》第三十九条规定，"公民、法人或者其他组织直接向人民法院提起诉讼的，应当在知道作出具体行政行为之日起三个月内提出。法律另有规定的除外"；《最高人民法院关于执行〈中华人民共和国行政诉讼法〉若干问题的解释》第四十四条第一款第（六）项规定，"起诉必须在法律规定的期限内提出，超过法定期限，当事人将因此而丧失诉权。起诉超过法定期限且无正当理由的，法院应当裁定不予受理；已经受理的，裁定驳回起诉"；第四十一条第一款规定："行政机关作出具体行政行为时，未告知公民、法人或者其他组织诉权或者起诉期限的，起诉期限从公民、法人或者其他组织知道或者应当知道诉权或者起诉期限之日起计算，但从知道或者应当知道具体行政行为内容之日起最长不得超过2年"。本案中，原告持有《福建省木材经营（加工）批准书》和关于同意华港公司厂房改建的批复的时间是2006年7月26日；《整改通知书》送达原告的时间是2009年1月18日，从此时开始原告就知道或者应当知道上述具体行政行为的内容，但原告在2011年2月22日申请国家赔偿和2011年3月13日提起行政复议时也均未就上述具体行政行为的违法性向被告主张。因此，原告于2011年9月23日提起行政起诉已明显超过法律规定的起诉期限，且无正当理由。

综上所述，由于原告无法提供说明其正当理由的依据，因而原告对本案行政确认之诉已丧失起诉权。行政赔偿诉讼的先决条件，是被诉具体行政行为的违法性已经由有权机关依法确认。本案由于上述具体行政行为未经有权机关依法确认为违法，因而原告提起的行政赔偿之诉人民法院应当不予受理。

（五）定案结论

福建省武夷山市人民法院依照《最高人民法院关于执行〈中华人民共和国行政诉讼法〉若干问题的解释》第四十四条第一款第（六）项之规定，作出如下裁定：

驳回武夷山华港竹业板材制造有限公司的起诉。

（六）解说

近年来，法院受理的企业法人及利害关系人起诉林业行政许可的案件日益增多，在审理该类案件时，最常见的是起诉期限问题。本案就是一例典型的企业法人起诉林业行政许可的案件，其争议的焦点是原告起诉是否超过起诉期限。涉及的法律问题有两个：一是如何计算企业法人的起诉期限；二是上级行政机关某个领导在会议座谈中的表态是否可以作为超过起诉期限的正当理由。

关于第一个法律问题，在行政诉讼中，知道或应当知道具体行政行为内容的时间是诉讼期限的起算点。对原告起诉期限的认定，应结合《最高人民法院关于执行〈中华人民共和国行政诉讼法〉若干问题的解释》（以下简称《解释》）第四十一条、第四十二条、第四十三条进行综合判定。《中华人民共和国行政诉讼法》第三十九条规定，应在知道作出具体行政行为之日起 3 个月内起诉。《解释》第四十一条规定，行政机关作出具体行政行为时，未告知诉权或起诉期限的，起诉期限从知道或应当知道诉权或者起诉期限之日起计算，但从知道或应当知道具体行政行为之日起不超过 2 年。《解释》第四十二条规定，不知道具体行政行为内容的，起诉期限自知道或应当知道具体行政行为内容之日起计算，但从行政行为作出之日起不超过 5 年，涉及不动产的不超过 20 年。《解释》第四十三条规定，由于不属于起诉人自身的原因超过起诉期限的，被耽误的时间不计算在起诉期限内。笔者认为前述三个法律条文表述了三种情形，依次为递进关系，即被告作出具体行政行为时告知具体行政行为内容、诉权、起诉期限的，3 个月内起诉；作出具体行政行为时告知具体行政行为内容，未告知诉权、起诉期限的，自知道诉权或起诉期限之日起 3 个月内起诉；作出具体行政行为时未告知具体行政行为内容的，起诉期限从知道具体行政行为内容时起算。但由于不属于起诉人自身的原因超过起诉期限的，被耽误的时间不计算在起诉期限内。本案中，被告保护区管理局向原告颁发《福建省木材经营（加工）批准书》和作出关于同意华港公司厂房改建的批复的时间均是 2006 年 7 月 26 日，原告于 2011 年 9 月 23 日向法院起诉，从时间上看确实已超过了《解释》第四十一条规定的 2 年的起诉期限。但鉴于本案的实际情况，被告对原告作出了授益性行政许可，因此自原告获得木材经营（加工）行政许可至 2009 年 1 月 18 日被告保护区管理局对原告送达《整改通知书》，原告不可能对因申请取得的《福建省木材经营（加工）批准书》和关于同意华港公司厂房改建的批复提起诉讼，这段时间应当属于《解释》第四十三条规定的由于“不属于起诉人自身的原因超过起诉期限”的情形，应当予以扣除。但原告在 2009 年 1 月 18 日收到《整改通知书》时就知道或者应当知道上述具体行政行为的内容，即应当在 2011 年 1 月 18 日前提起行政确认，而原告在 2011 年 2 月 22 日申请国家赔偿和 2011 年 3 月 13 日提起行政复议时均未就上述具体行政行为的违法性向被告主张。其在 2010 年 7 月 5 日还书面报请被告保护区管理局准许其搬迁厂房至武夷山市旗山工业园区。因此，原告于 2011 年 9 月 23 日提起行政确认之诉已明显超过上述司法解释规定的起诉期限；而行政赔偿之诉应在依法确认行政行为违法的基础上进行审理，因此原告提起的行政赔偿之诉，人民法院应当不予受理。

关于第二个问题，行政机关所作出的具体行政行为是依据行政相对人的违法事实，根据相关的法律、法规、规章和规范性文件而作出的书面决定，具有规范的程序。变更或撤销其具体行政行为也应遵循程序规定，不能随意改变其具体行政行为，更不能因某个领导的表态而改变。本案中，虽然被告上级领导出面协调原告厂房搬迁及桐木村村民毛竹生产问题，但被告并未通知原告变更或撤销原作出的具体行政行为，因此其不属于原告的正当理由。但值得一提的是，本案中原告确因被告作出的《福建省木材经营（加工）批准书》和关于同意华港公司厂房改建的批复，基于对行政机关的信赖而投资办厂，现因搬迁确会造成直接经济损失，而《整改通知书》限期原告搬迁厂房又是因相关的政策、规范性文件作出的，符合变更行政许可的条件。因此，法院和当地党委、政府相关部门应在原、被告之间进行协调，行政机关与原告应按照各自行为对损失形成的因果关系大小确定损失承担的比例，由行政机关对原告的损失进行相应的补偿。这样做易于得到各方当事人和社会公众的理解和支持，也符合新时期司法应更加注重化解社会矛盾、解决实体争议的要求。

（福建省武夷山市人民法院　张丽）

41. 海安绿洲房地产开发有限公司不服海安县国土资源局撤销土地竞买资格案

（一）首部

1. 判决书字号

一审判决书：江苏省海安县人民法院（2010）安行初字第 0017 号行政判决书。

二审判决书：江苏省南通市中级人民法院（2011）通中行终字第 0026 号行政判决书。

2. 案由：撤销土地竞买资格。

3. 诉讼双方

原告（被上诉人）：海安绿洲房地产开发有限公司，住所地：海安县江海西路 159 号。

法定代表人：张元建，该公司董事长。

委托代理人：钱智，江苏冠文律师事务所律师。

委托代理人（一审）：赵宏宇，江苏冠文律师事务所律师。

被告（被上诉人）：海安县国土资源局，住所地：海安县江海东路 22 号。

法定代表人：徐晖，该局局长。

委托代理人：茆根明，海安县国土资源局副局长。

委托代理人（一审）：吉远来，江苏紫石律师事务所律师。

委托代理人（二审）：仲海平，江苏紫石律师事务所律师。

第三人（上诉人）：海安润泰置业有限公司，住所地：海安县海安镇宁海南路 85 号。

法定代表人：赵成贵，该公司董事长。

委托代理人：沈群，江苏震阳律师事务所律师。

委托代理人（一审）：徐森，海安润泰置业有限公司副经理。

委托代理人（二审）：雷春晖，北京市金台律师事务所律师。

4. 审级：二审。

5. 审判机关和审判组织

一审法院：江苏省海安县人民法院。

合议庭组成人员：审判长：徐爱贤；审判员：徐宏林、曹震宇。

二审法院：南通市中级人民法院。

合议庭组成人员：审判长：王锡明；代理审判员：顾春晖、郁娟。

6. 审结时间

一审审结时间：2010 年 12 月 13 日。

二审审结时间：2011 年 3 月 28 日。

（二）一审诉辩主张

1. 被诉具体行政行为

被告海安县国土资源局（以下简称国土局）于 2009 年 11 月 17 日作出海国土告字［2009］28 号国有建设用地使用权出让公告（以下简称 28 号出让公告），公开出让海安镇黄海路、万星路交会西北侧的 36 041 平方米国有建设用地使用权。该公告第三部分第二项规定土地出让报名者为境内房地产开发企业，报名时须提交本单位营业执照、房地产开发企业资质证书。2009 年 12 月 25 日，被告国土局下属的海安县土地市场服务中心向原告海安绿洲房地产开发有限公司（以下简称绿洲公司）、第三人海安润泰置业有限公司（以下简称润泰公司）发出了竞买通知，同意绿洲公司和润泰公司参加黄海路、万星路交会西北侧的 36 041 平方米国有建设用地使用权出让活动。同年 12 月 31 日，国土局向原告绿洲公司发出取消竞买人资格的通知，认为绿洲公司未提交房地产开发企业资质证书，不符合公告规定的报名条件，因此取消了原告绿洲公司的竞买人资格。

2. 原告诉称

被告在土地出让公告中要求报名人提交房地产开发企业资质证书的规定，没有法律依据。原告提供了由建设行政主管部门发出的原告资质证书正在办理之中的证明，被告承认了原告的资格，于 2009 年 12 月 25 日向原告发出了《竞买通知书》。自 2007 年起，被告即在出让公告中标明报名人在报名时须提交房地产开发企业资质证书，但在实际操作中只需提交建设行政主管部门发出的证明即可参加竞买，且有仅提供证明而没有资质证书的企业取得土地使用权的先例。被告在 2010 年以后的土地使用权出让公告中取消了该项规定，被告对土地出让制定的关于须提交房地产开发企业资质证书的规则只适用于原告一家，违反了法律适用统一性原则。被告在《取消竞买人资格的通知》中，未适用法律，该行为无效。被告以江苏省政府办公厅苏政办发［2005］55 号文件作为其行政行为的依据。该文件适用于房地产开发经营，被告将国有土地使用权出让和房地产开发经营的概念混淆而错误引用该规范性文件，从而导致被告行为的不合法。请求法院撤销被告对原告作出的《取消竞买人资格的通知》。

3. 被告辩称

该宗土地的出让公告中关于对竞买人须有房产开发企业资质的要求，是根据江苏省政府办公厅苏政办发［2005］55 号文件中关于“不具备相应房地产开发资质的企业，不得参加商品房项目用地的招投标”的规定。被告取消原告竞买资格是根据出让公告进行审查后作出的，是合法有效的行政行为。请求法院驳回原告的诉讼请求。

4. 第三人述称

原告不具备所涉土地使用权出让的竞买人资格，被告取消原告竞买人资格的通知合法有据。国土局在此前的违规做法，不能作为被告对原告资格审查的依据。国有资产的利益最大化必须建立在合法的基础之上，原告关于取消其竞买人资格后，仅第三人一人受买，使国家利益受损是一种错误的陈述。

（三）一审事实和证据

江苏省海安县人民法院经公开审理查明：2007 年 12 月，海安县人民政府发给海安城镇建设投资有限公司两份国有土地使用权证，将位于海安镇黄海路、万星路交会西北侧，海安镇新桥村 1、2 组两幅合计 61 855 平方米的国有土地使用权确认给海安城镇建设投资有限公司。2009 年 11 月 6 日，被告国土局向海安县人民政府报送了海安城镇建设投资有限公司两幅土地中的 36 041 平方米的土地出让方案。同年 11 月 7 日得到县政府批准。同日，被告国土局就 36 041 平方米国有建设用地使用权的出让作出第 28 号出让公告，该公告第三部分第二项规定了土地出让报名者为境内房地产开发企业，报名时须提交本单位营业执照、房地产开发企业资质证书等。原告和第三人都具有房地产开发企业的营业执照，原告绿洲公司的企业注册资金是人民币 2 000 万元，第三人润泰公司的企业注册资金是人民币 800 万元。但当时原告的房地产开发企业资质证书正在办理中，凭海安县建设局出具的关于绿洲公司资质证书正在办理中的证明，与有三级标准从事房地产开发经营业务暂定资质证书的第三人润泰公司，一起报名参加第 28 号出让公告所涉地块的竞买活动，并交纳了 980 万元的保证金。2009 年 12 月 25 日，被告国土局下属的海安县土地市场服务中心向原告绿洲公司和第三人润泰公司发出了竞买通知，同意绿洲公司和润泰公司参加该宗土地的出让活动。同年 12 月 31 日，国土局向原告绿洲公司发出《取消竞买人资格的通知》。

另查明，自 2007 年 12 月起，被告国土局在城镇国有建设用地出让的公告中，均规定了参加竞买人必须有房地产开发企业资质，但在实际操作中，只要有县建设局出具的该企业的开发资质证书正在办理中的证明即可参加竞买，已有一个未领取房地产开发企业资质证书的企业参与竞买并取得土地使用权的先例。2010 年 1 月以后，被告国土局发出的一份出让 8 宗土地的公告中，已对竞买人的条件作了修改，取消了有关房地产开发企业资质的竞买条件，改为境内企业、法人或自然人均可以参加报名，竞得土地后在本地注册一家房地产开发企业，并取得房地产开发资质也可。另查，南通市所属区域在国有建设用地出让时，对报名人以须有房地产开发企业资质为通例，但也有例外。

在本案讼争期间，原告在 2010 年 4 月 2 日取得了江苏省住房和城乡建设厅颁发的房地产开发企业暂定资质证书。

上述事实有下列证据证明：

被告提供的证据有：

1. 海安县国土资源局国有建设用地使用权出让公告；

2. 海安县国土资源局国有建设用地使用权出让竞买须知；

3. 海安县建设局证明。

被告以上述证据证明原告没有房地产开发企业暂定资质，不符合土地竞买人的条件，其作出的撤销原告土地竞买人资格的行政行为具有合法性。

原告提供的证据有：

1. 企业法人营业执照；

2. 海安县国土资源局国有建设用地使用权出让公告；

3. 海安县国土资源局国有建设用地使用权出让竞买须知；

4. 竞买通知书；

5.《取消竞买人资格的通知》；

6. 暂定资质证书。

原告以上述证据证明被告撤销其土地竞买人资格的行为违法。

第三人提供的证据有：

1. 海安县人民政府办公室［2009］第 1094 号办文单；

2. 南通市国土局［2010］第 22 号、23 号、24 号、26 号、27 号挂牌出让公告。

第三人以上述证据证明国有建设用地使用权出让的竞买人，须有房地产开发企业的资质。

（四）一审判案理由

江苏省海安县人民法院经审理认为：本案争议的焦点，一是被告第 28 号出让公告关于报名者须具有房地产开发企业资质的条件是否有法律依据；二是原告在取得竞买人资格后又被取消，被告的行为是否合法有效。

《中华人民共和国城镇国有土地使用权出让和转让暂行条例》（以下简称《暂行条例》）第三条规定：中华人民共和国境内外的自然人、法人和其他组织，除法律另有规定者外，均可依照本条例的规定，取得土地使用权，进行土地开发、利用和经营。国土资源部第39号令《招标拍卖挂牌出让国有土地使用权规定》（以下简称39号令）第十一条有相同的规定。《暂行条例》和39号令，均未对土地招标、拍卖、挂牌的报名人提出须有房地产开发企业资质的要求。2003年江苏省人民政府颁布的《江苏省国有土地使用权招标拍卖挂牌出让办法》，也没有对土地招标、拍卖、挂牌的竞买人的资格作出规定。2005年5月17日，为了解决房地产投资规模和住房价格上升幅度过大的问题，省政府办公厅发出苏政办发［2005］第55号文《关于转发省建设厅等部门关于切实稳定住房价格，促进房地产业健康发展意见的通知》（以下简称省政府办公厅55号文），该通知的第七部分中规定：不具备相应房地产开发资质的企业，不得参加商品房项目用地的招投标，不得从事房地产开发经营。这是被告作出第28号出让公告的依据。省政府办公厅55号文是省政府一个部门作出的规范性文件，发文的目的是“切实稳定住房价格，促进房地产业健康发展”，是针对房价虚高而作出的政策性调整。原告认为，被告在作出国有建设用地使用权出让公告的行政行为时，应适用有关国有建设用地使用权出让方面的法律、行政法规和规章，而不应适用省政府工作部门的政策性文件的诉称理由，法院予以采纳。

原告绿洲公司向被告国土局报名竞买，提供了建设局关于其房地产开发企业资质证书正在办理之中的证明及相关文件，并交纳了980万元保证金。被告国土局对原告的资格进行审查后，对原告发出了竞买通知书，说明被告对原告提供的关于房地产开发企业资质证书正在办理之中的证明已予认可，且已授予原告竞买人的资格。根据行政行为的信赖保护原则，对于已作出的授益性行政行为，行政机关不应随意撤销或变更。被告在2009年12月25日确认了原告的竞买资格并已向原告发出了竞买通知书后，却在仅隔数日之后的当月31日，未经任何程序，也未载明依据的法律，即对原告发出了《取消竞买人资格的通知》，违反了行政行为的信赖保护原则。被告取消原告资格的行为，亦与行政法原则相冲突：

一是被告自2007年12月起，虽然在出让公告中一直设置了报名人必须持有房地产开发企业资质证书的条件，但被告在本起土地出让之前，一直确认持有县建设局出具的资质证书正在办理之中的证明即可参加竞买，且已有无房地产开发企业资质证书的企业取得土地使用权的先例。而在本起土地出让争议发生之后，在2010年1月发出的一份出让8宗土地的公告中，被告已将竞买人报名时须有房地产开发企业资质证书的条件予以取消，形成了被告设置的须有资质证书的规则，仅适用于原告这一现状。被告对竞买人资格的认定，应受先例的制约，且应严格遵守行政执法统一性原则。被告的这一行为违背了公平、公开、公正的行政法原则。

二是对于原告竞买资格的取消，是对原告已经取得的权利的剥夺。从程序正当的原则出发，被告在确认了原告的竞买主体资格后又取消，应该听取原告的意见，保护原告的知情权和申辩权。被告未给原告任何陈述、申辩的机会，就将原告已取得的竞买人资格予以剥夺，显然与行政行为程序正当原则相违背。

三是在取消原告竞买人资格的通知中，被告未引用法律，且在诉讼中也未能陈述其行为的法律依据，只是以行政机关自我纠错为理由，应视为被告取消原告竞买资格的行为无法律依据。被告无法律依据取消原告竞买资格的行为，与“法无授权不得作为”的行政原则相悖。

综观全案，在取消了原告绿洲公司的竞买人资格以后，仅有第三人润泰公司一家进入该幅土地的出让程序，使土地出让的竞争性大大降低，无疑会使国有资产的利益受损。这一做法不符合国有土地使用权通过市场化经营以达到国有资产利益最大化之目的。

（五）一审定案结论

江苏省海安县人民法院依照《中华人民共和国行政诉讼法》第五十四条第（二）项第1、2目的规定，并经本院审判委员会讨论决定，作出如下判决：

撤销被告国土局对原告绿洲公司作出的《取消竞买人资格的通知》。

（六）二审情况

1. 二审诉辩主张

（1）上诉人诉称

原审判决事实不清、证据不足、适用法律错误，请求二审法院撤销原审判决，判决维持被上诉人国土局撤销绿洲公司竞买人资格的通知。理由如下：1）国土局与绿洲公司的出让关系为民事关系，不属于行政诉讼受案范围。2）绿洲公司起诉超过起诉期限，应驳回起诉。3）原审适用《暂行条例》、39号令，未适用江苏省的地方性法规和政策，适用法律错误。4）国土局依据省政府办公厅55号文件、388号文件，对竞买人资格条件作出限制并取消绿洲公司竞买人资格合法有据，其撤销通知程序并不违法。5）一审以所谓利益最大化为标榜，损害了上诉人的经济利益。

（2）被上诉人辩称

1）被上诉人国土局辩称：

建设局的证明不能作为绿洲公司具有房地产开发企业资质的依据，国土局取消其竞买人资格合法、有效。请求二审法院依法裁判。

2）被上诉人绿洲公司辩称：

第一，国土局取消其竞买人资格不符合法律规定，该行为属于国土局履行土地管理职责，不是平等主体之间的行为，应认定为行政行为。第二，国土局没有救济告知，不存在3个月期限问题。请求二审法院驳回上诉，维持原判。

2. 二审事实和证据

江苏省南通市中级人民法院经审理，确认一审法院认定的事实和证据。

3. 二审判案理由

江苏省南通市中级人民法院经审理认为：(1) 国土局具有实施国有建设用地土地使用权出让方案的法定职责，其未经法定程序取消行政相对人竞买人资格，绿洲公司认为侵犯了其合法权益，有权提起行政诉讼。根据《暂行条例》第十条的规定，国土局具有对国有建设用地的土地使用权出让方案予以实施的法定职责。本案中，国土局以通知书的方式确认绿洲公司竞买人资格及取消其竞买人资格的行为均系行政主体针对具体事项向特定主体作出的以发生法律效力为目的的行政行为，上述行政行为均对行政相对人的权利、义务产生影响，对行政相对人有拘束力。国土局确认绿洲公司竞买人资格的行为系授益性行政行为，国土局撤销该行政行为，应当听取行政相对人的意见，以保障其享有的陈述、申辩权。但国土局未听取绿洲公司的意见即取消其竞买人资格，侵犯了其合法权益。根据《中华人民共和国行政诉讼法》第二条的规定，绿洲公司有权依法提起行政诉讼。

(2) 绿洲公司提起诉讼未超过法定起诉期限。《最高人民法院关于执行〈中华人民共和国行政诉讼法〉若干问题的解释》第四十一条第一款规定，行政机关作出具体行政行为时，未告知公民、法人或者其他组织诉权或者起诉期限的，起诉期限从公民、法人或者其他组织知道或者应当知道诉权或者起诉期限之日起计算，但从知道或者应当知道具体行政行为内容之日起最长不得超过 2 年。本案中，国土局于 2009 年 12 月 31 日向绿洲公司发出《取消竞买人资格的通知》时未告知其诉权或者起诉期限。依据上述规定，绿洲公司于 2010 年 4 月 22 日向法院提起诉讼，未超过法定的起诉期限。

(3) 国土局取消绿洲公司竞买人资格，与法相悖。根据《暂行条例》及 39 号令的规定，中华人民共和国境内外的自然人、法人和其他组织，可依法取得土地使用权，进行土地开发、利用和经营。本案中，绿洲公司不仅具有房地产开发企业的营业执照，而且报名时提供了海安县建设局出具的关于绿洲公司房地产开发企业资质证书正在办理中的证明，一审诉讼期间其已取得江苏省住房和城乡建设厅颁发的房地产开发企业暂定资质证书。因此，其申请参加国有建设用地使用权招标、拍卖、挂牌出让活动符合法律、行政法规的规定。国土局确认绿洲公司、润泰公司竞买人资格是为了维护国有建设用地使用权招标、拍卖、挂牌出让活动的公平、有序进行；而取消绿洲公司竞买人资格，所导致的后果是：其一，剥夺绿洲公司作为中华人民共和国境内法人享有的取得土地使用权进行土地开发、利用和经营的权益；其二，国土局未给予行政相对人陈述、申辩权，行政程序违法；其三，违反行政执法的统一性以及公平、公开、公正的行政法原则；其四，以行政职权不当限制公平竞争，使两家以上公司公平参与竞买土地使用权转变为仅有一个公司参与的土地出让活动，这种做法不符合国有土地使用权出让、转让制度，损害公平竞争秩序。

原审判决认定事实清楚，适用法律正确，应予维持。上诉人的上诉请求缺乏事实证据和法律依据，本院不予支持。

4. 二审定案结论

江苏省南通市中级人民法院依照《中华人民共和国行政诉讼法》第六十一条第（一）项之规定，作出如下判决：

驳回上诉，维持原判。

（七）解说

本案是在国有建设用地出让活动中，由竞买人是否需要具有房地产开发企业资质引起的行政争议，其焦点是没有开发资质的企业是否可以参加国有建设用地竞买，实质是竞买人的公平竞争权利的保护。

公平竞争，是社会主义市场经济体制的核心价值。没有竞争，就没有市场；没有公平竞争，就没有健全的市场体系。国有建设用地使用权有偿出让，就是将有限的国有建设用地投向市场，通过公平、公正、公开的竞争机制，以达到国有建设用地的合理开发、利用、经营，促进经济发展之目的。

为了使国有建设用地使用权有偿出让活动健康、有序进行，制定一定的规则，设置一定的准入条件是十分必要的。《暂行条例》是现行的关于国有土地出让的最高层级的法律法规。《暂行条例》规定了国有土地出让的年限、方式及受让人的条件。其第三条规定：中华人民共和国境内外的自然人、法人和其他组织，除法律另有规定者外，均可依照本条例的规定，取得土地使用权，进行土地开发、利用和经营。国土资源部第39号令，是国家土地管理专业部门的一个专门规章，是对《暂行条例》的解释和细化。第39号令对国有土地出让的受让人的条件作出的规定与《暂行条例》相同。应该认为，我国境内外的自然人、法人和其他组织均可以成为国有土地出让活动的受让人。这是法律层次的规范对全国的国有土地使用权出让设置的准入门槛，具有普遍的约束力。地方行政机关和有关部门所制定的相关的准入条件，都不能逾越这个门槛。本案被告国土局以江苏省政府办公厅的一个为“抑制房价增长过快”而制定的政策性文件，提高国有土地受让人的准入门槛，要求参加竞买人须有房地产开发企业资质。一审法院对此作出了否定性的评价，是符合适用法律的一般原则的。对国有土地使用权出让的相关规范进行解读可知，国有土地使用权出让方式，从原来的无偿划拨到有偿出让的改革，其目的十分明确，就是让国家有限的土地资源的开发利用实现利益最大化。如果提高受让人的准入条件，势必给国有土地使用权有偿出让的竞争带来限制，从而背离国有土地使用权出让相关法律、法规的立法初衷。

公平、公正是现代行政法律制度的基本原则，是行政行为权威性和公定力的基础。对于行政相对人公平权的保护，是现代行政审查最基本的价值取向。被告从2007年起对土地出让设置了受让人需具备房地产企业开发资质的条件。从国有土地管理人的角度，对自己管理的资产出让设置条件，从民法对权利处置的视角来考量，似乎无可厚非。但被告处置的是国有土地这种特殊资产，法律、法规对国有土地出让有特别的规定，从交易不得违反法律的角度来说，那只能按照法律规定来办理。其实，本案问题的关键不单单在于条件设置的合法性，更重要的是适用条件的公平性。被告从2007年起就设置了国有土地受让人须有房地产企业开发资质的条件，但从未严格执行，报名人只需有建设行政部门的一纸“证明”即可报名参加竞买。“证明”可以代替资质证书是约定俗成的先例。原告也有“证明”，但被告这次却例外地认为“证明”不可代替资质证书。如是该项先例与法律相悖，有损国家、集体和他人的利益，将先例予以破除也能找到法律依据，但该先例却是于国、于民有利，被告在此后的土地出让中已将受让人须有房地产企业开发资质这一条件予以废除，从而造成受让人须有房地产企业开发资质这一条件只针对原告一人的局面，对原告来说是十分不公平的。

被告确认原告已取得国有土地竞买资格后，发现原告无房地产企业开发资质证书，未经过任何程序，即对原告的资质，以一纸通知的形式予以撤销。被告辩称是发现行政行为有错而采取自我纠正，是其职责使然。对于作出的行政行为认为有错进行纠正，从有错必纠的法律适用原则来看应是无可厚非的。法律没有规定对于已作出的行政行为进行纠正应适用何种程序，但从行政行为的权威性和既定力来考量，对已经作出的行政行为予以撤销，实际上是由行政机关对行政相对人重新作出的一个全新的行政行为，对相对人的利益会产生重大影响。因此在作出撤销决定前，应该给予相对人充分的知情权和陈述、申辩的权利，如果行政机关对于其作出的行政行为可以随意修改，势必会影响行政行为的稳定性，从而削弱行政行为的强制力，使行政相对人无所适从。

（江苏省海安县人民法院　徐爱贤）

42. 厦门市集美区杏林街道高浦社区居民委员会不服厦门市集美区人民政府土地权属争议处理案

（一）首部

1. 判决书字号

一审判决书：厦门市海沧区人民法院（2009）海行初字第 3 号行政判决书。

二审判决书：厦门市中级人民法院（2011）厦行终字第 33 号行政判决书。

2. 案由：土地权属争议。

3. 诉讼双方

原告（上诉人）：厦门市集美区杏林街道高浦社区居民委员会（原厦门市杏林区杏林乡高浦村村民委员会）（以下简称高浦居委会）。

负责人：高国福，该居民委员会主任。

委托代理人（一审）：王英壕，福建厦门大道之行律师事务所律师。

委托代理人（一、二审）：吴鹏，福建厦门大道之行律师事务所律师。

委托代理人（二审）：郑正斌，住厦门市集美区高浦村二十一组，系高浦居委会居民。

被告（被上诉人）：厦门市集美区人民政府。

法定代表人：倪超，该区区长。

委托代理人（一、二审）：罗曙光、陈瞳，福建世礼律师事务所律师。

第三人：厦门市集美区杏林街道西亭社区居民委员会（原厦门市杏林区杏林乡西亭村村民委员会）（以下简称西亭居委会）。

负责人：陈勇进，该居民委员会主任。

委托代理人（一审）：张靖、赖洪德，福建厦门天翼律师事务所律师。

委托代理人（二审）：张靖、张其良，福建厦门天翼律师事务所律师。

4. 审级：二审。

5. 审判机关和审判组织

一审法院：福建省厦门市海沧区人民法院。

合议庭组成人员：审判长：王奇仁；人民陪审员：陈伟胜、蔡明群。

二审法院：福建省厦门市中级人民法院。

合议庭组成人员：审判长：林琼弘；审判员：纪赐进；代理审判员：陈雅君。

6. 审结时间

一审审结时间：2011 年 4 月 19 日（经福建省高级人民法院批准，本案审理期限延长至 2011 年 5 月 1 日）。

二审审结时间：2011 年 7 月 8 日。

（二）一审情况

1. 一审诉辩主张

(1) 被诉具体行政行为

被告厦门市集美区人民政府于 2008 年 7 月 25 日就原告与第三人争议的西亭官任片海田权属作出集府土决字［2008］01 号《土地权属争议案件决定书》（以下简称《决定书》），认定事实如下：第一，争议的西亭官任片海田是由滩涂围海造田形成的，根据《中华人民共和国宪法》、《中华人民共和国土地管理法》、原国家土地管理局《确定土地所有权和使用权的若干规定》等法律、法规的规定以及国土资源部《关于确认海涂、滩涂土地权属问题的复函》（国土资厅函［2004］281 号）的意见，除“土改”时分配给农民和在 1962 年实施《人民公社工作条例修正草案》时确定为集体所有之外，海涂、滩涂应当确定为国家所有，开发国有海涂、滩涂的单位和个人应当依法取得国有土地使用权。申请人高浦居委会与被申请人西亭居委会均未提供证据证明争议海田属于任一当事人集体所有。因此，争议海田所有权属于国家，双方当事人对争议海田的权属争议属国有土地使用权争议。第二，1987 年 3 月 25 日，在原杏林区、乡人民政府的主持下，原厦门市杏林区杏林乡高浦村村民委员会（以下简称高浦村委会）与原厦门市杏林区杏林乡西亭村村民委员会（以下简称西亭村委会）签订了《高浦村陆百亩海田使用权调整协议》，约定争议海田使用权由高浦村委会（现称高浦居委会）调整给西亭村委会（现称西亭居委会），西亭村委会补偿高浦村委会 16 万元。该协议签订程序及内容均不违反法律规定，合法有效。至于西亭村委会补偿款的支付问题，属于协议履行问题，不属于土地权属争议调解的范围。根据《福建省土地权属争议处理办法》的规定，作出如下决定：西亭官任片海田（东至过海港，西至九天海岸，南至杏林村地块，北至官任自然村旁）所有权为国家所有，使用权归西亭居委会。

（2）原告诉称

1）争议海田的所有权应属原告。理由是：①争议海田系20世纪60年代末70年代初由原告村民经过长期围海垦荒所形成的。根据福建省1996年1月颁布的《沿海滩涂围垦办法》第三条及《中华人民共和国土地管理法》第三十八条的规定，原告村民通过合理开发的方式依法取得本案所涉土地的所有权，其所有权的性质应为集体土地所有权。②根据2005年2月7日厦门市国土资源与房产管理局的公告，厦门市国土资源与房产管理局也已将该争议地列为集体所有土地（当时列入第三人范围）。③从与争议海田相关的《征地补偿安置协议书》可以看出，该项目是按国家征用集体所有土地的程序及标准进行的，争议海田应属集体土地。④本案争议的土地及其周边的大量土地，均属围海造田所形成，但相邻土地却被大量确权为集体所有，至今还没有任何一块地被确权为国有土地，被告将争议海田确认为国有土地不公正。2）争议海田的使用权也应属原告。理由是：①原告与第三人虽然于1987年3月25日签订了《高浦村陆百亩海田使用权调整协议》，但依据这份协议，原告并没有将土地所有权转让给第三人的意思表示，而且这份协议无论是它订立的程序还是它的内容都是违法的，是一份无效协议。首先，如争议海田为集体土地，依据《中华人民共和国土地管理法》第四十三条和第六十三条的规定，国家目前只允许国有土地使用权的转让，而农村集体土地使用权的出让是法律所禁止的。其次，如果争议海田为国有土地，原告与第三人双方所签的《高浦村陆百亩海田使用权调整协议》就是非法的。理由是：目前，国有土地使用权的转让方式只有划拨和出让两种。国有土地使用权未经市、县人民政府土地管理部门批准，不得转让；已经订立转让合同的，合同无效。而国有土地使用权的出让前提是享有对土地使用权处分的权能，即取得土地使用权证书，成为土地使用权的权利主体，如此才能行使旨在引起土地使用权发生物权变动的处分行为。因此，土地使用权证书的取得是土地使用权转让必须具备的条件，转让方只有取得土地使用权证书才可借此表明其为该出让土地使用权的权利主体，才依法享有处分该土地使用权的权利。如转让方未取得土地使用权证而与受让方订立土地使用权转让合同，就属于无权处分的情形。同时，依据《中华人民共和国土地管理法》第十一条及《中华人民共和国土地管理法实施条例》第四条、第五条的规定，国有土地使用权出让应由县、市以上法定土地审批机关批准。本案中所涉土地使用权转让协议不具备上述两个基本条件，应依法认定转让协议无效。②本案所涉土地为填海所形成，根据《中华人民共和国海域使用管理法》第三十二条的规定，海域使用权人在填海结束后有权向县级人民政府申请获得土地使用权证书，确认土地使用权。因此，从土地的原始来源来看，讼争的土地使用权也应归原告。

综上所述，原告认为被告集美区人民政府作出的《决定书》事实认定不清，证据不足，且适用法律、法规错误，请求判决予以撤销。

（3）被告辩称

1）被告作出的《决定书》认定事实清楚。理由是：①争议海田是由滩涂围海形成的，从开发形成直至被征用，争议海田从未被确定为任何一个集体所有，即政府从未对争议海田进行过所有权确认。因此，根据相关法律的规定，争议海田的所有权不归属于任何一个集体，而是属于国家。②根据高浦村委会与西亭村委会于 1987 年 3 月 25 日签订的《高浦村陆百亩海田使用权调整协议》的约定，争议海田的使用权自 1987 年 4 月 1 日起从高浦村委会调整给西亭村委会。该协议不违反法律、法规的规定，合法有效。因此，争议海田的使用权归属西亭居委会。2）被告作出的《决定书》适用法律正确。理由是：①原国家土地管理局制定颁布的《确定土地所有权和使用权的若干规定》（［1995］国土籍字第 26 号）第十八条规定：土地所有权有争议，不能依法证明争议土地属于农民集体所有的，属于国家所有。②国土资源部办公厅《关于确认海涂、滩涂土地权属问题的复函》（国土资厅函［2004］281 号）中也明确规定：除“土改”时分配给农民和在 1962 年实施《人民公社工作条例修正草案》时确定为集体所有之外，海涂、滩涂应当确定为国家所有；开发国有海涂、滩涂的单位和个人应当依法取得国有土地使用权。被告按照上述法律的规定，确定争议海田的所有权属于国家，使用权属于西亭居委会，适用法律正确。3）被告作出《决定书》程序合法。理由是：①《中华人民共和国土地管理法》第十六条规定：土地所有权和使用权争议，由当事人协商解决；协商不成的，由人民政府处理。②福建省人大常委会颁布施行的《福建省土地权属争议处理办法》就土地权属争议的具体处理程序进行了规定。③厦门市集美区人民政府于 2007 年 9 月印发了《集美区土地权属确界委员会权属争议调处的启动方案》，确定由区权属确界委员会具体负责辖区内土地权属争议的调解和处理工作。被告根据上述法律、法规的规定，遵循上述规定中的具体流程调解和处理官任海田的权属争议，最终作出《决定书》，并及时送达了争议的双方，符合法律的规定。

综上所述，被告认为其作出的《决定书》，认定事实清楚、证据确凿、适用法律准确、程序合法，请求予以维持。

（4）第三人述称

争议的海田应属西亭居委会所有，该海田的征地补偿款及安置补偿费等应归西亭居委会所有。理由是：1）《高浦村陆百亩海田使用权调整协议》经双方村民代表签名、加盖村委会公章，原厦门市杏林区杏林乡人民政府审核同意，属于双方真实意思表示，没有违反法律规定，合法有效，故争议海田归属西亭居委会。2）根据《确定土地所有权和使用权的若干规定》第二十一条“农民集体连续使用其他农民集体所有的土地已满二十年的，应视为现使用者所有；连续使用不满二十年，或者虽满二十年但在二十年期满之前所有者曾向现使用者或有关部门提出归还的，由县级以上人民政府根据具体情况确定土地所有权”的规定，西亭居委会对争议的官任海田已经实际经营了 20 年，原告对土地属于西亭居委会集体所有一直没有异议。3）根据 2005 年 2 月 7 日厦门市国土资源与房产管理局在《厦门商报》的公告，已将讼争地块“西亭官任片海田”的土地所有权列为第三人西亭居委会所有，原告在公告指定的异议期内没有提出过异议。

2. 一审事实和证据

厦门市海沧区人民法院经公开审理查明：争议的海田系 20 世纪 60 年代末 70 年代初在修建杏林海堤时，由滩涂围海造田形成，形成后由原告村民耕作。1987 年 3 月 25 日，原高浦村委会和原西亭村委会签订《高浦村陆百亩海田使用权调整协议》，协议约定了高浦村委会600亩海田使用权从1987年4月1日起调整给西亭村委会，调整后该海田使用权永归西亭村委会所有，海田耕种、管理及对外一切事务由西亭村委会负责，高浦村委会脱离和海田的关系；西亭村委会分四期付给高浦村委会海田开发补偿费、电灌站与仓库折价款共人民币16万元等内容。原厦门市杏林区杏林乡人民政府在该协议签署“同意双方协议”，并加盖了公章。协议签订后，西亭村委会分两次支付给高浦村委会补偿款共人民币2万元，尚余14万元未支付。同时，该海田的使用权自调整给西亭村委会后，该海田的农业税由西亭村委会负担并由西亭村委会的村民进行耕作。

2005年，因杏林湾清淤护岸及环湾道路工程建设需要，厦门市集美文教区管理委员会与西亭居委会签订《征地补偿协议书》，征用了争议的海田。

2007年11月，高浦居委会因与西亭居委会就该海田的权属存在争议，向被告申请行政处理，请求确认该争议海田归其所有。2007年11月16日，被告予以受理。此后，被告开展调查取证工作，并召集争议双方进行调解。因调解未达成协议，2008年7月25日，被告作出集府土决字［2008］01号《土地权属争议案件决定书》，认定西亭官任片海田（东至过海港，西至九天海岸，南至杏林村地块，北至官任自然村旁）所有权为国家所有，使用权归西亭居委会。

高浦居委会对该决定不服，于2008年12月5日向厦门市人民政府申请行政复议。2009年1月19日，厦门市人民政府作出复议决定，维持集府土决字［2008］01号《土地权属争议案件决定书》。原告不服，向厦门市中级人民法院提起行政诉讼，厦门市中级人民法院受理后，将案件移交本院管辖。

上述事实有下列证据证明：

(1)《高浦村陆百亩海田使用权调整协议》；

(2) 高浦大队现金收入（单据）凭证；

证据 (1) — (2)，证明原告的600亩海田使用权从1987年4月1日起调整给第三人，第三人已于1988年8月22日、8月25日支付原告补偿款2万元的事实；

(3) 关于西亭村委会承接高浦村委会海田应承担农业税任务表；

(4) 厦门市农业税专业收据；

(5) 厦门市杏林区杏林乡人民政府关于1988年西亭村农业税计算标准的通知及农业税任务分配表；

证据 (3) — (5)，证明使用权调整协议签订后，第三人承担了相应的农业税；

(6) 关于郭厝至官任海田片发包的通知；

(7) 厦门市杏林区农业承包合同书；

(8) 厦门市杏林区农业承包合同管理委员会鉴证书；

(9) 厦门市杏林区人民法院（1998）杏民初字第53号民事调解书；

(10) 终止承包合同说明；

证据 (6) — (10)，证明争议海田自从调整给第三人使用后，第三人行使了相应的使用和管理权利；

(11)《征地补偿协议安置书》，证明争议土地是按集体土地的标准进行补偿的；

(12) 厦门市国土资源与房产管理局集美分局出具的证明1份，证明争议的土地未办理过集体土地所有权登记及厦门市国土资源与房产管理局于2005年2月7日公告的东邻集美大学城，西至锦园、后溪，南靠杏林村，北接溪西村的土地不包含本案争议土地的事实。

3. 一审判案理由

厦门市海沧区人民法院经审理认为：本案争议的焦点主要有两个：一是争议海田所有权的归属问题；二是争议海田使用权的归属问题。

第一，关于争议海田所有权的归属问题。厦门市海沧区人民法院认为，根据原国家土地管理局《确定土地所有权和使用权的若干规定》（［1995］国土（籍）字第26号）第四条“依据一九五〇年《中华人民共和国土地改革法》及有关规定，凡当时没有将土地所有权分配给农民的土地属于国家所有；实施一九六二年《农村人民公社工作条例修正草案》未划入农民集体范围内的土地属于国家所有”，第十八条“土地所有权有争议，不能依法证明争议土地属于农民集体所有的，属于国家所有”，以及国土资源部办公厅《关于确认海涂、滩涂土地权属问题的复函》（国土资厅函［2004］281号）第一条“除土改时分配给农民和在1962年实施《人民公社工作条例修正草案》时确定为集体所有之外，海涂、滩涂应当确定为国家所有；开发国有海涂、滩涂的单位和个人应当依法取得国有土地使用权”的规定，本案争议海田系由滩涂围海造田形成，该海田形成至今，没有证据证明归属任何一个集体所有。因此，争议海田所有权应属于国家所有。原告认为争议海田的所有权归其所有的意见，没有法律依据，不予采纳。

第二，关于海田使用权的归属问题。厦门市海沧区人民法院认为，1987年3月25日，高浦村委会与西亭村委会签订了《高浦村陆百亩海田使用权调整协议》，约定争议海田使用权由高浦村委会调整给西亭村委会，西亭村委会补偿高浦村委会16万元。该协议系双方真实意思表示，签订程序及内容均不违反法律规定，合法有效，争议海田使用权归西亭居委会。原告认为该协议违反国家关于土地出让的法律强制性规定，是无效合同的意见，理由不能成立，本院不予采纳。

综上所述，被告就争议海田权属所作出的《决定书》，认定争议海田的所有权属国家所有，使用权归西亭居委会所有的事实清楚，证据充分，适用法律正确，符合法定程序，应予维持。

4. 一审定案结论

厦门市海沧区人民法院依照《中华人民共和国行政诉讼法》第五十四条第（一）项的规定，作出如下判决：

维持被告厦门市集美区人民政府于2008年7月25日作出的集府土决字［2008］01号《土地权属争议案件决定书》。

本案受理费人民币50元，由原告厦门市集美区杏林街道高浦社区居民委员会负担。

（三）二审诉辩主张

1. 上诉人诉称

（1）有关争议土地的历史事实。1）与一审认定事实不符的真正事实是，海田是一个地理名称，海田的这块土地不只争议的600亩，而是4万亩！1962年厦门市统一部署，围海造田，1968年6月18日分别分片给周边邻近各大队，谁造谁有，这4万亩的土地除外引湾（排洪沟）水面属国家所有外，其余的都已划归为农村集体土地面积，属集体组织所有。2）20世纪60年代末，原告拥有位于西亭官任自然村旁的1 076.03亩海田土地（东至过海湾，西至九天湖岸，南至杏林村交界，北至官任自然村旁），起初耕种了，好几年颗粒无收（因水源不足，水利设施配套不齐全）。经过科学改良土壤，投资添置水利设施后，年年丰收。3）在当时政策允许下，原告于1984年按人均分配发包给村民各家各户承包经营（村民拥有了使用、收益权，受法律保护），三十年不变，后来有不少村民都转租给邻村的村民朋友（西亭、官任、杏林村）耕种水稻，以每年每亩50斤～100斤谷子为租金。4）1987年1月1日《中华人民共和国土地管理法》颁布施行后，2月5日原杏林乡人民政府将原告的600亩海田产权调整给西亭村使用，原告屈从于区政府的行政行为，于1987年3月25日由高浦村与西亭村委会签订了600亩土地使用权调整协议。（2）根据以上历史事实，原告依法应享有争议土地的所有权和使用权。其理由依据如下：1962年《人民公社工作条例修正草案》明确规定：未划入农民集体范围内的土地，属于国家所有。根据这一规定，600亩海田产权调整的会议纪要第四条指出：高浦村官任海田产权调整给西亭村后，区财政局应将高浦村耕地总面积扣除600亩增加在西亭村的耕地总面积上。1987年5月7日厦杏政［87］37号文下达批复：经区政府研究，原则同意杏林乡"关于高浦村和西亭村海田使用权调整的报告，请杏林乡政府尽快调整后将耕地面积通知两村及有关部门"。显然，根据以上事实证明，600亩海田产权都早已划入原告村集体范围内，应属原告所有，这是不争的事实。1987年2月5日杏林乡组织召开了关于600亩海田产权的调整会议，决定将原告的土地产权调整给西亭村使用，3月25日原告与西亭村签订了协议，这一行政行为是违法的行为。西亭村违法占用原告的土地使用权，理应归还，使用权属原告所有。

2. 被上诉人辩称

原审判决认定事实清楚，适用法律正确，程序合法，应予维持。上诉人未能提供其具有集体土地所有权的证据，被上诉人经调查作出权属认定依据充分。上诉人主张适用的法律依据不适用于本案。

3. 第三人述称

争议海田的历史形成是没有争议的事实。1987年3月25日，原高浦村委会和原西亭村委会签订《高浦村陆百亩海田使用权调整协议》，约定了讼争海田使用权永归西亭村委会。西亭居委会对争议的官任海田已经实际经营了20年，争议的海田应属西亭居委会所有。无论该海田是国家所有还是集体所有，该海田的征地补偿款及安置补偿费等应归西亭居委会所有。

（四）二审事实和证据

厦门市中级人民法院经审理，确认一审法院认定的事实和证据。

（五）二审判案理由

厦门市中级人民法院经审理认为：本案的争议焦点在于：争议海田的所有权及使用权的归属认定问题。

关于讼争海田的所有权归属问题。厦门市中级人民法院认为，《中华人民共和国海域使用管理法》第三十二条第一款规定："填海项目竣工后形成的土地，属于国家所有。"国土资源部办公厅《关于确认海涂、滩涂土地权属问题的复函》（国土资厅函［2004］281 号）第一条规定："除土改时分配给农民和在 1962 年实施《人民公社工作条例修正草案》时确定为集体所有之外，海涂、滩涂应当确定为国家所有；开发国有海涂、滩涂的单位和个人应当依法取得国有土地使用权。"本案争议海田系 20 世纪 60 年代末 70 年代初由滩涂围海造田形成，形成至今，尚无证据证明海田所有权属于任一集体，上诉人亦无证据证明争议海田的所有权为其所有。因此，被上诉人认定争议海田所有权属国家所有，与法不悖。

关于讼争海田的使用权归属问题。厦门市中级人民法院认为，根据本案查明的事实，上诉人与原审第三人于 1987 年 3 月 25 日签订了《高浦村陆百亩海田使用权调整协议》，约定争议海田使用权由高浦村委会调整给西亭村委会，西亭村委会补偿高浦村委会 16 万元。被上诉人根据调查查明的历史事实，认定争议海田的使用权归原审第三人亦无不当。上诉人主张其与原审第三人于 1987 年 3 月 25 日签订的《高浦村陆百亩海田使用权调整协议》违法，但其并未提交关于该协议违反双方真实意思表示及违反协议签订当时的法律规定的证据予以佐证。因此，上诉人该项主张缺乏事实和法律依据，本院不予支持。

综上，本院认为，原审判决认定事实清楚，程序合法，适用法律正确，应予维持。上诉人的上诉请求不能成立，应予驳回。

（六）二审定案结论

厦门市中级人民法院依照《中华人民共和国行政诉讼法》第六十一条第（一）项的规定，作出如下判决：

驳回上诉，维持原判。

本案二审案件受理费 50 元，由上诉人厦门市集美区杏林街道高浦社区居民委员会负担。

（七）解说

本案争议的土地原是海域和滩涂，20 世纪 60 年代末 70 年代初，政府在组织修建杏林海堤时，附近几个村庄将原来的海域和滩涂填埋后形成土地，面积很大，有上万亩，形成后由附近几个村庄分割耕作，高浦村分得争议的土地。1987 年，高浦村因靠近城区，涉及村民农转非问题，而且离争议地较远，耕作不便，所以当时的杏林乡政府出面召集高浦村和西亭村进行协调，将争议地的使用权调整给西亭村。2005年集美区政府征用了包括本案争议地在内的性质相同的上万亩土地，并按集体土地的标准予以补偿。由于历时长，土地变化大，涉及政策、法律多，同时又涉及征地补偿标准与土地性质不一致，还涉及两个村庄全体村民利益，因而极易引起群体性事件，处理起来很困难。如何把握政策、适用法律，彻底化解社会矛盾，值得探讨。

1. 如何把握政策和适用法律问题

本案争议的焦点是土地权属归属问题。争议地是由围海造田形成的，涉及土地管理方面的规定，也涉及滩涂和海域管理方面的规定。《中华人民共和国宪法》第九条第一款规定："矿藏、水流、森林、山岭、草原、荒地、滩涂等自然资源，都属于国家所有，即全民所有；由法律规定属于集体所有的森林和山岭、草原、荒地、滩涂除外。"宪法并没有把滩涂列为海域。而且，滩涂存在国家和集体所有两种形式。《中华人民共和国海域使用管理法》第三条规定海域只能是国家所有，也表明滩涂不能属于海域。《中华人民共和国土地管理法实施条例》第二条规定："下列土地属于全民所有即国家所有……（四）依法不属于集体所有的林地、草地、荒地、滩涂及其他土地……"可见，滩涂属于土地，属于土地法管理的范畴，而海域则属于海域法管理的范畴。由于历时长，现状变化大，争议地原状是滩涂抑或海域已无法查清，不宜单独适用某一方面的管理规定。因此，二审法院适用滩涂和海域两方面的管理规定进行分析，确认所有权归属是较好的办法。

2. 如何化解社会矛盾问题

在本案开庭审理时，高浦村出动二百余人来旁听，情绪激动。合议庭在开庭审理中发现，2004年11月17日，厦门市国土资源与房产管理局集美分局发布的通告中已将此争议地列为国有土地，集美区政府作出的裁决也认为此争议地为国有土地，但集美文教区管理委员会在2005年却按集体土地的标准进行补偿，存在土地性质与补偿标准明显不符的情况。既然是国有土地，暂扣在集美区杏林街道的土地款就应收回，不应补给西亭村。但是，如果不补偿土地款，西亭村极有可能会以政府补偿不公为由进行上访，因为涉及园博园的同种土地，政府已按集体土地的标准将土地款补偿给实际耕作的村委会，数额很大，有几个亿，全部收回已不可能。如果将土地款补给西亭村，高浦村也极有可能以既然土地是国有的，为何又补给土地款为由上访。因此，是否应补偿土地款以及如何补偿是化解该纠纷的难题，而这恰恰不是单纯依靠司法判决所能解决的。不管本案如何判决，都极有可能导致集体上访的情况发生。鉴于此，一审法院及时向厦门市中级人民法院、集美区委、厦门市政府汇报，请求协调解决。两年多来，虽经多次协调，但纠纷仍无法化解。判决已成必然。因存在上述情况，承办法官预估该案宣判时极有可能出现突发性、群体性事件，所以承办法官主动向院党组、区政法委汇报情况，由人民法院牵头，会同区政法委、公安局、武警边防大队、院法警大队等部门召开宣判工作预案协调会议，成立宣判工作领导小组，精心部署，有效预防，使得该案得以顺利宣判。

（福建省厦门市海沧区人民法院　王奇仁　苏桔海）

43. 陈西全不服成都高新技术产业开发区管理委员会土地行政批准案

(一) 首部

1. 判决书字号：成都市锦江区人民法院（2010）锦江行初字第 33 号行政判决书。
2. 案由：土地行政批准。
3. 诉讼双方

原告：陈西全。

委托代理人：梁明山，重庆劲源律师事务所律师。

委托代理人：魏淋锋，重庆劲源律师事务所律师。

被告：成都高新技术产业开发区管理委员会。

法定代表人：韩春林，该管理委员会主任。

委托代理人：李箫，四川四方达律师事务所律师。

委托代理人：唐尧，四川四方达律师事务所律师。

第三人：成都市国土资源局高新分局。

法定代表人：官旭，该分局局长。

委托代理人：李琪，四川四方达律师事务所律师。

4. 审级：一审。
5. 审判机关和审判组织

审判机关：四川省成都市锦江区人民法院。

合议庭组成人员：审判长：魏要武；代理审判员：史晓莎；人民陪审员：吴宇斌。

6. 审结时间：2011 年 6 月 2 日。

(二) 诉辩主张

1. 被诉具体行政行为

2008 年 4 月 29 日，成都高新技术产业开发区管理委员会（以下简称高新区管委会）向成都市国土资源局高新分局（以下简称高新区国土局）作出成高管发［2008］35 号《关于同意对前锋村 1 组陈西全户、前锋村 6 组胡先平户房屋实施强制搬迁的批复》（以下简称 35 号批复）："你局 4 月 28 日报送的《成都市国土资源局高新分局关于对前锋村 1 组陈西全户房屋实施强制搬迁的请示》（成高国土资［2008］39 号）、《成都市国土资源局高新分局关于对前锋村 6 组胡先平户房屋实施强制搬迁的请示》（成高国土资

［2008］40 号）收悉。经管委会研究，同意对前锋村 1 组陈西全户、前锋村 6 组胡先平户房屋实施强制搬迁，请你局依法组织实施。”

2. 原告诉称

陈西全户系成都市合作镇前锋村（以下简称前锋村）1 组村民。2002 年 3 月，因修建郫县南北大道，陈西全户的住房被拆迁。2003 年，郫县合作镇人民政府以每人划地 45 平方米的标准给陈西全户修建住房，陈西全户按政府统一规划在前锋村 5 组修建了一楼一底十间房屋，上为住房，下为商铺，建筑面积共 450 平方米。2008 年，高新区管委会批准对陈西全户的房屋实施强制搬迁，高新区国土局根据高新区管委会的批准，将陈西全户位于前锋村 5 组的房屋强制拆除，但一直未进行安置补偿。陈西全认为，合法财产被征收应当获得补偿，并且不能使原有的生活水平有所降低，高新区管委会在陈西全户未获补偿的情况下，批准对其房屋实施强制搬迁侵害了陈西全户的合法权益。故请求人民法院确认高新区管委会 2008 年 4 月 29 日批准对陈西全户的房屋实施强制搬迁的行为违法。

3. 被告辩称

（1）35 号批复是行政机关的内部往来公文，是上级对下级的内部批示，不对陈西全户直接发生法律效力，不对其权利、义务产生实际影响，不属于人民法院行政诉讼的受案范围。（2）对陈西全户产生法律效力的文书是高新区国土局对其作出的其他具体行政行为，即使陈西全户不服高新区管委会的批准行为也应以高新区国土局为被告，故本案的被告不适格。（3）35 号批复合法有效。高新区管委会作为成都市人民政府的派出机构，根据成都市委、市政府的授权行使市一级经济管理权，对区域内的行政事务享有组织权与管理权，有依法批准强制搬迁的职权。2007 年 12 月 8 日，四川省人民政府作出《关于郫县 2007 年第二十七批乡镇建设用地的批复》，将陈西全户房屋所在的集体土地征为国有。随后，成都市人民政府发布［2008］第 36 号征用土地公告。成都市国土资源局也作出 2008—06 号征地实施任务书，将征地工作交由高新区国土局具体实施。在征地过程中，由于陈西全户拒不配合，征地单位在对其房屋及附属物进行调查后，依法对陈西全户进行了安置补偿。在补偿到位的前提下，陈西全户不主动搬迁，高新区国土局遂向其作出限期搬迁告知书，但在规定的期限内，陈西全户仍未搬迁。根据《四川省〈中华人民共和国土地管理法〉实施办法》第六十三条和《成都市征地补偿安置办法》第三十一条之规定，高新区管委会根据高新区国土局的请示，依法作出了 35 号批复。高新区管委会请求人民法院驳回陈西全的诉讼请求。

4. 第三人述称

（1）高新区国土局作为辖区内的土地行政管理部门，具有对征地安置补偿工作进行管理的行政职权，并有权在相对人拒不搬迁时依法实施强制搬迁。（2）高新区国土局向高新区管委会请示实施强制搬迁具有充分的事实依据。高新区国土局是接受成都市国土资源局的指定，负责本次征地补偿工作的。因陈西全户提出不合理的要求，高新区国土局依法经调查对其作出了两份征地拆迁补偿安置方案告知书，并将相关补偿费用划款到位；在此前提下，陈西全户仍拒不搬迁，高新区国土局当然有权请示实施强制搬迁。（3）高新区国土局请示实施强制搬迁的程序合法。在陈西全户拒不搬迁的情况下，高新区国土局向其送达了限期搬迁告知书责令其限期搬迁，但陈西全户仍未在规定的期限内交出旧房，高新区国土局遂依法向高新区管委会请示，符合《四川省〈中华人民共和国土地管理法〉实施办法》第六十三条和《成都市征地补偿安置办法》第三十一条的规定。故请求人民法院维持35号批复关于对陈西全户的房屋实施强制搬迁的决定。

（三）事实和证据

成都市锦江区人民法院经公开审理查明：陈西全与其妻子康发琼、大儿子陈洪、二儿子陈志国系前锋村1组村民，2003年因国家建设需要经统一规划到前锋村5组划地建房，划地面积为45平方米/人×4人，共计180平方米。陈西全户修建房屋后一直使用该房，但未办理相关权属证书。2006年9月28日谢红梅因与陈志国结婚而迁入陈西全户口内，2007年5月26日谢红梅与陈志国生育一子陈浩东，并将其户口登记在陈西全户口内。

2007年12月8日，四川省人民政府作出川府土［2007］206号《关于郫县2007年第二十七批乡镇建设用地的批复》，同意将前锋村1、2、3、5、10组建设用地19.013 3公顷（其中：非基本农田耕地17.082 4公顷，其他农用地1.930 9公顷）及上述集体的其他建设用地2.937 9公顷，合计21.951 2公顷土地征收为国家所有，陈西全户房屋所在的前锋村5组土地被全部征收。2008年1月16日，成都市国土资源局向高新区国土局作出2008—06号征地实施任务书，将上述征地范围内的征地补偿安置等事务性工作交由高新区国土局实施。2008年3月26日，高新区国土局向高新区统征办出具了一份拆迁安置工作任务书，将前锋村1、4、5、6组集体土地范围内的拆迁安置补偿等事务性工作交由高新区统征办实施。

在征地补偿安置工作进行过程中，征地工作人员于2008年3月26日对陈西全户的房屋及附着物进行了调查和登记。2008年3月31日，高新区国土局、合作街道办事处、前锋村村委会根据调查结果共同出具了一份关于对前锋村1组“陈西全”户宅基地及地上附着物的认定说明：该户未办理农村宅基地使用证，由于该户拒绝配合调查，在对其宅基地及附着物进行了丈量后，对该户依法实施征地补偿。2008年4月3日，高新区统征办就陈西全户的住房安置、附属房屋及地面附着物的补偿、附属房屋残值、搬家费、再次搬迁及中心村拆迁补偿费等五项内容作出了成高统［2008］031号征地拆迁补偿安置方案告知书，并于2008年4月7日送达给陈西全户。2008年4月8日，高新区统征办委托前锋村村委会先行向陈西全户垫付成高统［2008］031号征地拆迁补偿安置方案告知书上所载明的补偿费用48 659.7元，并签订了一份委托垫付费用协议书。2008年4月10日，征地工作人员与陈西全户进行协商，但双方未达成一致意见。2008年4月11日，高新区统征办就陈西全户的苗木补偿作出了成高统［2008］037号征地拆迁补偿安置方案告知书，并于2008年4月15日送达给陈西全户。2008年4月16日，高新区统征办再次与前锋村村委会签订了第二份委托垫付费用协议书，约定由前锋村村委会先行向陈西全户垫付苗木补偿费用3 480元。2008年4月24日，高新区国土局向陈西全户作出并送达了限期搬迁告知书：限陈西全户于2008年4月27日前自行搬迁，逾期不搬迁，有关部门将实施强制搬迁。2008年4月28日，高新区国土局向高新区管委会提交了成高国土资［2008］39号关于对前锋村1组陈西全户房屋实施强制搬迁的请示。次日，高新区管委会向高新区国土局作出了35号批复，同意对前锋村1组陈西全户、前锋村6组胡先平户的房屋实施强制搬迁。

另查明，陈西全户的房屋已灭失。在本案2011年4月20日庭审过程中，高新区管委会书面告知本院，已于2011年4月7日撤销了35号批复中对陈西全户房屋实施强制搬迁的批准行为。高新区管委会称已通过电话和短信的方式通知陈西全户撤销了35号批复中对陈西全户房屋实施强制搬迁的批准行为，但陈西全及康发琼、陈洪、谢红梅、陈志国、陈浩东称未得到任何形式的通知。陈西全坚持其诉讼请求。

上述事实有下列证据证明：

1. 1996年3月25日中共成都市委成委发［1996］17号《中共成都市委、成都市人民政府关于进一步加快成都高新技术产业开发区建设发展的决定》；

2. 2003年12月12日成都市人民政府办公厅向高新区管委会作出的成办函［2003］245号《关于界定高新区西部园区范围并实行统一管理有关问题的批复》及其附件《高新区管委会、郫县人民政府关于高新区西部园区整合中有关问题的意见》；

3. 高新区管委会的组织机构代码证；

4. 2007年12月8日四川省人民政府向成都市人民政府作出的川府土［2007］206号《关于郫县2007年第二十七批乡镇建设用地的批复》；

5. 2008年1月16日成都市国土资源局向高新区国土局作出的2008—06号征地实施任务书；

6. 户主为陈西全的成都高新区西部园区农村宅基地调查情况表（一）；

7. 2008年3月26日户主为陈西全的农户地上附着物补（赔）偿费用计算表；

8. 2008年3月26日户主为陈西全的农户附房残值回购费用计算表；

9. 2008年3月26日户主为陈西全的农户地上附着物登记表；

10. 2008年3月31日高新区国土局、合作街道办事处与前锋村村委会共同出具的关于对前锋村1组“陈西全”户宅基地及地上附着物的认定说明；

11. 1996年9月11日高新区管委会向成都市高新区规划国土局（后更名为高新区国土局）作出的成高管函［1996］023号《关于同意成立“成都高新技术产业开发区建设用地统一征用开发办公室”（简称高新区统征办）的批复》；

12. 2008年3月26日高新区国土局向高新区统征办作出的拆迁安置工作任务书；

13. 2008年4月3日高新区统征办向陈西全户作出的成高统［2008］031号征地拆迁补偿安置方案告知书；

14. 2008年4月7日向陈西全户送达征地拆迁补偿安置方案告知书的送达回证；

15. 2008年4月10日征地工作人员与陈西全户的拆迁谈话笔记；

16. 2008年4月11日高新区统征办向陈西全户作出的成高统［2008］037号征地拆迁补偿安置方案告知书；

17. 2008年4月15日向陈西全户送达征地拆迁补偿安置方案告知书的送达回证；

18. 2008年4月8日、2008年4月16日高新区统征办与前锋村村委会签订的两份委托前锋村村委会垫付前锋村1组拆迁村民相关费用协议书；

19. 2008年4月24日高新区国土局向陈西全户作出的限期搬迁告知书；

20. 2008年4月24日向陈西全户送达限期搬迁告知书的送达回证；

21. 2008年4月28日高新区国土局向高新区管委会提交的成高国土资［2008］39号关于对前锋村1组陈西全户房屋实施强制搬迁的请示国；

22. 2008年4月29日高新区管委会向高新区国土局作出的成高管发［2008］35号关于同意对前锋村1组陈西全户、前锋村6组胡先平户房屋实施强制搬迁的批复；

23.《四川省〈中华人民共和国土地管理法〉实施办法》第六十三条；

24.《成都市征地补偿安置办法》第三十一条；

25. 2011年4月6日高新区国土局向高新区管委会提交的成高国土资［2011］25号关于撤销成高管发［2008］35号文件中对陈西全户房屋实施强制搬迁的请示；

26. 2011年4月7日高新区管委会向高新区国土局作出的成高管发［2011］8号关于同意撤销成高管发［2008］35号文件中对陈西全户房屋实施强制搬迁的批复；

27. 陈西全、康发琼、陈洪、谢红梅、陈志国、陈浩东的户口簿；

28. 2008年4月24日高新区国土局对陈西全户作出的限期搬迁告知书；

29. 2008年8月22日高新区国土局向陈西全户作出的强制搬迁听证告知书；

30. 2008年9月4日高新区国土局向陈西全户作出的强制搬迁通告；

31. 2010年7月23日前锋村村委会出具的证明。

（四）判案理由

成都市锦江区人民法院经审理认为：成都市国土资源局是成都市的土地行政主管部门，负责成都市区域内土地的统一管理和监督工作。成都市国土资源局向高新区国土局下达2008—06号征地实施任务书后，高新区国土局即应负责实施任务书内的征地补偿安置工作。高新区管委会认为，根据《四川省〈中华人民共和国土地管理法〉实施办法》第六十三条“建设征用、使用土地，依法补偿、安置后，当事人拒不搬迁的，由县级以上人民政府土地行政主管部门责令其限期搬迁；逾期不搬迁的，经县级以上人民政府批准，实行强制搬迁，可处3 000元以上20 000元以下的罚款”的规定，高新区国土局在实施征地补偿安置工作中提交了强制搬迁的请示后，高新区管委会具有批准是否准予实施强制搬迁的职权。

对于35号批复是否属于人民法院行政诉讼的受案范围，本院认为，高新区管委会作出的35号批复是针对高新区国土局的请示而作，从表面形式上看是一种内部行政行为，但根据《四川省〈中华人民共和国土地管理法〉实施办法》第六十三条的规定，实施强制搬迁的前提之一是“经县级以上人民政府批准”，故“县级以上人民政府的批准行为”是实施强制搬迁的法定程序。高新区管委会的批准行为即35号批复对陈西全户的权利、义务产生了实际影响，与陈西全户具有法律上的利害关系，属于人民法院行政诉讼的受案范围。

根据《中华人民共和国土地管理法》第四十六条“国家征收土地的，依照法定程序批准后，由县级以上地方人民政府予以公告并组织实施”以及《中华人民共和国土地管理法实施条例》第二十五条第三款“市、县人民政府土地行政主管部门根据经批准的征收土地方案，会同有关部门拟订征地补偿、安置方案，在被征用土地所在地的乡（镇）、村予以公告，听取被征用土地的农村集体经济组织和农民的意见。征地补偿、安置方案报市、县人民政府批准后，由市、县人民政府土地行政主管部门组织实施”的规定，国家征用土地的，首先应由县级以上地方人民政府将经依法批准的征用土地方案予以公告，其次应由市、县人民政府土地行政主管部门拟订征地补偿安置方案并予以公告，再由市、县人民政府批准上述征地补偿安置方案并由市、县人民政府土地行政主管部门组织实施。依据上述程序进行的安置补偿行为才具有合法性。本案中，高新区管委会虽然提交了征地批准文件，但在举证期限内未向本院提交征用土地方案公告，由市、县人民政府土地行政主管部门拟订的征地补偿安置方案及其公告以及市、县人民政府批准实施征地补偿安置方案的文件，本院无法判断对陈西全户的安置补偿是否符合上述征地补偿安置方案，故高新区管委会提交的证据不足以证明征地单位已对陈西全户进行了合法的安置补偿。而根据《四川省〈中华人民共和国土地管理法〉实施办法》第六十三条和《成都市征地补偿安置办法》第三十一条的规定，县级以上人民政府批准实施强制搬迁的前提之一即是已对相对人依法进行了安置补偿。高新区管委会提交的证据不能证明其批准对陈西全户的房屋实施强制搬迁的前提条件已具备，根据《最高人民法院关于行政诉讼证据若干问题的规定》第一条第一款“被告不提供或者无正当理由逾期提供证据的，视为被诉具体行政行为没有相应的证据”的规定，高新区管委会应承担举证不能的法律后果。由于35号批复系针对陈西全等两户作出的批复，而仅陈西全一户提起了行政诉讼，故本案只对高新区管委会就陈西全户作出的强制搬迁批复的合法性进行审理。综上，本院认为，高新区管委会未在举证期限内提交陈西全户已得到合法安置的证据，其于2008年4月29日作出的35号批复同意对陈西全户房屋实施强制搬迁的主要证据不足，应当被撤销。但由于在本案诉讼过程中高新区管委会撤销了35号批复中对陈西全户房屋实施强制搬迁的批准行为，陈西全对撤销行为不予认可，根据《最高人民法院关于执行〈中华人民共和国行政诉讼法〉若干问题的解释》第五十条第三款“被告改变原具体行政行为，原告不撤诉，人民法院经审查认为原具体行政行为违法的，应当作出确认其违法的判决”之规定，应当确认高新区管委会2008年4月29日作出的35号批复同意对陈西全户房屋实施强制搬迁的批准行为违法。

（五）定案结论

成都市锦江区人民法院依照《最高人民法院关于执行〈中华人民共和国行政诉讼法〉若干问题的解释》第五十条第三款之规定，作出如下判决：

确认被告成都高新技术产业开发区管理委员会2008年4月29日向第三人成都市国土资源局高新分局作出的成高管发［2008］35号关于同意对前锋村1组陈西全户、前锋村6组胡先平户房屋实施强制搬迁的批复中同意对陈西全户房屋实施强制搬迁的批准行为违法。

本案案件受理费50元，由被告成都高新技术产业开发区管理委员会负担。

（六）解说

本案的审判要点是：高新区管委会向高新区国土局作出的35号批复中对陈西全户房屋实施强制搬迁的批准行为是否属于法院的受案范围。

针对该问题，有两种不同意见：一种意见认为该涉案批复不具有可诉性，不属于法院受案范围。具体行政行为必须是具有法律效果的行为，必须具有为行政相对人设定、变更或消灭某种权利、义务关系的内容。该涉案批复系行政机关内部行政行为，并不对行政相对人的实际权利、义务产生影响，对陈西全户产生影响的是高新区国土局的拆迁行为，因此该批复本身不可诉。另一种意见认为该涉案批复具有可诉性，属于法院受案范围。高新区管委会作出的35号批复是针对高新区国土局的请示，表面看系内部行政行为，但其是实施强制搬迁的法定程序。高新区管委会的批准行为即35号批复对陈西全户的权利、义务产生了实际影响，与陈西全户具有法律上的利害关系，属于人民法院行政诉讼的受案范围。

合议庭采纳了第二种意见。该批复是否具有可诉性，应适用《中华人民共和国行政诉讼法》第十一条列举性规定和第十二条，以及《最高人民法院关于执行〈中华人民共和国行政诉讼法〉若干问题的解释》第一条第二款排除性规定进行判定。《中华人民共和国行政诉讼法》第十一条将行政诉讼案件的受案范围限定在“具体行政行为”范畴，抽象行政行为和事实行为不能成为行政诉讼的标的。有部分学者和实务人员认为批复不可诉，主要是因为认为批复是行政事实行为。行政事实行为有三个特点：一是对外不具有法律效力，不能直接为行政相对方设定权利和义务；二是行政事实行为具有程序上的不确定性；三是行政事实行为的功能具有社会管理性，主要是通过面向社会的教育、计划协助和服务等活动，实现国家意志。就本案的行政批复而言，该批复表面上属于内部行政行为，但其已经外化，对外具有法律上的效力，且根据《四川省〈中华人民共和国土地管理法〉实施办法》第六十三条的规定，实施强制搬迁的前提之一是“经县级以上人民政府批准”，故涉诉的批复是实施强制搬迁的法定程序，其程序上具有确定性，并对陈西全户的权利、义务产生了实际影响，不属于行政事实行为。内部行政行为的效力一旦外化，即对行政相对人的权利、义务产生实际影响，从而属于法院行政诉讼的受案范围。

（成都市锦江区人民法院　马琳）

六、房产类

44. 北京公瑞物业管理有限责任公司不服北京市工商行政管理局怀柔分局行政处罚决定案

(一) 首部

1. 判决书字号

一审判决书：北京市怀柔区人民法院（2011）怀行初字第 21 号行政判决书。

二审判决书：北京市第二中级人民法院（2011）二中行终字第 560 号行政判决书。

2. 案由：行政处罚。

3. 诉讼双方

原告（上诉人）：北京公瑞物业管理有限责任公司，住所地：北京市怀柔区凤翔科技开发区 5 号。

法定代表人：曲谢忱，该公司经理。

委托代理人：王朝晖（一审），北京市金诚同达律师事务所律师。

委托代理人：安峰（一、二审），北京市弘洲律师事务所律师。

委托代理人：董越（二审），北京市弘洲律师事务所律师助理。

被告（被上诉人）：北京市工商行政管理局怀柔分局，住所地：北京市怀柔区北大街 14 号。

法定代表人：赵廷军，该局局长。

委托代理人：陈彦明，男，北京市工商行政管理局怀柔分局科员。

委托代理人：高敏，女，北京市工商行政管理局怀柔分局科员。

第三人（被上诉人）：朱宇，住北京市海淀区花园北路 49 号。

委托代理人：游志雄（一、二审），北京市逸峰律师事务所律师。

委托代理人：倪茂华（一审），北京市逸峰律师事务所律师。

委托代理人：线羡（二审），北京市逸峰律师事务所实习律师。

第三人（上诉人）：郭玉静，住江苏省盐城市盐都区新区娱乐村。

委托代理人：陆军（一、二审），北京市华联律师事务所律师。

4. 审级：二审。

5. 审判机关和审判组织

一审法院：北京市怀柔区人民法院。

合议庭组成人员：审判长：吴军；审判员：于站水、董爱军。

二审法院：北京市第二中级人民法院。

合议庭组成人员：审判长：崔晓畅；审判员：霍振宇、金丽。

6. 审结时间

一审审结时间：2011 年 5 月 18 日。

二审审结时间：2011 年 10 月 19 日。

（二）一审诉辩主张

1. 被诉具体行政行为

北京市工商行政管理局怀柔分局（以下简称怀柔工商分局）以北京公瑞物业管理有限责任公司（以下简称公瑞物业公司）提供虚假材料申请工商变更登记为由，对其作出京工商怀处字（2010）第 305 号《行政处罚决定书》。

2. 原告诉称

朱宇系我公司的股东，2007 年 3 月 15 日朱宇将其持有的我公司部分股份转让给了郭玉静，并依法履行了相关手续，且朱宇于当日收取了郭玉静支付的股权转让款，随后，我公司依法向被告申请工商变更登记，被告审查后予以变更登记。现朱宇以 2007 年 3 月变更登记未经其本人签字为由，向被告申请撤销该工商变更登记。后被告以我公司提供虚假材料为由向我公司作出京工商怀处字（2010）第 305 号《行政处罚决定书》是错误的。事实上，由于特定的历史原因，在朱宇担任企业法定代表人期间的几次工商变更登记中，亦非朱宇本人签的字，但朱宇对此未提出过异议，被告至今亦依然认可以往未经朱宇本人签字的变更登记合法有效。此外，朱宇欠我公司债务未还，依照规定不得担任法定代表人。转让股份、工商变更登记是相关当事人的真实意思表示，朱宇也亲自签署了确认文件，我公司依相关规定向被告申请变更，不但符合法律规定和程序要求，且变更的内容既无虚假，亦未侵害他人利益，不存在违法事实。但被告在调查时拒绝审查工商变更登记的实质要件，连形式要件也不做全面调查，在作出处罚时不顾客观事实及我公司提交的由朱宇本人签署的相关证明文件的证据，经行以提供虚假文件为由作出处罚决定，严重损害了我公司的合法权益。另外，依据《中华人民共和国行政处罚法》第三十二条的规定，被告未对我公司提出的事实、理由和证据进行复核，既不质证，亦不答复，并在处罚决定书中以“我局认为当事人听证中提出的意见无充分证据支持，因此不予采纳”为由而予以回避。我公司认为，被告于 2010 年 12 月 20 日向我公司作出的京工商怀处字（2010）第 305 号《行政处罚决定书》违反了法律规定，现要求予以撤销。且我公司是于 2007 年 3 月 30 日申请的工商变更登记，被告亦于当日予以变更，但被告于 2010 年 12 月 20 日向我公司作出《行政处罚决定书》，《中华人民共和国行政处罚法》第二十九条第一款规定，“违法行为在二年内未被发现的，不再给予行政处罚。法律另有规定的除外”，故被告向我公司作出的《行政处罚决定书》已超过处罚期限。

3. 被告辩称

我分局作出的京工商怀处字（2010）第 305 号《行政处罚决定书》事实清楚、证据确凿、适用法律准确、程序合法、处罚适当。理由如下：第一，原告提交虚假材料取得公司变更登记的违法事实存在，原告所称的朱宇同意转让股份、同意变更公司章程的客观事实不影响其违法行为的成立。2010 年 8 月 25 日我分局接到朱宇的投诉后立案调查，依据相关材料足以证明原告提交了虚假材料骗取登记机关进行工商变更登记，其行为违反了《中华人民共和国公司登记管理条例》第六十九条的规定。股权转让的事实是否存在、朱宇是否有资格担任法定代表人与原告提交虚假材料取得工商变更登记并无法律上的因果关系，因此原告所述的客观事实不属于我分局必须调查的内容，亦与案件无法律关系。原告认为在以往的几次变更登记中朱宇的签字均不是其本人亲笔书写，而我分局依然认可其有效性，故此次变更登记我分局亦应认可其具有合法性。我分局认为，原告不应以以往的违法行为作为本次违法行为的抗辩理由，如有证据证明，我分局会根据新调查的事实另案处理，但这不属于本次行政处罚所认定的范畴。第二，我分局作出的《行政处罚决定书》符合办案程序，已按照法律规定给予了当事人合法的陈述、申辩权。根据《中华人民共和国行政处罚法》第三十一条、第三十二条的规定，我分局在作出行政处罚决定之前向原告送达了听证告知书，举行了公开听证会，充分听取了原告的陈述和申辩以及质证、辩论意见，依据法律规定作出《行政处罚决定书》，并依法送达，因此，我分局执法程序合法。《中华人民共和国行政处罚法》第二十九条第二款规定："前款规定的期限，从违法行为发生之日起计算；违法行为有连续或者继续状态的，从行为终了之日起计算。"我分局于 2007 年 3 月 30 日对原告作出的工商变更登记一直处于连续状态，故我分局于 2010 年 12 月 20 日向原告作出《行政处罚决定书》未超过处罚期限。综上所述，请法院驳回原告的诉讼请求。

4. 第三人述称

(1) 第三人朱宇述称：我从未同意曲××任原告的法定代表人，我与郭玉静不相识，不可能将 19 万元的股权转让到她名下。原告认为以往工商变更登记中亦有非朱宇本人亲笔签字的材料，而被告对此均予以认可，故此次变更登记行为被告不应对原告予以处罚，我认为原告的该主张没有法律依据。被告审查的是工商登记资料形式上的合法性，没有能力对登记资料是否体现了真实的民事行为作出法律判断，我是否真的转让了股权，郭玉静是否可以成为原告的股东，不属于行政诉讼的范畴。方×和曲××提交虚假材料骗取工商变更登记，被告对此向原告作出处罚，只是为了维护工商登记行为的严肃性，并无不当之处。被告向原告作出的《行政处罚决定书》未超过处罚期限。综上所述，被告向原告作出的京工商怀处字（2010）第 305 号《行政处罚决定书》合法有据，请法院予以维持。

(2) 第三人郭玉静述称：我方提交了朱宇的收条，足以证实朱宇转让股权的真实性，被告作出的京工商怀处字（2010）第 305 号《行政处罚决定书》侵害了我的合法权益，被告在发现原告提交的工商变更登记材料存有问题后，可以责令其改正，被告应当以事实为依据，恢复股权的原始登记状态。我同意原告的观点。

（三）一审事实和证据

北京市怀柔区人民法院经公开审理查明：朱宇系公瑞物业公司的股东，又系公瑞物业公司原法定代表人。2007 年 3 月 30 日公瑞物业公司向怀柔工商分局提出企业变更登记申请书，要求变更法定代表人、投资人、公司章程、经理和监事内容。怀柔工商分局经审查，认为公瑞物业公司提交的材料齐全，遂于当日向其作出京工商怀注册企许字（2007）0008083 号《准予变更登记通知书》。2010 年朱宇欲起诉公瑞物业公司劳动争议案件时发现公司法定代表人已变更为曲××，且股东与股份亦发生了变更，故于同年 8 月 25 日以公瑞物业公司向怀柔工商分局提交申请工商变更登记的材料为虚假材料为由向怀柔工商分局投诉。怀柔工商分局立案后，经调查核实，朱宇否认公瑞物业公司提交的 2007 年 3 月 15 日股东会决议中所涉“朱宇”的签字系其本人所书写，后经北京民生物证司法鉴定所鉴定，该检材上“朱宇”的签字确非朱宇本人所书写。故怀柔工商分局依据《中华人民共和国公司登记管理条例》第六十九条的规定，于 2010 年 12 月 20 日向公瑞物业公司作出京工商怀处字（2010）第 305 号《行政处罚决定书》，责令公瑞物业公司 15 日内改正违法行为，并决定给予如下处罚：（1）罚款 20 万元（已执行完毕）；（2）撤销公瑞物业公司 2007 年 3 月 30 日变更登记。次日怀柔工商分局将该处罚决定书送达给该公司。公瑞物业公司对此不服，于 2011 年 1 月 6 日向北京市怀柔区人民政府提出复议申请，北京市怀柔区人民政府经审查认为，公瑞物业公司提交的 2 份 2007 年 3 月 15 日股东会决议，经北京民生物证司法鉴定所鉴定，非朱宇本人亲笔签字，且在企业注册档案材料中没有相关委托手续，属于虚假材料，怀柔工商分局依据《中华人民共和国公司登记管理条例》第六十九条的规定，作出的行政处罚事实清楚、证据确凿、适用法律正确、程序合法、内容适当，故依据《中华人民共和国行政复议法》第二十八条第一款第（一）项之规定，于 2011 年 2 月 23 日作出怀政复决字［2011］第 1 号《行政复议决定书》，决定维持怀柔工商分局于 2010 年 12 月 20 日作出的京工商怀处字（2010）第 305 号《行政处罚决定书》。公瑞物业公司对此仍不服，于 2011 年 3 月 14 日诉至本院，要求撤销该处罚决定书。

上述事实有下列证据证明：

1. 原告提交的 2007 年工商变更登记材料 1 份（含内资企业变更登记审核表、企业变更登记申请书、企业变更登记申请表、投资者注册资本缴付情况、企业法定代表人承诺、核发《企业营业执照》（备案通知书）情况、北京市非税收入专用收据、一次性告知记录、公瑞物业公司章程、注册号变更通知、股东会决议（2 份）、股权转让协议、企业法人营业执照（2 份）、怀柔工商分局准予变更登记通知书），以证明公司章程的变更内容完全符合真实情况，无任何虚假内容。

2. 被告提交的向朱宇做的询问笔录 2 份、向曲××做的询问笔录 1 份，以证明朱宇和曲××均已承认 2007 年 3 月 30 日变更登记材料中“朱宇”的签名并非本人所书写。

3. 被告提交的听证笔录和听证报告各 1 份，以证明在被告依原告申请举行的听证中，原告委托代理人王朝晖也当面承认了原告提交虚假材料办理工商变更登记的事实。

4. 被告提交的《司法鉴定意见书》1份，以证明原告在2007年3月30日申请变更登记时，其提交的2份同年3月15日《公瑞物业公司股东会决议》中“朱宇”的签字并非朱宇本人所书写。

5. 被告提交的案件来源登记表、投诉书、立案审批表、案件调查终结报告、2010年第十六次案件会审委员会会议纪要、行政处罚决定审批表、行政处罚决定书、送达回证、内资企业撤销登记审核表、授权委托书、朱宇身份证复印件、2011年1月13日《北京晨报》刊登的声明、公告、行政许可有关事项审批表、核发《企业营业执照》（备案通知书）情况各1份，行政处罚案件有关事项审批表5份、案件核审表2份，以证明被告依照法定程序，依法立案、调查、审批及核审的过程。

6. 被告提交的询问通知书、首次询问告知书、行政处罚听证告知书、听证公告各1份，行政处罚听证通知书、授权委托书各2份，以证明被告在案件调查前和作出行政处罚决定前都依法告知原告享有陈述和申辩的权利。

7. 被告提交的2007年3月30日公瑞物业公司申请变更登记档案材料1份（含内资企业变更登记审核表，股东名录，企业变更登记申请书，企业变更登记申请表，自然人股东名录，投资者注册资本缴付情况，法定代表人登记表，企业法定代表人承诺，董事会成员、经理、监事任职证明，方×和曲××身份证复印件，核发《企业营业执照》（备案通知书）情况，北京市非税收入专用收据，一次性告知记录，指定（委托）书，公瑞物业公司章程，注册号变更通知，股东会决议（2份），股权转让协议，公瑞物业公司任职情况表，郭玉静身份证复印件，公瑞物业公司企业法人营业执照（2份），准予变更登记通知书），以证明原告申请变更登记的情况。

8. 被告提交的《行政复议决定书》1份，以证明北京市怀柔区人民政府维持被告于2010年12月20日作出的京工商怀处字（2010）第305号《行政处罚决定书》。

（四）一审判案理由

北京市怀柔区人民法院经审理认为：根据《中华人民共和国行政复议法》、《中华人民共和国公司法》和《中华人民共和国公司登记管理条例》的有关规定，怀柔工商分局具有对公瑞物业公司提交虚假材料进行工商变更登记的违法行为作出行政处罚的法定职责；其作出的京工商怀处字（2010）第305号《行政处罚决定书》于法有据。

怀柔工商分局依据当事人陈述、《司法鉴定意见书》等证据，认定公瑞物业公司提交虚假材料骗取怀柔工商分局予以工商变更登记违法，事实清楚、证据充分。

怀柔工商分局在作出具体行政行为时履行了询问、调查、听证、核审、案审会、审批、送达等程序，故其执法程序合法。

《中华人民共和国行政处罚法》第二十九条规定：“违法行为在二年内未被发现的，不再给予行政处罚。法律另有规定的除外。前款规定的期限，从违法行为发生之日起计算；违法行为有连续或者继续状态的，从行为终了之日起计算。”公瑞物业公司向怀柔工商分局提出工商变更登记申请后，怀柔工商分局于2007年3月30日对其予以变更，变更事项一直处于连续状态，怀柔工商分局于2010年12月20日向公瑞物业公司作出

《行政处罚决定书》未超过处罚期限。公瑞物业公司称该公司以往档案材料中就存在非朱宇本人签署的材料而怀柔工商分局均予认可的情况，现怀柔工商分局以 2007 年 3 月 15 日股东会决议非朱宇本人签字为由作出的京工商怀处字（2010）第 305 号《行政处罚决定书》认定事实不清、程序违法、适用法律错误，但其未能提供充分证据证明其主张，故本院对其诉讼请求不予支持。

（五）一审定案结论

北京市怀柔区人民法院依照《中华人民共和国行政诉讼法》第五十四条第（一）项之规定，作出如下判决：

维持被告北京市工商行政管理局怀柔分局于 2010 年 12 月 20 日对北京公瑞物业管理有限责任公司作出的京工商怀处字（2010）第 305 号《行政处罚决定书》。

案件受理费 50 元，由原告北京公瑞物业管理有限责任公司负担（已交纳）。

（六）二审情况

1. 二审诉辩主张

（1）上诉人诉称

1）公瑞物业公司诉称：被上诉人行政处罚的主体错误，案件会审委员会无权决定行政处罚，被上诉人未经法定程序作出行政处罚决定，其行政处罚决定应予撤销；被上诉人违反国家工商行政管理总局《工商行政管理机关行政处罚程序规定》确定的程序。请求法院撤销一审判决及被诉处罚决定。

2）郭玉静诉称：一审判决认定上诉人提交的证据（收条）与本案不具有关联性而不予采纳，明显欠妥；公瑞物业公司及其提交的证据均证明了上诉人与朱宇之间股权转让行为的真实性，故公瑞物业公司的行为不属于提交虚假材料取得公司登记的行为。怀柔工商分局可以责令公瑞物业公司改正，但不应予以行政处罚；怀柔工商分局不顾本案事实，在对公瑞物业公司的处罚决定中撤销了上述股权所涉股权变更登记，使上诉人在已支付股权转让款的情况下丧失了公瑞物业公司 19%股权，导致该股权重新归属朱宇。怀柔工商分局对公瑞物业公司的处罚行为侵害了上诉人的合法权益。请求法院撤销一审判决，依法改判。

（2）被上诉人辩称

怀柔工商分局和朱宇同意一审判决，请求法院驳回上诉，维持原判。

2. 二审事实和证据

北京市第二中级人民法院经审理，查明的事实与一审法院查明的事实基本一致。一审法院已将全部证据及卷宗材料移送二审法院，对于一审法院的认证意见，二审法院不持异议。

3. 二审判案理由

北京市第二中级人民法院经审理认为：人民法院审理行政案件，审查被诉具体行政行为的合法性，本案审查的焦点问题即怀柔工商分局作出的（2010）第 305 号《行政处罚决定书》是否合法。怀柔工商分局具有对公瑞物业公司提交虚假材料进行工商变更登记的违法行为作出行政处罚的法定职责。现有证据证实，公瑞物业公司提交的2007年3月15日股东会决议中所涉"朱宇"的签字并非朱宇本人所书写，该行为已构成提供虚假材料骗取怀柔工商分局工商变更登记。怀柔工商分局根据朱宇的投诉，在立案后经过调查，履行法定程序后作出的（2010）第305号《行政处罚决定书》并无不当。公瑞物业公司向怀柔工商分局提出工商变更登记申请后，怀柔工商分局于2007年3月30日对其予以变更，变更事项一直处于连续状态，故一审法院认定怀柔工商分局于2010年12月20日向公瑞物业公司作出（2010）第305号《行政处罚决定书》未超过处罚期限亦无不当。郭玉静所述有关是否已经支付股权转让款及股权转让关系是否真实的主张，并非行政案件的审理范围，本案不予涉及。公瑞物业公司及郭玉静的上诉请求，本院无法支持。综上，一审法院判决认定事实清楚、适用法律正确、审判程序合法，本院应予维持。

4. 二审定案结论

北京市第二中级人民法院依照《中华人民共和国行政诉讼法》第六十一条第（一）项之规定，作出如下判决：

驳回上诉，维持一审判决。

一审案件受理费50元，由公瑞物业公司负担（已交纳）；二审案件受理费50元，由公瑞物业公司、郭玉静共同负担（均已交纳）。

（七）解说

1. 被告处罚原告未超过法定期限

被告怀柔工商分局于2007年3月作出工商变更登记，至2010年12月作出《行政处罚决定书》，两者间隔已超过三年。故，原告及第三人在本案审理过程中，均提出被告所作《行政处罚决定书》超过了法定的处罚期限。

实际上，这种"处罚期限"在学理上是行政时效制度中行政处罚时效的一种。行政处罚时效依照所适用的阶段不同，可分为行政处罚追诉时效、行政处罚裁决时效和行政处罚执行时效三类。追诉时效是指行政处罚机关对行政违法行为追究行政责任的法定期限，超过该期限即不得再给予行政处罚。裁决时效则是指行政处罚机关在行政违法案件立案后作出行政处罚决定的法定期限，超过该期限就不能再作出处罚决定。执行时效意指行政处罚机关作出行政处罚决定后，如果经过法定期限仍未执行该处罚决定的，应当免予执行。我国《行政处罚法》第二十九条第一款规定："违法行为在二年内未被发现的，不再给予行政处罚。"《治安管理处罚法》第二十二条第一款规定："违反治安管理行为在六个月内没有被公安机关发现的，不再处罚。"《税收征收管理法》第八十六条规定："违反税收法律、行政法规应当给予行政处罚的行为，在五年内未被发现的，不再给予行政处罚。"这些是对行政处罚追诉时效作出的规定。

在本案中，根据《行政处罚法》第二十九条第二款的规定①，被告作出处罚决定是

① 《中华人民共和国行政处罚法》第二十九条第二款规定："前款规定的期限，从违法行为发生之日起计算；违法行为有连续或者继续状态的，从行为终了之日起计算。"

否超出法定期限，取决于原告公瑞物业公司所实施的违法行为是否存在“连续或继续状态”。此处所指的连续、继续状态，实际上借鉴了刑事领域中连续犯及继续犯的相关理论。原告所实施的，是提供虚假材料进行工商变更登记的违法行为，该行为将变更事项置于一种连续状态，其行为并未终止，也就不存在处罚超期。

2. 行政诉讼对合法性审查的尺度不宜过宽

本案中，原告及两名第三人围绕股权转让的真实性、提交虚假签字的历史成因、股东之间的权益纠纷等方面进行了大量的举证及辩论，但实际上，本案的审理重点仅在于被告怀柔工商分局所作行政处罚是否合法，具体来说就是被告是否有进行处罚的职权，被告进行处罚是否具有相应的法律依据，被告进行处罚是否事实清楚、证据充分，以及被告作出处罚是否遵循了合法的程序。前述四点，是具体行政行为合法性审查的四个重要方面，也是行政诉讼过程中应当遵循的审理尺度。尺度过窄，则不能保证具体行政行为的全面合法；尺度过宽，则违背了设立行政审判的意义，同时也会无形加重行政机关的义务。

以本案为例，北京市高级人民法院《关于行政审判适用法律问题的解答（二）》第一条明确规定：“登记机关在进行行政登记时，根据相关法律、法规及规定对申请人提交的证件、证明材料进行审查应理解为是否符合法律规定的要求进行审查（形式审查）。”也就是说，法院在审查被告怀柔工商分局所作处罚决定是否合法、是否尽到审查义务时，不能突破形式审查的界限，对其提出过高要求。本案原告和第三人所提供的证据，在一定程度上确实能够证明一些问题，原告方提供虚假的签字进行工商变更登记以及两名第三人之间的股权转让行为均存在一定的历史背景。但这些都不是本案所要处理的问题。不论基于何种原因，法院最终需要把握的依旧是一种既定的“合法性”。当事人提交了虚假材料，工商分局依职权于规定时间内作出处罚，且不存在程序上的违法，该具体行政行为就是合法的、应予维持的；反之，则是不合法而应予撤销或变更的。非此，即彼；非对，即错，这种略显“断章取义”的审查方式，却恰恰是行政审判中所蕴涵的最强理性的体现，更是其督促依法行政的现实保障。

（北京市怀柔区人民法院　于站水　霍斯扬）

45. 余莲娣不服南宁市住房保障和房产管理局颁发房屋所有权证案

（一）首部

1. 判决书字号

一审判决书：南宁市江南区人民法院（2011）江行初字第8号行政判决书。

二审判决书：南宁市中级人民法院（2011）南市行终字第129号行政判决书。

2. 案由：颁发房屋所有权证。

3. 诉讼双方

原告（被上诉人）：余莲娣。

委托代理人：李卓恒，广西欣和律师事务所律师。

被告（上诉人）：南宁市住房保障和房产管理局。

法定代表人：冯炳浩，该局局长。

委托代理人：韦决，广西至善律师事务所律师。

委托代理人：唐燕，南宁市房屋产权交易中心工作人员。

第三人：刘思宁。

第三人：古赞。

第三人：中国银行股份有限公司南宁市建政支行（以下简称建政支行）。

负责人：覃毅敏，该行行长。

委托代理人：李东，建政支行工作人员。

4. 审级：二审。

5. 审判机关和审判组织

一审法院：南宁市江南区人民法院。

合议庭组成人员：审判长：李艳；代理审判员：林尧；人民陪审员：雷碧杰。

二审法院：南宁市中级人民法院。

合议庭组成人员：审判长：彭晓霞；代理审判员：滕莹、晏琼。

6. 审结时间

一审结案时间：2011年6月22日。

二审结案时间：2011年10月10日。

（二）一审诉辩主张

1. 被诉具体行政行为

被告南宁市住房保障和房产管理局于2006年9月4日向第三人古赞颁发邕房权证字第01565855号《房屋所有权证》。该证载明：房屋所有权人：古赞；房屋坐落：五一中路6号1栋1单元110号房；产别：私有房产；房屋结构：混合；建筑面积：55.03平方米；设计用途：住宅；附记："2006年8月向刘思宁、余莲娣购买上市房改房"；设定他项权利摘要："权利人：建政支行，权利种类：抵押，权利范围：55.03平方米，权利价值：135 000元，设定日期：2006年9月22日，约定期限：注销日止"。

2. 原告诉称

1998年，原告余莲娣与第三人刘思宁（原告余莲娣之前夫）共同购买南宁市五一中路6号1栋1单元110号房，并于2001年办理了房产证，即房屋所有权人为刘思宁的邕房权证字第01321899号《房屋所有权证》，共有权人为余莲娣的邕房共字第01321899-1号《房屋共有权证》。原告余莲娣与第三人刘思宁于2005年7月协议离婚，上述房屋约定归原告余莲娣所有。此后，由于第三人刘思宁的原因，几年时间都没有办理房屋过户。原告余莲娣于 2010 年 3 月起诉至江南区法院请求判决房屋全部产权归其所有，法院判决如原告余莲娣所请。原告余莲娣于 2010 年 8 月申请法院强制执行，在立案受理后，原告余莲娣到南宁市房产交易中心查询相关情况，得知该房屋已经于 2006 年 8 月过户到第三人古赞的名下。原告余莲娣对办理房屋过户一事毫不知情，更不可能同意，被告没有经过共有人同意，办理房屋产权转移登记的行为，违反了《中华人民共和国城市房地产管理法》、《城市房屋权属登记管理办法》及相关法律的规定，是违法登记行为。对此，2010 年 11 月，原告余莲娣向被告提出书面申请，要求被告撤销第三人古赞名下该房屋的登记，并且将房屋过户登记到原告余莲娣名下。被告书面答复，认为房屋买卖转移登记材料齐备，程序合法，故不予撤销。事实上，原告余莲娣一直居住在本案所涉房屋，从没有出售房屋的想法，更没有出售的行为，转移过户登记材料上根本不可能有原告余莲娣签字与手印，毫无疑问是虚假材料。被告作为房屋登记机构，在办理房屋转移登记时，未尽合理审慎职责，导致违法登记行为发生。根据《中华人民共和国行政诉讼法》、《中华人民共和国城市房地产管理法》、《最高人民法院关于审理房屋登记案件若干问题的规定》等有关法律规定，原告余莲娣遂提起行政诉讼，请求法院依法撤销被告于 2006 年 9 月 4 日颁发的邕房权证字第 01565855 号《房屋所有权证》。

3. 被告辩称

被告作出本案行政行为事实清楚、材料齐全、适用法律正确、程序合法。原告余莲娣及第三人刘思宁、古赞于 2006 年 8 月 24 日向被告提出申请，要求将南宁市五一中路 6 号 1 栋 1 单元 110 号房屋从原告余莲娣及第三人刘思宁名下过户到第三人古赞名下，并提供了房地产买卖契约、各个人的身份证、房产档案查询结果、邕房权证字第 01321899 号《房屋所有权证》、邕房共字第 01321899－1 号《房屋共有权证》。经审查，申请人提供的材料齐全，被告依据《城市房屋权属登记管理办法》之规定，对其过户申请予以登记、发证，被告的行政行为事实清楚、材料齐全、适用法律正确、程序合法，请法院驳回原告余莲娣的诉讼请求。

4. 第三人述称

第三人刘思宁没有提交书面意见。

第三人古赞没有提交书面意见。

第三人建政支行述称，请求法院对第三人建政支行在该房屋上设定的抵押权加以保护。

（三）一审事实和证据

南宁市江南区人民法院经公开审理查明：原告余莲娣和第三人刘思宁原为夫妻，在夫妻关系存续期间购买了南宁市五一中路 6 号 1 栋 1 单元 110 号房屋一套。2001 年 4 月 26 日，第三人刘思宁取得了该房屋的邕房权证字第 01321899 号《房屋所有权证》，原告余莲娣取得了该房屋的邕房共字第 01321899－1 号《房屋共有权证》。2005 年 7 月 29 日原告余莲娣和第三人刘思宁协议离婚，双方签订的离婚协议书约定上述房屋归原告余莲娣所有。由于离婚协议书约定用该房屋作抵押的银行贷款余额由第三人刘思宁负责归还，因而，上述房屋所有权证和共有权证仍由第三人刘思宁保管。第三人古赞与第三人刘思宁原为朋友。2006 年 8 月，第三人刘思宁找他人假冒原告余莲娣在《房地产买卖契约》和《南宁市房屋交易过户申请表》上签名并捺手印，以房屋已出卖给第三人古赞为由，与第三人古赞一起申请将房屋过户给第三人古赞。2006 年 8 月 25 日，被告受理了过户申请。2006 年 9 月 4 日，被告给第三人古赞颁发了邕房权证字第 01565855 号《房屋所有权证》。2006 年 9 月 22 日，第三人古赞用该房屋作抵押向第三人建政支行贷款。第三人刘思宁与第三人古赞于 2009 年 1 月结婚，2010 年 6 月离婚。庭审中，原告余莲娣、第三人刘思宁、第三人古赞均承认，原告余莲娣与第三人刘思宁离婚后，第三人刘思宁搬离了本案所涉房屋，该房屋一直由原告余莲娣管理使用至今，而第三人古赞自签订房屋买卖协议至今，未曾进入过该房屋。第三人刘思宁从未告知过原告余莲娣出售房屋，原告余莲娣没收到过房款。第三人古赞在庭审中称支付给第三人刘思宁的购房款为 135 000 元，而《房地产买卖契约》上该房屋价款为 88 000 元。原告余莲娣因多次要求第三人刘思宁协助办理房屋变更登记手续未果，于 2010 年 3 月向南宁市江南区人民法院提起了民事诉讼，要求确认本案所涉房屋归其所有。2010 年 4 月 30 日，南宁市江南区法院作出（2010）江民一初字第 773 号民事判决，确认本案所涉房屋归原告余莲娣所有。2010 年 8 月 5 日，原告余莲娣申请法院强制执行上述民事判决，经查询发现房屋已登记到了第三人古赞名下，遂向法院提起行政诉讼。

上述事实有下列证据证明：

（1）邕房权证字第 01565855 号《房屋所有权证》，证明被告将属原告余莲娣所有的房屋登记到第三人古赞名下；

（2）邕房权证字第 01321899 号《房屋所有权证》、邕房共字第 01321899－1 号《房屋共有权证》，证明南宁市五一中路 6 号 1 栋 1 单元 110 号房屋原属原告余莲娣、第三人刘思宁共有；

（3）《离婚协议书》、南宁市江南区人民法院（2010）江民一初字第 773 号《民事判决书》和（2010）江法执字第 570 号《受理执行案件通知书》，证明南宁市五一中路 6 号 1 栋 1 单元 110 号房屋属原告余莲娣所有；

（4）《关于南宁市五一中路 6 号 1 栋 1 单元 110 号房撤销违规过户及办理合法过户的请求》，证明被告认定事实不清、证据不足；

（5）南房答［2010］127 号《关于五一中路 6 号 1 栋 1 单元 110 号房屋登记有关问题的答复》，证明被告认定事实不清、证据不足；

（6）《房地产买卖契约》、《南宁市房屋交易过户申请表》，证明“余莲娣”的签名及手印并非原告余莲娣所为。

（四）一审判案理由

南宁市江南区人民法院经审理认为：根据《中华人民共和国城市房地产管理法》第六十一条规定，被告作为市级人民政府房产行政主管部门，有对辖区内房屋权属进行登记的行政主体资格和法定职权。本案被告为第三人古赞进行房屋权属登记的具体行政行为属于房屋所有权的转移登记行为。依据《城市房屋权属登记管理办法》第十条“房屋权属登记依以下程序进行：(一）受理登记申请；(二）权属审核；(三）公告；(四）核准登记，颁发房屋权属证书……”的规定，被告在作出该具体行政行为时，有对申请房屋权属登记的当事人提交的证件以及证明材料进行审查确认的法定职责，以确保权属登记正确、合法。本案被告在办理第三人古赞的房屋权属转移登记时，仅对申请房屋权属登记当事人提交的权属转移证明材料《房地产买卖契约》和《南宁市房屋交易过户申请表》进行了形式上的审查，未对证明材料内容的真实性进行实质性审查，即予采信作为作出权属转移登记的依据。事实上，本案所涉房屋的所有权，在2005年7月原告余莲娣与第三人刘思宁离婚时，双方已约定归原告余莲娣所有。被告采信的权属转移证明材料《房地产买卖契约》和《南宁市房屋交易过户申请表》上，房屋实际所有权人原告余莲娣的签名及手印均为第三人刘思宁假冒所为，原告余莲娣事前没有授权，事后没有追认，是无效的。第三人刘思宁明知自己无权处分该房屋，却隐瞒事实，在《房地产买卖契约》和《南宁市房屋交易过户申请表》上伪造他人签名，擅自处分该房屋，是一种违法行为。第三人古赞原来是第三人刘思宁的朋友，后又与第三人刘思宁结为夫妻，在签订了《房地产买卖契约》，取得了《房屋所有权证》后将近五年的时间里，明知房屋一直由原告余莲娣管理使用，却一直不以所有权人身份主张和行使权利，且在庭上陈述其所支付的购房款亦与《房地产买卖契约》上的房屋价款相去甚远，这些事实足以证明，第三人古赞与第三人刘思宁、原告余莲娣之间，并不存在真实的房屋买卖关系。被告采信的《房地产买卖契约》和《南宁市房屋交易过户申请表》是虚假和违法的证据。故被告以这些证据及其证明的事实作为依据，颁发给第三人古赞邕房权证字第01565855号《房屋所有权证》，事实不清，证据不足，本院依法予以撤销。第三人建政支行可另行采取措施实现对其债权的保护。

(五) 一审定案结论

南宁市江南区人民法院依照《中华人民共和国行政诉讼法》第五十四条第（二）项第1目的规定，作出如下判决：

撤销南宁市住房保障和房产管理局于2006年9月4日颁发给第三人古赞的邕房权证字第01565855号《房屋所有权证》。

本案案件受理费50元，由被告南宁市住房保障和房产管理局负担。

(六) 二审情况

1. 二审诉辩主张

(1) 上诉人诉称

第一，被上诉人余莲娣与原审第三人刘思宁、古赞共同申请房屋产权转移登记，提供了房屋买卖契约等材料，符合房屋产权转移登记的要求，上诉人对此予以登记发证并无不妥。一审认定第三人刘思宁找人假冒被上诉人余莲娣签名并捺指印属认定事实不清，证据不足，以此为由撤销被诉《房屋所有权证》缺乏事实和法律依据，应予纠正。为此，请求撤销一审判决并驳回余莲娣的诉讼请求。第二，被上诉人余莲娣在2010年8月份已经知道被诉《房屋所有权证》的内容，至2011年3月10日才提起行政诉讼，已超过诉讼时效。

（2）被上诉人辩称

被上诉人余莲娣没有提交书面的答辩意见。

（3）原审第三人述称

原审第三人刘思宁没有提交书面的陈述意见书。

原审第三人建政支行没有提交书面的陈述意见书。

2. 二审事实和证据

南宁市中级人民法院经审理，确认一审判决认定的证据合法有效，可以作为定案依据。据此，二审法院认定的事实与一审判决认定的事实一致。

3. 二审判案理由

南宁市中级人民法院经审理认为：根据《城市房屋权属登记管理办法》第八条以及《房屋登记办法》第四条规定，上诉人是南宁市人民政府的房地产行政主管部门，具有作出本案被诉具体行政行为的法定职权。《城市房屋权属登记管理办法》第十七条第二款规定："申请转移登记，权利人应当提交房屋权属证书以及相关的合同证明、协议、证明文件。"第二十七条规定："登记机关应当对权利人（申请人）的申请进行审查。凡权属清楚、产权来源资料齐全的，初始登记、转移登记、变更登记、他项权利登记应当在受理登记后的30日内核准登记，并颁发房屋权属证书"。上述规定明确了房产登记机关在办理房屋产权转移登记申请时，应按照房屋权属登记的程序进行审查、核准，并颁发权属证书。房产登记机关不仅要审查申请人提交的申请登记材料是否完备、齐全，申请登记的事项有无违反法律的规定，还应对申请人提交的申请材料的真实性、合法性作全面审查。本案中，第三人古赞申请房屋权属转移登记的行为是基于第三人刘思宁、被上诉人余莲娣与其签订的《房地产买卖契约》而发生的，就本案查明的相关事实看，办理房屋权属转移登记手续当天，被上诉人余莲娣并没有到场，第三人古赞提交的《南宁市房屋交易过户申请表》、《房地产买卖契约》中"余莲娣"的签名及手印均为刘思宁找他人假冒余莲娣所为。上诉人在审查上述材料时虽然对第三人古赞提交的《南宁市房屋交易过户申请表》、《房地产买卖契约》进行了形式上的审查，但对于买卖双方当事人是否亲自到场，申请表中申请人的签名是否为申请人所签未尽到合理、审慎注意义务。在核对被上诉人余莲娣身份情况时，没有认真审查到场的持余莲娣身份证的人是否为余莲娣本人，从而导致上述申报材料不实。该买卖房屋行为并非被上诉人余莲娣真实意思表示，对上述房屋权属转移登记的主要材料的真实性、合法性未进行严格审查，即颁发涉案《房屋所有权证》，该颁证行为认定事实不清，主要证据不足，依法应予撤销。上诉人以第三人古赞的申请符合房屋产权转移登记的要求，其对此予以登记发证并无不妥，一审认定第三人刘思宁找人假冒余莲娣签名并捺指印没有依据为由，请求撤销一审判决，没有事实和法律依据，对其上诉请求，法院不予支持。被上诉人余莲娣知道上诉人为第三人古赞办理房屋权属转移登记手续后，即于2010年11月向上诉人提出异议并申请该局撤销该证。在上诉人答复不同意撤证后，于2011年3月10日向法院起诉，该事实应被视为《中华人民共和国行政诉讼法》第四十条规定的“其他特殊情况耽误法定期限的”情形。因此，余莲娣起诉没有超过诉讼时效，对于上诉人及建政支行主张余莲娣起诉已超过法定期限的理由，本院不予采信。

上诉人颁发给第三人古赞的涉案《房屋所有权证》认定事实错误，一审判决予以撤销正确，应予维持。上诉人上诉无理，法院不予支持。

4. 二审定案结论

南宁市中级人民法院依照《中华人民共和国行政诉讼法》第六十一条第（一）项之规定，作出如下判决：

驳回上诉，维持原判。

二审案件受理费人民币50元，由上诉人南宁市住房保障和房产管理局负担。

（七）解说

1. 如何确定登记机关对于登记申请的实质、合理审查义务？

不动产登记制度之创设，目的在于通过公示彰显物权之变动与归属，维护不动产交易的安全。由于房屋登记簿是确定房屋权利归属和内容的根据，而且登记将产生公信效力，所以登记的准确性和权威性就变得十分重要。

根据我国《物权法》第十二条、建设部《房屋登记办法》第十八条的规定，我国房屋登记机构的主要义务为：查验权属证明材料和其他必要材料，主要包括当事人身份的证明材料、委托书、相关协议或者生效司法法律文书、房产证等。一般只是审查当事人提交的书面文件，对于有些非法或虚假的登记事实不需进行实质审查，只要进行形式审查，就完全可以发现。总的来看，并不要求对提交文件之外的其他事实进行了解或调查，以确认有关事实的合法性和真实性，在有合理怀疑时，登记机构应当询问登记申请人提供材料之外的事项，并应于必要时实地查看不动产，这是为了确保登记内容的真实性，已经属于实质审查的范围。我国当前立法实践更多的是采用折中审查，并侧重于形式审查。

本案中，被告南宁市住房保障和房产管理局作为房屋登记机关，在诉争房屋存在共有权人的情况下，仅凭一个共有权人的书面材料申请，就予以变更登记，并没有与共有权人取得联系，也没有实地查看诉争房屋（实际上原告一直就住在该房屋内），违反了谨慎、合理审查的注意义务。二审法院对该事实予以了进一步的认定，认为房产登记机关不仅要审查申请人提交的申请登记材料是否完备、齐全，申请登记的事项有无违反法律的规定，还应对申请人提交的申请材料的真实性、合法性作全面审查。对于买卖双方当事人是否亲自到场，到场的持共有权人身份证的人是否为共有权人本人，被告有合理、谨慎的注意义务。被告未能尽到上述注意义务，导致登记错误，法院撤销其颁发的邕房权证字第01565855号《房屋所有权证》是合法、合理的。

2. 判决确认违法和判决撤销的裁判方式选择对权利人权益的保护问题？

在行政审判中，对于不同性质的法律行为引起的案件的法律裁判方式是不同的。法院可以根据最大化实现对合法利益的有效保护来选择裁判方式，从而既可以审查行政行为的合法性，也可以确实保护权利人的合法权益。在本案的情形下，如果判决确认登记行为违法，那么该诉争房屋产权证仍有效，而根据《物权法》第一百八十七条规定，以正在建造的建筑物抵押的，应当办理抵押登记。抵押权自登记时设立。该法第一百零六条规定了有关动产及不动产所有权善意取得的构成要件，但没有对不动产抵押权的善意取得作出具体规定，只是明确了“当事人善意取得其他物权的，参照前两款规定”。作为第三人的建政支行若因抵押权的善意取得，仍能主张抵押权，那么可能导致真正的所有权人余莲娣的合法权益受到侵害。而如果针对该错误登记行为判决撤销该产权证，那么附着于该权证上的其他权利就相应地予以消灭，真正所有权人的权益回复到原始状态，有利于保护其合法权利。而对于第三人建政支行抵押权的保护问题，可以通过违约责任的方式让相关责任人承担赔偿责任。结合本案具体事实，第三人古赞原来是第三人刘思宁的朋友，后又与第三人刘思宁结为夫妻，在签订了《房地产买卖契约》取得了《房屋所有权证》后将近五年的时间里，明知房屋一直由原告余莲娣管理使用，却一直不以所有权人身份主张和行使权利，且在庭上陈述其所支付的购房款亦与《房地产买卖契约》上载明的房屋价款相去甚远，因此，第三人古赞在与第三人刘思宁结婚前办理的房屋过户登记，不属于善意取得。而对于被告南宁市住房保障和房产管理局未尽合理审查注意义务，错误登记的行政行为，法院在选择裁判方式时，考虑到了房产真正所有权人权利的妥善保护问题，最终选择撤销该诉争房产权证的判决方式，无疑是适当的。

（南宁市江南区人民法院　李艳　蒙永富）

46. 垫江县桂溪镇东街社区居民委员会不服垫江县国土资源和房屋管理局等房屋行政登记案

（一）首部

1. 判决书字号

一审判决书：重庆市垫江县人民法院（2011）垫法行初字第6号行政判决书。

二审判决书：重庆市第三中级人民法院（2011）渝三中法行终字第00070号行政判决书。

2. 案由：房屋行政登记。

3. 诉讼双方

原告（被上诉人）：垫江县桂溪镇东街社区居民委员会。

法定代表人：邱建平，该居民委员会主任。

委托代理人：孙宏，重庆市垫江县法律援助中心律师。

被告：垫江县国土资源和房屋管理局。

法定代表人：邬吉强，该局局长。

委托代理人（一审）：王平，重庆欣凯律师事务所律师。

委托代理人（一审、二审）：白平均，垫江县土地房屋权属登记中心副所长。

委托代理人（二审）：杨顺荣，垫江县国土资源和房屋管理局房地产权籍科科长。

第三人（上诉人）：垫江县桂溪建筑工程公司。

法定代表人：王政，该公司经理。

委托代理人（一审）：黄俊森，重庆欣凯律师事务所律师。

委托代理人（一审）：王勇，垫江县桂溪建筑工程公司职工。

委托代理人（一审）：易川江，重庆欣凯律师事务所律师。

4. 审级：二审。

5. 审判机关和审判组织

一审法院：重庆市垫江县人民法院。

合议庭组成人员：审判长：张宏；审判员：张绍麒；代理审判员：王璐。

二审法院：重庆市第三中级人民法院。

合议庭组成人员：审判长：杨煜；审判员：邵瑞一；代理审判员：刘厚勇。

6. 审结时间

一审审结时间：2011 年 8 月 3 日。

二审审结时间：2011 年 11 月 1 日。

（二）一审诉辩主张

1. 被诉具体行政行为

1999 年 2 月 1 日，原垫江县房地产管理局给第三人垫江县桂溪建筑工程公司填发了房权证 305 字第 0019797 号房屋所有权证。该证载明：房屋所有权人：垫江县桂溪建筑工程公司，房屋坐落：桂溪东门田坝子综合楼，房屋结构：砖混，总层数：七层，所在层数：第一层，建筑面积：31.81 平方米，设计用途：门市，于 1995 年自建取得。

2. 原告诉称

根据垫府发（1994）60 号《关于加快县城公厕改造步伐的通知》的精神，第三人与原告主管部门垫江县桂溪镇人民政府签署协议，将桂溪辖区的田坝、大巷子等七座公厕交第三人改造。后因各种原因，该协议未得到全面履行，但原告所拥有的田坝子公厕于 1997 年前改建完毕。改建前，第三人没有与原告签订拆迁补偿协议，改建后，1997 年 1 月原告根据垫江县桂溪镇人民政府与第三人的协商及会议纪要的精神，分得公厕改建后的一个门面（东外街出城的第二间）。因第三人原因，田坝公厕改建完毕后拆迁户所安置的房屋都没有办理产权证。原告自 1997 年占有、使用该门市部至 2008 年时，才知道第三人于 1999 年 2 月 1 日由被告为其颁发房权证 305 字第 0019797 号房屋产权证。原告认为那个证记载的房屋与原告占有的门市部不是同一物，且 2008 年、2009 年、2010 年垫江县人民法院和重庆市第三中级人民法院多次审理，都没有支持第三人要求原告返还门市部的诉求。直到2011年2月23日，重庆市第三中级人民法院以（2011）渝三中法民终字第104号民事判决书，判决确认第三人拥有的房权证305字第0019797号房屋产权证记载的房屋是原告占有的门市部，要求原告返还第三人。原告认为，被告为第三人颁发产权证不仅侵害了原告的合法权益，而且程序和实体严重违法。首先，公厕改建后，原告理应得到拆迁安置补偿；其次，被告为第三人颁发产权证严重违反1998年1月1日起施行的《城市房屋权属登记管理办法》规定；最后，第三人明明是改建公厕，但被告却颁证确认为其自建取得。因此，请求撤销被告为第三人颁发的房权证305字第0019797号房屋产权证。

3. 被告辩称

（1）对第三人颁发房屋产权证的具体行政行为程序合法。被告接受垫江县桂溪建筑工程公司申请和其提供的垫国土发［137］号《关于垫江县桂溪建筑工程公司利用原公厕及旧宅改建用地的批复》、施工许可证、建设工程规划许可证、开工执照等相关资料，进行了认真审核，认为其提交的登记资料符合《重庆市土地房屋权属登记操作规程》规定，对其予以颁证是履行法律规定的职责，程序是符合法律规定的。（2）被告确定原告与第三人争议的公厕属垫江县桂溪建筑工程公司所有事实清楚、证据充分。如原告主张其对公厕享有份额或产权，可通过民事诉讼先予以确权，再持司法机关的法律文书向被告履行变更登记手续。（3）被告具有对第三人颁发土地房屋权属证书的行政职责。

4. 第三人述称

第三人取得房权证305字第0019797号房屋所有权证来源合法，被告为第三人颁发该证的程序、实体合法，请求判决驳回原告的诉讼请求。

（三）一审事实和证据

垫江县人民法院经公开审理查明：垫江县桂溪镇人民政府与垫江县桂溪建筑工程公司协议对桂溪镇公厕进行改造。1995年12月1日，原垫江县国土局以《关于垫江县桂溪建筑工程公司利用原公厕及旧宅改建用地的批复》，批准同意垫江县桂溪建筑工程公司利用东外街田坝公厕及旧宅基地0.473亩作修建公厕和综合楼用地。同月8日，垫江县建设委员会给垫江县桂溪建筑工程公司办理了《建设工程施工许可证》、《建设工程规划许可证》后，垫江县桂溪建筑工程公司在桂溪镇东外街田坝公厕及邻近旧宅基地处修建了田坝子综合楼。1997年1月28日，垫江县桂溪镇人民政府召开会议讨论田坝公厕改造遗留问题，形成的第一期《会议纪要》载明：东门田坝公厕改造前，原公厕地属东街居委会管理，在此厕改造时，已给东街居委会作了承诺，只是没有形成文本……通过讨论，关于东街居委会与公厕的利益问题，认识基本统一，随公厕改造修好的小的那间门面（东外街出城的第二间）给东街居委会。该《会议纪要》已载明发送单位有第三人。1999年2月1日，垫江县桂溪建筑工程公司向原垫江县房产管理局（现已合并为垫江县国土资源和房屋管理局）申请办理房屋所有权登记，申请时提交了《关于垫江县桂溪建筑工程公司利用原公厕及旧宅改建用地的批复》、《建设工程施工许可证》、《建设工程规划许可证》、《建筑工程开工执照》。同日，原垫江县房产管理局给其填发了房权证305字第0019797号房屋所有权证。田坝子综合楼修建完工后，垫江县桂溪镇东街社区居委会对该楼右起第二间门市（即东外街出城的第二间门市）占有使用或出租他人至今。2008年10月，垫江县桂溪建筑工程公司起诉垫江县桂溪镇东街社区居民委员会及李××租赁合同纠纷，本院于同年11月14日以（2008）垫法民初字第1571号民事判决书判决驳回其诉讼请求。2009年12月，垫江县桂溪建筑工程公司又起诉垫江县桂溪镇东街社区居民委员会及李××财产损害赔偿纠纷，本院于2010年2月11日以（2010）垫法民初字第193号民事裁定书驳回其起诉，经重庆市第三中级人民法院发回重审，本院于2010年9月29日作出（2010）垫法民初字第2422号民事判决书，判决垫江县桂溪镇东街社区居民委员会将垫江县桂溪镇东门田坝子综合楼右起第二间与陈××相邻的门市（房权证305字第0019797号）返还给垫江县桂溪建筑工程公司并赔偿侵占门市的损失30 000元。重庆市第三中级人民法院以（2011）渝三中法民终字第104号民事判决维持原判。

上述事实有下列证据证明：

1. 被告提供的证据有：

（1）重庆市房地产产权产籍档案索引表；

（2）登记申请书；

（3）产权审核记录；

（4）房屋四面墙界申报表；

（5）房屋产权登记现场查勘表；

（6）原垫江县国土局《关于垫江县桂溪建筑工程公司利用原公厕及旧宅改建用地的批复》（垫国土发［1995］137号）；

（7）《建设工程施工许可证》（垫建施［1995］67号）；

（8）《建设工程规划许可证》（编号（95）000523）；

（9）《建筑工程开工执照》（县建质监（95）第21号）。

以上证据证明第三人的房屋权属来源清楚，被告颁发产权证合法。

2. 原告提交的证据有：

（1）房权证305字第0019797号房屋所有权证，证明被告给第三人颁发了房屋所有权证；

（2）桂溪镇公共厕所移交管理协议书（桂溪镇环境卫生管理所与桂溪镇东街社区居民委员会签订），证明公厕产权属于居委会，管理权属于环卫所；

（3）垫江县桂溪镇人民政府《会议纪要》第一期，证明田坝公厕已属东街居委会；

（4）（2010）垫法民初字第2422号民事判决书；

（5）桂溪镇公共厕所移交管理协议书（桂溪镇环境卫生管理所与桂溪镇北街社区居民委员会签订），证明公厕产权内容真实，也得到了被告确认；

（6）桂溪镇北街社区居民委员会《关于解决北街居委会北门口公厕房屋产权问题的紧急报告》、垫国土房管函［2009］192号复函，证明产权属居委会；

（7）垫权字第03102号房屋所有权证档案，证明产权属居委会；

（8）（2008）垫法民初字第1571号民事判决书、（2009）渝三中法民终字第489号民事裁定书、(2009) 垫法民初字第495号民事裁定书、(2010) 垫法民初字第193号民事裁定书、(2009) 渝三中法民终字第1571号民事裁定书、(2011) 渝三中法民终字第104号民事判决书，证明房屋所有权证中的门市与原告占有的门市不是同一物；

(9)《国有土地使用权证》档案，证明第三人的房屋所有权证与被告档案室的档案中的房屋坐向、地界不一致，颁证时间与调查时间不一致。

(四) 一审判案理由

垫江县人民法院经审理认为：原垫江县房产管理局负责本行政区域内的房屋权属登记管理工作，具有房屋权属登记的法定职责，因原垫江县房产管理局现已合并为垫江县国土资源和房屋管理局，故垫江县国土资源和房屋管理局是本案的适格被告。本案讼争的具体行政行为即房权证305字第0019797号房屋所有权证载明的房屋，已被本院生效的(2010) 垫法民初字第2422号民事判决确认系垫江县桂溪镇东街居民委员会占有使用的房屋，并由垫江县桂溪镇东街社区居民委员会返还给垫江县桂溪建筑工程公司，故垫江县桂溪镇东街社区居民委员会有权对该具体行政行为提起诉讼。垫江县桂溪建筑工程公司申请房屋所有权登记时，虽提交了用地证明文件即《关于垫江县桂溪建筑工程公司利用原公厕及旧宅改建用地的批复》、《建设工程施工许可证》、《建设工程规划许可证》、《建筑工程开工执照》，但没有按照1998年1月1日起施行的建设部《城市房屋权属登记管理办法》第十六条规定提交建设用地规划许可证、房屋竣工验收资料及其他有关的证明文件。且1997年垫江县桂溪镇人民政府形成的《会议纪要》能够证明当时对本案现讼争房屋的权属有争议。原垫江县房产管理局在产权来源资料不齐全、权属尚存有争议的情况下，给垫江县桂溪建筑工程公司颁发房屋所有权证的行为违反了《城市房屋权属登记管理办法》第二十七条的规定，其颁发的房屋所有权证主要证据不足，依法应予撤销。

(五) 一审定案结论

垫江县人民法院依照《中华人民共和国行政诉讼法》第五十四条第(二)项第1目之规定，作出如下判决：

撤销被告垫江县国土资源和房屋管理局1999年2月1日颁发给第三人垫江县桂溪建筑工程公司的房权证305字第0019797号房屋所有权证。

案件受理费50元，由被告垫江县国土资源和房屋管理局负担。

(六) 二审情况

1. 二审诉辩主张

(1) 上诉人诉称

1) 垫江县桂溪镇东门田坝子综合楼右起第二间门市，属于垫江县桂溪建筑工程公司所有，其权属无争议；2) 一审法院没有任何证据证明原垫江县房产管理局在对垫江县桂溪镇东门田坝子综合楼右起第二间门市权属进行登记的过程中知道有产权争议；3）1997年1月28日，垫江县桂溪镇人民政府《会议纪要》，系垫江县桂溪镇人民政府单方行为，对垫江县桂溪建筑工程公司没有约束力；4）垫江县桂溪镇东门田坝子综合楼于1995年开始建设，于1996年完工，《城市房屋权属登记管理办法》只适用于1998年新建的房屋权属登记，一审判决适用《城市房屋权属登记管理办法》不当；5）垫江县桂溪镇东门田坝子综合楼右起第二间门市，系垫江县桂溪建筑工程公司与垫江县桂溪镇人民政府通过协议改造田坝公厕而来，垫江县桂溪镇东街社区居民委员会属于协议之外的案外人，无提起行政诉讼的原告主体资格；6）垫江县桂溪镇东街社区居民委员会对房权证305字第0019797号房屋所有权证不服而提起行政诉讼，超过了起诉期限。请求撤销一审判决。

（2）被上诉人辩称

1）垫江县桂溪镇东街社区居民委员会对垫江县桂溪镇东外街田坝子原来的公厕享有产权；2）重庆市第三中级人民法院（2011）渝三中法民终字第104号民事判决书作出后，垫江县桂溪镇东街社区居民委员会才知道其占有、使用、出租的门市与房权证305字第0019797号房屋所有权证记载的房屋为同一物，垫江县桂溪镇东街社区居民委员会对该证不服而提起的行政诉讼，没有超过起诉期限；3）1999年2月1日，垫江县桂溪建筑工程公司向原垫江县房产管理局申请办理房屋所有权登记时提交的资料不齐全；4）原垫江县房产管理局未尽合理审慎职责；5）一审判决认定事实清楚，适用法律正确。请求驳回上诉，维持原判。

（3）原审被告辩称

1）垫江县桂溪建筑工程公司向原垫江县房产管理局提交的产权来源资料，能够证明房权证305字第0019797号房屋所有权证记载的房屋系垫江县桂溪建筑工程公司投资所建；2）原垫江县房产管理局对垫江县桂溪建筑工程公司的申请进行了认真的审核，程序合法，尽到了合理的审慎职责；3）原垫江县房产管理局给垫江县桂溪建筑工程公司填发房权证305字第0019797号房屋所有权证，没有侵犯垫江县桂溪镇东街社区居民委员会的合法权益；4）垫江县桂溪镇东街社区居民委员会主张其对房权证305字第0019797号房屋所有权证记载的房屋享有产权，可以通过民事诉讼获得确权，再持人民法院的生效法律文书向垫江县国土资源和房屋管理局申请房屋权属变更登记。请求撤销一审判决，维持房权证305字第0019797号房屋所有权证。

2. 二审事实和证据

重庆市第三中级人民法院经审理查明：1984年12月25日，垫江县桂溪镇环境卫生管理所与垫江县桂溪镇东街社区居民委员会签订的《桂溪镇公共厕所移交管理协议书》的第2页盖章处注明“公厕产权属于居委会，为了卫生统一管理，现将公厕交给环管所管理”。1995年12月8日，垫江县建筑工程质量监督站给垫江县桂溪建筑工程公司填发了《建筑工程开工执照》。2008年10月，垫江县桂溪建筑工程公司向垫江县人民法院提起民事诉讼，请求判令垫江县桂溪镇东街社区居民委员会及李××返还门市并支付租金二万元。垫江县人民法院于同年11月4日对该案进行了公开开庭审理。庭审中，垫江县桂溪建筑工程公司出示了房权证305字第0019797号房屋所有权证，垫江县桂溪镇东街社区居民委员会对该证进行了质证。其他部分事实与一审判决认定的事实相同。

3. 二审判案理由

重庆市第三中级人民法院经审理认为：1997 年 1 月 28 日，垫江县桂溪镇人民政府的《会议纪要》，能够证明垫江县桂溪镇东街社区居民委员会与垫江县桂溪建筑工程公司对房权证 305 字第 0019797 号房屋所有权证记载的房屋权属有争议。该居民委员会认为原垫江县房产管理局为垫江县桂溪建筑工程公司填发该证的行为侵犯其合法权益，具有提起行政诉讼的原告主体资格。虽然垫江县桂溪镇东街社区居民委员会于 2008 年 11 月 4 日对房权证 305 字第 0019797 号房屋所有权证进行了质证，但是，该居委会判断不出该证记载的房屋就是其占有、使用、出租的门面房屋。原垫江县房产管理局填发房权证 305 字第 0019797 号房屋所有权证时，未告知垫江县桂溪镇东街社区居民委员会诉权和起诉期限。《最高人民法院关于执行〈中华人民共和国行政诉讼法〉若干问题的解释》第四十一条第一款规定，“行政机关作出具体行政行为时，未告知公民、法人或者其他组织诉权或者起诉期限的，起诉期限从公民、法人或者其他组织知道或者应当知道诉权或者起诉期限之日起计算，但从知道或者应当知道具体行政行为内容之日起最长不得超过 2 年”。垫江县桂溪镇东街社区居民委员会在垫江县人民法院（2010）垫法民初字第 2422 号民事判决书送达后，才明知其占有、使用、出租的门面房屋就是房权证 305 字第 0019797 号房屋所有权证记载的门面房屋，因此，该居委会知道该证内容之日应当是该判决书的送达之日即 2010 年 10 月 19 日。该居民委员会对该证不服，于 2011 年 6 月 7 日向垫江县人民法院提起行政诉讼，没有超过 2 年的起诉期限。对本案的处理应当参照 1998 年 1 月 1 日起施行的建设部《城市房屋权属登记管理办法》。该《办法》第十六条第一款规定：“新建的房屋，申请人应当在房屋竣工后的 3 个月内向登记机关申请房屋所有权初始登记，并应当提交用地证明文件或者土地使用权证、建设用地规划许可证、建设工程规划许可证、施工许可证、房屋竣工验收资料以及其他有关的证明文件。”1999 年 2 月 1 日，垫江县桂溪建筑工程公司向原垫江县房产管理局申请房屋所有权初始登记，没有提交建设用地规划许可证、房屋竣工验收资料以及其他有关的证明文件（包括 1997 年 1 月 28 日垫江县桂溪镇人民政府的《会议纪要》）。该《办法》第二十七条规定：“登记机关对权利人（申请人）的申请进行审查。凡权属清楚、产权来源资料齐全的，初始登记、转移登记、变更登记、他项权利登记应当在受理登记后的 30 日内核准登记，并颁发房屋权属证书”。原垫江县房产管理局在房屋产权来源资料不齐全、权属尚有争议的情况下，给垫江县桂溪建筑工程公司填发房屋所有权证的行为，不符合该规定，未尽合理审慎职责。一审判决认定事实清楚，适用法律正确。垫江县桂溪建筑工程公司上诉称所持房屋权属无争议、垫江县桂溪镇东街社区居民委员会对房权证 305 字第 0019797 号房屋所有权证无提起行政诉讼的原告主体资格、该居委会起诉超过法定期限、一审判决适用《城市房屋权属登记管理办法》不当之理由不成立。

4. 二审定案结论

重庆市第三中级人民法院依照《中华人民共和国行政诉讼法》第六十一条第（一）项之规定，作出如下判决：

驳回上诉，维持原判。

二审案件受理费 50 元，由上诉人垫江县桂溪建筑工程公司负担。

（七）解说

1. 房屋权属登记的审查是以形式审查为主、实质审查为辅。

所谓形式审查，是指登记机构仅对反映相关法律事实的材料进行审查，查验其内容是否完备、形式是否符合要求，而不对其内容的真实性、合法性等加以审查。所谓实质审查，是指登记机构不仅要对材料进行审查，还要考察材料反映的法律事实即其内容是否真实、合法、有效。

我国《物权法》第十二条规定："登记机构应当履行下列职责：（一）查验申请人提供的权属证明和其他必要材料；（二）就有关登记事项询问申请人；（三）如实、及时登记有关事项；（四）法律、行政法规规定的其他职责。申请登记的不动产的有关情况需要进一步证明的，登记机构可以要求申请人补充材料，必要时可以实地查看。"从这一规定来看，首先，登记机构查验的是材料而非相关事实本身，对于有关事实不清楚的，登记机构也只是要求申请人补充材料，而非对相关事实展开调查；其次，登记机构的询问也是围绕有关登记事项即申请人的申请材料来展开的；再次，在材料齐备且符合要求的情况下，登记机构就要"如实"也就是严格按照登记申请书的请求进行登记。显然，这些都说明登记机构是在对材料而非相关事实进行审查，即登记机构是在进行形式审查。只有在特定情况下，登记机构才需要实地查看。因此，《物权法》实际上确立了登记机构以形式审查为主、辅以必要的实质审查原则。《房屋登记办法》对《物权法》确立的登记机构审查原则作了进一步的具体化。该《办法》第十七、十八、十九条对登记机构的受理、查验、询问以及实地查看进行了规定，第二十条则在前三条基础上对何种情况下予以登记加以规定，实际上确定了登记机构对登记申请材料的审查标准以及具体审查内容。这些条文尤其是第二十条的规定，实际上确立了登记机构以形式审查为主、辅以必要的实质审查的审查职责。

2. 房屋登记机构在审查中要尽到合理审慎的审查义务。

合理审慎的审查义务是指房屋登记机构对当事人提供的登记材料既要从形式上进行审查，又要从实质上作必要的审查，要尽到合理的审慎职责。对房屋进行登记的目的在于保护不动产产权的合法稳定，它不仅属民事权利范畴也属行政权力范畴，有民事交易性质也有行政公示性质。权利变动的手续烦琐，其目的还在于保护公民的不动产，特别是权利变动主要以办理过户登记为准，即所有权的转移不是以买卖房屋合同关系等的成立、有效为前提，而是以房屋登记机构的转移登记为准，在发放房屋所有权证之时才发生所有权的转移。因此，房屋登记机构既要从形式上审查申请人提供的材料是否符合必备要件，又要从实质上审查所提供的材料是否有明显的违法情形。

3. 未尽合理审慎职责的行为应撤销。

房屋权属登记机构在审查中未尽合理审慎职责，其登记内容就可能不真实或者不完善，这将导致权属登记错误，侵犯真正权利人的利益。本案中，登记机构在形式要件即建设用地规划许可证、房屋竣工验收资料不齐全，实质要件即能证明权属有争议的垫江县桂溪镇人民政府的《会议纪要》未提交审查核实的情况下，即作出房屋权属登记，明显没有尽到合理审慎职责。因此，其登记行为应予撤销。

（重庆市垫江县人民法院　张密）

47. 宋海波不服北京市海淀区房屋管理局政策性住房购买资格取消通知案

（一）首部

1. 裁判书字号

一审判决书：北京市海淀区人民法院（2011）海行初字第00010号行政判决书。

二审裁定书：北京市第一中级人民法院（2011）一中行终字第01492号行政裁定书。

2. 案由：房产行政管理。

3. 诉讼双方

原告（上诉人）：宋海波，北京市水文总站科员，住北京市昌平区西三旗瑞旗家园。

被告（被上诉人）：北京市海淀区房屋管理局，住所地：北京市海淀区东北旺南路27号。

法定代表人：贺捷，该局局长。

委托代理人：段俊茹，北京市中洲律师事务所律师。

委托代理人：史琪敏，北京市中洲律师事务所实习律师。

4. 审级：二审。

5. 审判机关和审判组织

一审法院：北京市海淀区人民法院。

合议庭组成人员：审判长：申进；人民陪审员：王俊申、王菊平。

二审法院：北京市第一中级人民法院。

合议庭组成人员：审判长：何君慧；代理审判员：汪明、李智。

6. 审结时间

一审审结时间：2011年1月20日。

二审审结时间：2011年12月20日。

（二）一审诉辩主张

1. 被诉具体行政行为

2010年8月16日，北京市海淀区房屋管理局（以下简称海淀区房管局）向宋海波作出京海房限消函字［2010］第457－01号《北京市政策性住房购买资格取消通知书》（以下简称《限价房购买资格取消通知书》），认为宋海波家庭在申请限价商品住房资格过程中及轮候期间存在隐瞒住房情况，依照《北京市人民政府关于印发〈北京市限价商品住房管理办法（试行）〉的通知》（京政发［2008］8号）规定，取消宋海波家庭购买限价商品住房的申请资格，5年内不得再次申请政策性住房。请宋海波家庭于收到本通知之日起20个工作日内，办理退房手续，房号为：瑞旗家园×××号。

2. 原告诉称

原告认为被告作出的《限价房购买资格取消通知书》认定事实、适用法规错误，应予撤销。第一，原告不存在隐瞒家庭住房情况，原告购买的期房在轮候期间未取得房屋所有权证，2008年12月25日才取得房屋所有权证，购房时间应当视为发生在申请限价房及轮候期之后。另，《北京市家庭购买限价商品住房申请核定表》及相关规定未要求对是否购买期房及合同编号进行申报，原告不属于故意隐瞒房产。第二，《限价房购买资格取消通知书》违反法不溯及既往原则，被告适用法规错误。被告实际上是适用了2010年5月1日起施行的《北京市住房和城乡建设委员会关于进一步加强廉租住房、经济适用住房和限价商品住房申请资格审核管理有关工作的通知》（京建发［2010］206号）第五条第三款的规定对原告作出《限价房购买资格取消通知书》。被告不能依2010年施行的规定认定原告2008年的行为违反其规定。第三，被告的处罚决定既不合理，亦不公平。原告不具备腾退房屋的条件，另外还负有违约金等负担。综上所述，原告请求法院判令撤销被告作出的《限价房购买资格取消通知书》，本案诉讼费由被告负担。

3. 被告辩称

我局作出的《限价房购买资格取消通知书》认定事实清楚，证据确凿，程序合法，请求人民法院驳回原告的诉讼请求。

（三）一审事实和证据

北京市海淀区人民法院经公开审理查明：2008年5月16日，宋海波作为单独申请人签署了《购买限价商品住房申请承诺书》，并向海淀区住房保障管理部门提交了北京市家庭购买限价商品住房申请核定表以及相关材料。2008年7月31日，经海淀区住房保障办公室审查，宋海波取得了本市限价商品住房购买资格并进行了备案。2008年8月29日，宋海波参加了海淀区住房保障办公室组织的限价商品住房摇号配售活动。2008年10月13日，宋海波与北京住总房地产开发有限责任公司签订了北京市商品房预售合同，购买了瑞旗家园D26－3－2－1403号房屋。2009年，海淀区房管局在对宋海波家庭收入、住房和资产情况进行检查时发现，宋海波于2006年11月18日与北京丰泰新房地产开发有限责任公司签订了《北京市商品房预售合同》，购买了位于北京市丰台区花乡新发地住宅小区的1804号房屋，合同约定该房屋预测建筑面积62.64平方米，总价款405 657元。2008年12月25日，宋海波办理了1804号房屋的所有权登记。2010年8月16日，海淀区房管局依照《北京市限价商品住房管理办法（试行）》的规定向宋海波作出了《限价房购买资格取消通知书》。宋海波不服该《限价房购买资格取消通知书》，向北京市住房和城乡建设委员会提起行政复议，2010年11月11日，复议机关作出复议决定，维持了海淀区房管局作出的《限价房购买资格取消通知书》。宋海波亦不服，于2010年11月28日向本院提起行政诉讼。

上述事实有下列证据证明：

1. 申请人申请购买限价商品住房的申请核定相关材料，证明原告于2008年5月16日提出申请购买限价商品房，原告在申请时隐瞒了其购买房屋的情况；

2. 北京市商品房预售合同，证明原告于2006年11月18日签订了《北京市商品房预售合同》，并于2006年11月27日办理了预售合同备案，购买丰台区花乡新发地住宅小区三期15-B号楼18层1804号房屋；

3. 复查登记表和谈话笔录，证明被告于2009年11月30日约谈宋海波，宋海波承认其于2006年11月购买1804号房屋的事实；

4. 行政复议决定书（京建复字［2010］295号），证明原告进行过行政复议；

5.《北京市家庭购买限价商品住房申请核定表》（部分），证明原告提交了申请；

6. 原告购买的1804号房屋的房屋所有权证，证明原告取得该期房产权的时间是2008年12月25日；

7. 北京市海淀区限价商品住房购买资格审核备案通知单（编号：X060800015），证明原告经过三级审核两级公示后，取得了购买限价房的资格；

8. 北京市商品房预售合同（限价商品住房）部分内容节选，证明原告签订限价房预售合同的时间是2008年10月13日。

（四）一审判案理由

北京市海淀区人民法院经审理认为：根据《北京市限价商品住房管理办法（试行）》（以下简称《办法》）第二十九条之规定，海淀区房管局作为海淀区住房保障管理部门，其具有对弄虚作假，隐瞒家庭收入、住房和资产状况及伪造相关证明的限价商品住房购买申请人依法进行处理的法定职权。

限价商品住房作为具有社会保障性质的政策性商品住宅，旨在解决北京市中等收入住房困难家庭的住房问题，其对销售对象有严格的限定。政府对限价商品住房的申请购买有严格的审核程序，申请购买限价商品住房的家庭应当如实申报家庭资产情况，保证提供的所有申报材料真实有效，否则将承担相应的责任和后果。另，保障性住房的申请、审查、配售、核查等工作依据北京市相关保障性住房的政策文件展开，其管理工作具有较强的政策性，出于政策目标和社会现实生活情况的考量，在保障性住房管理工作中，住房保障管理部门对申请家庭名下住房及资产的认定，可不局限于物权法中仅以取得房屋所有权登记作为认定申请家庭名下房产的标准。本案中，海淀区房管局在对宋海波申请限价商品住房的资格进行核查时，发现宋海波于2006年11月18日与北京丰泰新房地产开发有限责任公司签订了《北京市商品房预售合同》，购买了位于北京市丰台区花乡新发地住宅小区的1804号房屋。对此事实，宋海波亦予以认可。宋海波在已签订商品房预售合同、具有在合同约定的期限内取得1804号房屋所有权的期待性权益的情况下，以住房困难为由，参与限价商品住房的申请与配售，其与保障性住房理应保障的群体范围不符。海淀区房管局根据核查情况，认为宋海波在申请限价商品住房过程中，签订了1804号房屋的预售合同构成隐瞒住房情况，符合保障性住房的政策精神，并无不当。宋海波关于其虽于2006年签订1804号房屋预售合同，但取得所有权登记是在签订限价商品住房预售合同之后，不构成瞒报的主张，本院不予采信。

《办法》第二十九条规定，对弄虚作假，隐瞒家庭收入、住房和资产状况及伪造相关证明的申请人，由所在区县住房保障管理部门取消其申请资格，5年内不得再次申请；对已骗购限价商品住房的，由区县住房保障管理部门责令购房人退回已购住房或按同地段普通商品住房价格补足购房款。宋海波签订1804号房屋预售合同之后，不符合北京市保障性住房所应保障的对象范围，宋海波在2008年5月向住房保障管理部门提交申请材料时，对购买1804号房屋的情况未予申报，直接影响了海淀区房管局对其购买限价商品住房的资格审核以及配售工作。海淀区房管局根据查明的事实及上述规定，对宋海波作出了取消限价商品住房购买资格的行政决定。该决定认定事实清楚，证据充分，适用法律规范正确，程序并无不当。现原告宋海波要求撤销海淀区房管局作出的《限价房购买资格取消通知书》的诉讼请求，缺乏事实和法律依据，本院不予支持。

（五）一审定案结论

北京市海淀区人民法院依照《最高人民法院关于执行〈中华人民共和国行政诉讼法〉若干问题的解释》第五十六条第（四）项之规定，作出如下判决：

驳回原告宋海波的诉讼请求。

案件受理费50元，由原告宋海波负担（已交纳）。

（六）二审情况

原告宋海波上诉后，向二审法院提出撤诉申请。2011年12月20日，北京市第一中级人民法院作出行政裁定，准许宋海波撤回上诉。

（七）解说

根据《办法》第二十九条的规定，对弄虚作假，隐瞒住房的申请人，应取消其申请资格，5年内不得再次申请；对已骗购限价商品住房的，应责令购房人退回已购住房或按同地段普通商品住房价格补足购房款。本案中，原告于2006年11月签订商品房预售合同，购买了北京市丰台区的一处商品房；其于2008年5月申请购买限价商品房时，尚未取得位于丰台区商品房的所有权证，也未向住房保障管理部门进行申报；原告于2008年10月签订商品房预售合同，购买了限价商品房；之后，原告于2008年12月取得位于丰台区的商品房所有权登记。因此，原告在申请限价商品房之前购买、但尚未取得房屋所有权登记的房屋是否属于该《办法》所称的“住房”，是本案所争议的最主要问题。

对于《办法》所称“住房”的理解有两种截然不同的观点。第一种观点认为，对于“住房”的概念要严格限定，应是取得房屋所有权证的房屋（此外仅限于购买的房屋，承租房屋不在此列），只签订了房屋购买合同，未取得房屋所有权证的不能称为“住房”。因为《中华人民共和国物权法》第九条第一款规定：“不动产物权的设立、变更、转让和消灭，经依法登记，发生效力……”第十七条规定：“不动产权属证书是权利人享有该不动产物权的证明。”因此，只有取得房屋所有权证才对该房屋享有所有权。本案中，原告虽然签订了房屋购买合同，但原告对该房屋并不享有所有权，因此也就没有相应的“住房”。

第二种观点认为，对“住房”概念的理解应当宽泛一些，不能仅仅指取得房屋所有权证的房屋；而且该《办法》也只是说“住房”，并没有明确是“所有”的房屋，因此应当不仅仅指已经取得所有权证的房屋，还应包括即将取得所有权证的房屋。因为国家出台限价商品房政策就是为了保障那些无力购买商品房的人可以拥有自己的住房，所以对限价商品房的申请人就应当严格限定，以保障社会的公平和公正。

笔者同意第二种观点。《办法》第十五条对“住房”作了规定：“家庭住房是指全部家庭成员名下承租的公有住房和拥有的私有住房。”何为“所拥有的私有住房”，《办法》并没有进一步地解释和说明。虽然第一种观点从法律上来说没有任何问题，“住房”就应当是指取得所有权证的房屋，没有取得所有权证的房屋就不能称为法律意义上的“住房”，据此判决撤销被告作出的上述具体行政行为也未必不妥，但判决之后的社会效果和法律效果并不很好，也会给一些申请人以可乘之机。

《办法》第二条规定：“本办法所称限价商品住房，是指政府采取招标、拍卖、挂牌方式出让商品住房用地时，提出限制销售价格、住房套型面积和销售对象等要求，由建设单位通过公开竞争方式取得土地，进行开发建设和定向销售的普通商品住房。”《办法》第十三条还规定，限价商品住房供应对象为本市中等收入住房困难的城镇居民家庭、征地拆迁过程中涉及的农民家庭及市政府规定的其他家庭。申请家庭人均住房面积、家庭收入、家庭资产均应符合相应的标准。由此可以看出，虽然限价商品房是普通商品房的一种，但它还属于政府的政策性住房，其销售对象是特定的，价格也远远低于同地段的一般商品房。由于限价商品房的房源极其有限，远不能满足市民的住房需求，因而，对于申请购买限价商品房的申请人应当严格加以限定，使更多的真正符合条件的申请人能够拥有自己的住房。

如果按照严格法律意义上的“住房”概念去理解，就会使有些申请人有机可乘。他们可以在准备申请限价商品房之前购买一套或多套一般商品房，在签订购买合同之后，取得将房屋所有权证之前再另行申请限价商品房，这样就可以拥有更多的住房。这样，政府的政策性住房反而将优惠给了那些投机取巧、并不符合购买条件的申请人，那些真正住房困难的家庭却无法购买到限价商品房，可能会产生社会不稳定的因素。

对于《办法》所称的“住房”，也可以理解为一种可期待利益。如果，虽然没有取得完全的所有权，但这种所有权在将来是可以取得的，除了房屋灭失等极端情况；而且申请人，也就是房屋的购买人可以预判，在将来必定能够取得房屋的所有权登记，那么这种隐瞒住房的情况就是一种故意为之的行为，存在主观上的恶意，其目的就是取得购买限价商品房的资格，谋取不正当的利益。由于《办法》中对“住房”的规定存在不完善的地方，北京市住房和城乡建设委员会于2010年4月又制定了《关于进一步加强廉租住房、经济适用住房和限价商品住房申请资格审核管理有关工作的通知》，其中第五条第（三）项明确规定“申请家庭成员已签订购房合同的住房计入家庭住房面积”，从而避免了类似问题的产生。

（北京市海淀区人民法院　申进）

48. 吴维芬不服常州市武进区人民政府房屋产权登记案

（一）首部

1. 判决书字号

一审判决书：常州市武进区人民法院（2010）武行初字第40号行政判决书。

二审判决书：常州市中级人民法院（2011）常行终字第108号行政判决书。

2. 案由：房屋产权登记。

3. 诉讼双方

原告（被上诉人）：吴维芬，住江苏省扬州市维扬区文昌中路。

委托代理人：徐承伟，住江苏省扬州市维扬区文昌中路，系吴维芬儿子。

被告：常州市武进区人民政府，住所地：常州市武进区湖塘镇延政路行政中心。

法定代表人：臧建中，该区区长。

委托代理人：王巍冰，常州市武进区房地产管理处副主任。

委托代理人：刘星杰，常州市武进区人民政府办公室工作人员。

第三人（上诉人）：钱建荣，住常州市武进区雪堰镇。

4. 审级：二审。

5. 审判机关和审判组织

一审法院：常州市武进区人民法院。

合议庭组成人员：审判长：吴亚频；审判员：陈文；人民陪审员：倪兰芳。

二审法院：常州市中级人民法院。

合议庭组成人员：审判长：许轲；审判员：周雯；代理审判员：杨剑。

6. 审结时间

一审审结时间：2011年7月4日。

二审审结时间：2011年11月18日。

（二）一审情况

1. 一审诉辩主张

（1）被诉具体行政行为

原武进县人民政府向钱仁庆颁发编号为 1906098－2 号房屋所有权证的具体行政行为。

（2）原告诉称

原武进县人民政府于 1951 年 8 月 19 日向我和案外人万××、陈××颁发了 1951 年 8 月雪字第 917 号土地房产所有证，确认位于原武进县雪堰桥西头巷的四间房屋系我、万××和陈××三人共同共有。我于 1958 年大学毕业后留校，后亲戚相继搬出前述房屋，该房屋无人看管。后堂弟退休回家，我委托其照看房屋并办理相关房产手续，方得知共有的四间房屋被钱仁庆侵占。原武进县人民政府的颁证行为严重侵犯了我的合法权益，故请求法院撤销原武进县人民政府于 1992 年 11 月 28 日向钱仁庆颁发的编号为 1906098－2 号房屋所有权证。

（3）被告辩称

根据《城镇房屋所有权登记暂行办法》第二条"城镇房屋所有权登记由市、县人民政府主管房屋所有权登记的机关办理"及第四条"房屋所有权证和房屋共有权保持证由市、县以上人民政府颁发"的规定，原武进县人民政府是颁发房屋所有权证的合法主体。1992 年 10 月 25 日，钱仁庆向原武进县人民政府申领其坐落在常州市武进区雪堰镇雪西村西头巷房屋的所有权证，经公告异议征询无人提出异议后，经过审查于 1992 年 12 月向钱仁庆颁发了房屋所有权证。综上，原武进县人民政府的颁证行为事实清楚，程序合法，请求法院维持原武进县人民政府的颁证行为。

（4）第三人述称

我父亲钱仁庆合法拥有房屋近 30 年，其间无人提出异议，原告持有的 1951 年的房产证对此不能形成有效抗辩，请求法院驳回原告的起诉。

2. 一审事实和证据

常州市武进区人民法院经公开审理查明：吴维芬持有的 1951 年 8 月雪字第 917 号土地房产所有证载明的四间房屋，与编号为 1906098－2 号的房屋所有权证载明的五间房屋之间有关联性。吴维芬持有的 1951 年 8 月雪字第 917 号土地房产所有证载明吴维芬在武进区雪堰镇西头巷有四间共有房屋，共有人为万××、陈××。1992 年 12 月，原武进县人民政府根据钱仁庆提出的私有房屋所有权登记申请书、房屋所有权登记墙界申报表、私房产权情况申报表等材料，进行了私有房屋所有权登记审核后，向钱仁庆颁发了编号为 1906098－2 号房屋所有权证，审定位于常州市武进区雪堰镇雪西村西头巷，建筑面积共计 147.8 平方米的五间房屋登记钱仁庆为所有权人。编号为 1906098－2 号房屋所有权证所附的房屋平面示意图中标注了 1 号房、2 号房和 3 号房，共计五间，其中 3 号房与事实不符。

上述事实有下列证据证明：

（1）私有房屋所有权登记申请书；

(2) 所有权登记墙界申报表；

(3) 私有房屋所有权登记审核表；

(4) 征询异议表；

(5) 私房产权情况申报表；

(6)《城镇房屋所有权登记暂行办法》。

3. 一审判案理由

常州市武进区人民法院经审理认为：吴维芬持有的 1951 年 8 月雪字第 917 号土地房产所有证载明的房屋，与编号为 1906098－2 号房屋所有权证上载明的房屋有关联性，故吴维芬与原武进县人民政府颁证行为之间具有法律上的利害关系，吴维芬具有本案的诉讼主体资格。原武进县人民政府在审核钱仁庆申请时，在未有证据证明房屋来源于“土改所得”的情况下，仅凭申请表中载明的产权来源，即将争议房屋的所有权证颁发给了钱仁庆，且编号为 1906098－2 号房屋所有权证载明的 3 号房屋示意图与事实不符，原武进县人民政府的颁证行为主要证据不足。钱建荣提供的证据亦不能证明编号为 1906098－2 号房屋的产权来源于“土改所得”；至于编号为 1906098－2 号的房屋所有权证所涉的房屋产权归属问题，不属本案审理范围。

4. 一审定案结论

常州市武进区人民法院依照《中华人民共和国行政诉讼法》第五十四条第（二）项的规定，作出如下判决：

撤销被告常州市武进区人民政府颁发给钱仁庆的编号为 1906098－2 号的房屋所有权证。

（三）二审诉辩主张

1. 上诉人诉称

原审判决撤销房产证证据不足，撤销房产证损害了上诉人的合法利益。故请求法院撤销原判，驳回原审原告的起诉。

2. 被上诉人辩称

根据 1984 年《最高人民法院关于贯彻执行民事政策法律若干问题的意见》第五十三条、第五十五条规定，三方均同意才能形成买卖关系，否则是无效的。本案所涉房屋是“土改”所得，房屋是被人硬拆掉的，不是自然灭失。2010 年 5 月 10 日雪堰镇人民政府出具的意见书证实其房产是事实存在的，是被别人侵占的。故请求法院驳回上诉，维持原判。

3. 原审被告述称

钱仁庆向其申请颁证，其进行了权属审核，认为手续齐全、产权清楚，并进行了公告，在未收到异议的情况下，向钱仁庆颁发了本案所涉所有权证，颁证事实清楚、程序合法。故请求法院依法审理。

（四）二审事实和证据

江苏省常州市中级人民法院经审理查明：1992 年 10 月 25 日，钱仁庆将其长期实际居住的位于常州市武进区雪堰镇雪西村西头巷的五间房屋，向原武进县人民政府申请房屋所有权登记。其中，位于北面的3号房（共1间），系钱仁庆于1951年8月19日“土改”所得；位于中间的2号房（共2间），系原房屋在“文化大革命”中被人为损毁后钱仁庆于1974年翻建所得；位于南面的1号房（共2间），系钱仁庆于1983年11月6日自雪西村东巷生产队购买所得。武进县雪堰镇居民委员会将钱仁庆之申请，于1992年11月15日至1992年12月15日在该委员会张榜公布；在一个月的征询异议期内，无人提出异议。原武进县人民政府审核后，依据《城镇房屋所有权登记暂行办法》于1992年11月28日向钱仁庆颁发了编号为1906098-2号房屋所有权证书。1995年6月，武进撤县建市；2002年4月，武进撤市建区。钱仁庆于2010年8月12日去世后，其名下前述房产经子女共同协商决定由钱建荣继承。1951年8月，原武进县人民政府向吴维芬颁发了1951年8月雪字第917号土地房产所有证；前述房产证载明的四间房屋中有2间位于编号为1906098-2号房屋所有权证载明的2号房地址之上、钱仁庆翻建之前的房屋之中；另外2间位于编号为1906098-2号房屋所有权证载明的1号房之中。各方当事人所争议的、与事实不符的3号房屋示意图，并非是编号为1906098-2号房屋所有权证所附的3号房平面示意图，而是《私有房屋所有权登记审核表》中经办人员手工绘制的3号房屋示意图。

（五）二审判案理由

江苏省常州市中级人民法院经审理认为：原武进县人民政府于1992年向钱仁庆颁证的依据主要包括：《私有房屋所有权登记申请书》、《所有权登记墙界申报表》、《私有房屋所有权登记审核表》、《征询异议表》、《私房产权情况申报表》等。其中，权源依据载明为“土改所得”，不够详尽准确；位于常州市武进区雪堰镇雪西村西头巷的建筑面积共计147.8平方米的五间涉案房屋，历经新中国成立后的数次历史事件，数十年中由钱仁庆一户实际占有使用，原武进县人民政府颁证之前经征询异议公示，无人表示异议；私有房屋所有权登记审核表中所附的3号房屋示意图系审核申报的经办人员手工绘制，与实际位置略有偏差，但对于3号房屋的产权归属各方当事人均无异议，故上述瑕疵尚不足以达到推翻讼争房屋所有权证的颁证行为合法性的程度，吴维芬所持有的1951年8月雪字第917号土地房产所有证对此不能形成有效抗辩。原审判决撤销本案讼争房屋所有权证不当，应予纠正。被上诉人如果有证据证明上诉人侵占了其房屋，可通过民事诉讼的途径进行确权，当事人根据确权结论，再申请房屋登记部门进行相应登记。

（六）二审定案结论

江苏省常州市中级人民法院依照《中华人民共和国行政诉讼法》第六十一条第（二）项、《最高人民法院关于执行〈中华人民共和国行政诉讼法〉若干问题的解释》第五十六条第（四）项的规定，作出如下判决：

1. 撤销常州市武进区人民法院（2010）武行初字第40号行政判决；
2. 驳回原审原告吴维芬的诉讼请求。

（七）解说

《最高人民法院关于执行〈中华人民共和国行政诉讼法〉若干问题的解释》第十二条规定：与具体行政行为有法律上利害关系的公民、法人或者其他组织对该行为不服的，可以依法提起行政诉讼。也就是说，行政诉讼的原告必须与被诉具体行政行为之间有利害关系，即承担该具体行政行为法律后果或者合法权益受到影响。这里需要注意的是，行政诉讼原告并不限于具体行政行为直接针对的公民、法人或者其他组织；在特定情况下，公民、法人或者其他组织即使不是行政行为的直接相对人，只要其权益受到行政行为实质影响的，也可以成为原告。由此可见，具备行政诉讼原告资格的，要么是具体行政行为的直接承受者，要么是其权益受到行政行为实质影响的行政相对人。虽然，《行政诉讼法》及相关司法解释对于行政诉讼原告主体资格的限制愈加放松，然而在后一种情形下，具体行政行为有直接承受者，其在诉讼中即为第三人，人民法院对于此类具体行政行为的审查有可能影响到第三人的合法权益，因而此种情形下人民法院对于原告主体资格的审查应当严格、依法和慎重。

本案中，原武进县人民政府的颁证行为并不直接针对吴维芬，故吴维芬要具备本案的原告主体资格，只可能是其合法权益受到影响这一种情形。根据法院查明之事实，讼争房屋按照空间地理分布，从北向南依次为彼此独立存在的3号房、2号房和1号房。其中，位于北面的3号房，系钱仁庆于1951年8月19日“土改”所得，吴维芬对此无异议，一审法院认为《私有房屋所有权登记审核表》中经办人员手工绘制的3号房屋示意图与实际位置不符因而撤销房产证的理由并不充分，一是《私有房屋所有权登记审核表》中的图乃是经办人员手工绘制而成，与实际位置略有偏差情有可原；二是《私有房屋所有权登记审核表》的附图并非房产证的附图，不能因其有误就判断房产证本身存在错误；最为重要的是，吴维芬在3号房上没有任何法定权益。位于中间的2号房，系原有房屋倒塌后钱仁庆于1974年翻建所得，虽然吴维芬房产证上的房屋确系原倒塌的房屋，但原房屋已在“文化大革命”中被他人（非钱仁庆）损毁，钱仁庆后续翻建的房屋与吴维芬并无关系，这一点村委亦可以证实，因此吴维芬房产证上的法定权益实际上已经被人为灭失，不存在其合法权益受到侵犯一说。位于南面的1号房，与吴维芬房产证所指明的房屋一致，但从各方提出的现有证据来看，1号房历经“土改”、“文化大革命”等历史事件，吴维芬的法定权益早已在历史事件中灭失；自1983年钱仁庆从村集体手中购买该房之后，钱仁庆在此房屋之上实际居住近30年，其间包括吴维芬在内无人提出异议，吴维芬凭借雪字第917号土地房产所有证就认定其对3号房拥有合法权益，理由并不充分。综上，无论是1号房、2号房还是3号房，吴维芬的合法权益都已经被人为或者在历史事件中灭失了，这并非是原武进县人民政府的颁证行为造成的，颁证行为仅是对钱仁庆权利的一种确认，故吴维芬以1951年8月雪字第917号土地房产所有证为由认为原武进县人民政府的颁证行为侵犯了其合法权益的起诉理由，并不充分。

房屋对于每一个公民而言，几乎是最为重要的财产。本案中对于行政机关颁证行为的审查，其实质是影响到原告以外具体行政行为承受人的实体权益，而且几乎是其最为重要的财产权利，因此必须慎之又慎。本案中，原武进县人民政府的颁证行为经过申报、审核、异议征询等程序，颁证行为符合当时的法律及政策规定；虽然房屋产权来源为“土改所得”不够详尽准确，且《私有房屋所有权登记审核表》中手工绘制的3号房屋示意图与实际位置略有偏差，但仅以此为由撤销房产证，事实以及法律依据均不充分。

司法之目的不是制造纠纷，而是促进社会的善良风俗。钱仁庆一户在编号为1906098－2号房屋所有权证所示房屋下实际生活近30年，其间无人提出异议，在这种情形下撤销房产证，无疑影响到了当地的善良风俗。如原告吴维芬认为第三人钱仁庆侵占其房产，完全可以通过民事诉讼途径先行确权，之后再根据确权结果，或提起诉讼或直接申请房屋权属变更登记。对于这一点，《最高人民法院关于审理房屋登记案件若干问题的规定》第八条业已作了明确规定：“当事人以作为房屋登记行为基础的买卖、共有、赠与、抵押、婚姻、继承等民事法律关系无效或者应当撤销为由，对房屋登记行为提起行政诉讼的，人民法院应当告知当事人先行解决民事争议，民事争议处理期间不计算在行政诉讼起诉期限内；已经受理的，裁定中止诉讼。原告不先行确权，径直提起行政诉讼亦不符合前述司法解释的规定。”所有权证编号为1906098－2号的讼争房屋在新中国成立之后历经数次历史事件，其房屋产权归属问题在行政诉讼中难以一一查清，必须经过民事确权途径方能确定。在民事确权结论尚未作出之前，先行撤销房产证对于持证人而言并不公平；如确权后原告系合法的房屋产权人，其再行诉讼或者直接申请变更房屋登记，亦不为晚；如确权后原告不是合法的房屋产权人，而房产证又被撤销，则行政诉讼给第三人造成了极大的不便利和诉讼负担，很有可能引发社会矛盾。因此从尊重历史以及避免社会矛盾的角度出发，从和谐司法的本意来看，判决撤销原武进县人民政府的颁证行为并不妥当。

（常州市中级人民法院　张宏伟　孙正才　杨剑）

49. 李江陵不服宜昌市房产管理局房产登记案

（一）首部

1. 判决书字号：湖北省宜昌市伍家岗区人民法院（2011）伍行初字第14号行政判决书。
2. 案由：房产行政登记。
3. 诉讼双方

原告：李江陵，住宜昌市胜利三路。

委托代理人：许波，湖北至成律师事务所律师。特别授权代理。

被告：宜昌市房产管理局，住所地：宜昌市献福路32号。

法定代表人：陈颖宜，该局局长。

委托代理人：傅强，湖北民基律师事务所律师。一般代理。

委托代理人：余勤，宜昌市产权监理处副主任。特别授权代理。

4. 审级：一审。

5. 审判机关和审判组织

审判机关：湖北省宜昌市伍家岗区人民法院。

合议庭组成人员：审判长：黎琼；审判员：朱俊；人民陪审员：孙雅莉；

6. 审结时间：2011年12月8日。

（二）诉辩主张

1. 被诉具体行政行为

宜昌市房产管理局于2006年4月19日颁发宜市房权证伍家区字第0213119号房屋所有权证。

2. 原告诉称

原告于2006年1月24日购买宜昌市金蓝房地产开发有限责任公司开发的“胜利桥村”楼盘即本市胜利三路21-2-0402号房屋，约定面积143.64m^2，分摊面积16.25m^2，套内面积127.39m^2。被告于2006年4月19日发证确认宜市房权证伍家区字第0213119号房屋所有权证的房产面积为143.64m^2，分摊面积16.25m^2，套内面积127.39m^2。原告入住后，感觉面积有缩水嫌疑，经调查得知，被告在核定原告房屋面积时，对原告卧室的封闭阳台面积没有按《建筑工程建筑面积计算规范》（GB/T50353-2005）第3.0.18条之规定减半计算，而是按以前的《房产测量规范》（GB/T17986.1-2000）的规定计算建筑面积，因而造成原告的房产面积不实。综上所述，被告没有依法核定原告的房产面积属行政行为违法，依法应更正，请求人民法院判令撤销被告在原告宜市房权证伍家区字第0213119号房屋所有权证中对房屋面积的登记，令其按实测面积重新进行登记，并承担本案诉讼费用。

在本案审理过程中，原告当庭又提出该房屋的开发商有严重违反规划的情况——建筑物现状与规划审批图纸不符，即房屋竣工平面图与规划审批施工图有很大差异，开发商非法变更了规划图纸的内容，改变了设计功能，不但把原告卧室的开放式阳台变成封闭阳台，而且前后阳台各加宽30cm，建筑物超规划批准的建筑红线达到60cm。被告在办理涉及该房屋的楼盘产权初始登记时，对竣工平面图与规划审批施工图严重不符，且开发商未提供规划验收合格证的房产进行了登记，违反了当时《城市房屋权属登记管理办法》和《房屋登记办法》的规定，该错误登记造成原告的房屋登记错误，而且初始登记涉及的违法状态至诉法时未解除，故初始登记应确认无效，原告的房屋登记也应撤销。据此，请求确认被告2006年3月23日作出的宜市房监字第0211536号产籍03-0003-0225-040401号房产初始登记行为无效。

3. 被告辩称

（1）原告的起诉超过了诉讼时效；（2）根据法律规定，房产测量应当执行《房产测量规范》，而不是《建筑工程建筑面积计算规范》。综上，原告的诉讼请求无事实根据和法律依据，应当依法予以驳回。

（三）事实和证据

湖北省宜昌市伍家岗区人民法院经公开审理查明：原告李江陵于2006年1月24日与宜昌市金蓝房地产开发有限责任公司签订商品房买卖合同，购买位于本市“胜利桥村”楼盘即胜利三路21－2－0402号房屋，约定建设面积143.64m^2，其中套内面积127.39 m^2，分摊面积16.25 m^2。合同签订后，原告于2006年3月24日委托宜昌市崇信房地产测绘有限公司对该房屋的建筑面积进行测量，以办理房屋所有权证。宜昌市崇信房地产测绘有限公司经测算，核定该房屋建筑面积为143.64m^2，并于3月28日下发了测绘联系单，告知原告持该联系单到宜昌市行政服务中心办理有关事宜。4月5日，原告委托宜昌市房地产交易中心核实该房屋的产权，进行交易监证并办理登记过户手续，之后原告向被告递交宜昌市房屋所有权登记申请表，申请领取房屋权属证书。2006年4月19日，被告经审核后发放宜市房权证伍家区字第0213119号房屋所有权证，确认该房的房产面积为143.64m^2，分摊面积16.25m^2，套内面积127.39m^2。该房屋卧室阳台为全封闭阳台，宜昌市崇信房地产测绘有限公司依据现场测量尺寸和《房产测量规范》（GB/T17986.1－2000）第8.2.1条第f项的规定，对该阳台按其外围水平投影面积计算出套内面积为7.74m^2。

本院另查明，《建筑工程建筑面积计算规范》（GB/T50353－2005）第3.0.18条规定：建筑物的阳台均应按其水平投影面积的1/2计算。《房产测量规范》（GB/T17986.1－2000）第8.2.1条第f项规定：挑楼、全封闭的阳台按其外围水平投影面积计算。

以上事实有下列证据证明：

1. 宜市房权证伍家区字第0213119号房屋所有权证；

2. 商品房买卖合同；

3. 宜昌市房屋所有权登记申请表、原告委托测绘的委托书、房产交易和办理房屋所有权证委托书、测绘公司测绘联系单、纳税证明单、房屋产权证明单、宜昌市房屋所有权登记审批表、房屋所有权证明书、宜昌市崇信房地产测绘有限公司《关于胜利三路21－2号阳台面积计算的说明》。

（四）判案理由

湖北省宜昌市伍家岗区人民法院经审理认为：（1）诉讼时效问题。根据《最高人民法院关于执行〈中华人民共和国行政诉讼法〉若干问题的解释》第四十二条的规定，公民、法人或者其他组织不知道行政机关作出的具体行政行为内容的，其起诉期限从知道或者应当知道该具体行政行为内容之日起计算。对涉及不动产的具体行政行为从作出之日起超过20年提起诉讼的，人民法院不予受理。原告诉称其最近经调查才得知2006年被告核定原告房屋面积时，对卧室阳台的面积没有减半计算，方诉至法院。对此，被告未提供相反的证据。故原告的起诉未超过诉讼时效。（2）关于全封闭阳台面积计算问题。该问题实际是关于《建筑工程建筑面积计算规范》和《房产测量规范》的法律适用问题，这两个同级规范性文件均为国家标准，都是针对房屋建筑面积计算制定的规范，但各自的侧重点不同。前者是为满足工程造价计价工作的需要，后者是国家质量技术监督部门制定的技术规范，同时也是房产测绘的国家标准，虽然其发布的时间早于建设部发布的《建筑工程建筑面积计算规范》，但不能因此否认适用该规范的合法性。《房产测量规范》规定了城镇房产测量的内容与基本要求，适用于城市等地方的房产测量，而房产测量主要是为房产产权、产籍管理、房地产开发利用、交易、征收税费以及城镇规划建设提供数据和资料，故适用这个标准对房屋产权面积进行测绘无可争议。综上所述，被告宜昌市房产管理局是房屋产权登记的法定行政机关，具有对申请登记的房屋面积的审核职责，但房产面积的具体测绘工作由专业测绘机构进行，其对测绘结果的真实性、规范性、标准性承担法律责任。被告在为原告颁发房产证之前，依法履行了对测绘机构测绘成果的审核职责，审核程序符合法律规定，遵循了国家现行有效的《房产测量规范》等国家标准和规范性文件，原告在颁证前也未对测绘成果提出鉴定申请，由此被告认定测绘机构的测绘成果有效并应用该项成果为原告颁发房屋所有权证符合法律规定。被告为原告进行房产登记并颁发房产证，依法履行了法定职责，对房产面积测绘成果的审核合法、真实、可信，有据可依，该房产登记行为应予维持。

（五）定案结论

湖北省宜昌市伍家岗区人民法院依照《中华人民共和国行政诉讼法》第五十四条第（一）项的规定，作出如下判决：

维持被告宜昌市房产管理局于 2006 年 4 月 19 日颁发的宜市房权证伍家区字第 0213119 号房屋所有权证。

（六）解说

本案争议的焦点在于部门规章《房产测量规范》与《建筑工程建筑面积计算规范》的选择适用问题。

行政审判中的法律适用问题一直是行政审判的难点，本案所涉及的法律适用问题是不同部门制定的两个部门规章应当如何适用的问题。本案案情并不复杂，但对于人民法院如何参照适用规章审理行政诉讼，具有典型意义。

1. 人民法院能否在不适用法律、行政法规等法律渊源的情况下直接参照适用部门规章审理案件?

对于行政案件审判中的法律适用问题，1990 年 10 月 1 日起实施的《行政诉讼法》第五十二条、第五十三条以及最高人民法院于 2004 年 5 月发布的《关于审理行政案件适用法律规范问题的座谈会纪要》（以下简称《座谈会纪要》）有明确规定，《行政诉讼法》第五十二条规定："人民法院审理行政案件，以法律和行政法规、地方性法规为依据。地方性法规适用于本行政区域内发生的行政案件。""人民法院审理民族自治地方的行政案件，并以该民族自治地方的自治条例和单行条例为依据。"从该规定可以看出，人民法院审理行政案件时，法律、行政法规、地方性法规、民族自治条例、民族单行条例是审理行政案件的依据。《行政诉讼法》第五十三条第一款规定："人民法院审理行政案件，参照国务院部、委根据法律和国务院的行政法规、决定、命令制定、发布的规章以及省、自治区、直辖市和省、自治区的人民政府所在地的市和经国务院批准的较大的市的人民政府根据法律和国务院的行政法规规定、发布的规章"。从此规定可以看出，行政审判中，可以参照执行部门规章和地方政府规章。《座谈会纪要》进一步规定：根据行政诉讼法和立法法有关规定，人民法院审理行政案件，依据法律、行政法规、地方性法规、自治条例和单行条例，参照规章。在参照规章时，应当对规章的规定是否合法有效进行判断，对于合法有效的规章应当适用。根据立法法、行政法规制定程序条例和规章制定程序条例关于法律、行政法规和规章的解释的规定，全国人大常委会的法律解释，国务院或者国务院授权的部门公布的行政法规解释，人民法院作为审理行政案件的法律依据；规章制定机关作出的与规章具有同等效力的规章解释，人民法院审理行政案件时参照适用。因此，行政审判中的法律适用的基本原则为：依据法律、行政法规、地方性法规、民族自治条例、民族单行条例，参照部门规章、地方规章。

既然行政审判中的法律适用的基本原则是"依据……"、"参照……"，那么"依据"与"参照"是什么关系呢?"依据"与"参照"的关系是"依据"在前、"参照"在后，无"依据"时为"参照"。说具体一点，如果具体行政行为已有明确的法律、行政法规规定或地方性法规规定（限于行政区域内的行政诉讼案件），或民族自治条例、单行条例规定（限于民族自治地方的具体行政行为）可以适用，则应按照相应的法律、法规、地方性法规、民族自治条例、单行条例来判断；如果前者没有规定，或者规定得不详细、具体，则应当参照规章的相关规定。先"依据"后"参照"，无"依据"时为"参照"，这是行政审判中法律适用基本原则的体现和必须坚持的。

在本案中，原、被告双方争议的是房产面积的计算问题，由于对建筑面积的计算问题并没有法律、行政法规作出具体明确的规定（建筑法仅仅对建筑的许可、发包、分包、工程监理与管理作出规定，并未具体规定面积的计算方法），因而本案直接参照适用建设部的部门规章符合先"依据"后"参照"，无"依据"时为"参照"的原则。

2. 规章之间发生冲突时应当如何处理?

本案争议的焦点在于宜昌市房产管理局在为原告进行房产行政登记时，对面积的计算应当依据《建筑工程建筑面积计算规范》还是依据《房产测量规范》。由于这两个部门规章对房产面积计算方式的规定不一致，因而，本案实际涉及规章之间发生冲突时应当如何处理的问题。

规章有两类：一类是国务院部、委根据法律和国务院的行政法规、决定、命令制定发布的部门规章；另一类是省级人民政府、省会城市人民政府、经国务院批准的较大的市的人民政府根据法律及行政法规制定发布的地方规章。而本案中涉及的两个行政规章都是由建设部制定的，属于同一机关制定的两个部门规章。

由于规章是“政出多门”，因而其难免因制定机关对法律、行政法规的理解上的差异以及各部门、各地区的特点而不同，从而导致规章之间的冲突，那么法院在行政审判中如何参照相冲突的规章？若法律、法规及规章发生冲突，其适用的基本原则是上位法优于下位法，新法优于旧法，特别法优于一般法。我国的相关法律、法规也对规章的适用作了明确规定，《立法法》第八十六条第一款第（三）项规定：“部门规章之间、部门规章与地方政府规章之间对同一事项的规定不一致时，由国务院裁决。”《行政诉讼法》第五十三条规定，人民法院认为地方政府制定、发布的规章与国务院部、委制定、发布的规章不一致的，由最高人民法院送请国务院作出解释或者裁决。《座谈会纪要》对规章冲突的选择适用作了明确规定：国务院部门之间制定的规章对同一事项的规定不一致的，人民法院一般可以按照下列情形选择适用：（1）适用与上位法不相抵触的部门规章规定；（2）与上位法均不抵触的，优先适用根据专属职权制定的规章规定；（3）两个以上的国务院部门就涉及其职权范围的事项联合制定的规章规定，优先于其中一个部门单独作出的规定；（4）能够选择适用的其他情形。不能确定如何适用的，应当中止行政案件的审理，逐级上报最高人民法院送请国务院裁决。国务院部门或者省、市、自治区人民政府制定的其他规范性文件对相同事项的规定不一致的，参照上列精神处理。

本案中《建筑工程建筑面积计算规范》是由建设部发布、于2005年7月1日起实施的，而《房产测量规范》是由国家质量技术监督总局发布、于2000年8月1日起实施的，因此，就新法与旧法而言，《建筑工程建筑面积计算规范》是新法，而《房产测量规范》是旧法，似乎应当适用《建筑工程建筑面积计算规范》。但本案是房产行政登记纠纷，争议标的是房产面积的测量，而建筑工程则是一个更加宽泛的概念，建筑工程不仅仅包括房产，还包括堤坝、围墙、球场等其他建筑设施。因此，对于本案而言，《房产测量规范》是特别法，《建筑工程建筑面积计算规范》是一般法，似乎又应当适用《房产测量规范》。在这种情况下，人民法院应当如何处理？是否应当按照《立法法》第八十六条及《行政诉讼法》第五十三条规定层报最高人民法院送请国务院裁决呢？

我们认为，本案中《房产测量规范》与《建筑工程建筑面积计算规范》的制定目的是不同的，《建筑工程建筑面积计算规范》是一部为满足工程造价计价的需要而制定的规范性文件，目的是规范工业与民用建筑工程的面积计算，统一计算方法，因此，该规范性文件的侧重点在于“计算”。而《房产测量规范》则规定了城镇房产测量的内容与基本要求，适用于城市、建制镇的建成区和建成区以外的工矿企事业单位及其毗连居民点的房产测量。因此，《房产测量规范》的侧重点在于“测量”。本案是一起房屋产权登记纠纷，房屋产权登记是房屋登记机构依法将房屋权利和其他应当记载的事项在房屋登记簿上予以记载的行为，是一种行政确认行为，是对房屋产权面积真实性的确认，并非是对工程造价的确认，因此，其重点应当为测量，而不应当为计算。本案中，法官依据《房产测量规范》对行政机关的颁发房产证的行为予以确认是合法、合理的。

3. 人民法院在参照适用规章时应注意哪些问题？

我们认为，尽管《立法法》及《行政诉讼法》规定了在规章发生冲突时的解决途径，即层报最高人民法院报国务院裁决，但是，这并不意味着只要遇到地方政府规章与部门规章的冲突，以及部门规章之间的冲突，人民法院就必须把冲突规章层报最高人民法院，由最高人民法院送请国务院裁决。该法律规定的精神在于，人民法院对于冲突规范进行审查，但是仍然无法判断如何适用的，只能请求最高行政机关帮助解决。所以，《立法法》及《行政诉讼法》的规定只是在法院穷尽审查义务之后仍然无法作出判断时的最后手段，而不是唯一的手段，人民法院解决冲突规章的适用问题应采取以下几种方法：

（1）按照合法性审查标准解决法律冲突。人民法院对于规章，当然也包括冲突的规章，首先应进行合法性审查，对于不合法的规章不予适用。如果冲突的规章有一个甚至几个是不合法的，那么问题就有可能解决，甚至得到简化。

（2）按照《立法法》的规定解决规章冲突。《立法法》对于规章冲突的处理方法，遵循了法律适用的一般原则，即上位法优于下位法、特别法优于普通法、新法优于旧法。第八十条第二款规定："省、自治区人民政府制定的规章的效力高于本行政区域内的较大的市的人民政府制定的规章。"第八十三条规定："同一机关制定的……规章，特别规定与一般规定不一致的，适用特别规定；新的规定与旧的规定不一致的，适用新的规定"。人民法院可以据此优先适用居于上位法、特别法和新法地位的规章，解决某些规章适用问题。

（3）按照目的性审查标准解决法律冲突。人民法院对于均为合法的冲突规章，可以对其规章制定目的予以审查，根据其制定目的、适用范围等决定规章的适用问题。不同的规章即便对同一事项作了规定，其目的也不尽相同，本案中，《房产测量规范》的制定目的是解决城镇房产面积测量问题，主要是用来确认产权面积，而《建筑工程建筑面积计算规范》的制定目的则是计算建筑工程造价，本案中房地产管理局的发证行为是一种行政确认行为，而非工程造价管理行为，因此应当适用《房产测量规范》而非《建筑工程建筑面积计算规范》。

（4）按照职权标准解决规章冲突。如果宪法、组织法将某一职权专门或者明确授予某一机关，那么该机关在此职权范围内制定的规章应当被优先适用。此外，在部门规章与地方政府规章发生冲突时，如果冲突的事项是有关中央权力的，应当优先适用部门规章，反之，如果冲突的事项是有关地方权力的，则应当适用地方政府规章。

（宜昌市伍家岗区人民法院　朱俊　冯昊）

50. 张万清、张淑媛不服北京市住房和城乡建设委员会房屋产权转移登记案

（一）首部

1. 判决书字号

一审判决书：北京市门头沟区人民法院（2010）门行初字第38号行政判决书。

二审判决书：北京市第一中级人民法院（2011）一中行终字第 862 号行政判决书。

2. 案由：房屋产权转移登记。

3. 诉讼双方

原告（被上诉人）：张万清，首钢矿业公司退休工人，住北京市门头沟区永定镇。

原告（被上诉人）：张淑媛，首钢矿业公司退休工人，住北京市门头沟区永定镇。

二原告之共同委托代理人：张蕾，北京博奥海斯科贸有限公司医师，住北京市石景山区金顶街。

被告：北京市住房和城乡建设委员会，住所地：北京市海淀区西四环中路 16 号院 3 号楼（C 座）。

法定代表人：隋振江，该委员会主任。

委托代理人：周玉顺，北京市亚太律师事务所律师。

第三人：田长宝，北京八方达客运有限公司司机，住北京市门头沟区。

委托代理人：胡连英，无业，住北京市门头沟区。

第三人（上诉人）：中国工商银行股份有限公司北京门头沟支行，住所地：北京市门头沟区新桥大街 16 号。

负责人：张宁涛，该支行行长。

委托代理人：司玉松，中国工商银行股份有限公司北京市分行职员。

委托代理人：王宝瑞，中国工商银行股份有限公司北京门头沟支行职员。

4. 审级：二审。

5. 审判机关和审判组织

一审法院：北京市门头沟区人民法院。

合议庭组成人员：审判长：王敬文；代理审判员：韩继先；人民陪审员：刘红军。

二审法院：北京市第一中级人民法院。

合议庭组成人员：审判长：张靛卿；代理审判员：赵锋、曹炜。

6. 审结时间

一审审结时间：2010 年 12 月 16 日。

二审审结时间：2011 年 3 月 18 日。

（二）一审诉辩主张

1. 被诉具体行政行为

被告北京市住房和城乡建设委员会（以下简称北京市住建委）于 2007 年 12 月 15 日对第三人田长宝的房屋所有权转移登记申请作出“同意办理转移登记，准予发证”的审核意见，将北京市门头沟区冯村嘉园×号楼×层×单元 101 号房屋（以下简称 101 号房屋）登记于田长宝名下，并向其核发了 X 京房权证门私字第 050153 号房屋所有权证（以下简称被诉房产证）。

2. 原告诉称

被告颁发的被诉房产证所依据的北京市存量房屋买卖合同（合同编号：CX107871）

属虚假合同，已被北京市门头沟区人民法院和北京市第一中级人民法院民事判决确认无效，被告颁发的X京房权证门私字第050153号房屋所有权证也就失去了法律依据，应当予以撤销。请求法院判决撤销被诉房产证，并换发新的房产证给原告。

3. 被告辩称

（1）被告颁发被诉房产证有事实依据。张万清、张淑媛全权委托张蒂办理房屋出售等相关一切手续，并办理了委托公证。张蒂代表张万清与田长宝签订房屋买卖合同，并办理了资金划转、缴纳税费。之后，张蒂代表张万清同田长宝向被告提出该房屋所有权转移登记申请。被告经审核后颁发了被诉房产证。（2）被告颁发被诉房产证程序合法。被告收到申请人张万清、田长宝的房屋所有权转移登记申请后，依法定程序对申请的内容及其提交的申请材料进行了全面审查。（3）抵押权人中国工商银行股份有限公司北京门头沟支行（以下简称工行门头沟支行）、抵押人田长宝就该房屋向被告申请办理了房屋抵押登记。该房屋抵押登记尚未解除。被诉房屋所有权证的撤销涉及抵押权是否灭失的问题，应先予明确后再依法判决撤销房屋所有权证。综上，请求法院判决驳回二原告的诉讼请求。

4. 第三人述称

（1）第三人田长宝述称：同意被告的答辩意见。

（2）第三人工行门头沟支行述称：同意被告的答辩意见，且其抵押权合法有效。

（三）一审事实和证据

北京市门头沟区人民法院经公开审理查明：2007年11月2日，张蒂持张万清、张淑媛的虚假身份证明到北京市燕京公证处办理了以张万清、张淑媛委托其出售101号房屋为内容的（2007）京燕京内证字第504号公证书。同月20日，张蒂以张万清委托代理人的名义与田长宝订立北京市存量房屋买卖合同，约定：田长宝从张万清处购买101号房屋。同月21日，田长宝向被告申请房屋所有权转移登记。被告审核后，于2007年12月15日作出“同意办理转移登记，准予发证”的审核意见，并向田长宝颁发了被诉房产证。经张万清、张淑媛申请，2009年8月25日，北京市燕京公证处审查后作出公证复查决定书，决定撤销（2007）京燕京内证字第504号公证书。后张万清、张淑媛提起民事诉讼，要求确认张蒂与田长宝就101号房屋订立的房屋买卖合同无效，一审法院于2010年3月25日作出（2009）门民初字第2790号民事判决，认定张蒂未经张万清、张淑媛许可，利用伪造的身份证件和虚假的委托书，与田长宝订立买卖合同，擅自处分张万清、张淑媛房产，该合同未经张万清、张淑媛追认，张蒂亦未于合同订立后取得101号房屋处分权，遂判决上述房屋买卖合同无效。田长宝上诉后，2010年9月20日，北京市第一中级人民法院作出（2010）一中民终字第13770号民事判决，判决驳回上诉，维持原判。2010年11月16日，张万清、张淑媛提起行政诉讼，要求撤销被诉房产证。

上述事实有下列证据证明：

1. 被告提交的证据有：

（1）京房权证门私字第41703号房屋所有权证，证明涉案房屋原产权状况；

（2）公证书，证明张蒂是受张万清委托办理房屋的产权移转，并得到燕京公证处的公证；

(3) 北京市存量房屋买卖合同，证明被告在接受申请时该合同存在，依据这份合同办理产权移转登记合法有效；

(4) 房屋所有权转移登记申请书，房屋所有权转移登记审核意见，存量房交易结算资金自行划转声明，所缴纳的契税证明，北京市房屋登记表，房地平面图，受理通知单，张万清、张淑媛、田长宝身份证复印件，证明被告进行本次房屋所有权转移登记是接受了申请人申请，审核了所有材料后办理了转移登记。

2. 原告提交的证据有：

公证处复查决定书，证明公证处经复查查明张万清、张淑媛并未去公证处办理委托手续。

3. 第三人田长宝未向一审法院提交证据。

4. 第三人工行门头沟支行提交的证据有：

(1) (2010) 门民初字第824号民事判决书，X京房门私他字第050153号房屋抵押证书，证明工行门头沟支行对涉案房屋享有抵押权；

(2) 个人借款担保合同，证明工行门头沟支行对田长宝具有债权；

(3) 公证书，证明工行门头沟支行取得抵押权是善意的，其对贷款手续进行了审查；

(4) 田长宝还款明细，证明田长宝贷款还款情况。

(四) 一审判案理由

北京市门头沟区人民法院经审理认为：被告受理田长宝提出的房屋所有权转移登记申请后，依法审查了其提交的申请材料，尽到了法定的审查义务。但是，鉴于张蒂以张万清代理人名义与田长宝就101号房屋订立的北京市存量房屋买卖合同业经民事判决确认无效，该房屋所有权转移登记的合同基础已经不存在。

(五) 一审定案结论

北京市门头沟区人民法院依照《中华人民共和国行政诉讼法》第五十四条第（二）项第1目之规定，作出如下判决：

撤销被告北京市住房和城乡建设委员会向田长宝颁发的X京房权证门私字第050153号房屋所有权证。

(六) 二审情况

1. 二审诉辩主张

(1) 上诉人诉称

上诉人享有101号房屋的合法抵押权，一旦撤销被诉房产证，则上诉人享有的抵押权将无法得以实现。因此，一审法院在撤销被诉房产证时应当对该抵押权一并进行处理。综上，一审判决认定事实不清，适用法律错误，请求二审法院依法予以撤销。

（2）被上诉人辩称

被上诉人张万清、张淑媛表示同意一审判决。

原审被告北京市住建委表示同意一审判决。

原审第三人田长宝表示不同意一审判决，认为一审法院不应撤销被诉房产证，请求二审法院撤销一审判决。

2．二审事实和证据

北京市第一中级人民法院经审理，同意一审法院的认证意见。根据上述有效证据及各方当事人无争议的陈述，二审法院对一审法院查明的基本事实予以确认。

3．二审判案理由

北京市第一中级人民法院经审理认为：北京市住建委受理田长宝提出的房屋所有权转移登记申请后，依法审查了其提交的申请材料，已尽到法定的审查义务。但是，鉴于张蒂以张万清代理人名义与田长宝就101号房屋订立的北京市存量房屋买卖合同已被法院生效民事判决确认无效，故本案被诉房产证的合法性基础已经不存在，一审法院判决撤销被诉房产证正确，本院予以维持。

综上，一审判决认定事实清楚、适用法律正确、程序合法，本院应予维持。上诉人工行门头沟支行要求撤销一审判决之上诉请求缺乏事实及法律依据，本院不予支持。

4．二审定案结论

北京市第一中级人民法院依照《中华人民共和国行政诉讼法》第六十一条第（一）项之规定，作出如下判决：

驳回上诉，维持一审判决。

（七）解说

1．房屋登记的性质

《房屋登记办法》第二条规定，房屋登记，是指房屋登记机构依法将房屋权利和其他应当记载的事项在房屋登记簿上予以记载的行为。从这一界定来看，房屋登记应属行政行为。但是，房屋登记同时也是一种物权公示行为。房屋登记在某种程度上体现出对于物权的依附性。譬如，房屋登记需以事实为依据，这里的事实主要就指物权的真实状况。而且，有关房屋登记的行政法律规范也不可避免地受到了物权民事法律规范的影响。如在《物权法》施行前，房屋登记机关主要依据《城市房屋权属登记管理办法》对房屋登记申请进行审查，其中并无善意取得的内容。而《物权法》施行后，受到《物权法》第一百零六条关于不动产善意取得规定的影响，《房屋登记办法》取代《城市房屋权属登记管理办法》成为房屋登记适用的主要行政法律规范，其第八十一条则明确规定房屋登记机关在撤销房屋登记时需要考虑善意取得之情形。

综上，房屋登记虽属于行政行为，但其始终与私权保持着密切的关系。从事实根据的角度讲，物权的真实状况就是房屋登记所需尊重的客观事实。从法律依据的角度讲，房屋登记除了要遵守相关的行政法律规范外，还需要遵循相关的民事法律规范，特别是物权法。

2. 房屋登记的三重审查标准及其运用

关于房屋登记的审查标准，主要有以下三个层面：

（1）形式主义的审查标准。

在《物权法》施行前，房屋登记机关主要依据《城市房屋权属登记管理办法》对房屋转移登记申请进行审查。《城市房屋权属登记管理办法》第二十七条规定，登记机关应当对权利人（申请人）的申请进行审查。凡权属清楚、产权来源资料齐全的，初始登记、转移登记、变更登记、他项权利登记应当在受理登记后的30日内核准登记，并颁发房屋权属证书。第三十六条第一款规定，以虚报、瞒报房屋权属情况等非法手段获得房屋权属证书的，由登记机关收回其房屋权属证书或者公告其房屋权属证书作废，并可对当事人处以1 000元以下罚款。

基于上述规定，如果申请人提交的材料齐全、权属清楚，则房屋登记机关应当予以登记；反之，如果房屋登记机发现申请材料存在虚假，则可以不予登记。对于已经作出的登记行为，房屋登记机关可以予以撤销。同理，人民法院在审理此类案件时也可以持同样的审查标准，其中最为典型的一种表述为“鉴于申请材料存在虚假，被诉房屋转移登记行为的合法性基础已经不存在，本院依法应予撤销”。

上述审查标准系形式主义的审查标准，其将房屋登记的基础限定在申请材料的层面上。房屋登记机关只需要对申请材料是否齐全、真实进行审查，至于房屋登记行为背后的权利状况则在所不问。

（2）债权主义的审查标准。

相对于形式主义的审查标准，债权主义的审查标准将登记行为的合法性基础仅限定在一项申请材料上，即房屋买卖合同。持该标准者将房屋买卖合同视为房屋转移登记的原因行为，即房屋买卖合同为因，而房屋转移登记为果，只有房屋买卖合同被确认无效或被撤销，房屋转移登记才失去原动力，成为无因之果、无源之水。也仅在此情形下，基于该房屋买卖合同进行的房屋转移登记才能被撤销。

上述标准逻辑比较清楚，但也存在一个无法回避的问题：如果房屋登记机关以房屋买卖合同被撤销或被确认无效为由撤销该房屋转移登记，则相当于基于一个无效的债权撤销了一个存在的物权（至少是形式上的物权），这是否有违相关的民事法律规范？进一步说，如果受让人主张善意取得并得到人民法院认可，则即使房屋买卖合同无效，受让人基于善意取得制度仍能取得该房屋的所有权，此时的登记权利人即为真实权利人，房屋登记机关予以撤销显然不当。

（3）物权主义的审查标准。

持该标准者认为，只有在明确判定登记权利人不是真正权利人的情形下，才能撤销房屋登记。如房屋买卖合同因涉及无权处分而被法院确认无效，但买受人基于善意取得主张该房屋的所有权并得到法院的支持，在此情形下，虽然债权灭失，但物权仍然存在，房屋的登记权利人与真实权利人一致，该房屋转移登记行为无须撤销。

上述标准涉及不动产善意取得制度，其为《物权法》第一百零六条所确认，但该制度在《城市房屋权属登记管理办法》这一行政规章中并无体现。为了适应《物权法》的上述规定，2008年7月1日，《城市房屋权属登记管理办法》被废止，《房屋登记办法》正式施行，其第八十一条规定，当事人以隐瞒真实情况、提交虚假材料等非法手段获取房屋登记的，房屋登记机构可以撤销原房屋登记，但房屋权利为他人善意取得的除外。因此，即使房屋买卖合同被撤销或被确认无效，也不一定导致房屋转移登记被撤销，否则就可能损害善意取得人的合法权益。

结论：房屋转移登记应采用形式主义的审查标准，而撤销房屋转移登记应采用物权主义的审查标准。

3. 房屋转移登记中涉及的善意取得问题

依据《物权法》第一百零六条之规定，不动产善意取得需要满足以下几个构成要件：（1）转让人为无处分权人；（2）受让人以合理价格受让取得不动产所有权；（3）受让人主观上须为善意；（4）不动产已按规定完成登记。

（1）关于无权处分。

不动产善意取得中的无权处分主要是登记错误之情形，即在发生登记错误的情形下，登记权利人将其不动产转让给他人时，受让人因信赖登记而进行了交易，并办理了登记过户手续。主要理由如下：

第一，从制度沿革来讲。不动产善意取得的实质为不动产登记簿的公信力，其是与善意取得相区别的一项制度。考虑到两者之间的差别，德国、瑞士和我国台湾地区在立法上均采纳了对不动产登记簿的公信力与善意取得制度分别立法的模式，而登记错误则为适用不动产登记簿公信力制度的一个构成要件。

第二，从法律效果来讲。善意信赖保护制度虽然以牺牲权利人的利益为代价，但是权利人都能控制善意信赖保护的后果给自己带来的不利风险。这种制度须建立在特定民事主体能够控制风险的基础之上，而不能让一个无辜者承担社会责任。例如，在冒名处分行为中，相比较于真正权利人，第三人更能控制受欺骗的风险。第三人如果没有辨认出冒名人的虚假，由此而蒙受损害，可以请求实施欺骗行为的人赔偿损失，而不能主张善意取得，让真正权利人承担损失。

与此相应，北京市高级人民法院专门针对不动产善意取得中的无权处分进行了限定，其明确规定涉及房屋的无权处分主要包括以下几种情形[①]：1）权利人基于非依法律行为的物权变动取得房屋所有权，但未办理宣示登记，房屋登记在他人名下，登记人擅自以自己名义处分房屋的；2）因房屋登记机关登记错误，致使房屋登记簿上记载的原所有权消灭，产生了新的登记权利，登记人擅自以自己名义处分房屋的；3）夫妻共同共有及其他法定共有房屋仅登记在其中部分共有人名下，登记人未经占份额三分之二以上的按份共有人或全体共同共有人同意，擅自以自己名义处分房屋的；4）出卖人转让房屋并办理了所有权转移登记，其后买卖合同被确认无效或被撤销、解除，尚未办理所有权回复登记，登记人（买受人）擅自以自己名义处分房屋的；5）其他无权处分房屋的情形。

（2）关于合同效力。

善意取得中的合同效力争议主要集中在《合同法》第五十一条，该条规定："无处

---

① 参见北京市高级人民法院《关于审理房屋买卖合同纠纷案件适用法律若干问题的指导意见（试行）》第十八条。

分权的人处分他人财产，经权利人追认或者无处分权的人订立合同后取得处分权的，该合同有效。”第一种观点认为，在无权处分的情况下，转让合同的效力是待定的。如果权利人不追认或者无处分权人订立合同后未能取得处分权的，该转让合同无效。由此，善意取得实际上是以转让合同的无效为存在前提。如果在无权处分的情形下转让合同仍然有效，买受人可直接依据该有效合同取得物权，善意取得制度则没有存在的必要。第二种观点认为，转让合同本身是有效的。从契约本旨言，当事人双方意思表示一致时，契约即为成立。无权处分人与买受人之间已经达成买卖房屋的合意，无权处分不应影响该合同的效力。如果确认合同无效，相对人只能向无权处分人主张缔约过失责任，这对相对人不公平。况且，我国采用的是债权形式主义的物权变动模式，遵循“有效债权合同＋公示＝物权变动”的公式。基于合同无效的善意取得制度势必会打破债权形式主义的物权变动模式，损害我国法律逻辑的内在一致性。

第二种观点直接与《合同法》第五十一条相冲突，其试图从合同的本质出发来论证善意取得中转让合同的有效性，从而将善意取得纳入我国债权形式主义的物权变动模式中。相比之下，第一种观点契合我国现行的法律规定，其对善意取得性质的界定也符合我国的传统观念。在我国现行法律框架下，对于无权处分之合同，人民法院通常会依据《合同法》第五十一条之规定判定其无效。在此情况下，合同无效的判决不能必然排除善意取得的适用，应当继续进行善意取得的判断。

4. 房屋转移登记行政案件中善意取得的判定主体

有观点认为，依据《房屋登记办法》第八十一条之规定，房屋登记机关具有认定善意取得的权力。但上述规定仅要求行政机关在撤销房屋登记时应当考虑善意取得，并未规定认定主体。事实上，善意取得涉及物权，其应当通过民事法律规范来调整，如《物权法》等。而《房屋登记办法》属于行政规章，其无权赋予房屋登记机关认定善意取得的职权。在面临善意取得之判断情况时，房屋登记机关应保持克制，即维持房屋登记的现状，待有权机关确定物权归属后，再依据物权的真实状况进行相应登记。而这里的有权机关，应指人民法院。

善意取得涉及物权归属之判断，原则上应当通过民事诉讼途径来确认。但有观点认为，人民法院在审理行政诉讼案件的过程中可以一并对善意取得进行认定，其依据是《最高人民法院关于审理房屋登记案件若干问题的规定》第十一条第三款之规定，即“被诉房屋登记行为违法，但判决撤销将给公共利益造成重大损失或者房屋已为第三人善意取得的，判决确认被诉行为违法，不撤销登记行为”。但该规定并未明确表明在行政诉讼案件中法院可以对善意取得直接进行判断。对此也可以做另一种理解：虽然被诉房屋登记行为违法，但相关民事判决已确认第三人系善意取得诉争房屋的，此时应当判决确认被诉房屋登记行为违法，而不得予以撤销。该观点实际上构想了一种行政附带民事诉讼的制度。考虑到行政诉讼与民事诉讼在审理期限、举证责任分配等诸多方面的差异以及不动产善意取得制度本身的复杂性，行政附带民事诉讼制度的实行势必给行政法官课予更多的义务，上述构想是否可行还值得商榷。

出于审慎的考虑，人民法院在审理涉及善意取得之房屋登记案件时，原则上应当中止行政案件的审理，告知当事人通过民事诉讼途径来判定善意取得以明确物权归属。待民事案件审结后，再依据民事判决结果作出相应的行政裁判。当然，出于效率的考虑，如果涉及的争议明显不构成善意取得（如未支付房屋对价、存在冒名处分行为等），行政法官能够轻易排除善意取得之适用的，也可以直接在行政判决中予以判定，而无须再让当事人经过冗长的民事诉讼途径去解决该问题。从行政诉讼的长期发展来看，坚持这一点很有裨益，可以视为行政附带民事诉讼制度的破冰之举。

5. 关于本案审理结果的分析

（1）涉案房屋的所有权转移不适用善意取得，被诉房产证应当被撤销。

101号房屋的登记行为发生在《物权法》实施之后，因此本案应当考虑善意取得。如前所述，不动产善意取得中的无权处分应为登记错误，且处分人与登记人应为同一人。本案中，101号房屋的登记并不存在错误，二原告为房屋的真实权利人，房屋也确实登记在两人名下。二原告的女儿张蒂利用虚假材料欺骗公证机关，并获取了经公证的授权委托书。因此，处分人与登记权利人不同一，张蒂的处分行为不属于不动产善意取得中特指的无权处分。即使买受人田长宝系出于善意参与房屋交易，并已经支付合理对价和办理房屋转移登记，亦不能善意取得101号房屋的所有权。依据物权主义的审查标准，被诉房产证应当被撤销。

（2）撤销被诉房产证不影响工行门头沟支行善意取得101号房屋的抵押权。

我国《物权法》第一百零六条第一款和第二款规定了所有权的善意取得，第三款则规定当事人善意取得其他物权的，参照前两款规定。由此可知，抵押权作为一种担保物权，原则上也可适用善意取得。参照不动产所有权善意取得制度，抵押权的善意取得应当具备以下构成要件：1）抵押人无权处分不动产，即抵押人的抵押行为系无权处分。同理，这里的无权处分也仅指登记错误。2）抵押权人取得不动产抵押权时是善意的。3）抵押双方已就抵押行为依照法律规定办理了登记，并将抵押事项记载于不动产登记簿上。只要符合上述条件，即使用于抵押的不动产所有权存在瑕疵甚至被撤销，善意的抵押权人亦能基于善意取得行使抵押权。

本案中存在两个债权行为：一是二原告与田长宝之间的房屋买卖合同，二是田长宝与工行门头沟支行之间的房屋抵押合同。从本案证据来看，田长宝与工行门头沟支行都应当属于善意第三人。如前所述，即使田长宝为善意第三人，其也不能善意取得101号房屋的所有权，但这并不会影响工行门头沟支行善意取得101号房屋的抵押权，因为田长宝系贷款人和抵押人，虽然其最终未能取得房屋所有权，但其在抵押房屋时系登记权利人，其抵押行为属于不动产善意取得中的无权处分。同时，工行门头沟支行在发放贷款时也已经尽到了合理的审查义务，主观上具有善意。而且，双方也已按规定在房屋登记机关进行了抵押登记。由此可知，工行门头沟支行完全具备抵押权善意取得的构成要件，可以善意取得该房屋抵押权。如果房屋的真正权利人张万清、张淑媛因此遭受损失，其有权向张蒂请求赔偿，但不能向善意抵押权人工行门头沟支行请求赔偿。因此，工行门头沟支行的抵押权不影响法院撤销被诉房产证，而被诉房产证之撤销也不应当影响工行门头沟支行行使其善意取得的抵押权。

（北京市第一中级人民法院　赵锋）

51. 孙树常诉临沂市房产和住房保障局行政赔偿案

(一) 首部

1. 判决书字号：临沂市兰山区人民法院（2011）临兰行初字第25号行政赔偿判决书。

2. 案由：拆迁行政赔偿。

3. 诉讼双方

原告：孙树常。

委托代理人：侯庆功，山东上和律师事务所律师。

被告：临沂市房产和住房保障局（原名称为临沂市房产管理局）。

法定代表人：张希彦，该局局长。

委托代理人：侯延彬，山东宇澄律师事务所律师。

4. 审级：一审。

5. 审判机关和审判组织

审判机关：山东省临沂市兰山区人民法院。

合议庭组成人员：审判长：沈秀俊；审判员：刘芳、徐进岭。

6. 审结时间：2011年6月28日。

(二) 诉辩主张

1. 被诉具体行政行为

2001年9月21日，临沂市房产管理局作出临房拆许字（2001）第49号房屋拆迁许可证。许可对包括原告孙树常的住宅在内的住宅楼进行拆迁。2002年4月25日，临沂市房产管理局作出城市房屋拆迁裁决书，裁决孙树常应在裁决书送达之日起5日内腾空房屋并履行拆迁义务。后因孙树常在法定期间内未复议、起诉亦未执行裁决书，临沂市房产管理局申请临沂市中级人民法院强制执行，孙树常的房屋被拆除。

2. 原告诉称

2001年9月24日，临沂市房产管理局违法向临沂汇仁房地产开发公司（现为山东汇仁置业有限公司）颁发临房拆许字（2001）第49号房屋拆迁许可证，导致原告位于临沂市兰山区解放路83号的二层住宅一套被强制拆除，室内大量生活用品和其他贵重物品遗失，致使原告至今无处居住。后山东省高级人民法院确认颁发上述拆迁许可证的行为违法。2002年以来，原告一直要求原临沂汇仁房地产开发公司、临沂市兰山区劳动服务公司对原告被拆房屋进行民事赔偿。2010年5月5日，临沂市中级人民法院作出（2008）临民再字第106号民事裁定，认为原告的该争议不属民事案件受理范围，原告可就关于颁发拆迁许可证的具体行政行为违法的问题另行主张权利。原告于2010年7月1日向被告提出行政赔偿申请，被告至今未作出答复。现请求人民法院依法判令被告赔偿原告的损失，具体请求为：将原告的房屋恢复原状或赔偿损失80万元；室内物品损失20万元；赔偿安置补助费按每月每平方米10元自拆迁之日计算至补偿之日；赔偿其他损失5万元；赔偿精神抚慰金5万元。

3. 被告辩称

（1）原告诉称被强拆的房屋建成于1982年，至2001年颁发拆迁许可证时，该处房产已建成使用了19年，已经老旧。为加快临沂市旧城改造步伐，改善人民生活环境，提高居住条件，政府对兰服公寓进行拆迁开发建设。因此，颁发许可证的行为并不损害原告的合法权益。（2）根据拆迁人的申请，被告于2002年作出城市房屋拆迁裁决书，并告知原告救济权利和行使方式。但原告既不起诉也不履行裁决，被告遂申请临沂市中级人民法院对原告的房屋实施强制执行。该院经审查，裁定原告限期拆除房屋。由于原告在规定期限内不履行拆迁义务，故法院强制拆除。该强制拆除行为所依据的拆迁裁决书至今仍然是合法有效的，故被告不应当赔偿原告房屋灭失的损失。（3）根据拆迁安置方案，当时该处商品房市场价最高才1 890元/平方米，原告房产证的面积为110平方米，故其要求赔偿房屋损失80万元的诉讼请求明显不当。根据证据表明，当时房屋内的物品均已进行了保全，原告应向保管单位要求返还，至于其主张物品价值为20万元并无证据证明。原告主张其他损失及精神抚慰金共计10万元的诉讼请求，既无证据也无法律依据，应予驳回。综上，原告起诉缺乏事实和法律依据，请求人民法院予以驳回。

（三）事实和证据

山东省临沂市兰山区人民法院经公开审理查明：原告孙树常系临沂市兰山区劳动服务公司的职工，在解放路83号公司家属院内有上下二层住宅一处，建筑面积110.82平方米。2001年9月21日，临沂市房产管理局作出临房拆许字（2001）第49号房屋拆迁许可证。许可拆迁人临沂汇仁房地产开发公司为建设解放路83号住宅楼项目进行拆迁。原告孙树常的该住宅在上述拆迁范围内。2002年4月25日，临沂市房产管理局作出城市房屋拆迁裁决书，裁决孙树常应在裁决书送达之日起5日内腾空房屋并履行拆迁义务。后因孙树常在法定期间内未复议、起诉亦未执行裁决书，临沂市房产管理局申请临沂市中级人民法院强制执行。同年8月6日，临沂市中级人民法院裁定准予执行。同年9月4日，临沂市房产管理局向临沂市兰山区公证处提出对孙树常涉案房屋进行保全证据的公证申请，保全证据的方式为现场物品清点拍照。该公证处对孙树常院内物品、二层房间内物品、屋内一楼物品进行了勘验记录。后孙树常的房屋被拆除。孙树常对拆迁房屋之事多次上访未得到解决，为此，其以兰山区劳动服务公司为被告诉至本院，本院追加临沂汇仁房地产开发公司为第三人参加诉讼。本院作出（2002）临兰民一初字第2859号民事判决，以兰山区劳动服务公司与临沂汇仁房地产开发公司签订的合建房屋合同有效，对孙树常房屋的拆除行为系行政行为，原告诉求的将拆除的房屋恢复原状并赔偿经济损失、精神损失的理由不当为由，判决驳回了孙树常的诉讼请求。孙树常不服，提起上诉。2003 年 11 月 28 日，临沂市中级人民法院作出（2003）临民一终字第 1219 号民事裁定，认为当事人之诉实际是对房屋拆迁、补偿、安置等问题不服引发的争议，而此问题已由人民政府作出裁决，不应作为民事案件受理。为此，该院裁定撤销本院一审判决，驳回了孙树常的起诉。孙树常不服，申请再审。2010 年 5 月 5 日，临沂市中级人民法院作出（2008）临民再字第 106 号民事裁定，该院认为，山东省高级人民法院作出的（2003）鲁行终字第 87 号行政判决书虽认定了作出临房拆许字（2001）第 49 号房屋拆迁许可证的具体行政行为违法，但与孙树常在本案中的诉求无直接关联，其可就该问题另行主张权利，故裁定维持了（2003）临民一终字第 1219 号民事裁定。为此，孙树常向被告临沂市房产和住房保障局提出行政赔偿申请，被告未作出是否赔偿的答复。孙树常遂提起本案行政赔偿诉讼。

另查明，案外人于××在本案拆迁范围内拥有 70.45 平方米住房一套。该房屋基于与孙树常房屋同样的事实被强制拆除。于××对上述拆迁许可证不服提起行政诉讼。2003 年 11 月 28 日，山东省高级人民法院作出（2003）鲁行终字第 87 号行政判决，确认临房拆许字（2001）第 49 号房屋拆迁许可证违法。于××根据此终审判决向临沂市中级人民法院提起行政赔偿诉讼，该案经山东省高级人民法院终审判决，现已执行完毕。

上述事实有下列证据证明：

1. 房屋所有权证书；
2. 临房拆许字（2001）第 49 号拆迁许可证；
3. 临房发（2002）23 号《城市房屋拆迁裁决书》；
4. 山东省高级人民法院（2003）鲁行终字第 87 号行政判决书；
5. 临沂市中级人民法院（2008）临民再字第 106 号民事裁定书；
6. 照片一宗；
7. 山东省高级人民法院（2007）鲁行终字第 35 号行政赔偿判决书；
8. 临沂市兰山区公证处（2002）临兰民证字第 1477 号公证书。

（四）判案理由

山东省临沂市兰山区人民法院经审理认为：临沂市房产管理局为临沂汇仁房地产开发公司颁发的房屋拆迁许可证，已被山东省高级人民法院（2003）鲁行终字第 87 号行政判决确认违法，该判决已经发生法律效力。根据《国家赔偿法》第二条、第四条的规定，行政机关及其工作人员违法行使职权侵犯他人合法财产权益的，受害人有权请求赔偿。本案中，临沂市房产管理局违法为临沂汇仁房地产开发公司颁发拆迁许可证是导致孙树常拥有合法产权的房屋被强制拆除的起因，其又申请临沂市中级人民法院强制执行其拆迁裁决，从而导致孙树常的房屋灭失。故临沂市房产管理局违法颁发拆迁许可证的行为与孙树常的房屋被强制拆除之间具有直接的因果关系，孙树常有权就其财产损失向被告主张赔偿，被告临沂市房产和住房保障局应当承担赔偿责任。孙树常的房屋已经灭失，无法恢复原状，被告应当为其另行安排房屋或者支付相应的赔偿金。

根据《山东省城市房屋拆迁管理条例》第四十四条的规定，临时安置费的标准授权设区的市人民政府根据当地情况制定。2002 年制定的《临沂市城市房屋拆迁管理办法》第四十条第一款规定，拆迁有过渡期限的，临时安置费的标准为每月每平方米 5 元；孙树常主张适用该条第二款，即因拆迁人责任延长过渡期限的补偿标准加倍。第一款规定系合法拆迁中拆迁人的补偿责任，本案被告拆迁许可违法（对违法拆迁予以许可），致使孙树常合法房屋被拆除。孙树常多年躲迁在外，其主张赔偿该部分安置补助费，有事实和法律依据。因此，应参照《临沂市城市房屋拆迁管理办法》第四十条第二款的规定，执行每平方米每月 10 元的规定，由被告赔偿。孙树常被拆除房屋内的物品已经公证保全，依法应当予以归还，孙树常的其他赔偿请求没有证据和法律依据，本院不予支持。

（五）定案结论

山东省临沂市兰山区人民法院依照《中华人民共和国国家赔偿法》第二条、第四条、第七条第一款、第三十二条、第三十六条第（八）项之规定，参照《临沂市城市房屋拆迁管理办法》第四十条第二款之规定，作出如下判决：

1. 被告临沂市房产和住房保障局于本判决生效之日起 30 日内提供同区位、同面积住房一套，或按同区位、同面积市场平均价格支付孙树常房屋赔偿金。

2. 被告临沂市房产和住房保障局按房产面积每平方米每月 10 元计算，赔偿孙树常安置补助费，从 2002 年 9 月 5 日起至实际赔偿之日止。

3. 被告临沂市房产和住房保障局于判决生效后 5 日内将（2002）临兰民证字 1477 号公证书公证保全的物品返还给原告孙树常。

4. 驳回原告孙树常的其他赔偿请求。

（六）解说

本案涉及两个值得研究的问题：

1. 行政机关的违法颁证行为与房屋被强制拆除之间是否具有因果关系？

关于我国国家赔偿责任的构成要件，学术界存在四要件说、五要件说、六要件说等不同的观点，但无论是哪种学说都认同因果关系要件是构成要件之一。而因果关系理论，在刑法学、民法学、行政法学上又存在很大的不同。关于国家赔偿责任中的因果关系，理论界主要存在以下三种观点：（1）相当因果关系说。目前，这是我国侵权法中的通说，该学说的经典表述为："无此行为，虽必不生此损害，有此行为，通常即足生此损害者，是为有因果关系。无此行为，必不生此损害，有此行为，通常亦不生此种损害者，即无因果关系"。（2）直接因果关系说。该说认为，只有与损害结果有直接联系的原因，才是赔偿责任的因果关系中的原因。（3）必然因果关系说。该说认为，判定因果关系应当考虑行为与结果之间是否存在必然的联系。对于上述三种观点，多数学者认为相当因果关系说具有较大的优势，主要表现在：有较大的包容性，可以纳入事实、法律、政策等因素；有较大的模糊性，可以满足适当扩大或缩小国家赔偿的需要；符合一般人的社会观念，易于为民众接受。

本案的判决即体现出相当因果关系说的理论内核。综合本案来看，如无颁发许可证的行为，必不会产生强制拆除致房屋灭失的结果；而颁发许可证的行为，通常会导致此结果。因此，确认二者具有法律上的因果关系。虽然拆除行为是人民法院作出的，但该拆除行为是人民法院根据行政诉讼法的规定、应行政机关的申请而为的强制执行行为，该执行行为是原具体行政行为法律强制力的表现。因作为申请执行基础的原具体行政行为被确认违法，故该违法行为的后果仍归行政机关。

2. 对原告应采取何种方式、以何种形式进行赔偿?

国家赔偿以支付赔偿金为主要方式。具体到本案，因房屋已灭失，返还财产和恢复原状已不可能，所以判令被告支付赔偿金应当是第一选择。但对于支付赔偿金的标准，国家赔偿法规定得并不具体，可以说在可操作性上还有欠缺。对此有三种观点：第一种观点认为，国家赔偿应以行政行为发生时行为造成的损害结果作为赔偿标准，即房屋拆除时其价值是判决时赔偿的标准。其理由是，国家赔偿法确定的赔偿直接损失的原则，其意即为只赔偿损害发生时物的损失，该物随着时间的推移无论是升值还是贬值均不应考虑在内，这样的优势在于赔偿的确定性。第二种观点认为，国家赔偿应当以判决时的价值作为标准。被侵害人的直接损失，虽在行政行为发生时已造成，但该损失的状况在人民法院判决时仍未得到弥补，其损失的状态仍在持续。由于价值的变化造成的损失不应由受行政行为侵害的人承担，否则，会出现受侵害人虽得到胜诉的判决，其实际权益远远得不到保护的现实的不公平，其缺陷和社会危害性极大，故不可取。还有观点认为，应当按照实际执行时的价值计算赔偿金额。而按照这三种不同的观点，计算赔偿金额时，会因房价的跌和涨而出现较大的差异。为避免因此出现的不公平，应当结合案件实际情况，充分考虑国家赔偿的立法原意予以判决。虽然修订后的国家赔偿法仍适用抚慰性的赔偿标准，即所表示的是抚慰之情而非对实际损失给予充分完全的救济，但对于赔偿标准已明显提高是其一大特点。基于此，让受害人回复到与受侵害前基本相仿的状态是现行国家赔偿标准的内在之义。故本案采取了一种可选择性的赔偿方式，即或提供房屋，或支付购买房屋的金额，这可以置于执行程序中予以解决，可以更大程度地保障受害人的权利。

（临沂市兰山区人民法院　沈秀俊）

52. 阳光水岸业主委员会不服宜昌市夷陵区房地产管理局房屋行政登记案

（一）首部

1. 裁定书字号

一审裁定书：湖北省宜昌市夷陵区人民法院（2011）夷行初字第02号行政裁定书。

二审裁定书：湖北省宜昌市中级人民法院（2011）宜中行终字第00024号行政裁定书。

2. 案由：房屋行政登记。

3. 诉讼双方

原告（上诉人）：宜昌市夷陵区阳光水岸业主委员会（以下简称阳光水岸业委会），住所地：宜昌市夷陵区小溪塔街道办事处松湖路13号。

负责人：戴德喜，该委员会主任。

委托代理人：张旗，湖北楚天剑律师事务所律师。特别授权代理。

委托代理人：吴涛，退休工人。

被告（被上诉人）：宜昌市夷陵区房地产管理局（以下简称夷陵区房管局），住所地：宜昌市夷陵区小溪塔街道办事处丁家坝。

法定代表人：黄荣玖，该局局长。

委托代理人：刘道炎，湖北三立律师事务所律师。

委托代理人：王海波，该房管局干部。

第三人：湖北楚江房地产开发有限公司（以下简称楚江房产公司），住所地：武汉市江汉区民主路13号。

法定代表人：方大桥，该公司董事长。

委托代理人：乐海雷，该公司职员。

委托代理人：陈志龙，湖北晨丰律师事务所律师。

4. 审级：二审。

5. 审判机关和审判组织

一审法院：湖北省宜昌市夷陵区人民法院。

合议庭组成人员：审判长：肖杰；代理审判员：李怡；人民陪审员：李先伸。

二审法院：湖北省宜昌市中级人民法院。

合议庭组成人员：审判长：刘雪青；审判员：曹斌、闵珍斌。

6. 审结时间

一审审结时间：2011年2月18日。

二审审结时间：2011年7月12日。

（二）一审诉辩主张

1. 被诉具体行政行为

宜昌市夷陵区房管局为第三人楚江房产公司颁发小溪塔字第00000249号产权证。

2. 原告诉称

第三人开发的“阳光水岸”项目，根据2005年宜昌市规划局夷陵分局审批的该项目总平面图及施工图，原规划中的2、4号楼1单元负一楼，均设计为底层架空，规划用作健身房、老年活动室等。2、4号楼2、3单元地表下均设计为半地下架空停车。2009年，被告对上述全体业主共有的部分登记为“仓储”，并对上述变更使用用途的架空层为第三人办理了小溪塔字第 00000249 号产权证。根据建住房［2002］123 号《国家七部委关于整顿和规范房地产市场秩序的通知》中“房地产开发企业应当严格按照有关规定办理用地、立项、规划、建设和销售等手续……房地产开发项目规划方案一经批准，任何单位和个人不得擅自变更。确需变更的，必须按原审批程序报批；城市规划行政主管部门在批准其变更前，应当进行听证”的规定，开发商如果要更改规划应该在小区内公示，并组织业主听证，可是从小区开盘到起诉时开发商既没有在小区内公示，也没有组织业主听证。第三人私自更改规划，其行为违法并构成侵权，而被告对违法变更用途的架空层颁发产权证，使得“违法行为的结果”合法化。而“停车位”与“仓储”在法律概念上就有本质上的区别，被告的作为使得第三人享有了物权，严重侵害了小区全体业主的利益。原告认为，被告的具体行政行为没有查清事实，其颁发小溪塔字第 00000249 号产权证违法，应当予以撤销。特提出行政诉讼，请求依法撤销被告颁发的小溪塔字第 00000249 号产权证，并由被告承担诉讼费用。

3. 被告辩称

(1) 小溪塔字第 00000249 号产权证不是初始产权，而是依据前一个产权证，一步一步来的，是依据备案证进行核发的产权证，在前一个产权证没有被确定为非法的情况下，被告登记实体内容符合法律规定，原告要求撤销登记的诉讼请求无事实和法律依据，依法应予以驳回。(2) 被告登记程序符合法律规定，原告的诉讼请求应予以驳回。(3) 原告所诉的规划方面的问题应作出详细的说明。综上所述，被告请求法院驳回原告的诉讼请求。

4. 第三人述称

(1) 第三人对于诉争的房产拥有合法的产权。无论是建设工程规划许可证，还是施工许可证，均认可第 2、4 号楼负一楼用途为停车位，且其所有权人为第三人。(2) 房产证上房屋用途标明为“仓储”的原因是办证的时候，房产部门计算机登记系统中没有“停车位”这一子项，房产部门只能按类似规划用途对此予以登记，显然，第三人没有对规划方案擅自变更的行为。(3) 被告在法定范围内作出合法、合理的行政行为应受法律保护。综上所述，被告的发证行为事实清楚、证据充分、程序合法，请求法院驳回原告的诉讼请求。

(三) 一审事实和证据

湖北省宜昌市夷陵区人民法院经公开审理查明：2007 年 6 月，第三人凭夷陵区发展和改革局的夷发改发［2005］95 号《关于楚江房产公司阳光水岸商品房开发一期工程基本建设投资计划的批复》和夷发改发［2005］96 号《关于楚江房产公司阳光水岸商品房开发二期工程基本建设投资计划的批复》、编号为 20051002 号《建设用地规划许可证》、编号为 20052084 号《建设工程规划许可证》、编号为 20050055 号《建筑工程施工许可证》、宜市夷陵国用［2005］第 3020070652 号《土地使用证》、备案号为 422721-07-18 号《竣工验收备案证》及其他资料，向被告申请为其办理《房屋所有权证》。该项目共有 6 栋房屋，总规划面积为 55 776.56 平方米，其中含地下车位的有三栋房屋

(2、4、5号楼)，办证面积为24 512.06平方米（地下车位办证面积为2 985.27平方米)。同年6月28日，宜昌市房产管理局向第三人颁发了夷陵区小溪塔字第00246129号房权证。该房权证上载明：该房屋状况为三栋房屋（2、4、5号楼)，所在层数负一楼，建筑面积2 985.27平方米，设计用途为“仓储”。2009年3月27日，经第三人申请，宜昌市房产管理局根据《城市房屋权属登记管理办法》和《商品房销售面积计算及公用建筑面积分摊规则》的有关规定，由第三人出售部分房产后，将剩余面积变更登记，并由被告向第三人颁发了夷陵区房权证小溪塔字第00000249号产权证。2010年7月14日，原告向夷陵区人民政府提出行政复议申请，同年10月21日，宜昌市夷陵区人民政府以发证机关是宜昌市房产管理局，原告应向发证机关的本级人民政府或者该部门的上一级主管部门提起行政复议申请为由，作出夷政不字［2010］第02号《行政复议不予受理决定书》。原告遂于2010年11月12日诉至本院，要求撤销被告颁发的小溪塔字第00000249号产权证。本院在开庭审理时和开庭审理后，几次向原告释明，是否变更诉讼请求，即要求被告将夷陵区房权证小溪塔字第00000249号产权证中的“仓储”变更为“车位”，但原告均表示不同意变更诉讼请求。

上述事实有下列证据证明：

1. 原告提供的业主大会备案证、小溪塔字第00000249号产权证、建设工程规划许可证、阳光水岸规划方案图表、宣传广告、阳光水岸分布图、行政复议不予受理决定书。

2. 被告和第三人提供的建设用地规划许可证和建设用地规划许可证审批单、夷陵区发展和改革局夷发改发［2005］95号和夷发改发［2005］96号批复、宜市夷陵国用［2005］第3020070652号《土地使用证》、《建设用地规划许可证》（编号20051002)、建设工程规划许可证审批单、建筑工程施工许可证（编号20050055)、第三人房屋所有权申请审批表、申请书、分户图、房产图（2、4、5号楼)、夷陵区房权证（小溪塔字第00246129号)、湖北省建筑工程验收备案证422721-07-35号；湖北省建筑工程验收备案证422721-07-18号；建设工程竣工验收平面图、夷陵区建设工程施工规划验收合格证等复印件。

（四）一审判案理由

湖北省宜昌市夷陵区人民法院经审理认为：本案双方争议的焦点主要是原告是否具备本案原告主体资格，即如何理解、适用相关法律和有关司法解释的规定。本院认为，业主委员会由业主大会选举产生，是业主大会的执行机构。根据《物业管理条例》（以下简称《条例》）第十九条第一款“业主大会、业主委员会应当依法履行职责，不得作出与物业管理无关的决定”的规定，业主委员会可作为原告参加诉讼主要有四种情形：(1）物业管理企业违反合同约定损害业主公共权益的；(2）业主大会决定提前解除物业服务合同，物业管理企业拒绝退出的；(3）物业服务合同终止时，物业管理企业拒绝将物业管理用房和《条例》第二十九条第一款规定的资料移交给业主委员会的；(4）其他损害全体业主公共权益的情形。根据最高人民法院于2010年11月5日公布的《关于审理房屋登记案件若干问题的规定》(以下简称《房屋登记规定》)第五条第三款“原房屋权利人、原利害关系人未就首次转移登记行为提起行政诉讼，对后续转移登记行为提起行政诉讼的，人民法院不予受理”的规定，由于原告起诉要求撤销第00000249号产权证，而该产权证是基于前一产权证即总产权证(小溪塔字第00246129号)变更登记而来，在没有撤销总产权证的前提下原告的诉讼请求无法得到支持。同时，由于本案中原告违反其起诉的形式和实质要件，没有依法召开业主大会，也没有经全体业主三分之二以上投票通过，所以其诉讼主体失格。另外，原告亦未请求法院“确认具体行政行为违法”，只有确认具体行政行为违法，才能产生注销房屋登记的法律后果。

(五)一审定案结论

湖北省宜昌市夷陵区人民法院依照《最高人民法院关于执行〈中华人民共和国行政诉讼法〉若干问题的解释》第四十四条第一款第(二)项、第(五)项、第(十一)项，最高人民法院《房屋登记规定》第五条之规定，作出如下裁定：

驳回原告阳光水岸业委会要求撤销被告夷陵区房管局为第三人楚江房产公司颁发的小溪塔字第00000249号产权证的起诉。

原告阳光水岸业委会预交的诉讼费人民币50元，本院予以退还。

(六)二审情况

1.二审诉辩主张

(1)上诉人诉称

1)原审以上诉人不具备原告主体资格为由裁定驳回起诉，适用法律错误。原审裁定认为，在损害全体业主公共权益的情形下，业委会可以作为原告提起诉讼。被上诉人违法给第三人办理的用途为“仓储”的第00000249号产权证既不符合规划，也不符合实际，在小区中找不到实际对应的场地，实为车库的场地被第三人以仓储为由任意闲置，致使小区汽车停放混乱，生活环境恶化，严重侵害了小区业主的利益，业主纷纷要求并授权业委会通过行政诉讼维护其合法权益，因此，无论从损害的事实上，还是从程序上判定，上诉人均具有原告的诉讼主体资格。2)《房屋登记规定》第五条规定：“同一房屋多次转移登记，原房屋权利人、利害关系人对首次转移登记行为提起行政诉讼的，人民法院应当依法受理。”本案被上诉人2007年6月向第三人核发第00246129号产权证属于初始登记行为，2009年3月又核发第00000249号产权证，属于首次转移登记行为，上诉人正是针对这次转移登记行为起诉，按照前述规定，人民法院应当受理。原审法院参照该规定，认定上诉人未就首次登记行为起诉，因而对后续登记行为提起诉讼的，人民法院应不予受理，该认定是错误的。综上，请求二审法院撤销一审裁定，发回重审。

(2)被上诉人辩称

被上诉人夷陵区房管局的答辩意见同一审时的答辩意见。

第三人楚江房产公司的陈述意见同一审时的陈述意见。

2. 二审事实和证据

湖北省宜昌市中级人民法院经审理查明，原审法院查明的事实属实。双方当事人在二审程序中未提供新的证据。

上述事实，有一、二审庭审笔录及双方当事人在一审中各自提供的已经庭审质证的证据在卷佐证。

3. 二审判案理由

湖北省宜昌市中级人民法院经审理认为：最高人民法院《房屋登记规定》第五条规定，同一房屋多次转移登记，原房屋权利人、原利害关系人未就首次转移登记行为提起行政诉讼，对后续登记行为提起行政诉讼的，人民法院不予受理。参照该规定，当事人对房屋变更登记行为中的未变更登记事项提出异议，应对该未变更事项的首次登记行为提起诉讼；若仅对后续变更登记行为提起诉讼，司法审查必将溯及该未变更事项的首次登记行为，从而超越当事人诉讼请求和案件审理范围。本案上诉人所诉的夷陵区小溪塔字第 00000249 号房屋所有权证系根据夷陵区房权证小溪塔字第 00246129 号房屋所有权证变更登记而来，并非发生房屋所有权的转移登记行为，除面积外，两产权证记载的房屋所有权人等内容一致，所指向的 2、4、5 号楼负一楼用途均登记为“仓储”。在第三人 2007 年申请办理的第 00246129 号房屋所有权证的登记内容未被证明有误的情况下，上诉人以被上诉人擅自更改规划，将负一楼用途从“健身房、停车场”变更为“仓储”为由，请求撤销根据该产权证变更登记而来的第 00000249 号房屋所有权证，对其起诉，人民法院应不予受理。另，第 00000249 号房屋所有权证的发证机关系宜昌市房产管理局，该事实已被夷陵区人民政府夷政不字［2010］第 02 号《行政复议不予受理决定书》所认定，上诉人以夷陵区房产管理局为被告提起行政诉讼亦不符合法律规定。综上，原审法院认定上诉人不具备本案原告资格虽有不妥，但其裁定驳回上诉人起诉并无不当，上诉人的上诉请求本院不予支持。

4. 二审定案结论

湖北省宜昌市中级人民法院依照《中华人民共和国行政诉讼法》第六十一条第（一）项之规定，裁定如下：

驳回上诉，维持原裁定。

本案按规定不收取诉讼费。

（七）解说

近年来，房屋登记案件数量快速增长，但对于“业主委员会”在侵权诉讼或者物权处分上是否具备行政诉讼原告主体资格问题，缺乏统一的制度指导，因而造成各地人民法院做法不一，同案不同判的现象时有发生。从本案来看，争议的焦点主要有两个：一是本案原告阳光水岸业委会能否在侵权诉讼或者物权处分上具备行政诉讼原告的主体资格；二是本案如何理解适用相关法律规定和有关司法解释，即本案是否适用最高人民法院《房屋登记规定》第五条第三款的规定。现分别评述如下：

1. 关于本案原告是否具备主体资格问题。

目前法学理论界和司法实践中主要有两种观点：

一种观点认为：原告具备行政诉讼原告主体资格。业主委员会虽不属于公民，也不具备法人资格，但其属于行政诉讼法规定的“其他组织”，具有行政诉讼的原告主体资格，即有权作为原告直接起诉房管局。其理由如下：

(1) 最高人民法院《房屋登记规定》第一条规定：“公民、法人或者其他组织对房屋登记机构的房屋登记行为以及与查询、复制登记资料等事项相关的行政行为或者相应的不作为不服，提起行政诉讼的，人民法院应当依法受理。”该规定已明确“其他组织”对房屋登记机构的房屋登记行为不服提起行政诉讼的，人民法院应当依法受理。

(2) 什么是“其他组织”？最高人民法院批复安徽省高级人民法院《关于金湖新村业主委员会是否具备民事诉讼主体资格请示一案的复函》（［2002］民立他字第46号）（以下简称《复函》）明确指出：根据《民事诉讼法》第四十九条、《最高人民法院关于适用〈中华人民共和国民事诉讼法〉若干问题的意见》（以下简称《意见》）第四十条的规定，金湖新村业主委员会符合“其他组织”条件，对房地产开发单位未向业主委员会移交住宅区规划图等资料、未提供配套公用设施、公用设施专项费、公共部位维护费及物业管理用房、商业用房的，可以自己名义提起诉讼。最高人民法院《复函》为最高人民法院就个案作出的正式、专门的答复，属于司法解释类文件。

(3) 根据《复函》所明确的精神，本案原告业主委员会完全具备“其他组织”的条件，其依法成立，具有一定的组织机构和财产，因此对其作为其他组织参加诉讼，法律并没有设置障碍。本案原告作为依法成立的“其他组织”，对“房地产开发单位未向业主委员会提供配套公用设施”，可以自己名义提起行政诉讼，其起诉符合法律规定。

另一种观点认为：原告不具备行政诉讼原告主体资格。理由如下：

(1) 本案是因商品房买卖合同而引起的纠纷，第三人作为开发商没有与原告签订过商品房买卖合同，原告不是本案商品房买卖合同的当事人。根据合同相对性原则，原告不能主张商品房买卖合同权利。

(2) 根据《条例》第十九条第一款规定，“业主大会、业主委员会应当依法履行职责，不得作出与物业管理无关的决定”。而本案属于行政确权，是被告对第三人所建商品房进行所有权确权登记，完全与物业管理无关，本案原告即使有业主大会授权，该授权也因超出业主大会本身的职责而无效。

(3) 根据最高人民法院民一庭“与物业管理无关的个别或部分业主的事宜，业主委员会无权向人民法院提起民事诉讼”的意见，由于本案系行政诉讼案件，本案原告明确表示其诉讼请求不是请求法院“更正”被告的“房屋登记行为”，而是请求法院“撤销”被告的“房屋登记行为”，在原告表示不同意变更诉讼请求的情况下，其就撤销产权证提起诉讼，不具备行政诉讼原告主体资格。

为什么说原告不具备本案“撤销产权证”的主体资格呢？虽然最高人民法院在《复函》中已明确业委会有民事诉讼主体资格，但在行政诉讼司法实践中，业主委员会又是一种受限制的行政诉讼主体。在物业管理法律关系中，业主委员会代表业主大会行使权利，业主委员会可以成为诉讼关系主体，就管理过程中的一些纠纷行使诉权。这是因为业主委员会的职责决定了其在涉及物业管理领域的诉讼中是适格的主体。比如《条例》

第十五条规定，业主委员会履行下列职责：1）召集业主大会会议，报告物业管理情况；2）代表业主与业主大会选聘的物业管理企业签订物业服务合同；3）及时了解业主、物业使用人的意见和建议，监督和协助物业管理企业履行物业服务合同；4）监督业主公约的实施；5）业主大会赋予的其他职责。可见，业主委员会作为业主的社团组织，其职责是在物业管理活动中代表和维护业主的合法权益。因此在因物业管理活动纠纷而形成的诉讼中，经业主大会的授权，业主委员会是适格的主体。比如业主委员会可作为原告参加以下诉讼：1）物业管理企业违反合同约定损害业主公共权益的；2）业主大会决定提前解除物业服务合同，物业管理企业拒绝退出的；3）物业服务合同终止时，物业管理企业拒绝将物业管理用房和《条例》第二十九条第一款规定的资料移交给业主委员会的；4）其他损害全体业主公共权益的情形。但涉及侵权或者物权的处分时，业主委员会作为“其他组织”，不能成为行政诉讼主体，对此《条例》第十九条第一款已作出明确的规定。同时，参照最高人民法院《复函》，业主委员会只有对与全体业主物业管理有关的事项，以及“对房地产开发单位未向业主委员会移交住宅区规划图等资料、未提供配套公用设施、公用设施专项费、公共部位维护费及物业管理用房、商业用房的，可以自己名义提起诉讼”，而对其他的情形不能以自己的名义起诉。本案中，虽然原告以行政诉讼形式向法院起诉，但实质意义在于被告的具体行政行为可能侵犯业主权益。从这个角度讲，业主委员会在本案中实际上是行使维权人角色，因此根据业委会职责规定，在涉及侵权或者物权的处分时，就应当对业主委员会参加行政诉讼设定必要的限制。由于原告已经超出职责范围提起诉讼，因而原告行政诉讼主体资格丧失。另外，被告给第三人颁发房屋所有权证是否存在错误，是否应该撤销，与原告并不具有法律上的利害关系，它也不是具体行政行为的相对人，因此原告不能作为利害关系人提起行政诉讼。

2. 关于本案中如何理解、适用相关法律规定和有关司法解释的问题。

我们从一审法院审理查明的事实可以确定，被告将争议房屋权属登记于第三人名下符合现有事实及法律规定，而且原告对此并无异议。双方争议的焦点主要是被告擅自将第三人产权证上的“停车位”登记为“仓储”。应该说，只要原告诉请人民法院判令被告“更正登记”（或“变更登记”），即将小溪塔字第00000249号产权证上的“仓储”更正为“停车位”即可，但原告并没有诉请更正登记，而是诉请人民法院撤销被告为第三人登记产权证的行政行为。笔者认为，依据备案证核发的产权证，在前一个总产权证没有被确定为非法的情况下，原告要求撤销被告颁发的后一个产权证的诉讼请求，应依法予以裁定驳回。也就是说，原房屋权利人、原利害关系人未就房屋登记总产权证行为起诉，而只对后续登记行为提起撤销之诉的，人民法院不应受理。

（1）本案第三人依法取得区发展和改革局的计划批复、建设用地规划许可证、建设工程规划许可证、施工许可证、土地使用证、竣工验收备案证及其他资料，申请办理的房屋所有权证符合法律规定。该项目共有6栋房屋，总规划面积为55 776.56m^2，其中含地下车位的有三栋房屋（2、4、5号楼），办证面积为24 512.06m^2（地下车位办证面积为2 985.27m^2）。因此，对2、4、5号楼负一楼《建设工程规划许可证》规划建筑面积应该予以办证。该地下车位根据《城市房屋权属登记管理办法》和《商品房销售面积计算及公用建筑面积分摊规则》，应将产权登记至第三人名下。

（2）要撤销产权证，根据一般老百姓的理解，其实质是撤销备案证记载内容。对商品房进行确权登记，从理论上应该审查的要素包括：1）是否有规划方案和规划许可证；2）规划方案中是否计算建筑面积；3）建筑面积是否计算容积率；4）该建筑面积是否缴纳相应配套费；5）计算建筑面积是否满足最低层高的要求；6）符合计算面积的规范性要求；7）是否分摊土地面积；8）该建筑面积是否已经分摊到业主名下，即是否作为共有面积已经登记等。以上判断要素的落脚点是备案证，即产权登记部门按建设行政主管部门颁发的备案证记载的内容予以确权登记。撤销产权证的前提是撤销由其他行政管理部门颁发的备案证。本案中原告诉讼请求得到支持的前提并不存在。

（3）根据《物权法》和《房屋登记办法》的规定，房屋登记主要涉及两类行为：其一是房屋登记行为，包括房屋所有权登记、抵押权登记、地役权登记三类权利登记，以及异议登记、更正登记、预告登记三类辅助登记。其二是相关行政行为，包括准予查询、复制登记资料以及撤销登记、收缴权属证书等行为。而国有土地范围内的房屋所有权登记，包括房屋所有权的设立登记、转移登记、变更登记和注销登记。原告要求撤销第 00000249 号房产证并不符合法律规定，因其并未请求“确认具体行政行为违法”，只有先确认具体行政行为违法，才能产生注销房屋登记的法律后果。与此同时，原告起诉要求撤销房产证，但其陈述事实却是变更房产证登记事项的事实，其诉讼请求与事实自相矛盾。

（湖北省宜昌市夷陵区人民法院　肖杰）

53. 翟秀兰不服北京市住房和城乡建设委员会房屋行政登记案

（一）首部

1. 裁定书字号

一审裁定书：北京市密云县人民法院（2011）密行初字第 18 号行政裁定书。

二审裁定书：北京市第二中级人民法院（2011）二中行终字第 599 号行政裁定书。

2. 案由：房屋行政登记。

3. 诉讼双方

原告（上诉人）：翟秀兰，住北京市密云县密云镇东菜园小区。

委托代理人：张岗云，北京董人友律师事务所律师。

被告（被上诉人）：北京市住房和城乡建设委员会。

法定代表人：隋振江，该委员会主任。

委托代理人：张志勤，北京市鑫宝律师事务所律师。

委托代理人：郭志青，密云县住房和城乡建设委员会干部。

4. 审级：二审。

5. 审判机关和审判组织

一审法院：北京市密云县人民法院。

合议庭组成人员：审判长：孙长永；代理审判员：周铁军；人民陪审员：郑春军。

二审法院：北京市第二中级人民法院。

合议庭组成人员：审判长：徐宁；审判员：王小浒；代理审判员：钱佳。

6. 审结时间

一审审结时间：2011年6月27日。

二审审结时间：2011年9月15日。

（二）一审诉辩主张

1. 被诉具体行政行为

2005年下半年，密云县房产交易中心在京房权证密私字第13943号中华人民共和国房屋所有权证"设计用途"一栏空白处注记了"商住"（密云县房产交易中心在此处加盖了印章）。

2. 原告诉称

2003年8月6日，我购买了北京烨庆房地产开发有限公司开发的密云县宾阳北里3号楼2单元102号商业用房一套。当时北京烨庆房地产开发有限公司开发的同一座楼住宅用房是每平方米1 680元左右，我购买的商业用房是每平方米3 800元。我购买的是现房，当时与北京烨庆房地产开发有限公司没有签订北京市商品房买卖合同。2003年8月6日，在我交给北京烨庆房地产开发有限公司房屋销售人员部分房款的当天，房屋销售人员就把房屋钥匙交给了我。后来北京烨庆房地产开发有限公司为我办理了有关银行贷款。在没有我授权的情况下，北京烨庆房地产开发有限公司为我办理了房权证书登记手续。2005年下半年，我从贷款银行领取了被告核发的京房权证密私字第13943号房屋所有权证书后发现"设计用途"一栏为空白，我立即找到北京烨庆房地产开发有限公司销售此房的人员，说明房屋所有权证"设计用途"一栏是空白，不是"商业用房"。当时销售该房屋的人员让我自己到密云县房产交易中心去办理。我持房权证书到密云县房产交易中心后，密云县房产交易中心工作人员在看了我的房权证后就在"设计用途"一栏追记了"商住"二字并加盖了密云县房产交易中心的公章，我当时提出是商业用房，交易中心负责盖章的工作人员的解释是此房是商住两用房，不属于纯商业用房。2010年9月27日，我持京房权证密私字第13943号房屋所有权证书到被告处进行《房屋最高额抵押贷款合同》抵押登记时，被告以我持有的房权证书上登记的"商住"内容与房产档案注记的"住宅"内容不一致为由，不给我办理房屋抵押登记有关手续。我几次找到被告，被告既不受理登记也不在法律规定的10个工作日内用书面的形式告知我不予登记决定。2010年12月7日，被告又让我重新交纳了有关办理抵押登记的合同等，而且以书面《权属登记受理通知单》的形式告知我于2010年12月30日以后持有效身份证件和本受理通知单领取密云县住房和城乡建设委员会（以下简称密云县住建委）出具的证明。我认为，被告没有按法律规定的时间为我办理房屋抵押登记，其行为是违法的。我于2010年12月7日当晚和12月8日上午向密云县住建委有关领导反映情况要求尽快解决此事。2010年12月11日，被告才为我出具了《不予登记决定书》（编号001）。我不服被告2010年12月11日作出的《不予登记决定书》（编号001），向北京市人民政府提出行政复议申请，我于2011年3月17日收到了北京市人民政府于2011年3月8日作出的京政复字［2010］387号维持原《不予登记决定书》的复议决定书。我不服该行政复议决定，向人民法院提起行政诉讼。

我持有的京房权证密私字第13943号房屋所有权证书所记载的内容真实、合法、有效。被告应当承担京房权证密私字第13943号房屋所有权证书“设计用途”一栏追记为“商住”的违法责任。2001年8月15日起施行的《城市房屋权属登记管理办法》第十二条、第十三条规定，“权利人（申请人）可以委托代理人申请房屋权属登记”；“代理人申请登记时，除向登记机关交验代理人的有效证件外，还应当向登记机关提交权利人（申请人）的书面委托书”。被告在2003年12月31日为我核发京房权证密私字第13943号房屋所有权证书时，我没有亲自到被告处提出书面申请，也没有委托其他任何单位和个人到被告处为我申请办理房屋登记事宜，被告没有按照《城市房屋权属登记管理办法》第二十七条关于“登记机关应当对权利人（申请人）的申请进行审查”的规定对该申请登记的行为进行审查，被告应当承担登记行为违法的责任。被告在2003年12月31日为我核发的京房权证密私字第13943号房屋所有权证书不是我直接从被告处领取。2005年下半年，我从贷款银行领取了被告核发的京房权证密私字第13943号房屋所有权证书后发现房屋“设计用途”一栏为空白，不是“商业用房”的登记状况后，我根据开发商销售此房人员的说明到密云县房产交易中心询问并办理房屋“设计用途”登记事项时，密云县房产交易中心工作人员在明知该房屋规划设计用途是住宅的情况下，仍然在我持有的房屋所有权证的“设计用途”一栏追记了“商住”二字，并加盖了密云县房产交易中心的公章。被告的行为是玩忽职守、滥用职权。被告没有按照法律有关规定审查申请登记行为，其登记行为和追加登记行为违法，致使我当时不能知道该房屋的设计用途是“住宅”而一直认为设计用途是“商住”。被告的违法行为侵犯了我的合法权益。如果被告在2005年下半年拒绝为我追记“商住”，那么我用高于两倍多住宅用房价格的价格购买商业用房的经济损失可以通过其他途径进行救助。被告违法登记行为，致使我失去了通过其他途径进行救助的机会。2008年7月1日起施行的《房屋登记办法》第二十三条规定：“自受理登记申请之日起，房屋登记机构应当于下列时限内，将申请登记事项记载于房屋登记簿或者作出不予登记的决定：……（二）抵押权、地役权登记，10个工作日”。自2010年9月27日我申请房屋抵押权登记之日起至2010年12月11日被告作出《不予登记决定书》之日止，长达80天之久。由于被告未按法律规定为我进行房屋抵押权登记或出具不予登记决定书，致使我的合法权益受到了巨大的经济损失。请求：确认京房权证密私字第13943号房屋所有权证“设计用途”一栏登记为“商住”的行为违法。

3. 被告辩称

密云县宾阳北里3号楼2单元102号房屋系由北京烨庆房地产开发有限公司开发建设的新建商品房。2003年10月8日，北京烨庆房地产开发有限公司与翟秀兰签订《商品房买卖合同》，将密云县宾阳北里3号楼2单元102号房屋出售给翟秀兰。2003年11月24日，北京烨庆房地产开发有限公司与翟秀兰向我单位提交了《商品房买卖合同》、《中华人民共和国契税专用缴款书》、《北京市房屋登记图、表》等材料，申请房屋的转移登记。我单位对申请材料进行了审查，认为事实清楚，符合登记条件，向翟秀兰核发了密私字第13943号房屋所有权证。翟秀兰购买房屋时知道该房屋的用途为住宅。2003年10月8日，翟秀兰与北京烨庆房地产开发有限公司签订的2003144号商品房买卖合同第三条明确该房屋的用途为“住宅”，2003年11月3日，翟秀兰与中国农业银行北京市密云县支行签订的宾阳北里3号楼2单元102号住房贷款合同中明确该合同是为购买该套住宅用房而签订的个人住房按揭合同；翟秀兰（2001）（京）契税字0182793号中华人民共和国契税完税证载明其是按照1.5%（用途为住宅）的税率交的税；北京市房屋登记表房屋用途栏也注记的是“住宅”，也就是说原告在购买房屋时就知道房屋用途为住宅。房产证设计用途栏注记“商住”的行为是登记发证后的填加行为，不是一个完整的具体行政行为，且答辩人已经进行了纠正，不具有可诉性。发证时京房权证密私字第13943号房屋所有权证的设计用途一栏为空白，后翟秀兰找到密云县房产交易中心，明知该房屋的用途为“住宅”，还要求在设计用途一栏填写“商住”，由于工作人员疏忽，其在房屋所有权证设计用途栏填写“商住”。2010年，原告申请最高额抵押登记时我单位发现房屋的建设规划许可证（2001-密规建字-0221）的规划用途为住宅，同时原告与北京烨庆房地产开发有限公司的商品房买卖合同中确认房屋用途也为住宅，故该房屋的设计用途栏应填为“住宅”，对此我单位在2010年12月11日向原告下发了《关于换领与房屋登记簿一致的房屋权属证书的通知》（原告已签收，但至今未申请换证），也就是说，我单位对房产证中用途栏注记的“商住”用途已经进行纠正。我单位认为原告所诉的填加行为只是房产登记中的注记行为，不是根据登记簿所作出的完整登记行为，不具有可诉性。综上，我单位作出的房屋登记行为事实清楚、程序合法、适用依据正确，请求法院在查明事实的基础上，依法驳回原告的诉讼请求。

（三）一审事实和证据

北京市密云县人民法院经公开审理查明：2003年12月31日，原北京市国土资源和房屋管理局为原告翟秀兰颁发了京房权证密私字第13943号房屋所有权证，该证记载：房屋坐落密云县宾阳北里3号楼；幢号3；房号2单元102；结构混合；建筑面积116.34平方米。2005年下半年，原告从银行领取了上述房屋所有权证。当时原告发现该房屋所有权证“设计用途”一栏处为空白，而不是“商业用房”后，来到密云县房产交易中心，该中心工作人员在该房屋所有权证“设计用途”一栏空白处注记了“商住”二字，并加盖了密云县房产交易中心印章。2010年9月27日，原告持上述房产证到密云县房产交易中心进行《房屋最高额抵押贷款合同》抵押登记时，密云县房产交易中心以原告持有的房屋所有权证上登记的“商住”与房产档案注记的“住宅”内容不一致为由，拒绝为原告办理抵押手续，并告知原告应进行变更登记后再办理抵押登记。2010年12月11日，密云县房产交易中心向原告送达了关于换领与房屋登记簿记载一致的房屋权属证书的通知书。原北京市国土资源和房屋管理局履行的房屋登记职能现由北京市住房和城乡建设委员会行使。密云县房产交易中心属于密云县住建委下设单位，具体负责房屋登记工作。

上述事实有下列证据证明：

1. 北京烨庆房地产开发有限公司与买受人翟秀兰签订的北京市商品房买卖合同；

2. 01-密规建字-0221建设工程规划许可证附件；

3. 密云县房产交易中心于2010年12月11日作出的关于换领与房屋登记簿记载一致的房屋权属证书的通知书；

4. 001送达回证及授权委托书。

(四) 一审判案理由

北京市密云县人民法院经审理认为：根据《最高人民法院关于执行〈中华人民共和国行政诉讼法〉若干问题的解释》第四十一条“行政机关作出具体行政行为时，未告知公民、法人或者其他组织诉权或者起诉期限的，起诉期限从公民、法人或者其他组织知道或者应当知道诉权或者起诉期限之日起计算，但从知道或者应当知道具体行政行为内容之日起最长不得超过2年”之规定，原告翟秀兰不服京房权证密私字第13943号房屋所有权证“设计用途”一栏登记为“商住”的行为的起诉期限从其知道诉权或者起诉期限之日起计算，但从知道或者应当知道上述登记内容之日起最长不得超过2年。庭审中已查明，2005年下半年，原告翟秀兰已知京房权证密私字第13943号房屋所有权证“设计用途”一栏登记为“商住”之内容，现原告翟秀兰提起行政诉讼，明显超过了起诉期限。

(五) 一审定案结论

北京市密云县人民法院依照《最高人民法院关于执行〈中华人民共和国行政诉讼法〉若干问题的解释》第四十四条第一款第（六）项之规定，作出如下裁定：

驳回原告翟秀兰的起诉。

(六) 二审情况

1. 二审诉辩主张

(1) 上诉人诉称

其在2010年9月27日办理抵押贷款时才知道或者应当知道京房权证密私字第13943号房屋所有权证“设计用途”一栏登记的“商住”与房屋档案不一致，其于2011年3月28日提起本案行政诉讼没有超过诉讼时效；一审裁定认定事实不清、适用法律错误、审判程序违法。

（2）被上诉人辩称

北京市住房和城乡建设委员会同意一审裁定，请求予以维持。

2. 二审事实和证据

北京市第二中级人民法院经审理，认定的事实和证据与一审认定一致。

3. 二审判案理由

北京市第二中级人民法院经审理认为：依照《最高人民法院关于执行〈中华人民共和国行政诉讼法〉若干问题的解释》第四十四条第一款第（六）项的规定，起诉超过法定期限且无正当理由的，人民法院应当裁定不予受理，已经受理的，裁定驳回起诉。根据一审法院查明的案件事实，2005 年下半年，翟秀兰已知京房权证密私字第 13943 号房屋所有权证“设计用途”一栏登记为“商住”之内容，但其于 2011 年 3 月方提起本案行政诉讼，已超过《最高人民法院关于执行〈中华人民共和国行政诉讼法〉若干问题的解释》第四十一条第一款规定的起诉期限。据此，一审裁定依照《最高人民法院关于执行〈中华人民共和国行政诉讼法〉若干问题的解释》第四十四条第一款第（六）项的规定，驳回翟秀兰的起诉是正确的，本院应予维持。翟秀兰的上诉理由没有事实根据和法律依据，本院不予采信。

4. 二审定案结论

北京市第二中级人民法院依照《中华人民共和国行政诉讼法》第六十一条第（一）项的规定，作出如下裁定：

驳回上诉，维持一审裁定。

（七）解说

本案争议的焦点在于原告翟秀兰起诉是否超过了法定的起诉期限。就此问题，在审理过程中存在两种意见：一种意见认为原告在起诉书中及在庭审中都承认其是在 2005 年下半年知道房屋的设计用途登记为“商住”的内容，根据《最高人民法院关于执行〈中华人民共和国行政诉讼法〉若干问题的解释》第四十一条的规定，原告的起诉期限从其知道或者应当知道具体行政行为内容之日起最长不超过 2 年。原告 2011 年起诉已经超过了起诉期限。另一种意见则认为原告没有超过起诉期限，因为其在 2005 年下半年知道登记为“商住”的时候并不知道登记行为是错误的，直到 2010 年才知道设计用途登记为“商住”是错误的，因此，原告的起诉期限应该从 2010 年开始计算。原告起诉没有超过法律规定的 2 年期限。

上述两种观点对于本案起诉期限的计算适用《最高人民法院关于执行〈中华人民共和国行政诉讼法〉若干问题的解释》第四十一条的规定没有异议，争议主要在于对起诉期限的起算点如何认定的问题上。为了说明此问题，下面首先介绍一下我国行政诉讼法中对于行政诉讼起诉期限的基本规定。

1. 有关行政诉讼起诉期限的相关规定

我国《行政诉讼法》以及《最高人民法院关于执行〈中华人民共和国行政诉讼法〉

若干问题的解释》中对行政诉讼起诉期限的规定，通常可以分为以下三种情形：

（1）行政相对人知道诉权时的起诉期限。《行政诉讼法》第三十九条规定："公民、法人或者其他组织直接向人民法院提起诉讼的，应当在知道作出具体行政行为之日起三个月内提出。法律另有规定的除外。"行政机关作出具体行政行为时一般会告知行政相对人对具体行政行为不服的救济途径，也即向行政相对人交代诉权。根据上述法律规定，行政相对人向法院直接提起诉讼的期限一般为3个月，法律另有规定的除外。

（2）行政机关在作出具体行政行为时未告知行政相对人诉权或者起诉期限的情况。《最高人民法院关于执行〈中华人民共和国行政诉讼法〉若干问题的解释》第四十一条规定：行政机关作出具体行政行为时，未告知公民、法人或者其他组织诉权或者起诉期限的，起诉期限从公民、法人或者其他组织知道或者应当知道诉权或者起诉期限之日起计算，但从知道或者应当知道具体行政行为内容之日起最长不得超过2年。复议决定未告知公民、法人或者其他组织诉权或者法定起诉期限的，适用前款规定。根据此条规定，当事人从知道或者应当知道具体行政行为内容之日起超过2年未提起诉讼的，当事人就丧失了要求法院对被诉具体行政行为进行司法审查的权利，即丧失了起诉权，对当事人的起诉，法院将不予受理或者裁定驳回起诉。这里的2年是当事人在不知道诉权情况下的最长保护期限。

（3）不知道具体行政行为内容的起诉期限。《最高人民法院关于执行〈中华人民共和国行政诉讼法〉若干问题的解释》第四十二条规定：公民、法人或者其他组织不知道行政机关作出的具体行政行为内容的，其起诉期限从知道或者应当知道该具体行政行为内容之日起计算。对涉及不动产的具体行政行为从作出之日起超过20年，其他具体行政行为从作出之日起超过5年提起诉讼的，人民法院不予受理。此条规定了行政诉讼的最长起诉期限，即涉及不动产的案件最长起诉期限为20年，从作出具体行政行为之日起超过20年，当事人丧失起诉权；其他具体行政行为从作出之日起超过5年不起诉，当事人便丧失对该具体行政行为的起诉权。应当注意的是，本条规定的是对行政相对人权益的最长保护期限，如果行政相对人在上述规定的年限之内知道或者应当知道具体行政行为内容的，就应当适用第二种情况规定的2年起诉期限。

2. 本案中原告起诉期限的认定问题

本案中，原告翟秀兰的起诉期限符合上述第二种情形，即对于适用《最高人民法院关于执行〈中华人民共和国行政诉讼法〉若干问题的解释》第四十一条的规定处理，并无异议。争议焦点在于对知道或者应当知道具体行政行为内容之日如何认定的问题上。这里应当注意的是，《最高人民法院关于执行〈中华人民共和国行政诉讼法〉若干问题的解释》第四十二条规定的起诉期限的起算点是"知道或者应当知道具体行政行为内容之日"，并未表述为知道或者应当知道具体行政行为违法之日，因此，不能从2010年翟秀兰知道其房屋的设计用途登记为"商住"是违法时才开始计算起诉期限。本案中，通过翟秀兰本人陈述，可以认定原告翟秀兰于2005年下半年亲自到密云县房产交易中心办理房屋用途登记事宜，故其于2005年下半年便知道其房屋所有权证上房屋用途登记为"商住"的事实。后其起诉的具体行政行为即为被告北京市住房和城乡建设委员会将其房产证的房屋用途一栏登记为"商住"的行为，故其起诉期限应当从其知道或者应当知道其房屋用途被登记为“商住”之日起计算，不应超过 2 年。也就是说，翟秀兰在 2005 年下半年知道被诉具体行政行为，其不服该行为的起诉期限最晚不得超过 2007 年下半年。

3. 对于起诉期限规定的理解问题

行政诉讼法律对起诉期限的规定，是行政行为确定力在行政诉讼中的制度性表现。对行政案件进行司法审查不仅要保护具体行政行为利害关系人的合法权益，同时也要维护行政法律关系的稳定。因此，有必要规定行政诉讼起诉期限，督促行政相对人在一定时期内行使诉权，否则将承担放弃请求法院给予司法救济的权利的后果。

行政诉讼的起诉期限不同于民事诉讼的诉讼时效：超过起诉期限，原告丧失的是起诉权；超过诉讼时效，原告丧失的是胜诉权。因此，行政诉讼中对原告的请求是否超过起诉期限，在原告起诉时就应当审查，如发现原告起诉超过起诉期限应当不予受理，已经受理的应当裁定驳回起诉。本案中，对原告翟秀兰起诉超过起诉期限的认定是正确的。

另外，对于超过起诉期限但明显违法的具体行政行为，当事人可通过其他途径进行救济。本案中，对于将翟秀兰房屋用途登记为“商住”的错误行政行为，北京市住房和城乡建设委员会已向翟秀兰发出通知，主动进行纠正。

（北京市密云县人民法院　李慧杰）

七、信息公开类

54. 常秀金不服北京市石景山区住房和城乡建设委员会政府信息公开案

(一) 首部

1. 裁判书字号

一审判决书：北京市石景山区人民法院（2011）石行初字第6号行政判决书。

二审裁定书：北京市第一中级人民法院（2011）一中行终字第3362号行政裁定书。

2. 案由：政府信息公开。

3. 诉讼双方

原告（上诉人）：常秀金，退休工人，住北京市石景山区八角北路。

被告（被上诉人）：北京市石景山区住房和城乡建设委员会（以下简称石景山区住建委），住所地：北京市石景山区八角西街66号。

法定代表人：肖平，该委员会主任。

委托代理人：郝佳伟，石景山区住建委干部。

委托代理人：何丹，石景山区住建委干部。

4. 审级：二审。

5. 审判机关与审判组织

一审法院：北京市石景山区人民法院。

合议庭组成人员：审判长：滕恩荣；代理审判员：史立新、杨洁。

二审法院：北京市第一中级人民法院。

合议庭组成人员：审判长：张靛卿；代理审判员：汪明、曹炜。

6. 审结时间

一审审结时间：2011年9月20日。

二审审结时间：2011年11月24日。

（二）一审诉辩主张

1. 被诉具体行政行为

2011 年 3 月 28 日，石景山区住建委向常秀金作出《政府信息部分公开告知书》（石景山区建委（2011）第 3 号-部告）：“常秀金：您好，我们于 2011 年 3 月 7 日受理了您提出的政府信息公开申请，具体见《登记回执》石景山区建委（2011）第 3 号。经查，您申请获取的政府信息中有部分内容涉及法律、法规及相关规定不予公开的其他情形。根据《中华人民共和国政府信息公开条例》第二十二条的规定，本机关对该部分信息不予公开，其余信息予以公开。对属于公开范围的政府信息，本机关通过以下方式提供所申请的政府信息：当面领取。如您对本答复有异议，可以在收到本答复之日起 60 日内申请行政复议，或者在 3 个月内向人民法院提起行政诉讼。衷心感谢您对我们工作的关心。”

2. 原告诉称

2011 年 4 月初我收到了被告作出的本案被诉《政府信息部分公开告知书》。我认为该行为公开的《关于冻结杨庄危旧房改造区户口的通知》（［95］01 号）不是被告保存的文件原件复制的，而是用我曾向其提供的该文件复印件复制而成的，而且不是原件的全部内容，具有隐瞒企图。具体存在以下问题：（1）本案被告向我公开的文件复印件带有多次复印留下的黑斑；（2）该文件复印件右上角存有法院案件档案中的页码编号；（3）该文件没有一点公章痕迹；（4）该文件的附图应是该文件的组成部分，但被告却告知我没有保存，这不符合常理。被告作出的被诉行为违反《政府信息公开条例》、《国家行政机关公文处理办法》，被诉行为公开的文件内容违反《北京市实施〈城市房屋拆迁管理条例〉细则》的规定。现我诉至法院，诉讼请求：（1）撤销被告北京市石景山区住建委作出的《政府信息部分公开告知书》；（2）判令被告对我于 2011 年 3 月 7 日提出的有关要求获取《关于冻结杨庄危旧房改造区户口的通知》（［95］01 号）的《政府信息公开申请表》依法履行政府信息公开的全部法定职责。

3. 被告辩称

我委于 2011 年 3 月 7 日收到原告提出的《政府信息公开申请表》，要求我委以纸面形式提供《关于冻结杨庄危旧房改造区户口的通知》（［95］01 号）及附图的信息。我委认为该申请符合《政府信息公开条例》的规定并予以受理。后我委查找到了该申请公开文件的主件复印件，但未查找到附图。我委依法作出了本案被诉行为，将查找到的文件以纸面复印件形式向原告公开。综上所述，我委在上述政府信息公开工作中，适用法律、法规正确，符合法定程序，请求法院驳回原告诉讼请求，维持我委作出的被诉行为，诉讼费用由原告承担。

（三）一审事实和证据

北京市石景山区人民法院经公开审理查明：2011 年 3 月 7 日，原告常秀金为帮助其妻鞠某在民事诉讼案件中寻找证据，而以自己的名义向被告石景山区住建委提交《政府信息公开申请表》，申请被告以纸面形式向其提供《关于冻结杨庄危旧房改造区户口的通知》（［95］01号）及附图的信息，并要求以原告自行领取方式获取信息。被告于当日受理原告该申请。

后被告石景山区住建委经向本单位档案部门及本区档案局查询，均未查找到该文件及其附图的原件信息，仅在本单位查找到该文件（不包括附图）的复印件信息。被告对该文件复印件经过核实后认为，符合政府公文文件形式规范，且内容亦与生效的《行政复议决定书》中有关引用的该文件内容一致。被告于2011年3月28日以纸面形式作出了本案被诉行为。后原告到被告处自行领取了本案被诉的《政府信息部分公开告知书》及公开的不包括附图的《关于冻结杨庄危旧房改造区户口的通知》（［95］01号）复印件。

原告对被告作出的被诉行为不服，曾提出行政复议申请。行政复议机关维持了本案被诉行为，原告遂提出了本案行政诉讼。

另查明，本案中原告向被告申请公开的《关于冻结杨庄危旧房改造区户口的通知》（［95］01号）及附图，系原石景山区房地产管理局于1995年2月作出。该局后因政府机构改革变更为现石景山区住建委。

再查明，法院在本案审理过程中，对相关部门和档案机关进行调查，均未发现保存有原告申请公开的文件原件及附图信息。

以上事实有下列证据证明：

1. 北京市石景山区政府信息公开申请表；

2. 查档情况说明，证明被告的查档情况；

3. 北京市国土资源和房屋管理局《行政复议决定书》（京国土房管复字［2003］第009-05号），证明被告作出的信息公开行为中《关于冻结杨庄危旧房改造区户口的通知》（［95］01号）内容的准确性；

4.《政府信息部分公开告知书》（石景山区建委（2011）第3号-部告）；

5.《关于冻结杨庄危旧房改造区户口的通知》（［95］01号）主件的复印件，证据4、5证明被告出具告知书并进行了信息公开。

（四）一审判案理由

北京市石景山区人民法院经审理认为：被告石景山区住建委在收到原告提出的政府信息公开申请后，对于申请公开的文件已在本单位及本区内的档案管理部门进行了查找，均未查找到保存的文件原件及附图，但查找到不包括附图的文件复印件，并在对复印件的信息内容核对属实后，将复印件记载的信息及未保存该文件附图的情况，按照原告申请时提出的“纸面形式，当面领取”的方式，向原告作出了本案被诉的政府信息公开行为。该政府信息公开行为具有事实依据与法律依据。原告常秀金提出的被告在本案被诉的政府信息公开行为中有所隐瞒的意见，因无充分证据予以证实，故不予采信。对于原告提出的诉讼请求，不予支持。

（五）一审定案结论

北京市石景山区人民法院依照《最高人民法院关于审理政府信息公开行政案件若干问题的规定》第十二条第（八）项之规定，作出如下判决：

驳回原告常秀金的诉讼请求。

（六）二审情况

一审裁判后，被告石景山区住建委表示服从裁判结果，未提出上诉；原告常秀金不服，提出上诉。

在二审过程中，上诉人常秀金主动申请撤回上诉。二审法院认为，该撤诉申请确系上诉人的真实意思表示，且符合法律规定，应予准许。

北京市第一中级人民法院依照《中华人民共和国行政诉讼法》第五十一条之规定，裁定准许上诉人常秀金撤回上诉。

（七）解说

自2008年5月《中华人民共和国政府信息公开条例》实施以来，不断有因政府信息公开引发的行政争议进入法院寻求司法解决，政府信息公开案件是近年来行政诉讼中出现的新类型案件。由于此类案件与传统行政诉讼案件有很大差别，因而在审判实践中对于此类案件的司法审查标准也存在较多争议。本案在审判过程中，关于原告主体资格确认、政府信息公开客体的认定、相关证据规则的审查、对未保存信息告知行为的审查方法等方面，均成为争议焦点问题。

1. 原告主体资格的确认

本案中，原告常秀金向被告提出政府信息公开申请，并不是因为其本人需要使用该信息，而是常秀金的妻子鞠某在其他民事诉讼中作为原告需要以该信息作为证据使用。因此，在本案审理过程中，有一种观点认为，常秀金本人对于其申请的信息并不符合《政府信息公开条例》中规定的“三需要”原则，常秀金在本案中不具有行政诉讼原告主体资格。笔者不同意这种观点。

《政府信息公开条例》第十三条规定：“除本条例第九条、第十条、第十一条、第十二条规定的行政机关主动公开的政府信息外，公民、法人或者其他组织还可以根据自身生产、生活、科研等特殊需要，向国务院部门、地方各级人民政府及县级以上地方人民政府部门申请获取相关政府信息。”理论界与实务界一般将该条内容归纳为申请政府信息公开的“三需要”原则。

《国务院办公厅关于施行〈中华人民共和国政府信息公开条例〉若干问题的意见》（国办发［2008］36号）中“五、关于依申请公开政府信息问题”中规定：“（十四）行政机关对申请人申请公开与本人生产、生活、科研等特殊需要无关的政府信息，可以不予提供……”。主张常秀金在本案中不符合原告主体资格的观点主要依据此条提出。但笔者认为，此条规定与政府信息公开行政诉讼案件中原告主体资格并无直接关联。此条规定只是说明，行政机关对于收到的政府信息公开申请，如认为不符合“三需要”原则，应进行不予提供的处理。换言之，该条规定只是关于政府信息公开行政程序中对于申请人主体资格的确认。在行政诉讼中，这种确认的处理行为应属于诉讼实体审查范畴。而行政诉讼中原告主体资格的确认则属于诉讼程序审查范畴，二者并不属于同一法律关系。

《最高人民法院关于执行〈中华人民共和国行政诉讼法〉若干问题的解释》中第十二条规定：“与具体行政行为有法律上利害关系的公民、法人或者其他组织对该行为不服的，可以依法提起行政诉讼。”根据该条规定，行政诉讼原告主体资格是以起诉人与被诉具体行政行为具有法律上的利害关系作为确认标准的，而在政府信息公开案件中被诉行为一般均是行政机关对于申请人提出的政府信息公开申请作出的有关政府信息告知行为。① 因此申请人无论是否符合“三需要”原则，均是政府信息告知行为的行政相对人。而行政相对人必然与政府信息告知行为具有直接法律上的利害关系。故申请人无论在政府信息公开实体法律关系中是否符合“三需要”原则，均符合行政诉讼原告主体资格的利害关系确认标准。

《政府信息公开条例》第三十三条第二款规定：“公民、法人或者其他组织认为行政机关在政府信息公开工作中的具体行政行为侵犯其合法权益的，可以依法申请行政复议或者提起行政诉讼。”根据该规定，可以得出申请人具有原告主体资格的推定。此外，《最高人民法院关于审理政府信息公开行政案件若干问题的规定》第十二条规定：“有下列情形之一，被告已经履行法定告知或者说明理由义务的，人民法院应当判决驳回原告的诉讼请求：……（六）不能合理说明申请获取政府信息系根据自身生产、生活、科研等特殊需要，且被告据此不予提供的……”根据此条规定，申请人确实不符合“三需要”原则，且行政机关据此不予提供相关信息的，申请人提起行政诉讼后，法院也应进行实体审理。根据该条规定，也可以得出不符合“三需要”原则的申请人具有行政诉讼原告主体资格的推定。如果说上述规定，还仅是有关法律层面的推定，并没有在实定法中正面回应不符合“三需要”原则的申请人是否具有政府信息公开案件原告主体资格的话，那么最高人民法院在《关于请求公开与本人生产、生活、科研等特殊需要无关政府信息的请求人是否具有原告诉讼主体资格问题的批复》中对此问题的规定就非常明确直接了。该批复的内容是：公民、法人或者其他组织认为行政机关针对政府信息公开申请作出的答复或者逾期不予答复侵犯其合法权益，提起行政诉讼的，人民法院应予受理。申请人申请公开的政府信息是否与本人生产、生活、科研等特殊需要有关，属于实体审理的内容，不宜作为原告的主体资格条件。

因此本案中，法院认定起诉人常秀金具有原告主体资格，是正确的。

---

① 根据《政府信息公开条例》第二十一条规定，此处所指的告知行为包括政府信息公开告知行为、不予公开告知行为、部分公开告知行为、非本机关政府信息告知行为、政府信息不存在告知行为、补正信息告知行为等多种告知形式。

2. 关于政府信息公开客体的认定

本案审理过程中，关于政府信息公开案件中公开客体的内容也是争议焦点之一。一种观点认为公开客体仅是公开的相关信息情况；另一种观点认为公开客体除公开的相关信息情况外，还应包括信息载体的情况。笔者认为，政府信息公开案件中公开客体只是公开的相关信息情况。

正确确认政府信息公开案件的公开客体，必须以正确确认信息公开制度的法理基础为前提。公民的知情权是信息公开制度的法理基础。知情权是指知悉、寻求、接受和传递有关信息情况的权利，它是发展和实现公民个人人格的重要个人权利。知情权一般被认为属于一种宪法性权利，虽然我国现行宪法中没有明确规定公民享有知情权，但是宪法规定的人民主权原则及宪法关于公民的基本自由和政治权利的规定，也还是为公民知情权制度奠定了宪法基础。知情权不仅是一种被动性地接受信息的权利，更是主动地对政府信息进行请求的权利，具有请求权的特点。建立信息公开制度的目的在于保障公民的知情权，使得知情权这一宪法上的抽象权利得以具体化。因此信息公开只是保障公民知情权的一种手段与途径，而不是信息公开的真正目的。政府信息公开要以载体为依托。政府信息是无形的，它必须通过一定的方式体现出来，一定的方式的实质就是一定的载体形式。信息公开的方式一般来说主要是书面方式，包括文件或档案材料的原件与复印件。随着电子技术的发展，电子形式的载体也越来越常见，如影音材料、各类只读和可存储光盘、硬盘、软盘及胶卷等。但载体毕竟不是信息本身，它不能成为信息的一部分，无论公开的信息采用何种载体表现出来，只要相关机关能够保证公开信息内容的真实性，即可实现信息公开制度保障公民知情权的法律价值。

《政府信息公开条例》第二条规定："本条例所称政府信息，是指行政机关在履行职责过程中制作或者获取的，以一定形式记录、保存的信息。"该条规定以实定法的形式明确了在政府信息公开的行政法律关系中，政府信息公开的客体不应包括记载信息的载体形式，而应仅指信息内容本身。《政府信息公开条例》第二十六条规定："行政机关依申请公开政府信息，应当按照申请人要求的形式予以提供；无法按照申请人要求的形式提供的，可以通过安排申请人查阅相关资料、提供复制件或者其他适当形式提供。"该条属于信息公开的程序性规定，因此信息的载体形式属于信息公开的相关程序范畴，而不属于公开客体实体内容本身。

本案中，被告石景山区住建委虽未找到原告常秀金申请公开的文件原件，但在找到该文件复印件并对内容核实无误后，将文件以复印件形式向常秀金如实提供，也应认为达到了保障常秀金对该文件内容的知情权。因此本案中法院对于原告常秀金提出的有关被告未提供以原件作出的复制件进行信息公开，因此被诉的信息公开行为违法的诉讼意见未予采纳的裁判，是正确的。

3. "行政诉讼中被告不得自行收集证据"的证据规则的审查

本案中被告在诉讼过程中就其在政府信息公开行政程序中的调查情况出具的书面陈述是否违反行政诉讼中被告不得自行收集证据的证据规则问题，也是争议的焦点之一。在本案诉讼过程中，被告以提交书面陈述的方式向法院举证说明该单位在收到原告提出的政府信息公开申请后，已向本单位档案管理部门及本区档案局进行过查找但未找到原告申请公开的信息原件的事实，用以证明其已尽到了在政府信息公开法律关系当中对信息的查找职责。笔者认为，虽然被告提交此份书面陈述的时间系在本案诉讼过程中，但此份证据并不违反“行政诉讼中被告不得自行收集证据”的证据规则。

行政诉讼中被告不得自行收集证据规则，是指被告在作出具体行政行为后不得再行取证或不得擅自取证，否则在涉诉后其自行收集的证据将被认定为无效证据或瑕疵证据的证明规则。之所以在行政诉讼中确立这一证据规则，除了因为行政程序法上的“先取证，后裁决”规则外，还因为行政诉讼中的原、被告一般都处于被管理者和管理者地位，双方具有不平等性，如果允许被告在诉讼中自行补充证据，一是会助长行政机关不负责任、草率处理问题的作风，二是个别行政机关为了不败诉，带着框框取证，甚至行使行政权力采取诱供等非法手段收集有利于自己的证据，会给法院认定案件事实造成困难。诉讼中被告不得自行收集证据，是行政诉讼特有的证据规则，也是行政诉讼中重要的、运用得最为广泛的证据规则和认证规则之一，它一方面是被告取证的行为规则，另一方面也是法院对被告自行收集的证据进行认证的认证规则。

我国《行政诉讼法》、《最高人民法院关于执行〈中华人民共和国行政诉讼法〉若干问题的解释》及《关于行政诉讼证据若干问题的规定》对行政诉讼中被告不得自行收集证据规则，都分别作了规定。《行政诉讼法》第三十三条规定：“在诉讼过程中，被告不得自行向原告和证人收集证据。”《最高人民法院关于执行〈中华人民共和国行政诉讼法〉若干问题的解释》第三十条规定：“下列证据不能作为认定被诉具体行政行为合法的根据：（一）被告及其诉讼代理人在作出具体行政行为后自行收集的证据……”《关于行政诉讼证据若干问题的规定》第六十一条规定：“复议机关在复议程序中收集和补充的证据，或者作出原具体行政行为的行政机关在复议程序中未向复议机关提交的证据，不能作为人民法院认定原具体行政行为合法的依据。”《行政诉讼法》的规定明确了被告的禁止行为规则，最高人民法院的两部司法解释，则对《行政诉讼法》进行了适当的修正并明确了该类证据的一般效力。此三者即是“行政诉讼中被告不得自行收集证据”的立法依据。

本案中，虽然被告石景山区住建委提交的书面陈述是在诉讼过程中制作的，但该证据证明的内容是被告对原告申请公开的文件进行的调查行为，而且该调查行为确实系被告在被诉的政府信息公开行为作出前的信息公开行政程序中进行的。如果该调查行为查到了相应的文件信息，则被查到的文件信息本身即可成为相应的书证，但本案中被告进行的调查行为并未查到相应的文件信息，且接受调查的部门或机关也未向被告出具接受调查的证明文件，故该调查行为成为了一种事实状态。对于这种成为事实状态的调查行为，行政机关确实不易出具除书面陈述以外的其他证据进行证实。故被告在本案中提交的此份书面陈述实际上只是其在政府信息公开程序中进行的调查行为的一种替代形式，不属于在被诉的政府信息公开行为作出后补充收集的证据。此外，被告在行政复议程序中向复议机关提交的答辩状中也记载了相关内容：“我委受理后查到此材料（复印件）但无附图。”该答辩状内容可表明被告在复议过程中已就相关调查事实以当事人答辩陈述方式进行过说明，而被告在诉讼中提出的书面陈述只是以不同的陈述方式再次重复了相关内容，所以被告在诉讼中提交的书面陈述不违反《关于行政诉讼证据若干问题的规定》第六十一条的规定。

法院在本案裁判中认定被告提交的有关调查行为的书面陈述并未违反“行政诉讼中被告不得自行收集证据”的证据规则，是正确的。

4. 对未保存信息告知行为的审查方法

本案中，对未保存申请人申请公开信息的告知行为应如何进行司法审查，成为了争议的焦点。一种观点认为，在司法审查中应对行政机关未保存信息的告知行为确认违法。另一种观点则认为，如行政机关向申请人如实告知了未保存信息的行为，则在司法审查中应确认行政机关的告知行为尽到了有关政府信息公开法定职责。笔者认为此问题属于政府信息公开案件中出现的一个新问题，在司法审查过程中应持谨慎态度。

《政府信息公开条例》第二条规定：“本条例所称政府信息，是指行政机关在履行职责过程中制作或者获取的，以一定形式记录、保存的信息。”根据该条规定，行政机关保存有关信息是以属于其法定行政职责作为前提的。故对于行政机关未保存申请人申请公开的信息，应分不同情况进行不同方式的处理：对于不属于行政机关法定职责范围之内应保存的信息，由于在法律层面并不影响当事人相关的知情权，因而司法审查不应追究行政机关未保存信息的法律责任；对于属于行政机关法定职责范围之内应保存的信息，但行政机关并未保存该信息的，从保障当事人知情权角度出发，行政机关应当在政府信息公开行政程序中如实向当事人告知未保存信息的原因及情况。

在政府信息公开案件中，行政机关是否如实告知应成为司法审查的重点。鉴于未保存行为属于法律上的消极事实，基于“肯定者承担举证责任，否定者不承担举证责任”的证明规则，司法审查中不宜过分要求行政机关就未保存信息这一消极事实进行举证，因为这样做不仅对于行政机关是勉为其难，而且也不符合相关证明规则。但为了更公平地审理此种案件，司法审查中应当适当要求原告承担合理的举证责任。这种举证责任表现在两个层面：第一，原告应当向法院提供有关被告行政机关保存相关信息的线索证据；第二，这种线索不能仅限于根据法律、法规、规章或规范性文件中有关规定，行政机关具有保存信息的法定职责，更主要的是应当能够证明行政机关在收到申请人信息公开申请后实际对信息处于正在保存的状态。此外，从平衡原、被告双方举证责任的角度出发，为避免出现要求原告承担过重的举证责任的情况，在政府信息公开案件中还应当适当强化法院在行政诉讼程序中的依职权调查取证的工作力度。应当明确的是，法院强化在此类案件的司法审查过程中依职权调查取证的工作力度，目的是更好地保护当事人的知情权，更适当地平衡双方诉讼当事人的举证责任，根本上还是为了更好地实现《政府信息公开条例》的立法目的。因此这完全符合《关于行政诉讼证据若干问题的规定》第二十二条的规定：“根据行政诉讼法第三十四条第二款的规定，有下列情形之一的，人民法院有权向有关行政机关以及其他组织、公民调取证据：（一）涉及国家利益、公共利益或者他人合法权益的事实认定的……”法院在此类案件中加强依职权调查取证的工作力度的具体方式可以是根据不同的案件情况，或到被告处查阅相关档案材料，或到专门档案管理部门查阅档案卷宗的移送情况，或向有关工作人员了解档案卷宗信息保存管理情况等。应当明确的是，无论是举证责任的分担，还是强化法院依职权调查取证，此类案件中司法审查的重点均只是行政机关是否如实告知申请人有关信息确实未保存的情况。而行政机关应当保存但实际未保存信息的问题，不属于政府信息公开案件审查范围，当事人可根据告知结果通过其他救济途径予以解决。

本案中，原告常秀金申请公开的政府信息系原石景山区房地产管理局制作的，由于政府机构改革，现该局已变更为被告石景山区住建委，根据“谁制作，谁保存”原则，被告对于该信息具有保存的法定职责。被告石景山区住建委在被诉的政府信息公开行为中将原告常秀金申请公开的附图信息未保存的情况，对常秀金进行了明确告知。在原告常秀金未能就被告现仍保存有该附图信息进行必要充分举证的情况下，法院主动到相关部门和机关依职权进行了调查取证，但仍未能查找到该信息。据此，法院在本案中确认被告石景山区住建委已就未保存附图信息的情况向常秀金尽到了如实告知的政府信息公开法定职责，是正确的。

综上所述，对于本案，一审法院判决驳回原告常秀金诉讼请求及二审法院裁定准予上诉人常秀金撤回上诉的裁判结果，均是正确的。

（北京市石景山区人民法院　滕恩荣）

55. 唐毓斌不服北京市海淀区人民政府政府信息公开案

（一）首部

1. 判决书字号

一审判决书：北京市第一中级人民法院（2010）一中行初字第3647号行政判决书。

二审判决书：北京市高级人民法院（2011）高行终字第259号行政判决书。

2. 案由：政府信息公开。

3. 诉讼双方

原告（上诉人）：唐毓斌，男，住北京市东城区崇文西大街。

被告（被上诉人）：北京市海淀区人民政府，住所地：北京市海淀区长春桥路17号。

法定代表人：隋振江，该区区长。

委托代理人（二审）：韩雪，北京市嘉维律师事务所律师。

委托代理人（二审）：曾梁，北京市海淀区人民政府干部。

4. 审级：二审。

5. 审判机关和审判组织

一审法院：北京市第一中级人民法院。

合议庭组成人员：审判长：张杰；审判员：乔军；代理审判员：龙非。

二审法院：北京市高级人民法院。

合议庭组成人员：审判长：刘行；代理审判员：李洋、朱海宏。

6. 审结时间

一审审结时间：2010 年 12 月 14 日。

二审审结时间：2011 年 8 月 31 日。

（二）一审诉辩主张

1. 被诉具体行政行为

2010 年 7 月 2 日，北京市海淀区人民政府（以下简称海淀区政府）针对唐毓斌的政府信息公开申请作出海政公开字（2010）第 26 号-告《政府信息公开告知书》，认为唐毓斌申请获取的政府信息载体为《关于五棵松体育馆建设项目征收补偿说明的函》（海政函［2004］63 号）（以下简称 63 号文件），属于公开范围，根据《中华人民共和国政府信息公开条例》（以下简称《政府信息公开条例》）第二十一条第（一）项的规定，向唐毓斌公开了 63 号文件。

2. 原告诉称

海淀区政府的政府信息公开存在违法之处，一是 63 号文件没有加盖公章，不符合政府公文的法定形式；二是按照有关规定，征地补偿费中应当包括一次性停产停业补助费，但海淀区政府并未依法公开该信息，且对 63 号文件中的有关内容不能作出合理解释。因此，请求法院判决撤销被诉政府信息告知行为，判令海淀区政府重新作出政府信息公开答复，公开其所申请的政府信息。

3. 被告辩称

被诉政府信息公开行为合法有据，请求法院判决驳回诉讼请求。

（三）一审事实和证据

北京市第一中级人民法院经公开审理查明：2010 年 5 月 20 日，唐毓斌向海淀区政府申请公开“京政地［2004］113 号征地批复范围内，征收或者征用土地地上物、房屋拆迁综合补偿、补助费标准、发放使用情况”。海淀区政府当日收到申请后，告知唐毓斌将于 2010 年 6 月 9 日前对其政府信息公开申请作出书面答复。2010 年 6 月 7 日，海淀区政府告知唐毓斌，根据《政府信息公开条例》第二十四条第二款的规定，对其政府信息公开申请延期至 2010 年 7 月 2 日前作出答复。2010 年 7 月 2 日，海淀区政府作出被诉政府信公开行为，认为唐毓斌申请获取的政府信息载体为 63 号文件，属于公开范围，并根据《政府信息公开条例》第二十一条第（一）项的规定，向唐毓斌公开了未加盖印章的 63 号文件。唐毓斌不服该政府信息公开行为，向北京市人民政府申请行政复议；2010 年 9 月 14 日，北京市人民政府作出京政复字［2010］160 号行政复议决定，维持被诉政府信息公开行为。

另查，63 号文件系海淀区政府 2004 年 4 月 8 日给原北京市国土资源和房屋管理局的函，该函中记载：五棵松体育馆建设项目“由北京五棵松文化体育中心有限公司负责开发，需征用海淀区玉渊潭乡集体土地共计 52.037 7 公顷（其中建设用地 40.767 9 公顷、代征道路用地 1.514 3 公顷、代征绿化用地 9.755 5 公顷），四至范围为：北至规划中的五棵松文化体育中心北路，南至复兴路，东至西翠路，西至西四环中路。根据海淀区与该项目公司签署的《五棵松文化体育中心开发协议》及有关规定，并经玉渊潭农工商总公司同意，征用土地的费用按 1 306 万元/公顷（87 万元/亩）的标准计算，共计 68 000 万元。其中土地补偿费和安置补助费为 240 万元/公顷（16 万元/亩），合计 12 500 万元”。在函的尾部明确载明“妥否，请函复”。

上述事实有下列证据证明：

1. 唐毓斌的政府信息公开申请表，证明申请政府信息公开的事实；

2. 海政公开字（2010）第 26 号-回《登记回执》，证明申请信息公开时间；

3. 海政公开字（2010）第 26 号-延《政府信息延长答复期告知书》，证明政府信息公开答复依法延长答复期限；

4.《征地补偿协议》，证明唐毓斌与所申请的政府信息之间存有生产生活需要；

5. 京政地［2004］113 号批复，证明政府信息公开答复行为的事实；

6. 63 号文件，证明政府信息公开的内容；

7. 京政复字［2010］160 号行政复议决定书及送达回证，证明本案行政复议的事实。

（四）一审判案理由

北京市第一中级人民法院经审理认为：本案争议焦点在于：（1）海淀区政府公开 63 号文件是否符合法定形式；（2）海淀区政府是否应当公开唐毓斌主张的地上物补偿费，包括一次性停产停业补助费发放使用情况。

关于争议焦点一。根据《政府信息公开条例》第二十六条规定，行政机关依申请公开政府信息，应当按照申请人要求的形式予以提供；无法按照申请人要求的形式提供的，可以通过安排申请人查阅相关材料、提供复制件或者其他适当形式提供。本案中，唐毓斌在申请政府信息公开时，并未要求海淀区政府以特定形式提供信息，故海淀区政府可以以适当之形式向唐毓斌公开相关信息。本案中海淀区政府向唐毓斌提供的 63 号文件，如果作为政府公文，确应加盖公章，但作为海淀区政府公开的政府信息，是否加盖印章只是信息提供的形式问题，因此，海淀区政府向唐毓斌公开的 63 号文件欠缺印章，虽从形式上不尽完备，但尚不违反《政府信息公开条例》的有关规定。

关于争议焦点二。本案中，唐毓斌向海淀区政府申请公开“京政地［2004］113 号征地批复范围内，征收或者征用土地地上物、房屋拆迁综合补偿、补助费标准、发放使用情况”等，该申请涉及信息范围较广，海淀区政府向唐毓斌提供了最为接近的信息，即 63 号文件，并无违法之处。关于唐毓斌认为其申请的地上物补偿费，包括一次性停产停业补助费等海淀区政府未予公开，因海淀区政府否认上述信息存在，且现有证据并不足以证明海淀区政府掌握了上述信息，故海淀区政府并无未尽公开义务之处。至于唐毓斌认为根据《中华人民共和国土地管理法》的有关规定，地上物补偿费，包括一次性停产停业补助费属于法定补偿项目，因本案的诉讼标的是被诉政府信息公开行为是否合法，本案涉及的相关建设项目的征地补偿、安置费用中应当包括哪些项目及拆迁补偿的合法性，非属本案审查范围，故唐毓斌的上述主张与海淀区政府政府信息公开行为合法性无关。

（五）一审定案结论

北京市第一中级人民法院依照《最高人民法院关于执行〈中华人民共和国行政诉讼法〉若干问题的解释》第五十六条第（四）项的规定，作出如下判决：

驳回唐毓斌的诉讼请求。

（六）二审情况

1. 二审诉辩主张

（1）上诉人诉称

1）63 号文件没有加盖公章，不符合政府公文的法定形式；2）其申请公开的是地上物补偿费情况，海淀区政府认为属于公开范围，但并未公开该信息；3）按照有关规定，征地补偿费中应当包括一次性停产停业补助费，但海淀区政府并未依法公开该信息，且对 63 号文件中的有关内容不能作出合理解释。综上，请求二审法院判决撤销一审判决和被诉政府信息公开行为，判令海淀区政府重新作出政府信息公开答复，公开其所申请的政府信息。

（2）被上诉人辩称

被诉政府信息公开行为和一审判决合法有据，请求二审法院驳回上诉，维持一审判决。

2. 二审事实和证据

北京市高级人民法院经审理，确认一审法院认定的事实和证据。

3. 二审判案理由

北京市高级人民法院经审理认为：对海淀区政府履行政府信息公开职责和被诉政府信息公开行为程序的合法性，经审查予以确认。

根据《政府信息公开条例》第十一条第（三）项、第十三条的规定，征收或者征用土地、房屋拆迁及其补偿、补助费用的发放、使用情况是市、县人民政府及其部门应当主动重点公开的政府信息，同时，公民、法人或其他组织还可以根据自身生产、生活、科研等特殊需要，向相关政府部门申请获取相关政府信息。本案中，唐毓斌向海淀区政府申请公开“京政地［2004］113 号征地批复范围内，征收或者征用土地地上物、房屋拆迁综合补偿、补助费标准、发放使用情况”的信息，海淀区政府答复认定属于其政府信息公开范围正确。但是，海淀区政府向唐毓斌公开的 63 号文件，不仅本身存在形式欠缺，未加盖制文单位印章，亦无其他确认其真实性的任何形式的证明，且属于海淀区政府给原北京市国土资源和房屋管理局带有请示性质的函件，对外并无确定的拘束效力，而且，63 号文件只含有反映征地补偿费总体数额情况的信息，并无唐毓斌申请公开的费用发放使用情况等信息，显然未尽到依法、充分公开政府信息的法定职责。因此，海淀区政府作出的被诉政府信息公开行为事实不清、主要证据不足，一审判决未予纠正错误，应予纠正。

4. 二审定案结论

北京市高级人民法院依照《中华人民共和国行政诉讼法》第六十一条第（三）项、第五十四条第（二）项第 1 目的规定，作出如下判决：

（1）撤销北京市第一中级人民法院（2010）一中行初字第 3647 号行政判决；

（2）撤销海淀区政府针对唐毓斌“京政地［2004］113 号征地批复范围内，征收或者征用土地地上物、房屋拆迁综合补偿、补助费标准、发放使用情况”政府信息公开申请所作的政府信息公开行为；

（3）海淀区政府在判决送达后 15 日内对唐毓斌的政府信息公开申请重新作出答复。

（七）解说

自 2008 年 5 月 1 日《政府信息公开条例》正式施行以来，政府信息公开已陡然成为我国政府法治建设的一道亮丽的风景线。经由阳光政府走向法治政府，关键是看能否从制度上防范政府无端拒绝履行公开义务，以及能否为行政相对人提供公正、有效的司法审查保障。本案的裁判，在某种程度上就反映出，只有司法充分发挥作用，公民的知情权才有可能转化为具体而现实的权利。

1. 征地拆迁补偿费的发放使用情况属于政府公开范围。随着我国经济社会和城市化的快速发展，征地拆迁已成为关系群众切实利益的大事。通过公开促进拆迁补偿工作的公平、公正，既是维护群众合法权益的需要，更是规范征地拆迁行为、推进依法行政、维护社会和谐稳定的必然要求。根据《政府信息公开条例》第十一条第（三）项规定，征收或者征用土地、房屋拆迁及其补偿、补助费用的发放、使用情况属于政府主动重点公开的政府信息。因此，在本案中，唐毓斌向海淀区政府申请公开“京政地［2004］113 号征地批复范围内，征收或者征用土地地上物、房屋拆迁综合补偿、补助费标准、发放使用情况”，海淀区政府答复认为该信息属于政府信息公开范围正确。

2. 政府信息公开的载体应当可以确认信息真实。政府信息公开的载体，因政府信息存在样态不同而呈现多样性，但不论属何种形式，也不论具体内容记载的对错，都应当确认公开的信息是真实的。本案所涉的 63 号文件，是海淀区政府给原北京市国土资源和房屋管理局的公函，而根据《国家行政机关公文处理办法》的规定，函适用于不相隶属的机关之间商洽工作，询问和答复问题，请求批准和答复审批事项；除以电报形式发出以外，应当加盖公章；公文复印件作正式公文使用时，应当加盖复印机关证明章。在本案中，按照行政机关运作模式和常理，63 号文件应该是加盖印章的正式公文，而海淀区政府向唐毓斌公开的 63 号文件载体，不仅本身存在形式欠缺，未加盖制文单位印章，而且没有复印或打印机关盖章确认，亦无其他确认其真实性的任何形式的证明。不能确认真实的政府信息，显然不符合《政府信息公开条例》的精神和要求。

3. 政府信息公开应与申请内容相对应。行政机关依公民申请公开政府信息，应当按照申请人的要求予以提供，这是信息公开应有之义。本案中，唐毓斌申请公开的是征地拆迁补偿费用的发放、使用情况，而63号文件公开的信息，只含有反映征地补偿费总体数额情况的信息，并无关于这些费用的具体发放、使用情况。而在某种程度上，征地拆迁补偿费用总额信息固然重要，但更为关键、更需公开，也是与申请人更直接相关的乃是具体发放、使用情况，海淀区政府公开的信息，与唐毓斌的申请相比，显然有些“答非所问”或“意犹未尽”，因此，应当认定履行信息公开职责不到位，需要纠正并责令予以重新公开。

（北京市高级人民法院　刘行）

56. 范国良不服国家环境保护部政府信息公开案

（一）首部

1. 判决书字号

一审判决书：北京市第一中级人民法院（2011）一中行初字第1398号行政判决书。

二审判决书：北京市高级人民法院（2011）高行终字第1403号行政判决书。

2. 案由：政府信息公开。

3. 诉讼双方

原告（上诉人）：范国良。

委托代理人：范建成。

被告（被上诉人）：中华人民共和国环境保护部（以下简称环保部）。

法定代表人：周生贤，环保部部长。

委托代理人：李明霞，环保部行政复议处干部。

委托代理人：张义平，北京市汉鼎联合律师事务所律师。

4. 审级：二审。

5. 审判机关和审判组织

一审法院：北京市第一中级人民法院。

合议庭组成人员：审判长：梁菲；审判员：乔军；代理审判员：曹炜。

二审法院：北京市高级人民法院。

合议庭组成人员：审判长：朱世宽；代理审判员：刘行、李洋。

6. 审结时间

一审审结时间：2011年6月20日。

二审审结时间：2011年10月21日。

（二）一审诉辩主张

1. 被诉具体行政行为

环保部依原告范国良的申请作出 2010 年第 44 号《环保部政府信息公开告知书》。

2. 原告诉称

（1）为更好地学习《中华人民共和国行政诉讼法》、《中华人民共和国行政复议法》，庆祝“3·15”活动，了解环境保护工作的最新资讯，依法进行监督，故向被告申请公开“环保部对江苏省如皋市长江镇创建全国环境优美乡镇工作的审定意见”。（2）关于全国环境优美乡镇考核问题，被告应当对申请城市逐个审查，且每个申请城市应当有一个审批表，审批表上有一栏是环保部的审批意见，原告申请公开的政府信息是被告针对江苏省如皋市长江镇在全国环境优美乡镇考核中的审批表，而非环保部公告 2010 年第 37 号（以下简称《第 37 号公告》）。原告请求法院判决撤销被告作出的 2010 年第 44 号《环保部政府信息公开告知书》（以下简称第 44 号告知书），判令被告承担本案诉讼费。

3. 被告辩称

（1）范国良申请公开的信息属于环保部主动公开政府信息范围，且已经主动公开，环保部作出的第 44 号告知书已经告知范国良获取该信息的方式和途径，该告知书对范国良的权利义务未产生实际影响，范国良与第 44 号告知书之间没有法律上的利害关系，范国良不具备本案原告的诉讼主体资格，依法应裁定驳回起诉。（2）《第 37 号公告》载明了环保部对北京市密云县大城子镇等 398 个乡镇创建“全国环境优美乡镇”和北京市顺义区北郎中村等 83 个村创建“国家级生态村”工作的审查意见，根据该公告附件，江苏省如皋市长江镇列在该公告附件一《国家生态建设示范区之“全国环境优美乡镇”名单》中，即该镇属于被授予“全国环境优美乡镇”称号的 398 个乡镇之一，范国良申请公开的政府信息，就是《第 37 号公告》所载明的信息。（3）环保部对全国环境优美乡镇的审定不是对每一个乡镇出一份审定意见，而是集中审定后针对一批乡镇出一个审定意见，环保部在履行职责过程中，未制作或获取范国良所述的审批表。环保部请求法院依法裁定驳回范国良的起诉，或者判决驳回其诉讼请求。

（三）一审事实和证据

北京市第一中级人民法院经公开审理查明：2010 年 6 月 8 日，原告范国良以“为更好地学习《行政复议法》及其实施条例，便于申请人学习、研究和诉讼等工作，了解我国环境保护工作的最新资讯，依法监督”为由，向环保部提出政府信息公开申请，要求公开“环保部对江苏省如皋市长江镇创建‘全国环境优美乡镇’工作进行审定的审定意见原件的第一版彩色复印件”。同年 6 月 11 日，环保部收到范国良的申请书。同年 6 月 28 日，环保部作出《环保部政府信息公开延期告知书》（第 00010 号），告知范国良根据工作需要，延期 15 个工作日作出答复。同年 7 月 15 日，环保部作出第 44 号告知书，其主要内容为：范国良申请公开的“环保部对江苏省如皋市长江镇创建全国环境优美乡镇工作的审定意见”为《第 37 号公告》，属于环保部主动公开信息范围，范国良可以从以下网址获取：www. mep. gov. cn/gkml/hbb/201005/t20100527 _ 189994. htm。范国良针对第 44 号告知书向环保部申请行政复议，环保部于 2010 年 9 月 21 日作出环法［2010］71 号行政复议决定，维持了第 44 号告知书。

上述事实有下列证据证明：

1. 被告提交的证据和依据有：

（1）政府信息公开申请书；

（2）《环保部政府信息公开延期告知书》（第 00010 号）；

（3）第 44 号告知书；

（4）《第 37 号公告》；

（5）法律依据包括《环境信息公开办法（试行）》、《政府信息公开条例》。

2. 原告提交的证据有：

（1）政府信息公开申请书；

（2）行政复议申请书；

（3）行政复议决定书。

（四）一审判案理由

北京市第一中级人民法院经审理认为：根据《最高人民法院关于执行〈中华人民共和国行政诉讼法〉若干问题的解释》第十二条的规定，与具体行政行为有法律上利害关系的公民、法人或者其他组织对该行为不服的，可以依法提起行政诉讼。本案中，范国良向环保部提出政府信息公开申请，环保部依照《政府信息公开条例》的规定，针对范国良的申请作出第 44 号告知书，属于可诉的具体行政行为。范国良作为被诉具体行政行为的相对人，具有提起本案诉讼的原告主体资格。因此，环保部关于范国良不具有本案原告诉讼主体资格的诉讼主张，缺乏事实和法律依据，不予支持。

根据《政府信息公开条例》第二十一条第（一）项的规定，对申请公开的政府信息属于公开范围的，行政机关应当告知申请人获取该政府信息的方式和途径。本案中，范国良申请公开的政府信息，即“环保部对江苏省如皋市长江镇创建全国环境优美乡镇工作的审定意见”，环保部已经告知范国良的《第 37 号公告》载明了环保部对北京市密云县大城子镇等 398 个乡镇创建“全国环境优美乡镇”工作的审查意见，作为该公告附件的《国家生态建设示范区之“全国环境优美乡镇”名单》中载明，江苏省如皋市长江镇属于被授予“全国环境优美乡镇”称号的 398 个乡镇之一。因此，范国良申请公开的政府信息，就是《第 37 号公告》所载明的信息。环保部作出的第 44 号告知书已经告知范国良获取该政府信息的方式和途径，该告知书符合法律和法规的规定，范国良请求法院撤销该告知书的诉讼请求，缺乏事实和法律依据，不予支持。

根据《政府信息公开条例》第二条的规定，本条例所称政府信息，是指行政机关在履行职责过程中制作或者获取的，以一定形式记录、保存的信息。范国良关于被告应当对申请城市逐个审查，且被告应当保存江苏省如皋市长江镇在全国环境优美乡镇考核中的审批表的诉讼主张，缺乏事实和法律依据，不予支持。

（五）一审定案结论

北京市第一中级人民法院依照《最高人民法院关于执行〈中华人民共和国行政诉讼法〉若干问题的解释》第五十六条第（四）项的规定，作出如下判决：

驳回原告范国良的诉讼请求。

案件受理费50元，由原告范国良负担。

（六）二审情况

1. 二审诉辩主张

（1）上诉人诉称

1）《全国环境优美乡镇考核验收规定（试行）》以附录二的形式公布了《全国环境优美乡镇申报表》，该表最后一栏为“国家环境保护总局审批意见”和“年月日（盖章）”字样及相关申请要求，可见申报表确实存在，且内有范国良申请的政府信息。2）环保部提供网页的显示内容不可信。环保部内设部门无权对外发布如此高规格的公告，因此环保部告知的网页内容有违常规，不足以让人采信。综上，请求二审法院判决撤销一审判决和第44号告知书。

（2）被上诉人辩称

一审判决及被诉告知书认定事实清楚、适用法律正确，请求二审法院判决驳回上诉，维持一审判决。

2. 二审事实和证据

北京市高级人民法院经审理，确认一审法院认定的事实和证据。

3. 二审判案理由

北京市高级人民法院经审理认为：范国良申请公开的政府信息为“环保部对江苏省如皋市长江镇创建全国环境优美乡镇工作的审定意见”。环保部已告知范国良其申请公开的信息即为《第37号公告》载明的内容，属于环保部主动公开信息范围，并告知了获取信息的网址。《第37号公告》是环保部对北京市密云县大城子镇等398个乡镇创建“全国环境优美乡镇”工作的审查意见，该公告附件《国家生态建设示范区之“全国环境优美乡镇”名单》中载明，江苏省如皋市长江镇属于被授予“全国环境优美乡镇”称号的398个乡镇之一，应当认定环保部应范国良的申请履行相应政府信息公开职责并无不当，应予支持。范国良关于除此信息以外还应当存在单独的“环保部对江苏省如皋市长江镇创建全国环境优美乡镇工作的审定意见”的诉讼主张，缺乏事实和法律依据，不予支持。

4. 二审定案结论

北京市高级人民法院依照《中华人民共和国行政诉讼法》第六十一条第（一）项的规定，作出如下判决：

驳回上诉，维持一审判决。

二审案件受理费人民币 50 元，由上诉人范国良负担。

（七）解说

1. 政府信息公开诉讼的难点

政府信息公开制度是政治民主和法制健全条件下的产物。《政府信息公开条例》实施后，全国各地的地方政府信息公开工作在立法和实践上取得了丰硕的成果，申请政府信息公开成为公民参与社会管理的一种重要方式。近年来，因政府信息公开行为而引发的行政诉讼日益增多，迅速成为行政诉讼案件的重要增长点。对于政府信息公开行为的合法性审查标准的探讨亦日渐深入。

《政府信息公开条例》第二十一条对政府信息公开事项的四种类型予以了明确，分别是属于公开范围的、不属于公开范围的、依法不属于本机关公开或者政府信息不存在的、申请内容不明确的。上述类型在具体的政府信息公开事项中时常交织、混杂，加之行政机关拒绝公开、公开不充分或故意规避公开义务等情形存在，以及政府信息公开行为本身的行为模式和后果尚欠缺深入研究等，导致此类行为的合法性审查标准有待明确。

2. 本案争议焦点

如果将政府信息公开诉讼的审查分为事实问题的审查和法律适用问题的审查，那么，政府信息公开案件的事实问题主要是围绕相对人所申请的政府信息是否存在及以何种形式存在的问题展开；法律适用问题则主要是判断信息应否公开，公开义务是否适当履行。本案中，范国良与环保部之间在一审、二审中的主要争议焦点有两个：焦点一是范国良所申请公开的单独的"环保部对江苏省如皋市长江镇创建全国环境优美乡镇工作的审定意见"是否存在，即环保部主张自己主动公开的《第 37 号公告》即包含范国良所申请公开的信息，但范国良认为该公告并非其所申请的信息，真正的信息另有所在。焦点二是环保部的信息公开告知是否恰当尽到了告知与说明理由的义务。即在明确了范国良主张的信息是否单独存在后，对本案被诉的政府信息公开行为是否合法、恰当的审查。

3. 政府信息是否存在涉及的诉讼类型分析

关于政府信息是否存在问题的判断，政府信息不存在告知、不属于本机关公开范围告知和政府信息公开告知三种类型案件中都可能涉及。政府信息不存在告知案件中直接涉及法院对于政府信息是否存在的判断；不属于本机关公开范围告知的案件中，被申请机关往往以信息并非本机关制作为由抗辩，而当事人则主张该信息确由该机关制作，此时也涉及信息是否存在的判断；政府信息公开告知案件中，部分当事人主张行政机关向其公开的信息并非其所申请的信息，其申请的信息另行存在。上述三种情形中，均涉及政府信息是否存在的判断问题，假如行政机关主张信息不存在，而在举证责任领域中举证主体无法自证不存在的状态，则在无法要求行政机关举证的情况下，审查政府信息不存在是否属实就成为一个摆在法院面前的难题。

4. 政府信息不存在的审查思路

第一，从法定职权入手透视政府信息存在的可能性。

政府信息从形式上表现为既往存在过的资料、文本和数据，其本质上是行政机关履行法定职责、实施行政行为留下的“痕迹”，是行政权行使过程的记录载体。从行政机关行为的物理性质来看，所有的行政机关行为最终都体现为各种形式的政府信息，不可能有脱离于各类载体而独立存在的行政行为。基于上述特点，对政府信息不存在问题的审查不应仅仅局限于客观上相对人申请的信息是否存在这一事实，而应当首先从该信息内容涉及的行政机关的法定职权入手，正向推理政府信息存在的可能性。

首先，考察该政府信息涉及何种领域内行政机关的何种职权，即该事项按照法律规定应当由行政机关履行何种法定职责。具体就本案而言，范国良申请公开的信息涉及环保部组织、审核、评定全国环境优美区域的职权，属于环保部日常工作职权的一部分。其次，确认政府信息内容涉及的履责义务机关、法定职责的内容和信息公开义务机关。由于行政行为主体规则和政府信息公开主体规则的差异性，可能存在履责义务机关与信息公开义务机关不重合的情况。本案中，全国环境优美乡镇评选的组织与实施主体均为环保部，相应信息的制作、保存也由环保部完成，因此环保部就是信息公开义务机关。再次，根据行政机关的法定职责和实际履责情况判断当事人申请的政府信息是否应当制作和保存。本案中，环保部认可其实际开展了上述评比活动，因此相关信息应当制作和保存。上述步骤是从法律规定来推定政府信息存在的应然性和可能性，初步形成政府信息是否应当存在的结论，该结论可结合进一步的审查被确证或者推翻。

第二，以当事人提供的线索验证信息存在的真实性。

范国良主张单独的环保部对江苏省如皋市长江镇创建全国环境优美乡镇工作的审定意见是存在的，并提供了环保部网站上登载的《全国环境优美乡镇考核验收规定（试行）》，该规定附录二公布了《全国环境优美乡镇申报表》，其中包含“国家环境保护总局审批意见”和“年月日（盖章）”字样及相关申请要求，这为审查单独的审定意见是否存在提供了线索，进一步完成了政府信息存在的推进证明责任。环保部如若主张信息不存在，必须作出合理的、能够推翻上述线索和逻辑性结论的说明。

第三，从公开义务人说明的理由判断信息不存在的充分性。

本案中，经法庭调查，环保部认可其网站上确实公布了《全国环境优美乡镇申报表》样式，但鉴于全国申报的乡镇数目众多，不可能逐一作出内部审核、批准程序，因而采取评审委员会集体评议通过制度，最终以环保部公告形式对外发布结果。对外发布的公告即审定、评议结果的载体，并不存在逐一审核批准的表格。上述理由说明结合了评审职责的履行流程及行政机关内部文案制度的惯例，符合实际情况，能够形成关于单独的评审意见确实不存在的确信。

（北京市高级人民法院　李洋）

57. 杨期能不服上海市闵行区华漕镇人民政府政府信息公开申请答复案

(一) 首部

1. 判决书字号：上海市闵行区人民法院(2011)闵行初字第34号行政判决书。

2. 案由：政府信息公开。

3. 诉讼双方

原告：杨期能，住上海市黄浦区延安东路。

委托代理人：杨宗章，上海市弘正律师事务所律师。

被告：上海市闵行区华漕镇人民政府，住所地：上海市闵行区华漕镇纪翟路228号。

法定代表人：张鹏宇，该镇镇长。

委托代理人：章群策，该镇副镇长。

委托代理人：吴刚，上海中夏旭波律师事务所律师。

4. 审级：一审。

5. 审判机关和审判组织

审判机关：上海市闵行区人民法院。

合议庭组成人员：审判长：蔡云；审判员：张秋萍；人民陪审员：王志云。

6. 审结时间：2011年7月20日。

(二) 诉辩主张

1. 被诉具体行政行为

被告上海市闵行区华漕镇人民政府依原告申请，于2010年12月20日作出[2010]1号《政府信息公开申请答复书》。

2. 原告诉称

其系闵行区华漕镇社区卫生服务中心的职工。该中心借医疗改革的名义，声称由地方镇政府出资，连续十余年超越正常医院环境进行改建。原告作为职工代表，于2010年11月8日向被告提出申请，要求公开自2004年5月1日《上海市政府信息公开规定》实施之日起至今华漕镇人民政府对华漕镇社区卫生服务中心社会公益事业单位多达几十项改建工程的建设情况，各类专项修建资金的合法来源及管理和使用情况的政府信息。同年12月21日，原告收到被告发出的《政府信息公开申请答复书》和三份工程的审价审定单，该公开的政府信息不符合法定要求。后原告申请行政复议，闵行区人民政府仍维持上述错误答复。原告认为，根据《中华人民共和国政府信息公开条例》、《中华人民共和国城乡规划法》等相关规定，工程资料应包括建筑工程的完整信息，而被告作为工程出资方应明确资金来源等信息，现其仅提供三份材料，表现出行政管理上的混乱。故请求判决撤销被告作出的编号为［2010］1号《政府信息公开申请答复书》，按照原告的申请公开相应的政府信息。

3. 被告辩称

被告于2010年11月9日收到原告要求获取“华漕镇人民政府对华漕镇社区卫生服务中心社会公益事业单位多达几十项改建工程的建设情况，各类专项修建资金的合法来源及管理和使用情况”政府信息的申请，因该申请本身并不明确，被告在认真查找相关材料后，经延长答复期限，于2010年12月20日作出《政府信息公开申请答复书》，向原告提供了与其申请相匹配的材料。被告所作具体行政行为并无不当，请求驳回原告诉请。

（三）事实和证据

上海市闵行区人民法院经公开审理查明：被告华漕镇人民政府于2010年12月20日作出编号为［2010］1号《政府信息公开申请答复书》，认定原告申请获取“自2004年5月1日至今华漕镇政府对华漕镇社区卫生服务中心社会公益事业单位多达几十项改建工程的建设情况，各类专项修建资金的合法来源及管理和使用情况”的政府信息，属于被告依申请公开的政府信息，根据《上海市政府信息公开规定》第二十六条的规定，被告将当场提供。后被告向原告提供了《华漕卫生院计免门诊新建土建、装饰及总院改造工程审价审定单》、《华漕卫生院化验室装修工程审价审定单》、《新建闵行区医疗急救站华漕分站扩建医疗辅助用房工程审价审定单》三份材料。

（四）判案理由

上海市闵行区人民法院经审理认为：被告华漕镇人民政府依法具有办理相应政府信息公开事项的法定职权。《中华人民共和国政府信息公开条例》第二十一条第（四）项规定，申请内容不明确的，应当告知申请人作出更改、补充。《上海市政府信息公开规定》第二十一条第（二）项规定，申请人向行政机关申请公开政府信息的，申请书应载明明确的政府信息内容，包括能够据以指向特定政府信息的文件名称、文号或者其他特征描述。被告作为政府信息公开的义务主体，在受理申请人的申请后，应根据上述规定，查明申请人对申请公开政府信息的内容描述能否指向特定的政府信息，如申请内容不明确，应当告知申请人进行补正。本案中，原告申请公开“自2004年5月1日至今华漕镇人民政府对华漕镇社区卫生服务中心社会公益事业单位多达几十项改建工程的建设情况，各类专项修建资金的合法来源及管理和使用情况”，该申请并未载明特定政府信息的文件名称、文号，而申请内容的特征描述亦不具有政府信息的特定指向性，故该申请应属不明确。现被告在未能依照上述规定告知原告进行更改、补充，亦未能证明其公开的政府信息符合原告申请的情况下，直接作出本案讼争政府信息公开申请答复，属认定事实不清、主要证据不足，适用法律错误，应予撤销。

（五）定案结论

上海市闵行区人民法院依照《中华人民共和国行政诉讼法》第五十四条第（二）项第1目、第2目之规定，作出如下判决：

1. 撤销被告上海市闵行区华漕镇人民政府于2010年12月20日作出编号为［2010］1号《政府信息公开申请答复书》的具体行政行为。

2. 被告上海市闵行区华漕镇人民政府应在本判决生效后15日内对原告的申请事项重新作出答复。

（六）解说

在依申请的政府信息公开中，申请人应当在申请中载明明确的政府信息内容，包括能够据以指向特定政府信息的文件名称、文号或者其他特征描述。提供明确的申请内容是申请人的义务，也是政府信息公开工作启动的前提之一，如果申请内容不明确，行政机关无法确定申请的指向，就无法启动政府信息公开工作。同时，协助申请人提供明确的内容也是行政机关的职责，《上海市政府信息公开规定》对此规定了协助义务和通知补正义务。其中第二十二条第二款规定，申请人描述所需政府信息的文件名称、文号或者确切特征有困难，向行政机关咨询的，行政机关应当提供必要的帮助；第二十三条规定，申请内容不明确，应当告知申请人在合理期间内补正。在政府机关完成上述协助义务和通知补正义务后，申请人在合理期限内仍无法提供明确申请内容的，应视为放弃申请。

本案带来的第一个思考是：原、被告双方在诉辩过程中未对申请内容的确定性发生争议，法院是否应当主动进行审查？一般情况下，行政机关认为申请人的申请内容不明确，其答复形式是告知申请人在合理期间内补正。行政机关未告知补正并公开了相关政府信息，但申请人对公开的内容不服，说明申请人与行政机关对申请内容的理解发生了分歧。此时存在三种可能：第一，原告申请内容指向确定，被告公开的内容与申请内容一致，应当驳回原告诉讼请求；第二，原告申请内容指向确定，但被告理解有误，公开的信息与申请内容不一致，应就该答复判决撤销或确认违法；第三，原告申请内容指向不确定，但被告理解为确定内容并进行了答复。在第三种情形下，如果法院不介入审查，完全依赖行政机关自身对申请内容是否明确的判断，可能导致行政机关任意限缩原告申请公开的信息范围，甚至答非所请。申请人不仅丧失对申请内容进行补正的程序权利，由于《上海市政府信息公开规定》规定同一申请人无正当理由重复向同一行政机关申请公开同一政府信息，行政机关已经作出答复的，可以不再重复处理，则申请人还可能丧失获取其真正所需的政府信息的实体权利。因此，我们认为法院应当对申请内容的确定性进行主动审查，如果被告在申请内容不明确的情况下进行答复，应当判决撤销或确认违法。以本案为例，原、被告双方在诉辩过程中虽未对申请内容的确定性直接发生交锋，但双方的争议焦点包含了原告申请内容不确定的可能，法院应当首先审查申请内容是否具有确定性，在此基础上再判断被告答复是否符合申请内容。

第二个思考是：应如何认定申请内容的确定性？在与本案类似的情况下，由于原、被告双方均未对申请内容的确定性提出异议，所以法院无法按照双方的争点展开审查。我们认为，法院在认定申请内容的确定性时应当采用客观标准，当原、被告双方对申请内容的理解不一致时，法院应当假设一个公允的、理性的、具有判断力的人处于被告的地位来理解申请内容，并以该理解的意思认定申请内容是否具有确定的指向。这个判断标准首先必须是公允而理性的，应当排除被告自身的利益考量或偏好来客观地理解原告的申请内容。其次必须是符合具体情境的，例如应当考虑到被告作为主管具体行政事务的行政机关所具有的专业知识和掌握的相关信息是否有助于确定申请内容的指向，如果原、被告之间就政府信息公开问题进行过多次交涉的，还应考虑到双方之间的交涉是否有助于限定原告申请内容的范围等。本案中，按照抽象的客观标准来审查，原告申请公开“自 2004 年 5 月 1 日至今华漕镇人民政府对华漕镇社区卫生服务中心社会公益事业单位多达几十项改建工程的建设情况，各类专项修建资金的合法来源及管理和使用情况”，该申请内容的特征描述不具有政府信息的特定指向性。同时，被告又不能证明存在其他客观事实能够限定原告的申请内容，从而证明被告的答复符合原告的申请。故本案中原告的申请应属不明确，被告直接作出本案讼争政府信息公开申请答复，属认定事实不清、主要证据不足，适用法律错误，应予撤销。

（上海市闵行区人民法院　张秋萍　李岳）

八、人事管理类

58. 杨汶蒨不服丰都县公安局其他行政行为案

（一）首部

1. 判决书字号：重庆市第三中级人民法院（2011）渝三中法行初字第1号行政判决书。

2. 案由：其他行政行为。

3. 诉讼双方

原告：杨汶蒨，住重庆市涪陵区太极大道。

委托代理人：胡剑，住重庆市涪陵区太极大道。

被告：丰都县公安局，住所地：丰都县三合镇平都大道东段。

负责人：马怀兹，该局政委。

委托代理人：徐洪，丰都县公安局民警。

第三人：重庆市人力资源和社会保障局（以下简称重庆人社局），住所地：重庆市渝北区新牌坊一路1号。

法定代表人：陈元春，该局局长。

委托代理人：周青，重庆人社局公务员。

委托代理人：文召辉，重庆恒泽律师事务所律师。

第三人：重庆市公务员局，住所地：重庆市渝北区新牌坊一路1号。

法定代表人：蒋建国，该局局长。

委托代理人：王越忠，重庆市公务员局考试录用处副处长。

第三人：丰都县人力资源和社会保障局（以下简称丰都人社局），住所地：丰都县三合镇党政大楼6楼。

法定代表人：李为民，该局局长。

委托代理人：李晟，丰都人社局副局长。

4. 审级：一审。

5. 审判机关和审判组织

审判机关：重庆市第三中级人民法院。

合议庭组成人员：审判长：杨煜；代理审判员：谭晓琪、刘厚勇。

6. 审结时间：2011 年 6 月 16 日。

（二）诉辩主张

1. 被诉具体行政行为

杨汶蒨于 2010 年上半年参加重庆市招录公务员考试，报考丰都县公安局基层民警岗位。2010 年 9 月，丰都县公安局在考察中，告知杨汶蒨其是党校毕业生，不具备报名资格，考察不合格。2010 年 9 月 29 日，丰都县公安局公布拟录用人员名单，该名单中没有杨汶蒨。

2. 原告诉称

原告于 2010 年上半年参加重庆市招录公务员考试，报考丰都县公安局基层民警岗位，通过了报名资格网上预审，参加了笔试，后在丰都县公安局补录 15 名基层民警考试中通过了报名资格现场复审，进行了体能测试和面试，总成绩列第八名，且体检合格，进入了考察环节。2010 年 9 月，被告在考察中，以原告是党校毕业生，不具备报名资格为由，未将原告确定为拟录用人员进行公示。原告认为：第一，被告行为认定事实不清。中共重庆市委组织部、重庆人社局、重庆市公务员局发布的《2010 年上半年面向社会公开考试录用公务员公告》载明的报考条件对学历的要求为“取得国民教育专科毕业及以上文化程度”，应当理解为对“专科毕业”的报考人员的学历提出了属于“国民教育”序列的要求，而对专科“以上学历”的报考人员并未要求属“国民教育”序列。原告系重庆市委党校法律专业本科毕业，符合报名资格。根据《中共中央关于面向 21 世纪加强和改进党校工作的决定》（中发［2000］10 号）中“取得党校函授教育学历，待遇参照国民教育相应学历”的规定，即使前述公告要求专科“以上学历”的报考人员的学历属“国民教育”序列，原告也符合招考条件。故被告认为原告不符合报考条件，属于认定事实不清。第二，被告行为适用法律错误。原告报考后，顺利通过了报考资格的网上初审和现场复审，总成绩列第八名，并通过了体检，丰都县公安局补充招录 15 名基层民警，根据《中华人民共和国公务员法》（以下简称《公务员法》）第二十一条“录用担任主任科员以下及其他相当职务层次的非领导职务公务员，采取公开考试、严格考察、平等竞争、择优录取的办法”之规定，原告应当被录取。被告公示的拟录用人员中没有原告，属适用法律错误。第三，被告行为违反法定程序。根据《公务员法》的有关规定，对报考资格的审查应当在笔试之前，不应在考察环节进行；被告公布的《招录公告》亦规定考察内容为“政治思想、道德品质、能力素质、学习工作表现及实绩、遵纪守法、廉洁自律以及是否需要回避等方面的情况”，并不包括报考资格情况。被告在之前的资格审查中已经认可原告的报考资格，故其在考察环节再次审查该问题，违反了法定的程序。第四，被告滥用职权。原告参加招录考试取得优秀成绩，说明完全能够胜任报考的岗位，被告不录用原告不合理，属滥用职权。综上，被告行政行为无事实和法律依据，且滥用职权，请求人民法院确认被告不将原告作为拟录用人员进行公示的行为违法，判令被告确定原告为拟录用人员。

3. 被告辩称

2010年上半年，我局招录人民警察，是在重庆人社局、重庆市公务员局、丰都人社局的安排下进行的。中共重庆市委组织部、重庆人社局、重庆市公务员局发布的《2010年上半年面向社会公开考试录用公务员公告》载明的报考条件对学历的要求为"取得国民教育专科毕业及以上文化程度"，根据前述单位对涉案招录有关政策的解答，应当理解为对"专科毕业及以上文化程度"的报考人员的学历均提出了属于"国民教育"序列的要求。原告系党校毕业生，不符合此次招考的报名资格，我局严格依照《公务员法》及相关法律法规，中共重庆市委组织部、重庆人社局、重庆市公务员局公开发布的《2010年上半年面向社会公开考试录用公务员公告》的规定，在考察中对其作出政审不合格结论，并不将其作为拟录用人员进行公示是正确合法的。请求人民法院驳回原告的诉讼请求。

4. 第三人述称

（1）重庆人社局、重庆市公务员局述称：中共重庆市委组织部、重庆人社局、重庆市公务员局公开发布《2010年上半年面向社会公开考试录用公务员公告》，对党校学历的毕业生报考作出了限制性规定，该公告系抽象行政行为，对各招录单位和报考人员均有效力，根据该《公告》，原告不符合报考条件。根据《公务员法》以及前述公告的有关规定，考察内容包括对报考者资格条件的考察。丰都县公安局在考察中发现原告学历系党校文凭，不属于国民教育文凭后，决定不让其进入公示环节符合《公务员法》第二十三条以及前述《公告》的有关规定。原告诉讼理由不能成立，请求人民法院驳回其诉讼请求。

（2）丰都人社局述称：同意重庆人社局和重庆市公务员局的答辩意见。原告的学历证书不属于国民教育序列毕业证书，原告不属于此次招考的对象，被告不将其作为拟录用人员公示正确合法。原告的诉讼理由不能成立，请求法院予以驳回。

（三）事实和证据

重庆市第三中级人民法院经公开审理查明：2010年3月17日，中共重庆市委组织部、重庆人社局、重庆市公务员局公开发布《2010年上半年面向社会公开考试录用公务员公告》，对报考人员作出"具备国民教育大学专科毕业及以上文化程度"的要求。同时规定，招考采取笔试、体能测试（限报考监狱劳教人民警察、区县公安人民警察和重庆市交通行政执法总队"基层执法岗"的考生）、面试、体检、考察的方式进行，报考人员按各报考同一单位同一职位竞争，分别录用。同月19日，重庆人社局在重庆市人力资源和社会保障网上发布《2010年上半年面向社会公开考试录用公务员报考事宜及相关政策解答》，对国民教育学历的要求根据有关法律、政策作出解答：中国国民教育学历，指国家承认的学历，包括初等教育、中等教育及高等教育（大学）学历……各级各类党校颁发的"学历"证书等均不属于国民教育序列毕业证书。

杨汶蒨于2003年7月高中毕业，于2004年12月至2006年12月在解放军某部队服役，在此期间于2005年9月到中共重庆市委党校函授学院大专起点本科班学习，并于2007年12月30日取得该院颁发的毕业证书和学历证明。2010年3月，杨汶蒨报名参加2010年上半年重庆市公务员录用考试，以“法律本科”学历报考了丰都县公安局基层民警岗位，因笔试成绩排名靠后，未能进入体能测试环节。

2010年7月30日，中共重庆市委组织部、重庆人社局、重庆市公务员局公开发布《2010年调剂补充录用公安人民警察公告》，附表载明丰都县公安局调剂补充招录公安人民警察基层民警15名，原告再次选择丰都县公安局基层民警岗位参加补录，进行体能测试、面试后，总成绩列第八名，经体检合格，进入了考察环节。

2010年9月25日，丰都县公安局对杨汶蒨进行考察，并于当日作出《杨汶蒨同志政审综合报告》，政审结论为：学历不属于国民教育序列的毕业证书，政审不合格。同日，该局在杨汶蒨《重庆市公务员录用考察表》“招录机关考察结论”栏中填写不合格结论。其后，该局口头通知杨汶蒨不符合报名资格，考察未能通过。2010年9月29日，丰都县公安局在丰都县人民政府公众信息网公布“丰都县公安局拟录用公务员（人民警察）名单”，该名单中没有杨汶蒨。杨汶蒨不服，提起本案诉讼。

上述事实有下列证据证明：

1. 中共重庆市委组织部、重庆人社局、重庆市公务员局公开发布的《2010年上半年面向社会公开考试录用公务员公告》、《2010年调剂补充录用公安人民警察公告》；

2. 重庆市人力资源和社会保障网上发布的《2010年上半年面向社会公开考试录用公务员报考事宜及相关政策解答》。

3. 杨汶蒨毕业证书、体检表、公安机关招录人民警察政审情况表，《杨汶蒨同志政审综合报告》，《重庆市公务员录用考察表》；

4. 丰都人社局《关于同意录用胡××等32位同志为公务员（公安人民警察）的通知》（丰人社［2010］118号）。

（四）判案理由

重庆市第三中级人民法院经审理认为：丰都县公安局作为国家行政机关，根据《公务员法》的相关规定享有公务员招录权。在涉诉公务员招录中，该局在公务员主管部门的“组织”之下具体开展报名资格审查、考察体检、拟录用公示、决定录用等招录工作。丰都县公安局对原告作出政审不合格结论，未将原告作为拟录用人员进行公示，是行使上述职权的行为。

根据《公务员法》第十一条、第二十三条的规定，公务员必须具有符合职位要求的文化程度；报考公务员，除应当具备《公务员法》第十一条规定的条件外，还应当具备省级以上公务员主管部门规定的拟任职位所要求的资格条件。本案中，重庆人社局、重庆市公务员局作为省级公务员主管部门，发布的《2010年上半年面向社会公开考试录用公务员公告》、《2010年调剂补充录用公安人民警察公告》，要求报考者具备“国民教育大学专科毕业及以上文化程度”，符合法律的规定，各招录机关在招录中应当严格执行。前述《录用公务员公告》载明的“取得国民教育专科毕业及以上文化程度”，联系上下文，从句子结构和语言逻辑看，应当理解为对“专科毕业及以上文化程度”的报考人员的学历均要求属于“国民教育”序列。

根据《中华人民共和国教育法》、《中华人民共和国高等教育法》，以及国家教委《关于党校、军队院校学历与国民教育学历关系的认定问题》、教育部《高等教育学历证书电子注册管理暂行规定》、教育部办公厅《关于进一步完善高等教育学历证书电子注册制度的通知》和《关于党校函授教育学历有关问题的意见》之有关规定，我国国民教育序列指在教育部颁发毕业证书范围内的全日制毕业生、自学考试毕业生、成人高等教育毕业生、函授或电大、远程教育毕业生等。杨汶蒨取得的中共重庆市委党校函授学院本科学历未纳入国民高等学历教育系列，不符合涉案公务员招录考试的学历要求和报考资格。

根据《公务员法》第二十一条第一款、第二十九条第一款以及原人事部《公务员录用规定（试行）》的相关规定，公务员的录用应当贯彻和体现平等、竞争等原则，采取公开考试、严格考察的方法择优录用；招录机关在确定拟录用人员时，应当根据报考者的考试成绩由高到低的顺序确定考察人选，并对其进行报考资格复审和考察。可见，在公务员招录考试中，报考者通过初次报考资格审查并不代表其报考资格已经取得招录机关的认可，为贯彻平等、竞争原则，招录单位在确定拟录用人员时，还应对考察人选进行严格的报考资格复审。

本案中，丰都县公安局确定考察对象后，在确定拟录用人员时，对杨汶蒨以往的情况和表现进行全面考察，并复审其报名资格，符合《公务员法》及原人事部《公务员录用规定（试行）》规定的有关程序。该局在该环节以杨汶蒨不符合报考条件为由，对其作出政审不合格的结论，以及未将杨汶蒨作为拟录用人员进行公示的行为，事实清楚、适用法律正确，符合公务员招录考试的公平竞争和严格考察的原则，应予支持。需要指出的是，丰都县公安局在报名资格初审中，没有尽到审查义务，致使不符合报考条件的杨汶蒨参加了涉案公务员招录考试并被确定为考察对象，给杨汶蒨造成了一定损失。

综上，被诉具体行政行为正确合法，应予支持；杨汶蒨的诉讼理由不能成立，其请求本院不予支持。

（五）定案结论

重庆市第三中级人民法院依照《最高人民法院关于执行〈中华人民共和国行政诉讼法〉若干问题的解释》第五十六条第（四）项之规定，作出如下判决：

驳回原告杨汶蒨请求确认被告丰都县公安局不将原告作为拟录用人员进行公示的行为违法、请求判令被告丰都县公安局确定原告杨汶蒨为拟录用人员的诉讼请求。

本案案件受理费50元，由原告杨汶蒨负担。

（六）解说

公务员录用纠纷案件近几年时见报端，随着公务员“考试热”持续升温，这类诉讼越来越多地涌入法院。本案涉及公务员招录纠纷行政诉讼中的几个基本问题，如公务员录用纠纷中被告的适格性、实体法律适用的正确性等。

1. 不予录用公务员纠纷适格被告的认定

关于公务员录用纠纷的适格被告，司法实践中标准很不统一，有观点认为应以公务员主管部门为被告，因为只有公务员主管部门才能够以自己的名义独立行使公务员招录权。

笔者认为，本案不予录用公务员纠纷的适格被告应为用人单位丰都县公安局。理由如下：

首先，从实体规定来看，用人单位享有录用公务员的具体职权。根据《中华人民共和国公务员法》第二十二条规定，中央和地方各级机关公务员的录用，由公务员主管部门负责组织；而该法第三十条进一步规定，招录机关根据考试成绩、考察情况和体检结果，提出拟录用人员名单，并予以公示。公示期满，招录机关应将拟录用人员名单报公务员主管部门审批。由此可见，招录机关和公务员主管部门并非同一概念。在公务员招录考试中，公务员主管机关行使的乃是对各级机关录用公务员这一事项的组织职权，是针对各级机关具体招录活动的管理和协调，并不具体针对某个考生作出招录决定。其行为在学理上当为抽象行政行为，行使的乃是规范制定和执行监督权。比如本案中，公务员主管部门发布《招录简章》不针对特点个体，属于规范性文件的范畴，对招录机关和报考者均具有约束力。如上述法律所示，用人单位具体承担着考察、体检以及决定拟录用人员等职责，因此，用人单位相对于公务员主管部门行使的是具体的招录职权。

其次，从行政诉讼法理角度来看，公务员主管部门不应当成为被告。用人单位和公务员主管部门都参与了公务员招录工作，比如实践当中，招考公告一般由公务员主管部门发布，诸如对招考政策方面的认识也须以公务员主管部门的解释为准，并且最为关键的是，拟录用人员名单要报公务员主管部门审批，因此，表面看上去，公务员主管部门行使着实质意义上的招录职权。同时，作为招录机关的用人单位，在公务员主管部门的“组织”之下具体开展录用公务员的相关工作，包括但不限于拟定招录计划，组织实施面试，决定拟招录人员等，因此，也享有公务员招录权。这样看来，公务员招录职权是由公务员主管部门和用人单位共同行使。那么，一旦如本案一样，发生诉讼，应当以谁为被告呢？这在行政诉讼法学上称为适格被告的问题。就公务员录用这一事项而言，公务员主管部门和用人单位形成上下级关系，但在本案中，公务员主管部门对用人单位不录用决定的批准行为具有内部性、从属性和法律效力的特定性。具体而言，批准行为属于行政内部程序，不直接对外产生法律义务关系，批准行为是不录用决定的附属生效条件，不会对不录用决定的效力有所增减。因此，公务员主管部门的批准行为并不改变用人单位不录用决定的性质，相对人对不予录取行为不服，应当以招录机关为被告。

最后，从便利当事人诉讼和法院审判的角度来看，一个明确的认定被告的标准至关重要。不可否认，公务员录用决定要经过公务员主管部门的审批，现实中也经常发生当事人以公务员主管部门为被告的案件，其主要理由就是公务员主管部门的审批行为实质影响了当事人权益。但实际上，关于经上级行政机关批准的行政行为的责任主体，最高司法机关已有明确规定，《最高人民法院关于执行〈中华人民共和国行政诉讼法〉若干问题的解释》第十九条规定：“当事人不服经上级行政机关批准的具体行政行为，向人民法院提起诉讼的，应当以在对外发生法律效力的文书上署名的机关为被告。”由于最终向外发布招录决定的机关是用人单位，而公务员主管部门对录用或不录用决定的审批没有反映在外部程序上，如既未下达文件也没有在最终决定上署名，因而应当只以用人单位为被告。在本案中，丰都县公安局告知杨汶蒨不具备报名资格，考察不合格，并将其从拟录用人员名单中排除出去，理应作为本案被告。反观之，作为公务员主管部门的重庆市公务员局并未直接行使录用的否定权，所以，当然不能作为本案被告。

2. 报考资格审查权的行使期间

在公务员录用过程中，对报考资格予以审查的作用极其重要，但报考资格的审查是否仅限于公务员招考报名之初，还是贯穿公务员招录的全过程?

有观点认为，报考资格审查应当在报名阶段完成，一旦成功报名并参加考试，就当然视为考生通过了报考资格审查。

应当说，上述观点着眼于文义解释，揭示了报考资格审查制度设立的初衷，即在报名之初就将不符合考试资格的人员筛选出来，避免其进入招录的下一环节。但是在适用法律时，文义解释只是第一步，当遇有分歧时，则需诉诸目的解释等方法来探究法律的真正精神和含义。本案承办法官准确地发现了本案应当适用的法律条文，即《公务员法》第二十一条第一款、第二十九条第1款以及原人事部《公务员录用规定（试行)》的相关规定，并据此指出公务员招录工作的根本精神是“贯彻和体现平等、竞争等原则，采取公开考试、严格考察的方法择优录用；招录机关在确定拟录用人员时，应当根据报考者的考试成绩由高到低的顺序确定考察人选，并对其进行报考资格复审和考察”。此番释法说理，真正揭示了报考资格审查的本质，也论证了被告丰都县公安局适用法律并无错误。

必须指出的是，为了保证公务员录用工作的严肃性和严格性，法律虽然不禁止招录机关在招录全过程对报考资格进行审查，但是使用了“复审”这样的词语来表达对招录工作内部监督的审慎态度，即招录机关应当将复审合格率作为评价初审工作好坏的一个重要指标；换言之，招录机关应当在初审时就把好关，复审更多的体现的是一种程序或形式意义，以此来彰显招录工作的严谨与细密。所以，法律的这种严密防范不应该被行政机关用来作为开脱自己工作失误的借口。正是基于对这种法律精神的理解，本案判决对于丰都县公安局在招录工作中的不当行为提出告诫：“需要指出的是，丰都县公安局在报名资格初审中，没有尽到审查义务，致使不符合报考条件的杨汶蒨参加了涉案公务员招录考试并被确定为考察对象，给杨汶蒨造成了一定损失。”这种表态对原告是一种安慰，也是对原告信赖利益的肯定。

总而言之，本案判决能准确理解和适用法律，在维护行政机关依法行政的同时也不避讳监督和纠正不当行政，在驳回原告诉讼请求的同时并不漠视其所主张的正当利益，体现了高超的利益平衡技巧和运用法律方法的技能，取得了法律效果和社会效果的良好统一。

（重庆市第三中级人民法院　陈立洋）

59. 王润海不服中华人民共和国新闻出版总署注销新闻记者证案

（一）首部

1. 判决书字号

一审判决书：北京市第一中级人民法院（2011）一中行初字第670号行政判决书。

二审判决书：北京市高级人民法院（2011）高行终字第1512号行政判决书。

2. 案由：新闻行政管理。

3. 诉讼双方

原告（上诉人）：王润海，住北京市丰台区。

委托代理人（一审）：许秀玲，户籍所在地：河北省邢台市清河县。

被告（被上诉人）：中华人民共和国新闻出版总署，住所地：北京市宣武门外大街40号。

法定代表人：柳斌杰，署长。

委托代理人（一、二审）：范帆，中华人民共和国新闻出版总署法规司副调研员。

委托代理人（一审）：农涛，中华人民共和国新闻出版总署新闻报刊司报刊业务处处长。

委托代理人（二审）：卓宏勇，中华人民共和国新闻出版总署新闻报刊司副处长。

第三人（被上诉人）：《东方企业文化》杂志社，住所地：北京市东城区东长安街12号524室。

法定代表人：杨纪朝，该社社长。

委托代理人（一、二审）：吴晓云，北京市金台律师事务所律师。

委托代理人（二审）：刘晓媛，北京市金台律师事务所律师助理。

4. 审级：二审。

5. 审判机关和审判组织

一审法院：北京市第一中级人民法院。

合议庭组成人员：审判长：何君慧；代理审判员：汪明、贾志刚。

二审法院：北京市高级人民法院。

合议庭组成人员：审判长：朱世宽；代理审判员：朱海宏、汤捷。

6. 审结时间

一审审结时间：2011年8月4日。

二审审结时间：2011年11月28日。

（二）一审诉辩主张

1. 被诉具体行政行为

被告中华人民共和国新闻出版总署（以下简称新闻出版总署）于 2010 年 3 月 22 日注销了原告王润海持有的、编号为 K11520601000002 号的新闻记者证，注销理由为“离职但不交回记者证”。

2. 原告诉称

（1）2010 年 11 月 22 日，原告的现工作单位《中国商报》社领导通知原告，第三人向被告申请注销原告新闻记者证的原因中有关于其“不良从业”的记录，即将原告辞退。原告从未有任何不良行为，被告的相关公示材料中也没有关于原告的不良记录，第三人虚构原告曾被“劳教”的事实，对原告进行恶意陷害，侵害了原告的合法权益，理应承担赔偿责任。（2）在原告向被告举报第三人违法行为期间的 2010 年 12 月 10 日，第三人曾向原告户籍所在地党委宣传部发出联系函，妄图骗取原告违法违纪的复函，这是被告迟延履责造成的结果，被告应撤销第三人恶意诬陷原告“不良从业”记录的记载。（3）被告于 2010 年 3 月 22 日注销了原告的新闻记者证，但未履行告知义务。被告称注销原告新闻记者证的理由是原告离职但不交回记者证，但是，根据北京市第二中级人民法院的终审民事判决结果可知，原告与第三人之间还存在着劳动关系；同时，被告注销原告新闻记者证的时间为 2010 年 3 月 22 日，而其查明原告到第三人处工作的时间却是 2010 年 10 月 29 日，因此，被告在注销原告新闻记者证时未尽到审查义务，其注销行为缺少法律依据。综上，原告请求判决确认被告注销其新闻记者证的行为违法；判令被告撤销据以注销原告新闻记者证的“不良从业”记录；判令第三人赔偿原告经济损失和精神损失，共计 209 024 元；判令第三人公开向原告赔礼道歉、为其恢复名誉；判令由被告及第三人承担本案的全部诉讼费用。

3. 被告辩称

（1）被告于 2011 年 1 月 10 日询问原告时，原告称其在 2010 年 4 月 1 日即已知道其新闻记者证被注销，其迟至 2010 年 12 月才提起本案行政诉讼，已经超过了三个月的法定起诉期限，应当裁定驳回其起诉。（2）在日常工作中，被告通过网络实现对新闻记者证的管理，新闻机构通过网络向被告提交注销新闻记者证的申请，被告核准后，将结果告知新闻机构，对于记者本人，则应由新闻机构予以告知，且被告没有公告注销新闻记者证名单的法定义务。因此，被告依第三人的申请，注销原告新闻记者证的行为具有法律依据，符合法定程序，并无违法之处。（3）有不良从业记录的新闻记者名单均可通过中国记者网上“违法违纪新闻记者名录”栏目查询到，而被告提供的证据能够证明，通过查询，原告没有“不良从业”记录的记载。因此，原告要求撤销其“不良从业”记录的主张没有事实依据。（4）第三人向原告户籍所在地党委宣传部发联系函了解情况的行为与被告无关，原告认为这是被告迟延履责造成的结果的主张缺乏事实和法律依据。综上，被告新闻出版总署认为原告王润海的诉讼请求缺乏事实和法律依据，请求法院予以驳回。

4. 第三人述称

(1) 2009年9月11日，原告和第三人签署《合作协议》并约定，原告不再从事新闻采编工作，因此，第三人认为原告已不具备新闻记者从业资格，并向被告申请注销原告的新闻记者证，当时提交的理由是原告“离职但不交回记者证”。虽然生效民事判决确认原告和第三人仍然存在劳动关系，但是，自2010年1月至现在，原告一直没有到第三人处上班，原告自己也认可此事实。不管原告和第三人是否存在劳动关系，原告不在新闻采编岗位上工作是事实，因此，作为用人单位，第三人有充分的事实和法律依据申请注销原告的新闻记者证，被告注销原告新闻记者证的做法亦无不当。得知原告新闻记者证被注销后，第三人已经告知原告。(2) 原告已经离开了新闻采编岗位，其本应交回新闻记者证而未交回，由此导致的不利后果应当由其承担，因此原告在本案中要求第三人承担赔偿责任的主张缺乏事实和法律依据，且该诉讼请求亦不属于行政诉讼的审查范围。(3) 第三人向原告户籍所在地党委宣传部发联系函了解情况主要是基于对单位员工的管理需要，原告关于第三人蓄意诈骗原告户籍所在地党委宣传部的说法缺乏事实依据。(4) 第三人并未以原告有“不良从业”记录为由向被告申请注销其新闻记者证，原告亦未提交证据证明关于原告的“不良从业”记录是真实存在的，因此，其要求被告撤销该记录的诉讼请求亦缺乏事实根据。综上，第三人《东方企业文化》杂志社请求法院判决驳回原告王润海的诉讼请求。

(三) 一审事实和证据

北京市第一中级人民法院经公开审理查明：2009年5月26日，被告依第三人的申请向原告核发编号为K1152060100002号的新闻记者证。2010年1月4日，第三人作出《关于王润海多次旷工的处理意见》，决定解聘原告。后，第三人通过“全国新闻记者证管理及核验网络系统”向被告提交了注销原告持有的新闻记者证的申请，申请注销的理由为原告“离职但不交回记者证”。2010年3月22日，被告核准注销了原告的新闻记者证。原告不服，于2010年12月20日向一审法院提起本案行政诉讼。

另查，针对原告与第三人之间的劳动争议一案，北京市第二中级人民法院于2010年12月20日作出(2010)二中民终字第22588号民事判决书。在认定事实部分，该判决书确认原告和第三人于2009年4月5日始建立劳动关系，第三人作出的解除劳动关系的书面决定(即第三人于2010年1月4日出具的《关于王润海多次旷工的处理意见》)未依法送达原告，目前双方的劳动关系仍依法存续。

上述事实有下列证据证明：

被告提供的证据有：

1. 2011年1月10日形成的《关于东方企业文化杂志社有关问题的询问笔录》;
2. 注销原告新闻记者证相关信息的打印件2份;
3. 原告于2011年1月12日所写的承诺书;
4. 2010年12月3日形成的《关于东方企业文化杂志社询问笔录》;
5. 在中国记者网上查询违规违纪新闻记者名录的打印件。

原告提供的证据有：

1. 原告新闻记者证复印件；

2. 第三人于2010年1月4日出具的《关于王润海多次旷工的处理意见》复印件；

3.《中国商报》社于2010年12月23日辞退原告的《辞退证明》；

4. 电话录音及附带的该声音内容的文字记录5份。

第三人提供的证据有：

1. 第三人于2010年1月4日出具的《关于王润海多次旷工的处理意见》复印件（同原告证据2）；

2. 2010年4月1日，原告向北京市东城区劳动争议仲裁委员会提交的《申请书》；

3. 涉及原告与第三人劳动争议的北京市东城区人民法院（2010）东民初字第5900号及北京市第二中级人民法院（2010）二中民终字第22588号民事判决书。

（四）一审判案理由

北京市第一中级人民法院经审理认为：《最高人民法院关于执行〈中华人民共和国行政诉讼法〉若干问题的解释》第四十一条第一款规定，行政机关作出具体行政行为时，未告知公民、法人或者其他组织诉权或者起诉期限的，起诉期限从公民、法人或者其他组织知道或者应当知道诉权或者起诉期限之日起计算，但从知道或者应当知道具体行政行为内容之日起最长不得超过2年。本案中，虽然原告承认其于2010年4月1日已知道新闻记者证被注销的事实，但被告并未告知原告对此有起诉的权利及起诉的期限，因此，针对被告于2010年3月22日注销原告新闻记者证的行为，原告于2010年12月20日向本院提起本案行政诉讼，并未超过上述司法解释规定的2年法定起诉期限。被告关于原告已经超过3个月的法定起诉期限，应当裁定驳回其起诉的诉讼主张，缺乏事实和法律依据，本院不予支持。

国务院令第412号《国务院对确需保留的行政审批项目设定行政许可的决定》规定，依照《中华人民共和国行政许可法》（以下简称《行政许可法》）和行政审批制度改革的有关规定，国务院对所属各部门的行政审批项目进行了全面清理。由法律、行政法规设定的行政许可项目，依法继续实施；对法律、行政法规以外的规范性文件设定，但确需保留且符合《行政许可法》第十二条规定事项的行政审批项目，根据《行政许可法》第十四条第二款的规定，现决定予以保留并设定行政许可，共500项。该决定的附件《国务院决定对确需保留的行政审批项目设定行政许可的目录》第333项列明，新闻记者证核发由新闻出版总署实施。《行政许可法》第十六条第三款规定，规章可以在上位法设定的行政许可事项范围内，对实施该行政许可作出具体规定。参照《新闻记者证管理办法》第二十条的规定，新闻记者与新闻机构解除劳动关系、调离本新闻机构或者采编岗位，应在离岗前主动交回新闻记者证，新闻机构应立即通过“全国新闻记者证管理及核验网络系统”申请注销其新闻记者证。综上，当某一新闻记者与新闻机构解除劳动关系、调离新闻机构或者采编岗位时，被告有权依新闻机构的申请，审查并决定是否核准注销该新闻记者持有的新闻记者证。本案中，根据第三人申请注销原告持有的新闻记者证时的客观情况，作为核发新闻记者证这一行政许可的实施机关，被告核准注销原告持有的新闻记者证的行为符合《新闻记者证管理办法》的上述规定，尽到了应尽的审查义务。但是，鉴于此后在原告诉第三人劳动争议一案中，人民法院的生效民事判决已经确认，第三人于2010年1月4日作出的《关于王润海多次旷工的处理意见》未依法送达原告，迟至2010年12月20日，原告和第三人仍然存在劳动关系，因此，被告于2010年3月22日以原告已从第三人处离职为由核准注销原告持有的新闻记者证的行为，主要证据不足，本院应予撤销。

在行政诉讼中，当事人提起的请求事项应当有相应的事实根据。参照《新闻记者证管理办法》第二十八条第三款的规定，不良从业记录所指向的是搞虚假报道、有偿新闻、利用新闻报道谋取不正当利益、违法使用新闻记者证等行为。本案中，第三人申请注销及被告核准注销原告新闻记者证的原因均为原告已从第三人处离职，与《新闻记者证管理办法》上述条款所规定的“不良从业”记录无关。原告虽然主张第三人诬陷其有“不良从业”行为而向被告申请注销其新闻记者证，被告处亦有该“不良从业”记录的记载，被告应依法撤销该“不良从业”记录，但是，原告并未提供证据证明被告据以核准注销其新闻记者证的“不良从业”记录是真实存在的。因此，原告要求判令被告撤销上述“不良从业”记录的诉讼请求，缺乏事实根据，本院不予支持。

在行政诉讼中，当事人提起的请求事项应当属于人民法院行政审判权限范围。本案中，第三人系经国家有关行政部门依法批准设立的具有新闻采编业务的新闻机构，不具有国家行政职权。原告和第三人之间不涉及国家行政职权的行使，因此，原告要求第三人承担赔偿责任，并向其赔礼道歉、为其恢复名誉的请求事项不属于行政审判权限范围，本院在此不予评述。原告应通过民事诉讼等其他合法途径主张该请求事项。

（五）一审定案结论

北京市第一中级人民法院依照《中华人民共和国行政诉讼法》第五十四条第（二）项第1目、《最高人民法院关于执行〈中华人民共和国行政诉讼法〉若干问题的解释》第五十六条第（四）项之规定，作出如下判决：

1. 撤销被告中华人民共和国新闻出版总署于2010年3月22日注销原告王润海持有的K11520601000002号新闻记者证的行为；

2. 驳回原告王润海的其他诉讼请求。

案件受理费50元，由被告中华人民共和国新闻出版总署负担（自本判决生效之日起7日内缴纳）。

（六）二审情况

1. 二审诉辩主张

（1）上诉人诉称

一审法院判决违背事实和法律，程序违法，请求二审法院撤销一审判决，判令新闻出版总署撤销《东方企业文化》杂志社恶意诬陷上诉人“不良从业”记录的记载；判令

《东方企业文化》杂志社赔偿因其违法行为而导致上诉人的相关损失 11 000 元；判令《东方企业文化》杂志社公开赔礼道歉、恢复名誉、赔偿精神损失 20 万元；判令新闻出版总署、《东方企业文化》杂志社承担全部费用。

（2）被上诉人辩称

坚持一审答辩意见，请求二审法院驳回王润海的上诉。

2. 二审事实和证据

北京市高级人民法院经审理，确认一审法院认定的事实和证据。

3. 二审判案理由

北京市高级人民法院经审理认为：王润海于 2010 年 4 月 1 日知道新闻记者证被注销的事实，但新闻出版总署并未告知王润海对此有起诉的权利及起诉的期限，因此，针对新闻出版总署 2010 年 3 月 22 日注销王润海新闻记者证的行为，王润海于 2010 年 12 月 20 日提起的行政诉讼，并未超过司法解释关于 2 年法定起诉期限的规定。

根据《东方企业文化》杂志社申请注销王润海持有的新闻记者证时的客观情况，作为核发新闻记者证这一行政许可的实施机关，新闻出版总署核准注销王润海持有的新闻记者证的行为符合《新闻记者证管理办法》的相关规定，尽到了相应的审查义务。但是，在此后王润海诉《东方企业文化》杂志社劳动争议一案中，人民法院的生效民事判决已经确认，《东方企业文化》杂志社于 2010 年 1 月 4 日作出的《关于王润海多次旷工的处理意见》未送达王润海，迟至 2010 年 12 月 20 日，王润海和《东方企业文化》杂志社仍然存在劳动关系。据此，新闻出版总署于 2010 年 3 月 22 日以王润海已从《东方企业文化》杂志社处离职为由核准注销王润海持有的新闻记者证的行为，主要证据不足，应予撤销。

王润海要求判令新闻出版总署撤销“不良从业”记录的诉讼请求，缺乏事实根据，本院不予支持。王润海要求《东方企业文化》杂志社承担赔偿责任，并向其赔礼道歉、为其恢复名誉的请求事项不属于行政审判权限范围，不予评述。

综上，一审法院判决撤销新闻出版总署注销王润海持有的 K11520601000002 号新闻记者证行为，并驳回王润海的其他诉讼请求正确，本院予以维持。王润海的上诉请求和理由缺乏事实和法律依据，本院不予支持。

4. 二审定案结论

北京市高级人民法院依照《中华人民共和国行政诉讼法》第六十一条第（一）项的规定，作出如下判决：

驳回上诉，维持一审判决。

二审案件受理费人民币 50 元，由上诉人王润海负担（已交纳）。

（七）解说

本案涉及的主要问题是：（1）新闻出版总署对于新闻机构提交的注销新闻记者证的申请应尽何种审查义务；（2）在新闻出版总署已经尽到审查义务的情况下，如果确有新证据证明注销行为的事实依据有误，法院应如何裁判。

关于第一个问题，根据《行政许可法》第十四条第二款的规定，国务院公布了《国务院对确需保留的行政审批项目设定行政许可的决定》，该决定的附件即《国务院决定对确需保留的行政审批项目设定行政许可的目录》第333项列明，新闻记者证核发由新闻出版总署实施。又根据《行政许可法》第十六条第三款规定，新闻出版总署通过制定《新闻记者证管理办法》对新闻记者证的申领、核发、使用及更换作了具体规定。《新闻记者证管理办法》第二十条规定，新闻记者与新闻机构解除劳动关系、调离本新闻机构或者采编岗位，应在离岗前主动交回新闻记者证，新闻机构应立即通过"全国新闻记者证管理及核验网络系统"申请注销其新闻记者证，并及时将收回的新闻记者证交由新闻出版行政部门销毁。本案中，原告请求法院撤销被告注销新闻记者证的行为，其中一条重要理由就是第三人申请时提出原告"离职但不交回记者证"，被告经审查予以核准。而事后法院的生效民事判决却确认双方劳动关系仍然存续，可见原告"离职"一说并不成立，因此，原告认为被告未尽到应尽的审查义务，导致原告的新闻记者证被错误注销。然而，纵观《新闻记者证管理办法》，对于新闻机构向新闻出版总署申请注销新闻记者证时，新闻出版总署应当审查哪些材料、采取形式审还是实质审的方式，并无具体明确的规定。[①] 这就意味着，新闻出版总署对于注销新闻记者证的申请究竟应如何审查，可以有裁量选择的权力。对于新闻机构通过"全国新闻记者证管理及核验网络系统"提交的注销新闻记者证申请，新闻出版总署是采取形式上的审查还是实质上的审查，是否需要新闻机构补充提交相关材料，可以由其根据注销申请的具体情况（比如申请理由是否合法、申请的事实依据是否重大、敏感或存有明显疑问等）进行具体裁量。《新闻记者证管理办法》第二十条规定了三种应当注销新闻记者证的情形，其中不仅包括解除劳动关系，还包括调离本新闻机构或采编岗位。依据该规定，如果要求新闻出版总署对全国范围内的新闻记者是否解除劳动关系、是否调离所在单位甚至所在采编岗位，都一一进行调查核实，无疑会对新闻出版总署施加难以承受之重，增加巨大的行政成本。因此，我们认为，在法律、法规、规章未对行政机关就某一申请的审查方式作出具体规定，且无证据证明行政机关存在主观恶意或重大过失的情况下，行政机关对采取何种审查方式拥有裁量选择的权力，这种选择不能因为事后出现的相反事实和证据而被过分苛责。综上，我们认为，本案中新闻出版总署根据第三人申请注销原告持有的新闻记者证时的客观情况，作出注销新闻记者证的行为，已经尽到了应尽的审查义务。

接下来是第二个问题，虽然新闻出版总署已尽到审查义务，但之后的法院生效民事判决确认了原告与第三人"双方劳动关系仍依法存续"，这就推翻了第三人申请注销原告新闻记者证的理由即"离职但不交回记者证"，进而新闻出版总署注销原告新闻记者证的事实依据也不再成立。有鉴于此，法院最终判决撤销了被告的注销行为，尽管如前所述，法院对被告已尽到审查义务并不持否定性评价。

（北京市第一中级人民法院　汪明　薛政）

---

① 这与关于新闻记者证申领与核发的规定存在鲜明的对比。《新闻记者证管理办法》第八条至第十条详细规定了申领新闻记者证时应当提交的申报材料、领取新闻记者证的人员应当具备的条件及禁止情形。

60. 郑良才不服汕头市人民政府不予受理行政复议申请案

（一）首部

1. 判决书字号

一审判决书：汕头市中级人民法院（2010）汕中法行初字第 3 号行政判决书。

二审判决书：广东省高级人民法院（2011）粤高法行终字第 1 号行政判决书。

2. 案由：行政机关不予受理行政复议。

3. 诉讼双方

原告（上诉人）：郑良才，住汕头市潮阳区文光街道。

被告（被上诉人）：汕头市人民政府，住所地：汕头市跃进路 28 号。

法定代表人：蔡宗泽，该市市长。

委托代理人：陈杰、曾绮玲，汕头市法制局干部。

4. 审级：二审。

5. 审判机关和审判组织

一审法院：汕头市中级人民法院。

合议庭组成人员：审判长：陈楚纯；审判员：谢及凯、黄烈群。

二审法院：广东省高级人民法院。

合议庭组成人员：审判长：付洪林；审判员：朱小华；代理审判员：刘德敏。

6. 审结时间

一审审结时间：2010 年 10 月 9 日。

二审审结时间：2011 年 2 月 16 日。

（二）一审诉辩主张

1. 被诉具体行政行为

汕头市人民政府于 2010 年 3 月 5 日作出汕府行复［2010］3 号《不予受理行政复议申请决定书》，内容为："郑良才：你不服被申请人汕头市教育局 2010 年 1 月 28 日作出的《关于郑良才同志信访事项复查请求的答复》（汕教办信［2010］3 号），向汕头市人民政府申请行政复议。经审查，汕头市教育局于 2010 年 1 月 28 日对你作出的《关于郑良才同志信访事项复查请求的答复》（汕教办信［2010］3 号）的事项，属于行政机关的人事处理决定事项。因此，你不服该复查答复而申请行政复议的事项不属于《中华人民共和国行政复议法》规定的受理范围。根据《中华人民共和国行政复议法》第六条、第八条第一款、第十七条第一款的规定，本府决定：对你的行政复议申请不予受理。申请人如不服本府决定，可在收到本决定书之日起 15 日内，向有管辖权的人民法院起诉。”

2. 原告诉称

被告作出的《不予受理行政复议申请决定书》是违法的。根据《中华人民共和国教师法》第三十九条及《中华人民共和国行政复议法》第二条、第六条的规定，被告应针对原告的复议诉求、针对汕头市教育局的《答复》所作出的具体行政行为是否合法予以审查。请求法院：（1）确认被告作出的决定书违法并撤销该决定书；（2）责令被告履行法定职责，重新审理原告的《行政复议申请书》的复议要求，督促汕头市教育局履行信访事项复查的法定责任，督促该信访事项早日办结；（3）依法追究本案有关违纪违法人员的法律责任；（4）被告承担本案诉讼费用。

3. 被告辩称

首先，被告只是针对原告的行政复议申请事项进行程序上的审查而没有进行实体审查，并没有改变原具体行政行为。因此，本案应将汕头市教育局列为被告。其次，原告超过法定起诉时效提起诉讼，应驳回起诉。再次，被告作出的决定书是合法的。汕头市教育局对原告作出的答复应属于《信访条例》第三十四条规定的对信访事项复查请求的答复行为，原告不服该答复行为而申请行政复议不符合《中华人民共和国行政复议法》规定的复议受理范围。请求法院驳回原告的起诉或维持被告的决定书并驳回原告的诉讼请求。

（三）一审事实和证据

汕头市中级人民法院经公开审理查明：1999 年 10 月 8 日，原潮阳市教育局作出《关于对郑良才同志作自动离职处理的决定》，主要内容为：郑良才系城南街道镇五学校教员（全民职工）。郑于 1992 年 9 月弃教离校至今，教育无效，擅离职守，为严肃政纪，经讨论，决定根据劳动人事部干部局劳人干函［1983］101 号文件的规定，对其作自动离职处理。庭审中，原告表示 1999 年 11 月其女儿收到该《关于对郑良才同志作自动离职处理的决定》后把该决定邮寄给原告。2008 年至 2009 年间，原告向被告及汕头市教育局等部门投递《申诉书》要求复职并赔偿损失。2009 年 11 月 30 日，汕头市潮阳区教育局给原告发出《函知》，告知该局接到区信访局转来的原告的《申诉书》后已成立调查组进行调查，调查结论为，处理决定事实清楚，维持原潮阳市教育局处理决定。

原告不服该《函知》，向汕头市教育局提出信访事项复查请求。2010 年 1 月 28 日，汕头市教育局作出《关于郑良才同志信访事项复查请求的答复》，主要内容为：鉴于原告 1999 年 11 月底接到《关于对郑良才同志作自动离职处理的决定》，距原告最早 2008 年 10 月 5 日发出《申诉书》提出复查，已近 9 年时间，已经超过行政复议申请时间 60 日的规定，按照现行基础教育“以县为主”的管理体制和属地管理原则，对原告反映的问题，已要求汕头市潮阳区教育局再次认真研究，请原告与汕头市潮阳区教育局联系。

原告不服汕头市教育局《关于郑良才同志信访事项复查请求的答复》，向被告提出行政复议申请，认为汕头市教育局作出的该答复，未能按照《信访条例》规定的信访办理程序履行信访事项复查的法定责任，该答复所作出的具体行政行为，变相阻挠原告依法信访，要求被告对汕头市教育局的答复所作出的具体行政行为依法审查，并在确认该答复违法后，责令汕头市教育局实施关于《申诉书》所涉信访事项复查工作。2010 年 3 月 5 日，被告作出前述汕府行复［2010］3 号《决定书》。原告于同年 3 月 9 日签收该《决定书》后，于同年 3 月 18 日向汕头市金平区人民法院寄送起诉书，汕头市金平区人民法院发函告知其应向有管辖权的上一级人民法院起诉。原告遂向汕头市中级人民法院提起本案诉讼。

上述事实有下列证据证明：

1. 被告于 2010 年 3 月 5 日作出的《决定书》；

2. 原告 2010 年 2 月 26 日的《行政复议申请书》；

3. 汕头市教育局 2010 年 1 月 28 日作出的《关于郑良才同志信访事项复查请求的答复》；

4. 原告 2009 年 12 月 26 日的《信访事项复查请求书》；

5. 潮阳区教育局 2009 年 11 月 30 日作出的《函知》；

6. 原劳动人事部干部局 1983 年 12 月 7 日的劳人干函［1983］101 号文件（网络下载打印复印件）；

7. 原潮阳市教育局 1999 年 10 月 8 日的《关于对郑良才同志作自动离职处理的决定》（潮教［1999］1 号）；

8. 原告的身份证、《教师资格证》、《聘任证书》、《工作证》、《录用证明书》复印件；

9. 汕头市金平区人民法院《函》。

（四）一审判案理由

汕头市中级人民法院经审理认为：原告因不服汕头市教育局作出的《关于郑良才同志信访事项复查请求的答复》，认为该复查答复未能按照《信访条例》规定的信访办理程序履行信访事项复查的法定责任，向被告提出行政复议申请，要求被告确认该复查答复违法并责令汕头市教育局实施信访事项复查工作。根据《信访条例》第三十五条第一款“信访人对复查意见不服的，可以自收到书面答复之日起 30 日内向复查机关的上一级行政机关请求复核。收到复核请求的行政机关应当自收到复核请求之日起 30 日内提出复核意见”的规定，原告对汕头市教育局的信访事项复查意见不服，可以向上一级机关请求复核。原告不服该信访事项的复查意见，向上一级机关申请行政复议，不符合《信访条例》的相关规定，缺乏法律依据。

根据《中华人民共和国行政复议法》第六条关于行政复议范围的规定以及第八条第一款“不服行政机关作出的行政处分或者其他人事处理决定的，依照有关法律、行政法规的规定提出申诉”的规定，能够纳入行政复议受理范围的行政行为，必须是对当事人的权益发生实际影响的具体行政行为。而行政机关对信访问题所作出的解释性的答复意见，并不具有权益性。并且行政机关的行政处分或者其他人事处理决定亦排除在行政复议受理范围之外。因此，本案中，原告因涉及行政机关人事处理决定的事项而提出信访问题，进而对行政机关就信访问题作出的复查意见申请行政复议，不符合《中华人民共和国行政复议法》关于行政复议范围的规定。被告作出《决定书》，以原告不服复查答复而申请行政复议的事项不属于《中华人民共和国行政复议法》规定的受理范围为由，不予受理原告的行政复议申请，符合法律规定，该《决定书》应予维持。原告诉请撤销被告作出的《决定书》并责令被告重新审理原告的复议要求，于法无据。原告还请求追究有关违法违纪人员的责任，该请求不属于本案审理范围。综上，原告诉讼请求缺乏法律依据，应予驳回。

（五）一审定案结论

汕头市中级人民法院依照《中华人民共和国行政复议法》第六条、第八条第一款、第十七条第一款以及《中华人民共和国行政诉讼法》第五十四条第（一）项的规定，作出如下判决：

1. 维持被告汕头市人民政府于2010年3月5日作出的汕府行复［2010］3号《不予受理行政复议申请决定书》；

2. 驳回原告郑良才的诉讼请求。

案件受理费50元，由原告郑良才负担。

（六）二审情况

1. 二审诉辩主张

（1）上诉人诉称

1992年上诉人经校长同意请假离岗外出打工，1997年被原潮阳市教育局处理为“自动离职”。原潮阳市教育局作出上述处理决定依据的劳人干函［1983］101号文件是有关处理国家行政机关工作人员奖惩问题的指导性文件，本人系教师身份，该文件不适用于其本人。汕头市教育局对其反映的信访事项未能作出实体复查，未能依法作出实质性的复查答复。其向被上诉人申请复议后，被上诉人在复议程序中只对其申请复议的事项进行了程序审查，没有进入实体审查就作出了不予受理决定，属行政监管不作为行为，法院应依法责令被上诉人履行法定职责。请求二审法院依法改判，判令被上诉人限期履行政府行政监管职责。

（2）被上诉人辩称

原审判决认定事实清楚，适用法律、法规正确，审判程序合法，应予维持；且被上诉人作出的复议决定并没有改变原具体行政行为，根据《行政诉讼法》和有关司法解释的规定，被上诉人不是本案适格的被告。

2. 二审事实和证据

广东省高级人民法院经审理，确认一审法院认定的事实和证据。

3. 二审判案理由

广东省高级人民法院经审理认为：1999年10月8日，原潮阳市教育局作出的《关于对郑良才同志作自动离职处理的决定》属具体行政行为，行政相对人郑良才如果不服，可以依照《行政复议法》的规定申请复议。《行政复议法》第九条第一款规定，“公民、法人或者其他组织认为具体行政行为侵犯其合法权益的，可以自知道该具体行政行为之日起六十日内提出行政复议申请；但是法律规定的申请期限超过六十日的除外”，但是郑良才没有依照上述规定，在法定期限内申请复议，而是在上述处理决定作出近九年后，即2008年10月5日，向汕头市人民政府及有关职能部门投递申诉书。之后，汕头市信访局、教育局及潮阳区信访局、教育局一直循信访途径对郑良才的申诉进行处理，并且对郑作出了一系列信访答复。《信访条例》第三十四条第一款规定，信访人对复查意见不服的，可以自收到书面答复之日起30日内向复查机关的上一级行政机关请求复核。收到复核请求的行政机关应当自收到复核请求之日起30日内提出复核意见。《行政复议法》第二章规定的行政复议范围中，并不包含对信访事项处理意见不服的情形。该法第八条第一款规定：“不服行政机关作出的行政处分或者其他人事处理决定的，依照有关法律、行政法规的规定提出申诉。”据此，上诉人郑良才不服原潮阳市教育局的人事处理决定，向有关机关提出申诉，有关机关已循信访途径进行处理，郑良才若不服，可依照《信访条例》的规定，请求原处理机关的上一级机关复查。郑良才以汕头市人民政府有关职能部门对其信访事项不作为为由，向汕头市人民政府申请复议，理由不能成立。汕头市人民政府作出的《不予受理行政复议决定书》适用法律正确，应予维持。

另外，原潮阳市教育局作出的《关于对郑良才同志作自动离职处理的决定》属人事处理决定，郑良才认为其不是国家机关干部，该决定适用原劳动人事部劳人干函[1983] 101号文件对其作出处理，属适用法律错误的问题，应由有关机关在对信访事项作出处理时进行认定。本案纠纷系由汕头市人民政府是否应受理郑良才的复议申请而引起的，故原潮阳市教育局作出的上述处理决定是否适用法律错误，不属本案审理范围。

综上，郑良才的上诉理由不能成立，汕头市中级人民法院（2010）汕中法行初字第3号判决认定事实清楚，适用法律正确，应予维持。

4. 二审定案结论

广东省高级人民法院依照《中华人民共和国行政诉讼法》第五十四条第（一）项的规定，作出如下判决：

驳回上诉，维持原判。

案件上诉受理费50元，由上诉人郑良才负担。

（七）解说

本案纠纷是由汕头市人民政府是否应受理郑良才的复议申请而引起的，审查的关键是行政复议的受案范围。

1. 人事处理决定是否属于行政复议的受案范围?

本案一、二审法院关于行政机关对郑良才作出人事处理决定的具体行政行为能否申请行政复议存在不同的观点。一审法院认为,“根据《中华人民共和国行政复议法》第六条关于行政复议范围的规定以及第八条第一款‘不服行政机关作出的行政处分或者其他人事处理决定的,依照有关法律、行政法规的规定提出申诉’的规定,行政机关的行政处分或者其他人事处理决定应排除在行政复议受理范围之外”;二审法院则认为,“1999 年 10 月 8 日,原潮阳市教育局作出的《关于对郑良才同志作自动离职处理的决定》属具体行政行为,行政相对人郑良才如果不服,可以依照《行政复议法》的规定申请复议”。笔者同意二审法院的观点。

笔者认为,从行政复议法关于受案范围的全部规定看,我国确定行政复议范围的基本模式是概括加否定列举式。《行政复议法》在总则第二条中规定:“公民、法人或者其他组织认为具体行政行为侵犯其合法权益,向行政机关提出行政复议申请,行政复议机关受理行政复议申请、作出行政复议决定,适用本法。”这条原则性规定,界定了行政复议的范围是具体行政行为而不是抽象行政行为,同时也明确了凡属于由具体行政行为引起的行政纠纷都可以申请行政复议,但法律有特别规定的除外。虽然《行政复议法》第二章第六、七、八条,具体列举了哪些具体行政行为或事项属于行政复议范围,哪些具体行政行为或事项不属于行政复议范围,但这些规定只不过是一种具体化举例,并没有限制行政复议范围的性质与作用。第六条第(十一)项也明确规定公民、法人或其他组织如果“认为行政机关的其他具体行政行为侵犯其合法权益的”,均“可以依照本法申请行政复议”。这里的“其他具体行政行为”显然是指除具体列举的 10 种具体行政行为以外的其他所有具体行政行为。这种“兜底”的规定,已经明确把所有能够称之为具体行政行为的行为全部纳入行政复议范围。

《行政复议法》第八条规定了两类不属于行政复议范围的事项:一是行政处分或其他人事处理决定,二是对民事纠纷的处理。对于这里规定的“行政处分或其他人事处理决定”,笔者认为应当作限制解释,即限定于对国家公务员作出的行政处分或其他人事处理决定。根据《公务员法》的规定,公务员因违法违纪应当承担纪律责任的,应当给予行政处分。行政处分分为警告、记过、记大过、降级、撤职、开除。给予国家公务员行政处分,依法由处分决定机关决定。其他人事处理决定是指除行政处分外,行政机关在内部人事管理活动中,对国家公务员个人作出的具体人事处理决定,它包括公务员定级、考核等次、降职、免职、回避、晋级、增资、辞职、辞退以及退休等涉及其个人权益的决定。行政机关对公务员的行政处分或人事处理决定是行使行政职权的一种形式,是对内进行管理的手段。行政复议法之所以要将此种涉及公务员权利义务(而非公民权利义务)的具体行政行为予以排除,主要理由是:行政处分以及其他人事处理决定属于行政机关内部的针对公务员的行政行为,公务员的权利义务是不同于公民的权利义务的,它基本上是职务上的权利义务,始终与行政机关公务员的身份、特征相联系。而行政复议是保护行政管理相对人的救济制度,是解决外部行政行为争议的一项法律制度。由外部行政行为引起的争议与由内部行政行为引起的争议在性质、内容等方面都有所不同,在处理机关、程序和后果等方面都不一样。而且,《公务员法》第十五章“申诉控告”部分对公务员不服行政处分或人事处理决定的救济途径，已经作了明确的规定，若公务员的合法权益受到侵害可以循专门的途径寻求救济。

但是，行政机关针对国家公务员序列之外的其他人所作出的行政处分或人事处理决定，是行政机关在行使行政管理职权的过程中对管理相对人（普通公民）作出的行政行为，属外部行政行为，行政处分或人事处理决定是针对特定主体或对象采取的，涉及管理相对人的权利义务或利益，会产生行政法上的效果，属于具体行政行为，应纳入行政复议的范围。本案原告郑良才原系城南街道镇五学校教员，属全民职工，并非国家公务员，二审法院认为，“1999年10月8日，原潮阳市教育局作出的《关于对郑良才同志作自动离职处理的决定》属具体行政行为，行政相对人郑良才如果不服，可以依照《行政复议法》的规定申请复议”，是正确的，只是在本案中，原告郑良才没有在法定期限申请复议，而是走上了信访申诉的道路。

2. 信访答复行为是否属于行政复议的受案范围?

这个问题是审理本案的关键。1999年10月8日，原潮阳市教育局对郑良才作出自动离职的处理决定后，郑良才自2008年10月5日起向汕头市人民政府及有关职能部门投递申诉书。之后，汕头市信访局、教育局及潮阳区信访局、教育局一直循信访途径对郑良才的申诉进行处理，并且对郑作出了一系列信访答复。因此本案涉及的具体行政行为已是一个行政机关处理信访事项的行为，所要审查的问题是信访人对信访答复不服的，是否可以申请行政复议。

关于信访人对行政机关作出的信访事项处理意见不服的救济途径，法律、法规已经作了明确规定。《信访条例》第三十四条规定：“信访人对行政机关作出的信访事项处理意见不服的，可以自收到书面答复之日起30日内请求原办理行政机关的上一级行政机关复查。收到复查请求的行政机关应当自收到复查请求之日起30日内提出复查意见，并予以书面答复。”第三十五条第一款规定：“信访人对复查意见不服的，可以自收到书面答复之日起30日内向复查机关的上一级行政机关请求复核。收到复核请求的行政机关应当自收到复核请求之日起30日内提出复核意见。”第三十五条第三款规定：“信访人对复核意见不服，仍然以同一事实和理由提出投诉请求的，各级人民政府信访工作机构和其他行政机关不再受理。”

郑良才不服原潮阳市教育局的人事处理决定，向有关机关提出申诉，有关机关已循信访途径进行处理。2009年11月30日，汕头市潮阳区教育局给郑良才发出的《函知》是对其申诉事项的答复，郑良才不服该《函知》，也循信访救济途径向汕头市潮阳区教育局的上一级行政机关汕头市教育局提出信访事项复查请求。据此，郑良才若对汕头市教育局的信访事项复查意见仍不服的，按照法律规定应向上一级机关请求复核，而不能申请行政复议。所以，郑良才以汕头市人民政府有关职能部门对其信访事项不作为为由，向汕头市人民政府申请复议，理由是不能成立的。汕头市人民政府对其行政复议的申请作出不予受理的决定是正确的，应予维持。

需要指出的是，通过本案我们可以看到，信访是党和政府联系人民群众的桥梁和纽带，是发现行政争议的渠道，但不是解决行政争议的好途径。《信访条例》明确规定，属于行政复议范围的行政争议，应当通过行政复议进行处理，信访只起分办、转办的作用。应当说，在行政争议的处理上，法律对信访和行政复议功能的划分是明确的。但在实践中，由于一些群众缺乏法律知识，法律意识和法制观念不强，对行政复议还不够了解，加之人们对信访和行政复议的关系存在一些模糊认识，导致目前因为行政争议而引发的非理性上访增多，许多行政争议在信访过程中被有关机关推来推去，得不到有效解决，各方面成本很高。因此，无论是法院还是行政机关，都应当积极采取有效的方式加强法治宣传，引导广大人民群众通过行政复议、行政诉讼等法定渠道，依法解决行政争议，这样才能有效化解矛盾，减少社会不稳定因素。

（汕头市中级人民法院　陈壮丽）

九、婚姻生育类

61. 黄海生不服北京市怀柔区卫生局出具出生医学证明案

（一）首部

1. 裁定书字号：北京市怀柔区人民法院（2011）怀行初字第27号行政裁定书。
2. 案由：生育行政管理。
3. 诉讼双方
原告：黄海生，居民，住北京市怀柔区庙城镇。
被告：北京市怀柔区卫生局。
法定代表人：高永革，该局局长。
委托代理人：司学东，北京市怀柔区卫生局科员。
委托代理人：李桂香，北京市怀柔区妇幼保健院妇女保健科科长。
第三人：北京市怀柔区第一医院。
法定代表人：张丽英，该院院长。
委托代理人：周文博，北京市怀柔区第一医院职工。
第三人：任红艳。
委托代理人：任凤财。
4. 审级：一审。
5. 审判机关和审判组织
审判机关：北京市怀柔区人民法院。
合议庭组成人员：审判长：吴军；审判员：董爱军、郭建强。
6. 审结时间：2011年7月27日。

（二）诉辩主张

1. 被诉具体行政行为

2011年6月9日，第三人怀柔区第一医院为第三人任红艳出具其新生儿《出生医学证明》，其中新生儿姓名为任金平，没有随原告姓黄。原告认为，第三人怀柔区第一医院出具《出生医学证明》的行为实际上是被告怀柔区卫生局的行政行为。

2. 原告诉称

我与任红艳2009年9月11日生一女，名叫黄昕琪，任红艳同意黄昕琪的名字并使用。后由于感情不和，2009年12月14日，任红艳起诉离婚，2010年1月我在开庭的时候得知任红艳在没有黄昕琪出生医学证明记录及我的身份证原件的情况下向怀柔区委托机构（怀柔区第一医院）申请了《出生医学证明》，后我进行了投诉，怀柔区卫生局对该《出生医学证明》进行了报废处理。2010年6月9日，任红艳单方向怀柔区第一医院申请了新的《出生医学证明》，任红艳虚假填写了首次签发登记表，怀柔区卫生局没有履行监督审查的职责，任红艳私自变更姓名的行为是无效的。任红艳应向法院起诉我履行相关义务，不应套用我的个人身份信息，违法申报出生证，怀柔区卫生局故意纵容任红艳申报《出生医学证明》，其行为是违法的。因此，要求法院撤销怀柔区卫生局出具的《出生医学证明》。

3. 被告辩称

2010年2月22日我局向怀柔区所有助产机构转发了《北京市卫生局转发卫生部关于进一步加强出生医学证明管理的通知》，并根据《母婴保健法》及相关规定，委托怀柔区妇幼保健院负责《出生医学证明》的事务性管理工作，妇幼保健院建立了管理制度，并对怀柔区助产机构的相关人员进行了培训、考核、监督指导，我局已经尽到了管理职责。根据《母婴保健法》的规定，由助产机构为新生儿开具《出生医学证明》，不是由卫生行政部门开具；怀柔区第一医院依据《北京市卫生局转发卫生部〈关于进一步加强出生医学证明管理〉的通知》（京卫妇精字［2010］1号）文件中第三条、第八条、第九条的规定为任红艳开具的其女儿的《出生医学证明》合法有效。

4. 第三人述称

（1）怀柔区第一医院述称

本医院受怀柔区卫生局委托，负责《出生医学证明》的事务性管理，根据《母婴保健法》的规定，可以出具新生儿《出生医学证明》。根据京卫妇精字［2010］1号文件内容，要求签发《出生医学证明》时必须由新生儿母亲参加，如未提供新生儿父亲信息的，可由新生儿母亲提供书面声明。编号为J110190361的《出生医学证明》上记载的基本信息是真实的，因此法院应当维持。

（2）任红艳述称

我与黄海生原系夫妻关系，2009年9月11日生下一女儿，因感情不和，2010年5月19日经法院判决离婚。我将孩子的户口落在我的名下，并随我姓，是为了让孩子健康成长，不愿意让孩子幼小的心灵上留下阴影。我在办证过程中，没有虚假申报，是由怀柔区第一医院、卫生局一级一级请示、审核办下来的，并没有违反法律。

（三）事实和证据

北京市怀柔区人民法院经公开审理查明：2009年9月11日，原告黄海生与第三人任红艳生育一女，同年12月25日怀柔区第一医院为该新生儿签发了编号为J110191088

的《出生医学证明》，其中载明：新生儿姓名为任金平，母亲姓名为任红艳、父亲姓名为黄海生。黄海生就该《出生医学证明》向怀柔卫生局进行投诉，称“第一医院开具其女《出生医学证明》依据材料不全”。2010 年 3 月 18 日，怀柔区卫生局给黄海生出具“关于黄海生投诉一事调查处理结果”，表明收回该《出生医学证明》并作废证处理。2010 年 6 月 9 日，第三人任红艳在怀柔区第一医院填写了《助产机构内〈出生医学证明〉首次签发登记表》，同日，怀柔区第一医院向其出具了新生儿姓名为任金平的编号为 J110190361 的《出生医学证明》。2010 年 8 月 29 日，任红艳在北京市公安局怀柔分局龙山派出所办理了任金平的户口登记。

上述事实有下列证据证明：

1. 2010 年 4 月 1 日怀柔区卫生局对怀柔区妇幼保健院出具的授权委托书；

2.《母婴保健技术服务执业许可证》；

3.《助产机构内〈出生医学证明〉首次签发登记表》；

4. 任红艳的声明、北京市第二中级人民法院民事判决书、生育服务证、身份证、户口本的复印件；

5. 北京市卫生局《行政复议决定书》；

6.《北京市卫生局转发卫生部关于进一步加强出生医学证明管理的通知》及《母婴保健法》；

证据 1—6 证明怀柔区卫生局已经尽到对助产机构进行监督管理的职责及怀柔区第一医院出具《出生医学证明》的行为内容真实、程序合法；

7. 2009 年 9 月 23 日《出生医学诊断证明书》；

8. 黄昕琪的药费单据；

9. 2009 年 12 月 25 日作出的但已经作报废处理的《出生医学证明》。

10. 任金平《出生医学证明》存根；

11. 编号为 J110190361 的《出生医学证明》；

12. 任金平常住人口登记卡。

（四）判案理由

北京市怀柔区人民法院经审理认为：公民、法人或者其他组织的请求事项，应当属于行政诉讼受案范围，请求事项不属于行政诉讼受案范围的，应当裁定不予受理；已经受理的，裁定驳回起诉。就本案而言，首先，《中华人民共和国母婴保健法》第二十三条规定，医疗保健机构按照国务院卫生行政部门的规定，出具统一制发的新生儿出生医学证明。因此，出具《出生医学证明》的主体是具有相关资质的助产机构，而非卫生行政部门。原告黄海生与第三人任红艳婚生女的《出生医学证明》由怀柔区第一医院签发，符合法律规定。其次，助产机构为其接生的新生儿出具《出生医学证明》是法律为其设定的义务，是一种医学证明行为，而非卫生行政部门履行行政管理职权的行为。最后，新生儿《出生医学证明》系具有法律效力的医学证明文书，并不是行政管理职能的载体。

综上，出具《出生医学证明》的行为不是怀柔区卫生局的具体行政行为，原告请求的事项不属于法院行政诉讼的受案范围，应当裁定驳回起诉。

（五）定案结论

北京市怀柔区第一医院依照《最高人民法院关于执行〈中华人民共和国行政诉讼法〉若干问题的解释》第四十四条第一款第（一）项的规定，作出如下裁定：

驳回原告黄海生的起诉。

（六）解说

《母婴保健法》第二十三条规定，医疗保健机构、从事家庭接生的人员按照国务院卫生部的规定出具统一制发的新生儿《出生医学证明》。一种观点认为该规定系授权规范，授权医疗保健机构出具《出生医学证明》，这是一种公共行政职能性质的授权，而非民事职能性质的授权；同时认为《出生医学证明》系国家一项行政管理制度。另一种观点认为该规定系授权规范，为法律授权的医学证明行为[①]，属于民事职能性质的授权。这两种观点均认为《母婴保健法》第二十三条的规定是对医疗保健机构的授权，区别在于授权的性质不同。

第一种观点认为《出生医学证明》系国家一项行政管理制度，在社会系统中具有重要地位，它与“医院出具的普通疾病证明不同，它是在更高层次上代表国家对出生事务管理的一种态度，反映了国家将其纳入公共行政职能范围的意志”[②]，是一项行政管理措施。这种观点将《出生医学证明》认定为行政管理措施是因为其具有重要地位，但是，具有重要地位的事项不一定就要被直接作为一种行政管理措施，它完全可以交由民事主体进行“管理”，由行政机关进行监督。笔者认为，一项社会事务应否作为行政管理措施，不是看它是否重要，而是主要考察它本身具有的属性、将其纳入行政管理体制的必要性和可行性即政府的考量。《出生医学证明》在性质上属于医学上的一种证明行为，它与医院开具的处方、诊断证明、出院报告等材料一样，并不是针对社会事务进行具体的行政管理。从其内容上看，主要记载婴儿姓名、出生日期、地点、健康状况、身体状况及接生机构等客观事实，而对于记载父母身份信息，只是医院根据政府颁发的“准生证”及父母提供的身份信息原件核对填写的，目的是保证婴儿父母的信息与实际相符，并不是以实现某种法律后果为目的而进行的意思表示。而要产生国家希望的法律后果（法律权利、义务的设定），必须借助于户口登记行为，户口登记行为设定了法律上的子女权利、义务关系等。因此，对人口管理已经有相关制度在发挥作用，没有必要将一种医学证明行为作为一种行政管理措施。

对于第二种观点，笔者赞同其将出具《出生医学证明》的行为理解为民事行为，但

---

① 参见李强：《一起关于〈出生医学证明〉行政诉讼案的评析》，载《中国卫生法制》，2007 年第 17 卷第 3 期，47 页。

② 程时菊、黄欣：《论出生医学证明的可诉性——以公共行政职能为视角》，载《行政法学研究》，2011（1），30 页。

不赞同该行为是“授权”行为。理由如下：

1. 医疗机构系民事主体

根据现行法律的规定，医疗机构在法律上为民事主体，从事民事行为。不可否认，医疗机构的职责更多体现的是公共利益，涉及人民群众的生命、身体健康。从我国单位的定义来看，医疗机构是一个事业单位，不是一个行政单位，从事医疗保健的服务也不是行使行政职权的过程。我国经济体制改革的重要成果之一是国家培育出许多的市场主体，医疗机构就是其中之一，这也是对其法律地位的正确认识。实践证明，将医疗机构恢复为民事主体，课以法定的义务，医疗保健机构必会承担起更大的社会责任。而出具《出生医学证明》就是《母婴保健法》课以医疗机构的法定义务。

2. 出具《出生医学证明》为民事行为的旁证

《最高人民法院关于贯彻执行〈中华人民共和国民法通则〉若干问题的意见（试行）》第一条规定，对于公民出生时间以户籍记载的为准，户籍没有记载的，以《出生医学证明》上记载的时间为准。其实《出生医学证明》中记载的时间应当是最准确、最符合客观实际的，之所以以户籍证明为第一标准，原因在于户口登记行为系行政行为，医院出具《出生医学证明》的行为为民事行为。行政行为自身有其效力，所谓行政行为的效力，一般是指行政行为一经作出就具有公定力、确定力、拘束力和执行力。[①] 而医院出具的《出生医学证明》没有此种效力，因此，其证明力不及户籍登记的证明力强。而根据《最高人民法院关于民事诉讼证据的若干规定》（以下简称《证据规定》）第七十七条第（一）项的规定，人民法院对数个证据对同一事实的证明力，可以依照下列原则认定：国家机关、社会团体以职权制作的公文书证的证明力一般大于其他书证。故法院在证据的认定上，应以户籍证明为准，这也反过来证明了出具《出生医学证明》的行为系民事行为。

3. 出具《出生医学证明》系法定义务

医疗保健机构出具《出生医学证明》的行为是其履行法定义务的行为，而非法律的“授权”。理由如下：

（1）《母婴保健法》第二十三条的规定是义务性法律规则。根据法理学的一般理论，按照规则的内容不同，可以将法律规则分为授权性规则和义务性规则。授权性规则是指，规定人们有权做一定行为或不做一定行为的规则。义务性规则是指，在内容上规定人们的法律义务，即有关人们应当做或不做某种行为的规则。法律规则的逻辑结构由假定条件、行为模式和法律后果组成。所谓行为模式，指法律规则中规定人们具体行为之方式或范型的部分，它分为可为模式、应为模式和勿为模式三种。授权性规则属于可为模式规则，即“可为”或“可不为”，授权性规则授予公民某种权利，根据权利的性质，公民可以行使某种权利，也可以放弃行使某种权利，而放弃行使某种权利也视为行使权利的表现。从《母婴保健法》第二十三条的法律规则上看，该条规则不是一个“可为”模式的授权性规则；根据《母婴保健法》等相关法律、法规的内容看，医疗保健机构必须为新生儿出具《出生医学证明》，如果认为该规范是授权性规范，那么医疗机构就可以出具或不出具《出生医学证明》。这样的理解是为大众难以接受的。相反，该条规定应当是一个义务性规则。

---

① 参见应松年主编：《行政法学新论》，196 页，北京，中国方正出版社，1999。

（2）从法律解释上分析，出具《出生医学证明》为医疗保健机构的法定义务。《母婴保健法》第七条、《母婴保健法实施办法》第十八条规定了医疗保健机构应当提供的医疗保健服务，从法律、行政法规的内容上看，主要规定了两部分内容：一是卫生行政管理部门的管理职权，二是医疗保健机构和母、婴的权利和义务，侧重于医疗保健机构义务的规定。出具《出生医学证明》属于医疗保健机构诸多义务中的一种。

4．出具《出生医学证明》系医疗服务合同中的法定义务

医疗服务合同，是指双方当事人约定由一方当事人提供医疗服务，另一方当事人接受医疗服务并支付医疗费的合同。医疗服务合同是双务、有偿、诺成和不要式合同，适用合同法的规则，但是，医疗服务合同有其特殊性。

（1）医疗服务合同可因强制缔约的方式成立。医疗服务行为具有“救死扶伤、治病救人”的社会责任，具有社会公益的性质，医疗机构对于患者的诊疗要求，无正当理由不得拒绝，在法律上，医疗机构负有“强制缔约义务”。

（2）医疗服务合同双方当事人在订立合同时的地位不对等。医疗服务的专业性强等特点决定当事人在约定合同权利义务时地位难以平等，为了保障患者的合法权益，法律往往作出有利于患者一方的规定或解释。在母婴保健服务领域，因考虑到妇女、儿童的合法权益极易被侵害的客观实际，法律、法规对此类医疗服务合同中医疗机构的权利加以限制，并对其义务以法律明确规定的形式列举出来，以达到实质公平的社会目的。因《出生医学证明》有其十分重要的意义，故法律将出具《出生医学证明》作为医疗机构的一项法定义务。

5．《出生医学证明》上卫生部印章的含义

印章在中国社会是特有的，具有极其重要的作用和价值。无论是公文还是私文，公民只认可印章，通过印章来判断行为主体。那么是否可以通过《出生医学证明》上“中华人民共和国卫生部”的印章来判断出具该证的行为主体是卫生部呢？

根据《母婴保健法》及卫生部的相关规定，我国婴儿《出生医学证明》自1996年1月1日起实行统一制发，2003年又在《出生医学证明》的防伪印制技术和形式上进行了改良。《出生医学证明》上加盖卫生部的印章其实并不奇怪，但并不代表其为出具主体。卫生部印章的意义在于证明卫生部是该证的印制主体，同时也证明该《出生医学证明》本身的合法性。

综上，医疗机构出具《出生医学证明》系其履行医疗服务合同中应当承担的法定义务。如果公民对医疗机构出具《出生医学证明》或对记载事项有异议的，可以要求医疗机构改正，医疗机构应履行签发[①]的义务。如果医疗机构拒不履行义务，公民可以向人民法院提起民事诉讼。医疗机构不履行该种义务的行为，既是违反合同义务的行为，也是侵犯公民民事权益的行为，此时合同责任与侵权责任发生竞合，公民可根据实际情况择一提起诉讼。

（北京市怀柔区人民法院　郭建强）

① 这里的签发仅指首次签发和换发，不包括补发。

62. 郭梓宸诉北京市丰台区人口和计划生育委员会要求履行征收社会抚养费法定职责案

（一）首部

1. 判决书字号

一审判决书：北京市丰台区人民法院（2011）丰行初字第163号行政判决书。

二审判决书：北京市第二中级人民法院（2011）二中行终字第939号行政判决书。

2. 案由：计划生育管理。

3. 诉讼双方

原告（上诉人）：郭梓宸，住北京市丰台区。

法定代理人：郭彦芳，住北京市丰台区。

委托代理人：陈德新，北京市盈科律师事务所律师。

委托代理人：孙华丽，无业，住北京市朝阳区百子湾家园。

被告（被上诉人）：北京市丰台区人口和计划生育委员会。

法定代表人：李小娟，该委员会主任。

委托代理人：于艳丽，北京市丰台区人口和计划生育委员会副主任。

委托代理人：郑军红，北京市丰台区人口和计划生育委员会综合业务科科长。

4. 审级：二审。

5. 审判机关和审判组织

一审法院：北京市丰台区人民法院。

合议庭组成人员：审判长：阎雪莲；人民陪审员：康伟、张秋英。

二审法院：北京市第二中级人民法院。

合议庭组成人员：审判长：崔晓畅；审判员：艾明；代理审判员：霍振宇。

6. 审结时间

一审审结时间：2011年9月27日。

二审审结时间：2011年12月15日。

（二）一审诉辩主张

1. 被诉具体行政行为

郭彦芳为给郭梓宸上户口，到北京市丰台区长辛店镇人民政府计划生育办公室（以下简称长辛店镇计生办）报送相关材料并承诺按相关政策接受处罚，缴纳社会抚养费。

但被告以没有提供亲子鉴定为由，拒不办理相关手续，致使原告至今无法办理户口登记，原告认为被告不履行征收社会抚养费的法定职责，诉至法院。

2. 原告诉称

郭梓宸是郭彦芳的第二个孩子，出生于 2006 年 1 月 20 日，系政策外生育。为了上户口，郭彦芳到长辛店镇计生办报送相关材料并承诺按相关政策接受处罚，缴纳社会抚养费。但被告以没有提供亲子鉴定为由，拒不办理相关手续，致使原告至今无法办理户口登记，请求法院确认被告不履行征收社会抚养费法定职责违法，判令被告作出社会抚养费征收行为，诉讼费由被告承担。

3. 被告辩称

2010 年 10 月，郭彦芳夫妇向北京市丰台区长辛店镇太子峪村村民委员会（以下简称太子峪村委会）提出申请，要求给郭梓宸上户口。太子峪村委会于 2010 年 11 月 24 日向长辛店镇计生办提供了证明，认定郭梓宸为郭彦芳违法生育的第二个孩子。与此同时，长辛店镇计生办接到群众关于郭梓宸非郭彦芳亲生，而是外地亲戚所生的举报，继而进行了核实。调查中发现，太子峪村委会计生宣传员按照村委会的规定，在 2005 年 1 月至 11 月间对郭彦芳进行了 10 次孕检，均未发现其怀孕，郭彦芳在检查记录上签字确认，因此其不可能在 2006 年 1 月 20 日生育郭梓宸。2008 年 4 月 2 日，太子峪村委会对郭彦芳夫妇出具书面通知，内容为：因无法确定郭梓宸是否为郭彦芳夫妇所生，要求郭彦芳夫妇出具亲子鉴定证明，费用由太子峪村委会承担。但郭彦芳夫妇未执行，也未再申请入户。长辛店镇计生办认为，太子峪村委会基于同一事实分别在 2008 年和 2010 年出具两份内容完全不同的证明，加上郭彦芳的孕检记录，不能得出郭梓宸为郭彦芳所生的结论。2011 年 4 月 19 日，郭彦芳夫妇向长辛店镇计生办书面提出申请，表示接受处罚，缴纳社会抚养费。长辛店镇计生办于 2011 年 5 月 11 日在太子峪村召开专题会议，对此事的全过程进行梳理。2011 年 5 月 12 日，太子峪村委会出具处理意见，再次决定要求郭彦芳夫妇与郭梓宸做亲子鉴定，以确定郭梓宸是否为郭彦芳夫妇亲生。如系亲生，按国家有关规定处理，为其办理相关入户证明；如非亲生，不予办理入户手续。5 月 17 日，太子峪村委会向长辛店镇计生办出具了内容相同的情况说明。综上，我委未征收社会抚养费的原因，是郭彦芳提供的材料不能证明其与郭梓宸的亲子关系，而我委的调查也无法认定郭彦芳有违法生育事实。请求法院驳回原告的诉讼请求。

（三）一审事实和证据

北京市丰台区人民法院经公开审理查明：李建军、郭彦芳系夫妻，均为太子峪村农民。2008 年，郭彦芳向太子峪村委会称，其违反计划生育政策于 2006 年 1 月 20 日生育第二个子女郭梓宸，要求申报户口。2008 年 4 月，太子峪村委会向李建军、郭彦芳夫妇发出书面通知，内容为："根据太子峪村育龄妇女孕检规定，太子峪村计划生育宣传员杨××坚持每月为郭彦芳进行孕检。经核查孕检记录，郭彦芳在 2005 年 1 月至 11 月共孕检 10 次，2005 年 4 月 13 日进行了 B 超检查，结果均未怀孕，孕检记录均有郭彦芳签字。根据孕检结果，对于李建军、郭彦芳生育第二个孩子的出生证明，太子峪村委会不予承认。建议李建军、郭彦芳在村委会有关人员的陪同下到有关医学部门做亲子鉴定，村委会尊重鉴定结果，如经鉴定，孩子确系郭彦芳、李建军夫妇所生，村委会将承担鉴定费用，并根据计划生育政策，帮助办理孩子的入户手续。如经鉴定，孩子并非亲生，村委会不承担任何费用，且将根据规定作出相应处理。”郭彦芳夫妇收到通知后未做亲子鉴定。2010 年 11 月 17 日，长辛店镇计生办接到群众关于郭彦芳夫妇抱养外地亲戚孩子，称是亲生，想上本市户口的举报，进行了调查，认为郭彦芳夫妇与郭梓宸的亲子关系存在疑问。2011 年 4 月 13 日，郭彦芳口头向长辛店镇计生办承认违反政策生育郭梓宸，表示接受处罚，并要求给郭梓宸申报户口。长辛店镇计生办告知郭彦芳进一步提供能证明郭梓宸系其亲生的证据。2011 年 4 月 19 日，李建军、郭彦芳向长辛店镇计生办寄送与其口头申请内容相同的书面申请。2011 年 5 月 12 日，太子峪村委会再次要求郭彦芳夫妇与郭梓宸进行亲子鉴定。郭彦芳夫妇与郭梓宸未做亲子关系鉴定。后原告以诉称理由提起本诉讼。

上述事实有下列证据证明：

1. 2011 年 4 月 19 日的申请书及特快专递邮件详情单，证明李建军、郭彦芳向长辛店镇计生办提出缴纳社会抚养费及入户申请。

2. 郭彦芳和李建军的结婚证和户口簿，证明郭彦芳和李建军为夫妻，户籍地均在北京市丰台区长辛店镇太子峪村。

3. 2005 年 1 月至 11 月郭彦芳的孕检记录、太子峪村计划生育宣传员杨××的证明，证明太子峪村对本村育龄妇女是否怀孕每月进行检查，郭彦芳 2005 年 1 月至 11 月均未怀孕，不可能在 2006 年 1 月生子。

4. 2008 年 4 月 2 日太子峪村委会给李建军和郭彦芳的通知、太子峪村委会 2010 年 11 月 24 日的情况说明、长辛店镇计生办 2010 年 11 月 25 日的信访答复，证明长辛店镇计生办接到群众举报后对郭彦芳的生育情况进行了调查，认为郭彦芳是否生育郭梓宸存在疑问。

5. 2011 年 5 月 11 日的会议记录、太子峪村委会的情况说明（2 份）、长辛店镇计生办陈××的说明，证明村委会接到郭彦芳的口头申请后，要求其进一步提供能够证明违法生育事实的证据，即太子峪村委会的意见仍是要求原告做亲子鉴定。

（四）一审判案理由

北京市丰台区人民法院经审理认为：区计划生育行政部门负责本辖区内社会抚养费的征收工作，且可以委托乡（镇）人民政府作出征收决定。

《中华人民共和国人口与计划生育法》规定，国家稳定现行生育政策，鼓励公民晚婚晚育，提倡一对夫妻生育一个子女；符合法律、法规规定条件的，可以要求安排生育第二个子女。不符合前述规定生育子女的公民，应当依法缴纳社会抚养费。本案中，郭彦芳夫妇自称郭梓宸系其违法生育的第二个子女，要求被告对其征收社会抚养费。而现有证据表明，尽管原告的出生医学证明载明郭梓宸的父母为李建军和郭彦芳，但郭彦芳在 2005 年 1 月至 11 月太子峪村委会的孕情检查中均未检出怀孕，证据之间相互矛盾。

故被告以现有证据无法认定郭彦芳有违法生育事实为由，未作社会抚养费征收决定，并无不妥。

（五）一审定案结论

北京市丰台区人民法院依照《最高人民法院关于执行〈中华人民共和国行政诉讼法〉若干问题的解释》第五十六条第（四）项的规定，作出如下判决：

驳回原告郭梓宸的诉讼请求。

（六）二审情况

1. 二审诉辩主张

（1）上诉人诉称

郭梓宸的出生医学证明及郭彦芳的生育病例足以证明郭彦芳生育郭梓宸的事实，一审判决认定事实不清，被上诉人不履行征收社会抚养费的法定职责违法，请求二审法院撤销一审判决，改判确认被上诉人不履行征收社会抚养费法定职责违法，并判令被上诉人作出社会抚养费征收行为。

（2）被上诉人辩称

同意一审判决，请求予以维持。

2. 二审事实和证据

北京市第二中级人民法院经审理，认定的事实和证据与一审一致。

3. 二审判案理由

北京市第二中级人民法院经审理认为：《社会抚养费征收管理办法》第四条规定，社会抚养费的征收，由县级人民政府计划生育行政部门作出书面征收决定；县级人民政府计划生育行政部门可以委托乡（镇）人民政府或者街道办事处作出书面征收决定。据此，被上诉人负有本辖区内社会抚养费征收的法定职责。

根据《人口与计划生育法》的有关规定，国家稳定现行生育政策，鼓励公民晚婚晚育，提倡一对夫妻生育一个子女；符合法律、法规规定条件的，可以要求安排生育第二个子女。不符合前述规定生育子女的公民，应当依法缴纳社会抚养费。本案中，被上诉人经调查核实，现有证据无法认定郭彦芳存在违法生育的事实，故被上诉人履行征收社会抚养费法定职责的前提条件尚不具备，其未作社会抚养费征收决定不构成不履行法定职责。郭梓宸起诉被上诉人不履行法定职责的理由不能成立，一审法院判决驳回郭梓宸的诉讼请求是正确的，本院应予维持。

4. 二审定案结论

北京市第二中级人民法院依照《中华人民共和国行政诉讼法》第六十一条第（一）项的规定，作出如下判决：

驳回上诉，维持一审判决。

一、二审案件受理费各 50 元，均由郭梓宸负担（已交纳）。

（七）解说

本案的焦点在于，郭梓宸是否为郭彦芳与李建军的亲生子女。而围绕这个焦点共有两个问题需要探讨：

1. 为亲生子女是否是征收社会抚养费的必要条件？

根据《中华人民共和国人口与计划生育法》规定，国家稳定现行生育政策，鼓励公民晚婚晚育，提倡一对夫妻生育一个子女；符合法律、法规规定条件的，可以要求安排生育第二个子女。不符合前述规定生育子女的公民，应当依法缴纳社会抚养费。本案中，郭彦芳已有一子，现称郭梓宸为其第二个儿子，不符合生育政策，若郭梓宸为其子女，则需要缴纳社会抚养费，故郭梓宸为郭彦芳、李建军亲生是人口与计划生育委员会征收社会抚养费的条件。

2. 不进行亲子鉴定即无法确定为亲生子女的结论是否正确？

是否为亲生子女是本案确认被告是否需履行法定职责的事实依据。本案中，原告与被告均就郭梓宸是否系郭彦芳与李建军所生出示证据：原告的证据，一是亲友的证言，二是医院出生证明及住院档案；被告的证据，为太子峪村对郭彦芳的孕情检验结果。因此，涉及证据的证明力问题。

原告提供的证据中，亲友证言称郭彦芳怀孕期间一直在外地，但居住地左邻右舍却不曾见到其有怀孕情形，医院证明在实践中更具证明力的内容为婴儿出生日期，对于父母情况仅依据提供的材料进行登记，对于身份证件并不核对，因此证明力也不高；被告提供的证据为太子峪村委会提供的孕检情况，该村委会按照基层群众组织在计划生育工作中的作用，每月对孕龄妇女进行尿液检验。按郭梓宸出生日期推算怀孕期间，郭彦芳并无怀孕迹象，因此无法证明郭梓宸与郭彦芳的亲子关系。

基于亲子关系认定中证据存在冲突，原告需进一步举证证明，但原告在尚未进行鉴定时便撤回了鉴定申请。因此，被告以亲子关系不明拒绝征收社会抚养费并无不妥。

（北京市丰台区人民法院　郑文静）

63. 张顺不服上海市公安局虹口分局不予批准报入户口案

（一）首部

1. 判决书字号

一审判决书：上海市虹口区人民法院（2010）虹行初字第70号行政判决书。

二审判决书：上海市第二中级人民法院（2011）沪二中行终字第32号行政判决书。

2. 案由：户口行政决定。

3. 诉讼双方

原告（被上诉人）：张顺，住上海市东余杭路。

法定代理人：张林美（张顺养母），住址同上。

委托代理人：刘炜，上海市远东律师事务所律师。

委托代理人：刘耀中，上海市远东律师事务所律师。

被告（上诉人）：上海市公安局虹口分局，住所地：上海市闵行路 260 号。

法定代表人：宋卫国，该局局长。

委托代理人：王时平，该局工作人员。

委托代理人：吴亮，该局工作人员。

4. 审级：二审。

5. 审判机关和审判组织

一审法院：上海市虹口区人民法院。

合议庭组人员：审判长：施海红；审判员：张忠、吴宪刚。

二审法院：上海市第二中级人民法院。

合议庭组成人员：审判长：李金刚；代理审判员：沈亦平、姚倩云。

6. 审结时间

一审审结时间：2010 年 12 月 10 日。

二审审结时间：2011 年 2 月 15 日。

（二）一审诉辩主张

1. 被诉具体行政行为

2010 年 5 月 14 日被告上海市公安局虹口分局作出审批决定，不予批准原告张顺报入户口。

2. 原告诉称

2003 年 2 月 23 日原告的养母张林美在路上发现一个婴儿即原告张顺，遂将张顺抱回家抚养至今。2007 年 5 月张林美在新民晚报上刊登寻亲认领，2008 年 7 月 8 日民政部门在无人认领的情况下为张林美办理了领养证。此后，张林美申请将张顺的户籍报入上海市东余杭路××弄××号，2010 年 5 月 14 日被告作出审批决定，不予批准原告报入户口。原告认为被告的审批决定适用法律错误：（1）张顺从小被其养母抚养且领养手续合法，公安部门应当依照国家法律为被收养人办理户口登记；（2）《中华人民共和国收养法》（以下简称《收养法》）及其他规定都肯定养父母与养子女法律上的关系，赞成积极解决被收养子女的户籍问题；（3）张顺的户籍问题严重影响其受教育的权利。因此，原告请求法院撤销被告于 2010 年 5 月 14 日作出的审批决定。

3. 被告辩称

被告对原告的申请进行审核，认为根据上海市新生儿卡介苗接种证、上海市产院新生儿预防接种凭证、人口信息资料、原上海市南市区妇幼保健院病历等证据，原告的亲生父母是能够查找到的，所以原告并不属于弃婴。按照相关户口管理的规定，原告不符合报入户口的条件，被告遂作出不予批准原告报户的决定。

（三）一审事实和证据

上海市虹口区人民法院经公开审理查明：原告张顺与张林美系养女与养母关系，2008年7月8日上海市虹口区民政局对收养关系准予登记，颁发收养登记证。2008年7月15日被告上海市公安局虹口分局原新港路派出所受理了原告养母张林美以原告张顺名义提出的要求：将户口报入上海市东余杭路××弄××号户内，即张林美的户籍地。2008年9月3日被告上海市公安局虹口分局（以下简称虹口公安分局）作出审批意见并上报上海市公安局，经补充调查和上海市公安局退回重审，2010年5月14日虹口公安分局作出审批决定，不予批准原告报入户口。原告不服，提起行政复议。2010年9月20日上海市公安局作出（2010）沪公法复决字第290号行政复议决定，维持了被告作出的审批决定，原告遂起诉至本院。

上述事实有下列证据证明：

1. 弃婴证明、《中华人民共和国收养登记证》；

2. 上海市新生儿卡介苗接种证、上海市产院新生儿预防接种凭证、人口信息资料、原上海市南市区妇幼保健院病历等。

（四）一审判案理由

上海市虹口区人民法院经审理认为：根据《收养法》第十六条的规定，收养关系成立后，公安部门应当依照国家有关规定为被收养人办理户口登记。对原告与其养母之间的收养关系，民政部门已进行了收养登记，并颁发收养登记证，从法律上确认了收养关系的存在。现被告认为原告不属于弃婴，不仅否认了虹口公安分局原新港路派出所的弃婴证明，而且实际上也否认了原告与张林美之间的收养关系，从而变相否认了民政部门出具的收养登记证的效力。根据《收养法》的规定，收养应当向县级以上人民政府民政部门登记，收养关系自登记之日起成立。由此，收养关系的确认属于民政部门的职权，而非公安部门的职权。被告否认民政部门出具的有效法律证明的做法，属于超越法定职权的行为。再者，即使收养行为不符合法律规定，也应由人民法院确认无效。此外，公安部门在办理户口登记时依法进行审核，首先应在自己的职权范围内进行审核，而不应超越职权进行审核，从而代替其他行政机关的行政管理职权。况且目前被告提供的证据只是提供寻找原告亲生父母的线索，还不能完全确认原告亲生父母在什么地方和具体状态，还难以证明原告不属于弃婴，故被告关于原告不属于弃婴、不符合收养条件的观点缺乏证据支撑。根据公安部的有关规定，收养关系成立后，收养人持收养证和本人的合法有效身份证件，向其常住户口所在地户口登记机关提出落户申请，报县、市公安机关审批，公安机关应当准予落户。因此，收养人张林美依法为原告进行户口申报，被告不予批准缺乏事实和法律依据。最后，原告和其养母已共同生活了近八年时间，原告也到了入学的年龄，如果原告的户口不能报入，将有可能造成原告无户籍的情况发生，这种状况不仅直接影响原告以后的生活，而且也不符合国家对未成年人的特殊保护规定。

（五）一审定案结论

上海市虹口区人民法院依照《中华人民共和国收养法》第十六条、《中华人民共和国行政诉讼法》第五十四条第（二）项第1目的规定，作出如下判决：

1. 撤销被告虹口公安分局于2010年5月14日作出的（虹）0010022号户口类审批意见决定；

2. 被告虹口公安分局于本判决生效之日起40日内重新作出审批决定。

（六）二审情况

1. 二审诉辩主张

（1）上诉人诉称

其作为户口审批机关，有权对不具备法定收养条件的收养关系不予认可。根据公安机关的调查和寻找，已找到张顺的生父母，两人均称张顺系被其亲属送养，并非遗弃；且即便张顺是由张林美捡拾的弃婴，当时也应当通过报警积极处理，由公安机关查找孩子的生父母。据此张顺并非弃婴，不具备被收养的条件，故其不准予张顺户口报入张林美户内正确。原审判决不当，请求撤销原审判决，维持被诉具体行政行为。

（2）被上诉人辩称

张顺系张林美于2003年2月23日在路边捡拾的弃婴，因多方查找不到孩子的生父母，故抚养至今；2007年张林美即开始为张顺办理收养手续，经虹口公安分局原新港路派出所出具弃婴证明，并由民政局收养登记科在相关报刊上刊登寻亲公告后，于2008年7月8日取得上海市虹口区民政局颁发的收养登记证，现张林美为张顺申请报入户口符合上海市相关规定，虹口公安分局所作不准予报入户口的审批决定错误；原审判决正确，请求维持原审判决。

2. 二审事实和证据

上海市第二中级人民法院经审理，认定的事实与一审认定一致。

3. 二审判案理由

上海市第二中级人民法院经审理认为：被上诉人张顺在诉讼过程中所提供的证据，能证明张林美在申请将张顺户口报入其户内前，曾取得了虹口公安分局原新港路派出所出具的《弃婴证明》，经过了民政局登报寻亲公告程序，并经虹口区民政部门审批，办理了收养登记手续的事实。上诉人虹口公安分局对其认为张顺并非弃婴的主张，在诉讼过程中提供了其查找到的张顺生父母的询问笔录，从笔录形成时间看，均晚于被诉行政行为作出时间，从笔录内容看，仅能说明张顺生父母经过回忆，称当时由亲属将初生孩子送养给他人的情况，且两人关于送养孩子亲属的身份、送养过程等内容的陈述亦不一致，并不能证明张顺的生父母直接或通过他人将张顺送养给了张林美的事实，故对虹口公安分局的上述主张，法院难以采信。上诉人虹口公安分局认为，张林美未对其所称捡拾婴儿的情况在第一时间报警，张顺出生后由医院开具的新生儿卡介苗接种证系随附在其身边，张林美可以据此查找到张顺生父母等，也均不能证明张顺并非弃婴的事实。上诉人虹口公安分局作为户口审批机关，在收到被上诉人养母提出的申请后，在没有充分、明确的证据证明张顺不是弃婴，该收养关系明显不符合法律规定的情况下，不认可民政部门出具的有效收养登记证，缺乏依据。同时，考虑到张顺与其养母已共同生活多年，亦进入小学学习阶段的客观情况，从有利于未成年人接受教育、生活、成长等角度出发，上诉人未批准张顺户口报入张林美户内亦有所失当。上诉人的上诉请求，缺乏事实证据和法律依据。

4. 二审定案结论

上海市第二中级人民法院依照《中华人民共和国行政诉讼法》第六十一条第（一）项的规定，作出如下判决：

驳回上诉，维持原判。

（七）解说

在现代社会的行政管理中，行政机关的执法活动并非单一、独立的，其往往会与其他职能部门发生交叉、接触、衔接，涉及对相关行政行为的审查。例如原房屋和土地管理局在核发房屋拆迁许可证时，就会涉及之前土地管理部门、规划部门及政府部门作出的批复文件。又如城管部门在处理违章建筑时，会采信规划或房屋管理部门对违章建筑作出的认定。由此就衍生出一个法律问题：当行政机关作出行政行为时，如何看待和审查其他行政机关的行政行为，即本案被告否定民政部门的收养凭证是否合法有据。

1. 争议焦点

之所以会存在争议，是由于在行政机关作出行政行为时，之前其他行政机关的行政行为是作为一项证据或依据，证明一项事实或一个程序。如本案，被告办理的是户口迁移，民政局的收养凭证是用于印证原告与他人的收养关系，说明符合迁移的法定条件。既然它是作为事实证据，就必定会产生证明效力大小、对证据审查形式等问题。一种观点认为，行政行为具有特定性，是行政机关在管理行政事务时依职权所作的一种法律行为，具有法定的权威性和确定力，因此对其的审查不同于对其他事实证据，应限于形式审查；另一种观点认为，既然是作为证据，那行政机关就有权对其进行实体审查，当有足够证据可以推翻该行政行为时，行政机关就应不予采信。

2. 行政行为的公定力

要理解这个问题，首先要对行政行为的特征、效力有所了解。行政行为是一种国家意志行为，是享有行政权能的行政主体运用行政权对行政相对人所作的法律行为。行政行为区别于民事行为的主要特征之一就是具有效力先定性，即行政行为一经作出，不论实质上是合法还是违法，都被推定为合法有效，符合法律规定，在没有被国家有权机关宣布为违法无效之前不得否认其效力。这一特征决定了行政行为一经成立便对行政相对人和行政主体等产生一项法律上的效力，也就是人们通常所说的公定力。公定力是一种经推定或假定的法律效力，行政行为除非明显、重大违法，否则在经法定程序由法定机关使之失效前，都应对其作合法的推定，正如刑法上的无罪推定一样，因此公定力并不意味着行政行为的真正合法。之所以强调公定力，原因在于维护公共秩序和公共利益，确保行政管理的稳定性。而且公定力是一种对世的法律效力，它并不仅仅针对行政主体和相对人双方而言，而是面向行政主体以外的任何机关、组织和个人。因此行政行为对行政机关本身和相对方以及其他行政机关都具有拘束力，任何个人或团体都必须遵守和服从，不能任意予以否定。

3. 行政行为非经法定程序不得否定其效力

行政行为一经作出即具有公定力，因此行政机关在审查时只需采取形式审查，所针对的是行政行为的表面内容，如行政行为是否在法定有效期限内、相对人是否为同一人、内容是否与本次行政行为有关等。这既符合行政管理的职责划分，也能够避免各行政机关因涉及领域不同而产生认定上的差别，造成不必要的争议。行政机关在审查中，无权擅自否定其他行政行为的效力，否则就是超越职权。以本案为例，公安机关具有户口管理职权，但并不具备确认收养关系是否合法成立的职权。民政局出具收养凭证后，即表明其已代表国家对原告的收养关系作出认定，公安机关无权否定其法律效力。如果经审查确实有证据足以证明上述行政行为存在问题，公安机关可采取中止行政行为、向相关权利人提出建议或与民政部门沟通、提请共同上级部门审查等方式，而非直接否定收养证的法律效力。因此，本案公安机关未经法定程序即否定收养凭证的效力，属认定事实不清，法院应依法予以撤销。

4. 户口迁移中的人性操作

随着社会进步，户口的某些作用已逐渐被身份证、社会保障卡等所取代，但户口作为公民行使权利和证明家庭、血缘关系的有力凭证，对公民仍有着极大影响。因此，公安机关在办理户口迁移时，应充分注意到人情、伦理，从利于人们生活、工作和学习出发，而不应机械运作职权。本案中，即使原告的弃婴身份不明，但其与养母生活多年，而且已进入上学阶段，从未成年人身心健康发展及保护角度出发，同意其户口迁入，方能体现出公安机关户口管理的人性化和合理化，只有合理有序的户口管理，才能顺应和推进市场经济和社会的发展。

（上海市虹口区人民法院　邱莉）

64. 李兴虎不服南宁市良庆区民政局婚姻登记案

（一）首部

1. 判决书字号：南宁市良庆区人民法院（2011）良行初字第 6 号行政判决书。

2. 案由：婚姻登记。

3. 诉讼双方

原告：李兴虎，农民，住南宁市大塘社区。

委托代理人：黄亮周，人民警察。

被告：南宁市良庆区民政局。

法定代表人：苏宜举，该局局长。

委托代理人：黄汉洲，南宁市良庆区民政局书记。

委托代理人：黎志斌，南宁市良庆区人民政府法制办公室副主任。

第三人：杨春花。

4. 审级：一审。

5. 审判机关和审判组织

审判机关：广西壮族自治区南宁市良庆区人民法院。

合议庭组成人员：审判长：韦思阳；审判员：廖辉燕；人民陪审员：周树立。

6. 审结时间：2011 年 8 月 11 日。

（二）诉辩主张

1. 被诉具体行政行为

南宁市良庆区民政局于 2007 年 1 月 4 日向原告李兴虎及第三人杨春花颁发了桂南良结字 010700009 号结婚证。

2. 原告诉称

2007 年 1 月 4 日，杨春花使用伪造的户口本和身份证，在良庆区民政局婚姻登记处与原告办理结婚登记。2007 年 2 月份，杨春花偷走结婚证后，从此下落不明。原告经采取电话、信件等方式，均无法与第三人取得任何联系，与婚姻介绍人取得联系，亦不知第三人下落。经向南宁市公安局新江派出所查询，“杨春花”结婚登记时所使用的身份证、户口本均与其身份证号码所显示的身份证的户籍所在地、姓名、相片不一致，证明第三人结婚登记所使用的户口本、身份证都是伪造的。第三人杨春花下落不明已经长达四年五个多月，双方根本不存在婚姻实质性，严重侵犯了原告结婚自由权。《婚姻登记条例》第七条规定：婚姻登记机关应当对结婚登记当事人出具的证件、证明材料进行审查并询问相关情况，经过审查后，对当事人符合结婚条件的，婚姻登记机关应当当场予以登记，发给结婚证；对当事人不符合结婚条件不予以登记的，应当向当事人说明理由。登记机关在审查中，需要了解情况的可向当事人提出询问，必要时应当进行调查。由于民政部门工作人员没有尽到合理的注意义务，使第三人杨春花在身份不明的情况下，成功利用伪造的户口本和身份证，进行结婚登记。其实施了以结婚为名诈骗钱财为实的违法行为，侵害了原告的合法权益。请求法院依法判令：(1) 撤销被告颁发的桂南良结字 010700009 号结婚证；(2) 本案诉讼费用由被告承担。

3. 被告辩称

(1) 根据国务院颁布的《婚姻登记条例》第七条“婚姻登记机关应当对结婚当事人出具的证件、证明材料进行审查并询问相关情况。对当事人符合结婚条件的，应当当场予以登记……”之规定，原告办理结婚登记当天，所递交的男、女双方证件和证明材料经婚姻登记员的审查和询问，符合《中华人民共和国婚姻法》第五条、第六条、第八条和《婚姻登记条例》第五条规定的实质要件，被告婚姻登记员予以办理结婚登记的行为并无过错。(2)《婚姻登记条例》赋予婚姻登记机关“服务”职能，而不是“管理”职能。被告对申请人提供的证件和证明材料只有审查和询问的义务，所谓“审查”就是对当事人的身份证、照片与其本人是否一致，身份证姓名、出生年月与户口簿是否相符，当事人是否达到结婚法定年龄等要件的审查；所谓“询问”主要是对当事人男、女双方是否完全自愿结婚的询问。婚姻登记机关对申请人提供的证件和证明材料不具备真实性审查的条件与能力，对申请人提供的证件和证明材料也不应承担鉴别真伪的法律责任。原告提出的“由于民政部门工作人员没有尽到合理的注意义务，使得第三人成功利用伪造的户口本和身份证，实施了以结婚为名、诈骗钱财为实的违法行为”的诉讼理由不成立。(3)按照婚姻登记办理程序，原告于2007年1月4日在婚姻登记处亲笔填写了载有第三人的姓名、性别、国籍、出生日期、身份证号码、婚姻状况等内容的《申请结婚登记声明书》，并声明“如有虚假愿承担法律责任”。因此原告不能向婚姻登记机关提出撤销婚姻申请。(4)《婚姻登记条例》没有赋予婚姻登记机关对弄虚作假骗取婚姻登记行为的撤销权，因结婚登记引发的纠纷只能通过司法途径解决。如原告能够证实第三人利用虚假的身份资料进行结婚登记，被告同意由法院撤销桂南良结字010700009号结婚证。

4. 第三人述称

第三人杨春花经法院公告传唤不到庭应诉，亦未提交诉讼意见及证据材料。

(三) 事实和证据

南宁市良庆区人民法院经公开审理查明：2006年年底，原告经他人介绍与自称是原广西邕宁县新江镇（现南宁市邕宁区新江镇）那桃村村民杨春花（即本案第三人）的女子相识。相识十几天后，原告与第三人于2007年1月4日到被告处申请办理结婚登记。原告与第三人杨春花向被告婚姻登记工作人员提交了各自的户口簿、身份证原件，并填写了申请结婚登记声明书。被告婚姻登记工作人员在对以上证件及证明材料进行了审查并对双方进行询问后，为原告及本案第三人杨春花办理了结婚登记并当场颁发了桂南良结字010700009号结婚证。领取结婚证后，第三人杨春花仅与原告李兴虎共同生活了二十多天，就于同年2月初将结婚证带走并下落不明，之后原告通过多种方式均无法与其取得联系。原告遂到南宁市公安局新江派出所核查。新江派出所于2011年5月6日出具证明称：“经我所查询提供杨春花的个人信息（略），现我所查无此人”。证明第三人杨春花申请结婚登记时提供给被告的身份证、户口本均为伪造。2011年5月25日，原告以被告在为其办理结婚登记时未尽到认真审查核对义务，错误颁发桂南良结字010700009号结婚证，致使原告合法权益受损为由将被告诉至本院，请求法院撤销桂南良结字010700009号结婚证。另查明，在诉讼过程中，原告李兴虎表示自愿承担本案的诉讼费用。

上述事实有下列证据证明：

1. 南宁市邕宁区新江派出所证明，证明南宁市邕宁区新江镇那桃村屯阳坡名为杨春花的身份信息不存在；

2. 大塘社区居委会证明，证明杨春花于 2007 年 2 月开始失踪；

3. 结婚登记审查处理表，证明被告已履行婚姻登记机关的义务和职责；

4. 原告申请结婚登记声明书，证明原告应自行对声明的内容及真实性承担责任；

5. 原告及第三人身份证；

6. 原告及第三人的结婚证；

7. 原告及第三人户口本。

（四）判案理由

南宁市良庆区人民法院经审理认为：被告南宁市良庆区民政局是南宁市良庆区人民政府主管婚姻登记的主管部门，具有婚姻登记的法定职责。婚姻登记部门对符合《中华人民共和国婚姻法》及《婚姻登记条例》规定的申请人，应当场予以颁发结婚证。本案被告在办理原告的结婚登记时已对原告李兴虎及第三人杨春花出具的证件及证明材料进行了审查，并据此向原告与第三人颁发了桂南良结字 010700009 号结婚证，该颁证行为在程序及法律适用上符合相关规定。但由于受到客观条件的限制，被告在审查中无法辨明第三人杨春花身份证与户口簿的真伪。事后，经南宁市公安局新江派出所核查出具证明证实，第三人杨春花申请结婚登记时提供的身份证及户口簿记载的信息均为伪造。鉴于第三人杨春花向婚姻登记机关提供了虚假的身份证件进行婚姻登记，导致被告南宁市良庆区民政局向原告李兴虎及第三人杨春花颁发的桂南良结字 010700009 号结婚证主要依据有误，依法应予以撤销。

（五）定案结论

南宁市良庆区人民法院依照《中华人民共和国行政诉讼法》第五十四条第（二）项第 1 目的规定，作出如下判决：

撤销南宁市良庆区民政局于 2007 年 1 月 4 日向原告李兴虎及第三人杨春花颁发的桂南良结字 010700009 号结婚证。

案件受理费 50 元，由原告李兴虎自愿负担。

（六）解说

1. 案件的疑难点分析

近年来，社会中类似于本案中第三人杨春花利用虚假身份骗得婚姻登记机关婚姻登记的案例时有发生，我国司法审判职能的性质决定了人民法院应给予受害人解除、撤销婚姻登记的司法救济。只有允许受害人申请撤销婚姻登记机关的婚姻登记行为，才能让受害人从虚假的婚姻关系中脱离出来。但实践中，司法机关并非一定能够给予受害人司法救济，对待该类案件有力不从心之感，使之成为司法实践中的疑难案件。这主要体现在以下几个方面：

一是有关以虚假身份进行婚姻登记的立法空白问题。第一，《婚姻法》第十条规定的无效婚姻和第十一条规定的可撤销婚姻未将虚假身份婚姻纳入。第二，民政部办公厅于2002年8月6日就安徽省民政厅请示的关于婚姻当事人一方结婚登记时提供伪造的身份证明、户籍证明及婚姻状况证明，另一方要求撤销登记应如何处理问题的答复中，指出：婚姻登记机关对当事人提供的证件、材料不具备真实性审查的条件和能力，《婚姻登记管理条例》第二十五条“弄虚作假、骗取婚姻登记的”是指当事人不符合结婚登记实质要件，而通过弄虚作假骗取登记，因此对申请人要求撤销婚姻登记的请求不予支持。第三，对虚假身份婚姻的效力做了相互矛盾的规定。1986年的《婚姻登记办法》第九条规定：婚姻登记机关发现婚姻当事人有违反婚姻法的行为，或在登记时弄虚作假、骗取《结婚证》的，应宣布该项婚姻无效。但《最高人民法院关于人民法院审理离婚案件如何认定夫妻感情确已破裂的若干具体意见》第四条规定：一方欺骗对方或者在婚姻登记时弄虚作假，骗取结婚证的，一方坚决要求离婚，经调解无效，可依法判决准予离婚。这又似乎肯定了虚假身份婚姻的法律效力。前后明显矛盾。

二是我国现行婚姻登记水平和模式问题。按照现行的婚姻登记制度，申请结婚当事人可在任意一方的户籍所在地婚姻登记机关凭户口本、身份证、无配偶及直系血亲和三代以内旁系血亲关系的签字声明就可办理登记结婚。由于婚姻登记机关关于身份情况、婚姻状况的核查装备建设的滞后，在婚姻登记未实现全国联网的情况下，目前婚姻登记机关只能对当事人是否符合法定婚姻登记条件进行形式上的审查，无法对相关信息予以核实。本案中，在一定程度上可认为行政机关的登记行为并无明显过错。

三是我国司法实践的不一致、不统一问题。现行立法对虚假身份婚姻的定性不明确，致使司法机关在受理该类案件时也遇到法律适用难的问题。各地法院做法不尽相同，有的认为属可撤销婚姻，由原婚姻登记机关撤销婚姻登记；有的认为属无效婚姻，由法院按民事案件受理后解除双方的同居关系；有的认为此类登记应属有效的婚姻登记，由法院按民事案件受理后判决双方离婚；也有的认为，类似于本案中的婚姻登记错误是由于民政部门未尽审查义务所致，当事人可以向法院提起行政诉讼要求撤销民政部门的婚姻登记行为。

2. 结论

第一，虚假身份婚姻登记行为是一种行政违法行为。

婚姻登记机关在决定是否颁发结婚证明时，依据的是婚姻行政法律、法规，属于行政行为。虚假婚姻登记行为往往是因为婚姻登记机关未尽到审查的注意义务所致，属于重大过失。因行政人员的疏漏或渎职而造成的虚假身份婚姻登记明显不是小问题，如果归为“行政瑕疵”之类，不仅是对婚姻登记当事人的严重不负责任，也不符合依法行政的理念。那种认为登记机关不具备实体审查的条件、不应承担审查义务的观点，只是行政机关推卸自身责任的一种苍白的借口。所以，笔者认为，虚假身份婚姻登记行为是一种行政违法行为。

第二，行政诉讼应担负起救济的责任。

本案中法院审判的主要依据是《婚姻法》第十一条的规定。从字面上理解，许多审判工作的实践者都觉得，只有胁迫的婚姻才是可撤销的婚姻，在行政机关尚不能主动撤销其他情形下登记的婚姻关系的情况下，行政诉讼予以判决撤销似乎有司法权超越行政权的嫌疑。但是，可撤销的婚姻关系与可撤销的婚姻登记行为是两回事，婚姻关系是平等主体之间缔结的民事关系，属于民事实体法和民事诉讼法调整的范围；婚姻登记行为是一种具体行政行为，属于行政实体法、行政程序法及行政诉讼法的调整范围。该“婚姻”不是可撤销的婚姻，但该登记却是可撤销的婚姻登记，撤销了登记自然达到了消灭这种“婚姻关系”的效果。①

第三，婚姻登记行为的行政公定力注定只有行政审判才能介入。

行政行为一经成立，就产生一种拘束力，这就是所谓的行政公定力理论。这意味着有权撤销行政行为的只有婚姻登记机关和审判机关，在婚姻登记机关已经明确不能自行撤销、民事审判又无能力撤销虚假身份婚姻登记行为的情况下，本着具体行政行为只能由行政审判调整的原则，行政审判无疑是撤销虚假身份婚姻登记行为的最好选择。实际上，没有行政审判的介入，就几乎找不出任何撤销虚假身份婚姻登记行为的有效途径。

（广西南宁市良庆区人民法院　韦思阳）

---

① 参见谭日照：《用虚假身份证骗取结婚登记的法律性质及效力》，见中国法院网，2011年5月26日访问。

十、质量技术监督类

65. 青岛乾润通设备租赁有限公司不服青岛市黄岛区安全生产监督管理局安全监察行政处罚案

（一）首部

1. 判决书字号

一审判决书：山东省青岛市黄岛区人民法院（2011）黄行初字第40号行政判决书。

二审判决书：山东省青岛市中级人民法院（2011）青行终字第345号行政判决书。

2. 案由：安全监察行政处罚。

3. 诉讼双方

原告（上诉人）：青岛乾润通设备租赁有限公司。

法定代表人：王暖林，该公司经理。

委托代理人：孙鹏，山东方恒律师事务所律师。

被告（被上诉人）：青岛市黄岛区安全生产监督管理局。

法定代表人：薛凌，该局局长。

委托代理人：薛锋刚，山东光浩律师事务所律师。

4. 审级：二审。

5. 审判机关和审判组织

一审法院：青岛市黄岛区人民法院。

合议庭组成人员：审判长：林瑞娟；审判员：邓爱萍、庄胜堂。

二审法院：青岛市中级人民法院。

合议庭组成人员：审判长：蒋金龙；审判员：林桦、李国宁。

6. 审结时间

一审审结时间：2011年8月29日。

二审审结时间：2011年11月14日。

（二）一审诉辩主张

1．被诉具体行政行为

（青黄）安监管罚字（2011）第（07）号行政处罚决定。

2．原告诉称

被告于2011年2月28日作出了（青黄）安监管罚字（2011）第（07）号《行政处罚决定书》。原告认为应当依法撤销该行政处罚决定，理由如下：（1）该处罚决定主要事实不清，证据不足。1）原告没有与青岛建设集团公司经济技术开发区薛家岛分公司签订安装拆除合同，该合同加盖的印章不是原告的印章，不是原告在公安机关备案的印章。2）原告没有给青岛建设集团公司经济技术开发区薛家岛分公司出具发票，青岛通力建设集团有限公司与青岛建设集团公司经济技术开发区薛家岛分公司是两个独立的法人单位。3）刘××、杨××、郭××、张××均不是原告处的职工。4）原告制定了完善的安全管理制度和操作规程，并对本公司从业人员定期进行安全教育培训。5）朱××使用假印章与青岛建设集团公司经济技术开发区薛家岛分公司签订的合同，是朱××的个人行为，责任应当由其个人承担，与原告没有关系。（2）行政处罚决定适用依据错误。被告作出的行政处罚决定的法律依据是《安全生产法》第十六条和《生产安全事故报告和调查处理条例》第三十七条第（一）项的规定，原告认为自己没有违反上述规定，故应当依据《行政处罚法》第三十八条的规定作出决定，即调查终结。综上所述，原告请求撤销被告于2011年2月28日作出的（青黄）安监管罚字（2011）第（07）号《行政处罚决定书》。

3．被告辩称

（1）被告作出的行政处罚决定认定事实清楚，证据确实充分。1）原告与青岛建设集团公司经济技术开发区薛家岛分公司签订的《薛家岛南北庄（造船区）安置楼工程塔式起重机安装拆除合同》，所盖公章是原告法定代表人王暖林于2008年12月31日在胶南市保安印章社刻制，其备案号为南公特刻字2008第1014号，属公安备案的合法印章。2）原告向青岛通力建设集团有限公司出具15 000元的拆装费发票（发票号为00116735），是原告根据青岛建设集团公司经济技术开发区薛家岛分公司、青岛通力建设集团有限公司及原告三方委托协议进行的，其充分证明了该发票是原告为《薛家岛南北庄（造船区）安置楼工程塔式起重机安装拆除合同》所约定的施工内容所开具的。3）青岛市建筑工程管理局《关于公布青岛市建筑起重机械安装拆卸单位工作范围及安装拆卸人员名单的通知》（青建管质字（2009）59号），证明刘××、杨××、郭××、张××等人为原告特种作业人员。4）通过对刘××、杨××、郭××、朱××、张××等人的调查询问可知，原告未对刘××、杨××、郭××等作业人员进行教育培训，也没有制定规章制度来约束从业人员的行为。5）原告法定代表人王暖林向朱××颁发聘书，任命朱××为副经理，兼起重设备安装工程公司经理。聘期为2009年1月1日至2011年12月31日。朱××等人对外开展业务时每年向原告上缴16 000元的承包费（以收款凭证为据）。以上足以证明朱××有权代表原告对外开展业务，其行为属原告的行为。

(2) 该行政处罚适用法律正确。1) 刘××、杨××、郭××、朱××等人以原告的名义在薛家岛南北庄（造船区）安置楼工地安装塔吊作业属原告行为，应由原告负责，原告应该对其按照相关安全生产法律法规的要求来约束管理职工。故被告依据《安全生产法》对原告作出的行政处罚事实清楚、证据确凿，适用法律正确得当。2) 原告导致发生1人死亡的一般安全事故，被告根据《生产安全事故报告和调查处理条例》第三十七条第（一）项“发生一般事故的，处10万元以上20万元以下的罚款”的规定，对原告处以罚款12万元的处罚，符合法律、法规的规定。综上所述，被告对原告作出的行政处罚事实清楚、证据确凿，适用法律正确。

（三）一审事实和证据

青岛市黄岛区人民法院经公开审理查明：原告法定代表人王暖林于2008年12月31日在胶南市保安印章社刻制“青岛乾润通设备租赁有限公司”字样的印章一枚，备案号为南公特刻字2008第1014号。2009年1月1日，朱××从原告处领取该枚公章，并约定自2009年1月1日起正式使用。原告法定代表人王暖林任命朱××为公司副经理，兼任起重设备安装工程公司经理，并颁发聘书，聘期为2009年1月1日至2011年12月31日。2010年5月6日，朱××以委托代理人身份与青岛建设集团公司经济技术开发区薛家岛分公司签订《薛家岛南北庄（造船区）安置楼工程塔式起重机安装拆除合同》，同时还签订了委托付款协议。按照合同约定，青岛通力建设集团有限公司向原告支付薛家岛南北庄（造船区）安置楼工程塔式起重机安装拆除费用。后青岛通力建设集团有限公司按照上述合同的约定支付给原告拆装费15 000元，原告向青岛通力建设集团有限公司出具15 000元的拆装费发票，发票号为00116735。2010年10月11日，原告公司职工在薛家岛南北庄安置楼B区E标段建筑工地安装塔吊顶升液压泵站时，不慎使液压泵站脱钩坠落，将在吊塔下面配电箱连接电源线的工人刘××（青岛通力建设劳务有限公司职工）砸伤致死。被告于2011年2月28日作出（青黄）安监管罚字（2011）第（07）号《行政处罚决定书》，决定处以原告罚款12万元。原告不服该行政处罚决定，于2011年3月7日向青岛市安全生产监督管理局申请行政复议。青岛市安全生产监督管理局于2011年5月6日作出维持被告具体行政行为的决定。

上述事实有下列证据证明：

1. 企业法人营业执照、聘书。

2. 安装拆除合同、委托协议、发票。

3. 青建管质字（2009）59号文件。

4. 收款凭证。

5. 胶南市公安局证明。

6. 立案审批表、立案调查审批单、调查报告审批单、调查报告、听证告知书、行政处罚告知书、听证会报告书、听证笔录、听证事项报告书、案件处理呈批表、行政处罚决定书、文书送达回执。

7. 朱××笔录。

8. 刘××笔录。
9. 杨××笔录。
10. 张××笔录。
11. 郭××笔录。
12. 徐××笔录。
13. 孙×笔录。
14. 解除合同通知书。
15. 安全生产许可证和资质。
16. 朱××于 2009 年 1 月领取公章的证明。

（四）一审判案理由

青岛市黄岛区人民法院经审理认为：(1) 朱××系原告单位任命的副经理，兼起重设备安装工程公司经理。朱××以委托代理人的身份与施工单位签订起重机安装拆除合同，而且原告已按合同的约定收取了施工单位支付的拆装费 15 000 元。故朱××以公司名义承揽安装塔吊的行为，应认定是原告公司的行为。(2) 原告所称合同的印章不是原告的印章，无事实依据。朱××系公司副总经理，兼任起重设备安装工程公司经理，于 2009 年 1 月 1 日从原告处领取了印章，于 2010 年 5 月 6 日签订起重机安装拆除合同，而且原告也已收到拆装费 15 000元，故原告所称朱××加盖的是假公章，不符合常理，与事实不符。(3) 根据《中华人民共和国安全生产法》第十六条规定，"生产经营单位应当具备本法和有关法律、行政法规和国家标准或行业标准规定的安全生产条件；不具备安全生产条件的，不得从事生产经营活动"。本案原告未对施工人员进行安全教育培训即安排职工上岗作业，致使工人安全意识淡薄、盲目操作，最终导致死亡事故的发生。综上，被告作出的处罚决定证据确实充分，适用法律、法规正确，符合法定程序，依法应予维持。原告请求撤销被告的具体行政行为的诉讼请求无事实依据和法律依据，不予支持。

（五）一审定案结论

青岛市黄岛区人民法院依照《中华人民共和国行政诉讼法》第五十四条第（一）项的规定，作出如下判决：

维持被告作出的（青黄）安监管罚字（2011）第（07）号行政处罚决定。

案件诉讼费 50 元，由原告青岛乾润通设备租赁有限公司负担。

（六）二审情况

1. 二审诉辩主张

（1）上诉人诉称

第一，上诉人没有与青岛建设集团公司经济技术开发区薛家岛分公司签订安装拆除合同，该合同上加盖的印章不是原告的印章，不是上诉人在公安机关备案的印章。该问题应由被上诉人承担举证责任，现被上诉人没有提交确凿证据证明印章的真实性，应当承担举证不能的后果。朱××使用假印章对外签订合同，以及在营业执照等材料复印件上加盖假章的行为，属其个人行为，与上诉人无关。上诉人在合理范围内已尽到了一般的管理义务，没有过错。上诉人没有给青岛建设集团公司经济技术开发区薛家岛分公司出具发票，青岛通力建设集团有限公司与青岛建设集团公司经济技术开发区薛家岛分公司是两个独立的法人单位。刘××等四人均不是上诉人处职工。上诉人制定了完善的安全管理制度和操作规程，并对本公司从业人员定期进行安全教育培训。可见，被上诉人作出行政处罚决定主要事实不清，证据不足。第二，上诉人是依法设立的独立法人，完全具备安全生产条件，并依法从事生产经营活动，上诉人没有违反《安全生产法》第十六条的规定。上诉人在该次人身伤亡事故中不负有任何责任，不符合《生产安全事故报告和调查处理条例》第三十七条第（一）项的规定。在该次事故中，上诉人没有过错，故被上诉人应当依照《中华人民共和国行政处罚法》第三十八条的规定，对上诉人不予处罚或者不得给予处罚。可见，被上诉人适用法律错误。上诉人根据《中华人民共和国行政诉讼法》的规定，提起上诉，请求依法撤销原判，并撤销（青黄）安监管罚字（2011）第（07）号行政处罚决定。

（2）被上诉人辩称

第一，上诉人与青岛建设集团公司经济技术开发区薛家岛分公司签订的《起重机安装拆除合同》，所盖公章是原告法定代表人王暖林在胶南市保安印章社刻制的，其备案号为南公特刻字 2008 第 1014 号，属公安备案的合法印章。该公章由王暖林交由朱××保管，以便承揽业务。通过上诉人颁发给朱××聘书和朱××每年向上诉人上缴承包费，足以证明朱××有权代表上诉人对外开展业务。上诉人向青岛通力建设集团有限公司出具 15 000 元的拆装费发票（发票号为 00116735），所依据的是三方委托协议。青建管质字（2009）59 号文证明刘××等人为原告特种作业人员，他们从事特种作业，应由上诉人进行安全培训和学习，约束其依法作业。通过对刘××等人的调查询问可知上诉人未对刘××、杨××、郭××等作业人员进行教育培训，也没有制定规章制度来约束从业人员的行为，导致工人安全意识淡薄、盲目操作，在没有进行技术交底、人员没到位的情况下就进行施工作业。被上诉人作出的行政处罚决定认定事实清楚。第二，上诉人在没有进行技术交底、人员没到位的情况下盲目组织人员施工，其行为违反了《中华人民共和国安全生产法》第十六条的规定，被上诉人根据《生产安全事故报告和调查处理条例》第三十七条第（一）项的规定对上诉人作出处罚，适用法律、法规正确。综上，原判认定事实清楚，适用法律、法规正确，上诉人上诉理由不能成立。请求二审法院驳回上诉，维持原判。

2. 二审事实和证据

青岛市中级人民法院经审理，查明的事实和认定的证据与一审相同。

3. 二审判案理由

青岛市中级人民法院经审理认为：《中华人民共和国安全生产法》第二十一条规定：“……未经安全生产教育和培训合格的从业人员，不得上岗作业。”这是法律对安全生产教育培训和培训合格才能上岗的明确规定。国务院《建设工程安全生产管理条例》第三十六第二款进一步明确规定："施工单位应当对管理人员和作业人员每年至少进行一次安全生产教育培训，其教育培训情况记入个人工作档案。安全生产教育培训考核不合格的人员，不得上岗。"《生产经营单位安全培训规定》第二十四条规定："生产经营单位应建立健全从业人员安全培训档案，详细、准确记录培训考核情况。"本案中，上诉人并无有效证据证明上诉人定期对工人进行培训，也没有证据证明有书面培训记录、考核记录和考核是否合格的记录，故上诉人在教育、培训、考核的问题上没有按照法律、法规的规定去做，其行为违法。根据有效证据证明，上诉人在实施塔吊安装作业期间，没有相关的管理制度和操作规程，违反了《建设工程安全生产管理条例》第二十一条的规定。国务院《建设工程安全生产管理条例》第二十七条和《建筑机械使用安全技术规程》（JGJ33—2001）4.4.7 对起重机拆装前的技术交底工作作了明确规定，而本案上诉人单位在没有依法履行技术交底程序的情况下擅自施工，其行为严重违反规定。《生产安全事故报告和调查处理条例》第三条第一款规定："根据生产安全事故（以下简称事故）造成的人员伤亡或者直接经济损失，事故一般分为以下等级：……（四）一般事故，是指造成 3 人以下死亡，或者 10 人以下重伤，或者 1 000 万元以下直接经济损失的事故。"本案所涉事故造成 1 人死亡，根据该规定属于一般事故。《生产安全事故报告和调查处理条例》第三十七条规定："事故发生单位对事故发生负有责任的，依照下列规定处以罚款：（一）发生一般事故的，处 10 万元以上 20 万元以下的罚款……"本案中，被上诉人根据上诉人的违法事实，适用以上关于一般事故的规定对上诉人处以 12 万元罚款，适用法律并无不当。综上，被上诉人作出（青黄）安监管罚字（2011）第（07）号行政处罚决定，认定事实清楚，适用法律正确，程序合法。原审法院判决维持该处罚决定并无不当。

4. 二审定案结论

青岛市中级人民法院依照《中华人民共和国行政诉讼法》第六十一条第（一）项之规定，作出如下判决：

驳回上诉，维持原判。

二审案件受理费 50 元，由上诉人青岛乾润通设备租赁有限公司负担。

（七）解说

1. 履行技术交底程序的认定

国务院《建设工程安全生产管理条例》第二十七条规定："建设工程施工前，施工单位负责项目管理的技术人员应当对有关安全施工的技术要求向施工作业班组、作业人员作出详细说明，并由双方签字确认。"《建筑机械使用安全技术规程》（JGJ33—2001）4.4.7 规定，起重机拆装前，应按照出厂有关规定，编制拆装作业方法、质量要求和安全技术措施，经企业技术负责人审批后，作为拆装作业技术方案，并向全体作业人员交底。因起重机拆装是技术性很强、危险性很大的工作，故根据以上规定，起重机拆装前应严格履行技术交底程序，是否真正履行了该程序应以充分的证据为准。本案中，根据上诉人单位职工刘××、杨××、张××和青岛通力建筑劳务有限公司安全员孙×的笔录可知，上诉人单位在没有依法履行技术交底程序的情况下擅自施工，其行为严重违反规定，这是导致人员伤亡的重要原因。

2. 罚款数额的认定

《中华人民共和国安全生产法》第十六条规定："生产经营单位应当具备本法和有关法律、行政法规和国家标准或行业标准规定的安全生产条件；不具备安全生产条件的，不得从事生产经营活动。"上诉人单位在未依法对施工人员进行安全教育培训、未依法制定安全管理制度和操作规程、未履行技术交底程序的情况下，不顾人身和财产安全，擅自启动起重机安装程序，其行为违反了该条"不具备安全生产条件的，不得从事生产经营活动"的法律规定。《生产安全事故报告和调查处理条例》第三条第一款规定："根据生产安全事故（以下简称事故）造成的人员伤亡或者直接经济损失，事故一般分为以下等级：……（四）一般事故，是指造成3人以下死亡，或者10人以下重伤，或者1 000万元以下直接经济损失的事故。"本案所涉事故造成1人死亡，根据该规定属于一般事故。《生产安全事故报告和调查处理条例》第三十七条规定："事故发生单位对事故发生负有责任的，依照下列规定处以罚款：（一）发生一般事故的，处10万元以上20万元以下的罚款……"本案中，被上诉人根据上诉人的违法事实，适用以上关于一般事故的规定对上诉人处以12万元罚款，适用法律并无不当。

（青岛市中级人民法院　蒋金龙）

66. 杨齐不服哈密地区质量技术监督局不予答复案

（一）首部

1. 判决书字号

一审判决书：哈密市人民法院（2011）哈市行初字第7号行政判决书。

二审判决书：哈密地区中级人民法院（2012）哈中行终字第1号行政判决书。

2. 案由：不予答复申请。

3. 诉讼双方

原告（上诉人）：杨齐，系哈密市大泉湾乡农民。

被告（被上诉人）：哈密地区质量技术监督局。

法定代表人：朱磊，该局局长。

委托代理人：史凤香，系哈密地区质量技术监督局法制科干部。

委托代理人：杜卫川，新疆恒生律师事务所律师。

4. 审级：二审。

5. 审判机关和审判组织

一审法院：哈密市人民法院。

合议庭组成人员：审判长：孙梅；审判员：古丽加娜提·依明；人民陪审员：张生明。

二审法院：哈密地区中级人民法院。

合议庭组成人员：审判长：张志平；审判员：丁玉华、徐彬。

6. 审结时间

一审审结时间：2011 年 11 月 18 日。

二审审结时间：2012 年 2 月 29 日。

（二）一审诉辩主张

1. 被诉具体行政行为

哈密地区质量技术监督局对原告颁发生产许可证的申请未给予书面答复。

2. 原告诉称

我系“清除电视机的X射线装置”及“清除计算机系统的X射线装置”两项实用新型专利权利人，并于 2006 年 3 月 21 日注册了字号为“哈密市杨氏电器制造厂”的个体工商户，准备将两项专利技术投入生产。2006 年 3 月 24 日正式投产以前，我以挂号信的形式向被告提出办理生产许可证的申请，但是被告一直未给予书面答复。我以为被告受理了我的申请，可是被告却未办理生产许可证，导致我不能开展生产，没有经济收入，营业执照也被注销，又因无力支付专利年费致专利权被终止。请求判令：(1) 被告对原告颁发生产许可证申请不予答复属行政不作为；(2) 被告赔偿原告经济损失共计 1 460 万元。

3. 被告辩称

原告杨齐向我局申请核发生产许可证，我局工作人员及时给予原告答复，并进行耐心细致的解释。关于原告申请核发生产许可证的请求，经我局查询对照《工业产品许可证目录》，认定不属于核发生产许可证的范围，我局工作人员当时以口头形式给予原告答复，故不存在行政不作为。根据《中华人民共和国行政许可法》的规定，对原告的答复形式并未限定为书面形式，我局虽当时给予口头答复，但是在此后原告向新疆维吾尔自治区质量技术监督局申请复议和向哈密地区纪检委反映情况后，我局在处理此事过程中出具了书面的答复意见，也应视作书面答复。原告杨齐起诉要求赔偿 1 460 万元，没有提供任何自己在生产方面的具体投入的证据，仅凭借一份可行性研究报告就要求赔偿其 1 460 万元的巨额损失，纯属恶意诉讼，不应得到支持。请求依法驳回原告的诉讼请求。

（三）一审事实和证据

哈密市人民法院经公开审理查明：2005 年 4 月、6 月，杨齐因发明消除电视机X射线装置和实用新型清除计算机系统的X射线装置，获得两项专利证书，2006 年 3 月，杨齐到哈密地区质量技术监督局要求办理生产许可证，哈密地区质量技术监督局工作人员经查询《工业产品生产许可证目录》，确定杨齐的上述两项发明不属于工业产品生产许可证产品，如进行生产只需给生产企业制定企业标准即可，遂将以上内容口头答复杨齐，杨齐仍然要求办理生产许可证。此后杨齐又分别向哈密地区民营经济投诉中心、哈密地区监察局等以哈密地区质量技术监督局不予核发生产许可证、不给予书面答复为由进行投诉，哈密地区质量技术监督局对以上情况作了书面汇报，并于2007年6月4日书面答复杨齐，杨齐的专利产品不属于国家许可证管理产品，办理工业产品生产许可证应到省级部门进行申请，由省级或国家质检总局组织考核，国家质检总局颁发工业产品生产许可证。杨齐对该答复不服，诉至法院要求确认哈密地区质量技术监督局对其颁发生产许可证申请不予答复属行政不作为，并赔偿经济损失1 460万元。

上述事实有下列证据证明：

1. 原告提供的主要证据有：2006年3月24日国内挂号函件收据一份，产品专利证书、营业执照和税务证注销手续、专利权中止手续、哈密市计委立项批文，证明因哈密地区质量技术监督局未核发生产许可证所产生的经济损失。

2. 被告提供的证据及依据有：哈密地区民营经济投诉中心投诉交办通知书、杨齐致郭××书记的投诉信、哈密地区质量技术监督局情况调查汇报、答复、说明、反馈意见、谈话记录，证明其对杨齐的申请给予了答复。

（四）一审判案理由

哈密市人民法院经审理认为：《中华人民共和国工业产品生产许可证管理条例》第三条规定："国家实行生产许可证制度的工业产品目录（以下简称目录），由国务院工业产品生产许可证主管部门会同国务院有关部门制定，并征求消费者协会和相关产品行业协会的意见，报国务院批准后向社会公布"；第六条规定："国家对实行工业产品许可证制度的工业产品，统一目录，统一审查要求，统一证书标志，统一监督管理"；第十一条规定："企业生产列入目录的产品，应当向企业所在地的省、自治区、直辖市工业产品生产许可证主管部门申请取得生产许可证"。经被告哈密地区质量技术监督局工作人员审查，确定原告杨齐要求颁发生产许可证的专利产品不属于《工业产品生产许可证目录》内所列需办证产品，并且被告哈密地区质量技术监督局也无权核发生产许可证，又依据《中华人民共和国行政许可法》第三十二条第一款第（一）项规定，"申请事项依法不需要取得行政许可的，应当即时告知申请人不受理"，以及原告杨齐向有关部门写的投诉材料，可以认定被告对原告要求颁发生产许可证的申请当场给予了不受理的口头答复，并于2007年6月4日以书面形式给予答复，被告哈密地区质量技术监督局的行政行为符合法律程序，原告杨齐的诉讼请求没有事实和法律依据，理由不能成立，不予支持。

（五）一审定案结论

哈密市人民法院依照《最高人民法院关于执行〈中华人民共和国行政诉讼法〉若干问题的解释》第五十六条第（一）项之规定，作出如下判决：

驳回原告杨齐的诉讼请求。

（六）二审情况

1. 二审诉辩主张

（1）上诉人诉称

第一，一审判决认定事实和适用法律错误。上诉人要求被上诉人核发生产许可证，根据法律规定，行政机关受理申请或不予受理申请均应当出具加盖行政机关专用印章和注明日期的书面凭证，仅给予不受理的口头答复没有法律依据。哈密地区质量技术监督局于2007年6月4日以书面形式给予上诉人答复已经超过法定期限，这份书面答复无法律效力，被上诉人应承担行政程序违法的法律后果。上诉人在一审中提交了以挂号信方式于2006年3月24日向被上诉人提出办理生产许可证申请的证据，被上诉人未在法定期限内给予答复即构成行政不作为，一审法院驳回上诉人的诉讼请求是错误的。第二，被上诉人的具体行政行为违法，导致上诉人无法开展生产、营业执照和税务登记被注销、两项专利证书被终止，进而给上诉人造成了巨额经济损失，被上诉人应当对上诉人的损失进行相应的国家赔偿。

（2）被上诉人辩称

上诉人要求颁发生产许可证的专利产品不属于《工业产品生产许可证目录》内所列需办理生产许可证的产品，只需要进行备案。被上诉人收到申请后，当场给予了不受理的口头答复，口头答复方式是符合《中华人民共和国行政许可法》相关规定的。办理生产许可证，应当向企业所在地的省、自治区、直辖市工业产品生产许可证主管部门提出申请，被上诉人无权颁发生产许可证。上诉人称被上诉人给其造成了经济损失，无事实依据。综上，一审法院适用法律正确，请求二审法院驳回上诉，维持原判。

2. 二审事实和依据

哈密地区中级人民法院经审理，确认一审法院认定的事实和证据。

3. 二审判案理由

哈密地区中级人民法院经审理认为，当事人争议的焦点是被上诉人口头答复的行为是否违法及上诉人请求赔偿的损失与被上诉人行为之间是否存在法律上的因果关系。根据《中华人民共和国行政许可法》第三十二条第一款第（一）项规定，申请事项依法不需要取得行政许可的，行政机关应当即时明确告知申请人其不受理的结果。该项规定未要求在此种情形下，行政机关告知申请人不受理的方式必须为书面形式，而对该条第一款第（二）项所列申请事项依法不属于本行政机关职权范围的情形，则明确规定应当即时作出不予受理的决定，即应当采用书面形式告知申请人不予受理的结果。因此被上诉人对上诉人要求办理生产许可证的申请予以口头答复，未违反法律规定，不构成行政不作为的违法行为。上诉人所获专利权被终止、企业营业执照准予注销登记，均系其个人原因所致。所以，上诉人要求被上诉人赔偿经济损失的上诉请求，既与被上诉人口头答复的行政行为之间不存在法律上的因果关系，也无事实依据。故二审法院对其上诉请求不予支持。一审判决认定事实清楚，适用法律正确，应予维持。

4. 二审定案结论

哈密地区中级人民法院依照《中华人民共和国行政诉讼法》第六十一条第（一）项之规定，作出如下判决：

驳回上诉，维持原判。

（七）解说

本案争议的焦点问题是行政机关采取口头答复形式的具体行政行为是否违法及行政

相对人请求赔偿的损失与行政行为之间是否存在法律上的因果关系的问题。这就要从行政许可及行政不作为的法律性质及行政许可的适用范围出发，并根据相关法律、法规、规章等规范性文件及立法原意进行分析判断。

何谓行政许可？行政许可的基本性质是对特定活动进行事前控制的一种管理手段。《中华人民共和国行政许可法》第二条规定："本法所称行政许可，是指行政机关根据公民、法人或其他组织的申请，经依法审查，准予其从事特定活动的行为。"根据《行政许可法》第二条、第三条、第十二条 、第十三条的规定分析，可以看出《行政许可法》在行政许可设定范围上的立法宗旨是尽可能减少行政许可的范围。该法第十二条采用列举式规定了行政许可的设定范围，对行政许可的设定范围作了原则界定。根据《行政许可法》的相关规定，特别是该法第七条关于"公民、法人或者其他组织对行政机关实施行政许可，享有陈述权、申辩权；有权依法申请行政复议或者提起行政诉讼；其合法权益因行政机关违法实施行政许可受到损害的，有权依法要求赔偿"的规定，可以得出这样的结论：凡行政许可及其相关行为均是可诉的，可纳入司法审查的范围，只有先界定行政许可设定的范围，才能界定行政许可司法审查的范围。

《中华人民共和国标准化法》第六条第二款规定："企业生产的产品没有国家标准和行业标准的，应当制定企业标准，作为组织生产的依据。企业的生产标准须报当地政府标准化行政主管部门和有关行政主管部门备案……"《中华人民共和国工业产品生产许可证管理条例》第六条规定："国家对实行工业产品生产许可证制度的工业产品统一目录，统一审查要求，统一证书标志，统一监督管理。"第十一条规定："企业生产列入目录的产品，应当向企业所在地的省、自治区、直辖市工业产品生产许可证主管部门申请取得生产许可证。"根据本案原告的诉讼请求及查明的事实分析，原告已取得国家专利的消除电视机及计算机系统 X 射线装置的实用新型专利技术，目前尚没有国家标准和行业标准，也不属于国家公布的《工业产品生产许可证目录》中所列举的需要办理生产许可证的产品，其只需履行《中华人民共和国标准化法》第六条第二款规定的备案手续即可。原告杨齐所申请颁发生产许可证的事项依法不需要取得行政许可。

何谓行政不作为？简单来讲，即为应当作为而未作为。具体来讲，行政不作为是指行政机关对公民、法人、其他组织的申请，应当作出具体行政行为而不作出行为的现象。只有行政机关对公民、法人和其他组织的申请不予答复的行为才构成行政不作为。从法律立法原意上进行理解，构成申请颁发行政许可证不予答复之行政不作为，必须满足以下两个条件：第一，颁发许可证的行为是应申请的行为，因此，必须有相对人申请在先的事实存在；第二，有行政机关对公民、法人和其他组织要求颁发许可证的申请不予答复的事实存在。不予答复包括行政机关对公民等一方的申请不理睬、予以推诿或无故拖延不办等，此时行政机关是处于不作为状态，其意思表示是不明确的。就本案来讲，原告杨齐向被告哈密地区质量技术监督局申请颁发生产许可证，被告对其申请给予了口头答复。引发本案诉讼的双方争议点即是原告杨齐认为被告给予口头答复属于不予答复。原告有申请行为，被告有答复行为，口头答复应属答复的一种形式，故作为被告的行政机关来讲，其不构成行政不作为。

关于答复方式是否合法的问题，根据《中华人民共和国行政许可法》第三十二条第一款第（一）项之规定，“申请事项依法不需要取得行政许可的，应当即时告知申请人不受理”，即行政机关对属于此种情形的申请，应当即时明确告知申请人其不受理的结果，该项规定未要求在此种情形下，行政机关告知申请人不受理的方式必须为书面形式。而该条第一款第（二）项规定：“申请事项依法不属于本行政机关职权范围的，应当即时作出不予受理的决定，并告知申请人向有关行政机关申请。”根据此项规定，在申请事项不属于本行政机关职权范围内时，应当采用书面形式告知申请人不予受理的结果。本案中，首先，原告杨齐所申请颁发生产许可证事项，属于依法不需要取得行政许可的事项；其次，被告哈密地区质量技术监督局对原告杨齐要求办理生产许可证的申请予以口头答复，未违反法律规定，不构成行政不作为的违法行为。原告杨齐所获得的专利权被终止、企业营业执照准予注销登记，均系其个人原因所致，原告杨齐要求被告哈密地区质量技术监督局赔偿经济损失的请求，既与被告哈密地区质量技术监督局口头答复的行政行为之间不存在法律上的因果关系，也无事实依据。

本案审结后，哈密地区中级人民法院向哈密地区质量技术监督局发出司法建议。此起行政诉讼纠纷起因于杨齐向该局邮寄挂号信申请颁发生产许可证而该局口头给予答复的行为。哈密地区中级人民法院就涉及的相关问题提出：虽然哈密地区质量技术监督局口头答复的方式不违法，但是在具体操作程序上仍然存在瑕疵，有引发行政纠纷的隐患，建议哈密地区质量技术监督局针对同类问题在行政执法过程中完善行政相对人邮寄信件登记保管制度，做到有档可查、有信必答，严格依法制定并落实有关对行政相对人申请予以答复的方式和期限等制度措施，必要时印制表格请相对人签名认可已经答复的事实，尽量避免争议的发生。

（哈密地区中级人民法院　张志平）

67. 北京金星鸿业电梯公司不服北京市朝阳区质量技术监督局安全监察行政处罚案

（一）首部

1. 判决书字号

一审判决书：北京市朝阳区人民法院（2011）朝行初字第250号行政判决书。

二审判决书：北京市第二中级人民法院（2011）二中行终字第937号行政判决书。

2. 案由：安全监察行政处罚。

3. 诉讼双方

原告（上诉人）：北京金星鸿业电梯有限公司，住所地：北京市宣武区马连道南路1号院1号楼3层。

法定代表人：沈剑波，该公司董事长。

委托代理人：刘彪，北京市百瑞律师事务所律师。

被告（被上诉人）：北京市朝阳区质量技术监督局，住所地：北京市朝阳区平房乡姚家园村8号。

法定代表人：吴平，该局局长。

委托代理人：陈春，北京市朝阳区质量技术监督局干部。

委托代理人：徐世超，北京高警兵律师事务所律师。

4. 审级：二审。

5. 审判机关和审判组织

一审法院：北京市朝阳区人民法院。

合议庭组成人员：审判长：卞京英；代理审判员：哈胜男、秦齐祺。

二审法院：北京市第二中级人民法院。

合议庭组成人员：审判长：严勇；代理审判员：金丽、蒋慕鸿。

6. 审结时间

一审审结时间：2011年9月20日。

二审审结时间：2011年11月25日。

（二）一审诉辩主张

1. 被诉具体行政行为

2011年1月24日，被告北京市朝阳区质量技术监督局（以下简称朝阳区质监局）作出京（朝）质监罚字［2011］第0004－1号《行政处罚决定书》，认定：2010年1月11日，位于朝阳区安慧北里北京某美食有限公司的一层配菜室北侧杂物电梯发生夹人致死事故，事故造成1人死亡。北京金星鸿业电梯有限公司（以下简称金星鸿业公司）负责杂物电梯的维护保养工作。2010年7月14日，特种设备事故调查组向区政府上报《北京某美食有限公司1.11一般特种设备事故调查报告》，认定金星鸿业公司未尽到《特种设备安全监察条例》第三十二条规定的义务，对事故发生负有重要责任。依据《特种设备安全监察条例》第八十八条第（一）项的规定，对原告公司处以11.5万元的罚款。

2. 原告诉称

被告朝阳区质监局对原告公司作出的行政处罚决定认定事实不清，适用法律、法规错误。理由如下：（1）被告无证据证明原告知晓电梯的使用单位擅自违法使用事故电梯。原告与电梯的使用单位北京某美食有限公司签署《电梯保养合同书》时，事故电梯属于待检电梯，该电梯自2008年起即未取得年检合格证书，依法不能运行。原告无从知晓使用单位是否违法运行该电梯，进而无义务告知其该电梯不能使用，且无义务向相关部门报告。（2）被告认定原告公司对事故的发生负有“重要责任”，该责任并非法定概念，属于无效认定。综上，请求法院判令撤销被告朝阳区质监局作出的京（朝）质监罚字［2011］第0004－1号《行政处罚决定书》。

3. 被告辩称

被告对原告金星鸿业公司作出处罚认定事实清楚，证据确实充分。本案有证据证明原告金星鸿业公司对事故电梯进行过多次维修，原告公司对事故电梯的安全隐患是知晓的。原告在明知事故电梯存在安全隐患的情况下，没有按照《电梯使用管理与维护保养规则》第十五条第（十）项的规定，告知电梯使用方北京某美食有限公司或向我局进行报告，且在事故发生前已知晓事故电梯在未消除安全隐患的情况下仍在使用。被告对原告作出的处罚有明确的法律依据，且符合法定程序。原告认为不应受到处罚的理由不能成立。原告作为事故电梯的维保单位对事故的发生负有不可推卸的责任。被告对原告的责任认定是合法、合理的，也与其他责任方的责任进行了区分。请求法院维持被告作出的行政处罚决定。

（三）一审事实和证据

北京市朝阳区人民法院经公开审理查明：2010 年 1 月 11 日，朝阳区安慧北里北京某美食有限公司一层配菜室北侧杂物电梯发生夹人致死事故，事故造成 1 人死亡。接事故报告后，被告朝阳区质监局会同朝阳区安全生产监督管理局等多部门组成事故调查组进行调查。同时委托北京市特种设备检测中心对事故电梯进行鉴定。2010 年 3 月 10 日，北京市特种设备检测中心出具《技术鉴定报告书》，鉴定结论为："由于该电梯层门变形卡阻，下扇门未打开，层门电气联锁装置未切断，当使用人员违规将身体进入轿厢内察看时，电梯开门运行，造成事故的发生"。在调查中，原告金星鸿业公司提交了《电梯保养合同书》、《电梯保养任务书》、《工程质量检查表》、《工程质量整改回执表》、《电梯周/半月保养作业记录》、《电梯月保养作业记录》、《电梯维修经过》等材料。上述材料显示原告金星鸿业公司对北京某美食有限公司的电梯进行维护保养，在维护保养过程中，发现了电梯存在层门无副门锁电器开关等安全隐患，对发现的问题已逐级上报给该美食有限公司。在其后的维保过程中，保养作业记录显示层门系统正常。在事故发生前原告公司曾对事故电梯进行过维修。2010 年 1 月至 3 月期间，被告朝阳区质监局工作人员分别对原告金星鸿业公司法定代表人及员工、北京某美食有限公司法定代表人及员工进行调查，并制作了《调查笔录》。在调查中，金星鸿业公司人员陈述了对事故电梯进行维保的情况，北京某美食有限公司人员陈述了事故的发生及电梯维护的情况，并表示未接到电梯存在安全隐患不能运行的通知。其后，特种设备事故调查组形成《北京某美食有限公司 1.11 一般特种设备事故调查报告》，认定该起事故为一般特种设备责任事故，分别认定了电梯的制造单位、维护保养单位、使用单位的责任，其中认定金星鸿业公司对已发现的安全隐患无有效处理措施，对事故的发生负有重要责任，建议处以罚款的行政处罚。该报告于 2010 年 7 月 14 日上报朝阳区人民政府。2010 年 7 月 26 日，朝阳区人民政府批复同意事故处理意见。

2010 年 8 月 5 日，被告朝阳区质监局对原告金星鸿业公司的处罚案件进行立案。2010 年 8 月 23 日，被告向原告告知拟作出处罚的事实、理由和依据，并制作《当事人陈述申辩笔录》。原告公司表示进行陈述和申辩。2010 年 12 月 20 日，被告作出《听证告知书》并向原告进行了送达。原告收到后提出听证申请。2010 年 12 月 31 日，被告向原告送达了《听证通知书》，告知原告听证的时间、地点，并发布听证公告。2011年1月14日，被告举行听证，并制作《听证笔录》。原告公司的委托代理人出席听证，陈述意见，并在《听证笔录》中签名。2011年1月24日，被告朝阳区质监局作出前述京(朝)质监罚字［2011］第0004－1号《行政处罚决定书》。该处罚决定书于2011年1月26日送达原告。

原告金星鸿业公司不服上述行政处罚决定，向北京市质量技术监督局申请行政复议。2011年5月26日，北京市质量技术监督局作出京质技监复决字［2011］第002号《行政复议决定书》，维持前述行政处罚决定书。

上述事实有下列证据证明：

1. 被告对事发现场北京某美食有限公司的员工赵××进行调查制作的《调查笔录》两份，以证明2010年1月11日电梯发生事故，金星鸿业公司人员对其进行过检查保养；

2. 北京通达首诚司法鉴定所出具的《尸体检验鉴定意见书》；

3. 北京市特种设备检测中心出具的《技术鉴定报告书》；

4. 现场照片；

第2—4项证据材料以证明电梯存在安全隐患，致使北京某美食有限公司员工刘××在事故中死亡；

5. 2009年10月9日，原告金星鸿业公司与北京某美食有限公司签订的《电梯保养合同书》，合同有效期为自2009年10月10日起至2010年10月9日止，合同第五条第一款约定，若电梯存在安全隐患以及电梯存在缺陷，金星鸿业公司应及时以书面报告形式向北京某美食有限公司提出，以证明金星鸿业公司与北京某美食有限公司之间存在电梯保养合同关系，金星鸿业公司作为事故电梯的维保单位未履行合同义务；

6. 《电梯保养任务书》，以证明金星鸿业公司开始履行电梯保养合同；

7. 2009年10月22日，原告金星鸿业公司填写的《工程质量检查表》，其中第11项工程质量整改意见为：层门无副门锁电气开关；

8. 2009年10月24日，原告金星鸿业公司填写的《工程质量整改回执表》，其中整改结果第11项为：已报公司；

第7—8项证据材料以证明金星鸿业公司已知悉事故电梯存在安全隐患，金星鸿业公司维修人员将上述安全隐患上报了公司；

9. 原告金星鸿业公司出具的5份《电梯周/半月保养作业记录》、《电梯月保养作业记录》，该记录显示该电梯层门系统处于正常状态，以证明金星鸿业公司未如实填写维修保养记录，隐瞒了电梯的安全隐患；

10. 原告金星鸿业公司维保工谢××出具的《北京某美食有限公司电梯维修经过》；

11. 2010年3月2日、3月12日，被告工作人员两次对原告金星鸿业公司的维保工谢××进行调查制作的《调查笔录》；

第10—11项证据材料以证明金星鸿业公司在明知事故电梯存在安全隐患的情况下，未履行其法定维保义务；

12. 2010年1月12日，被告工作人员对原告金星鸿业公司质量安全负责人王××

进行调查制作的《调查笔录》;

13.2010年1月12日、1月18日、1月21日，被告工作人员分别对原告金星鸿业公司维保部区段经理吴××进行调查制作的《调查笔录》;

14.2010年1月20日，被告工作人员对原告金星鸿业公司安全员杨××调查制作的《调查笔录》;

15.2010年1月22日，被告工作人员对原告金星鸿业公司维保部部长陈××调查制作的《调查笔录》;

第12—15项证据材料以证明原告金星鸿业公司对事故电梯多次进行了维修保养，并已知悉存在安全隐患，员工已上报原告金星鸿业公司，该公司知晓电梯在使用;

16.2010年1月28日，被告工作人员对原告金星鸿业公司法定代表人沈××调查制作的《调查笔录》，以证明金星鸿业公司没有及时向上级主管部门汇报;

17.被告工作人员分别对北京某美食有限公司员工刘××、李×、张××、刘××调查制作的《调查笔录》，以证明金星鸿业公司对事故电梯进行维保的情况，金星鸿业公司明知安全隐患未尽到法定义务;

18.《北京某美食有限公司1.11一般特种设备事故调查报告》，以证明事故发生后事故调查组进行调查并出具了调查报告，该报告经朝阳区人民政府批复，其同意事故处理意见。

(四) 一审判案理由

北京市朝阳区人民法院经审理认为：根据《特种设备安全监察条例》的规定，县级以上负责特种设备安全监督管理的部门对本行政区域内特种设备实施安全监察。《特种设备事故报告和调查处理规定》规定，县级以上地方质量技术监督部门负责本行政区域内的特种设备事故报告、调查和处理工作。被告朝阳区质监局作为本辖区内的特种设备安全监管部门，具有对包括电梯在内的特种设备进行监督检查并对事故责任者进行处罚的法定职责。

《特种设备安全监察条例》第三十一条、第三十二条规定，电梯的日常维护保养必须由依照本条例取得许可的安装、改造、维修单位或者电梯制造单位进行。电梯应当至少每15日进行一次清洁、润滑、调整和检查。电梯的日常维护保养单位应当在维护保养中严格执行国家安全技术规范的要求，保证其维护保养的电梯的安全技术性能，并负责落实现场安全防护措施，保证施工安全。电梯的日常维护保养单位，应当对其维护保养的电梯的安全性能负责。对于电梯的安全技术规范，中华人民共和国建筑工业行业标准JG135-2000《杂物电梯》中规定：层门联锁装置。在正常操作的情况下，如果有一个层门（或多扇层门中的任何一扇门）开着，则电梯不应启动或继续运行。每一个层门均应有一个符合规定的电气安全装置，以验证其关闭位置，从而满足上述要求。同时，国家质检总局发布了TSG T5001-2009《电梯使用管理与维护保养规则》，规定在维保过程中，发现事故隐患应及时告知电梯使用单位；发现严重事故隐患，应及时向当地质量技术监督部门报告。上述规范均是电梯维护保养单位应当执行的依据。

本案中，原告金星鸿业公司作为事故电梯的维护保养单位，在维保过程中发现电梯存在着不符合上述安全技术要求的情况下，未落实安全防护措施，也未及时告知电梯的使用单位或向当地的质量技术监督部门报告，未尽到相应义务。原告金星鸿业公司对涉案电梯事故的发生负有责任。

根据《特种设备安全监察条例》的规定，特种设备事故造成3人以下死亡的，为一般事故。发生一般事故的，对事故发生负有责任的单位，应被处以10万元以上20万元以下的罚款。本案事故电梯造成1人死亡，为一般事故。原告金星鸿业公司对事故发生负有责任，被告对其作出罚款11.5万元的处罚，符合上述规定，且处罚幅度适当，本院予以支持。

本案事故发生后，被告朝阳区质监局会同有关部门组成事故调查组进行调查，并形成事故调查报告。事故调查报告经朝阳区人民政府批复同意后，被告对原告金星鸿业公司履行了立案、听取陈述申辩、听证等程序后作出行政处罚决定，并进行了送达，被告履行程序符合法律规定，本院予以支持。

关于原告金星鸿业公司所持的诉讼理由，本院认为，电梯的使用单位是否使用，以及电梯是否进行年检，并不影响电梯维保单位是否免除维保义务，原告的主张并没有事实与法律依据，本院不予支持。

（五）一审定案结论

北京市朝阳区人民法院依照《最高人民法院关于执行〈中华人民共和国行政诉讼法〉若干问题的解释》第五十六条第（四）项的规定，作出如下判决：

驳回原告北京金星鸿业电梯有限公司的诉讼请求。

（六）二审情况

1. 二审诉辩主张

（1）上诉人诉称

不服一审判决，上诉请求撤销一审判决，将案件发回重审或者改判。

（2）被上诉人辩称

同意一审判决，请求予以维持。

2. 二审事实和证据

北京市第二中级人民法院经审查，确认一审法院认定的事实是正确的。

3. 二审判案理由

北京市第二中级人民法院经审理认为：本案焦点问题系金星鸿业公司作为事故电梯的维护保养单位，是否尽到相应职责；朝阳区质监局作出行政处罚认定事实是否清楚，适用法律是否正确。《特种设备安全监察条例》第三十一条、第三十二条规定，电梯的日常维护保养必须由依照本条例取得许可的安装、改造、维修单位或者电梯制造单位进行。电梯应当至少每15日进行一次清洁、润滑、调整和检查。电梯的日常维护单位应当在维护保养中严格执行国家安全技术规范的要求，保证其维护保养的电梯的安全技术性能，并负责落实现场安全防护措施，保证施工安全。电梯的日常维护保养单位，应当对其维护保养的电梯的安全性能负责。国家质检总局发布的 TSG T5001－2009《电梯使用管理与维护保养规则》第十五条第（十）项，具体规定了维保单位应当履行的职责，即在维保过程中，发现事故隐患及时告知电梯使用单位；发现严重事故隐患，及时向当地质量技术监督部门报告。上述规范均是电梯维护保养单位应当执行的依据。本案中，金星鸿业公司作为事故电梯的维护保养单位，在维保过程中发现电梯存在着不符合上述安全技术要求的情况下，未按照上述规定落实安全防护措施，也未及时告知电梯的使用单位或向当地的质量技术监督部门报告，未尽到相应义务。朝阳区质监局经调查后对金星鸿业公司作出行政处罚认定事实清楚、适用法律正确、处罚适当。金星鸿业公司的上诉意见并无相应的事实根据和法律依据，本院不予支持。朝阳区质监局对金星鸿业公司作出的行政处罚并无不当，一审法院判决驳回金星鸿业公司的诉讼请求是正确的，本院应予维持。

4. 二审定案结论

北京市第二中级人民法院依照《中华人民共和国行政诉讼法》第六十一条第（一）项的规定，作出如下判决：

驳回上诉，维持一审判决。

（七）解说

随着我国经济社会的快速发展，锅炉、电梯、客运索道、大型游乐设施等特种设备的数量急速增长，其安全管理问题日益突出；特别是电梯，它已经成为我们每一个人日常工作、生活的必需品，电梯的安全问题直接关系到每一个人的生命安全，因此电梯的安全监察是否到位以及监察力度、执法手段等问题均需要不断探索与研究。本案涉及监察机关对电梯安全事故的责任主体进行处罚，其中事故责任主体的确定、责任的大小、责任比例的分担、责任承担的依据均是案件审理的焦点问题；同时也体现了比例原则在特种设备安全监察中的运用。

1. 电梯安全监察中的责任主体

根据《特种设备安全监察条例》第三十一条、第三十二条规定，电梯的日常维护保养必须由依照本条例取得许可的安装、改造、维修单位或者电梯制造单位进行。电梯应当至少每 15 日进行一次清洁、润滑、调整和检查。电梯的日常维护单位应当在维护保养中严格执行国家安全技术规范的要求，保证其维护保养的电梯的安全技术性能，并负责落实现场安全防护措施，保证施工安全。电梯的日常维护保养单位，应当对其维护保养的电梯的安全性能负责。同时，国家质检总局发布了 TSG T5001－2009《电梯使用管理与维护保养规则》，规定在维保过程中，发现事故隐患应及时告知电梯使用单位，发现严重事故隐患应及时向当地质量技术监督部门报告。《特种设备安全监察条例》第三十七条规定，电梯投入使用后，电梯制造单位应当对其制造的电梯安全运行情况进行跟踪调查和了解，对电梯的日常维护保养单位或者电梯的使用单位在安全运行方面存在的问题，提出改进建议，并提供必要的技术帮助。发现电梯存在严重事故隐患的，应当及时向特种设备安全监督管理部门报告。《特种设备安全监察条例》第三十九条、第四十条规定，特种设备使用单位应当对特种设备作业人员进行特种设备安全、节能教育和培训，保证特种设备作业人员具备必要的特种设备安全、节能知识。特种设备作业人员在作业中应当严格执行特种设备的操作规程和有关的安全规章制度。特种设备作业人员在作业过程中发现事故隐患或者其他不安全因素，应当立即向现场安全管理人员和单位有关负责人报告。

综合上述法规规定可知，电梯安全事故的责任主体有以下三方：一是电梯制造单位；二是电梯日常维护保养单位；三是电梯使用单位。

电梯的制造单位的责任首先是对其制造的电梯产品的质量负责，其次是对使用中的安全运行问题提供技术帮助，最后是在发现质量缺陷等严重安全隐患时负有报告的义务。电梯的日常维护保养单位负有的责任是保证所保养电梯的安全技术性能，发现事故隐患后负有报告的义务。电梯使用单位负有的责任是对使用人员的专业培训，保证作业人员的安全作业，发现事故隐患后及时报告。

本案中，金星鸿业公司是事故电梯的日常维护保养单位，它必然负有保证所保养电梯的安全技术性能，发现事故隐患后报告的义务。经特种设备检测中心鉴定，本案事故的发生是由于电梯层门联锁装置存在安全隐患。金星鸿业公司在维护保养过程中，已发现电梯存在层门无副锁电器开关等安全隐患，并对发现的问题逐级上报给使用电梯的公司。但在其后的维保过程中，保养作业记录显示层门系统正常。且在事故发生前原告曾对事故电梯进行过维修。由此可见，金星鸿业公司作为电梯日常维护保养单位未落实安全防护措施，也未及时告知电梯的使用单位或向当地的质量技术监督部门报告，未尽到相应义务。原告金星鸿业公司对涉案电梯事故的发生负有责任。

2. 安全技术规范在行政诉讼中的效力

根据《行政诉讼法》的规定，我国法院审理行政案件时应依据法律、法规，参照规章。《最高人民法院关于执行〈中华人民共和国行政诉讼法〉若干问题的解释》第六十二条第二款规定，人民法院审理行政案件，可以在裁判文书中引用合法有效的规章及其他规范性文件。对于技术规范是否属于规范性文件，学术界存在争议。但不论其性质如何，作为行政规则的技术规范对法院产生拘束力都具有可行性和必要性。在我国，司法实践已经认可了药品标准、环境标准等对法院的约束作用。同时，从发达国家的经验看，技术规范往往被法院视为与其他规范性文件具有同样的法律性质。如果涉及专业判断和评价决定，法院可以依据技术规范标准进行审查。本案中，安全监察行政机关依据安全技术规范判断电梯的维保单位是否在电梯的维护保养中严格执行了国家技术规范要求，主要适用中华人民共和国建筑工业行业标准 JG135－2000《杂物电梯》、国家质检总局发布的 TSG T5001－2009《电梯使用管理与维护保养规则》。该安全技术规范同样是法院司法审查的依据，具有约束效力。法院据此作出电梯维保单位是否尽到维保义务的判断。

3. 比例原则在电梯安全监察中的运用

比例原则是贯穿立法、执法等活动的一项重要原则，也是司法机关判断行政机关是否公正、合理行使自由裁量权的重要原则。对于广义比例原则的含义，不同学者的看法并不一致。通说认为比例原则包含适当性原则、必要性原则和狭义比例原则三个子原则，这三项子原则分别从“目的取向”、“法律后果”、“价值取向”上规范行政权力与其行使之间的比例关系。关于电梯安全监察的行政处罚，《特种设备安全监察条例》规定：特种设备事故造成3人以下死亡的，为一般事故。发生一般事故的，对事故发生负有责任的单位，处10万元以上20万元以下的罚款。本案事故电梯造成1人死亡，特种设备事故调查组形成《北京某美食有限公司1.11一般特种设备事故调查报告》，认定该起事故为一般特种设备责任事故，分别认定了电梯的制造单位、维护保养单位、使用单位的责任，并分别对责任主体进行了相应的处罚。其中，由于电梯制造单位的产品存在严重缺陷，责任较重，对该单位处以罚款12万元；金星鸿业公司未尽到电梯维保义务，责任次之，被处以罚款11.5万元；电梯的使用单位在人员培训、作业人员安全使用监管方面未尽义务，责任次之，被处以罚款11万元。这种认定考虑了各事故责任主体的责任大小，应当承担的责任比例，该处罚具有适当性和合理性。因此，被告朝阳区质监局的处罚决定符合比例原则。

（北京市朝阳区人民法院　卞京英）

68. 广州荔湾液化气体槽车检测站有限公司不服广州市白云区质量技术监督局行政处罚决定案

（一）首部

1. 判决书字号：广州市白云区人民法院（2011）穗云法行初字第135号行政判决书。

2. 案由：行政处罚。

3. 诉讼双方

原告：广州荔湾液化气体槽车检测站有限公司，住所地：广州市白云区石潭西路21—23号。

法定代表人：李明。

委托代理人：廖宇哲、黎峰，广东卓信律师事务所律师。

被告：广州市白云区质量技术监督局，住所地：广州市白云区下塘西路616号。

法定代表人：许嘉迅，该局局长。

委托代理人：朱双燕、曾玲玲，该局公务员。

4. 审级：一审。

5. 审判机关和审判组织

审判机关：广州市白云区人民法院。

合议庭组成人员：审判长：关则深；人民陪审员：白春爱 、蔡玉林。

6. 审结时间：2011 年 9 月 13 日。

（二）诉辩主张

1. 被诉具体行政行为

广州市白云区质量技术监督局于 2011 年 3 月 9 日作出（穗云）质监字［2009］第 71013 号行政处罚决定。

2. 原告诉称

被告于 2011 年 3 月 9 日作出（穗云）质监字［2009］第 71013 号行政处罚决定书，给予原告罚款人民币 100 000 元的行政处罚。原告不服该处罚决定，向广州市质量技术监督局申请行政复议。广州市质量技术监督局复议后，决定维持，并于 2011 年 6 月 13 日向原告送达复议决定书。原告认为，被告对法律法规的理解和适用有误，作出的处罚决定错误。

（1）被告对法律理解和适用错误。同一表现形式的行为因其目的、原由不同，其性质也会截然不同。原告是与广东省特种设备检测院协作开展液化气体罐车定期检测维修工作的专业公司，液化气体罐车检测维修过程中非常重要的一项工作便是液化气体罐车原有残气残液的回收处理，即在对罐车进行检测维修前需将罐车的残气残液导出存入专用的残气残液储存罐中。专用残气储存罐的容量有限，必须定期将气罐清空才能保证罐车检测维修工作的顺利进行。如何快速清空气罐多年来一直是罐车检测维修企业所面临的难题，向空气中排放是被绝对禁止的，而多年来原告一直在不断想办法，尽量用最环保、高效的方式去处理回收的残气，如用作锅炉燃料、饭堂燃料等。但上述方法耗气量十分有限，特别是在检测旺季，残气罐在很短时间内便会贮满，无法满足罐车残气残液回收处理需求。为确保罐车检测工作不因此而受到影响，原告只能采取将残气进行气瓶充装的方式进行处理，这也实属无奈之举。多年来国家、省级质监部门也曾多次对原告的残气回收、处理装置进行审核认证，从未对此提出任何异议。原告对残气进行气瓶充装的初衷和目的仅仅是尽快及尽可能环保地清空残气罐以确保罐车检测工作的顺利进行（这也是目前在检测旺季快速回收残气的唯一可行办法），与其他以经营、盈利为目的或为提供公共服务而进行的气瓶充装行为有实质性的区别，二者性质完全不同。《特种设备安全监察条例》第二十二条第一款规定，移动式压力容器、气瓶充装单位应当经省、自治区、直辖市的特种设备安全监督管理部门许可，方可从事充装活动。该条规定的“充装单位”指的是专门从事气瓶充装业务的单位，其从事气瓶充装活动属经营性质或公共服务性质，而原告虽有气瓶充装的行为，但正如上所述，原告的充装行为仅仅是槽车检测过程中所必需的工序，是为了确保槽车检测工作顺利进行而采取的一项残气处理措施，与为经营或公共服务目的而进行的气瓶充装活动的性质完全不同。由此可见，原告与《特种设备安全监察条例》第二十二条规定的“充装单位”有很大的区别，该条规定不适用于原告。被告对原告的充装行为及上述法律规定理解不准确，其依据该条规定认定原告的气瓶充装行为违法并进行处罚属适用法律错误。

（2）被告认定原告存在充装气瓶对外经营活动缺乏依据。原告回收残气残液后，一直尽力对其进行内部消化，用于企业生产、锅炉、饭堂使用，供应给企业内部职工、下属企业，或存于企业下属的广州市人和液化气贮装站，以满足国家环保要求并降低生产成本，并未如被告所言将其用于对外销售经营，被告认定原告存在充装气瓶对外经营活动缺乏依据。

（3）被告执法过于教条僵化，完全不考虑实际情况和社会效果。为确保液化气体槽车检测工作顺利进行，在检测旺季，各地检测单位均采用气瓶充装的方式回收残气，多年来各级监管部门均未对此提出任何异议。现被告一纸公文禁止原告通过充装气瓶以回收残气，完全没有考虑到罐车检测工作的现状和实际需要。对于原告提出的残气罐装满时如何处理的疑问，被告始终未能提供任何明确、有效的指导意见。被告的处罚损害了原告的合法权益，同时也对本市液化气体槽车检测工作造成了严重影响。综上，恳请法院依法撤销被告的处罚决定。

3. 被告辩称

（1）原告违法事实清楚，证据确凿，被告依法作出行政处罚决定并无不妥。2009 年 10 月 26 日，被告根据群众举报，对原告进行检查，发现原告未经许可从事气瓶充装活动，现场还发现充装枪和气罐，并有一名气瓶充装工作人员潘××在现场。被告执法人员进行了现场调查，潘××证实原告“以前有门市，现在由仓库出单后充装，部分送到人和气站，部分给单位锅炉用，部分散单销售，但数量很少”。被告当场发出（穗）质监特令［440111（0910）］第（1013）号《特种设备安全监察指令书》，责令原告立即停止气瓶充装活动。同年 11 月 17 日，被告对原告立案调查。经调查证实，原告从事液化气体槽车检测经营活动，从 2008 年 9 月 30 日起将检测槽车残余的液化石油气集中回收后进行气瓶充装，但未取得气瓶充装许可。同时，原告存在将充装好的瓶装液化石油气进行销售的行为。被告在对原告的处罚过程中，依法进行了立案、调查、预审、初审、集体审、审核、下达《行政处罚决定书》等程序。

（2）被告适用法律正确，不存在理解错误的问题。《特种设备安全监察条例》第一条明确指出其立法精神是“为了加强特种设备的安全监察，防止和减少事故，保障人民群众生命和财产安全，促进经济发展”。未经许可擅自充装气瓶这一违法行为的本质在于该行为未取得许可，也就是说未经过必需的安全评审，无法保证充装单位在硬件、人员、管理制度方面符合要求，更无法保证充装安全，可能对人民群众的生命和财产安全造成威胁，给社会生产带来安全隐患。同时，原告用回收的残液进行充装，气体的质量也无法得到保证。近年来，食品和特种设备两大安全问题尤为突出，为此国家出台相关政策要求全力保障两大安全，保护人民群众生命健康和财产安全。因此，被告作为特种设备安全监督管理部门履行监管职责对原告作出处罚决定，完全与立法精神和国家政策保持一致，不存在理解错误的问题。《特种设备安全监察条例》第二十二条第一款规定，移动式压力容器、气瓶充装单位应当经省、自治区、直辖市的特种设备安全监督管理部门许可，方可从事充装活动。原告未经许可擅自从事气瓶充装活动，正是违反了上述规定。该条例第八十条规定，未经许可，擅自从事移动式压力容器或者气瓶充装活动的，由特种设备安全监督管理部门予以取缔，没收违法充装的气瓶，处 10 万元以上 50 万元以下罚款。被告认为，原告存在违法行为，但未造成严重事故，且原告已拆除气瓶充装设备，停止充装活动，故最终决定对原告给予从轻处罚。被告根据原告的违法事实和相关的法律规定作出处罚决定，符合以事实为依据，以法律为准绳，过罚相当的原则。

原告对“气瓶充装单位”狭义理解为“专门从事气瓶充装经营活动的单位”，是对立法精神的误解。按照这种错误的理解，那些兼职从事气瓶充装的无证充装行为将不被纳入该条例的监管范围。从社会危害性来看，专门从事气瓶充装活动与兼职从事充装活动的本质都是未经许可擅自充装，其违法的本质在于行为本身的危险性，而不在于充装以后气瓶的用途或是否盈利。结合《特种设备安全监察条例》第二十二条、第八十条的规定，被告认为，立法原意是要对未经许可擅自充装气瓶活动进行监管，因此“气瓶充装单位”应该指的是有气瓶充装活动的单位，而不仅仅指专门从事气瓶充装经营的单位，否则将使其他大量的未经许可擅自充装气瓶的行为得不到应有的监管，对社会和群众的安全造成严重威胁。事实上，充装气瓶并非回收残液的唯一方法，也不是罐车检测过程中必需的工序，回收的残液可以通过管道直接输送到锅炉燃烧，原告有能力、有条件对残液进行合法、安全的回收。被告认为，追求效率不应该以牺牲安全为代价，原告应通过其他合法、安全的方法处理残液。相关质监部门作出的审核认证是针对原告检测资质的许可，并非对残气回收、处理装置的审核许可，原告所称与事实不符。

（3）原告确实存在充装气瓶对外经营活动，并非原告所称内部消化。原告提供的《气瓶记录表》上明确注明“门市销气”的情况，且《销售日报表》写明了销售金额。原告向广州市某石油化工管道配件厂有限公司、广州市某低温容器有限公司和广州市人和液化气贮装站有限公司提供充瓶服务，这三家公司均为独立法人，并非原告所称“下属企业”。被告于 2009 年 10 月 26 日现场检查时发现广州市人和液化气贮装站有限公司的《购货单》，并有原告签名确认；现场检查时对原告的气瓶充装工人潘××进行调查，也证实原告有散单销售瓶装液化石油气的行为。结合查获的《充瓶记录表》、《销售日报表》、《购货单》及潘××的证言，足以认定原告存在充装液化石油气并对外销售的行为，并非原告所称“内部消化”。

（4）安全问题重于泰山，不得有一丝松懈。被告严格依据法律、法规的规定履行监管职责，根据相关资料显示，原告非法充装气瓶的数量并不小，如果该行为不能得到有效监管，必然存在较大的安全隐患，对正常经济秩序、对群众的生命和财产安全将会造成严重的影响。原告作为特种设备的生产（检测）单位，应高度重视特种设备安全，严格按照法律、法规的要求，秉持对人民生命、财产安全负责的态度开展检测工作。

综上所述，被告作出的处罚程序合法、适用法律准确、量罚得当，恳请法院依法驳回原告的诉讼请求。

（三）事实和证据

广州市白云区人民法院经公开审理查明：原告广州荔湾液化气体槽车检测站有限公

司是经广东省质量技术监督局核准从事液化气体汽车槽车压力容器维修的企业，并与广东省特种设备检测院合作开展液化气体汽车罐车定期检验、维修工作。

2009年10月19日，被告接到群众投诉，称原告涉嫌无充装许可证充装瓶装液化气等行为。2009年10月26日，被告组织人员对原告的生产设备进行现场检查。经检查，被告当日向原告发出（穗）质监特令［440111（0910）］第（1013）号《特种设备安全监察指令书》，确认原告在特种设备安全方面存在以下问题：（1）涉嫌未经许可（未取得气瓶充装许可证）从事液化石油气瓶充装工作，（2）该单位的特种设备作业人员证（液化石油气充装）的有效期到2007年8月30日，已过有效期。被告责令原告（1）立即停止充装，（2）将整改情况书面报被告（于2009年11月11日前）。检查当日，被告执法人员对原告的充装作业人员进行询问，并制作了现场检查笔录，该作业人员承认原告确有将回收的液化气进行分瓶充装的行为，充装好的气瓶部分用作门市销售或散单销售，部分送至人和气站。被告执法人员在原告生产场所内检获部分《充瓶记录表》和《销售日报表》，上述表格显示自2008年12月31日起至2009年11月21日止，原告将充装好的气瓶用于门市销售、内部使用或直接销售给某些公司等，上述表格均有原告的副总经理瞿××签名确认。2009年11月17日，被告对原告涉嫌未经许可擅自从事气瓶充装活动予以立案调查。2009年11月23日，被告前往广州市人和液化气贮装站有限公司进行调查，该公司承认原告将部分回收的液化石油气充装后以市场价销售给人和气站公司。2009年11月26日，原告委托副总经理瞿××到被告处接受调查，其在调查笔录中陈述原告设有液化石油气充装设备，也从事液化石油气瓶充装活动，是用槽车检测回收的液化石油气残液残气进行充装，充装好的气瓶供检测车间、饭堂等使用，部分送至广州市人和液化气贮装站有限公司处理，瞿××同时对被告现场检查所拍摄的部分照片签名确认。2010年1月27日，被告向原告发出（穗云）质监罚告字［2009］第71013号《行政处罚告知书》，告知原告因其未经许可擅自从事气瓶充装活动，拟处罚款100 000元，并告知原告陈述、申辩及听证的权利。随后，原告向被告提出申辩意见，被告于2010年2月8日向原告发出《不予采纳陈述申辩意见通知书》，对原告的陈述、申辩意见不予采纳。2011年3月9日，被告作出（穗云）质监罚字［2009］第71013号《行政处罚决定书》，认定原告未经许可擅自从事气瓶充装活动，违反了《特种设备安全监察条例》第二十二条第一款的规定，依照《特种设备安全监察条例》第八十条第一款之规定，决定对原告罚款100 000元。处罚决定书当日送达原告。原告不服，向广州市质量技术监督局申请行政复议，该局于2011年6月8日作出（穗）质监复决字［2011］第2号《行政复议决定书》，决定维持被告作出的行政处罚决定。原告仍不服，诉至本院。

上述事实有下列证据证明：

1.《特种设备安装改造维修许可证》、《关于开展液化气体汽车罐车定期检查、修理工作协议书》，证明原告经广东省质量技术监督局核准许可，从事液化气体汽车槽车压力容器维修，并与广东省特种设备检测院合作开展液化气体汽车罐车定期检验、维修工作。

2.举报投诉材料、《特种设备安全监察指令书》、《特种设备使用单位现场安全监督检查记录》、现场检查笔录，证明被告依法对原告的违法行为进行了调查核实。

3. 充瓶记录表、销售日报表、调查笔录、照片，证明原告实施了违法充装气瓶及对外销售的行为。

4. 行政处罚告知书及其送达回证、不予采纳陈述、申辩意见通知书及其送达回证，证明被告作出处罚决定前已经履行听取原告陈述、申辩的义务。

5. 行政处罚决定书及其送达回证，证明被告对原告作出处罚的具体内容。

6. 行政复议决定书，证明原告提起行政诉讼前已经经过行政复议。

（四）判案理由

广州市白云区人民法院经审理认为：根据国家质量技术监督局第 13 号令《特种设备质量监督与安全监察规定》第四条规定，国家质量技术监督局统一负责全国特种设备的质量监督与安全监察工作；地方质量技术监督行政部门负责本行政区域内特种设备的质量监督与安全监察工作……据此，被告是广州市白云区特种设备质量监督和安全监察工作的行政主管部门，对本辖区内特种设备质量和安全行使监督和监察职责。

《中华人民共和国行政许可法》第十二条第（四）项规定，直接关系公共安全、人身健康、生命财产安全的重要设备、设施、产品、物品，需要按照技术标准、技术规范，通过检验、检测、检疫等方式进行审定的事项，可以设定行政许可。国务院《特种设备安全监察条例》第二十二条第一款规定，移动式压力容器、气瓶充装单位应当经省、自治区、直辖市的特种设备安全监督管理部门许可，方可从事充装活动。国家质量监督检验检疫总局《气瓶安全监察规定》第二十三条规定，气瓶充装单位应当向省级质监部门特种设备安全监察机构提出充装许可书面申请。经审查，确认符合条件者，由省级质监部门颁发《气瓶充装许可证》。未取得《气瓶充装许可证》的，不得从事气瓶充装工作。可见，气瓶充装属于关系公共安全、人身健康、生命财产安全的生产活动，其具有技术性强、作业危险性高、产品安全要求高等特点，故从事气瓶充装作业必须具备相应的技术人员和特种设备作业人员，具备符合条件的充装设备、工器、检测手段、场地厂房等。由于气瓶充装作业的上述特点，国务院《特种设备安全监察条例》、国家质监总局《气瓶安全监察规定》等均明确规定，气瓶充装单位必须经特种设备安全监督管理部门许可，方可从事充装活动。本案中，原告属于压力容器维修企业，其未经特种设备安全监督管理部门许可，将其在液化气槽车检测工作中回收的残液（气）进行分瓶充装，并将充装好的气瓶用作门市销售、内部使用或直接销售给某些公司。原告未经特种设备安全监督管理部门许可，擅自从事气瓶充装活动的事实是清楚的。

至于原告辩称其本身属于液化石油气槽车维修、检测企业，具有液化石油气槽车维修、检测资质，而液化石油气槽车检测的工艺中包含罐车残液（气）回收的工艺，且检测旺季回收残液（气）较多，无法经济、环保地消耗或保存，只能够进行分瓶充装的意见，根据广东省特种设备检测院《液化气体罐车定期检验工艺》第 4.2 条关于残液（气）处理的规定，残液（气）回收的确是罐车检验前必需的准备事项，但是该工艺也仅仅是规定根据罐车残留的介质不同，通过残液（气）处理装置对其进行回收或排放，并没有允许将回收的残液（气）进行分瓶充装。原告在检测旺季未能有足够的贮存容器处置回收的残液（气）的，可以通过技术革新或者扩充贮存容器等方法解决，而不能未经许可通过分瓶充装的方式进行处理，更不能将未经许可充装的残液（气）用作对外销售。故对原告上述抗辩意见，本院不予采纳。

另原告抗辩称其公司并不是国务院《特种设备安全监察条例》所规定的“气瓶充装单位”，不应适用上述条例进行监管。国务院《特种设备安全监察条例》第二、三条规定，凡涉及生命安全、危险性较大的特种设备生产、使用、检验检测等，应当遵守本条例。可见，特种设备安全监察执法是针对所有涉及公众生命安全、危险程度较大的特种设备的生产、使用、检测行为的，凡实施此类行为的组织或者个人，无论其是否属于专门从事气瓶充装，均应该遵守国务院《特种设备安全监察条例》的规定。上述条例的规定针对的是违法行为本身的属性和特征及造成的危害，凡是未经许可擅自从事气瓶充装活动的，无论其行为主体的性质如何，均应认定为违法，否则极容易出现规避法律强制性规定的情形，从而架空特种设备安全监察法规，使公共安全、人民群众的生命和财产安全无法得到保障。故对原告上述抗辩意见，本院亦不予采纳。

国务院《特种设备安全监察条例》第八十条第一款规定，未经许可，擅自从事移动式压力容器或者气瓶充装活动的，由特种设备安全监督管理部门予以取缔，没收违法充装的气瓶，处 10 万元以上 50 万元以下罚款。被告经过调查取证，听取了原告的陈述、申辩，并告知原告拟作出的处罚决定，在告知原告听证的权利后，对原告决定罚款 10 万元，这在法律、法规规定的幅度范围之内，适用法律正确，程序合法。

综上所述，被告作出的行政处罚决定，认定事实清楚，适用法律、法规正确，程序合法，依法应予维持。

（五）定案结论

广州市白云区人民法院依照《中华人民共和国行政诉讼法》第五十四条第（一）项之规定，作出如下判决：

维持被告广州市白云区质量技术监督局作出的（穗云）质监罚字［2009］第 71013 号行政处罚决定。

本案受理费 50 元，由原告广州荔湾液化气体槽车检测站有限公司负担。

（六）解说

1. 本案的争议焦点是：原告已取得液化气体罐车定期检验行政许可，该检验工艺中已经包含残液（气）回收的工艺，将回收的残液（气）进行分瓶充装是否需要另经行政许可。笔者认为，某一事项与另一复杂行政许可的子项目工艺相同或相类似，若单独实施该事项与原行政许可的事项范围相互独立，且从该事项的目的、性质、工艺、生产标准或者技术规范等进行分析，符合行政许可法及相关法律、法规设定行政许可的范围，则需要另行申请行政许可，否则，可以认为两个行政许可事项竞合，不需要另经行政许可。

（1）判断单独实施整套生产流程的某一工艺是否需要另行获得行政许可，首先应审查该工艺是否为该整套生产流程不可分割的工序，并独立于该整套生产流程，且当事人实施该工艺的目的是否是完成该整套生产流程，采取的技术标准、技术规范是否与该生产流程相符。劳动部《在用压力容器检验规程》仅规定了对液化气体汽车槽车罐体检测前必须将罐体内部介质排除干净，并未对罐体内部介质（即残液/气）回收后的处理工艺作出明确的规定。根据广东省特种设备检测院《液化气体罐车定期检验工艺》第4.2条关于残液（气）处理的规定，残液（气）回收是罐车检验前必需的准备事项，但仅规定了根据罐车残留的介质不同，通过残液（气）处理装置对其进行回收或排放。根据一般的理解，对残液（气）进行回收处理是指回收后使用适当的贮存容器进行存放，并通过适当方式进行处理，即贮存或排放。本案原告将残液（气）回收后，再通过其他装置进行分瓶充装并销售、使用，原告另行分瓶充装的行为已经与广东省特种设备检测院《液化气体罐车定期检验工艺》第4.2条关于残液（气）回收处理的整套工艺相互区分，并非液化气体罐车检验工艺所不可分离的工序，其目的是将充装的气瓶另行销售，所采取的技术标准、技术规范和生产工艺与其已获取的特种设备检验检测行政许可并不一致，故原告已经取得的液化气体罐车检测行政许可并不能涵盖原告实施的气瓶充装行为。

（2）判断该独立的充装行为是否需要另经行政许可，应当审查其是否属于《中华人民共和国行政许可法》设定行政许可的范围。显然，根据《中华人民共和国行政许可法》第十二条第（四）项、国务院《特种设备安全监察条例》第二十二条第一款、国家质量监督检验检疫总局《气瓶安全监察规定》第二十三条的规定，原告对回收的残液（气）进行分瓶充装的行为，应当另行取得行政许可。

2. 行政许可相对人的主体问题。对移动式压力容器、气瓶充装行为设定行政许可的原因是该类行为直接关系公共安全、人身健康、生命财产安全，需要按照特定的技术标准、技术规范，通过检验、检测进行审定，所以按照行政许可法的立法原意，无论是专门从事移动式压力容器、气瓶充装的生产单位，还是其他个人或者单位，均应按照行政许可法及行业法规的规定申请行政许可，并在获得准许后，方能实施气瓶充装行为。国务院《特种设备安全监察条例》第二十二条第一款规定，移动式压力容器、气瓶充装单位应当经省、自治区、直辖市的特种设备安全监督管理部门许可，方可从事充装活动。国家质量监督检验检疫总局《气瓶安全监察规定》第二十三条规定，气瓶充装单位应当向省级质监部门特种设备安全监察机构提出充装许可书面申请。上述规定对行政许可的适用主体的表述均为“气瓶充装单位”，但是按照行政许可法的立法原意，不能片面地从字面进行理解，将该项行政许可适用的相对人限制在专门从事气瓶充装的单位，而应理解为所有实施气瓶充装行为的个人或单位，均应经行政许可后，方能从事气瓶充装业务。

（广州市白云区人民法院　关则深）

69. 丹东市城区农村信用合作联社不服丹东市质量技术监督局行政处罚决定案

（一）首部

1. 判决书字号：辽宁省丹东市振兴区人民法院（2011）兴行初字第22号行政判决书。

2. 案由：行政处罚。

3. 诉讼双方

原告：丹东市城区农村信用合作联社，住所地：丹东市振兴区锦山大街112号。

法定代表人：翁文城，该联社理事长。

委托代理人：孙立东，住丹东市振兴区桃源五委。

委托代理人：宫翠茹，辽宁泽宇律师事务所律师。

被告：丹东市质量技术监督局，住所地：丹东市振兴区六经街57号。

法定代表人：彭兴华，该局局长。

委托代理人：邹晶勃，该局工作人员。

委托代理人：艾明贤，该局工作人员。

4. 审级：一审。

5. 审判机关和审判组织

审判机关：丹东市振兴区人民法院

合议庭组成人员：审判长：于秋敏；审判员：宋学军；人民陪审员：陈晶媛。

6. 审结时间：2011年5月17日。

（二）诉辩主张

1. 被诉具体行政行为

丹东市质量技术监督局作出（丹）质技监罚字［2010］第1000416号行政处罚决定。

2. 原告诉称

（1）（丹）质技监罚字［2010］第1000416号行政处罚决定书认定事实错误。被告在（丹）质技监罚字［2010］第1000416号行政处罚决定书中称“你单位于2010年7月安装并投入使用的由钱林恒兴（北京）科技有限公司生产的自动终端类产品排号机，是未经强制性认证的产品”。这一说法与事实不符。在被告检查过程中，原告已出具了销售单位提供的3C认证证书，该证书证明该产品是经过国家强制性认证的，故被告认定事实错误。(2) 被告适用法律错误。被告依据《中华人民共和国认证认可条例》第六十七条的规定，对原告作出行政处罚，属于适用法律错误。原告在经营活动中，并没有使用列入认证目录而未经认证的产品的行为。因此，被告适用该条规定对原告作出行政处罚属于适用法律错误。(3) 被告程序违法。根据《中华人民共和国行政处罚法》第四十二条“行政机关作出责令停产停业、吊销许可证或者执照、较大数额罚款等行政处罚决定之前，应当告知当事人有要求举行听证的权利；当事人要求听证的，行政机关应当组织听证”和《辽宁省行政处罚听证程序暂行规定》第三条“……对法人和其他组织罚款1万元以上的行政处罚决定，被处罚当事人要求听证的，作出行政处罚的机关或组织应当组织听证”的规定，在被告对原告作出罚款10万元的行政处罚之前，应当告知当事人有要求举行听证的权利，但被告在对原告作出行政处罚时，未告知原告有要求举行听证的权利。因此，被告程序违法，严重侵害了原告的合法权益。综上所述，根据《中华人民共和国行政诉讼法》第五十四条之规定，原告认为被告认定事实错误、适用法律错误及程序严重违法，故请求撤销被告作出的（丹）质技监罚字［2010］第1000416号行政处罚决定。

3. 被告辩称

(1) 认定的事实清楚、证据充分。2010年9月19日被告对原告进行专项执法检查，检查中发现原告在经营活动中正在使用的一台排号机，产品上没有产名铭牌，没有厂名、厂址、产品名称及产品合格证明，也没有强制性认证标志。被告现场索要，原告不能提供该产品是经过国家强制性认证的有关材料。2010年9月21日原告提供了该产品的国家强制性产品认证证书，证书编号为：2010010301929778。2010年10月29日中国质量认证中心向被告作出回函，证明该证书是伪造的证书，该产品是未经认证的产品。2010年11月16日原告向被告递交的陈述材料中，也承认了在经营活动中使用的自助终端类产品排号机是未经强制性认证的产品，还进行了整改，要自行拆除并退回原生产厂家。被告根据原告的陈述，于2010年11月19日到现场进行了核实，经核实原告使用的产品仍然是原来的产品，并没有拆除。(2) 适用法律正确、处罚适当。《中华人民共和国认证认可条例》第二十八条规定：为了保护国家安全、防止欺诈行为、保护人体健康或者安全、保护动植物生命或者健康、保护环境，国家规定相关产品必须经过认证的，应当经过认证并标注认证标志后，方可出厂、销售、进口或者在其他经营活动中使用。原告在起诉状内虽说在被告检查过程中，已出具并提供了强制性产品认证证书，但其提供的证书不是合法有效的证书，故其在经营活动中使用的产品仍然是未经国家强制性认证的产品。根据《中华人民共和国认证认可条例》第六十七条规定，列入目录的产品未经认证，擅自出厂、销售、进口或者在其他经营活动中使用的，责令改正，处5万元以上20万元以下的罚款。(3) 办案程序合法。2010年11月16日被告向原告下达了（丹）质技监罚告字［2010］第100611号《行政处罚告知书》，签收人是原告法定代表人的代理人宋×，告知书中已明确指明：“对上述决定，你有陈述、申辩和要求公开听证的权利。如要求公开听证，应于收到本告知书之日起3日内向本局提出。逾期未提出的，视为放弃该权利”。原告在3日内并未向我局提出听证的要求，而是在收到告知书的当日向被告递交了陈述材料。在陈述材料内也未向我局提出听证的要求，从而可以看出不是被告没有告知原告听证的权利，而是原告自动放弃了听证的权利。综上所述，被告对原告作出的（丹）质技监罚字［2010］第1000416号行政处罚决定事实清楚、证据确凿、适用法律正确、符合法定程序。根据《中华人民共和国行政诉讼法》第五十四条第（一）项之规定，恳请人民法院驳回原告的诉讼请求，维持被告的行政处罚决定。

（三）事实和证据

辽宁省丹东市振兴区人民法院经公开审理查明：2010年9月19日，被告对原告进行专项执法检查，检查中发现原告在经营活动中正在使用的一台排号机，产品上没有产名铭牌，没有厂名、厂址、产品名称及产品合格证明，也没有强制性认证标志。经现场索要，原告不能提供该产品是经过国家强制性认证的有关材料。2010年9月21日原告提供了该产品的国家强制性产品认证证书，证书编号为：2010010301929778，2010年10月29日中国质量认证中心向被告作出回函，证明该证书是伪造的证书，故该产品是未经认证的产品。2010年11月10日，原告又向被告提供了编号为2010010901428951的认证书，这份认证书是真实的。2010年11月16日，被告向原告送达了行政处罚告知书，原告在告知书限定的3日之内未向被告提出公开听证的要求，被告于2010年11月26日作出（丹）质技监罚字［2010］第1000416号行政处罚决定书，决定给予原告责令改正和罚款10万元的行政处罚。原告不服，在法定期限内向本院提起行政诉讼。

上述事实有下列证据证明：

1. 被告提供的事实证据有：2010年9月19日现场检查笔录、现场照片3张、信息小票3张、销售合同、认证书协查申请表和回函、2010年9月21日和2010年9月25日调查笔录、原告提供的陈述材料。

2. 被告提交的程序证据有：立案审批表、通知书、告知书、行政处罚决定书、送达回证。

（四）判案理由

辽宁省丹东市振兴区人民法院经审理认为：《中华人民共和国认证认可条例》第五十五条第一款规定：省、自治区、直辖市人民政府质量技术监督部门和国务院质量监督检验检疫部门设在地方的出入境检验检疫机构，在国务院认证认可监督管理部门的授权范围内，依照本条例的规定对认证活动实施监督管理。《强制性产品认证管理规定》第三条第三款规定：地方各级质量技术监督部门和各地出入境检验检疫机构按照各自职责，依法负责所辖区域内强制性产品认证活动的监督管理和执法查处工作。被告作为质量技术监督管理部门，其职权依据合法，原告虽然使用了未经认证的产品，但是，其在被告进行执法的过程中被告知其产品未经认证后，积极采取措施向销售方索要认证证书，并在被告作出处罚前提供了真实有效的国家强制性产品认证证书，但被告仍对其作出罚款10万元的处罚决定，违背了我国《行政处罚法》关于在行政处罚中应当坚持处罚与教育相结合的适用目的，以及实施行政处罚必须以事实为根据，与违法行为的事实、性质、情节以及社会危害程度相当的适用原则，故应予撤销。

（五）定案结论

辽宁省丹东市振兴区人民法院依照《中华人民共和国行政诉讼法》第五十四条第（二）项第1目之规定，作出如下判决：

撤销被告作出的（丹）质技监罚字［2010］第1000416号行政处罚决定书。

案件受理费50元，其他诉讼费30元，合计80元，由被告负担。

（六）解说

本案是一起不服行政处罚案件，焦点集中在对被告所作出的行政处罚的主要证据进行审查。法院在对被告所作出的行政处罚行为的证据的合法性进行审查时，主要从以下几点着手：其一，证据是否确凿；其二，适用法律、法规是否正确；其三，是否符合法定程序。除此之外，还必须审查是否超越职权，有无滥用职权和显失公正的情形。

在本案中，被告作为质量技术监督管理部门，其职权依据合法，但我国《行政处罚法》明确提出在行政处罚中应当坚持处罚与教育相结合的适用目的，以及实施行政处罚必须以事实为根据，与违法行为的事实、性质、情节以及社会危害程度相当的适用原则。严格地讲，以上原则不是一项程序法上的原则。它来自《行政处罚法》的规定，是《行政处罚法》的一项重要原则。《行政处罚法》第五条规定："实施行政处罚，纠正违法行为，应当坚持处罚与教育相结合，教育公民、法人或者其他组织自觉守法。"

处罚与教育相结合原则，反映了行政主体实施行政处罚的目的，也揭示了行政处罚制度、行政处罚措施的深刻内涵。处罚与教育相结合原则表明，行政处罚不以单纯的行政处罚为最终目标，不论是财产方面的处罚，还是其他方面的处罚。

处罚的目的和功能，最终要落在诫勉上，通过对违法行为人施加与其违法行为的社会危害程度相当的处罚，来告诫其不要再实施违法行为，教育其守法，并通过这样的法律活动来诫勉违法行为人之外的其他人不要以身试法。

为了帮助行政执法者做到这一点，《行政处罚法》第二十七条规定，当事人有下列情形之一的，应当依法从轻或者减轻行政处罚：（1）主动消除或者减轻违法行为危害后果的；（2）受他人胁迫有违法行为的；（3）配合行政机关查处违法行为有立功表现的；（4）其他依法从轻或者减轻行政处罚的。违法行为轻微并及时纠正，没有造成危害后果的，不予行政处罚。

可以设想，如果不严格遵守处罚与教育相结合原则，行政处罚就失去了正确的方向，极有可能出现处罚越重越好或者能怎么罚就怎么罚的现象，还有可能使处罚起不到应有的作用，使当事人认为罚重了有失公平而进行抵触，或者因罚轻了对当事人无所触动而使其再次从事违法活动。

综上所述，行政机关在维护社会稳定、市场经济秩序正常发展的过程中，对当事人的违法行为，一方面要依法惩处，按照《行政处罚法》的规定决定行政处罚，合理行使行政处罚自由裁量权；另一方面不能把处罚作为履行监管职责的唯一手段，而要本着对社会负责的精神，通过各种教育手段和途径增强公民、法人或者其他组织的守法意识，预防和减少违法行为的发生。

（丹东市振兴区人民法院　宋学军）

十一、其他类

70. 浙江海鑫船舶贸易有限公司不服南京海事局撤销船舶所有权登记案

（一）首部

1. 判决书字号

一审判决书：南京市下关区人民法院（2010）下行初字第4号行政判决书。

二审判决书：南京市中级人民法院（2011）宁行终字第109号行政判决书。

2. 案由：船舶所有权登记。

3. 诉讼双方

原告（上诉人）：浙江海鑫船舶贸易有限公司（以下简称海鑫公司）。

法定代表人：杨林斌，该公司董事长。

委托代理人（一、二审）：杨林富，海鑫公司部门经理。

委托代理人（一审）：杨集成，上海市联诚律师事务所律师。

委托代理人（二审）：赵森林，浙江省台州市金清法律服务所法律工作者。

被告（被上诉人）：中华人民共和国南京海事局。

法定代表人：扈国庆，该局局长。

委托代理人（一、二审）：陈小昕，南京海事局监管一处处长。

委托代理人（一审）：顾璇，江苏高旗律师事务所律师。

第三人：浙江振兴船舶修造有限公司（以下简称振兴公司）。

法定代表人：陈夏方，该公司总经理。

委托代理人（一审）：程春法，台州市开发区法律服务所法律工作者。

委托代理人（一审）：陈志伟，台州市开发区法律服务所法律工作者。

第三人：南京两江海运股份有限公司（以下简称两江公司）。

法定代表人：牟陵，该公司董事长。

委托代理人（一、二审）：唐晓莉，江苏薛济民律师事务所律师。

委托代理人（一、二审）：张传萍，两江公司法律事务部总监。

4. 审级：二审。

5. 审判机关和审判组织

一审法院：南京市下关区人民法院。

合议庭组成人员：审判长：尤忠华；审判员：陈标；人民陪审员：巢璐。

二审法院：南京市中级人民法院。

合议庭组成人员：审判长：杨海波；审判员：陆俊非；代理审判员：朱清。

6. 审结时间

一审审结时间：2011 年 6 月 27 日。

二审审结时间：2011 年 11 月 10 日。

（二）一审诉辩主张

1. 被诉具体行政行为

南京海事局根据第三人两江公司的申请于 2009 年 9 月 14 日将“长旺门”散货船的所有权人登记在第三人两江公司名下。

2. 原告诉称

原告利用振兴公司的船台设备于 2009 年 8 月为两江公司建造了一艘散装货船“长旺门”轮，两江公司在尚欠巨额船款未付的情况下，利用先期上船验收的人员擅自开船离港，之后两江公司伪造船舶交接协议书，由被告为其办理了“长旺门”轮所有权登记。原告在与振兴公司核实未办过书面船舶交接手续后于 2009 年 12 月 28 日向被告报案，提出“长旺门”轮所有权证书登记材料造假，要求被告暂扣其所有权证书并停止为其办理国籍证书，但被告至起诉时未予任何回复；两江公司抢船、造假登记已严重侵害了原告（债权人）利益，被告依据虚假材料进行所有权登记，既违反法律法规，也起了助纣为虐的作用，应予撤销。请求撤销两江公司名下“长旺门”轮的所有权登记。

3. 被告辩称

两江公司作为申请人提供了《船舶登记条例》关于所有权登记需要的材料，被告对申请材料进行审查核实仅是形式上的审查，对申请人提交的材料的真实性没有审查的义务，被告依申请人的申请发放所有权登记证书符合规定。原告及第三人对轮船的所有权没有争议。被告对船舶所有权的登记与原告没有关系，原告不具备诉讼主体资格。请求驳回原告的诉讼请求。

4. 第三人述称

（1）第三人振兴公司述称：振兴公司没有与两江公司办理过船舶交接。

（2）第三人两江公司述称：船舶所有权登记不属行政诉讼受案范围；原告与船舶登记行为没有法律上的利害关系，不具有诉讼主体资格；交接协议书是原告和振兴公司的人签订的，如果振兴公司的印章是伪造的，原告应明知，两江公司并不知晓，且有理由相信是真实的；两江公司没有逃船；由于原告迟延交付船舶，其应承担违约责任，两江公司没有拖欠原告造船款。请求驳回原告的诉讼请求。

（三）一审事实和证据

南京市下关区人民法院经公开审理查明：2007 年 11 月 12 日，海鑫公司与两江公司签订《船舶建造合同》，约定由海鑫公司为两江公司建造一艘 18 000 吨级的散货船。此后，双方又签订补充合同或协议，对《船舶建造合同》的部分条款进行了变更，并约定了建造船舶名称为“长旺门”。在 2009 年 8 月 29 日由海鑫公司与两江公司及其担保人签订的《补充协议》中约定：海鑫公司承诺在 2009 年 9 月 5 日前办好“长旺门”号船舶离开现在大麦屿港口所需的离港手续，开至两江公司指定的锚地抛锚，并按照两江公司和海事、船检等部门的要求，提供“长旺门”船舶在南京办理登记手续及各类证书所需的一切资料。其间，2009 年 6 月 23 日两江公司、海鑫公司、振兴公司三方签订《三方协议书》，内容为：两江公司委托海鑫公司建造的“长旺门”散货船是海鑫公司租用振兴公司船台建造，由海鑫公司出售给两江公司，船款由两江公司和海鑫公司双方自行结算，两江公司与振兴公司没有发生关系，由振兴公司出面与两江公司签订一份日期为 2007 年 11 月 13 日的船舶建造合同，仅作为办理有关手续之用。2009 年 9 月 8 日，陈××持海鑫公司法定代表人杨林斌出具的《委托书》（该委托书的落款时间为 2009 年 9 月 9 日，内容为“兹委托陈××全权办理海鑫公司‘长旺门’轮船款及贵方洽谈协商事宜”）与朱××代表的振兴公司（朱××有身份证及振兴公司的公章和振兴公司的法定代表人陈夏方的身份证复印件）及两江公司在南京签订了《备忘录》，内容为：由于“长旺门”轮是海鑫公司借用振兴公司造船资质、租用振兴公司的场地为两江公司建造，故办理“长旺门”轮所有权及其他相关证书的登记，需振兴公司与两江公司签订经三方确认签署期为 2007 年 11 月 8 日的“船舶建造合同”和签署期为 2009 年 9 月 8 日的“船舶交接协议书”；“船舶建造合同”和“船舶交接协议书”完全是为了在海事、检验等部门办理“长旺门”轮登记及办证所用，对三方不具有任何法律效力；海鑫公司和振兴公司一致认可“长旺门”轮所有权为两江公司，并同意提供“长旺门”轮办理登记和证书过程中所需各项资料。2009 年 9 月 8 日，两江公司持有了两江公司和振兴公司签订的落款日期为 2007 年 11 月 8 日的“船舶建造合同”和落款日期为 2009 年 9 月 8 日的“船舶交接协议书”，该两份文件上振兴公司一方均有振兴公司的印章及振兴公司法定代表人陈夏方的签名。

2009 年 9 月 10 日，两江公司持上述两江公司与振兴公司签订的“船舶建造合同”和“船舶交接协议书”等文件向被告南京海事局申请“长旺门”轮的船舶所有权登记，被告经审核后于 2009 年 9 月 15 日向两江公司发放了《船舶所有权登记证书》。

2009 年 10 月 20 日，台州海事局向南京海事局发出《船舶监督管理协查通知书》，要求南京海事局对“长旺门”轮在 2009 年 9 月 5 日左右未办理出港签证的情况下擅自离港进行处理。

2009 年 10 月 14 日，两江公司向海事法院提起诉讼，要求解除与海鑫公司的建船合同，后诉讼请求变更为履行合同义务、承担违约责任。2009 年 12 月 2 日，海鑫公司向海事法院提起诉讼，要求两江公司支付建造船舶余款并赔偿损失。目前两案均未审理终结。2009 年 10 月后，南京海事局应海事法院的协助执行通知，办理了“长旺门”船舶营运的相关证书。

2009年12月28日，海鑫公司法定代表人杨林斌委托杨××等向南京海事局举报反映两江公司申请登记“长旺门”轮所有权时提供的交接协议是伪造的，要求对两江公司的伪造行为予以处理，举报时提供了振兴公司出具的“情况说明”，该“情况说明”称振兴公司未与两江公司办理过船舶交接协议，三方备忘录上的签名和盖章均为假的。

上述事实有下列证据证明：

1. 船舶登记审批单，用以证明被告依照法定的期限进行审批；

2. 船舶所有权登记申请书，用以证明被告依照格式要求第三人两江公司填写申请书；

3. 两江公司的企业法人营业执照、组织机构代码证、法定代表人身份证明、授权委托书及委托人和受托人的身份证明，用以证明两江公司的主体资格；

4. 船舶名称申请书，用以证明涉案船舶名称已核准；

5. 第三人之间签订的船舶建造合同、船舶交接协议书，用以证明船舶所有权取得证明文书；

6. 海上船舶检验证书、海上船舶载重线证书、海上船舶防止油污证书、海上船舶吨位证书、海上货船适航证书、中华人民共和国船舶电台执照、海上移动通信业务标识码证书、中华人民共和国船舶国籍证书（试航）、船舶最低安全配员证书，用以证明两江公司提交的船舶技术资料；

7. 照片5张，用以证明两江公司已依照规定提交；

8. 中华人民共和国船舶所有权登记证书，用以证明两江公司通过审核取得所有权登记证书；

9. 2007年11月12日原告与两江公司及其担保人等签订的《船舶建造合同》、2008年9月8日原告与两江公司及其担保人等签订的《补充协议》，用以证明原告与两江公司之间存在真实的、实际履行的船舶建造合同关系；

10. 收款收据、收条等付款凭证，用以证明两江公司已支付的船舶建造款及拖欠的船舶建造款，在此情况下原告并不同意交船，南京海事局登记时依据的交船协议书是假的；

11. 2009年10月20日台州海事局向南京海事局发出的《船舶监督管理协查通知书》，用以证明“长旺门”轮不符合正常交付手续；

12. 被告出具的“长旺门”船舶基本情况；

13. 2009年12月28日南京海事局制作的询问笔录，用以证明原告向被告举报“长旺门”轮涉嫌伪造材料申请所有权登记；

14. 原告2009年12月29日给被告的情况反映函，用以证明被告违法登记；

15. 振兴公司2009年12月24日出具的情况说明，用以证明振兴公司未向两江公司交付船舶；

16. 报案材料收据，用以证明原告将材料交给被告，被告未对第三人作处理；

17. 原告2010年1月12日向被告发出的律师函，用以证明原告要求被告不要为“长旺门”船舶进行国籍登记，否则进行行政诉讼；

18. 2009年6月23日，原告、振兴公司、两江公司三方签订的《三方协议书》，用以证明两江公司提供的2009年9月8日三方签订的《备忘录》是假的；

19. 原告与两江公司签订的船舶建造合同、补充协议，原告给两江公司的回复告知函，用以证明原告和两江公司明确了“长旺门”轮所有权归两江公司；

20. 朱××、陈××、陈夏方的身份证，振兴公司的营业执照、组织机构代码证书，两江公司、海鑫公司、振兴公司三方于2009年9月8日签订的备忘录，振兴公司与两江公司签订的船舶交接协议书、船舶建造合同，海鑫公司给陈××的委托书，用以证明2009年9月8日原告提供了两江公司进行船舶所有权登记的材料；

21. 武汉海事法院的立案材料、民事诉讼的诉状、民事裁定书、协助执行通知书，用以证明原告和两江公司之间就船舶建造合同的履行进行了民事诉讼。

（四）一审判案理由

南京市下关区人民法院经审理认为：《最高人民法院关于执行〈中华人民共和国行政诉讼法〉若干问题的解释》第十二条规定，“与具体行政行为有法律上利害关系的公民、法人或者其他组织对该行为不服的，可以依法提起行政诉讼”，《中华人民共和国船舶登记条例》第五十五条规定，“当事人对船舶登记机关的具体行政行为不服的，可以依照国家有关法律、行政法规的规定申请复议或者提起行政诉讼”。本案原告海鑫公司与第三人两江公司实际签订并履行了船舶建造合同，因此在被告南京海事局将建造的船舶所有权登记在两江公司名下时，原告与该登记有法律上的关系，可以提起行政诉讼。

《中华人民共和国船舶登记条例》第八条规定，“中华人民共和国港务监督机构是船舶登记主管机关”，第九条规定，“船舶登记港由船舶所有人依据其依据或者主要营业所所在地就近选择”，故两江公司向被告南京海事局申请船舶所有权登记，南京海事局具有船舶登记的法定职责。

《中华人民共和国船舶登记条例》第五条规定，“船舶所有权的取得、转让和消灭，应当向船舶登记机关登记；未经登记的，不得对抗第三人”；第十三条规定，“船舶所有人申请船舶所有权登记，应当向船籍港船舶登记机关交验足以证明其合法身份的文件，并提供有关船舶技术资料和船舶所有权取得的证明文件的正本、副本……就新造船舶申请船舶所有权登记的，应当提供船舶建造合同和交接文件……”；第十四条规定，“船籍港船舶登记机关应当对船舶所有权登记申请进行审查核实；对符合本条例规定的，应当自收到申请之日起7日内向船舶所有人颁发船舶所有权登记证书……船舶登记机关对不符合本条例规定的，应当自收到申请之日起7日内书面通知船舶所有人”。中华人民共和国海事局发布的《船舶登记工作规程》规定，新造船舶申请所有权登记时，船舶登记受理人员应审查：（1）所登记内容是否属本机关管辖范围；（2）所提交的材料是否齐全、内容是否完整……对按规定属于本登记机关管辖且申请内容明确、真实，申请材料齐全的申请，予以受理，在《船舶登记审批单》中填写申请人的基本情况、申请内容和受理日期，然后将《审批单》和申请材料交初审人；否则，不予受理，退回申请材料并告知其理由或应选择的受理机关……办理所有权登记应审查的材料：经核准的船名申请书、船舶所有权登记申请书、船舶所有人的身份证明、委托书和受委托人身份证明、船舶技术资料、船舶照片5张、登记机关要求的其他材料。根据以上法规及规章的规定可以看出，船舶所有权登记机关“对船舶所有权登记申请进行审查核实”，应在其作出具体行政行为时权力所限、能力所及的范围内作出合法性的判断，而不能超越其能力所及或根据事后获得的证据来判断其是否正确履行了其职责，故船舶登记机关“对船舶所有权登记申请进行审查核实”应以法定登记申请材料、证明文件是否齐备为原则，对申请材料、证明文件的真实性与合法性审查应以其判断、识别能力为限，不必以专业鉴定机构的能力要求其审查判断。本案被告南京海事局根据两江公司的申请，对照相关规定要求其提供了法定的申请材料，且该材料不具有明显的虚假或违法情况，其尽到了法定的义务，其具体行政行为合法。

从实体权利上讲，原告与两江公司签订有合同，并已实际履行，双方对两江公司拥有案件所涉船舶的所有权没有争议，涉案船舶也已由两江公司占有，因此说合同实际履行人没有将船舶交付难以让人信服，撤销两江公司对“长旺门”轮的船舶所有权登记，对于可能存在于原告与两江公司之间的所有权争议的解决没有任何法律上的意义。

综上，原告海鑫公司要求被告南京海事局撤销两江公司名下“长旺门”轮的船舶所有权登记的诉讼请求不能成立，本院不予支持。

（五）一审定案结论

南京市下关区人民法院依照《最高人民法院关于执行〈中华人民共和国行政诉讼法〉若干问题的解释》第五十六条第（四）项之规定，作出如下判决：

驳回原告浙江海鑫船舶贸易有限公司的诉讼请求。

本案受理费50元，由原告浙江海鑫船舶贸易有限公司负担。

（六）二审情况

1. 二审诉辩主张

（1）上诉人诉称

一审法院认定事实不清，适用法律不当。上诉人向被上诉人报案，明确指出两江公司与振兴公司的涉案船舶交接协议等申请办证材料均系伪造，未经建造地的船检部门进行安全检验，也未在海事部门办理离港签证手续，不能进行船舶交接，对此台州海事局曾发协查通报。以上事实均属常识性的问题，不需要被上诉人具备专业鉴定机构的鉴别能力就可知晓。可见，被上诉人未履行法定职责，行为违法。一审法院附和了被上诉人关于其作为专业船舶登记机构“依法审核”的曲解，竟然认为被上诉人不能与专业鉴定机构相提并论，替被上诉人开脱责任。本案还应适用《海上交通安全法》和《海商法》。两江公司未经安全检验擅自逃船，目的是规避债务。一审法院置两江公司的违法事实于不顾，违法悖理。请求撤销一审判决，依法发回重审或改判；依法撤销两江公司名下的“长旺门”轮船舶所有权登记；本案的上诉费用由被上诉人承担。

（2）被上诉人辩称

一审法院对本案认定事实清楚，“长旺门”轮船舶所有权登记适用法律、法规正确，符合法定程序。请求维持一审判决。

（3）原审第三人辩称

1）原审第三人两江公司辩称：一审法院认定事实清楚，适用法律正确。请求维持原判。

2）原审第三人振兴公司未答辩。

2. 二审事实和证据

南京市中级人民法院经审理，确认一审法院查明的事实存在。另查明：2009 年 10 月 16 日，武汉海事法院作出民事裁定，对“长旺门”轮所有权予以冻结，并于同日发出协助执行通知书，要求被告予以协助执行。

3. 二审判案理由

南京市中级人民法院经审理认为：根据《船舶登记条例》第八条、第九条的规定，南京海事局在其辖区内具有船舶所有权登记的法定职责。根据该条例第十三条、第十四条及中华人民共和国海事局发布的《船舶登记工作规程》关于新造船舶申请所有权登记的程序的规定，新造船舶进行所有权登记时，应向登记机关提交经核准的船名申请书、船舶所有权登记申请书、委托书和受委托人的身份证明、船舶所有权取得证明文件（新造船舶提供船舶建造合同和交接文件）、照片 5 张等材料。2009 年 9 月 10 日，两江公司申请“长旺门”轮所有权登记，向被上诉人提供了船舶所有权登记申请书、委托书和受托人身份证明、营业执照、组织机构代码证、船舶建造合同、交接协议书、照片等材料，符合《船舶登记工作规程》规定的应当提供的必备材料。被上诉人通过受理、初审、复审和审批，于 2009 年 9 月 15 日向两江公司发放了《船舶所有权登记证书》，符合规定，并无不当。船舶所有权登记应以法定登记申请材料、证明文件齐备为原则。被上诉人在审查船舶所有权登记申请材料时，已尽到了合理的注意义务，履行了法定的审查职责。上诉人以被上诉人对涉案船舶进行所有权登记后发现申请材料虚假为由，否认被上诉人登记行为合法性，不能成立。上诉人称涉案船舶擅自离港、未经安检等行为非本案船舶所有权登记的审理范围，本院不予理涉。鉴于上诉人对涉案船舶所有权并无异议，现亦无其他案外人对涉案船舶所有权提出权利要求，且武汉海事法院已裁定冻结涉案船舶所有权，故上诉人要求被上诉人撤销两江公司名下的“长旺门”轮所有权登记的上诉主张，本院不予支持。原审认定事实清楚，适用法律正确，审理程序合法。

4. 二审定案结论

南京市中级人民法院依照《最高人民法院关于执行〈中华人民共和国行政诉讼法〉若干问题的解释》第六十一条第（一）项之规定，作出如下判决：

驳回上诉，维持原判。

案件受理费 50 元，由上诉人负担。

（七）解说

《中华人民共和国船舶登记条例》第十四条规定："船籍港船舶登记机关应当对船舶所有权登记申请进行审查核实；对符合本条例规定的，应当自收到申请之日起 7 日内向船舶所有人颁发船舶所有权登记证书……船舶登记机关对不符合本条例规定的，应当自收到申请之日起 7 日内书面通知船舶所有人。"对于该条的理解在学理上的争议就是，登记机关对船舶所有权的登记审查是实质审查，还是形式审查？结合相关法律、法规的规定，笔者认为，船舶登记机构对船舶所有权的登记应为形式审查，即船舶登记机关"对船舶所有权登记申请进行审查核实"应以法定登记申请材料、证明文件是否齐备为原则，对申请材料、证明文件的真实性与合法性审查应以其判断、识别能力为限。其理由如下：

1. 船舶所有权登记是船舶所有权人的自愿行为，不是法律强制行为。《物权法》第二十四条规定，"船舶、航空器和机动车等物权的设立、变更、转让和消灭，未经登记，不得对抗善意第三人"，这与《海商法》第九条、《船舶登记条例》第五条的规定相一致，即船舶所有权的取得以交付为判断标准，船舶由建造方依合同约定交付给委托方后，委托方即取得船舶的所有权，其所有权未经登记机关进行登记，只是不产生对抗善意第三人的法律效力。既然船舶所有权登记是船舶所有权人的自愿行为，登记机关如采用实质审查形式进行审核，不但会影响交易便捷，而且会抑制所有权人申请登记的积极性。

2. 船舶所有权登记采形式审查有法律依据。中华人民共和国海事局发布的《船舶登记工作规程》是对《船舶登记条例》中船舶登记机关审查职责的具体化，该工作规程规定了受理、初审、复审、审批等程序，其中关于受理规定的审查内容是"所提交的材料是否齐全、内容是否完整"，要求是"申请内容明确、真实，申请材料齐全"，并没有要求"申请材料真实"。当然，这样理解不是说登记机关对明显虚假的材料不要尽合理的审查义务，对于明显虚假的材料登记机关仍然有审查的义务，否则不能证明其具体行政行为合法。

3. 船舶登记机关对申请材料、证明文件的真实性与合法性的审查应以其判断、识别能力为限。登记机关只需审查申请人提交的材料是否齐全、形式上是否符合法律的要求，而不负责对材料真实性进行确认，实质审查不仅与实体法上的规定不协调，还增加了登记机关的负担，当事人更不能以登记后所发现的可能存在申请材料虚假为理由，要求撤销船舶所有权登记。

近年来，实为当事人民事权益之争的纠纷，有以行政诉讼为名试图达到解决民事争议目的的倾向，尤其是在不动产、机动车和船舶等特殊动产方面，当事人主张登记机关登记错误从而提起行政诉讼，以达到撤销物权登记的目的，之所以如此，除了因为行政诉讼诉讼费较低、举证责任在行政机关一方的客观事实外，也在一定程度上反映了当事人不诚信，消耗了司法机关和行政机关相当的精力，应引起有关部门的重视。

（南京市下关区人民法院　尤忠华）

71. 邱永杏不服佛山市南海区财政局行政征收案

(一) 首部

1. 判决书字号

一审判决书：广东省佛山市南海区人民法院（2010）南法行初字第94号行政判决书。

二审判决书：广东省佛山市中级人民法院（2011）佛中法行终字第20号行政判决书。

2. 案由：税务行政征收。

3. 诉讼双方

原告（上诉人）：邱永杏。

被告（被上诉人）：佛山市南海区财政局。

法定代表人：江启强，该局常务副局长。

委托代理人：杜鸣欣、周立姬，广东天伦（佛山）律师事务所律师。

4. 审级：二审。

5. 审判机关和审判组织

一审法院：广东省佛山市南海区人民法院。

合议庭组成人员：审判长：谭龙；审判员：刘晓霞、吴晓岚。

二审法院：广东省佛山市中级人民法院。

合议庭组成人员：审判长：周刚；代理审判员：郭赟、王慧。

6. 审结时间

一审审结时间：2010年11月23日。

二审审结时间：2011年3月7日。

(二) 一审诉辩主张

1. 被诉具体行政行为

佛山市南海区财政局对原告购买的住房按照3%的税率征收契税，于2010年4月16日向原告作出（2010）粤农税电字0003659号《契税完税证》。

2. 原告诉称

原告于2007年3月20日与佛山市万科四季房地产有限公司签订购房合同，购买面积为102.58平方米、价格为718 994元的商品房一套。被告向原告征收3%的契税，共21 569.82元。按照国家税务总局的规定及广东省的规定，在容积率小于1、建筑面积超过144平方米或房屋价格超过同级别土地房屋平均价格的1.44倍时，才按3%的税率征收契税，其余按1.5%征收契税。原告所购买的商品房所在小区容积率并没有小于1，建筑面积未达144平方米；被告也没有证据证明原告的房屋价格超过同级别土地平均房价的1.44倍，仅以2006年下半年南海区的平均房价为参考标准，就按3%的税率向原告征收契税，显然违反了国家的规定。行政机关的行政行为往往涉及公民的财产及人身权利，因此行政法对行政机关的行政行为有严格要求，即作为执行机关，其无权对执行依据作任何修改。而被告恰恰为了达到多征税的目的，在找不到征税标准时，擅自修改了执行依据。这显然有违行政行为的基本准则，也违反了国家的规定。为此，原告诉请法院判令：(1) 撤销被告于2010年4月16日向原告按购房款的3%征收契税、共收取21 569.82元的决定，变更税率为购房价款的1.5%，向原告返还多收取的契税10 784.91元；2. 本案诉讼费用由被告承担。

3. 被告辩称

(1) 原告所购商品房的实际成交单价高于南海区住房平均交易价格的1.44倍具有充分的依据。

《国家税务总局、财政部、建设部关于加强房地产税收管理的通知》第二条规定：住房平均交易价格，是指报告期内同级别土地上住房交易的平均价格，经加权平均后形成的住房综合平均价格。由市、县房地产管理部门会同有关部门测算，报当地人民政府确定，每半年公布一次。第十条规定：各地地方税务、财政部门和房地产管理部门，可结合本地情况，共同协商研究制定贯彻落实本通知的具体办法。

为落实上述通知，佛山市南海区建设局、地税局和被告曾就如何确定南海区同级别土地上住房平均交易价格等进行研究、呈文请示并得到佛山市南海区人民政府的批复同意，明确“全区土地视为同一级别，以报告期内全区所有一手商品住房的平均交易价格测算我区住房平均交易价格”。根据有关部门测算并公布的各半年度的南海区住房平均交易价格，南海区2006年下半年的住房平均交易价格为4 200.76元/平方米。

原告虽然是于2010年4月缴纳契税，但根据《中华人民共和国契税暂行条例》第八条的规定，原告的纳税义务时间应当是签订商品房买卖合同的当天即2007年3月20日。南海区2007年上半年的住房平均交易价格是根据该半年度实际发生的住房交易的有关数据综合测算出来的，即2007年上半年的住房平均交易价格只能在该半年度结束之后才能计算出来并对外公布，根据日常生活经验法则并参照佛建［2005］45号文的有关规定，财政部门应当也只能根据有关部门已公布的南海区2006年下半年的住房平均交易价格计算原告所购商品房的实际成交单价是否高于南海区住房平均交易价格的1.44倍。鉴于原告所购商品房的实际成交单价为7 709元/平方米，被告认为其高于南海区住房平均交易价格的1.44倍(4 200.76元/平方米×1.44=6 049元/平方米) 是正确的。

(2) 由于原告所购商品房不符合可享受优惠政策普通住房的标准，故对其按3%的税率征收契税21 569.82元是正确的。

根据国办发［2005］26号文、粤府办［2005］56号文等有关规定，广东省享受优惠政策普通住房的标准为：住宅小区建筑容积率在1.0以上、单套住房套内建筑面积120平方米以下或单套建筑面积144平方米以下、实际成交价低于同级别土地上住房平均交易价格的1.44倍以下。以上三个条件必须同时符合。

如前所述，由于原告所购买商品房的实际成交单价高于南海区住房平均交易价格的1.44倍，故不符合上述广东省可享受优惠政策普通住房的标准。根据《中华人民共和国契税暂行条例》第三条和第十二条、《广东省契税实施办法》第五条和第十六条之规定，被告委托南海区大沥财政管理所按3%的税率向原告征收契税21 569.82元是正确的。

综上所述，被告按3%的税率向原告征收契税21 569.82元证据确凿，适用法律、法规正确，符合法定程序，请求法院依法予以维持，驳回原告的全部诉讼请求。

（三）一审事实和证据

广东省佛山市南海区人民法院经公开审理查明：原告于2007年3月20日与佛山市万科房地产有限公司签订商品房买卖合同，购买了该公司位于佛山市南海区大沥镇黄岐浔峰洲路8号万科四季花城灏山美筑2单元1705房，建筑面积为102.58平方米、价格为718 994元的商品房一套（实际成交单价按照建筑面积计算为7 009.11元/平方米）。2010年4月16日，原告向被告委托的南海区大沥财政管理所缴纳商品房权属转移契税，该所按3%的税率向原告征收了契税21 569.82元，并于当日出具了（2010）粤农税电字0003659号《契税完税证》。

另查明，2008年1月9日，佛山市南海区建设局、区财政局以及区地方税务局就如何确定南海区同级别土地上住房平均交易价格问题向佛山市南海区人民政府提出请示，佛山市南海区人民政府批复同意上述三机关拟定的全区土地视为同一级别，以报告期内全区所有一手商品住房的平均交易价格测算全区住房平均交易价格。2008年12月29日，佛山市南海区物价局发布了《关于公布2005年上半年、2005年下半年、2006年下半年、2007年上半年我区住房综合平均价格的通知》，其中2006年下半年住房综合平均价格为4 200.76元/平方米。

又查明，《广东省契税实施办法》第五条规定，契税税率为3%；《国务院办公厅转发建设部等部门关于做好稳定住房价格工作意见的通知》第五条规定，享受优惠政策的住房原则上应同时满足以下条件：住宅小区建筑容积率在1.0以上、单套建筑面积120平方米以下、实际成交价格低于同级别土地上住房平均交易价格的1.2倍以下。各省、自治区、直辖市要根据实际情况，制定本地区享受优惠政策普通住房的具体标准。粤府办［2005］56号《转发国务院办公厅转发建设部等部门关于做好稳定住房价格工作意见的通知》规定，广东省享受优惠政策普通住房的标准为：住宅小区建筑容积率在1.0以上、单套住房套内建筑面积120平方米以下或单套建筑面积144平方米以下、实际成交价格低于同级别土地上住房平均交易价格的1.44倍以下。

原告认为其购买的上述商品房所在的小区容积率并没有小于1，建筑面积未达144平方米，且被告没有证据证明原告的房屋价格超过同级别土地上平均房价的1.44倍，其以2006年下半年南海区的平均房价为参考标准，按3%的税率向原告征收契税，违反了法律规定。2010年6月13日，原告向佛山市财政局申请行政复议，该局于同年8月9日作出佛财复议［2010］36号行政复议决定，维持了被告作出的（2010）粤农税电字0003659号《契税完税证》。原告仍不服，向本院提起行政诉讼。

(四)一审判案理由

广东省佛山市南海区人民法院经审理认为：依据《中华人民共和国契税暂行条例》第十二条第一款“契税征收机关为土地、房屋所在地的财政机关或者地方税务机关。具体征收机关由省、自治区、直辖市人民政府确定”以及《广东省契税实施办法》第十六条第一款“契税的征收机关为土地、房屋所在地的财政机关”的规定，被告作为南海区的财政机关，具有对南海区房屋交易行为征收契税的职权。南海区大沥财政管理所受被告的委托对原告实施征税行为，其权利义务应由被告承担。被告根据原告提供的房屋交易资料，经审核后对原告征收契税符合其职权规定，程序合法。

本案争议的焦点是：被告对原告购置的商品房按购房款3%征收契税是否有依据，是否合法。

首先，关于契税税率。依据《中华人民共和国契税暂行条例》第三条规定，契税税率为3%～5%，契税的适用税率，由省、自治区、直辖市人民政府在前款规定的幅度内按照本地区的实际情况确定，并报财政部和国家税务总局备案。《广东省契税实施办法》第五条规定，契税税率为3%。被告以契税税率3%对房屋买卖行为征收契税符合法规、规章的规定。

其次，关于如何确定住房平均交易价格。《国家税务总局、财政部、建设部关于加强房地产税收管理的通知》第二条规定：住房平均交易价格，是指报告期内同级别土地上住房交易的平均价格，经加权平均后形成的住房综合平均价格。由市、县房地产管理部门会同有关部门测算，报当地人民政府确定，每半年公布一次。各级别土地住房平均交易价格的测算，依据房地产市场信息系统生成数据；没有建立房地产市场信息系统的，依据房地产交易登记管理系统生成数据。第十条规定：各地地方税务、财政部门和房地产管理部门，可结合本地情况，共同协商研究制定贯彻落实本通知的具体办法。佛山市南海区建设局作为区级房地产管理部门，根据上述通知的规定会同被告以及佛山市南海区地方税务局结合南海区的实际情况，共同协商研究，制定贯彻落实通知的具体办法，并就如何确定南海区同级别土地上住房平均交易价格问题向佛山市南海区人民政府提出请示，经批复同意，确定全区土地视为同一级别，以报告期内全区所有一手商品住房的平均交易价格测算全区住房平均交易价格的做法并无不当。原告认为被告擅自修改了执行依据理由不成立，本院不予支持。

再次，关于原告购置的商品房是否符合享受优惠政策普通住房的条件。依据国办发［2005］26号文精神，广东省人民政府根据广东省的实际情况发布粤府办［2005］56号文规定，广东省享受优惠政策普通住房的标准为：住宅小区建筑容积率在1.0以上、单套住房套内建筑面积120平方米以下或单套建筑面积144平方米以下、实际成交价格低于同级别土地上住房平均交易价格的1.44倍以下。以上三个条件必须同时符合。由于原告购买的商品房的实际成交单价按照建筑面积计算为7 009.11元/平方米（718 944元÷102.58平方米＝7 009.11元），该成交价高于南海区住房平均交易价格的1.44倍（4 200.76元/平方米×1.44＝6 049元/平方米），故不符合上述广东省可享受优惠政策普通住房的标准。

又依据《中华人民共和国契税暂行条例》第八条的规定，契税的纳税义务发生时间为纳税人签订土地、房屋权属转移合同的当天，或者纳税人取得其他具有土地、房屋权属转移合同性质凭证的当天。原告签订商品房购买合同的时间是 2007 年 3 月 20 日，即购房的期间为 2007 年上半年。由于南海区 2007 年上半年的住房平均交易价格是根据该半年度实际发生的住房交易的有关数据综合测算出来的，即 2007 年上半年的住房平均交易价格只有在该半年度结束之后才能计算出来并对外公布，故被告根据物价部门已公布的南海区 2006 年下半年的住房平均交易价格来衡量原告于 2007 年 3 月 20 日所购的商品房的实际成交单价是否高于南海区住房平均交易价格的 1.44 倍，公平合理，符合《关于确定我市普通住房标准的通知》（佛建［2005］45 号）规定的“……各区住房平均交易价格由区房产管理部门测定后，报区人民政府审定批准并每半年公布一次。每年的上、下半年度的期末发布本报告期平均交易价，作为下一半年度的计算依据。公布的同时应报市财政、建设、地税局备案”的要求，并无不当。原告在庭审中提出其实际缴纳契税的时间是 2010 年 4 月，应纳税时间是 2007 年 3 月，被告却根据 2008 年、2009 年的相关文件确定原告所购房屋是否符合普通住房标准，并适用南海区 2006 年下半年的住房平均交易价格来衡量，这些对原告 2007 年 3 月的应纳税行为是没有约束力的。对此，根据上述条例的规定，纳税义务发生时间为纳税人签订土地、房屋权属转移合同的当天。原告签订购房合同的时间是 2007 年 3 月 20 日，此时，原告已负有按相关规定缴纳契税的义务，且原告实际缴纳契税时南海区 2006 年下半年的住房平均交易价格已经公布，因此，被告根据物价部门 2008 年已公布的 2006 年下半年的住房平均交易价格作为衡量原告购买的商品房是否符合普通住房的标准，与原告应缴纳契税时能否享受优惠并无冲突，对于原告该项抗辩本院不予支持。应当指出，依据《国家税务总局、财政部、建设部关于加强房地产税收管理的通知》及佛建［2005］45 号文的规定，住房平均交易价格应每半年公布一次。但被告提供的证据 5 并非是物价部门在 2006 年下半年年末发布的住房平均交易价格，而是该部门于 2008 年公布的 2005 年上半年、2005 年下半年、2006 年下半年、2007 年上半年全区住房综合平均价格（住房平均交易价格），对此应予指正。但这并不影响被告适用南海区 2006 年下半年的住房综合平均价格作为衡量原告所购商品房是否符合普通住房的标准。

综上，原告所购的商品房不符合广东省优惠政策普通住房的标准，不能享受减半征收契税，被告根据《中华人民共和国契税暂行条例》第三条、《广东省契税实施办法》第五条的规定，按 3%的税率向原告征收商品房权属转移契税 21 569.82 元证据充分，适用法规、规章正确，符合法定程序。原告诉讼请求理由不成立，依法应予驳回。

（五）一审定案结论

广东省佛山市南海区人民法院依照《最高人民法院关于执行〈中华人民共和国行政诉讼法〉若干问题的解释》第五十六条第（四）项的规定，作出如下判决：

驳回原告邱永杏的诉讼请求。

本案受理费50元（原告已预交），由原告负担。

（六）二审情况

1. 二审诉辩主张

（1）上诉人诉称

根据国办发［2005］26号文、粤府办［2005］56号文和佛建［2005］45号文的规定，房屋实际成交价格高于同级别土地上住房平均交易价格的1.44倍，按实际成交价的3%征收契税，反之则按1.5%征收契税。被上诉人在无法找到同级别土地平均房价的情况下，以物价部门公布的2006年下半年南海区住房综合平均价格为标准，认定上诉人在2007年2月购买的住房不属于普通住宅，进而征收3%的契税，属擅自更改标准，不符合上述规定。虽然被上诉人提供了南府复［2009］30号南海区人民政府关于全区土地视为同一级别土地的批复，以此认定全区住房综合平均价格就是上述规范性文件所指的同级别土地上住房平均交易价格，但是契税征收时间是房屋买卖合同签订的当天，上诉人签订合同是在2007年2月12日，当时已经生效的规章才能作为行政机关征收的依据，被上诉人以2009年才生效的南府复［2009］30号文作为行政行为依据，显然违反了法不溯及既往的原则。如果上诉人在2007年2月就缴纳了契税，被上诉人就不能以南府复［2009］30号文为依据向上诉人征收3%的契税，只能以1.5%作为税率，但在2010年却可以南府复［2009］30号文为依据向上诉人征收3%的契税。对公民的同一行为，行政机关的征收结果只有一个，如果有两种结果就是错误，被上诉人以后来公布的规定约束之前公民的行为，违反了法不溯及既往的原则。请二审法院撤销原审判决和被上诉人在2010年4月16日向上诉人征收3%契税的决定，并返还多收契税10 784.91元。

（2）被上诉人辩称

被上诉人认定上诉人所购买住房的实际成交单价是否高于南海区住房平均交易价格1.44倍的依据是南价［2008］129号文而非南府复［2009］30号文。根据《国家税务总局、财政部、建设部关于加强房地产税收管理的通知》（国税发［2005］89号）第二条的规定，住房平均交易价格不是由被上诉人测算和确定的，被上诉人征收契税只能依照房管或物价部门公布的南海区住房平均交易价格，至于该交易价格的确定有无依据是另一法律关系。被上诉人提交南府复［2009］30号文只是证明南海区确定住房平均交易价格的方式，并非作为认定上诉人所购住房的价格是否高于南海区住房平均交易价格的直接依据。另外，上诉人的纳税义务时间虽然是2007年3月20日，但其在2010年4月才缴纳契税，被上诉人作出征税行为时，南价［2008］129号文和南府复［2009］30号文均已颁布，并不存在法不溯及既往问题。请求二审法院驳回上诉，维持原判。

2. 二审事实和证据

广东省佛山市中级人民法院经审理查明：上诉人在二审中主张原审认定事实部分没有记载佛山市南海区人民政府作出南府复［2009］30号文的时间，经查，该文作出时间为2009年1月19日，本院予以补充确认。原审认定的其他事实，诉讼当事人无异议，本院亦予以确认。

3. 二审判案理由

广东省佛山市中级人民法院经审理认为：根据1997年施行的《中华人民共和国契税暂行条例》第三条和《广东省契税实施办法》第五条的规定，广东省范围内房屋权属转移缴纳契税的税率为3%。另根据财政部、国家税务总局财税字［1999］210号《关于调整房地产市场若干税收政策的通知》第一条、国办发［2005］26号《国务院办公厅转发建设部等部门关于做好稳定住房价格工作意见的通知》的规定，普通住房可享受减半征收契税即税率为1.5%的优惠政策。同时，广东省人民政府办公厅根据前述《通知》的要求，以粤府办［2005］56号文确定了本省享受优惠政策普通住房的标准为："住宅小区建筑容积率在1.0以上、单套住房套内建筑面积120平方米以下或单套建筑面积144平方米以下、实际成交价格低于同级别土地上住房平均交易价格的1.44倍以下"。本案中，上诉人邱永杏不服被上诉人南海区财政局以3%的税率对其作出契税征收行为的争议焦点，是上诉人购买的房屋是否符合上述文件规定的普通住房标准，而双方当事人持有异议之处在于是否符合该标准中的第三个条件，即实际成交价格是否低于同级别土地上住房平均交易价格的1.44倍以下。经查，上诉人于2007年3月20日购买了位于佛山市南海区大沥镇黄岐浔峰洲路段商品房一套，建筑面积为102.58平方米、价格为718 994元，其"实际成交价格"按照建筑面积计算为7 009.11元/平方米。而关于"同级别土地上住房平均交易价格"这一事实，被上诉人提供了佛山市南海区物价局南价［2008］129号《关于公布2005年上半年、2005年下半年、2006年下半年、2007年上半年我区住房综合平均价格的通知》，该《通知》载明2006年下半年南海区住房综合平均价格为4 200.76元/平方米。同时，被上诉人提供的佛山市南海区建设局南建［2009］3号《关于确定我区同级别土地上住房平均交易价格的请示》和佛山市南海区人民政府南府复［2009］30号《关于确定我区同级别土地上住房平均交易价格的批复》，可以说明上述南海区住房综合平均价格是由南海区房屋管理部门和财税部门在报区政府同意后将全区土地视为同一级别，根据报告期内全区一手商品住房的平均交易价格测算而来，上述测算数据符合国税发［2005］89号《国家税务总局、财政部、建设部关于加强房地产税收管理的通知》第二条和第十条关于住房平均交易价格测算的规定，属于涉案房屋所在同级别土地上住房平均交易价格。由于上诉人2007年3月购买房屋的实际成交价格7 009.11元/平方米，高于2006年下半年南海区住房综合平均价格的1.44倍，即不符合普通住房标准中"实际成交价格低于同级别土地上住房平均交易价格的1.44倍以下"的条件，因而不能享受普通住房契税税率1.5%的优惠政策，故被上诉人以3%的税率向上诉人征收房屋买卖契税的行为，认定事实清楚，适用法律正确。上诉人认为南价［2008］129号文公布的南海区住房综合平均价格不是粤府办［2005］56号文规定的普通住房标准第三条中所称"同级别土地上住房平均交易价格"的主张不成立，本院不予支持。另外，上诉人还主张被上诉人适用2009年生效的南府复［2009］30号文作为征收上诉人2007年购买的房屋的契税的依据违反了法不溯及既往原则。如前所述，南海区物价局南价［2008］129号《关于公布2005年上半年、2005年下半年、2006年下半年、2007年上半年我区住房综合平均价格的通知》以及南海区建设局南建［2009］3号《关于确定我区同级别土地上住房平均交易价格的请示》

和南海区人民政府南府复［2009］30号《关于确定我区同级别土地上住房平均交易价格的批复》，均是被上诉人认定“同级别土地上住房平均交易价格”这一事实的证据材料，而非被上诉人作出契税征收决定所适用的法律依据，该证据材料虽产生在上诉人购买房屋行为之后，但并未违反法不溯及既往的法律适用原则。上诉人的主张混淆了事实认定依据和法律适用依据之间的概念，本院不予支持。综上所述，被上诉人根据《中华人民共和国契税暂行条例》第三条、《广东省契税实施办法》第五条的规定，按3%的税率对上诉人作出征收房屋权属转移契税的行为，认定事实清楚，适用法规、规章正确，符合法定程序。原审判决维持被上诉人的契税征收决定正确，本院予以支持。

4. 二审定案结论

广东省佛山市中级人民法院依照《中华人民共和国行政诉讼法》第六十一条第（一）项的规定，作出如下判决：

驳回上诉，维持原判。

二审诉讼费50元，由上诉人邱永杏承担。

（七）解说

两审法院认为：本案争议的焦点是佛山市南海区财政局对邱永杏购置的商品房按购房款3%征收契税是否有事实和法律依据。

首先，关于契税税率。根据1997年《中华人民共和国契税暂行条例》第三条的规定，商品房权属转移的契税税率为3%～5%，契税的适用税率由省、自治区、直辖市人民政府在前款规定的幅度内按照本地区的实际情况确定，并报财政部和国家税务总局备案。故《广东省契税实施办法》第五条规定，广东省范围内房屋权属转移缴纳契税税率为3%。另根据财政部、国家税务总局财税字［1999］210号《关于调整房地产市场若干税收政策的通知》第一条、国办发［2005］26号《国务院办公厅转发建设部等部门关于做好稳定住房价格工作意见的通知》的规定，普通住房可享受减半征收契税即税率为1.5%的优惠政策。同时，广东省人民政府办公厅根据前述《通知》的要求，以粤府办［2005］56号文确定了本省享受优惠政策普通住房的标准为：“住宅小区建筑容积率在1.0以上、单套住房套内建筑面积120平方米以下或单套建筑面积144平方米以下、实际成交价格低于同级别土地上住房平均交易价格的1.44倍以下”。

其次，关于如何确定同级别土地上住房平均交易价格。根据国税发［2005］89号《国家税务总局、财政部、建设部关于加强房地产税收管理的通知》第二条和第十条的规定，在市、县一级行政区域内，不同地点的住房用地的土地级别是存在差异的，统计本行政区域内各个级别土地上的住房平均交易价格不是不可能，但存在较大的技术障碍，在全国范围内也鲜见真正意义上的半年度同一行政区域内不同级别土地上住房平均交易价格数据。故佛山市南海区建设局、财政局、地方税务局结合当地实际情况，并经佛山市南海区人民政府批复同意，确定将全区土地视为同一级别，以报告期内全区所有一手商品住房的平均交易价格测算该区住房综合平均交易价格，并将该价格作为全区“同级别土地上住房平均交易价格”的做法既符合实际，也符合前述《通知》第二条和

第十条关于住房平均交易价格测算的规定。

再次，关于涉案房屋是否符合享受优惠政策普通住房标准问题。对照前述广东省享受优惠政策普通住房的标准，邱永杏在2007年3月购买房屋的实际成交价格7 009.11元/平方米，高于2006年下半年南海区住房综合平均价格4 200.76元/平方米的1.44倍，即不符合广东省普通住房标准中“实际成交价格低于同级别土地上住房平均交易价格的1.44倍以下”的条件，因而不能享受普通住房契税税率1.5%的优惠政策。

综上，由于邱永杏所购商品房不符合广东省普通住房的标准、不能享受减半征收契税的优惠政策，佛山市南海区财政局根据《中华人民共和国契税暂行条例》第三条、《广东省契税实施办法》第五条的规定，按3%的税率向其征收商品房权属转移契税21 569.82元，事实及法律依据均充分。邱永杏认为有关部门公布的“2006年下半年南海区住房综合平均价格”不是普通住房认定标准中的“同级别土地上住房平均交易价格”的主张不成立，故对其诉讼请求予以驳回。

（广东省佛山市中级人民法院　周刚）

72. 南宁市依迈奇贸易有限责任公司不服贺州市财政局政府采购投诉处理决定案

(一) 首部

1. 判决书字号

一审判决书：贺州市八步区人民法院（2011）贺八行初字第2号行政判决书。

二审判决书：贺州市中级人民法院（2011）贺行终字第28号行政判决书。

2. 案由：政府采购投诉处理决定。

3. 诉讼双方

原告（上诉人）：南宁市依迈奇贸易有限责任公司。地址：南宁市天桃路20号。

法定代表人：卫奕桃，该公司总经理。

委托代理人：吴伟，南宁市依迈奇贸易有限责任公司业务经理。

委托代理人：奉晓政，贺江律师事务所律师。

被告（被上诉人）：贺州市财政局。地址：贺州市贺州大道5号。

法定代表人：宫照海，该局局长。

委托代理人（一审）：孔伟忠，贺州市政府采购招投标管理办公室干部。

委托代理人：莫国胜，广西正立律师事务所律师。

第三人：贺州市政府采购招投标中心。地址：贺州市贺州大道3号。

法定代表人：何平，该中心主任。

委托代理人：王乐靖，贺州市政府采购招投标中心工作人员。

4. 审级：二审。

5. 审判机关和审判组织

一审法院：贺州市八步区人民法院。

合议庭组成人员：审判长：黎志勇；审判员：谭建国；人民陪审员：廖海燕。

二审法院：贺州市中级人民法院。

合议庭组成人员：审判长：黎之燕；审判员：黎传杰；代理审判员：李永林。

6. 审结时间

一审审结时间：2011年2月18日。

二审审结时间：2011年6月8日。

（二）一审诉辩主张

1. 被诉具体行政行为

被告贺州市财政局于2010年6月7日作出贺财采（2010）3号《贺州市财政局政府采购投诉处理决定书》，该决定书的主要内容是：（1）市招投标中心组织的贺州市人民医院彩色多普勒超声诊断仪医疗设备采购项目的开标程序符合法律、法规的规定；（2）贺州市人民医院彩色多普勒超声诊断仪医疗设备采购项目评标小组的组建符合招投标文件的规定；（3）评标、定标在相关部门现场监督下进行，没有发现违法违规操作情况；（4）市招投标中心聘请专家进行质疑论证，不是法定程序，也不具备法律效力，仅仅是为质疑审查提供参考，而不是重新评定中标人的依据。根据《政府采购供应商投诉处理办法》（财政部令第20号）的规定，对南宁市依迈奇贸易有限责任公司的投诉事项决定如下：投诉人投诉的事项均不成立，驳回其投诉。

2. 原告诉称

贺州市政府采购招投标中心对贺州市人民医院的彩超项目于2008年6月27日进行公开招标，评标结果为南宁瑞恩科工贸有限公司提供的西门子G60S产品中标。原告认为评委在评标过程中存在带有倾向性评标的行为，是执意要把原告公司评下去，把南宁瑞恩科工贸有限公司和南宁华信恒河医疗设备有限公司给评上来，影响了整个评标的公正性和结果。按照综合评分办法的五个主要因素：（1）价格分为50分，原告得满分；（2）设备性能分为30分，设备性能分又分为3个评分项目，每个项目10分，原告认为自己投标产品的设备性能配置分、设备选型分都能得满分，即都得10分，但评委评出我公司的得分都是4分；（3）售后服务分为12分，原告此项得分为7.5分；（4）企业信誉分为3分，原告得3分，但原告认为中标的G60S此项应得0分，因为南宁瑞恩科工贸有限公司提供的产品业绩中没有一台是此次投标的G60S彩超；（5）设备品牌分为5分，原告认为其应得5分，但评委评出的结果均为1分。原告认为其提供的飞利浦HD-11产品的技术参数比西门子G60S产品要高，且价格优惠，此次中标的产品应当是原告公司提供的飞利浦 HD-11。故此，提出质疑。2008 年 7 月 24 日贺州市政府采购招投标中心宣布中标结果无效，同年 10 月 8 日，贺州市纪委调查小组代表贺州市政府采购招投标监督领导小组办公室认定，该项目中标结果无效理由不够充分，应当维持该项目评标原结果不变。但是，贺州市政府采购招投标监督领导小组办公室不具备否定专家论证结果的资质，而且于法无据。原告于 2009 年 2 月 24 日向被告贺州市财政局书面投诉，要求：一是废除西门子 G60S 中标；二是确定飞利浦（HD-11）炫影中标。直至 2010 年 6 月 7 日，被告才作出驳回原告投诉的贺财采（2010）3 号政府采购投诉处理决定书。因此，请求法院依法判决撤销被告作出的投诉行政处理决定。

3. 被告辩称

原告不服贺州市政府采购招投标中心作出的评标结果，向被告投诉。被告于 2010 年 4 月 26 日收到原告的正式投诉书并受理后，依法对投诉事项进行审查，于 2010 年 6 月 7 日作出《贺州市财政局政府采购投诉处理决定书》，驳回原告投诉。理由为：（1）贺州市人民医院彩色多普勒超声诊断仪医疗设备采购项目的招标、开标、评标、定标符合《中华人民共和国政府采购法》、《政府采购货物和服务招标投标管理办法》、《广西壮族自治区政府采购评审专家管理实施办法》及该项目招标文件规定。（2）贺州市政府采购招投标中心接到原告质疑后组织相关专家进行了质疑论证，但该论证缺乏严谨的法定程序，仅仅是质疑处理过程中的一种辅助手段，论证结果不具备法律效力，不能否决或取代开标当天依法组建的评标委员会的评标结果。（3）贺州市政府采购招投标中心接到第一中标候选人南宁瑞恩科工贸有限公司对废标的质疑后立即答复，市招管办重新审查该项目的整个采购过程后，向市纪委进行了汇报，贺州市政府采购招投标监督领导小组提出监督意见是“采购项目采购招标经过立项、委托代理、招标公告、开标、评标、定标、公示中标结果，是符合法定程序的”。市招管办以《关于市人民医院彩色多普勒超声诊断仪招标采购项目有关问题的通知》形式通知贺州市政府采购招投标中心维持该项目原评标结果。（4）根据《贺州市政府采购招投标监督工作暂行规定》第十三条、第十四条、第十五条规定，贺州市政府采购招投标监督领导小组办公室对该项目的投诉处理提出监督建议是有理有据的，是符合法定程序的。基于上述事实，原告投诉事项理由不充分，请求法院依法判决驳回原告的诉讼请求。

4. 第三人述称

在贺州市人民医院彩色多普勒超声诊断仪医疗设备采购项目中，贺州市政府采购招投标中心按规定发布招标公告和招标文件，于 2008 年 6 月 27 日公开招标，南宁华信恒河医疗设备有限公司、南宁瑞恩科工贸有限公司和原告参与竞标，按照法定程序组建评分专家小组，由专家组成的评标委员会依照既定的程序进行评标，第一中标候选人为南宁瑞恩科工贸有限公司，中标结果于 2008 年 6 月 30 日在广西财政网、中国政府采购网等网上公示。原告对评标结果提出质疑，贺州市政府采购招投标中心本着实事求是的态度组织专家进行论证，但是该论证结果不能作为重新评定中标人的依据。被告作出的驳回原告的投诉请求的处理决定是有理有据的，程序也是合法的，请求法院依法驳回原告的诉讼请求。

（三）一审事实和证据

贺州市八步区人民法院经公开审理查明：第三人贺州市政府采购招投标中心组织的贺州市人民医院彩色多普勒超声诊断仪医疗设备采购项目招标，于2008年6月27日举行公开招标会议。评标小组由5人组成：其中由采购人代表在贺州市评审专家库中随机抽取4名专家，另外1人为采购单位代表。参与竞标的三家公司分别为：南宁市瑞恩科工贸有限公司（品牌型号为：西门子G60S）、南宁华信恒河医疗设备有限公司（品牌型号：通用GE-730）、原告南宁市依迈奇贸易有限责任公司（品牌型号：飞利浦HD-11）。评标专家小组在贺州市政府采购招投标中心评标室进行评标，评标时由纪检监察、财政、审计、招标管理办公室、采购单位代表组成的监督小组进行现场监督。经综合评分法评分，最高分为南宁市瑞恩科工贸有限公司（西门子G60S）达87.17分，原告（飞利浦HD-11）得分为80.10分，南宁华信恒河医疗设备有限公司（通用GE-730）得分为83.10分。第一中标候选人为南宁瑞恩科工贸有限公司，中标结果于2008年6月30日在广西财政网、中国政府采购网等网上公示。原告公司对评标结果不满意，向贺州市政府采购招投标中心提出质疑，贺州市政府采购招投标中心于2008年7月9日组织专家进行论证，论证结果为：原告公司得分为84.20分；南宁市瑞恩科工贸有限公司得分为81.27分；南宁华信恒河医疗设备有限公司得分为74.5分，该中心将此结果请示贺州市政府采购招投标管理办公室。2008年7月22日，贺州市政府采购招投标管理办公室就该采购项目评标结果召开审核工作会议。2008年7月23日，贺州市政府采购招投标管理办公室向贺州市政府采购招投标中心作出贺招管办发（2008）4号批复，认定该项目中标结果无效，由贺州市政府采购招投标中心和贺州市人民医院重新进行招标。贺州市政府采购招投标管理办公室就论证结果和招标会议结果的巨大反差请示贺州市政府采购招投标监督领导小组。贺州市政府采购招投标监督领导小组经审查，认为贺州市人民医院彩色多普勒超声诊断仪医疗设备采购项目的采购招标过程经过立项、委托代理、招标公示、开标、评标、定标、公示中标结果，是符合法定程序的；但是贺州市政府采购招投标中心在没有严格履行法定程序的情况下组织专家进行论证显得不够严谨和规范，认定该项目中标结果无效理由不够充分。贺州市政府采购招投标监督领导小组建议维持该项目原评标结果不变。贺州市政府采购招投标管理办公室通知贺州市政府采购招投标中心维持该项目原评标结果。之后，原告先后向贺州市财政局、广西壮族自治区财政厅、市招投标中心、市招管办、市纪委等有关部门投诉，要求改评，未果。原告即向贺州市人民政府申请处理。2010年1月21日，贺州市人民政府作出贺政复决（2010）20号行政复议决定书，责令贺州市财政局依法履行法定职责。2010年4月26日，被告贺州市财政局受理原告的投诉，并依法对投诉事项进行处理。经被告调查取证，认定贺州市人民医院彩色多普勒超声诊断仪医疗设备采购招标项目评标结束后，贺州市政府采购招投标中心于2008年6月30日在广西政府采购信息网等媒体上发布中标公告，原告公司对招标的结果提出质疑。贺州市政府采购招投标中心对原告的质疑情况进行了调查，并聘请专家进行质疑论证。贺州市政府采购招投标中心聘请专家进行质疑论证，不是法定程序，专家质疑论证的结果不具备法律效力，不是重新评定中标人的依据，仅为质疑审查提供参考。根据依法组建的评标小组的评标、定标结果，市招投标中心于 2008 年 10 月 15 日向中标供应商发出了中标通知书。投诉人（原告南宁市依迈奇贸易有限责任公司）诉称“招投标中心依法组织专家重新按评分标准评标，结果我公司以第一名最高分中标”与事实不符，不予认定。2010 年 6 月 7 日，被告根据国家财政部令第 20 号《政府采购供应商投诉处理办法》的有关规定，作出贺财采（2010）3 号《贺州市财政局政府采购投诉处理决定书》，决定驳回原告的投诉。原告不服，向广西壮族自治区财政厅申请行政复议。2010 年 10 月 12 日，广西壮族自治区财政厅作出桂财法决（2010）2 号行政复议决定书，维持被告的行政处理决定。原告仍不服，遂向法院提起行政诉讼。

另查明，根据贺州市机构编制委员会于 2007 年 5 月 11 日作出的贺编（2007）41 号文，经贺州市市委、市政府同意决定设立贺州市政府采购招投标中心，该中心主要负责政府采购、招投标的组织实施工作。根据《贺州市政务中心管理办公室、贺州市政府采购招投标管理办公室主要职责内设机构和人员编制规定》，贺州市政府采购招投标管理办公室主要负责政府采购招投标的综合监督、统一协调、组织管理工作，贺州市政府采购招投标监督领导小组对贺州市政务中心管理办公室、贺州市政府采购招投标管理办公室、贺州市政府采购招投标中心实施监督。贺州市政府采购招投标监督领导小组在审查、监督采购、招标过程中，对工作程序不规范、公开透明度不高、文件条款内容不公平等问题有权纠正，对有失公正性及违规问题有权制止。

上述事实有下列证据证明：

1.《贺州市财政局政府采购投诉处理决定书》，证实被告依法作出投诉处理决定。

2. 原告的《投诉书》，证实原告已向被告提交投诉文件。

证据 1、2 证实被告的投诉处理决定程序合法。

3. 广西壮族自治区财政厅《行政复议决定书》，证实上级行政主管部门依法作出的行政复议决定。

4.《政府采购项目通知书》（［2008］-83 号），证实采购项目依法申请进行政府采购。

5.《贺州市政府采购委托协议》，证实采购人依法委托代理政府采购。

6.《招标公告》，证实第三人依法在规定媒体上发布招标公告。

7.《贺州市人民医院彩色多普勒超声诊断仪医疗设备采购报名并领取招标文件一览表》，证实依招标文件规定受理报名，发售招标文件。

8.《补充通知（4）》，证实按规定进行修改补遗，并依法延长开标时间。

9.《开标会投标单位签到表》，证实按招标文件规定进行签到，投标人到达开标现场。

10.《采购单位代表、监督小组、评委签到表》，证实按招标文件规定进行签到，相关人员到达开标、评标现场。

11.《评标专家抽取记录表》，证实依法抽取评审专家，组建评标委员会合法。

12.《贺州市医疗器械评标专家》，证实评审专家符合资格要求。

13.《经济类》，证实评审专家符合资格要求。

14.《开标会议程序》，证实依招标文件规定召开开标会议。

15.《投标文件密封性检查表》，证实依招标文件进行查检。

16.《开标记录表》，证实依招标文件规定进行会议记录。

17.《投标文件符合性审查表》，证实评委依招标文件规定独立评标。

18.《评分表》，证实评委依招标文件评分办法规定独立评标。

19.《评分汇总表》，证实评委依招标文件规定评标。

20.《评标、定标报告》，证实评委依法提交评标报告，推荐中标候选人。

21.《决议书》，证实评委依招标文件的规定确定中标人。

22.《贺州市人民医院彩色多普勒超声诊断仪医疗设备采购项目中标公示》，证实依法在相关媒体发布评标结果信息。

23. 原告《质疑函》，证实原告向市招投标中心提出的质疑文件。

24. 市招投标中心《贺州市人民医院彩色多普勒超声诊断仪医疗设备采购招标情况报告》，证实质疑处理过程。

25. 市招管办《关于市人民医院彩色多普勒超声诊断仪采购问题协调会议纪要》，证实质疑处理过程。

26. 市招投标中心《请示》，证实质疑处理过程。

27. 市招管办《关于市人民医院彩色多普勒超声诊断仪采购项目评标结果审核工作会议纪要》，证实质疑处理过程。

28. 市招管办《关于市人民医院彩色多普勒超声诊断仪招标有关问题的批复》，证实质疑处理过程。

29. 市招投标中心《通知》，证实质疑处理答复意见。

30. 南宁瑞恩科工贸有限公司《投诉函》，证实中标候选人向市招投标中心提出质疑，向市招管办提起投诉。

31. 市招投标中心《答复函》，证实市招投标中心质疑答复。

32. 市招管办《关于贺州市人民医院采购彩色多普勒超声诊断仪的招标情况请示》，证实质疑、投诉处理过程依监督工作暂行规定向市政府采购招投标监督领导小组进行情况报告。

33. 贺州市政府采购招投标监督领导小组《关于贺州市人民医院彩色多普勒超声诊断仪招标采购有关问题的批复》，证实依监督工作暂行规定提出监督建议。

34. 市招管办《关于市人民医院采购彩色多普勒超声诊断仪招标采购项目有关问题的通知》，证实质疑、投诉处理意见。

35.《中标通知书》，证实依法发送中标文件。

36.《贺州市人民政府办公室关于印发贺州市政务中心管理办公室、贺州市政府采购招投标管理办公室主要职责内设机构和人员编制规定的通知》，证实设立市招管办的依据及市招管办的职责。

37.《贺州市机构编制委员会关于设立贺州市政府采购招投标中心的通知》，证实设立市招投标中心的依据及市招投标中心的职责。

38.《中共贺州市委办公室、贺州市人民政府办公室关于成立贺州市政府采购招投标监督领导小组的通知》，证实设立市政府采购招投标监督领导小组的依据。

39.《贺州市人民政府办公室关于印发贺州市政府采购招投标监督管理暂行办法的通知》，证实实行政府采购招投标体制改革的依据，市招管办、市招投标中心的职能设定。

40.《贺州市人民政府办公室关于印发贺州市政府采购招投标监督工作暂行规定的通知》，证实市政府采购招投标监督领导小组作出监督建议的程序规定和依据。

41.《中华人民共和国政府采购法》，证实法律规定。

42.《政府采购货物和服务招标投标管理办法》，证实法律规定。

43.《招标文件》，证实依法编制了招标文件，具有法定效力。

44. 原告《投标文件》，证实依招标文件的要求递交了投标文件。

45. 南宁瑞恩科工贸有限公司《投标文件》，证实依招标文件的要求递交了投标文件。

46. 南宁市华信恒河医疗设备有限公司《投标文件》，证实依招标文件的要求递交了投标文件。

47. 广西壮族自治区财政厅文件《关于印发广西壮族自治区政府采购供应商投诉处理工作规程的通知》，证实适用的法律规定。

（四）一审判案理由

贺州市八步区人民法院经审理认为：《中华人民共和国政府采购法》第十三条规定："各级人民政府财政部门是负责政府采购监督管理的部门，依法履行对政府采购活动的监督管理职责。"第五十八条规定："投诉人对政府采购监督管理部门的投诉处理决定不服或者政府采购监督管理部门逾期未作处理的，可以依法申请行政复议或者向人民法院提起行政诉讼。"本案中，被告贺州市财政局受理原告的投诉后，经审查在其作出的行政处理决定书中认定了"根据依法组建的评标小组的评标、定标结果，市招投标中心于2008年10月15日向中标供应商发出了中标通知书"这一事实，驳回了原告的投诉，被告所作出的具体行政行为维护了原中标结果的有效性。《中华人民共和国政府采购法》、《中华人民共和国招标投标法》和《政府采购供应商投诉处理办法》是被告贺州市财政局作出具体行政行为的依据，也是人民法院对行政机关的具体行政行为合法性进行审查的依据。贺州市财政局具有作出《政府采购投诉处理决定书》的被告主体资格，是在法律、法规规定的职责范围内实施具体行政行为。原告不服被告的行政处理决定诉至本院，其诉讼主体也适格。被告受理原告的投诉后，依法定职责和法定程序对招投标活动的事实进行审查，并依法作出上述具体行政行为认定的事实清楚，证据充分，适用法律、法规正确，遵循的程序合法。至于原告的诉请，理据不充分，本院不予支持，并依法予以驳回。

（五）一审定案结论

贺州市八步区人民法院依照《最高人民法院关于执行〈中华人民共和国行政诉讼法〉若干问题的解释》第五十六条第（四）项的规定，作出如下判决：

驳回原告南宁市依迈奇贸易有限责任公司的诉讼请求。

本案案件受理费50元，由原告南宁市依迈奇贸易有限责任公司负担。

（六）二审情况

1. 二审诉辩主张

（1）上诉人诉称

1）一审法院认定事实错误。上诉人已对被上诉人的证据提出了异议，从证据18招标的评分表看出，评委的评分严重违反评分标准，不该给分的项目给高分，而对原告的投标则人为压低得分，评分缺乏公正性，有失公允。该评分严重违反《政府采购法》及招投标规定，理应作废。贺州市政府采购招投标中心聘请专家进行质疑论证，应具有法律效力。2）一审法院适用法律错误。一审法院并未对贺州市政府采购招投标中心的具体行政行为是否合法进行全面审查，也未对该具体行政行为所依据的行政规范性文件进行司法审查，而直接参照适用行政规范性文件，属适用法律错误。请求二审法院撤销一审判决，由被上诉人承担本案全部诉讼费用。

（2）被上诉人辩称

1）被上诉人作出的政府采购投诉处理决定书认定事实清楚，证据确凿，适用法律正确，程序合法。2）上诉人上诉的主张没有事实依据。3）上诉人于2008年7月2日提出质疑后，一审第三人组织的专家论证，不是政府采购中的法定程序，因而，专家论证结果不具备法律效力，不是重新评定中标人的依据，而是一种参考依据。专家论证结果更不能取代或否定开标会当天依法组建的评标委员会作出的评标结果。4）上诉人认为贺州市政府采购招投标监督领导小组办公室作出的《批复》属于越权行为没有事实依据。贺州市政府采购招投标监督领导小组办公室提出的监督建议符合《贺州市政府采购招投标监督工作暂行规定》第十三条、第十四条、第十五条的规定，没有任何违法及越权的行为。5）上诉人要求法院对行政规范性文件、抽象行政行为进行司法审查，已超出了人民法院审理行政案件的职权范围。请求二审法院判决驳回上诉，维持原判。

一审第三人同意被上诉人的答辩意见。

2. 二审事实和证据

贺州市中级人民法院经审理，确认一审法院认定的事实和证据。

3. 二审判案理由

贺州市中级人民法院经审理认为，本案政府采购的方式是公开招标，因而本案适用《中华人民共和国政府采购法》、《中华人民共和国招标投标法》及《政府采购供应商投诉处理办法》的规定来审理。

被上诉人具有受理和处理投诉的职权。被上诉人贺州市财政局是贺州市人民政府的财政部门，依照《中华人民共和国政府采购法》第十三条“各级人民政府财政部门是负责政府采购监督管理的部门，依法履行对政府采购活动的监督管理职责”和《政府采购供应商投诉处理办法》第三条第一款“县级以上各级人民政府财政部门负责依法受理和处理供应商投诉”的规定，它是负责贺州市人民政府采购监督管理的部门，依法履行对政府采购活动的监督管理职责，负责依法受理和处理供应商投诉。

一审第三人成立合法。一审第三人贺州市政府采购招投标中心是依法成立的政府招投标管理部门，也是符合《中华人民共和国政府采购法》第十六条规定的采购代理机构，负责贺州市政府采购、招投标的组织实施工作。

被诉的政府采购投诉处理决定合法。被上诉人受理上诉人的投诉后，调取了采购文件，调查了政府招投标活动的事实，对采购文件和案件事实进行了审查，并依法作出《政府采购投诉处理决定书》，被上诉人作出的政府采购投诉处理决定程序合法。被上诉人认定贺州市人民医院彩色多普勒超声诊断仪医疗设备采购项目招标经过立项、委托代理、招标公告、开标、评标、定标、公布中标结果等程序，符合法律的规定，评标小组的组建符合招标文件的规定，评标、定标是在相关部门现场监督下进行，没有发现违法违规操作的情况。评标小组的各评委的评分均在招标文件和评标标准规定的幅度和范围内，评委有权提出评审意见，根据《中华人民共和国招标投标法》第四十四条的规定，评委对所提出的评审意见承担个人责任。因此，评委的评标没有违反规定，上诉人提出评委评分不公正等投诉理由不成立，被上诉人依据《政府采购供应商投诉处理办法》的规定，驳回上诉人的投诉是正确的。

一审第三人贺州市政府采购招投标中心受理并答复上诉人的质疑符合规定。上诉人向采购代理机构即一审第三人提出质疑，一审第三人受理并答复，符合《政府采购供应商投诉处理办法》第七条“供应商认为采购文件、采购过程、中标和成交结果使自己的合法权益受到损害的，应当首先依法向采购人、采购代理机构提出质疑。对采购人、采购代理机构的质疑答复不满意，或者采购人、采购代理机构未在规定期限内作出答复的，供应商可以在答复期满后15个工作日内向同级财政部门提起投诉”的规定。

贺州市政府采购招投标中心另行组织专家进行质疑论证不能否定评标结果。贺州市政府采购招投标中心接到上诉人的质疑后，组织相关专家进行了质疑论证，但是，该论证的专家组成、论证的程序等均缺乏严谨的法定程序，也无法律依据，这仅是质疑处理过程中的一种辅助手段，论证结果不具备法律效力，不能否决或取代开标当天依法组建的评标委员会的评标结果。

综上所述，上诉人提出的上诉理由均不能成立，一审判决认定事实清楚，证据充分，审判程序合法，判决结论正确，二审法院依法予以维持。

4. 二审定案结论

贺州市中级人民法院依照《中华人民共和国行政诉讼法》第六十一条第（一）项的规定，作出如下判决：

驳回上诉，维持原判。

上诉案件受理费50元，由上诉人南宁市依迈奇贸易有限责任公司负担。

（七）解说

本案主要存在以下问题：

1. 依据地方政府的规范性文件设立了招投标监管部门后，是否免除被上诉人对投诉进行处理的法定职责？

依据《贺州市政务中心管理办公室、贺州市政府采购招投标管理办公室主要职责内设机构和人员编制规定》，设立贺州市政府采购招投标管理办公室主要负责政府采购招投标的综合监督、统一协调、组织管理工作，同时成立贺州市政府采购招投标监督领导小组对招投标进行监督，是地方政府规范性文件对招投标工作的内部分工，并不能改变或者取代法律赋予被上诉人贺州市财政局对招投标异议投诉进行处理的职责。

2. 评标小组各评委在评标过程中是否存在倾向性评标的行为？

各评委有权根据现实情况和其专业知识提出评审意见，各评委的评分均在招标文件和评标标准规定的幅度和范围内，且评委在规定的范围内有自由裁量权。关于评委的自由裁量权行使是否恰当的问题，评委按照招标文件规定的五个主要因素进行综合评分，上诉人得分情况为：价格分 50 分和企业信誉分 3 分，上诉人均得满分；设备性能分为 30 分，又分为 3 个评分项目，每个项目 10 分，上诉人得分都是 4 分；售后服务分为 12 分，上诉人得 7.5 分；设备品牌分 5 分，上诉人得 1 分。上诉人总得分 80.10 分，与中标的产品得分 87.17 分相差 7.07 分。评委在设备性能分和品牌分方面打分相差较大，这属于技术方面的评定，评审专家根据产品性能和专业技术作出评分和提出评审意见，应不属于处理争议的被上诉人审查的范畴。并且，根据《中华人民共和国招标投标法》第四十四条的规定，评委对所作的评分和提出的评审意见承担个人责任。因此，评委评分不存在倾向性评标。

3. 贺州市政府采购招投标中心接到原告质疑后组织相关专家进行了质疑论证，其结论是否能否决或取代开标当天依法组建的评标委员会的评标结果？

贺州市政府采购招投标中心接到上诉人的质疑后，组织相关专家进行了质疑论证，但是，该论证的专家组成、论证的程序等均无法律依据，且操作上也缺乏严谨的法定程序。这仅是质疑答复处理过程中的一种辅助手段，论证结果不具备法律效力，不能否决或取代开标当天依法组建的评标小组的评标结果。

（广西壮族自治区贺州市中级人民法院　黎之燕）

73. 北京恒信利诚商贸有限公司不服密云县政府环境保护行政处罚案

（一）首部

1. 判决书字号

一审判决书：北京市第二中级人民法院（2010）二中行初字第757号行政判决书。

二审判决书：北京市高级人民法院（2011）高行终字第250号行政判决书。

2. 案由：环境保护行政处罚。

3. 诉讼双方

原告（上诉人）：北京恒信利诚商贸有限公司。

法定代表人：白清利，该公司经理。

委托代理人：戴颖周，北京市浩盛律师事务所律师。

委托代理人：王崇明，北京恒信利诚商贸有限公司法律顾问。

被告（被上诉人）：密云县人民政府。

法定代表人：王海臣，密云县人民政府代理县长。

委托代理人：席宁，密云县人民政府法制办公室干部。

委托代理人：高丽春，北京市万商天勤律师事务所律师。

4. 审级：二审。

5. 审判机关和审判组织

一审法院：北京市第二中级人民法院。

合议庭组成人员：审判长：崔晓畅；代理审判员：霍振宇；人民陪审员：马兰。

二审法院：北京市高级人民法院。

合议庭组成人员：审判长：景滔；代理审判员：刘行、李洋。

6. 审结时间

一审审结时间：2010年12月16日。

二审审结时间：2011年8月31日。

（二）一审诉辩主张

1. 被诉具体行政行为

密云县政府于2010年5月17日作出密政罚字［2010］1号《行政处罚决定书》。

2. 原告诉称

第一，北京恒信利诚商贸有限公司（以下简称恒信利诚公司）位于密云县河南寨镇荆栗园村最北端的西北角，该公司西、北两面为树林，南面是集市，三面无人居住，只有东面与顺密路相隔住有几户村民。因此，当地不属于《环境噪声污染防治法》及《北京市环境噪声污染防治办法》规定的噪声敏感建筑物集中区域，被诉处罚决定认定事实不清、适用法律错误。第二，该公司不是生产企业，其主要业务是铁精粉的中转、销售，经营时间不固定，产生噪音的设备是一台装载机，夜间工作不是常态，不构成严重噪声污染。第三，密云县环保监测站出具的《噪声检测报告单》没有表明是否排除了公路车辆运行产生的背景噪音，且 2008 年的《噪声检测报告单》中，测点距厂界近的测量值反而低于测点距厂界远的测量值，不符合声音传播的特点。第四，并无证据证明举报村民是否都能受到厂界噪声的影响，村民举报不能作为定案依据。第五，密云县环保局作出的《责令限期治理通知书》中确定的治理期限过短，无法完成治理任务，密云县政府据此作出处罚决定，不具有合理性。第六，根据《环境噪声污染防治法》及《北京市环境噪声污染防治办法》的规定，行政处罚可根据造成的危害后果适用罚款、停业、搬迁、关闭等方式，而密云县政府直接责令公司关闭，处罚过重，显失公正。第七，2010 年 6 月，该公司整改工作全部完成，公司大门改换方向，购置滑道大门，加高围墙，力争最大限度降低噪声影响。而密云县政府依旧决定关闭企业，其执法目的不当。综上，请求法院判令撤销密云县政府于 2010 年 5 月 17 日作出的密政罚字［2010］1 号《行政处罚决定书》。

3. 被告辩称

恒信利诚公司夜间生产厂界噪声经密云县环保监测站监测，超过国家《工业企业厂界环境噪声排放标准》（GB12348—2008）中规定的噪声排放标准。该公司的厂界与居民住宅区仅隔了一条 20 米宽的公路，其产生的噪声严重影响了周围村民的正常生活，周围居住的村民多次向密云县环保局反映该公司的噪声污染等问题，密云县环保局依据《环境噪声污染防治法》第十七条第一款和《北京市环境噪声污染防治办法》第十条的规定对其下达限期治理通知书并无不当。经密云县环保局数次夜间检查，均发现该公司正在工作，这说明该公司经常在夜间工作。限期治理是国家环境保护法律规定的一种行政管理措施，密云县环保局在环境保护监督管理过程中可以根据被限期治理项目的具体情况，确定相应的治理期限。根据企业的实际情况，在密云县环保局确定的治理期限内，企业足以完成治理任务。在密云县环保局下达限期治理通知后，该公司既未向密云县环保局提交治理计划和方案，也没有提出延期治理申请，且此次限期治理已经是第二次限期治理，因此，密云县环保局确定的治理期限并无不妥。由于当地村民对该公司夜间生产厂界噪声污染反映强烈，且早在 2008 年，密云县环保局就对该公司噪声污染问题责令限期治理。本案中，经密云县环保局再次限期治理，该公司依旧未完成治理任务，噪声检测结果仍然超标，已构成情节严重，采取罚款等处罚方式不足以纠正该公司的违法行为，不能彻底解决噪声污染问题，故密云县政府作出责令该公司关闭的处罚决定并无不当。综上，被诉行政处罚决定认定事实清楚、适用法律正确、程序合法，请求法院依法驳回恒信利诚公司的诉讼请求。

（三）一审事实和证据

北京市第二中级人民法院经公开审理查明：2008年5月，密云县河南寨镇荆栗园村村民向密云县环保局举报恒信利诚公司夜间装卸、运输铁粉的噪声严重扰民，要求查处。经密云县环保监测站监测，密云县环保局认定恒信利诚公司噪声排放超标并责令限期治理。后因奥运会举行，该公司停业。2009年11月，密云县河南寨镇荆栗园村村民再次举报恒信利诚公司夜间噪声扰民问题，密云县环保局于2009年12月1日立案，并于同日对恒信利诚公司夜间生产厂界噪声情况进行现场检查，同时，密云县环保监测站对恒信利诚公司夜间生产厂界噪声进行现场监测，并出具了《噪声检测报告单》。2009年12月3日，密云县环保局依据检测结果作出密环保字［2009］114号《责令限期治理通知书》，认定恒信利诚公司夜间生产厂界噪声超过国家《工业企业厂界环境噪声排放标准》（GB12348—2008）中规定的一类地区噪声排放标准，责令该公司在2009年12月15日前，将夜间厂界噪声治理达标，治理期间，夜间（22点至次日6点）停止使用产生噪声污染的设备、设施。2009年12月23日，密云县环保监测站对恒信利诚公司夜间生产厂界噪声超标限期治理任务完成情况进行现场复测，监测值仍然超标。后密云县环保局决定报请密云县政府关闭恒信利诚公司。受密云县政府委托，密云县环保局具体负责上述案件的调查取证、举行行政处罚的听证工作。2010年3月1日，密云县政府向恒信利诚公司送达《行政处罚事先告知书》；2010年3月2日，密云县政府向恒信利诚公司送达《行政处罚听证告知书》；2010年3月4日，密云县政府向恒信利诚公司送达《听证通知书》并发布听证公告；2010年3月16日，密云县政府举行行政处罚听证会。2010年5月17日，经密云县政府第10次常务会议决定，依法对恒信利诚公司实施关闭。同日，密云县政府对恒信利诚公司作出密政罚字［2010］1号《行政处罚决定书》，认定：2009年12月1日，密云县环保监测站对恒信利诚公司夜间生产厂界噪声进行现场监测，监测值为72.5分贝，超过国家《工业企业厂界环境噪声排放标准》（GB12348—2008）中规定的噪声排放标准。依据《环境噪声污染防治法》第十七条第一款和《北京市环境噪声污染防治办法》第十条的规定，密云县环保局对恒信利诚公司依法下达了《责令限期治理通知书》，责令恒信利诚公司在2009年12月15日前，将夜间厂界噪声治理达标，治理期间，夜间（22点至次日6点）停止使用产生噪声污染的设备、设施。2009年12月23日，密云县环保监测站对恒信利诚公司夜间生产厂界噪声超标限期治理任务完成情况进行现场复测，监测值为72.5分贝，仍然超标，严重影响了当地居民的正常生活，情节严重。据此，密云县政府依据《环境噪声污染防治法》第五十二条第一款和《北京市环境噪声污染防治办法》第三十六条之规定，决定：限恒信利诚公司接到《行政处罚决定书》之日关闭。恒信利诚公司不服，向北京市人民政府申请行政复议，2010年8月18日，北京市人民政府作出京政复字［2010］140号《行政复议决定书》，维持了上述行政处罚决定。该《行政复议决定书》于2010年8月25日送达恒信利诚公司。

上述事实有下列证据证明：

1. 被告提交的关于事实认定方面的证据材料有：

（1）三份环保信访登记表；（2）三份《噪声检测报告单》；（3）两份《责令限期治理通知书》；（4）《信访结案报告》；（5）《环保信访登记表》；（6）两份《现场检查笔录》；（7）恒信利诚公司周围环境平面图；（8）恒信利诚公司企业法人营业执照。

2. 被告提交的关于处罚程序方面的证据材料有：

（1）《环境保护案件立案审批表》；（2）密云县环保局执法人员王××、张××、王×、肖××的工作证件；（3）《环境保护案件处理呈报表》；（4）《关于责令恒信利诚公司关闭的请示》及《关于恒信利诚公司污染扰民处理情况的说明》；（5）密云县政府委托密云县环保局对恒信利诚公司厂界噪声扰民一案进行调查取证、举行行政处罚听证的《授权委托书》；（6）《行政处罚事先告知书》、《行政处罚听证告知书》、《听证通知书》及送达回证；（7）《听证公告》；（8）恒信利诚公司参加听证人员的委托书；（9）《申请参加听证登记表》；（10）《环境保护听证报告》；（11）《环境保护行政处罚听证笔录》；（12）《密云县政府常务会议纪要》；（13）被诉处罚决定及送达回证；（14）北京市人民政府京政复字［2010］140 号《行政复议决定书》。

3. 被告提交的关于处罚决定的法律依据有：

（1）《环境噪声污染防治法》；（2）《北京市环境噪声污染防治办法》；（3）《工业企业厂界环境噪声排放标准》（GB12348—2008）；（4）《声环境质量标准》（GB3096—2008）。

4. 原告提交的证据有：

（1）恒信利诚公司周围环境平面图；（2）证人徐×、李××出庭作证的证言；（3）密环保字［2009］114 号《责令限期治理通知书》；（4）密政罚字［2010］1 号《行政处罚决定书》；（5）北京市人民政府京政复字［2010］140 号《行政复议决定书》及送达回证；（6）恒信利诚公司于 2010 年 7 月 28 日作出的《噪声污染整改报告书》。

（四）一审判案理由

北京市第二中级人民法院经审理认为，根据《环境噪声污染防治法》和《北京市环境噪声污染防治办法》的有关规定，密云县政府有权作出本案被诉处罚决定。本案中，根据《工业企业厂界环境噪声排放标准》（GB12348—2008）有关规定，恒信利诚公司地处密云县河南寨镇荆栗园村，该区域未划分声环境功能区，厂界外区域声环境质量要求原则上应执行一类声环境功能区标准。而根据密云县环保监测站对恒信利诚公司夜间生产厂界噪声的两次检测结果，测量值均为 72.5 dB（A），明显超过国家规定的该区域的环境噪声排放标准，又因当地村民多次举报该公司噪声严重扰民，故密云县环保局根据该事实，依据《环境噪声污染防治法》第十七条和《北京市环境噪声污染防治办法》第十条的规定，认定恒信利诚公司存在在噪声敏感建筑物集中区域造成严重环境噪声污染的事实并无不当。密云县政府根据《环境噪声污染防治法》第五十二条及《北京市环境噪声污染防治办法》第三十六条的规定，结合原国家环境保护总局制定的《环境保护行政处罚办法》，综合考虑当地村民多次举报，且恒信利诚公司经限期治理仍未完成治理任务等情形，对恒信利诚公司作出关闭的处罚，处罚裁量的理由说明较为充分，综合考虑了相关因素，不构成行政处罚显失公正的情形。对于恒信利诚公司否认该地区属于噪声敏感建筑物集中区域、认为举报村民并非都受到厂界噪声影响、《噪声检测报告单》存在合法性疑问、夜间工作并非常态、限期治理的期限过短、处罚过重等主张，法院均不予支持。

（五）一审定案结论

北京市第一中级人民法院依照《最高人民法院关于执行〈中华人民共和国行政诉讼法〉若干问题的解释》第五十六条第（四）项的规定，作出如下判决：

驳回恒信利诚公司请求撤销被诉处罚决定的诉讼请求。

案件受理费 50 元，由恒信利诚公司负担。

（六）二审情况

1. 二审诉辩主张

上诉人与被上诉人的主张与一审相同。

2. 二审事实和证据

北京市高级人民法院经审理，确认一审法院认定的事实和证据。

3. 二审判案理由

北京市高级人民法院经审理认为，密云县政府所作被诉处罚决定认定事实清楚，适用法律、法规、规章正确，履行了法定的程序。一审法院判决驳回恒信利诚公司的诉讼请求并无不当，应予维持。恒信利诚公司要求撤销被诉处罚决定的诉讼请求缺乏事实和法律依据，不予支持。

4. 二审定案结论

北京市高级人民法院依照《中华人民共和国行政诉讼法》第六十一条第（一）项的规定，作出如下判决：

驳回上诉，维持一审判决。

二审案件受理费 50 元，由上诉人恒信利诚公司负担。

（七）解说

1. 环境噪声污染行政处罚的专业技术性和复杂性

环保噪声污染行政处罚相对于常规性的治安、交通等行政处罚具有较强的专业技术性和复杂性。其专业性具体表现在如下几个方面：一是噪声污染的检测具有专业技术性，只能由专门的具有特殊资质的环境检测机构进行测定；二是适用的法律规定除《环境噪声污染防治法》外，还包括大量的国家专业技术规范；三是处罚的程序具有专业性，突出处罚结果与噪声污染程度相匹配。因此，本案的司法审查具有复杂性：第一，噪声污染的特性决定了案件涉及群体性效应，与当地群众生产生活质量密切相关，属潜在的涉众型案件，处理难度大；第二，法院对于专业技术问题的审查深度必须处理好司法权与行政权的关系；第三，如何判断行政处罚是否符合行政妥当性原则和比例原则是审判中的难点。

2. 关于处罚决定认定事实问题

《环境噪声污染防治法》第十七条第一款和《北京市环境噪声污染防治办法》第十条第一款规定，对于在噪声敏感建筑物集中区域内造成严重环境噪声污染的企业事业单位，限期治理。因此，关于恒信利诚公司的行为是否构成在噪声敏感建筑物集中区域造成严重环境噪声污染的事实问题，关键在于判断恒信利诚公司所在区域是否属于噪声敏感建筑物集中区域，以及恒信利诚公司是否造成严重环境噪声污染两方面因素。《环境噪声污染防治法》第六十三条第（三）项虽然对“噪声敏感建筑物集中区域”作出了解释，即指医疗区、文教科研区和以机关或者居民住宅为主的区域，但对噪声敏感建筑物集中区域的认定是以《声环境质量标准》（GB3096—2008）等国家技术规范为基础确定的。本案中，密云县政府根据《声环境质量标准》（GB3096—2008）关于“村庄原则上执行1类声环境功能区要求”的规定，在作出处罚的前置程序及处罚决定所依据的事实中均认为恒信利诚公司所在地区为村庄，应当执行1类声环境功能区的噪声限值并无不当。

关于密云县政府作出处罚决定所依据的《噪声检测报告单》的合法性问题，《噪声检测报告单》是由专门的环境噪声检测机构依据《声环境质量标准》（GB3096—2008）中的专业监测方法制作的。恒信利诚公司对《噪声检测报告单》的形式和内容的合法性虽然提出了质疑，但并未提供足以推翻其结论的相关证据。因此，恒信利诚公司对《噪声检测报告单》提出的质疑不能成立。密云县环保监测站的两次检测结果均显示，恒信利诚公司夜间生产厂界噪声均明显超过国家规定的该区域的环境噪声排放标准。密云县政府将《噪声检测报告单》作为被诉处罚决定认定事实的依据并无不当。

综上，密云县政府在被诉处罚决定中认定恒信利诚公司存在在噪声敏感建筑物集中区域造成严重环境污染的事实并无不当。

3. 关于处罚决定履行程序问题

关于恒信利诚公司主张限期治理的期限过短，不足以完成治理的问题，法律、法规并未对限期治理期限作出明确规定，限期治理期限应以违法行为人能够尽快、有效纠正违法情形为宜。本案中，密云县环保局曾两次要求恒信利诚公司限期治理噪声污染问题，且2009年12月3日的《责令限期治理通知书》的内容为要求恒信利诚公司夜间停止使用产生噪声污染的设备、设施，而实现该治理目标并无客观障碍，亦不需要一定期限。但恒信利诚公司在治理期限届满后仍存在噪声污染问题，可见恒信利诚公司并无充分理由表明密云县环保局给予的治理期限明显不合理或在此期限内不可实现治理目标。

4. 关于处罚是否显失公正问题

《环境噪声污染防治法》第五十二条及《北京市环境噪声污染防治办法》第三十六条规定，对经限期治理逾期未完成治理任务的，可处罚款或责令停业、搬迁、关闭，裁量标准应根据所造成的危害后果及情节的严重性确定。本案中，密云县政府综合考虑了村民多次、长期举报，恒信利诚公司经两次责令限期治理后仍未完成治理任务，仍存在噪声扰民情形，不关闭该公司不足以纠正违法行为、杜绝噪声污染，须保障当地村民正常生活等因素，对恒信利诚公司处以关闭的行政处罚，并未构成显失公正。

此外，恒信利诚公司还主张其非生产企业，不适用《工业企业厂界环境噪声排放标准》(GB12348—2008)，且夜间工作并非常态。法院认为，《工业企业厂界环境噪声排放标准》(GB12348—2008) 第一条规定，该标准的适用范围为工业企业，但机关、事业单位、团体等对外环境排放噪声的单位也按该规定标准执行。因此，恒信利诚公司的噪声排放依照此标准衡量并无不当。同时，夜间工作是否为常态并非查处所必须考虑的因素。故一审法院对恒信利诚公司的上述主张不予支持并无不当。

（北京市高级人民法院　李洋）

74. 林善明申请合肥市瑶海区人民法院国家赔偿确认案

（一）首部

1. 决定书字号

一审决定书：合肥市瑶海区人民法院（2011）瑶法赔字第 01 号赔偿决定书。

二审决定书：合肥市中级人民法院（2011）合法委赔字第 03 号赔偿决定书。

2. 案由：申请国家赔偿确认。

3. 赔偿请求人和赔偿义务机关

赔偿请求人：林善明，住湖北省武汉市江夏区纸坊街。

委托代理人：刘家运，湖北联正律师事务所律师。

赔偿义务机关：合肥市瑶海区人民法院。

法定代表人：李晓勤，该院院长。

委托代理人：宋德传，该院行政庭庭长。

委托代理人：吴彬，该院审判员。

4. 审级：二审。

5. 审判机关和审判组织

一审法院：合肥市瑶海区人民法院。

合议庭组成人员：审判长：王俊；审判员：宋德传、吴彬。

二审法院：合肥市中级人民法院。

合议庭组成人员：审判长：李传长；审判员：李萍、张虹。

6. 审结时间

一审审结时间：2011 年 9 月 19 日。

二审审结时间：2011 年 12 月 8 日。

（二）一审申请主张

申请人林善明申请称：2009 年 9 月 22 日，赔偿请求人存放于武汉市江夏区青龙山采石厂生产场地的一台价值 102 万元的 ZX210H-3 型挖掘机被非法强行开走，赔偿请求人报警并四处寻找。2009 年 10 月 27 日，赔偿请求人在对（2009）瑶民一初字第 3155 号案阅卷时，法官牛×才向赔偿请求人送达该案附 1 号《民事裁定书》：2009 年 9 月 30 日，合肥市瑶海区人民法院依据安徽建业投资担保有限公司的财产保全申请，扣押了赔偿请求人的挖掘机（机号 AWXE100071）。2009 年 10 月 30 日，赔偿请求人以 10 万元作为反担保，瑶海区法院作出该案附 2 号《民事裁定书》，赔偿请求人才得以提取该挖掘机。由于瑶海区法院迟延 27 天送达《民事裁定书》的行为，违背了我国《民事诉讼法》有关诉讼保全及《最高人民法院关于人民法院民事执行中查封、扣押、冻结财产的规定》第一条的规定，造成赔偿请求人不能及时提供反担保，解除挖掘机的查封，即造成赔偿请求人 27 天不能使用挖掘机的损失。挖掘机的使用费，按照挖掘机买卖合同第十条第二款的约定，一个月不能使用的损失为 6 万元。为维护合法权益，赔偿请求人依据我国《国家赔偿法》第三十八条规定申请国家赔偿，请求瑶海区法院赔偿挖掘机近一个月不能使用的损失 6 万元。

（三）一审事实和证据

合肥市瑶海区人民法院经审理查明：2008 年 5 月 13 日，林善明（乙方）与合肥中建工程机械有限公司（甲方，以下简称合肥中建公司）签订《买卖合同》，双方约定："乙方购买甲方 ZX210H-3 型挖掘机一台；乙方首付 30.6 万元，余款 71.4 万元由乙方向贷款方办理贷款支付……" 安徽建业投资担保咨询有限公司（2009 年 4 月该企业名称变更为"安徽建业投资担保有限公司"，以下简称安徽建业公司）在该《买卖合同》乙方保证人处签章。

2008 年 5 月 19 日，林善明与安徽建业公司签订借款《协议》，约定林善明从合肥中建公司购买一台 ZX210H-3 型挖掘机，因资金周转困难，向安徽建业公司借款 20.9 272 万元，协议同时约定林善明以所购买的且与本协议所述一致的日立挖掘机作为抵押。

2009 年 9 月 25 日，安徽建业公司诉至瑶海区法院，请求判令"林善明支付借款 72 648 元及逾期还款违约金 29 792 元，共计 102 440 元"。审理中，安徽建业公司向瑶海区法院提出财产保全申请，请求扣押林善明处的 ZX210H-3 型挖掘机一台（机号 AWXE100071）或查封、冻结其价值 102 440 元的其他财产，并提供了相应的财产担保。2009 年 9 月 30 日，瑶海区法院作出（2009）瑶民一初字第 3155-1 号民事裁定："扣押林善明处的 ZX210H-3 型挖掘机一台（机号 AWXE100071）或查封、冻结其价值 102 440 元的其他财产"。同日，瑶海区法院对已在安徽建业公司处的 ZX210H-3 型挖掘机一台（机号 AWXE100071）实施了扣押的保全措施。

2009 年 10 月 15 日，瑶海区法院向林善明邮寄（2009）瑶民一初字第 3155 号民间借贷纠纷案的民事诉状副本、应诉通知书、举证通知书、开庭传票。同年 10 月 18 日，林善明收到该邮件。2009 年 10 月 27 日，林善明及其委托代理人刘家运至瑶海区法院，瑶海区法院向林善明送达（2009）瑶民一初字第 3155－1 号《民事裁定书》。同日，林善明以“该挖掘机是其生产工具”为由，以 10 万元银行存款作担保，申请瑶海区法院“解除对 ZX210H－3 型挖掘机一台（机号 AWXE100071）的扣押”。同年 10 月 30 日，瑶海区法院作出（2009）瑶民一初字第 3155－2 号民事裁定：“一、解除对林善明处 ZX210H－3 型挖掘机一台（机号 AWXE100071）的扣押；二、冻结林善明银行存款十万元”，并于当日执行完毕。

上述事实有下列证据证明：

1.《买卖合同》、《协议》、“欠条”各一份；

2.（2009）瑶民一初字第 3155 号民间借贷纠纷案“起诉状”、“财产保全申请书”、“财产保全担保书”、（2009）瑶民一初字第 3155－1 号《民事裁定书》各一份；

3.“邮件详情单”、林善明“担保书”、瑶海区法院于 2009 年 10 月 27 日对林善明所作的“询问笔录”、瑶民一初字第 3155－2 号《民事裁定书》、《协助冻结存款通知书》各一份；

4.“送达回证”三份。

（四）一审判案理由

合肥市瑶海区人民法院经审理认为：（2009）瑶民一初字第 3155－1 号民事保全裁定是本院在对财产保全申请人安徽建业公司提出的财产保全申请及提供的担保财产进行审查后依照《中华人民共和国民事诉讼法》第九十二条第一款和第九十四条第一、二款的规定作出的，并依照《中华人民共和国民事诉讼法》及《最高人民法院关于人民法院民事执行中查封、扣押、冻结财产的规定》第一条等规定向林善明送达了保全裁定书。瑶海区法院作出的上述财产保全裁定、对林善明挖掘机采取扣押的保全措施符合人民法院可以对车辆等特定动产进行保全的有关规定及法定程序，所作裁定适用法律正确，保全程序合法。赔偿请求人林善明提供的现有证据不足以证实“因本院未及时送达民事保全裁定给其造成了挖掘机近一个月不能使用的损失 6 万元”。因此，赔偿请求人林善明申请本院赔偿无事实和法律依据，依法不予支持。

（五）一审定案结论

合肥市瑶海区人民法院依照《中华人民共和国国家赔偿法》第二十三条第一、三款、第三十八条之规定，作出如下决定：

对林善明要求本院赔偿挖掘机近一个月不能使用的损失 6 万元的申请予以驳回，不予赔偿。

（六）二审情况

1. 二审申请主张

申请人林善明申请称：瑶海区法院作出的（2011）瑶法赔字第 01 号《赔偿决定书》认为其所作出的裁定适用法律正确，保全程序合法。赔偿请求人认为，瑶海区法院称因赔偿请求人的挖掘机在保全申请人控制下扣押，所以不通知赔偿申请人到场，不及时送达裁定书的行为合法，没有法律依据，故申请合肥市中级人民法院赔偿委员会依法作出由瑶海区法院赔偿挖掘机 27 天不能使用的损失 6 万元的赔偿决定。

2. 二审事实和证据

合肥市中级人民法院经审理，确认一审法院认定的事实和证据。

3. 二审判案理由

合肥市中级人民法院经审理认为：《最高人民法院关于民事、行政诉讼中司法赔偿若干问题的解释》第一条规定：根据国家赔偿法（指 1994 年《中华人民共和国国家赔偿法》）第三十一条的规定，人民法院在民事、行政诉讼过程中，违法采取对妨害诉讼的强制措施、保全措施或者对判决、裁定及其他生效法律文书执行错误，侵犯公民、法人和其他组织合法权益造成损害的，依法应由国家承担赔偿责任。根据上述规定，受害人取得国家赔偿的条件，必须是人民法院及其工作人员在行使职权中存在侵权行为，且致害行为必须具有违法性或者属于国家赔偿法规定的应予赔偿的情形，必须有法定的损害事实发生，损害事实与侵权行为具有因果关系。

本案中赔偿请求人林善明未按借款合同约定归还借款，因此安徽建业公司在提起民事诉讼的同时，提出财产保全申请并提供了财产担保，赔偿义务机关瑶海区法院依照《中华人民共和国民事诉讼法》第九十二条第一款和第九十四条第一、二款规定作出裁定采取保全措施合法。《中华人民共和国民事诉讼法》第九十四条第一款规定："财产保全限于请求的范围，或者与本案有关的财物"。林善明在借款《协议》中已经约定以其购买的挖掘机作为抵押向安徽建业公司借款，且挖掘机属于不可分割的财产，因此瑶海区法院对存放于安徽建业公司处的林善明的挖掘机采取的扣押保全措施，不属于超标的扣押的违法行为。《最高人民法院关于人民法院民事执行中查封、扣押、冻结财产的规定》第一条规定：人民法院查封、扣押、冻结被执行人的动产、不动产及其他财产权，应当作出裁定，并送达被执行人和申请执行人。查封、扣押、冻结裁定书和协助执行通知书送达时发生法律效力。瑶海区法院在实施财产保全措施时未通知林善明到场，未及时送达民事裁定书，属于实施财产保全措施中程序上的错误，但不属于《最高人民法院关于审理人民法院国家赔偿确认案件若干问题的规定（试行）》第十一条和《最高人民法院关于民事、行政诉讼中司法赔偿若干问题的解释》第三条规定的应当确认违法并予以赔偿的法定情形。瑶海区法院在对涉案挖掘机采取保全措施时，挖掘机处于由财产保全申请人安徽建业公司保管的状态，因此迟延送达财产保全裁定的行为并未造成林善明财产损失。根据《最高人民法院关于人民法院赔偿委员会审理国家赔偿案件程序的规定》第十二条规定，"赔偿请求人、赔偿义务机关对自己提出的主张或者反驳对方主张所依据的事实有责任提供证据加以证明。有国家赔偿法第二十六条第二款规定情形的，应当由赔偿义务机关提供证据。没有证据或者证据不足以证明其事实主张的，由负有举证责任的一方承担不利后果”。林善明主张瑶海区法院迟延送达财产保全裁定造成其6万元损失的依据，是其与合肥中建公司签订的买卖合同中约定的相关内容及挖掘机的月使用费标准，该约定与瑶海区法院采取保全措施的行为之间不具有法律上的因果关系，且林善明未能提供证据证明6万元损失已经实际发生。因此，林善明要求赔偿经济损失6万元的请求缺乏事实根据和法律依据，依法不予支持。瑶海区法院作出（2011）瑶法赔字第01号赔偿决定基本事实清楚，适用法律正确。

4. 二审定案结论

合肥市中级人民法院依照《最高人民法院关于人民法院赔偿委员会审理赔偿案件程序的规定》第十九条第（一）项之规定，作出如下决定：

维持合肥市瑶海区人民法院2011年9月14日作出的（2011）瑶法赔字第01号赔偿决定，即对林善明申请赔偿请求予以驳回，不予赔偿。

（七）解说

本案是一起申请国家赔偿确认的案件，所涉保全措施是民事案件审理中经常会遇到的。本案的处理关键在于以下几个焦点问题的认定：第一，瑶海区人民法院所作（2009）瑶民一初字第3155－1号民事保全裁定是否违法。第二，瑶海区法院对林善明挖掘机采取的扣押保全措施是否属于超标的扣押的违法行为。第三，瑶海区法院未及时送达民事裁定书是否属于应当确认违法并予以国家赔偿的法定情形。第四，瑶海区法院迟延送达财产保全裁定书的行为是否造成林善明财产损失。第五，赔偿请求人林善明提供的现有证据能否证明其存在6万元实际损失。第六，瑶海区法院及其工作人员对林善明挖掘机采取扣押保全措施的行为是否符合应承担国家赔偿的法律规定。

1. 关于瑶海区法院所作（2009）瑶民一初字第3155－1号民事保全裁定是否违法。

本案中因赔偿请求人林善明未按借款合同约定归还借款，故安徽建业公司在提起民事诉讼的同时，提出财产保全申请并提供了财产担保，（2009）瑶民一初字第3155－1号民事保全裁定是赔偿义务机关瑶海区法院在对财产保全申请人安徽建业公司提出的财产保全申请及提供的担保财产进行审查后依照《中华人民共和国民事诉讼法》（2007年，下同）第九十二条第一款和第九十四条第一、二款及《最高人民法院关于适用〈中华人民共和国民事诉讼法〉若干问题的意见》第一百零一条的规定作出的，并依照《中华人民共和国民事诉讼法》及《最高人民法院关于人民法院民事执行中查封、扣押、冻结财产的规定》第一条等规定向林善明送达了保全裁定书。瑶海区法院作出的上述财产保全裁定、对林善明挖掘机采取扣押的保全措施符合人民法院可以对车辆等特定动产进行保全的有关规定及法定程序，所作裁定适用法律正确，保全程序合法。

2. 关于瑶海区法院对林善明挖掘机采取的扣押保全措施是否属于超标的扣押的违法行为。

《中华人民共和国民事诉讼法》第九十四条第一款规定：“财产保全限于请求的范

围，或者与本案有关的财物”。林善明在借款《协议》中已经约定以其购买的挖掘机作为抵押向安徽建业公司借款，且挖掘机属于不可分割的财产，因此，瑶海区法院对存放于安徽建业公司处的林善明的挖掘机采取的扣押保全措施，不属于超标的扣押的违法行为。

3. 瑶海区法院未及时送达民事裁定书是否属于应当确认违法并予以国家赔偿的法定情形。

《最高人民法院关于人民法院民事执行中查封、扣押、冻结财产的规定》第一条规定：人民法院查封、扣押、冻结被执行人的动产、不动产及其他财产权，应当作出裁定，并送达被执行人和申请执行人。查封、扣押、冻结裁定书和协助执行通知书送达时发生法律效力。瑶海区法院在实施财产保全措施时未通知林善明到场，未及时送达民事裁定书，属于实施财产保全措施中程序上的错误，但不属于《最高人民法院关于审理人民法院国家赔偿确认案件若干问题的规定（试行）》第十一条和《最高人民法院关于民事、行政诉讼中司法赔偿若干问题的解释》第三条规定的应当确认违法并予以赔偿的法定情形。

4. 关于瑶海区法院迟延送达财产保全裁定的行为是否造成林善明财产损失。

瑶海区法院虽未及时送达（2009）瑶民一初字第3155－1号《民事裁定书》，但没有因此给林善明造成财产损失，因为：（1）瑶海区法院对上述挖掘机采取保全措施时，该挖掘机并不在林善明处，亦不处于生产现场使用中，而是处于财产保全申请人安徽建业公司保管的状态。（2）在林善明于2009年10月27日以10万元银行存款作财产担保申请本院解除对挖掘机的扣押后，瑶海区法院依法于2009年10月30日作出（2009）瑶民一初字第3155－2号民事裁定，及时解除了对ZX210H－3型挖掘机一台（机号AWXE100071）的扣押。

5. 关于赔偿请求人林善明提供的现有证据能否证明其存在6万元的实际损失。

《最高人民法院关于人民法院赔偿委员会审理国家赔偿案件程序的规定》第十二条规定：“赔偿请求人、赔偿义务机关对自己提出的主张或者反驳对方主张所依据的事实有责任提供证据加以证明。有国家赔偿法第二十六条第二款规定情形的，应当由赔偿义务机关提供证据，没有证据或者证据不足以证明其事实主张的，由负有举证责任的一方承担不利后果”。林善明主张瑶海区法院迟延送达财产保全裁定造成其6万元损失的事实，依据的是其与合肥中建公司签订的买卖合同中约定的相关内容及挖掘机的月使用费标准，该约定与安徽建业公司诉其偿还借款案中瑶海区法院采取保全措施的行为之间不具有法律上的因果关系，且林善明亦未能提供其他证据证明“瑶海区法院未及时送达民事保全裁定的行为已实际造成其挖掘机近一个月不能使用的损失6万元”。因此，赔偿请求人林善明提供的现有证据不能证明其存在6万元实际损失。

6. 关于瑶海区法院及其工作人员对林善明挖掘机采取扣押保全措施的行为是否符合应承担国家赔偿的法律规定。

《中华人民共和国国家赔偿法》第二条规定：国家机关和国家机关工作人员行使职权，有本法规定的侵犯公民、法人和其他组织合法权益的情形，造成损害的，受害人有依照本法取得国家赔偿的权利。第三十八条规定：人民法院在民事诉讼、行政诉讼过程中，违法采取对妨害诉讼的强制措施、保全措施或者对判决、裁定及其他生效法律文书执行错误，造成损害的，赔偿请求人要求赔偿的程序，适用本法刑事赔偿程序的规定。《最高人民法院关于审理人民法院国家赔偿确认案件若干问题的规定（试行）》第十一条规定：被申请确认的案件在原审判、执行过程中，具有下列情形之一时，应当确认违法：……（六）违反法律规定采取或者解除保全措施，给确认申请人造成损害的……（九）对查封、扣押的财物故意不履行监管职责，发生灭失或者其他严重后果，给确认申请人造成损害的……《最高人民法院关于民事、行政诉讼中司法赔偿若干问题的解释》第一条规定：根据国家赔偿法（指 1994 年《中华人民共和国国家赔偿法》）第三十一条的规定，人民法院在民事、行政诉讼过程中，违法采取对妨碍诉讼的强制措施、保全措施或者对判决、裁定及其他生效法律文书执行错误，侵犯公民、法人和其他组织合法权益造成损害的，依法应由国家承担赔偿责任。根据上述规定，受害人取得国家赔偿的条件，必须是人民法院及其工作人员在行使职权中存在侵权行为，且致害行为必须具有违法或者属于国家赔偿法规定的应予赔偿的情形，必须有法定的损害事实发生，损害事实与侵权行为具有因果关系。通过对以上几点的分析，本案赔偿义务机关瑶海区法院及其工作人员对林善明挖掘机采取扣押保全措施的行为对赔偿申请人林善明不构成侵权，不符合应承担国家赔偿的法律规定，林善明要求赔偿财产损失 6 万元的请求缺乏事实根据和法律依据，依法不应支持，一、二审法院的决定是正确的。

（合肥市瑶海区人民法院　吴彬）

图书在版编目（CIP）数据

中国审判案例要览．2012年行政审判案例卷/国家法官学院，中国人民大学法学院编．—北京：中国人民大学出版社，2014.8

ISBN 978-7-300-19750-0

Ⅰ．①中…　Ⅱ．①国…②中…　Ⅲ．①审判-案例-汇编-中国-2012②行政诉讼-审判-案例-汇编-中国-2012　Ⅳ．①D920.5②D925.318.25

中国版本图书馆CIP数据核字（2014）第160865号

“十二五”国家重点图书出版规划
国家出版基金资助项目

中国审判案例要览（2012年行政审判案例卷）

国家法官学院
中国人民大学法学院　编

Zhongguo Shenpan Anli Yaolan（2012nian Xingzheng Shenpan Anlijuan）

出版发行	中国人民大学出版社		
社　　址	北京中关村大街31号	**邮政编码**	100080
电　　话	010－62511242（总编室）		010－62511770（质管部）
	010－82501766（邮购部）		010－62514148（门市部）
	010－62515195（发行公司）		010－62515275（盗版举报）
网　　址	http://www.crup.com.cn		
	http://www.ttrnet.com(人大教研网)		
经　　销	新华书店		
印　　刷	涿州市星河印刷有限公司		
规　　格	185 mm×260 mm　16开本	**版　　次**	2014年9月第1版
印　　张	31.25 插页6	**印　　次**	2014年9月第1次印刷
字　　数	712 000	**定　　价**	140.00元
